# Ambo
## Europa eine Seele geben

Jahrbuch der Hochschule
Heiligenkreuz 2016

1. Jahrgang

**Be&Be**

Wolfgang Buchmüller/
Hanna-Barbara Gerl-Falkovitz (Hg.)

## Ambo
## Europa eine Seele geben

Jahrbuch der Hochschule Heiligenkreuz 2016
1. Jahrgang

Be&Be-Verlag: Heiligenkreuz 2016
ISBN 978-3-903118-05-8

Das Werk einschließlich aller seiner Teile ist urheberrechtlich geschützt. Jede Verwertung außerhalb der engen Grenzen des Urheberrechtsgesetzes ist ohne Zustimmung des Verlages unzulässig und strafbar. Das gilt insbesondere für die Vervielfältigung, Übersetzung, Mikroverfilmung und die Einspeicherung und Verarbeitung in elektronischen Systemen.

Alle Rechte vorbehalten. Printed in EU 2016.
Schriftleiter: Wolfgang Buchmüller
Korrekturen: Sandra Rothland
Layout: Augsten Grafik

# Be&Be

© Be&Be-Verlag
Heiligenkreuz im Wienerwald
www.bebeverlag.at

Direkter Vertrieb:
Be&Be-Verlag Heiligenkreuz
A-2532 Heiligenkreuz im Wienerwald
Tel. +43 2258 8703 400
www.klosterladen-heiligenkreuz.at
E-Mail: bestellung@klosterladen-heiligenkreuz.at

# Ambo
## Europa eine Seele geben

Jahrbuch der Hochschule
Heiligenkreuz 2016

1. Jahrgang

www.bebeverlag.at

# Inhaltsverzeichnis

## I. Editorial ........... 11

**Die erste Ausgabe des Jahrbuches *Ambo*** ........... 12
*Abt Maximilian Heim OCist*

**Zum Profil des Jahrbuches *Ambo*** ........... 14
*Wolfgang Buchmüller OCist*

## II. Glaube ........... 29

**Deus Caritas est** ........... 30
*Gerhard Ludwig Kardinal Müller*

    Zum 10-jährigen Jubiläum der ersten Enzyklika
von Papst Benedikt XVI. ........... 30

        Die Einheit der Liebe in Schöpfung und Heilsgeschichte ........... 31

        Die Einheit in Christus ........... 34

        Caritas und Diakonia: Die Kirche ist eine Gemeinschaft in der Liebe
Gottes ........... 35

        Im Mensch-Sein bewahrt: Mit Christus die Inhumanität überwinden ........... 36

        Die Liebe Christi drängt uns: Von der Liebe zum Nächsten ........... 38

**„Entweltlichung" und „Neuevangelisierung"** ........... 41
*Erzbischof Georg Gänswein*

    Reizworte oder Leitmotive einer Kirchenreform?
Überlegungen im Anschluss an eine umstrittene Rede ........... 41

**Die Vernunft des Glaubens** ........... 54
*Hanna-Barbara Gerl-Falkovitz*

    Zum Pontifikat Benedikts XVI. ........... 54

        1. Im Vorhof der Vernunft ........... 54

        2. Blutkreislauf von Theologie und Philosophie ........... 57

        3. Religion und Kultur ........... 63

        4. „Mut zur Weite der Vernunft, nicht Absage an ihre Größe" ........... 65

**„Conversatio nostra in caelis est"**
**Unsere Heimat ist im Himmel** ............................................. 68
*Abt Maximilian Heim OCist*

    1. Fremdlinge auf Zeit – entweltlichte Kirche? ........................... 68

    2. Berufung zum christlichen Zeugnis in der Welt ........................ 73

    3. „Conversatio nostra in caelis est" ......................................... 78

**Ehe- und Familienpastoral von Benedikt bis Franziskus** ............... 84
*Michaela C. Hastetter*

   Krise oder Kontinuität? ............................................................ 84

    1. Zum theologisch-pastoralen Kontext der beiden Päpste ............ 84

    2. Ehepastoral in der Vorbereitung und Rezeption der Synode 1980 und 2014/15 im Vergleich – einige Schlaglichter ...................... 92

    3. Krise oder Kontinuität? ..................................................... 108

# III. Philosophie ............................................................... 117

**Einheit in Zerrissenheit** ........................................................ 118
*Christoph Böhr*

   Wie Europa seine fortdauernde Gestalt in einer
besonderen Denkform fand .................................................... 118

    1. Zur Geburts- und Kindheitsgeschichte ................................ 120

    2. Einheit im Ursprung – Zerrissenheit im Überliefern ............... 124

    3. Auf dem Weg nach innen: Suche nach Selbstgewissheit .......... 129

    4. Europa und das Christentum: eine kurze Vergegenwärtigung .... 135

    5. Die Confessio der Europäer: ein Paradoxon .......................... 141

**Europa und die Philosophie: keine zufällige Begegnung** ............ 147
*Angela Ales Bello*

   Griechische Philosophie und Christentum als Grundlage
der westlichen Kultur ............................................................ 147

   Bewusstsein um die Rolle der Philosophie ................................ 154

   Beispiele konstruktiven Denkens ............................................ 156

**À Dieu?** ........................................................................... 163
*Hanna-Barbara Gerl-Falkovitz*

    Die Gottesfrage als Anstoß europäischen Denkens .................... 163

        1. Kürzestdiagnose ................................................. 163

        2. Denken als Zugang zur Wahrheit ................................. 163

        3. In Sichtweite Athens: Jerusalem .................................. 166

        4. Währende Spannung zwischen Athen und Jerusalem:
           Zeichen der Vitalität .............................................. 172

        5. Samstagslage. Dramatik des Triduums ........................... 173

**Die Notwendigkeit des Guten** ......................................... 175
*Rémi Brague*

        1. Wir sind alle Jünger des Aristoteles ................................ 175

        2. Das Gute als ein Notwendiges ..................................... 178

        3. Das Subjekt ....................................................... 179

        4. Freiheit als Prinzip ................................................ 181

        5. Geburt ............................................................ 182

        6. Zugang zum Guten ............................................... 185

**Wissende Wahrheit im Gewissen** ..................................... 187
*Marian Gruber OCist*

    Die Bezeugung der Wahrheit ist eines der
    eigentlichen Existentialen ............................................. 187

**Tätigkeit und Muße** ................................................... 207
*Enrico Sperfeld*

    An den Wurzeln von Kreativität und Sinn ............................ 207

        1. Was ist Muße? .................................................... 208

        2. Das neuzeitliche Arbeits- und Freizeitethos überdenken .......... 211

# IV. Politik ............................................................. 213

**Anamnetische Vernunft** ............................................... 214
*Berthold Wald*

    Rückbesinnung auf die Grundlagen der europäischen Kultur ........ 214

        1. Europa und die Philosophie – eine Tragödie ...................... 216

    2. Anamnetische Vernunft – Rückbesinnung auf die
Grundlagen der europäischen Kultur .................................. 227

## Ein Endspiel für Europas sterbliche Seele? ............................... 235
*Heinrich Schneider*

  Von der Krise der EU zum möglichen
Untergang des Abendlandes ..................................................... 235

    1. Die Wiederkehr der Rede vom Untergang des
Abendlandes und der Gedanke der sterblichen Seele ................ 240

    2. Was meint „Abendland" und wie weit reicht es? ...................... 246

    3. Wodurch droht der Untergang? ............................................ 250

    4. Ausblick und Aufgabe:
Europas Zukunft – Sache der Europäer, Christen eingeschlossen .. 256

## Massenzuwanderung im Spiegel von Moral, Recht und Politik ... 263
*Johann Braun*

  Betrachtungen aus deutscher Sicht ........................................... 263

    1. Die allgemeine Lage ............................................................ 263

    2. Moral könnte die Welt verändern, tut es aber nicht ................. 268

    3. Sozialmoral für alle – außer für mich ..................................... 270

    4. Sozialmoralisch kontaminiertes Recht ................................... 273

    5. Grundzüge der positiven Rechtslage ..................................... 276

    6. Bilanz und Ausblick ............................................................. 284

## Europa ist die Kritik an der Macht ............................................ 289
*Beatrix Kersten*

  Gedanken zur Revolution der Würde in der Ukraine ................... 289

    1. Revolution ........................................................................... 290

    2. Würde ................................................................................. 294

    3. Europa ................................................................................ 299

## Braucht Europa Emanzipation? ................................................ 303
*Cyrill Jan Bednář OCist*

  Die Pathologie einer (un-)kritischen Theorie des Völkerrechtes ..... 303

## V. Lectio spiritualis .................................................. 315

### Eine Ode an Kirche und Eucharistie .................................. 316
*Wolfgang Buchmüller OCist*

Odo von Cluny: Occupatio .................................. 316

### Odonis abbatis Clvniacensis Occvpatio – Buch VI. .................. 323
*Leo Bazant-Hegemark*

Buch VI. (praef., vv 1-72) .................................. 323

Buch VI. (Hexameter) .................................. 324

### Odonis abbatis Clvniacensis Occvpatio – Buch VII. ................. 327
*Leo Bazant-Hegemark*

Buch VII. (praef., vv 1-68) .................................. 327

Buch VII. (Hexameter) .................................. 328

## VI. Literaturberichte .................................................. 331

### Die islamische Religion als spirituelle und erotische Versuchung für europäische Intellektuelle .................. 332
*Beate Beckmann-Zöller*

Reflexionen auf Michel Houellebecqs *Unterwerfung* .................. 332

1. Werte der Aufklärung und der Islam .................................. 332
2. Untergang des Abendlands – am metaphysischen Scheideweg .................. 335
3. Suche im Nationalismus und im Katholizismus .................................. 337
4. (Be-)Glückende Unterwerfung unter den Islam – Aufgabe der Liberté .................................. 340
5. Unterwerfung der Frau unter den Mann durch den Schleier – Ein Aufgeben der Égalité .................................. 342
6. Phänomenologie der Unterwerfung versus Phänomenologie der Hingabe .................................. 348
7. Berufung zur Hingabe und Freundschaft durch Wiedergeburt .................. 354
8. Wiedergeburt – des christlichen Glaubens in der Kraft des Heiligen Geistes? .................................. 357

### Das Vertrauen des Joseph .................................. 361
Patrick Roth im Gespräch mit Michaela Kopp-Marx beim Internationalen Literaturfestival Berlin 2014 .................. 361

„Eine Form mächtigen, glühenden und freien Lebens" ............... 375
*Manuel Schlögl*

    Die Sicht des Weltpriesters in einer neuen
Briefausgabe von Ida Friederike Görres ........................ 375

    1. Wiederentdeckungen ........................................ 375

    2. „Die Erdwurzel unseres Glaubens" – Priester als Archetyp ......... 376

    3. „Die Antwort des Volkes" – Priester aus der Sicht von Laien ......... 378

    4. „Eine Form mächtigen, glühenden und freien Lebens" –
Zölibat als Lebensform ........................................ 379

    5. Berufen zur „Gegenspannung" ................................ 381

# VII. Rezensionen ........................................ 383

# VIII. Nachruf ........................................ 439

**† Prof. Dr. Michael Kunzler (1951–2014)** ........................ 440
*Bruno Hannöver OCist*

# IX. Aktuelles ........................................ 445

**Bericht über die Hochschule Heiligenkreuz mit Stand vom
31. Dezember 2015** ........................................ 446
*Karl Josef Wallner OCist*

    1. Status der Hochschule ...................................... 447

    2. Lehrende und Institute ...................................... 449

    3. Statistik der Studenten ...................................... 450

    4. Die fünf Studienrichtungen .................................. 451

    5. Chronik 2015 ............................................. 454

    6. Herausforderungen für die Zukunft ............................ 462

# X. Autorenverzeichnis ........................................ 465

# I.
# EDITORIAL

# Die erste Ausgabe des Jahrbuches *Ambo*

*Abt Maximilian Heim OCist*

Bei der Wahl des Namens *Ambo* für das Jahrbuch unserer Hochschule faszinierte uns das monastische Bild, das uns als Zisterzienser sehr vertraut ist: ein erhöhtes Pult, gewöhnlich aus Stein oder Holz, das im Chorgestühl oder Kapitelsaal dem Leser von zwei Seiten zur Verfügung steht. Die eine Seite ist dem Evangelium vorbehalten, während die andere den übrigen Texten der Schrift und der Kirchenväter gewidmet ist. Daraus erklärt sich die etymologische Ableitung für das Wort *Ambo* aus dem Griechischen: entweder vom Verb ἀναβαίνω, d. h. hinaufsteigen, oder vom Adjektiv *amphoteros*, beidseitig. Das neue Jahrbuch soll also eine Zusammenschau werden, die das „sowohl als auch", das katholische „et-et", immer wieder neu ins Bewusstsein ruft. Für uns gilt Orthodoxie und Orthopraxie, Politik und soziale Verantwortung, Tradition und Innovation, Liturgie und Pastoral, Theologie und Philosophie, Glaube und Vernunft.

Hanna-Barbara Gerl-Falkovitz erkennt im Letzteren eine fruchtbare Spannung zwischen Glaube und Vernunft, Jerusalem und Athen. Auch die Vernunft, νοῦς, muss sich selbst übersteigen, um „im Vernehmen, im Sich-nehmen-Lassen von dem, was sich zeigt"[1], zu sich selbst zu kommen. Nur so kann sie, erleuchtet vom ungeschaffenen Licht, den Geist des Menschen zur Wahrheit erheben. Der Glaube hingegen bedarf nach Joseph Ratzinger ebenso der Hilfe der Vernunft, um nicht gefährlichen Pathologien zu verfallen, die sich vor allem in den Extremismen religiöser Fehlformen zeigen. Beide, Philosophie und Theologie, haben also als vorrangiges Ziel die Suche nach der Wahrheit durch eine erleuchtende Vernunft. In diesem Aufeinander-verwiesen-Sein kann sich das Licht der Wahrheit in den unterschiedlichen Spektralfarben brechen, um so das Ganze der menschlichen Existenz immer mehr zu erfassen.

---

1   Hanna-Barbara Gerl-Falkovitz, *Athen und Jerusalem. Oder: Neuevangelisierung mit Hilfe der Vernunft? Ein Blick auf neuere philosophische Entwicklungen*, auf: http://ratzinger-papst-benedikt-stiftung.de/downloads/Athen-Jerusalem%20Rom.pdf (04.04.2016).

In diesem Sinn wünsche ich dem neuen Jahrbuch unserer Hochschule eine wohlwollende Aufnahme bei den Leserinnen und Lesern. Ich danke als Abt und Magnus Cancellarius unserer Phil.-Theol. Hochschule Benedikt XVI. Heiligenkreuz dem Herausgeber und Schriftleiter Prof. P. Dr. Wolfgang Buchmüller OCist wie auch der Mitherausgeberin Frau Prof. Dr. Hanna-Barbara Gerl-Falkovitz. Außerdem danke ich dem innovativen Rektor Prof. P. Dr. Karl Wallner OCist, der in all seinen vielfältigen Aufgaben unserer Hochschule ein neues Profil gegeben hat. Schließlich gilt der Studienassistentin Frau Mag. Sandra Rothland für die sorgfältige und unermüdliche Korrektur unser ausdrücklicher Dank.

*Ambo* als Ort von Verkündigung und Lehre wird dann der Forschung dienen, wenn es sich neu von der monastischen Tugend des Verweilens und der meditativen Stille erfassen lässt und so staunend das Licht der Wahrheit empfängt.

# Zum Profil des Jahrbuches *Ambo*

Wolfgang Buchmüller OCist

Man befindet sich in Paris im *Collège de France*, einer intellektuellen Hochburg des europäischen Laizismus. Alain Connes berichtet den Mathematikern von der atemberaubenden Entdeckung einer zweiten und eventuell dritten Form von Unendlichkeit, die sich im Kontext der Erforschung der Quantenphysik ergeben hat. Es scheint, man sei einer Weltformel sehr nahe, es fallen aufsehenerregende Worte, als gäbe es keine Barriere mehr zwischen *science* et *transcendence*, zwischen Wissenschaft und Transzendenz.[1] Niemand lacht, niemand hüstelt. Heißt dies, dass man im Jahre 2013 auch in einem hochintellektuellen Milieu mit einem göttlichen Urgrund des Seins rechnet? Dass das sogenannte Ende der Physik am Ende in einen neuen Anfang der Metaphysik umschlagen könnte?[2] Während der französische Präsident noch im Juli desselben Jahres die letzten Religionsvertreter aus der nationalen Ethikkommission entfernt hat, spricht man im akademischen Raum hinter vorgehaltener Hand bei den Philosophen von einer Rückkehr der Metaphysik, die in den letzten 40 Jahren aus der Welt der Universitäten verbannt und ausgegrenzt war. Man ist geneigt, unabhängig vom menschlichen Geist existierende Voraussetzungen zu akzeptieren, die die Wahrheit der Geltung logischer Gesetzmäßigkeiten garantieren, wie dies einst Platon (um 427–347 v. Chr.) getan hatte, der auf die Realität einer Mathematik transzendenten Ursprungs verwiesen hatte.[3]

---

[1] Siehe dazu auch: ALAIN CONNES, On the fine Structure of Spacetime, in: SHAN MAJID (Hg.), On Space and Time, Cambridge 2008, 196–237.

[2] Vgl. SHAN MAJID, Quantum Spacetime and Physical Reality, in: DERS., On Space and Time, Cambridge 2008, 56–140, hier: 132: „Of course, if we ever found quantum gravity I would not expect physics to actually end, rather that questions currently in metaphysics would become part of a new physics."

[3] Vgl. ebd., 133: „Somebody invented the axioms of Ring Theory and if you don't like them you are free to define and study something else. In this sense mathematicians don't usually make a claim on ‚reality'. And yet, in some sense, the axioms of rings were there, waiting to be discovered by the first mathematician to stumble on them. So in that sense mathematical reality is there, waiting to be discovered, and independent of humans after all."

Ist es vielleicht doch so, dass sich das überall medial präsente atheistisch-szientistisch-humanistische Weltbild nur aufgrund zahlreicher Denkverbote halten kann, die es selbst aufgestellt hat und die andere notgedrungen akzeptieren? Immer wieder hört man, dass man als Physiker über die Frage, was denn vor dem großen Big Bang, dem kosmologischen Urknall, gewesen sei, nicht sprechen könne, weil man sich damit außerhalb unseres naturwissenschaftlichen Weltbildes bewege. Auch wenn es ein paar Dissidenten wie etwa Julian Barbour gibt,[4] so ist es doch seit der Relativitätstheorie Einsteins allgemein anerkannte Lehrmeinung, dass die Evolution des Universums mit seiner rapiden Expansion vor etwa 14 Milliarden Jahren mit einer Explosion quasi aus dem Nichts begann.

Daher erscheint es als ein globales Anliegen, dass die Physik sich auf neue Weise dem Phänomen Zeit und deren Verhältnis zur Zeitlosigkeit stellt. Dabei möchte man hier anfügen, dass gerade die quasi verbotene und ausgeschlossene Fragestellung nach dem Urgrund des Seins von wahrhaft universalem Interesse wäre. Nur selten findet sich eine Stimme eines Wissenschaftlers, die explizit auf die zeitlose Dynamik Gottes als plausibelste denkerische Lösung hinweist, auf einen ewigen Gott, der nach der Philosophie der Spätantike und des Mittelalters als höchste potenzierte Aktivität vollkommen für sich selbst und in sich selbst existiert.[5]

Wie steht es wirklich um die sog. Errungenschaften der Moderne? Hat ihr Fortschrittsdenken tatsächlich die Frage nach der

---

[4] Vgl. JULIAN BARBOUR, *Time and the Deep Structure of Dynamics*, in: FRIEDRICH STADLER, MICHAEL STÖLTZNER (Hg.), *Time and History* (Proceedings of the 28. International Ludwig Wittgenstein Symposium, Kirchberg am Wechsel 2005), Heusenstamm 2006, 133–153, hier: 148: „The conjecture of that the Big Bang theory of the expanding universe is quite wrong, that there is some other quite different explanation of the Hubble red shift and the many other observations (such as the helium abundance) that give such strong support to the standard model [...] My collaborators and I could show that in conformal gravity a gravitational red shift essentially identical to the one that exists in general relativity would be generated by increasing clustering of matter. However, the effect is small, and yet we have made no progress concerning the other issues like helium abundance."

[5] Vgl. MICHAEL HELLER, *Where Physics meets Metaphysics*, in: SHAN MAJID (Hg.), *On Space and Time*, Cambridge 2008, 238–277, hier: 263: „I think, however, that we are underestimating philosophers. The concept of a timeless dynamics is known, for a long time, in the Christian philosophy of God. It was even a common teaching among medieval masters. The reasoning was simple. God has all the perfections in the maximally possible degree. Therefore, nothing can be either added to, or substracted from, God´s perfection. This God is immutable. But this does not mean that He remains inactive [...] On the contrary, He is full of activity, or the activity itself."

Religion obsolet werden lassen oder ist sie nicht vielmehr in ihren zahlreichen Ideologismen gefangen, die sie daran hindern, die Frage nach der *ganzen* Wahrheit zu stellen? Ist ihre Vergottung des systematischen Zweifels nicht vielmehr eine bequeme Art, unangenehmen Fragestellungen aus dem Weg zu gehen? Bereits der mit einer guten Prise Sarkasmus ausgestattete Gorgias von Leontinoi hatte um das Jahr 444–441 v. Chr. das Dogma des Nihilismus definieren können: 1. Es gibt nichts. 2. Selbst wenn es etwas gäbe, dann könnte es nicht erfasst werden. 3. Selbst wenn es erkennbar wäre, könnte man es nicht anderen Menschen mitteilen oder ausdeuten.[6] Nicht herumgesprochen zu haben scheint sich, dass bereits Zenon von Elea (ca. 490–430 v. Chr.), der Vater der Dialektik, dieses ins Paradoxe führende Axiom als absurd enttarnt und durch den Satz vom Nichtwiderspruchsprinzip widerlegt hat: Ein Sachverhalt ist oder er ist nicht.[7] Daraus folgt: Jede Erscheinung hat eine Ursache, eine Erkenntnis, die schließlich zu der Annahme einer ersten universellen Ursache führen muss.

Gewiss, wir befinden uns im 21. Jahrhundert. Aber hat nicht vielleicht auch für unsere Zeitepoche der Ausspruch Blaise Pascals (1623–1662) – eines der Vorväter des heutigen Computers – immer noch eine gewisse Berechtigung, nach dem die Menschen fürchten, dass die Religion wahr sei und sie deshalb bekämpfen würden? Die Aufgabe des katholischen Intellektuellen wäre nach Pascal, den Menschen die Grundsätze der Religion als vernünftig und so positiv und ansprechend darzustellen, dass sie den Wunsch verspüren müssten, sich ihrer Wahrheit gegenüber zu öffnen.[8]

---

6   Vgl. GORGIAS VON LEONTINOI, *Über das Nichtseiende oder über die Natur* 5,1; vgl. GORGIAS VON LEONTINOI, *Reden, Fragmente und Testimonien*, gr.-dt., hg. von Thomas Buchheim (Philosophische Bibliothek 404), Hamburg 1989, 40: „ουκ ειναι φησιν ουδεν. ει δ'εστν, αγνωστον ειναι. ει δε και εστι και γνωστον, αλλ ου δηλωτον αλλοισ."
7   Vgl. ZENON VON ELEA, *Fragmente* 1, in: HERMANN DIELS, WALTHER KRANZ (Hg.), *Die Fragmente der Vorsokratiker* Bd. 1, Berlin 1951, 255–258, hier: 255: „Προδειξασ γαρ οτι ει μη εχοι μεγεθοσ το ον ουδ᾽ αν ειη ..."; vgl. WALTHER KRANZ, *Die griechische Philosophie. Zugleich eine Einführung in die Philosophie überhaupt* (Sammlung Dieterich 88), Bremen 1955, 67, u. GERHARD KÖHLER, *Zenon von Elea. Studien zu den ‚Argumenten gegen die Vielheit' und zum sogenannten ‚Argument des Orts'* (Beiträge zur Altertumskunde 330), Berlin/München/Boston 2014, 64.
8   Vgl. BLAISE PASCAL, *Pensées* 12–187, zit. nach EWALD WASMUTH (Hg.), *Blaise Pascal. Über die Religion und über einige andere Gegenstände (Pensées)*, Heidelberg ⁸1978: „Anordnung. Die Menschen verachten die Religion, sie hassen sie und fürchten, dass sie wahr sei. Um sie davon zu heilen, muss man zunächst zeigen, dass die Religion der Vernunft

Das Etikett „katholisch" gemäß dem Konzept von Pascal bedeutet gerade keine Verkürzung der Intellektualität, sondern gewissermaßen die ganze Wahrheit im Paket, *all inclusive*, das unverkürzte Ganze aller geistigen, intellektuellen, religiösen und spirituellen Möglichkeiten. Der Begriff „katholisch" leitet sich bekanntermaßen etymologisch von griechisch „kat-holon" (auf die Ganzheit bezogen) ab. Von daher stellt die „katholische" Weite per definitionem geradezu das Gegenteil zu Fundamentalismus und ideologischer Verengung dar, ja sie ist sozusagen die geborene Ideologiekritik.

Die befreiende Wirkung des Katholisch-Seins wäre in diesem Sinne die Wiedergewinnung der Ganzheitlichkeit des Menschen, d. h. inklusive der Weite seiner geistigen Dimension. Der Mensch ist eine geistige Wirklichkeit, er ist Person, er hat ein Gewissen, das ihn zum absoluten Sein und zum tieferen Sinn seines Lebens hinlenkt. Der Mensch ist jenseits aller kognitiven Kompetenz zu geistiger und intuitiver Erkenntnis fähig, die alle fragmentierten, rationellen und intellektuellen Fähigkeiten in sich integriert und ein Erfassen der Ganzheit des Seins ermöglicht.

Der Mensch ist von Natur aus ein unheilbar religiöses Wesen und bleibt daher frustriert, wenn er sich mit den Derivaten der Ersatzreligionen begnügen muss und zu keiner existenziellen Gotteserfahrung kommen kann. Theologen wie Karl Rahner haben einstens hierzu bemerkt, dass dem Menschen als autonome Geistperson die Verantwortung mitgegeben ist, in seiner leib-seelischen Struktur die Herausforderungen von außen durch eine Sinnsetzung zu integrieren und dadurch religiös zu bewältigen.[9]

---

nicht widerspricht; dass sie verehrungswürdig ist, um ihr Achtung zu verschaffen; sie alsdann liebenswert machen, damit die Guten wünschen, dass sie wahr sei, und dann zeigen, dass sie Wahrheit ist. Verehrung verdient sie, weil sie den Menschen so gut gekannt hat; liebenswert ist sie, weil sei das wahre Gut verheißt"; vgl. BLAISE PASCAL, *Œuvres complètes*, hg. von Henri Gouthier u. Louis Lafuma, Paris 1963, 502: „Les hommes ont mépris pour la réligion. Ils en ont haine et peur qu'elle soit vraie. Pour guérir cela il faut commencer par montrer que la réligion n'est point contraire à la raison. Vénérable, en donner respect. La rendre ensuit aimable, faire souhaiter aux bons qu'elle fût vraie et puis montrer qu'elle est vraie. Vénérable parce qu'elle a bien connu l'homme. Aimable parce qu'elle promet le vrai bien."

9 Vgl. KARL RAHNER, *Reflexionen zur Zeit der Krankheit*, in: GuL 29 (1956) 64–67, hier: 65: „Was bedeutet das alles für die Krankheit und den Kranken? So wie der erlebte Mensch die immer schon vollzogene Einheit, die ursprüngliche Ganzheit ist, die sich in Leib und Seele (in dem, was wir so nennen und erfahren) eher aus sich selbst entfaltet und auslegt, als dass sie aus diesen beiden zusammengesetzt wäre, so ist auch ein solches

Wie christliche Psychotherapeuten bemerken, ist Krankheit oft ein Anzeichen dafür, dass in der Geistseele Unordnung herrsche und der Mensch somit von seiner Mitte, von Gott, abgekommen sei. Daraus könne man folgern, dass der Mensch seine Gesundheit wiedererlange, wenn er den verlorenen Sinn, die Mitte der Persönlichkeit, im tieferen Sinn Gott wiederfinde.[10] Die heilende Wirksamkeit des Glaubens könnte man mit dem jüdischen Psychologen Viktor Egon Frankl als ein Herausfinden aus der Zerstreuung in die innere Sammlung beschreiben, durch die alle gebrochenen und ausgelaugten Energien neu vereinigt werden durch die Perspektive, das Ziel des Weges erkannt zu haben. Die Strukturen des Sinns zu erfassen könnte dabei bedeuten, dass der Mensch sich in seinem Sein von der Wahrheit berühren lässt, dass er selbst von Gott geschaffen ist und dass ihm der Auftrag mitgegeben wurde, zu leben. Demnach sind jeder und jedem spezifische Talente und persönliche Energiereserven zugeteilt, sodass er die individuelle Aufgabe bewältigen und positiv erfüllen und auf diese Weise sein Ziel erreichen kann. Ohne Ideale ist der Mensch innerlich tot. Der Glaube lässt den Menschen hingegen das Projekt seines Lebens erahnen und treibt ihn dazu an, ungeahnte Energien zu entfalten und sich allseitig kreativ zu entwickeln.[11] Gerade in den Evangelien und den Mysterien der Kirche erweist sich der Glaube als das beste Heilmittel für die mit seelischen Wunden belastete Geistseele des Menschen.

---

menschliches Vorkommnis wie die Krankheit, christlich gedeutet, immer nur antreffbar als ein leibseelisches in einer gedanklich zwar abstrakt unterscheidbaren, aber real immer unauflösbaren Einheit. Auch die Erfahrung der sogenannten leiblichen Krankheit enthält (wenn oft auch nur schwer verständlich) eine Aussage vom Kranken als freier Geistperson, von seinen schon bewältigten oder schon verfehlten Aufgaben, die ihm die Krankheit stellt, von den Aufgaben der Tapferkeit, der Ehrlichkeit gegen sich selbst, der Geduld, der religiösen Bewältigung des Erfahrenen, der schon gelungenen oder misslungenen Integrierung des Einbruchs von außen, Krankheit genannt, in die eine und totale Sinnsetzung für das ganze Dasein. Man begegnet immer der Krankheit, zu der man schon Stellung genommen, und diese Stellungnahme ist ein inneres Moment an der Krankheit selbst."

10   Als Beispiel für andere Werke einer dezidiert christlichen Psychotherapie siehe TOMISLAV IVANCIC, *Diagnose der Seele und Hagiotherapie*, Salzburg 2003.
11   Vgl. VIKTOR EGON FRANKL, *Ärztliche Seelsorge. Grundlagen der Logotherapie und Existenzanalyse*, München 1975, 46: „Dass der Glaube an einen Über-Sinn – ob nun als Grenzbegriff oder religiös als Vorsehung verstanden – von eminenter psychotherapeutischer und psychohygienischer Bedeutung ist, erhellt sich von selbst. Er ist schöpferisch. Als echter Glaube gibt es letzten Endes nichts Sinnloses."

Keine Religionsgemeinschaft der Welt bietet eine so massive Nähe Gottes wie die katholische Kirche. Der menschgewordene Gott und Offenbarer des Vaters ist hier nicht nur das Wort Gottes, sondern in einer beinahe beängstigenden Weise durch seine Mysterien präsent. Dass die Kirchen der Reformation hier bei der Eucharistie und bei den anderen Heilsmysterien einen Schritt zurück vollzogen haben, ist eine allen bekannte Tatsache: Stichwort Realpräsenz. Ganz abgesehen davon ist vielen Menschen ein möglichst ferner Gott entschieden lieber, am besten reduziert auf ein kosmisch-universelles Prinzip.

Dennoch stellt sich die Frage, ob man aus einem spezifischen Unterscheidungsmerkmal nicht doch einen branchenübergreifenden Wettbewerbsvorteil machen könnte. Statt seine konfessionelle Identität schamhaft hinter einer mit allem Eifer betriebenen Entmythologisierung zu verbergen, könnte man vermehrt das Heilsangebot einer ganz persönlich erlebbaren Nähe Gottes herausstellen, die für alle Höhen und Tiefen des Lebens gilt. Die zugegebenermaßen manchmal Ärgernis erregende ostentative Nähe der christlichen Erlösungsreligion, die sich nicht nur in der Lehre vom Heiligen Geist und seinen Geistesgaben, sondern auch im Glauben an Engel und Heilige und andere Wegbegleiter äußert und sich an allen Schnittstellen des Lebens – angefangen von Geburt, über pubertäre Reifungsprozesse bis hin zu Hochzeit, Kindertaufe und Tod – manifestiert, enthält manches Potential für eine Kultur schaffende Vitalität. Gemeint sind damit nicht so sehr die (zumindest in der Vergangenheit) zahlreichen Äußerungen christlicher Kunst – manches Mal sicherlich von zweifelhafter Qualität –, sondern vielmehr die historisch gewachsene Verbindung von christlicher Doktrin mit einem philosophisch fundamentierten Humanismus.

Gerade die von manchen (insbesondere von Karl Barth) für typisch „katholisch" erklärte *analogia entis*,[12] die die Transparenz der Welt und all ihrer Schönheit auf das göttliche Mysterium zum Inhalt hat, böte in dieser Richtung zahlreiche Möglichkeiten: Nicht

---

12  Vgl. KARL BARTH, *Die Kirchliche Dogmatik*, Bd. 1: *Die Lehre vom Wort Gottes. Prolegomena zur Kirchlichen Dogmatik*, Zürich 1947, VIII/IX: „Ich halte die *analogia entis* für die Erfindung des Antichrists und denke, dass man ihretwegen nicht katholisch werden kann. Wobei ich mir zugleich erlaube, alle anderen Gründe, die man haben kann, nicht katholisch zu werden, für kurzsichtig und unernst zu halten."

nur Musik, Kunst, Kultur, Architektur und alle Gattungen der Literatur, sondern einfach alle Kultur schaffenden und Identität stiftenden Bereiche der Geisteswelt würden somit einen Ruf in sich tragen, etwas von der Nähe des christlichen Heilsmysteriums sichtbar werden zu lassen. Man kann dies Schönheit, Wertbezogenheit oder einfach einen christlichen Humanismus nennen. Wichtig ist dabei, dass deutlich wird, dass die Suche des Menschen nach Wahrheit und Sinn kein aussichtsloses Unterfangen darstellt. Bei seinem apostolischen Besuch in dem österreichischen Wienerwald-Kloster Heiligenkreuz hat Benedikt XVI. 2007 die Zisterziensermönche an ihre Berufung erinnert, zu bezeugen, dass die urmenschliche Sehnsucht nicht ins Leere geht:

„In ihm [Christus] ist Gott mit seiner ganzen ‚Fülle' in unsere Welt eingebrochen (*Kol* 1,19), in ihm hat alle Wahrheit, nach der wir uns sehnen, ihren Ursprung und ihren Gipfelpunkt. Unser Licht, unsere Wahrheit, unser Ziel, unsere Erfüllung, unser Leben – all das ist nicht eine religiöse Lehre, sondern eine Person: *Jesus Christus*. Noch viel mehr als wir Menschen Gott je suchen und ersehnen können, sind wir schon zuvor von ihm gesucht und ersehnt, ja gefunden und erlöst! Der Blick der Menschen aller Zeiten und Völker, aller Philosophien, Religionen und Kulturen trifft zuletzt auf die weit geöffneten Augen des gekreuzigten und auferstandenen Sohnes Gottes; [...]."[13]

Augustinus von Hippo (354–430 n. Chr.) bringt einmal die Metapher von der (antiken) Doppelflöte: eine Flöte, die für das Schöne, Angenehme und Faszinierende dieser Welt steht, das in der griechischen Philosophie als Gottes Kosmos gedeutet wird, eine zweite für die innere Schönheit, die in der Heiligen Schrift sichtbar wird.[14] Die kontrastreichen Melodien beider Flöten kommen von demselben Geist, beide werden mit unterschiedlichen Noten bespielt, aber so, dass die Ganzheit von Wahrheit und Schönheit zum Erklingen kommt: „Das sind wie zwei Flöten mit verschiedenem Ton, aber der

---

13  BENEDIKT XVI., *Ansprache in der Abteikirche Heiligenkreuz am 9. September 2007*, in: MAXIMILIAN HEIM (Hg.), *Tu es Pastor Ovium. Eine Nachlese zum Besuch von Papst Benedikt XVI. am 9. September 2007 im Stift Heiligenkreuz*, Heiligenkreuz 2009, 94–99, hier: 95.

14  Vgl. JOSEF TSCHOLL, *Gott und das Schöne beim hl. Augustinus*, Heverlee-Leuven 1967, insbesondere 7–56; 100–124.

eine Geist bläst in beide, einer erfüllt sie beide, und sie ergeben keinen Missklang zusammen."¹⁵

In diesem Sinne hat die Welt einen nicht zu unterschätzenden Bedarf an Menschen, die das eine oder andere Instrument des Geistes anstimmen können; Menschen, die mit einem wachen Intellekt ausgestattet sind und die aus einem unstillbaren Durst nach Erkenntnis und einer umfassenden Bildung anderen Mitmenschen Orientierung geben können: katholische Intellektuelle. Dies aber sollten sie als Suchende tun, die andere ein Stück weit geleiten wollen.

Da die katholische Kirche weiterhin die größte Religionsgemeinschaft des Planeten Erde darstellt und mittlerweile nicht nur in Europa, sondern auch im Bergland von Uganda und – ganz überraschend – in der pulsierenden Metropole New York die Mehrheitsreligion stellt, sollten sich die Intellektuellen, die sich geistig dieser Kirche zugehörig fühlen, aufgrund ihrer Sendung von einer gewissen Selbstachtung und einem begründeten Selbstwertgefühl erfüllen lassen.

Das hiermit präsentierte Jahrbuch *Ambo* versteht sich als ein Beitrag zum christlichen Humanismus, als ein Bekenntnis zur Weite des christlichen Horizonts, der alle Spektren menschlichen Empfindens und menschlicher Erkenntnis mit der christlichen Kernbotschaft in Relation setzen will. So gesehen versteht sich dieses Projekt als ein Gegenentwurf zu einer „Enthellenisierung" des Christentums, zu einem geistigen Puritanismus, der sich als kämpferische Kontrastfolie zu einem diesseitigen Engagement christlicher Kultur und Theologie in der Welt von heute begreift. Im Bewusstsein der Brüchigkeit des Experiments, die biblische Offenbarung mit den rationalen und vernunftgemäßen Erklärungsmodellen der Philosophie ins Gespräch zu bringen, verweist der prägende Kirchenvater des Westens, Augustinus von Hippo, entschuldigend auf die Mitnahme des Goldes der Ägypter bei dem Exodus des Gottesvolkes Israel. Dieses habe sich damit das Kostbarste seiner heidnischen Umwelt angeeignet, dieses gereinigt und zu seinen Zwecken ver-

---

15   AUGUSTINUS VON HIPPO, *In epistolam Ioannis ad Parthos tractatus decem* (PL 35,2052): „Illae sunt duae tibiae quasi diverse sonantes; sed unus Spiritus ambas inflat [...]. Uno Spiritu implentur ambae tibiae, non dissonantur."

wendet, ohne dabei seine Berufung aus den Augen zu verlieren. Daher könne man in analoger Weise mit der Weisheit der Philosophen, insbesondere der „Platoniker" verfahren.[16] Das geistige Format dieses auf das „sowohl als auch" (von lat. Ambo = beide zusammen, gleichzeitig) abhebende Jahrbuch der Hochschule Heiligenkreuz mit dem Namen Ambo wird manchen erstaunen, der mit diesem klösterlich geprägten Studienort lediglich eine rudimentäre theologische Grundausbildung assoziiert. Tatsächlich hat sich die als „mystisches Herz des Wienerwaldes" bekannte altehrwürdige Zisterzienserabtei Heiligenkreuz in der Nähe von Wien unbeabsichtigt in einen Anziehungspunkt für eine Vielzahl christlich denkender Intellektueller entwickelt, die die geistig und spirituell potenzierte Atmosphäre dieses Ortes zu schätzen wissen. Zu nennen sind hier an erster Stelle die universell gebildeten Philosophen Hanna-Barbara Gerl-Falkovitz und Christoph Böhr, deren weitreichende Verbindungen zur europäischen Geisteswelt viel zum Gelingen dieses ersten Bandes einer Heiligenkreuzer Studienreihe beigetragen hat. Ein solcher geistiger Höhepunkt war 2013 die Hochschultagung mit dem programmatischen Titel „Europa eine Seele geben?", deren weitgefächerte und wohl fundierte Beiträge in diesen Band miteingeflossen sind.

Die gesellschaftspolitischen und philosophischen Interessen, die in dieser Auswahl sichtbar werden, bedeuten allerdings kein Nachlassen der *praedilectio*, der profunden intellektuellen und spirituellen Liebe zu dem geistigen Mentor dieser bescheidenen akademischen Institution, Papst Benedikt XVI. – Joseph Ratzinger, dessen performativem Vermächtnis zwei Beiträge von zwei seiner prominentesten Schüler und Mitarbeiter gewidmet sind. Kardinal Gerhard Müller, Leiter der Kongregation für die Glaubenslehre unter Benedikt XVI. (sowie unter Papst Franziskus), widmet der Hochschule Heiligenkreuz eine sehr persönliche Interpretation der päpstlichen Enzyklika *Deus caritas est*. Gegenüber den falschen

---

16  Vgl. AUGUSTINUS VON HIPPO, *De doctrina christiana* 2,40,60 (CCSL 32,73f.): „Philosophi autem qui vocantur si qua forte vera et fidei nostrae accommodata dixerunt, maxime Platonici, non solum formidanda non sunt, sed ab eis etiam tamquam ab iniustis possessoribus in usum nostrum vindicanda. Sicut enim Aegyptii non tantum idola habebant et onera gravia, quae populus Israhel detestaretur et fugeret, sed etiam vasa atque ornamenta de auro et argento et vestem, quae ille populus exiens de Aegypto sibi potius tamquam ad usum meliorem clanculo vindicavit ..."

Ideologien, die das Lebensglück von Millionen von Menschen zerstört haben, erweist sich das Christentum als Religion der Liebe, einer Liebe, die sowohl geerdet als auch wahrhaftig ist. Die Ekstase der hingebenden Liebe Christi führt zu Caritas und Diakonia, Nächstenliebe und Handeln im Dienst der anderen, und letztlich zur Überwindung aller Inhumanität.

Erzbischof Georg Gänswein, bis heute der engste Begleiter des deutschen Theologenpapstes, dechiffriert das kontroverse Reizwort „Entweltlichung" als Leitmotiv für eine effektive Neuevangelisierung und erläutert damit eine langjährige Vision des Papstes für eine Überwindung der Glaubenskrise der Kirche durch ein authentisches Zeugnis des Christentums: „Das missionarische Zeugnis der entweltlichten Kirche tritt klarer zutage. Die von materiellen und politischen Lasten und Privilegien befreite Kirche kann sich besser und auf wahrhaft christliche Weise der ganzen Welt zuwenden, wirklich weltoffen sein."[17]

Die Konvergenz von reflektiertem Glauben und transzendierender Vernunft, wie sie von Benedikt XVI. immer wieder neu hervorgehoben wurde, behandelt Hanna-Barbara Gerl-Falkovitz. Die Rationalität der Theologie ist ein Ergebnis der jüdisch-christlichen Überzeugung, dass Gott auch mit der Vernunft berührt werden kann. Erkenntnis bedeutet aber auch eine Begegnung des Herzens mit der Schönheit Gottes, die sich durch eine existenzielle Erschütterung durch die Offenbarung der gekreuzigten Liebe ereignen kann. Die Pathologien der autonomen Vernunft und der glaubenslosen Religion verweisen auf die Defizite von säkularer Psychologie und Soziologie.

Ein zentrales Anliegen des aktuellen Papstes Franziskus, eine Erneuerung der Ehepastoral aus dem Geist der Barmherzigkeit, wie er im Evangelium sichtbar wird, wird von einem Mitglied des Kreises der Ratzingerschüler, Michaela Hastetter, beleuchtet. Während Benedikt XVI. die Schönheit der gegenseitigen Hingabe in der unauflöslichen Ehe hervorhebt, die in der Bundestreue Gottes gründet, ist er zugleich von der desillusionierenden Realität des Empfanges

---

17 BENEDIKT XVI., *Ansprache Seiner Heiligkeit Papst Benedikt XVI. an engagierte Katholiken aus Kirche und Gesellschaft*, in: Verlautbarungen des Apostolischen Stuhls (Nr. 189), hg. vom Sekretariat der Deutschen Bischofskonferenz, Bonn 2011, 144–150, hier: 148.

der Sakramente ohne jeden Glauben konsterniert, die ein Scheitern der Ehen beinahe ausweislich machen. Papst Franziskus setzt daher bei der Akzentuierung der mitleidsvollen und missionarischen Kirche an, die die Familien nie, selbst wenn sie der Sünde verfallen, verlässt, um sie zur Umkehr einzuladen und mit dem Herrn zu versöhnen. Familienpastoral ist daher die Pastoral des Guten Hirten.

Der prophetische Auftrag der Fortführung der Tradition der Monastischen Theologie wird von Abt Maximilian Heim aufgegriffen, wenn er über den hoffnungsfrohen Satz „Unsere Heimat ist im Himmel" in seiner Bedeutung für die Kirche von heute meditiert. Eine Loslösung von einer veräußerlichten Verweltlichung erscheint als notwendige Voraussetzung für ein missionarisches Zeugnis, um als „Instrument Christi" als wahre Seele in der Welt wirksam zu sein.

Die verschiedenen Beiträge zur Philosophie rufen die große Tradition Europas in Erinnerung, sich dem Anspruch von absoluten Werten angesichts innerer Gewissheit zu stellen, die nicht zuletzt aus dem Glauben gewonnen wird. Für die Geistigkeit Europas ist das Erbe der Philosophie Griechenlands als Grundlage der westlichen Kultur in Verbindung mit dem Christentum immer noch grundlegend, da diese Synthese in der derzeitigen Verabsolutierung von Kritik allein Beispiele konstruktiven Denkens zu geben vermag, was auch von führenden Phänomenologen wie Husserl und Stein anerkannt wurde, worauf Angela Ales Bello hinweist.

Christoph Böhr entschlüsselt in diesem Zusammenhang die Genese Europas mit dem genetischen Material Griechen- und Römertum sowie Juden- und Christentum, das in seiner gegenseitigen Bereicherung dem Menschen einen anspruchsvollen inneren Zugang zu seiner Subjektivität ermöglicht hat, zu einer Metaphysik des „Inneren Menschen". Die Unbedingtheit des Glaubens garantiert hierbei die Unantastbarkeit der Würde des Menschen als Grundlage der demokratischen Gesellschaft.

Wie Hanna-Barbara Gerl-Falkovitz eindrucksvoll darstellt, bleibt die Gottesfrage auch in der Postmoderne eine Konsequenz einer philosophischen Frage nach Wahrheit, nach dem Imperativ des „Anderswoher". Gerade die Suche nach Sinnpotentialen, verbunden mit der Forderung nach einer universellen Gerechtigkeit, führte auch kritische Vordenker der Moderne wie Derrida, Habermas und Strauß an die Grenzen der Theophanie der Herrlichkeit des Christentums.

Für den ethischen Anspruch des Christentums steht das Fakt, dass ohne eine Gesamtdeutung der Welt im Licht des Guten (Rémi Brague) alle Ethik Gefahr läuft, zu einem Phantom zu werden. Positiv gesehen ist die Idee des Guten ein wahrhaft schöpferisches Lebensprinzip. Hieraus ergibt sich als Konsequenz die Gewissensfrage, die mit einem intuitiven Wissen um die Wahrheit des Guten verbunden ist (Gruber). Enrico Sperfeld denkt über die Qualität eines philosophischen Lebens nach, das inmitten der Tätigkeiten durch die Entwicklung eines Sinnes für Muße einen Zugang zu Kreativität und Sinn finden kann.

Die Beschäftigung mit den philosophischen Grundlagen Europas führt zu dem Themenkomplex Politik. Berthold Wald macht darauf aufmerksam, dass man die Bürger erst wieder für das „Projekt Europa" gewinnen wird, wenn man erneut Zugang zu den Grundlagen der europäischen Kultur findet. Nicht eine szientistische Vernunft eines seelenlosen Pragmatismus ohne innere Überzeugung wird dem Europa-Gedanken wieder Faszination verleihen, sondern allein eine anamnetische Vernunft, die klarstellt, dass Europa keine Kultur ohne Zentrum darstellt, sondern dass der Humanismus und das Christentum die entscheidende Orientierung vermitteln. Die Wiederkehr der Rede von einem potentiellen Untergang des Abendlands veranlasst Heinrich Schneider, bisherige Untergangsszenarien wie die Thesen von Spengler und Toynbee zum Auseinanderbrechen von Kulturen zu analysieren und dabei Perspektiven für einen verantwortbaren Umgang mit der derzeitigen Krise aufzuzeigen. Angesichts der äußerst sensiblen Thematik der Flüchtlingskrise demonstriert Johann Braun die Notwendigkeit von klaren Denkstrukturen, denn angesichts des Sieges der Sozialmoral über die Rechtsprinzipien des Staates erscheint eine objektive Scheidung zwischen sozialer Gesinnungsmoral und christlicher Verantwortungsmoral mehr als geboten.

Auf eine Stärke des Europabegriffs macht Beatrix Kersten in Zusammenhang mit Guardinis Diktum „Europa ist Kritik an der Macht" aufmerksam, wenn sie die Revolution der Würde in der

Ukraine als einen Präzedenzfall für das Differenzial von Aufstand und Verfassung beschreibt, das die Würde und Freiheit des Einzelnen garantieren will. Aber auch der Freiheits- und Emanzipationsbegriff trägt Ambivalenzen in sich, da eine angebliche diesseitige Aussicht auf Befreiung durch Emanzipation zu einem neuen politischen Autoritarismus führen kann, der letztlich sogar die Prinzipien von Wahrheit, Gerechtigkeit und Freiheit außer Kraft setzen kann, wie Cyrill Bednar ausführt.

Dem Auftrag Benedikts XVI. an unsere Hochschule entsprechend, das Erbe der Monastischen Theologie zu bewahren, ist hier ein weitgehend unbekannter Text von Odo von Cluny angeführt, der bisher als quasi unübersetzbar galt, von Leo Bazant-Hegemark aber souverän ins Deutsche übertragen wurde. Wolfgang Buchmüller weist in seiner Einführung darauf hin, dass auch in einer der dunkelsten Stunden Europas es christliche Dichter verstanden haben, das Erbe der Antike mit dem Vermächtnis des Glaubens zu verbinden und durch ihre Wortkunstwerke Licht ins Dunkel der Hoffnungslosigkeit zu bringen.

Dem Dialog mit der Kultur der Moderne sind drei Berichte über Werke der Literatur gewidmet, die sich auf die Sinnfragen des Menschen der Gegenwartsgesellschaft einlassen. Ohne Frage als provokativ zu werten ist die Bekehrungsgeschichte eines französischen Intellektuellen zum Islam, die Michel Houellebecq in epischer Breite schildert. Beate Beckmann-Zöller begleitet den Leser behutsam und kenntnisreich zum metaphysischen Scheideweg Europas. Dessen existenzielle Schicksalsfrage charakterisiert sie als Entscheidung zwischen einer Phänomenologie der Unterwerfung (Islam) versus einer Phänomenologie der Hingabe (Christentum).

Eine Auseinandersetzung mit dem Numinosen, das sich in Träumen und im Unterbewussten offenbart, bringt der Roman von Patrick Roth „Sunrise. Das Buch Joseph", das die biblische Figur des Joseph als Ausgangspunkt für eine mystische Daseinsinterpretation der Moderne nimmt. Auch in Zeiten der zerbrochenen Mythen mit einem zerbrochenen Vertrauen sehnt sich der Mensch nach zeitlosen und existenziell gültigen Erfahrungen.

Im Sinne von Bestandssicherung, Konsolidierung und Vertiefung führt Manuel Schlögl den Leser zu einem Klassiker der

Moderne in Gestalt der Schriftstellerin Ida Friederike Görres, aus deren neu herausgegebenen Briefwechseln sich zahlreiche interessante Rückblenden in die Konzilszeit ergeben. Die damalige Erschütterung des Priesterbildes konterkariert Görres durch ihre Charakterisierung des Priesters als „unmittelbare Erinnerung an Gott, Repräsentation als Bote ... als Zeuge seiner Wirklichkeit" sowie als das „Andere, gerade Sich-Abhebende, gerade das Überstrahlende" und attestiert ihm eine Berufung zur „Gegenspannung".

Dieser Serie von Literaturberichten schließt sich ein Panorama theologischer Literatur in Form von 31 Rezensionen von Neuerscheinungen an, ergänzt durch einen persönlichen Nachruf auf den großen Liturgiker Michael Kunzler aus der Feder von Bruno Hannöver. Unter der Kategorie „Aktuelles" berichtet der (Gründungs-)Rektor Karl Wallner OCist über die Hochschule Heiligenkreuz, die seit 2007 als selbstständige Institution päpstlichen Rechtes unter der vatikanischen Kongregation für das Bildungswesen geführt wird. Die Statistik veranschaulicht eindrucksvoll die dynamische Entwicklung dieser auf Priesterausbildung fokussierten Bildungseinrichtung, deren Hörerzahlen sich in den letzten 20 Jahren mehr als vervierfacht haben. Mittlerweile werden fünf Studiengänge für die Studierenden angeboten, darunter seit 2015 im Rahmen einer Kooperation mit der Hochschule St. Pölten der Master in Religionspädagogik und ab Herbst 2016 der Aufbaustudiengang Lizentiat „Spiritualität und Evangelisation". Die Vollendung des auf Spendenbasis finanzierten Ausbaus der Hochschule 2015 ist aufgrund dieser Aufwärtsentwicklung zu einem Kairos geworden, der erhoffen lässt, dass das Konzept einer konfessionellen kirchlichen Theologie auf gehobenem intellektuellem Niveau weiterhin Anklang finden wird. In diesem Sinne ist zu erhoffen, dass auch das Jahrbuch *Ambo* eine günstige Aufnahme im Kreise der interessierten Leserschaft finden wird.

# II.
# GLAUBE

# Deus Caritas est

*Gerhard Ludwig Kardinal Müller*

## Zum 10-jährigen Jubiläum der ersten Enzyklika von Papst Benedikt XVI.

Das 20. Jahrhundert war von Ideologien und Männern bestimmt, die der Welt ohne Rücksicht auf das Lebensglück von Millionen Menschen ihren Willen aufzwingen wollten. Ihre eigenen Ideen hielten Stalin, Hitler, Pol Pot, MaoTse-tung für das Heil der Welt, und der neue Mensch sollte nach ihrem Bild und Gleichnis geschaffen und nach ihrer Räson selig werden. Auch heute erleben wir, wie Terroristen, skrupellose Ausbeuter und Menschenschinder manchmal sogar im Namen Gottes Hass und Gewalt zu Mitteln für eine künftige bessere Welt erklären.

Demgegenüber ist das Christentum die Religion der Liebe. Die Liebe, mit der Gott uns Menschen alle im überreichen Maß beschenkt, und unsere Antwort in der Hingabe an Gott und den Mit-Menschen ist die Wesenserfüllung des Menschen. Mit den Worten der Enzyklika: „Die Liebe ist nun dadurch, dass Gott uns zuerst geliebt hat, nicht mehr nur ein Gebot, sondern Antwort auf das Geschenk des Geliebtseins, mit dem Gott uns entgegengeht." (Nr. 1)

Gottes- und Nächstenliebe sind die Herzmitte des christlichen Glaubens an die schöpferische, erlösende und vollendende Macht Gottes des Vaters, des Sohnes und des Heiligen Geistes.

Liebe und Hass – zwischen diesen Alternativen wird sich das Schicksal der Welt und jedes einzelnen Menschen erfüllen.

Das war das Thema des ersten Rundschreibens unseres Papstes Benedikt XVI.

## Die Einheit der Liebe in Schöpfung und Heilsgeschichte

Liebe kann missverstanden werden als ein bloßer Moralappell, ein folgenloser Aufruf zum Guten, während die reale Welt unbeirrt ihren Weg von Hass und Egoismus, von Selbstsucht und absoluter Orientierung am Eigennutz weitergeht. Man kann aber auch fragen, warum das 20. Jahrhundert nicht nur Ungeheuer hervorgebracht hat, sondern auch Menschen wie Mahatma Gandhi, Fr. Roger Schutz, Maximilian Kolbe, Mutter Teresa und Papst Johannes Paul II. oder Menschen, die sich selbstlos in den Dienst der Flüchtlinge und Verfolgten aus dem Nahen Osten stellen.

Christenmenschen sind solche, die der Liebe geglaubt haben. Christsein vollzieht sich in der Begegnung mit der Person Jesus von Nazareth. In ihm sind alle Verheißungen Gottes wirklich und wirksam geworden. In ihm sind Gottesliebe und Nächstenliebe innerlich vereint, so wie sie schon in der Offenbarungs- und Glaubensgeschichte des erwählten Volkes Israels angelegt waren.

Darum ist das Bekenntnis zu Gott im Zeugnis: „Gott ist die Liebe, und wer in der Liebe bleibt, bleibt in Gott und Gott bleibt in ihm" (1 Joh 4,16) der einzige und sichere Weg in die lichtvolle Zukunft sowohl in der Zeit der Geschichte wie auch in der Vollendung des Menschen in der ewigen Liebe Gottes. Im ersten Teil seiner Enzyklika entfaltete der Papst die Einheit der Liebe in Schöpfung und Heilsgeschichte, während im zweiten Teil praktisch von der *caritas* die Rede ist. Es geht dabei um das Liebeshandeln der Kirche als einer Gemeinschaft der Liebe. Von der Auslegung dessen, was Liebe ist, hängt entscheidend unser Gottesbild und damit unser Menschenbild ab.

Von Liebe sprechen wir bei allen geglückten Beziehungen des Menschen, die etwas mit Sinn und Erfüllung zu tun haben. Wir reden von der Liebe zwischen Geschwistern, Eltern und Kindern, unter Verwandten und Freunden, aber es gibt auch die Liebe zur Arbeit, zur Kunst, Musik und Wissenschaft.

Doch der höchste Gesichtspunkt, in dem in allen Kulturen und besonders auch im Raum der biblischen Offenbarung von Liebe gesprochen wird, ist die geist-leibliche Gemeinschaft von Mann und Frau in der Ehe. Wegen der inneren Einheit des Menschen in Geist und Materie, Seele und Leib darf man den Eros des leiblichen

Begehrens und die Philia und die Agape, die sich verschenkende und hingebende Liebe, nicht voneinander trennen. Es geht um die Reinigung von allen egoistischen Regungen, die den Menschen am Ende zum Sklaven seines Ich oder der kommerzialisierten Lustindustrie macht. Ziel ist die leibseelische Integration und die Öffnung zum Nächsten in der Selbst-Hingabe oder in der Opfergabe der eigenen Person, so wie Christus sich am Kreuz selbst dem Vater dahingegeben hat für das Heil der Welt. Der Mensch ist nach dem Plan des Schöpfers so verfasst, dass er sich nur gewinnen kann, indem er sich an den geliebten Mitmenschen verschenkt und so mit ihm in eine Gemeinschaft der Liebe eingefügt wird.

Damit ist auch der Einwand des Philosophen Friedrich Nietzsche gegen das Christentum beantwortet, das Christentum habe dem Eros Gift zu trinken gegeben, daran sei der Eros zwar nicht gestorben, aber man habe den Menschen ein schlechtes Gewissen gemacht und ihre biologischen und naturhaften Antriebe zu Lastern erklärt. Logos und Bios lassen sich jedoch nicht gegeneinanderstellen oder als zwei völlig getrennte Sphären absondern.

Sowohl eine Leibfeindlichkeit, die den Menschen als reinen Geist sieht jenseits seiner biologischen Existenzbedingungen, wie auch eine konsumistische Leibvergötzung, die Geist und Ethos nur als weltfremden Überbau abschütteln will, zerstören die Liebe. Wahre Liebe will Ewigkeit: nur Du und für immer. Dem Glauben an den einzigen Gott, wie er zum Kern der Identität des Gottesvolkes Israel geworden ist, entspricht daher die monogame Ehe von einem Mann und einer Frau mit den Gütern der Ehe: bonum fidei, prolis et sacramenti.

So zeigt sich, dass das Neue des biblischen Glaubens in Israel und in der Kirche in der unlöslichen Zusammengehörigkeit des Gottes- und des Menschenbildes liegt. Worin besteht das ganz Neue des biblischen Gottesglaubens?

Lassen wir die oft verqueren Anläufe zum Verständnis des Göttlichen in den polytheistischen Religionen beiseite und schauen wir uns das Gottesverständnis des Aristoteles auf dem Höhepunkt der griechischen Philosophie an. Er kennt nur den einen, einzigen Gott, den das menschliche Denken erreichen kann. Aber Gott ist der, der von allem Seienden geliebt und angestrebt wird, der aber selbst nicht liebt und der Liebe bedürftig ist. Auch das Judentum und Christentum erkennen Gott als das höchste Sein. Aber das ganz Neue ist dies: Gott, der Schöpfer der Welt und der, der sich Israel als sein Volk erwählt hat, ist ein liebender und barmherziger Gott. Ja, gleichsam ist auch der Eros in seiner Liebe zu seinem Volk erkennbar. Er ist ein eifernder Gott. Er ist voller Zorn über die Halsstarrigkeit, die Gleichgültigkeit und den Liebesentzug, mit dem die Israeliten ihn strafen wollten. Aber größer ist seine leidenschaftliche Liebe auch zu dem störrigen und sündigen Volk. So wie ein Bräutigam seine Braut liebt und sich vor Sehnsucht nach ihr verzehrt, ja ihre Untreue mit noch größerer Liebe beantwortet, so liebt Gott seine Braut Israel.

Im Neuen Testament haben wir nicht einfach nur neue Ideen. Das Neue besteht in der Person Christi, der fleischgewordenen Vernunft und der als Mensch begegnenden Liebe Gottes. In seiner leidenschaftlichen Liebe zu den Menschen geht er im Menschsein Jesu bis zum Kreuz. Im Blick auf den zerschundenen Leib des Sohnes des Vaters und sein durchbohrtes Herz erahnen wir, was es heißt: Gott ist die Liebe. Die Liebe Gottes in Christus ist realistisch und präsent in der Feier der Eucharistie. Hier empfangen wir nicht statisch nur die sich hingebende Liebe Christi, wir werden in sie hineingerissen. Im Opfer der Kirche werden die Glieder seines Leibes eins mit ihm, der das Haupt des Leibes, seiner Kirche ist. So wie Jesus ganz für uns da war, so können wir nur Christen sein, indem wir uns mit ihm für die Menschen öffnen und dahingeben, weil wir mit Christus und durch ihn und mit ihm schon ganz dem Vater im Himmel hingegeben sind und in der Gemeinschaft des Sohnes mit dem Vater im Heiligen Geist in der vollen Communio der Liebe vergöttlicht sind. Wir leben in Gott und Gott wohnt in uns.

Diese mystische Vereinigung mit Jesus im Sich-Mitopfern und im Empfang der Kommunion, als Lebensgemeinschaft mit ihm und den Gliedern seines Leibes, den Brüdern und Schwestern, hat, wie der Papst sagt, „sozialen Charakter" (Art. 14).

## Die Einheit in Christus

Es wäre völlig falsch, wenn wir das Christsein aufspalten wollten in drei verschiedene Komplexe, nämlich von Glaubensbekenntnis, Moral und Ethik und schließlich von Kult und Liturgie. In Christus sind Gottes- und Nächstenliebe, Orthodoxie und Orthopraxis wie die zwei Seiten einer Münze.

Wir sehen uns aber in unseren eigenen Überlegungen und im Gespräch mit anderen immer zwei Einwänden gegenüber:

– Können wir Gott überhaupt lieben, wenn wir ihn doch nicht sehen?

– Und kann man Liebe gebieten?

Du sollst Gott und deinen Nächsten lieben! Gewiss ist Gott unseren leiblichen Augen nicht sichtbar. Niemand hat Gott je gesehen. Aber „der Einzige, der Gott ist und am Herzen des Vaters ruht, er hat Kunde gebracht" (Joh 1,18).

Wer mich sieht, sieht den Vater, antwortet Jesus dem Philippus, der ihn bittet: „Herr, zeig uns den Vater" (Joh 14,8). Ja, wir haben es mit eigenen Augen gesehen, mit unseren Ohren gehört und mit unseren Händen berührt: das Wort des Lebens, und haben mit und durch Christus Gemeinschaft mit dem Vater (vgl. 1 Joh 1,1-3). Die Jünger haben die Liebe Gottes gesehen und erfahren, indem Jesus Kranke geheilt, Ausgestoßene in die Gemeinschaft zurückgeholt hat, den toten Sohn der Mutter durch Auferweckung von den Toten zurückgegeben hat, den Armen die Frohbotschaft verkündet und die Trauernden getröstet hat. Und er bleibt bei uns, indem er die Bitte der Emmaus-Jünger erfüllt durch sein Wort, die Sakramente, die Eucharistie, das Gebet, das er erhört, und durch die Liebe, die wir erfahren und die wir verschenken können.

Wenn Liebe nicht nur Gefühl ist, sondern das Sich-hineinreißen-Lassen in die Liebesgeschichte Gottes mit den Menschen, dann lernen wir auch den Unsympathischen, den Lästigen und Langweiligen, ja sogar unseren Feind auf einmal mit den Augen Gottes zu sehen. Dann wird die Erfüllung des Liebesgebotes möglich. Wir ringen unserer eigenen Liebesunfähigkeit etwas ab mithilfe der Gnade des Geistes der Wahrheit und der Liebe. Wir geben nur weiter, was wir selbst empfangen haben. Liebe wächst durch Liebe. Liebe kann dann niemals nur eine religiöse Pflicht bleiben. Liebe macht sensibel für Gott und den Nächsten.

„Wenn ich meine ganze Habe verschenkte und wenn ich meinen Leib dem Feuer übergäbe, hätte aber die Liebe nicht, nützte es mir nichts" (1 Kor 13,3).

## Caritas und Diakonia: Die Kirche ist eine Gemeinschaft in der Liebe Gottes

Die Liebe ist Gott, der sein dreifaltiges Leben auf uns Menschen hin öffnet: Aus Liebe erschafft Gott die Welt und beruft die Menschen als seine geliebten Söhne und Töchter. Der Sohn wird in der Menschwerdung einer von uns. Er zeigt, dass Liebe mehr ist als unverbindliches Gefühl, sondern tätiges Sich-Verschenken. Er öffnet in seinem blutigen Tod sein Herz für uns. Im Herzen Gottes sind wir geborgen. Der Geist von Vater und Sohn wird allen Menschen, der ganzen Kirche und uns persönlich ins Herz gegossen, sodass wir – wie Jesus von allem Hochmut befreit – den Menschen sogar den Sklavendienst der Fußwaschung verrichten können (vgl. Joh 13). Weil der Heilige Geist im Herzen der Kirche lebt, wird all das Handeln, Denken und Empfinden seiner Jünger zum Ausdruck und zur Mitteilung der Liebe Gottes in der Welt. Untrennbar sind darum Leiturgia, Martyria und Diakonia.

Die Caritas oder Diakonia ist eine Wesensäußerung der Kirche. In der Apostelgeschichte heißt es: „Alle, die gläubig geworden waren, bildeten eine Gemeinschaft und hatten alles gemeinsam. Sie verkauften Hab und Gut und gaben davon allen, jedem so viel, wie er nötig hatte" (Apg 2,44f.).

Als die Kirche immer größer wurde, kam es notwendig zu einer Organisation der Caritas auf der Ebene der Pfarrgemeinde, der Ortskirche, des Bistums und auch heute umso mehr zur Organisation der kirchlichen Liebestätigkeit auf nationaler und auf Weltebene.

Es gibt genügend Beispiele aus der Zeit der Kirchenväter, dass gerade die Heiden die Fürsorgetätigkeit der Christen und der Kirche für die Armen und die Notleidenden als das besondere Merkmal der Christen betrachteten. Kaiser Julian der Apostat hatte als sechsjähriger Junge die Ermordung seines Vaters und seiner Verwandten durch den sich so christlich gebenden Kaiser Konstans erleben müssen und war dadurch zu einem glühenden Hasser des Christentums geworden. Als er sein Neuheidentum wieder aufrichten wollte, setzte er heidnische Wohlfahrtsorganisationen der Kirche gegenüber, weil das Christentum durch die praktizierte Nächstenliebe so populär geworden war.

Die organisierte Caritas ist darum nicht einfach nur eine humanistische Wohlfahrtstätigkeit, die man auch dem Staat oder anderen Organisationen überlassen könnte, sondern sie gehört zum Wesen der Kirche und ist unverzichtbarer Wesensausdruck ihrer selbst (Art. 25). Die Kirche ist Gottes Familie in der Welt, in der es keine Notleidenden geben darf, weil die Christen miteinander teilen, was sie besitzen.

## Im Mensch-Sein bewahrt: Mit Christus die Inhumanität überwinden

Die Enzyklika kommt auch auf die großen gesellschaftlichen Verwerfungen im Europa des 19. und 20. Jahrhunderts zu sprechen, die durch die industriellen und wissenschaftlichen Revolutionen ausgelöst worden waren. Seit der Aufklärung des 18. Jahrhunderts hatte sich auch der Fortschrittsglaube herausgebildet, der geistesgeschichtlich im liberalistischen Kapitalismus und im sozialistischen Marxismus zu seiner größten geschichtlichen Wirksamkeit gekommen war.

Der Kapitalismus ist am Profit des Leistungsfähigen auf Kosten der großen Allgemeinheit interessiert. Ihm erscheint die auf Solidarität und soziale Gerechtigkeit aufgebaute christliche Gesellschaftslehre als Ausfluss einer weltfremden Ethik, die von den harten Gesetzen des Marktes aus dem Feld geschlagen wird. Der Marxismus meint, den Gegensatz von Kapital und Arbeit durch die gewaltsame Herstellung einer klassenlosen Gesellschaft auflösen zu können. Christliche Liebestätigkeit wird denunziert als Stabilisierung der ungerechten Gesellschaftsordnung, als Gewissensberuhigung der Machthaber mit dem illusorischen Verweis auf ein besseres Jenseits.

Beide Systeme haben bei all ihrem politischen Gegensatz aber eines gemeinsam – ihre krasse Inhumanität: der Kapitalismus tötet, der Kommunismus vernichtet. Die christliche Gesellschaftslehre orientiert sich nicht an unerreichbaren Utopien. Sie geht davon aus, dass in der Gesellschaft Gerechtigkeit und Solidarität durch vernünftiges Handeln auf der Basis der Rechtsordnung approximativ herbeizuführen sind. Die Kirche als Sakrament des Heils hat keinen unmittelbaren politischen Auftrag. Sie kann sich nicht an die Stelle des Staates setzen, der in der politischen Auseinandersetzung der gesellschaftlichen Gruppierungen und bei Beteiligung aller Bürger eine gerechte soziale Ordnung herzustellen hat. „Gerechtigkeit ist Ziel und daher auch inneres Maß aller Politik" (Art. 28). Was der Staat nicht leisten kann, wozu aber die Christen als Einzelne und die Kirche als Gemeinschaft berufen sind, das ist die Erfahrbarmachung der Liebe in der Gottes- und Nächstenliebe. Was ihr dem geringsten meiner Brüder getan habt, das habt ihr mir getan (vgl. Mt 25).

Es ist die wichtige Aufgabe der Laien, in Beruf und Politik am Aufbau gerechter Strukturen und Mentalitäten mitzuwirken. Da Gerechtigkeit und Solidarität sich aus der gemeinsamen menschlichen Vernunft erschließen, darum ist auch eine Zusammenarbeit mit Menschen anderer religiöser oder rein humanistischer Gesinnung möglich und geboten. Dazu gehört auch eine gute Zusammenarbeit der karitativen Einrichtungen der Kirche mit staatlichen und freien Organisationen.

Niemals aber wird eine noch so optimale Gesellschaftsordnung alles Leiden der Menschen aus der Welt schaffen können. Hier hat das caritative Handeln jedes Christen und der organisierten Hilfstätigkeit der kirchlichen Institutionen seinen Ort. Bei der konkreten Liebestätigkeit geht es um die Erfahrung der Liebe Gottes zum Menschen in seiner geistig-religiösen, seiner seelischen und körperlichen Not.

Menschen sollen es erfahren durch die Vermittlung derer, die in christlichem Namen tätig sind, dass in aller irdischen Gebrechlichkeit die Würde des Menschen unverlierbar bleibt, weil sie aus der Liebe Gottes hervorgeht und in sie einmündet.

## Die Liebe Christi drängt uns: Von der Liebe zum Nächsten

Wir brauchen die Schärfung des spezifischen Profils der kirchlichen Liebestätigkeit. Gegenüber der Denunziation christlicher Liebestätigkeit durch den Marxismus ist die ideologiefreie und unverzweckte Herkunft der caritativen Motivation hervorzuheben. Warum helfen wir denn wie der barmherzige Samariter dem, der unter die Räuber gefallen war? Wir räsonieren in diesem Moment nicht über eine bessere polizeiliche Überwachung und Verbrechensbekämpfung, sondern wir haben als Menschen ein aus unserer von Gott geschaffenen Natur hervor quellendes Mitleid, das uns konkret, jetzt und gerade diesem konkreten Menschen helfen lässt. „Die Liebe Christi drängt uns" (2 Kor 5,14), so sagen wir es als Christen.

Aber wir helfen ohne geheime Absichten dem Nächsten, einfach weil er unser Nächster ist, weil er in diesem Augenblick Christus repräsentiert. Darum verzwecken wir die praktizierte Nächstenliebe nicht und machen sie auch nicht zu einem Mittel des Proselytismus, die nach Papst Franziskus das genaue Gegenteil von Mission wäre. Denn Mission ist die absichtslose Bezeugung der bedingungslosen Liebe Gottes zu uns in Jesus Christus. Der erfahrene Christ weiß, wann er von Gott sprechen muss und wann er schweigend Gottes Liebe bezeugt. Das wortlose Beispiel ist manchmal das beste Zeugnis für die Liebe Gottes, die auch zum Glauben an Gott und zur Erfahrung der Liebe Christi in der Gemeinschaft seiner Kirche führen kann.

Die beste Verteidigung Gottes und des Menschen besteht eben in der Liebe (Art. 31c). Die Kirche als Ganze ist Subjekt des caritativen Handelns, so wie sie auch Subjekt des Glaubensbekenntnisses und der Feier der Sakramente bleibt.

Wer beruflich den Liebesdienst der Kirche vollzieht, muss sich vor zwei entgegengesetzten Gefahren hüten. Einmal gibt es die Versuchung, auf irrlichternde Ideologien hereinzufallen, die vorgeben, eine Lösung aller Probleme herbeizuführen, indem der Mensch das in die Hand nimmt, was der Weltregierung Gottes bisher nicht gelungen sei. Es gibt aber auch die Gefahr der Resignation, weil wir allezeit Arme und Notleidende unter uns haben. Alle Spenden und Einsätze scheinen wie hineingeschüttet in ein Fass ohne Boden. Damit wir weder hochmütig-totalitär und sogar terroristisch werden im Namen Gottes oder des Guten noch auch uns beleidigt in das Schneckenhaus des eigenen kleinen Glücks zurückziehen, bedarf all unser Einsatz für den Nächsten des Gebetes. Das Gebet bewahrt vor blindem Aktionismus und fanatischem Weltverbesserertum.

„Eine echt religiöse Grundhaltung vermeidet, dass der Mensch sich zum Richter Gottes erhebt und ihn anklagt, das Elend zuzulassen, ohne Mitleid mit seinen Geschöpfen zu verspüren. Wer sich aber anmaßt, unter Berufung auf die Interessen des Menschen gegen Gott zu kämpfen – auf wen soll er sich verlassen, wenn das menschliche Handeln sich als machtlos erweist?" (Art. 37)

Mit Jesus, der ohnmächtig seine Todesnot und Verlassenheit in Gott hinein geschrien hat am Kreuz und der vom Vater erhört und in der Auferstehung gerechtfertigt wurde, sterben auch wir hinein in die Hoffnung, die ewiges Leben in der Liebe des dreifältigen Gottes schenkt.

In dieser historischen Stunde, in der die Menschheit geistig erneut an einer Wegscheide steht, müssen auch wir uns entscheiden zwischen Liebe und Hass, Gleichgültigkeit und Opferbereitschaft. Wir sind überzeugt, dass im Tiefsten die Gründe für den Säkularismus oder die innere Distanzierung vieler von der christlichen Überlieferung, das Austrocknen der Wurzeln, nicht intellektuelle Schwierigkeiten mit einzelnen Glaubenslehren der Kirche sind, sondern ein mangelndes Vertrauen in die weltverändernde und hoffnungsgebende Kraft der Liebe Gottes.

Das Christentum wird bei uns wieder neu an Kraft gewinnen, der Glaube wieder als Geschenk erfahren, wenn wir begreifen, dass Gott die Liebe ist. Das ist auch das große Anliegen von Papst Franziskus, der nicht müde wird, einer glaubensmüden und von Gleichgültigkeit und Fanatismus zerrissenen Welt die Botschaft von der Barmherzigkeit und Liebe Gottes zuzumuten.

Möge das Heilige Jahr der Barmherzigkeit, das am 8. Dezember 2015, dem Hochfest der Empfängnis Mariens ohne den Makel der Erbsünde, beginnt, möglichst viele Christen wachrütteln und aufwecken für die Botschaft, die die Welt verändert und rettet:

„Die Liebe ist aus Gott, und jeder, der liebt, stammt von Gott und erkennt Gott. Wer nicht liebt, hat Gott nicht erkannt; denn Gott ist die Liebe. Die Liebe Gottes wurde unter uns dadurch offenbart, dass Gott seinen einzigen Sohn in die Welt gesandt hat, damit wir durch ihn leben." (1 Joh 4,7ff.)

# „Entweltlichung" und „Neuevangelisierung"

*Erzbischof Georg Gänswein*

## Reizworte oder Leitmotive einer Kirchenreform? Überlegungen im Anschluss an eine umstrittene Rede[1]

Herzlich danke ich dem Abt des Stiftes Heiligenkreuz und dem Rektor der Philosophisch-Theologischen Hochschule Benedikt XVI. für die Einladung, das diesjährige Studienjahr am Fest der heiligen Kirchenlehrerin Theresia vom Kinde Jesu mit einem Inaugurationsvortrag zu eröffnen. Dieser Einladung bin ich gerne gefolgt. Auf diese Weise kommt auch die besondere Verbundenheit des emeritierten Papstes mit der Hochschule zum Ausdruck, dessen Namen sie trägt.

Ich möchte meinen Vortrag unter den zugegebenermaßen etwas reißerischen Titel stellen:
„Entweltlichung" und „Neuevangelisierung": Reizworte oder Leitmotiv einer Kirchenreform? Überlegungen im Anschluss an eine umstrittene Rede.

Im Vorwort zu seinem Buch „Einführung in das Christentum", das aus einer Vortragsreihe für Hörer aller Fakultäten 1967/68 an der Universität Tübingen entstand, erzählt Joseph Ratzinger das alte Märchen vom „Hans im Glück", der, um es bequemer auf seinem Weg zu haben, den Goldklumpen, der ihm zu schwer wurde, der Reihe nach eintauscht: „für ein Pferd, für eine Kuh, für eine Gans, für einen Schleifstein, den er endlich ins Wasser warf, ohne noch viel zu verlieren".

---

[1] Inaugurationsvortrag zur Eröffnung des akademischen Jahres 2015/16 der Philosophisch-Theologischen Hochschule Benedikt XVI. Heiligenkreuz (1. Oktober 2015)

"[I]m Gegenteil: Was er nun eintauschte, war die köstliche Gabe völliger Freiheit, wie er meinte."² Für Joseph Ratzinger war dies ein Bild des Weges der Theologie, die aus modischer Anpassung, letztlich aus Bequemlichkeit, den Anspruch des Glaubens Stufe um Stufe herunterinterpretiert. Es scheint, dass dieses Geschick, das Joseph Ratzinger im Blick auf die Theologie in bildhafter Sprache erzählt, auch seiner Rede anlässlich seines Deutschlandbesuchs im Freiburger Konzerthaus am 25. September 2011 widerfährt. Dann wird aus einer Kostbarkeit, die man in Händen hält, ein Mühlstein, dessen Last man sich alsbald entledigt.³

Kaum war der letzte Satz im Konzerthaus verklungen, bemühte man sich zu sagen, worüber Papst Benedikt XVI. nicht gesprochen habe, was er nicht gemeint habe: Auf jeden Fall habe er keine stärkere Trennung von Staat und Kirche empfohlen und auch nicht von der Kirchensteuer gesprochen. Eine Einschätzung lautete: Es war ein „geistliches Wort". Damit sollte die offensichtliche Brisanz der Rede gemildert werden, denn sie enthält alles andere als folgenlose, glatte Worte. Die Rede löste eine Welle von Diskussionen und kritischen Beiträgen aus.⁴ Damit die Kirche ihre Sendung verwirklichen kann, „wird sie immer wieder auf Distanz zu ihrer Umgebung gehen müssen, sich gewissermaßen „ent-weltlichen".

Mit diesem Wort „Entweltlichung", das immer mehr zu einem Reizwort geworden ist, hat Papst Benedikt XVI. viele Zuhörer überrascht, einige auch verwirrt. Befürchtungen wurden laut, der Papst habe das Zweite Vatikanische Konzil mit seiner gewollten Öffnung auf die Welt hin widerrufen und damit das Christliche in seinem Kern beschädigt, der in der Weltzuwendung und Menschwerdung Gottes bestehe. Er wolle die Kirche wiederum in ein lebensfremdes Gebilde zurückverwandeln, das sich aus dem Dreck und Elend der Welt heraushält.

---

2   JOSEPH RATZINGER, *Gesammelte Schriften Bd. 4: Einführung in das Christentum. Bekenntnis – Taufe – Nachfolge*, hg. von Gerhard Ludwig Müller, Freiburg i. Br. 2014, 31.
3   Vgl. ACHIM BUCKENMAIER, *Entweltlichung und Neuevangelisierung der Welt. Zur „Freiburger Rede" Benedikts XVI. im September 2011*, in: Mitteilungen Institut Papst Benedikt XVI. (MIPB), Jahrgang 6/2013, hg. von Rudolf Voderholzer, Christian Schaller, Franz-Xaver Heibl, Regensburg 2014, 65–77, hier: 65.
4   Vgl. etwa den von Jürgen Erbacher herausgegebenen Diskussionsband: *Entweltlichung der Kirche? Die Freiburger Rede des Papstes*, Freiburg i. Br. 2012.

Die Fragen und Befürchtungen sind nicht rhetorisch gemeint. Sie bewegen viele Menschen. Aber sie zielen an dem Anliegen von Papst Benedikt XVI. vorbei. Denn sie nehmen nur die eine von zwei grundlegenden Bewegungsrichtungen wahr, von denen Benedikt gesprochen hat. Der christliche Glaube kennt sowohl die Bewegung Gottes auf die Welt hin, die ihren unüberbietbaren Höhepunkt in der Inkarnation des Wortes Gottes in Jesus Christus gefunden hat, als auch die Bewegung der Distanzierung von der Welt, weil der Glaube sich nicht den Maßstäben der Welt angleichen und sich damit in die Welt hineinverstricken darf.[5]

Über die erste Bewegungsrichtung von Glaube und Kirche hat Papst Benedikt in Freiburg sehr klar gesprochen: „Die Kirche taucht ein in die Hinwendung des Erlösers zu den Menschen. Sie ist, wo sie wahrhaft sie selber ist, immer in Bewegung, muss sich fortwährend in den Dienst der Sendung stellen, die sie vom Herrn empfangen hat. Und deshalb muss sie sich immer neu den Sorgen der Welt öffnen, zu der sie ja selber gehört, sich ihnen ausliefern, um den heiligen Tausch, der mit der Menschwerdung begonnen hat, weiterzuführen und gegenwärtig zu machen."[6] Diese der Welt zugewandte Seite der Kirche ergibt sich in der theologischen Sicht des Papstes vor allem aus der Eucharistie als der sakramentalen Mitte des Christentums und bringt damit zum Ausdruck, dass es keine letzte Grenze zwischen Liturgie und Leben geben kann. Papst Benedikt betont: „Caritas', die Sorge um den anderen, ist nicht ein zweiter Sektor des Christentums neben dem Kult, sondern in diesem selbst verankert und ihm zugehörig. Horizontale und Vertikale sind in der Eucharistie, im Brotbrechen untrennbar verbunden."[7]

Von einer Verabschiedung der Kirche aus ihrer Weltverantwortung oder gar Weltflucht kann im theologischen Denken von Papst Benedikt keine Rede sein. Wer so entschieden den Weltbezug von Glaube und Kirche hervorhebt, der ist auf der anderen Seite nicht

---

5   Vgl. KURT KARDINAL KOCH, *Entweltlichung und andere Versuche, das Christliche zu retten*, Augsburg 2012, 13–27. Die folgenden Überlegungen schießen sich an den dort vorgetragenen Grundlinien an.
6   BENEDIKT XVI., *Ansprache Seiner Heiligkeit Papst Benedikt XVI. an engagierte Katholiken aus Kirche und Gesellschaft*, in: Verlautbarungen des Apostolischen Stuhls (Nr. 189), hg. vom Sekretariat der Deutschen Bischofskonferenz, Bonn 2011, 141–150, hier: 147.
7   JOSEPH RATZINGER, *Gesammelte Schriften Bd. 6: Jesus von Nazareth. Beiträge zur Christologie. Erster Teilband*, hg. von Gerhard Ludwig Müller, Freiburg i. Br. 2013, 515f.

nur berechtigt, sondern auch verpflichtet, vor einer selbstgenügsamen Anpassung der Kirche an die Plausibilitäten der Welt zu warnen und die biblische Einsicht in Erinnerung zu rufen, dass die Kirche zwar in der Welt, aber nicht von der Welt ist. Doch diese Warnung erfolgt nochmals um einer besseren Wahrnehmung der Sendung der Kirche willen: „Das missionarische Zeugnis der entweltlichten Kirche tritt klarer zutage. Die von materiellen und politischen Lasten und Privilegien befreite Kirche kann sich besser und auf wahrhaft christliche Weise der ganzen Welt zuwenden, wirklich weltoffen sein."

Damit dürfte auch evident sein, dass der Verdacht verfehlt ist, Papst Benedikt gehe mit seinem Programm der Entweltlichung hinter das Zweite Vatikanische Konzil zurück. Er kann vielmehr auf wesentliche Perspektiven zurückgreifen, die auf dem Konzil entwickelt worden sind, wie beispielsweise die Forderung nach einer Kirche für die Armen und die Zumutung an die Kirche, aus freien Stücken auf weltliche Privilegien zu verzichten, um die Kirche glaubwürdiger zu machen. Es ist an dieser Stelle daran zu erinnern, dass das zweite Kapitel über die Kirche als Volk Gottes in die Dogmatische Konstitution *Lumen gentium* vor allem aufgenommen worden ist, um die eschatologische Dimension der Kirche bewusst hervorzuheben. Denn das Bild vom Volk Gottes verweist auf die geschichtliche Vorläufigkeit der Kirche, die ihr so lange anhaftet, als sie in der Weltzeit unterwegs ist. Im Bild der Kirche als Volk Gottes wird deshalb auch ihre Bereitschaft ausgesagt, sich immer wieder von ihren historisch bedingten Verwurzelungen in vergangenen gesellschaftlichen und politischen Konstellationen zu lösen und sich auf neue Herausforderungen einzulassen.

In der Welt und für die Welt da sein, aber nicht von der Welt sein: In dieser Spannung zwischen Weltzuwendung und Entweltlichung liegt biblisches Urgestein. Christen leben in der Welt und sind berufen, ihr zu dienen und in ihr zu wirken. Sie dürfen sich aber nicht der Welt anpassen.

Deshalb wird es zwischen den Sphären der Welt und des Christseins unvermeidlich Reibungen geben, auch Reibungen, die bis zum Hass gegenüber jenen gehen können, die sich in den Mainstream der Welt und der heutigen Zeit nicht einfach einschmelzen lassen. Um diesem Hass zu entgehen, stehen Christen und die Kirche immer wieder in der Versuchung, sich nun doch der Welt anzupassen und sein zu wollen wie alle anderen. Auch diese Versuchung, die bis ins Mark des Glaubens gehen kann, ist biblisches Urgestein. Ein berühmtes und unrühmliches Beispiel ist die Einrichtung des Königtums im Volk Israel. Ausgerechnet das Königtum, aus dem der Messias hervorgehen wird, war ursprünglich von Gott weder vorgesehen noch gewollt. Seine Etablierung muss vielmehr verstanden werden als Ausdruck einer ungeheuren Rebellion des Volkes Israel gegen Jahwe, als Zeichen seines Abfalls vom wahren Willen Gottes und als Konsequenz der übermäßigen Anpassung Israels an die Welt. Nach der Landnahme hatte das Volk Israel keine Herrscher, sondern Richter, die nicht selbst Recht schaffen konnten, vielmehr nur das Recht Gottes anwenden durften. Denn König war im Volk Israel allein Gott. Zu einem eigenen Königtum in Israel ist es erst aufgrund seiner Anpassungssucht an die es umgebende Welt gekommen. Israel wurde eifersüchtig auf die Völker in seiner Umgebung, die alle einen König hatten, und es wollte werden wie diese Völker. Vergeblich schärfte der Prophet Samuel dem Volk ein, es werde seine Freiheit verlieren und in die Knechtschaft geführt werden, wenn es einen König habe. Das Königtum in Israel ist deshalb der drastische Ausdruck seiner Rebellion gegen das alleinige Königtum Gottes. Es kommt einer Demontierung seiner göttlichen Erwählung gleich, wenn das Volk nicht auf Samuel hören wollte, sondern erklärte: „Nein, ein König soll über uns herrschen. Auch wir wollen wie alle anderen Völker sein" (1 Sam 8,19).

Heute wollen wir Christen gewiss keine Könige mehr. Aber wollen nicht auch wir oft genau sein wie alle Völker? Sein zu wollen wie alle anderen Völker ist eine Grundversuchung auch in der Kirche heute. Sie ist vor allem dort wirksam, wo das konziliare Grundwort „Volk Gottes" immer weniger vom biblischen und immer mehr vom soziologischen Sprachgebrauch her verstanden wird. Die alttestamentliche Geschichte von der Etablierung des Königtums in Israel und das ihr zugrunde liegende Sein-Wollen wie die anderen, das offensichtlich kein einmaliges Ereignis geblieben ist, sind uns als bleibende Warnung vor Augen gestellt, dass das Volk Gottes immer auf der Hut sein muss vor der Angleichung an die Welt. Die entscheidende Anpassung, die von uns Christen und von der Kirche immer wieder gefordert ist, ist in erster Linie nicht Anpassung an die moderne Zeit und ihren Geist, sondern Anpassung an die Wahrheit des Evangeliums: „Die Krise des kirchlichen Lebens beruht letztlich nicht auf Anpassungsschwierigkeiten gegenüber unserem modernen Leben und Lebensgefühl, sondern auf Anpassungsschwierigkeiten gegenüber dem, in dem unsere Hoffnung wurzelt und aus dessen Sein sie ihre Höhe und Tiefe, ihren Weg und ihre Zukunft empfängt: Jesus Christus und seiner Botschaft vom ‚Reich Gottes'."[8]

Im Licht dieses Bekenntnisses leuchten die zentralen Anliegen von Papst Benedikt XVI., die er mit dem Stichwort der Entweltlichung verbindet, erst recht auf. In diesem Licht wird freilich zunächst der Schatten sichtbar, nämlich die elementare Krise, in der sich die Kirche heute befindet. In erster Linie zeigt sich dabei eine pastorale Krise. Es stellt sich stets deutlicher die Frage, was wir in der Pastoral eigentlich tun, wenn wir Kinder taufen, deren Eltern keinen Zugang zu Glaube und Kirche haben, wenn wir Kinder zur Erstkommunion führen, die nicht wissen, wen sie in der Eucharistie empfangen, wenn wir Jugendliche firmen, für die das Sakrament nicht die endgültige Eingliederung in die Kirche, sondern die Verabschiedung von ihr bedeutet, und wenn das Ehesakrament bloß der Verschönerung einer Familienfeier dient. Selbstverständlich gibt es auf diese Fragen keine einfachen und schnellen Antworten, aber sie müssen als ernsthafte Herausforderungen wahrgenommen werden.

Hinter der pastoralen Krise verbirgt sich eine noch tiefer liegende Krise, die darin besteht, dass wir heute mitten in einem epochalen Wandel stehen, ohne dass schon neue Horizonte sichtbar würden, die anzeigen, wie es weitergehen soll. Wir erleben gegenwärtig das Zu-Ende-Gehen jener Epoche der Kirchengeschichte, die man als „konstantinisch" bezeichnen kann. Denn das Strukturganze, das der seelsorglichen Praxis zugrunde liegt, bricht immer mehr auseinander. Die gesellschaftlichen Stützen der Volkskirche, die bisher das Christwerden und Kirche-Sein getragen haben, verschwinden mehr und mehr. Christsein und Zugehörigkeit zur Kirche sind weithin nicht mehr von einem volkskirchlichen Milieu ge-

---

8   Gemeinsame Synode der Bistümer in der Bundesrepublik Deutschland. Offizielle Gesamtausgabe. Band I: Beschlüsse der Vollversammlung, Freiburg i. Br. 1976, 101.

tragen, sondern sind immer mehr die Angelegenheit persönlicher Entscheidung Einzelner geworden.

Die bisherige volkskirchliche Gestalt der Kirche kann deshalb nicht ein in die Zukunft weisendes Modell der Kirche im neuen Jahrtausend sein. Trotzdem sind in der Kirche heute starke Tendenzen festzustellen, die das bisher vererbte, geschichtlich gewachsene und volkskirchlich geprägte Kirche-Sein weithin problemlos voraussetzen und zugleich perpetuieren, auch weiterhin auf eine volkskirchlich orientierte Pastoral der flächendeckenden Begleitung und der Besitzstandswahrung setzen und dabei entweder in einer gewissen Selbstzufriedenheit auf die noch gut funktionierenden volkskirchlichen Restbestände blicken oder angesichts dessen, was nicht mehr funktioniert, ins Murren ausbrechen – wie das Volk Israel in der Wüste, das sich nach den Fleischtöpfen Ägyptens zurückgesehnt und Moses als Sündenbock angeklagt hat.

Im Unterschied zu diesen „konservativen" Strategien, die freilich gerne als besonders fortschrittlich ausgegeben werden, ist Papst Benedikt überzeugt, dass die Kirche einen guten Weg in die Zukunft nur finden kann, wenn sie dieser neuen kirchlichen Situation Rechnung trägt und sich den stattfindenden Wandlungsprozessen aussetzt. Dazu gehört auch die Bereitschaft, herkömmliche Privilegien und daraus folgende Besonderheiten wie z. B. die hohe Organisationsstruktur zu überdenken und sich die Frage gefallen zu lassen: „Steht hinter den Strukturen auch die entsprechende geistige Kraft – Kraft des Glaubens an den lebendigen Gott?" Indem der Papst einen „Überhang an Strukturen gegenüber dem Geist" diagnostizierte, formulierte er als Schlussfolgerung: „Die eigentliche Krise der Kirche in der westlichen Welt ist eine Krise des Glaubens. Wenn wir nicht zu einer wirklichen Erneuerung des Glaubens finden, werden alle strukturellen Reformen wirkungslos bleiben."

Entweltlichung erweist sich von daher nicht als eine Forderung, die Benedikt XVI. von außen an die Kirche heranträgt. Mit diesem Stichwort formuliert er vielmehr die Konsequenz, die sich aus der sensiblen Wahrnehmung der heutigen Situation der Kirche von selbst ergibt. Zum tieferen Verständnis ist in Erinnerung zu rufen, dass sich Joseph Ratzinger mit diesen grundlegenden Fragen bereits früh auseinandergesetzt und weitreichende Schlussfolgerungen gezogen hat, in denen seine heutige Sicht schon weitgehend präsent ist. Vor fast 60 Jahren, im Jahre 1958, hat er in einem Beitrag mit dem bezeichnenden Titel „Die neuen Heiden und die Kirche" den historischen Weg der Kirche von der verfolgten kleinen Herde zur Weltkirche bis hin zur weitgehenden Deckungsgleichheit der Kirche mit der abendländischen Welt nachgezeichnet und als neue Herausforderung – die sich ihm bereits in den Fünfzigerjahren des letzten Jahrhunderts aufgedrängt hat – wahrgenommen, dass diese historisch gewordene Deckung heute „nur noch Schein" ist, der das wahre Wesen der Kirche und der Welt verdeckt und die Kirche zum Teil an ihrer notwendigen missionarischen Aktivität hindert. „So wird sich über kurz oder lang mit oder gegen den Willen der Kirche nach dem inneren Strukturwandel auch ein äußerer, zum *pusillus grex*, vollziehen."[9]

Joseph Ratzinger war überzeugt, dass es der Kirche auf die Dauer nicht erspart bleiben wird, „Stück um Stück von dem Schein ihrer Deckung mit der Welt abbauen zu müssen und wieder das zu werden, was sie ist: Gemeinschaft der Glaubenden. Tatsächlich wird ihre missionarische Kraft durch solche äußeren Verluste nur wachsen können. Nur wenn sie aufhört, eine billige Selbstverständlichkeit zu sein, nur wenn sie anfängt, sich selbst wieder als das darzustellen, was sie ist, wird sie das Ohr der neuen Heiden mit ihrer Botschaft wieder zu erreichen vermögen, die sich bisher noch in der Illusion gefallen können, als wären sie gar keine Heiden."[10]

In diesem unmissverständlich klaren Text kann man das ganze Programm der Entweltlichung der Kirche erblicken, mit dem Papst Benedikt die Kirche in Deutschland vor vier Jahren konfrontiert hat. In derselben Sinnrichtung hat Joseph Ratzinger in den Sechzigerjahren im Blick auf die Zukunft der Kirche seine Überzeugung zum Ausdruck gebracht, dass aus der Krise der Kirche auch ihre Erneuerung hervorgehen wird, dass nämlich aus einer „verinnerlichten und vereinfachten Kirche" eine große Kraft strömen wird.[11]

---

9  JOSEPH RATZINGER, *Gesammelte Schriften Bd. 8: Kirche – Zeichen unter den Völkern. Schriften zur Ekklesiologie und Ökumene. Zweiter Teilband*, hg. von Gerhard Ludwig Müller, Freiburg i. Br. 2010, 1151.
10 Ebd., 1148f.
11 JOSEPH RATZINGER, *Glaube und Zukunft*, München 1970, 124f.: „Denn die Menschen einer ganz und gar geplanten Welt werden unsagbar einsam sein. Sie werden, wenn ihnen Gott ganz entschwunden ist, ihre volle, schreckliche Armut erfahren. Und sie werden

Das Stichwort Entweltlichung fordert zu einer intensiven Auseinandersetzung über die Qualität der Krise heraus, die wir heute in der Kirche erleben. Wie jeder Arzt nur dann hilfreiche Therapieanweisungen formulieren kann, wenn eine klare Diagnose gegeben ist, so können auch in der Kirche nur dann gemeinsame Wege in die Zukunft beschritten werden, wenn man sich über die Diagnose hinsichtlich der gefährlichen Infekte im Klaren ist. Daran aber hapert es. Während auf der einen Seite bestritten wird, dass die Kirche in einer Glaubenskrise steht, und zugleich behauptet wird, es handle sich allein um eine Kirchenkrise oder gar nur um eine Krise der Kirchenleitung, so geht die andere Seite davon aus, das sich die Kirche in Westeuropa in einer epochalen Glaubenskrise befindet, die auf einem gefährlichen Bruch mit der gesamten abendländischen Glaubenstradition beruht. Diese Beurteilung erfordert eine intensive Suche nach den eigentlichen Krisenherden in der Kirche heute.

Beim ersten Hinsehen muss man zunächst von einer tief greifenden Kirchenkrise sprechen, die sich seit den Sechzigerjahren im Slogan „Jesus ja – Kirche nein" artikuliert. Doch bereits dieser Slogan hebt die genannte Krise auf die Ebene des Glaubens, weil man Jesus und die Kirche, die er gewollt hat und in der er gegenwärtig ist, nicht voneinander trennen und man ohne Christus das eigentliche Wesen der Kirche gar nicht verstehen kann. Auch auf diese Wunde hat Papst Benedikt während seines Deutschlandbesuchs den Finger gelegt: „Manche bleiben mit ihrem Blick auf die Kirche an ihrer äußeren Gestalt hängen. Dann erscheint die Kirche nur mehr als eine der vielen Organisationen innerhalb einer demokratischen Gesellschaft, nach deren Maßstäben und Gesetzen dann auch die so sperrige Größe ‚Kirche' zu beurteilen und zu behandeln ist. Wenn dann auch noch die leidvolle Erfahrung dazukommt, dass es in der Kirche gute und schlechte Früchte, Weizen und Unkraut gibt, und der

---

dann die kleine Gemeinschaft der Glaubenden als etwas ganz Neues entdecken. Als eine Hoffnung, die sie angeht, als eine Antwort, nach der sie im Verborgenen immer gefragt haben. So scheint mir gewiss zu sein, dass für die Kirche sehr schwere Zeiten bevorstehen. Ihre eigentlich Krise hat noch kaum begonnen: Man muss mit erheblichen Erschütterungen rechnen. Aber ich bin auch ganz sicher, was am Ende bleiben wird: Nicht die Kirche des politischen Kultes […], sondern die Kirche des Glaubens. Sie wird wohl nie mehr in dem Maße die gesellschaftsbeherrschende Kraft sein, wie sie es bis vor Kurzem war. Aber sie wird von Neuem blühen und den Menschen als Heimat sichtbar werden, die ihnen Leben gibt und Hoffnung über den Tod hinaus."

Blick auf das Negative fixiert bleibt, dann erschließt sich das große und schöne Mysterium der Kirche nicht mehr. Dann kommt auch keine Freude mehr auf über die Zugehörigkeit zu diesem Weinstock ‚Kirche'."

Im Licht des Glaubens muss der Slogan „Jesus ja – Kirche nein" als mit der Intention Jesu unvereinbar und in diesem elementaren Sinn als unchristlich beurteilt werden. Er ist aber zugleich als Signal dafür zu werten, dass sich hinter der sogenannten Kirchenkrise letztlich eine Krise des Christusglaubens verbirgt. Denn der eigentliche Gegensatz, dem wir uns zu stellen haben, ist noch nicht durch die Formel „Jesus ja – Kirche nein" zum Ausdruck gebracht, sondern muss mit dem Wort umschrieben werden: „Jesus ja – Christus nein" oder „Jesus ja – Sohn Gottes nein"[12].

Erst in dieser Formel wird jener beunruhigende Bedeutungsverlust des christlichen Glaubens an Jesus als den Christus sichtbar, den wir heute feststellen müssen. Denn selbst in der Kirche will es heute oft nicht mehr gelingen, im Menschen Jesus das Antlitz des Sohnes Gottes selbst wahrzunehmen und in ihm nicht einfach einen – wenn auch besonders guten und herausragenden – Menschen zu sehen. Mit dem christologischen Glaubensbekenntnis steht und fällt der christliche Glaube. Wenn Jesus nur ein Mensch gewesen wäre, dann wäre er unwiderruflich in die Vergangenheit zurückgetreten; und nur unser eigenes fernes Erinnern könnte ihn dann mehr oder weniger deutlich in unsere Gegenwart hereinholen. So aber wäre Jesus nicht der einzige Sohn Gottes, durch den wir leben und in dem Gott selbst bei uns ist.

Nur wenn unser Glaube wahr ist, dass Gott selbst Mensch geworden und Jesus Christus wahrer Mensch und wahrer Gott ist und so Anteil hat an der Gegenwart Gottes, die alle Zeiten umgreift, kann Jesus Christus nicht bloß gestern, sondern auch heute unser wirklicher Zeitgenosse und das Licht unseres Lebens sein. Nur wenn Jesus nicht nur ein Mensch vor zweitausend Jahren gewesen ist, sondern als Sohn Gottes auch heute lebt, können wir seine Liebe erfahren und ihm vor allem in der Feier der heiligen Eucharistie be-

---

12  JOSEPH RATZINGER, *Christus und Kirche. Aktuelle Probleme der Theologie – Konsequenzen für die Katechese*, in: DERS., *Ein neues Lied für den Herrn. Christusglaube und Liturgie in der Gegenwart*, Freiburg i. Br. 1995, 47–55, hier: 47.

gegnen. Da im Christusbekenntnis immer schon der Glaube an den lebendigen Gott enthalten ist, der in die Geschichte der Menschheit eingetreten und Fleisch geworden ist und als Mensch unter Menschen gelebt hat, wird auch einsehbar, dass die heutige Krise des Christusglaubens ihre radikale Zuspitzung in einer Krise des Gottesglaubens findet.

Die eigentliche Glaubenskrise, die wir heute erleben, liegt im weitgehenden Verblassen des biblisch-christlichen Gottes als eines in der Geschichte gegenwärtigen und handelnden Gottes. Hierin wird sichtbar, dass der Gottesglaube sich in einen Deismus verdünnt hat, der selbst im kirchlichen Bewusstsein seinen Niederschlag findet und sich in den selbstverständlich gewordenen Ausnahmen ausdrückt: „Gott mag den Urknall angestoßen haben, wenn es ihn schon geben sollte, aber mehr bleibt ihm in der aufgeklärten Welt nicht. Es scheint fast lächerlich sich vorzustellen, dass ihn unsere Taten und Untaten interessieren, so klein sind wir angesichts der Größe des Universums. Es erscheint mythologisch, ihm Aktionen in der Welt zuzuschreiben."[13]

Es versteht sich von selbst, dass ein solchermaßen deistisch verstandener Gott weder zu fürchten noch zu lieben ist. Es fehlt die elementare Leidenschaft an Gott, die den christlichen Glauben auszeichnet; und darin liegt die tiefste Glaubensnot in der heutigen Zeit. Auf dem Hintergrund dieser Diagnose einer elementaren Glaubenskrise lässt sich auch das Remedium verstehen, das Papst Benedikt vorschlägt und das darin besteht, die Gottesfrage wieder neu in den Mittelpunkt des kirchlichen Lebens und der Verkündigung zu stellen. In dieser Zentralität Gottes leuchtet auch der innerste Kern dessen auf, was unter Entweltlichung zu verstehen ist. Denn „nicht von der Welt" zu sein bedeutet im biblischen Sinn, von Gott her zu sein und das Leben von Gott her zu betrachten und zu gestalten. Entweltlichung heißt zuerst und zutiefst, wieder neu zu entdecken, dass Christentum im Kern Glaube an Gott und das Leben einer persönlichen Beziehung mit ihm ist und dass alles andere daraus folgt.

Da neue Evangelisierung im Kern darin besteht, Gott zu den Menschen zu bringen und sie in eine persönliche Gottesbeziehung

---

13 Ebd., 50.

hinein zu begleiten, sind Neuevangelisierung und Entweltlichung zwei Seiten derselben Medaille. Zentralität der Gottesfrage und christozentrische Verkündigung sind die elementaren Inhalte, um die es bei der Entweltlichung der Kirche gehen muss und die zu einer wahrhaften Erneuerung der Kirche führen, die nicht von außen an die Kirche herangetragen, sondern in ihrem Inneren verwirklicht wird und die nicht vom Rand, sondern von der Mitte der Kirche aus geschieht.

Benedikts Forderung nach Entweltlichung als Programm einer katholischen Kirchenreform, die sich aufs Wesentliche konzentriert, heißt ganz einfach: Zeugnis geben für den Glauben. Auf das Ablegen des Zeugnisses zielt in der Tat die Zumutung der Entweltlichung. Damit wird deutlich, dass Entweltlichung keinen Rückzug aus der Welt bedeutet, sondern im Gegenteil die Vorsorge dafür, dass das missionarische Zeugnis der entweltlichten Kirche nicht nur klarer zutage tritt, sondern auch als glaubwürdig erscheint. Damit wird ein elementares Anliegen des Zweiten Vatikanischen Konzils aufgenommen, das unmissverständlich in Erinnerung gerufen hat, dass die Sendung zur Evangelisierung der Welt unabdingbar zur Kirche gehört und die Kirche „ihrem Wesen nach missionarisch" (Ad gentes 9) ist. Für das Konzil gehört die Mission so zentral zur Kirche, dass in seiner Sicht der eigentliche Gegensatz zu „konservativ" gerade nicht „progressistisch", sondern „missionarisch" ist, und das Konzil überhaupt den Übergang von einer konservierenden zu einer missionierenden Haltung markiert.[14] Mit dem Programmwort der Entweltlichung und Neuevangelisierung will Papst Benedikt diesen Übergang in kreativer und innovativer Weise weiterführen; damit steht er in treuer Kontinuität zum Zweiten Vatikanischen Konzil. Und Papst Franziskus greift dasselbe Anliegen auf seine Weise immer wieder auf.

Die Christen können sich die Zeiten nicht aussuchen, in denen sie leben. Die von ihnen geforderten Antworten können nicht einfach eine Wiederholung der Antworten früherer Generationen sein. Auch die Kirche als Ganze, nach der Konstantinischen Wende

---

14  JOSEPH RATZINGER, Gesammelte Schriften Bd. 7: Zur Lehre des Zweiten Vatikanischen Konzils. Formulierung – Vermittlung – Deutung. Zweiter Teilband, hg. von Gerhard Ludwig Müller, Freiburg i. Br. 2012, 1001.

und nach zweitausend Jahren Geschichte, kann nicht zurück zur Urgemeinde. Aber sie muss Antworten auch für ihre Lebensform finden, die authentische Übersetzungen der Anfangsgestalt sind.[15] Die Frage ist, ob die Katholiken durch das Festhalten am Überkommenen und aus Furcht vor Ungewohntem den teuren Schatz der Freiburger Konzerthausrede so lange herunterdeuten, bis man ihn wie einen Mühlstein wegwirft, oder ob sie, angeregt durch Benedikt XVI., das Wagnis eingehen, die Kirche noch einmal als „etwas ganz Neues" zu entdecken und die Konsequenzen, die sich daraus ergeben, im Dialog mit der Gesellschaft ohne Angst zu diskutieren und zielstrebig anzugehen.

Dass wir es mit einer Mehrheit von Nichtchristen und von Christen, die Glaube und Kirche nicht kennen und an der bisherigen Gestalt der Kirche nichts Fragenswertes mehr finden, zu tun haben, scheint sich nur ganz langsam Bahn zu brechen. In der Verkündigung und in der Sprache der Kirche ist diese Tatsache noch nicht angekommen. Um es auf die Ebene der Pastoral vor Ort anzuwenden: Die Testfrage, ob die Sonntags- oder Festpredigt und die Katechese auch von solchen verstanden werden kann, die nicht die kirchliche Insidersprache sprechen, wäre schon ein Beginn. Die Wahrnehmung dieser immensen Aufgabe der Neuevangelisierung ist aber geradezu die Voraussetzung für ein neues Leben in der Kirche. Denn Neuevangelisierung stellt keine neue zusätzliche Aufgabe dar, sondern bedeutet einen Perspektivenwechsel für die Gläubigen *in* der Kirche.

---

15  Vgl. ACHIM BUCKENMAIER, *Entweltlichung und Neuevangelisierung der Welt. Zur „Freiburger Rede" Benedikts XVI. im September 2011*, in: Mitteilungen Institut Papst Benedikt XVI. (MIPB), Jahrgang 6/2013, hg. von Rudolf Voderholzer, Christian Schaller, Franz-Xaver Heibl, Regensburg 2014, 65–77, hier: 77.

# Die Vernunft des Glaubens

Hanna-Barbara Gerl-Falkovitz

## Zum Pontifikat Benedikts XVI.

### 1. Im Vorhof der Vernunft

*1.1 Die Väter und die Griechen*

In dem möglicherweise erfolgreichsten Buch des Professors Ratzinger, *Einführung in das Christentum* von 1968, lautet eine Überschrift „Die Vernunft des Glaubens"[1]. Dieses Thema wird schon in der Antrittsvorlesung des jungen Bonner Fundamentaltheologen 1960 intoniert, die einen fulminanten Widerspruch gegen die damals übliche Enthellenisierung des Neuen Testaments einlegt: „[...] die von den Kirchenvätern vollzogene Synthese des biblischen Glaubens mit dem hellenistischen Geist als dem damaligen Repräsentanten des philosophischen Geistes überhaupt [war] nicht nur legitim, sondern notwendig [...], um den vollen Anspruch und den ganzen Ernst des biblischen Glaubens zum Ausdruck zu bringen. Dieser volle Anspruch beruht ja gerade darauf, dass es den Bindestrich zum vorreligiösen, philosophischen Gottesbegriff gibt."[2] Noch herausfordernder: „Religion, die nicht rationalisierbar ist, kann im Grunde auch nicht dogmatisch sein, wenn anders Dogma eine rationale Aussage über religiöse Gehalte sein soll."[3]

Jahrzehnte später wird Papst Benedikt XVI. das Wort des Alten Testaments vom „Vorhof der Völker" aufgreifen. Dieser Vorhof erschloss den nichtjüdischen Pilgern guten Willens einen zugänglichen Bereich vor dem eigentlichen unbetretbaren Heiligtum des Jerusalemer Tempels. Das programmatische Wort verweist deutlich

---

1 JOSEPH RATZINGER, *Einführung in das Christentum*, München 1968, 48.
2 JOSEPH RATZINGER, *Der Gott des Glaubens und der Gott der Philosophen. Ein Beitrag zum Problem der theologia naturalis*, München/Zürich 1960, 24.
3 Ebd., 10.

auf Ratzingers Überzeugung von einem in seiner Tiefe transzendenzoffenen Denken. Gibt es doch „keine große Philosophie, die nicht von der religiösen Überlieferung her Erhellungen und Wegweisungen empfangen hätte, ob wir an die Philosophien Griechenlands und Indiens denken oder an die Philosophie, die im Inneren des Christentums sich entfaltet hat, oder auch an neuzeitliche Philosophien, die von der Autonomie der Vernunft überzeugt waren und diese Autonomie der Vernunft als letzten Maßstab des Denkens einschätzten."[4]

Der Vorhof der Völker könnte daher – mit einer großen und großzügigen Füllung des Begriffs – ebenso „Vorhof der Vernunft" heißen. Getragen ist die Zuversicht des Papstes auf einen gemeinsamen Denk-Raum von einem schönen (anonymen) Wort: „Alle Lampen Griechenlands brennen für die Sonne, die Christus heißt."

Ein solches Vertrauen auf die gemeinsame Vernunft vor der Schwelle des Heiligen mag erstaunen; es enthält jedoch letztlich verhüllt den Kern christlicher Lehre vom Logos. Denn der Logos zerstört zwar die menschlichen *logoi*, das Wort sprengt die Wörter, so wissen die Väter, aber, menschgeworden, befruchtet er sie auch, ja spornt sie an und setzt sie frei. Schon die vier Evangelien und die Apostelbriefe sind Versuche, den Unfasslichen doch zu fassen. Für diese *parrhesia*, die paulinische Zuversicht, stand bereits ein Instrumentarium zur Fassung bereit: die großen Denkanstrengungen der griechischen Philosophen und ihrer durchgebildeten Sprache. Schon aus diesem Grund widerspricht Ratzinger grundsätzlich dem „Enthellenisierungsprogramm" einer Exegese, die sich mit dem Namen Adolf von Harnack verbindet. Dem jüdisch-christlichen Anspruch nach ist Gott auch, sogar gerade in der Vernunft zu berühren – und hatte nicht die heidnische Vernunft Griechenlands schon höchste Leistungen, vor allem in Platon (und was man für seine Schriften hielt), hervorgebracht? Diese Erkenntnisse ließen sich fruchtbar mit dem „neuen Weg", dem ersten Namen für den neuen Glauben, verbinden.

„In diesem Sachverhalt gründet auch das durch nichts aufzuhebende Recht des Griechischen im Christlichen. Ich bin der Über-

---

4  JOSEPH RATZINGER, *Glaube – Wahrheit – Toleranz: Das Christentum und die Weltreligionen*, Freiburg i. Br. 2003, 168.

zeugung, dass es im tiefsten kein bloßer Zufall war, dass die christliche Botschaft bei ihrer Gestaltwerdung zuerst in die griechische Welt eintrat und sich hier mit der Frage nach dem Verstehen, nach der Wahrheit verschmolzen hat."[5]

## 1.2 Grenze der Vernunft

Allerdings: Angesichts der treffenden Unterscheidung Pascals zwischen dem „Gott der Philosophen und dem Gott Abrahams, Isaaks und Jakobs", und mehr noch: im Blick auf das unergründliche Antlitz Jesu gibt der Papst zu bedenken: „Der philosophische Monotheismus (= 4./3. Jh. v. Chr.) reichte nicht aus, um Menschen zu einer lebendigen Gottesbeziehung zu führen."[6] Dass gedankliche Arbeit auch bei „zwingenden" logischen Folgerungen keineswegs schon zum Glauben nötige, erweist sich auch an der Rationalität der Theologie. Sie ist nachvollziehbar und in vielen Ausprägungen der Denkgeschichte bewundernswert, unterscheidet auch die christliche Theologie von anderen stark theomythischen Traditionen. Bei aller Größe ist ihr aber dennoch eine Grenze eingeschrieben: „Die Bedeutung theologischer Reflexion, genauen und sorgsamen theologischen Denkens dürfen wir nicht gering schätzen – es bleibt absolut notwendig. Aber darob die Erschütterung durch die Begegnung des Herzens mit der Schönheit als wahre Weise des Erkennens zu verachten oder abzuweisen, verarmt uns und verödet Glaube wie Theologie."[7] Dass eine erschütternde Begegnung mit dem lebendigen Gott weit über alles philosophische Denken hinausgeht und vor allem – im Unterschied zur griechischen Antike – den Schmerz, die Hässlichkeit, das Zerstörte einbezieht, macht den Kern der Offenbarung uneinholbar. Anders: Sie nötigt zu tieferem Denken als das immer schon Denkbare. „Wer an Gott glaubt, an den Gott, der sich gerade in der entstellten Gestalt des Gekreuzigten als Liebe ‚bis zum Letzten' (Joh 13,1) geoffenbart hat, der weiß, dass die Schönheit Wahrheit und dass die Wahrheit Schönheit ist, aber am leidenden

---

[5] JOSEPH RATZINGER, Einführung in das Christentum, München 1968, 51.
[6] JOSEPH RATZINGER/BENEDIKT XVI., Jesus von Nazareth. Erster Teil: Von der Taufe im Jordan bis zur Verklärung, Freiburg i. Br. 2007, 217.
[7] JOSEPH RATZINGER, Der Sinn für die Dinge. Die Betrachtung des Schönen. Vortrag in Rimini 2002, in: Spuren 10 (2002) 34 und auf: http://www.domus-ecclesiae.de/magisterium/veliternum-signia.josephus-ratzinger.04.html.

Christus lernt er auch, dass die Schönheit der Wahrheit Verwundung, Schmerz, ja das dunkle Geheimnis des Todes einschließt und nur in der Annahme des Schmerzes, nicht an ihm vorbei gefunden werden kann."[8]

## 2. Blutkreislauf von Theologie und Philosophie

### 2.1 Gespräche im agnostischen Raum

Das Großthema „Vernunft und Glaube" hält sich nicht allein seit der Antrittsvorlesung durch, sondern wird im Vorfeld des Pontifikats 2000 und 2004 durch berühmt gewordene Dialoge im agnostischen Horizont noch gesteigert. Dabei bestätigt der damalige Kardinal der säkularen Vernunft immer ihr Recht, will sie aber auf ihr „Eingeschriebensein in eine größere Vernünftigkeit" aufmerksam machen – weiß doch gerade die Philosophie von Platon bis ins 21. Jahrhundert von einer *transzendierenden* Vernunft. „Denn eine Philosophie, die nicht mehr danach fragt, wer wir sind, wozu wir sind, ob Gott ist und ewiges Leben, hat als Philosophie abgedankt."[9] Auch wissenschaftlich-technische Logik muss kritisch weitergedacht werden, um nicht in einen „Rationalismus von einer fast abenteuerlich wirkenden Naivität"[10] abzugleiten. So wird das positiv aufgenommene Stichwort „Aufklärung" erweitert durch eine Hinführung zur Klarheit des Logos: Auch Aufklärung muss mittlerweile weitergedacht werden. Die Überzeugung vom Schwellencharakter der Vernunft regte Ratzinger als Papst immer erneut zur Forderung an, die Theologenausbildung (wieder) durch Philosophie zu stützen, um sie argumentativ in heutige Auseinandersetzungen zurückzubringen, ohne deswegen die Theologie nur als Stichwortgeberin für eine mit dem Transzendenten kokettierende Philosophie zu benutzen. Vielmehr müsse „es im theologischen Bereich ein Gleichgewicht zwischen dem geben [...], was wir die architektonischen Prinzipien nennen können, die uns von der Offenbarung gegeben sind und daher

---

8 Ebd.
9 JOSEPH RATZINGER, *Glaube – Wahrheit – Toleranz: Das Christentum und die Weltreligionen*, Freiburg i. Br. 2003, 168f.
10 JOSEPH RATZINGER, *Dogma und Verkündigung*, München 1973, 233.

stets die vorrangige Bedeutung bewahren, und jenen Auslegungsprinzipien, die uns von der Philosophie, das heißt von der Vernunft, nahegelegt werden und die eine wichtige, aber nur instrumentelle Funktion haben."[11]

Als Leiter der Vatikanischen Glaubenskongregation war Ratzinger selbst seit Langem in dieser gegenseitigen Anregung tätig; zu erinnern ist an die Streitgespräche:

- mit Paolo Flores d'Arcais 2000[12],

- mit Marcello Pera, dem damaligen Präsidenten des italienischen Senats und Philosophen, in Form eines Briefwechsels 2004[13] und

- mit Jürgen Habermas 2004[14].

Wie zu erwarten, führten die Gespräche zwar in keinem Fall unmittelbar zu Übereinstimmung, aber doch zu gleichlautenden Beobachtungen, Befürchtungen, ja, bis zur Schwelle von Ausblicken auf eine „größere Vernunft".

*2.2 Aufklärung und Offenbarung. Gespräch mit Paolo Flores d'Arcais*

„Im Christentum ist Aufklärung Religion geworden und nicht mehr ihr Gegenspieler. Weil es so ist, weil das Christentum sich als Sieg der Entmythologisierung, als Sieg der Erkenntnis und mit ihr der Wahrheit verstand, deswegen musste es sich als universal ansehen und zu allen Völkern gebracht werden: nicht als eine spezifische Religion, die andere verdrängt, nicht aus einer Art von religiösem Imperialismus heraus, sondern als Wahrheit, die den Schein überflüssig macht. Und eben deshalb muss es in der weiträumigen To-

---

11  BENEDIKT XVI., *Theologische Auseinandersetzung zwischen Bernhard von Clairvaux und Abælard. Generalaudienz auf dem Petersplatz (04. November 2009)*, in: OR (D) Nr. 46 vom 13. November 2009, 2.
12  Dio esiste? Ateismo e verità, in: MicroMega 2 (2000) mit Essays von Norberto Bobbio, Leszek Kolakowski, Gianni Vattimo u. a.; dt.: JOSEPH RATZINGER, PAOLO FLORES D'ARCAIS, *Gibt es Gott? Wahrheit, Glaube, Atheismus*, Berlin 2006.
13  Briefwechsel mit je einem Grundsatzreferat veröffentlicht in: MARCELLO PERA, JOSEPH RATZINGER, *Ohne Wurzeln. Der Relativismus und die Krise der europäischen Kultur*, Augsburg 2005.
14  JÜRGEN HABERMAS, JOSEPH RATZINGER, *Dialektik der Säkularisierung. Über Vernunft und Religion*, Freiburg i. Br. 2005.

leranz der Polytheismen als unverträglich, ja als religionsfeindlich, als „Atheismus" erscheinen: Es hielt sich nicht an die Relativität und Austauschbarkeit der Bilder; es störte damit vor allem den politischen Nutzen der Religionen und gefährdete so die Grundlagen des Staates, indem es nicht Religion unter Religionen, sondern Sieg der Einsicht über die Welt der Religionen sein wollte."[15] „Die Kraft des Christentums, die es zur Weltreligion werden ließ, bestand in seiner Synthese von Vernunft, Glaube und Leben; genau diese Synthese ist in dem Wort von der *religio vera* zusammenfassend ausgedrückt. Warum überzeugt diese Synthese heute nicht mehr?"[16]

„Aufklärung" meint hier nicht das 17./18. Jahrhundert, sondern die historisch erste Ablösung der Mythen durch die antike griechische Philosophie. Auch die Regensburger Rede 2006 verweist auf diese erste Entmythologisierung, den a-theistischen Sturz der Götter, das „innere Zugehen aufeinander, das sich zwischen biblischem Glauben und griechischem philosophischem Fragen vollzogen hat"[17]. Aufgrund dieser Nähe seien – nochmals – die „drei Wellen des Enthellenisierungsprogramms"[18] fragwürdig: die Spaltung von *sola scriptura* versus die philosophische Systematisierung des Glaubens im 16. Jahrhundert, Harnacks „Rückkehr" zum „historischen Jesus" im 19./20. Jahrhundert und die nicht mehr auf Griechenland gründen wollende Inkulturation des Christentums heute in andere Kulturen. Entscheidend bleibe, „ob Vernunft ein zufälliges Nebenprodukt des Unvernünftigen und im Ozean des Unvernünftigen letztlich auch bedeutungslos ist oder ob es wahr bleibt, was die Grundüberzeugung des christlichen Glaubens und seiner Philosophie bildet. *In principio erat Verbum* – am Anfang aller Dinge steht die schöpferische Kraft der Vernunft."[19]

---

15 JOSEPH RATZINGER, *Der angezweifelte Wahrheitsanspruch. Die Krise des Christentums am Beginn des dritten Jahrtausends*, in: JOSEPH RATZINGER, PAOLO FLORES D'ARCAIS, *Gibt es Gott? Wahrheit, Glaube, Atheismus*, Berlin 2006, 7–18, hier: 9.
16 Ebd., 13.
17 BENEDIKT XVI., *Glaube und Vernunft. Die Regensburger Vorlesung*, kommentiert von Gesine Schwan, Adel Theodor Khoury, Karl Kardinal Lehmann, Freiburg i. Br. 2006, 22.
18 Ebd., 23.
19 Joseph Kardinal Ratzinger, zit. nach JAN-HEINER TÜCK, *Worte und Taten, Glaube und Vernunft. Über das ungewöhnliche Ende, über theologische Leitlinien und die Schattenseiten eines Pontifikats*, in: Neue Zürcher Zeitung vom 13.2.2013, 23.

## 2.3 Pathologien der „autonomen Vernunft und glaubenslosen Religion"[20]. Gespräch mit Marcello Pera

Den Widerspruch Ratzingers gegen die „Ent-Logisierung" der Kultur und ihre Relativierung übernimmt auch Pera. Für den, so Ratzinger, „nur als pathologisch zu bezeichnenden Selbsthass des Abendlandes, das sich zwar lobenswerterweise fremden Werten verstehend zu öffnen versucht, aber sich selbst nicht mehr mag"[21], macht Pera als Ursache *relativistisches* Denken aus: „Während die Muslime die Gegenseitigkeit unserer Prinzipien und Werte nicht zugestehen, gestatten wir die relativistische Dekonstruktion genau derselben Prinzipien und Werte."[22] Mehr noch: „Der Relativismus hat unsere christlichen Abwehrkräfte geschwächt und unseren Hang zur Aufgabe vorbereitet. Denn er macht uns glauben, es gebe nichts, wofür es sich zu kämpfen und etwas zu riskieren lohnt"[23], so der sich selbst als atheistisch bezeichnende Philosoph.

Ratzinger sekundiert auch später immer wieder: „Wir hatten gesehen, dass es *Pathologien in der Religion* gibt, die höchst gefährlich sind und die es nötig machen, das göttliche Licht der Vernunft sozusagen als ein Kontrollorgan anzusehen, von dem her sich Religion immer wieder neu reinigen und ordnen lassen muss [...]. Aber in unseren Überlegungen hat sich auch gezeigt, dass es [...] auch *Pathologien der Vernunft* gibt, eine Hybris der Vernunft, die nicht minder gefährlich, sondern von ihrer potenziellen Effizienz her noch bedrohlicher ist: Atombombe, Mensch als Produkt. Deswegen muss umgekehrt auch die Vernunft an ihre Grenzen gemahnt werden und Hörbereitschaft gegenüber den großen religiösen Überlieferungen der Menschheit lernen. Ich würde demgemäß von einer notwendigen Korrelationalität von Vernunft und Glaube, Vernunft und Religion sprechen, die zu gegenseitiger Reinigung und Heilung berufen sind und die sich gegenseitig brauchen und das ge-

---

20   KARL-HEINZ MENKE, *Der Leitgedanke Joseph Ratzingers. Die Verschränkung von vertikaler und horizontaler Inkarnation*, Paderborn 2008, 18.
21   MARCELLO PERA, JOSEPH RATZINGER, *Ohne Wurzeln. Der Relativismus und die Krise der europäischen Kultur*, Augsburg 2005, 87.
22   Ebd., 42; vgl. auch ebd., 18–20, 46–49.
23   Ebd., 48f.

genseitig anerkennen müssen."²⁴ Und nochmals in der Regensburger Rede: „Wir sehen es an den uns bedrohenden Pathologien der Religion und der Vernunft, die notwendig ausbrechen müssen, wo die Vernunft so verengt wird, dass ihr die Fragen der Religion und des Ethos nicht mehr zugehören. Was an ethischen Versuchen von den Regeln der Evolution oder von Psychologie und Soziologie her bleibt, reicht einfach nicht aus."²⁵

## 2.4 Universale Gerechtigkeit und Jüngstes Gericht.
### Gespräch mit Jürgen Habermas

Philosophie kompensiert nach Ratzingers Auffassung nicht „restlos" die Vorgaben der Religion, sondern setzt sie vielmehr voraus. Gleichermaßen wurde auch in einigen Wortmeldungen von Habermas – schon vor dem gemeinsamen Gespräch 2004 – deutlich, dass die Suche nach einer Anthropologie „jenseits des Nihilismus" und „jenseits der virtuellen Konstruktion" begonnen hat.

Im Blick auf den 11. September war bei Habermas im Oktober 2001 die Rede von der Notwendigkeit einer universalen Gerechtigkeit – für die im Vergangensein verschwundenen Opfer. Gerechtigkeit, ein Zentralthema der Philosophie seit Platon, bleibe nämlich leer, wenn sie nur auf die Zukünftigen, also auf einen schmalen und noch irrealen Ausschnitt der Menschheit, bezogen würde. „Auferstehung" *wäre* die Sinnantwort auf irdisch nicht gutzumachende Leiden: „Erst recht beunruhigt uns die Irreversibilität vergangenen Leidens – jenes Unrecht an den unschuldig Misshandelten, Entwürdigten und Ermordeten, das über jedes Maß menschlicher Wiedergutmachung hinausgeht. Die verlorene *Hoffnung auf Resurrektion* hinterlässt eine spürbare Leere", so – erstaunlicherweise – Habermas' Rede zum Friedenspreis des Deutschen Buchhandels 2001.²⁶ Mit anderen Worten: Im Sinnlosen bedarf es einer transzendierenden Antwort auf das menschlich nicht zu Lösende und nicht Denk-

---

24 Jürgen Habermas, Joseph Ratzinger, *Dialektik der Säkularisierung*, Freiburg i. Br. 2005, 57.
25 Benedikt XVI., *Glaube und Vernunft. Die Regensburger Vorlesung*, kommentiert von Gesine Schwan, Adel Theodor Khoury, Karl Kardinal Lehmann, Freiburg i. Br. 2006, 27f.
26 Jürgen Habermas, *Glauben und Wissen (Friedenspreis des deutschen Buchhandels 2001)*, Frankfurt a. M. 2001.

bare. „Auferstehung" ist damit mehr als ein „Anliegen" in theologischer Metasprache. Sie hat – auch wenn sie bei Habermas nur im Konjunktiv steht – eine „Systemstelle" im menschlichen Verlangen nach Gerechtigkeit. Gerade weil sich Gerechtigkeit auf alle und nicht auf wenige erstrecken soll, geht sie über den schmalen empirischen Ausschnitt an Geschichte hinaus, den Menschen aktiv gestalten könnten; der größere „Rest" (der Toten und jetzt Lebenden) bleibt ohne Auferstehung einem solchen gerechten Ausgleich für immer entzogen. Auch in diesem Sinn ist eine Geschichte „mit Finale" einem zyklischen Weltverlauf ohne Finale gedanklich und religiös vorzuziehen.[27]

Denselben Gedanken hatte Ratzinger aber schon vorweggenommen – und gleichviel, ob Habermas unmittelbar daraus schöpfte, erstaunt doch der Gleichklang des Denkansatzes. „Vor allem aber ist keine Antwort auf die Fragen nach Gerechtigkeit und Freiheit zureichend, die das Todesproblem auslässt. Wenn nur eine nicht absehbare Zukunft einmal Gerechtigkeit bringen wird, dann sind alle Toten der Geschichte zuvor Betrogene. [...] Deswegen hat ein so konsequenter marxistischer Denker wie Theodor Adorno gesagt, wenn es Gerechtigkeit geben solle, müsse es auch Gerechtigkeit für die Toten sein. [...] Nur wenn es die Auferstehung der Toten gibt, ist es sinnvoll, für die Gerechtigkeit auch zu sterben. Denn nur dann ist Gerechtigkeit mehr als Macht, nur dann ist sie Wirklichkeit, sonst bleibt sie bloße Idee. Darum ist auch die Gewissheit eines Weltgerichts von höchster praktischer Bedeutung. [...] Das Gericht enthebt uns [...] nicht der Bemühung, Gerechtigkeit in der Geschichte zu schaffen; es gibt dieser Bemühung erst einen Sinn und entzieht ihre Verpflichtung jeder Beliebigkeit."[28]

2004 führten Habermas und Ratzinger jenes spektakuläre Gespräch[29], worin Religion im Verhältnis zur Vernunft gleichsam neu

---

27  Vgl. HANNA-BARBARA GERL-FALKOVITZ, Ante Christum natum – post Christum natum. Anmerkungen zum christlichen Zeitbegriff, in: DIES., Eros – Glück – Tod und andere Versuche im christlichen Denken, Gräfelfing ²2014, 62f.
28  JOSEPH KARDINAL RATZINGER, Freiheit und Befreiung. Die anthropologische Vision der Instruktion „Libertatis conscientia" (1986), in: DERS., Kirche, Ökumene und Politik. Neue Versuche zur Ekklesiologie, Einsiedeln 1987, 227–243; hier: 242. Das erwähnte Zitat bei: THEODOR W. ADORNO, Negative Dialektik, Frankfurt a. M. 1966, 205.
29  JÜRGEN HABERMAS, JOSEPH RATZINGER, Dialektik der Säkularisierung, Freiburg i. Br. 2005.

kartographiert wurde. Während Habermas in den 1990er-Jahren starken Nachdruck auf das „nachmetaphysische Denken" legte[30], gelangte er in dem Gespräch, aber auch in anschließenden Veröffentlichungen zu einer Kritik an dessen scheinbarer Unbefragbarkeit.[31] Zwar beharrte er auf einer „detranszendentalisierten Vernunft", doch nur im Sinne eines unersetzlichen, notwendig eng fokussierten Instruments von Wissenschaft. Keineswegs aber darf nach ihm Methode zur Mentalität werden, darf der beschränkende Blick zur beschränkten Weltsicht gerinnen; über eine religiöse Weltdeutung ist naturwissenschaftlich nichts entschieden. In dieser Trennung von (natur-)wissenschaftlicher Methode im Teilbereich und religiöser Hermeneutik des Gesamten öffnete sich – entgegen alten Borniertheiten – das Fenster zu einem neuen Austausch.

## 3. Religion und Kultur

Bereits als Leiter der Glaubenskongregation griff Ratzinger den hochfliegenden Ball des „Weltethos" auf seine differenzierte Weise auf. Er stellte ein solches Ethos in eine tiefere Begründung als die gängige, rasch übernommene Reduktion der Religionen auf ein gemeinsames Minimum an Moral.[32] Die Begründung zielte vielmehr auf die Verwurzelung von Religion in der Kultur, sie zielte sogar auf die Identität beider. „In allen bekannten geschichtlichen Religionen ist Religion wesentliches Element der Kultur, ja, ihre bestimmende Mitte; sie ist es, die das Wertgefüge und damit das innere Ordnungssystem der Kulturen bestimmt."[33] „Der Glaube selbst ist Kultur. Es gibt ihn nicht nackt, als bloße Religion. Einfach indem er dem Menschen sagt, wer er ist und wie er das Menschsein anfangen soll, schafft Glaube Kultur, ist er Kultur."[34]

---

30   JÜRGEN HABERMAS, *Nachmetaphysisches Denken*, Frankfurt a. M. 1992; DERS., *Politik, Kunst, Religion*, Stuttgart 1992.
31   JÜRGEN HABERMAS, *Zwischen Naturalismus und Religion*, Frankfurt a. M. 2005.
32   Vgl. HANNA-BARBARA GERL-FALKOVITZ, *Vom Nutzen und Nachteil des Weltethos. Überlegungen aus aktuellem Anlass*, in: JOSEF PÜHRINGER (Hg.), *Reichersberger Pfingstgespräche 2002–2006*, Linz 2007, 46–57.
33   JOSEPH RATZINGER, *Glaube – Wahrheit – Toleranz: Das Christentum und die Weltreligionen*, Freiburg i. Br. 2003, 49.
34   Ebd., 56.

In dem ihm als Papst übertragenen Horizont des *Kat'holon*, des Gesamtblickes, lenkte Benedikt XVI. noch einmal ausdrücklich die Aufmerksamkeit auf die gesamte Welt der Religionen und ihre immanente Vernunft, insbesondere in der „Regensburger Rede" 2006: „Aber von den tief religiösen Kulturen der Welt wird gerade dieser Ausschluss des Göttlichen aus der Universalität der Vernunft als Verstoß gegen ihre innersten Überzeugungen angesehen. Eine Vernunft, die dem Göttlichen gegenüber taub ist und Religion in den Bereich der Subkulturen abdrängt, ist unfähig zum Dialog."³⁵

Diese Vernunfthaltigkeit von Religion bleibt aber nicht in einem bloßen Postulat stecken; das Argument stützt sich vielmehr auf eine Anthropologie der Wahrheitsfähigkeit. „Dieses eine Wesen Mensch wird aber in der Tiefe seiner Existenz von der Wahrheit selber berührt. [...] Je menschlicher eine Kultur ist, je höher sie steht, desto mehr wird sie auf Wahrheit ansprechen, die ihr bisher verschlossen geblieben war; desto mehr wird sie fähig sein, solche Wahrheit sich zu assimilieren und sich ihr zu assimilieren."³⁶ „In der Frage nach dem Menschen und nach der Welt ist immer die Frage nach der Gottheit als die vorausgehende und eigentlich grundlegende Frage eingeschlossen. Man kann gar nicht die Welt verstehen, und man kann nicht richtig leben, wenn die Frage nach dem Göttlichen unbeantwortet bleibt. Ja, der Kern der großen Kulturen ist es, dass sie Welt interpretieren, indem sie die Beziehung zum Göttlichen ordnen."³⁷

Erst mit dem Stichwort Wahrheit, also einer transkulturellen Vernunfteinsicht in Gültiges, ist das wichtige Kriterium gewonnen, das zum Maßstab auch der Humanität und Ethik von Religionen wird. Es geht also nicht um einen weltweiten Minimal-Konsens in Moral, sondern um eine größtmögliche Anstrengung um Wahrheit (über Gott, über den Menschen, über Welt), um rein kulturelle Beschränkungen des Tuns zu überwinden. „Als am meisten universale und rationale religiöse Kultur hat sich der christliche Glaube

---

35 BENEDIKT XVI., *Glaube und Vernunft. Die Regensburger Vorlesung*, kommentiert von Gesine Schwan, Adel Theodor Khoury, Karl Kardinal Lehmann, Freiburg i. Br. 2006, 30.
36 JOSEPH RATZINGER, *Glaube – Wahrheit – Toleranz: Das Christentum und die Weltreligionen*, Freiburg i. Br. 2003, 54f.
37 Ebd., 51.

erwiesen, der auch heute der Vernunft jenes Grundgefüge an moralischer Einsicht darbietet, das entweder zu einer gewissen Evidenz führt oder wenigstens einen vernünftigen moralischen Glauben begründet, ohne den eine Gesellschaft nicht bestehen kann."[38]

## 4. „Mut zur Weite der Vernunft, nicht Absage an ihre Größe"[39]

Mit Absicht wandte sich Ratzinger gerade in seinen Streitgesprächen an Stimmen nicht aus der Mitte, sondern eher vom Rande des kirchlichen Glaubens oder sogar von außerhalb. Er nahm sie als Zurufe – Zurufe an das Christentum, seine Schätze nicht zu vergraben. Im Gegenteil: damit zu wuchern – sogar zur Verteidigung der Vernunft.

Bahnbrechend und anschlussfähig am Denken Ratzingers ist: dass er sich mit der heute notwendigen Aufklärung verbündet. „Die eben in ganz groben Zügen versuchte Selbstkritik der modernen Vernunft schließt ganz und gar nicht die Auffassung ein, man müsse nun wieder hinter die Aufklärung zurückgehen und die Einsichten der Moderne verabschieden."[40] Allerdings kann Aufklärung heute nicht mehr bedeuten „Befreiung der Vernunft aus ihren Täuschungen, sondern Befreiung von der Täuschung, welche die Vernunft selbst ist. Und Vernunft als solche wäre dann Täuschung, wenn sie nur vorgeben könnte, aus sich auf ein Ganzes von Einsicht orientiert zu sein und dann auch durch sich aus dem Inbegriff von Täuschung befreit sein zu können."[41] Anders: Vernunft ist werkzeuglich, bedarf eines vorgängigen „Ganzen", auf das sie sich richtet, mehr noch: von dem und an dem sie selbst ausgerichtet wird. So wird das biblische Wort nicht zum Gegenstand der Vernunft, es wird zum befruchtenden Wider-Stand der Vernunft. „Das geschichtliche Instrument des Glaubens kann die Vernunft als solche wieder freimachen, sodass sie nun – von ihm auf den Weg gebracht – wieder selber sehen kann.

---

38   JOSEPH RATZINGER, *Werte in Zeiten des Umbruchs. Die Herausforderungen der Zukunft bestehen*, Freiburg i. Br. 2005, 64.
39   BENEDIKT XVI., *Glaube und Vernunft. Die Regensburger Vorlesung*, kommentiert von Gesine Schwan, Adel Theodor Khoury, Karl Kardinal Lehmann, Freiburg i. Br. 2006, 31.
40   Ebd., 29.
41   DIETER HENRICH, *Bewusstes Leben. Untersuchungen zum Verhältnis von Subjektivität und Metaphysik*, Stuttgart 1999, 98.

[...] Die Vernunft wird ohne den Glauben nicht heil, aber der Glaube wird ohne die Vernunft nicht menschlich."[42] Den letzteren Satz hatte die Regensburger Rede vertieft – und eben dieser Tenor war missverstanden worden. Denn es ist einzig die Wahrheitssuche durch Vernunft, die zu Gott führt, und nicht eine durch Angst, etwa durch das Schwert erzwungene Gottesbeziehung, wie der zitierte Kaiser Manuel II. Palaeologos um 1391 in seinem Streitgespräch mit dem muslimischen Perser betonte. Gewalt „steht im Widerspruch zum Wesen Gottes und zum Wesen der Seele. [...] Um eine vernünftige Seele zu überzeugen, braucht man nicht seinen Arm, nicht seine Schlagwerkzeuge [...]." Die Mitte der Argumentation bildet der große Satz: „[...] nicht vernunftgemäß – nicht syn logo – zu handeln, ist dem Wesen Gottes zuwider."[43]

So baut der Papst eine Brücke von Athen nach Jerusalem: *Vernunft ist die Brücke*, die über sich hinausgreift oder besser: über sich hinausgerissen wird – denn eben der Vernunft stellt sich die Frage nach einem Selbstüberstieg, in dem das Denken von einem wirklichen und wirkungsvollen Gegenüber herausgefordert wird. Es stößt eben nicht nur auf ein eigenes, sondern auf ein anderes, ebenso vertrautes wie fernes „Innen und Oben", *interior intimo meo et superior summo meo*[44]. Sofern diese Bewegung nicht vollzogen wird, bleibt das Denken selbstbezüglich und selbstthematisch. In dieser Weitung einer selbstgenügsamen Autonomie der Vernunft aber sucht die gemeinsame Anstrengung des Denkens und des Glaubens jenes Gegenüber, mit dem sie an die Grenze des Denk-Möglichen rührt. Die Kritik einer falschen Selbstmächtigkeit der Vernunft hatte bereits „Athen" in seinen großen Vertretern ausgesprochen: Platon kennt die dramatische Blendung durch das Licht außerhalb der Höhle. Solche (wehtuenden und wohltuenden) Blendungen hatten die Philosophie zur Begleiterin aller Arten von Wahrheitssuche gemacht; und in dem Papst ist noch einmal Paulus (der vor Damaskus von der Wahrheit geblendet wurde), sind die Väter mit ihrer

---

42   JOSEPH RATZINGER, *Glaube – Wahrheit – Toleranz: Das Christentum und die Weltreligionen*, Freiburg i. Br. 2003, 110.

43   BENEDIKT XVI., *Glaube und Vernunft. Die Regensburger Vorlesung*, kommentiert von Gesine Schwan, Adel Theodor Khoury, Karl Kardinal Lehmann, Freiburg i. Br. 2006, 16.

44   AUGUSTINUS, *Confessiones* III, 6. 11: „Tu autem eras interior intimo meo et superior summo meo."

unerschrockenen Zuversicht auf die Kraft des Geistes zu Wort gekommen. Unerwartet wurde Benedikt XVI. so die Stimme für das gewaltige europäische Erbe, das dem Christentum eingeschrieben wurde, wie umgekehrt das Christentum das europäische Denken zu seiner Hochform herauslockte. Sollte all dies nur Vergangenheit bleiben? Der Papst hat es in die Gegenwart geholt: Selbstüberstieg ist dem Denken nicht nur zugehörig, sondern dem Denken immer schon eingeschrieben. Es ist ein Übersteigen in einen Bereich der Wahrheit, die dem Denken als wirklich Anderes, als Gegenüber, als Befreundetes zukommt, ebenso tief vertraut wie anziehend-geheimnishaft fern. Wenn schon das Glauben schwerfällt, so ist doch immer auf jene Kraft des Denkens zu bauen.

Der Schritt vom Unglauben über das Denken zum Glauben ist damit vorgezeichnet. Das große Motiv des Pontifikats lautete: Das Umgetriebenwerden des Menschen, sei er gläubig oder „im Vorhof", findet seine lösende Antwort im Logos des Johannesprologs. Diese Antwort beginnt mit dem Einsatz der Vernunft und ihrer Wahrheitsfähigkeit und führt – vielmehr: lässt sich führen – bis in die Tiefen der Gottheit. Mit dem Logos steht der Vorhof für das Innere des Tempels bereits offen.

# „Conversatio nostra in caelis est"
# Unsere Heimat ist im Himmel[1]

*Abt Maximilian Heim OCist*

## 1. Fremdlinge auf Zeit – entweltlichte Kirche?

### 1.1 *„Himmelsbürger auf Erden"*[2]

Die Frage: „Wo bist du zu Hause?" und die Erfahrung von Heimatlosigkeit und Unbehaustsein prägen unsere moderne Gesellschaft. Diese Verlorenheit in der Fremde schildert der französische Schriftsteller und Philosoph Albert Camus in seinem frühen Werk *L'envers et l'endroit* im Kapitel „La mort dans l'âme" – *Der Tod in der Seele* (1937)[3], in dem er seine Reise nach Prag beschreibt: Fern von uns selbst, fern von unserer Sprache, losgerissen von all dem, worauf wir uns sonst stützen, unserer Masken beraubt [...], leben wir ganz auf der Oberfläche unserer selbst. Gleichzeitig spüren wir, dass unsere Seele krank ist, aber auch, dass wir uns jedem Sein und jedem Objekt zuwenden, als ob es uns ein Wunder verspräche.[4]

Wie der dichterischen Sprache von Albert Camus zu entnehmen ist, bleibt der sich entfremdete Mensch sich selbst und seiner Umwelt ein Fremder, weil ihm der Zugang zum Heiligtum seiner Seele versperrt ist. Auch den glaubenden Menschen kann ein ähn-

---

[1] Zuerst veröffentlicht in: BEATE BECKMANN-ZÖLLER, RENÉ KAUFMANN (Hg.), *Heimat und Fremde. Präsenz im Entzug. Festschrift für Prof. Hanna-Barbara Gerl-Falkovitz*, Dresden 2015, 165–180.

[2] ROLF NOORMANN, *Himmelsbürger auf Erden. Anmerkungen zum Weltverhältnis und zum ‚Paulinismus' des Auctor ad Diognetum*, in: ERICH GRÄSSER (Hg.), *Die Weltlichkeit des Glaubens in der Alten Kirche: Festschrift für Ulrich Wickert zum siebzigsten Geburtstag*, Berlin 1997, 199–229.

[3] ALBERT CAMUS, *L'envers et l'endroit*, Algier 1937, Kap. 4 «La mort dans l'âme». „Licht und Schatten", in: *Literarische Essays*, Hamburg 1959.

[4] Eigene Übersetzung von ALBERT CAMUS, *L'envers et l'endroit*: „Loin des nôtres, de notre langue, arrachés à tous nos appuis, privés de nos masques [...], nous sommes tout entiers à la surface de nous-mêmes.", auf: http://classiques.uqac.ca/classiques/camus_albert/envers_et_endroit/Camus_envers_et_endroit.pdf (14.7.2015). Siehe: ALBERT CAMUS, *L'envers et l'endroit. La mort dans l'âme*, in: DERS., *Essais* (= Bibl. de la Pléiade), Paris 1965, 31–39.

liches Schicksal treffen, an dem er reifen kann, wenn er – pilgernd das Ziel vor Augen – bereit ist, das Unbehaustsein seines Lebens zu ertragen. Romano Guardini hat in seinen Meditationen über die Schöpfung erkannt, dass jeder Mensch in gewisser Weise das Bewusstsein eines verlorenen Paradieses in sich trägt. Dieser Verlust verursacht im Letzten eine Schwermut, die wie ein tiefer Strom durch die Menschheitsgeschichte fließt, an deren „Anfang kein natürlicher Beginn steht, der sich dann entfaltete, keine einfache Kindheit, die zur Reife heranwüchse, sondern eine verlorene göttlich große Möglichkeit"[5].

Als Fremdlinge in dieser Zeit empfinden sich nicht wenige Getaufte im beginnenden 21. Jahrhundert, denen das Vertraute einer christlich geprägten Umwelt immer mehr verloren geht. Wo das Christentum jedoch – wie Johann Baptist Metz sagt – „mehr Gefahr verspricht als Sicherheit, mehr Heimatlosigkeit als Geborgenheit, da ist es offensichtlich dem nahe, der von sich gesagt haben soll: ‚Wer mir nahe ist, ist dem Feuer nahe; wer mir fernsteht, steht dem Reich fern.'"[6].

Schon im Brief an Diognet aus dem 2. Jahrhundert n. Chr. begegnet dieses auffallende Paradoxon von Fremde und Heimat. Dort heißt es am Beginn des 5. Kapitels: „Die Christen nämlich sind weder durch Heimat noch durch Sprache noch durch Sitten von den übrigen Menschen unterschieden."[7] Wenige Zeilen danach schreibt der Autor: „Sie bewohnen ihr jeweiliges Vaterland, aber nur wie fremde Ansässige; sie erfüllen alle Aufgaben eines Bürgers und erdulden alle Lasten wie Fremde; jede Fremde ist für sie Vaterland und jede Heimat ist für sie Fremde."[8] Diese Spannung von Nähe

---

5   ROMANO GUARDINI, *Der Anfang aller Dinge. Meditationen über Genesis, Kapitel I-III*, Würzburg 1961, 121.
6   JOHANN BAPTIST METZ, *Memoria passionis. Ein provozierendes Gedächtnis in pluralistischer Gesellschaft*, Freiburg i. Br. 2006, 144f. Zitiert wird: „Qui juxta me est, juxta ignem est; qui longe est a me, longe est a regno." ORIGENES, *In Jeremiam homilia* lat. XX, 3, in: JACQUES PAUL MIGNE (Hg.), *Opera omnia, Patrologiae Graecae* 13, col. 532. – Vgl. ALBERT FRANZ, *Unsere Heimat ist im Himmel! Christliche Existenz zwischen Heimatlosigkeit und Beheimatung*, in: JOACHIM KLOSE (Hg.), *Heimatschichten. Anthropologische Grundlegung eines Weltverhältnisses*, Wiesbaden 2013, 444–456, besonders 454f.
7   *Der Brief an Diognet*. Übertragen und erläutert von Bernd Lorenz (*Christliche Meister* 18), Einsiedeln 1982, 19, Kapitel 5, 1.
8   Ebd., Kapitel 5, 5.

und Distanz zur irdischen Heimat wird zum Charakteristikum für die christliche Berufung seit der apostolischen Zeit.

Der Apostel Paulus spricht in Phil 3,20 von der himmlischen πολίτευμα, ein Wort, das in der *Nova Vulgata* mit *municipatus* wiedergegeben wird. Es handelt sich hier um das politische Gemeinwesen, in dem man Bürgerrecht hat.[9] Ähnlich wie im Brief an Diognet stehen sich irdische Welt und Himmel als Ort der eschatologischen Erwartung bei Paulus gegenüber. Die Christen sind, wie Rolf Noormann schreibt, „Himmelsbürger auf Erden", das heißt, sie „befinden sich zwar auf der Erde, orientieren sich aber nicht am Irdischen, weil sie ihr Bürgerrecht im Himmel haben. Hier wie dort bestimmt die Himmelsbürgerschaft das Verhalten in der Welt"[10]. Grundlage für dieses christliche Paradoxon ist das Wort Jesu: „Ich habe ihnen dein Wort gegeben und die Welt hat sie gehasst, weil sie nicht von der Welt sind, wie auch ich nicht von der Welt bin. Ich bitte nicht, dass du sie aus der Welt nimmst, sondern dass du sie vor dem Bösen bewahrst. Sie sind nicht von der Welt, wie auch ich nicht von der Welt bin." (Joh 17,14ff.)[11]

*1.2 Loslösung von der Verweltlichung als Zeugnis einer missionarischen Kirche*

Haben solche Aussagen aus der frühen Zeit der Kirche in einer globalisierten Welt, die scheinbar nach Einheit strebt, für die Kirche der Gegenwart eine Bedeutung? Joseph Ratzinger hat bereits ein Jahr nach dem II. Vatikanischen Konzil konstatiert, dass die Aufgabe der Kirche nicht darin bestehen kann, „die Welt in ihrem Weltsein und ihrer Weltlichkeit zu bestätigen und ihr Gefährte zu werden, der sie ganz so lässt, wie sie selber ist"[12]. Um der Glaubwürdigkeit der Kirche willen darf sie ihre Herkunft nicht verleugnen und muss das

---

9 Vgl. *Sprachlicher Schlüssel zum Griechischen Neuen Testament*, bearbeitet von Fritz Rienecker, Gießen [17]1984, 462.
10 ROLF NOORMANN, *Himmelsbürger auf Erden. Anmerkungen zum Weltverhältnis und zum ‚Paulinismus' des Auctor ad Diognetum*, in: ERICH GRÄSSER (Hg.), *Die Weltlichkeit des Glaubens in der Alten Kirche: Festschrift für Ulrich Wickert zum siebzigsten Geburtstag*, Berlin 1997, 199–229, hier: 214.
11 Vgl. Joh 8,23; Joh 15,18ff.; 1 Joh 3,13.
12 JOSEPH RATZINGER, *Gesammelte Schriften Bd. 7 (Teil 2): Zur Lehre des Zweiten Vatikanischen Konzils. Formulierung – Vermittlung – Deutung* (= JRGS 7/2), hg. von Gerhard Ludwig Müller, Freiburg i. Br. 2012, 982.

Wort Gottes in seiner reinigenden und scheidenden Kraft ernst nehmen. Es geht, wie Ratzinger als Papst Benedikt XVI. in seiner Freiburger Rede 2011 sagte, um „ein *sacrum commercium*, einen Tausch zwischen Gott und den Menschen [...]. Wir haben Gott nichts zu geben, wir haben ihm nur unsere Sünde hinzuhalten. Und er nimmt sie an und macht sie sich zu eigen, gibt uns dafür sich selbst und seine Herrlichkeit"[13]. Auch wenn wir Gott nichts schenken können, weil wir vor Gott immer nur Bettler sind, so gibt er uns doch die Gnade, ihn zu lieben. Fast wörtlich übernimmt der Papst hier seine Gedanken über die weltoffene Kirche aus dem Jahr 1966. Weil Christus sich der Welt geöffnet hat, muss die Kirche sich in gleicher Weise seiner Sendung anschließen: Sie ist Instrument Jesu Christi.[14] Deshalb ist ihre Mission von einer zweifachen Öffnung bestimmt: von der Öffnung der Kirche zur Welt wie auch vom Mitvollzug der Liebe Gottes, die sich in Jesus Christus der Welt offenbart.

Ausdrücklich nennt Joseph Ratzinger 1966 Irrwege, die dieser Sendung der Kirche entgegenstehen. Dazu zählen Selbstsucht, Bequemlichkeit oder Feigheit. Solche negativen Charaktereigenschaften können unterschwellig Auslöser sein, wenn sich kirchliche Entscheidungsträger einer falschen *political correctness* anschließen. Der Theologe Ratzinger hält dem entgegen, dass es Verrat wäre, aus solchen Gründen die Sendung der Kirche zu verleugnen, nur um gleichsam „humanitärer und selbstloser zu erscheinen"[15].

Die Kirche darf also nicht den Geist der Welt annehmen, sondern sie muss, wie es Benedikt XVI. in Freiburg sagte, „immer wieder die Anstrengung unternehmen, sich von dieser ihrer Verweltlichung zu lösen und wieder offen auf Gott hin zu werden"[16]. Das bedeutet nicht, sich der Welt zu entziehen, sondern als Sauerteig für

---

13 PAPST BENEDIKT XVI., *Ansprache seiner Heiligkeit Papst Benedikt XVI. an engagierte Katholiken aus Kirche und Gesellschaft*, in: Verlautbarungen des Apostolischen Stuhls (Nr. 189), hg. vom Sekretariat der deutschen Bischofskonferenz, Bonn 2011, 144–150, hier: 146.
14 Vgl. JOSEPH RATZINGER, *Gesammelte Schriften Bd. 7 (Teil 2): Zur Lehre des Zweiten Vatikanischen Konzils. Formulierung – Vermittlung – Deutung* (= *JRGS 7/2)*, hg. von Gerhard Ludwig Müller, Freiburg i. Br. 2012, 983.
15 *Ebd.*, 984.
16 PAPST BENEDIKT XVI., *Ansprache seiner Heiligkeit Papst Benedikt XVI. an engagierte Katholiken aus Kirche und Gesellschaft*, in: Verlautbarungen des Apostolischen Stuhls (Nr. 189), hg. vom Sekretariat der deutschen Bischofskonferenz, Bonn 2011, 144–150, hier: 147.

diese Welt dem Ganzen die Würze des Heiligen Geistes zu geben und die Offenheit seiner Liebe, damit die Welt nicht an der Verflachung zugrunde geht. Es ist offensichtlich, dass gerade, wie es auch Papst Benedikt XVI. sagt, „[d]as missionarische Zeugnis der entweltlichten Kirche"[17] ihre Glaubwürdigkeit steigert:
„Die von materiellen und politischen Lasten und Privilegien befreite Kirche kann sich besser und auf wahrhaft christliche Weise der ganzen Welt zuwenden, wirklich weltoffen sein. Sie kann ihre Berufung zum Dienst der Anbetung Gottes und zum Dienst des Nächsten wieder unbefangener leben. Die missionarische Pflicht, die über der christlichen Anbetung liegt und die ihre Struktur bestimmen sollte, wird deutlicher sichtbar. Sie öffnet sich der Welt, nicht um die Menschen für eine Institution mit eigenen Machtansprüchen zu gewinnen, sondern um sie zu sich selbst zu führen, indem sie zu dem führt, von dem jeder Mensch mit Augustinus sagen kann: Er ist mir innerlicher als ich mir selbst (vgl. *Conf.* 3, 6, 11)."[18]

### 1.3 „Die Christen sind die Seele der Welt"[19]

Als Fremdlinge auf Zeit nehmen die Christen in dieser nicht verweltlichten Haltung an der Armut Christi teil, der der Bruder aller Menschen werden wollte, um sie aus ihrer Ichverkrümmtheit wieder aufzurichten. Er führt sie in seiner Barmherzigkeit auf den Weg zum wahren Leben und hilft ihnen, die vergänglichen Dinge so zu gebrauchen, dass sie die ewigen nicht verlieren.[20] In gleicher Weise betont Papst Franziskus in seinem Apostolischen Schreiben *Evangelii Gaudium*: „Wenn das innere Leben sich in den eigenen Interessen verschließt, gibt es keinen Raum mehr für den anderen, finden die Armen keinen Einlass mehr, hört man nicht mehr die Stimme Gottes, genießt man nicht mehr die innige Freude über seine Liebe, regt sich nicht die Begeisterung, das Gute zu tun."[21]

---

**17** Ebd., hier: 148.
**18** Ebd.
**19** *Der Brief an Diognet*. Übertragen und erläutert von Bernd Lorenz (*Christliche Meister* 18), Einsiedeln 1982, 21f., Kapitel 6.
**20** Vgl. Oration vom 17. Sonntag im Jahreskreis A.
**21** Papst Franziskus, *Apostolisches Schreiben* EVANGELII GAUDIUM *des Heiligen Vaters Papst Franziskus an die Bischöfe, an die Priester und Diakone, an die Personen geweihten Lebens und an die christgläubigen Laien über die Verkündigung des Evangeliums in der Welt*

In seiner Ansprache an das Europaparlament am 25. November 2014 in Straßburg bezieht sich Papst Franziskus auf den Autor des Diognetbriefes, der feststellt, dass „die Christen in der Welt das sind, was die Seele im Leib ist"[22]. Nach Papst Franziskus hat die Seele dabei eine dreifache Aufgabe, nämlich „den Leib aufrecht zu erhalten, sein Gewissen und sein geschichtliches Gedächtnis zu sein"[23]. Mit anderen Worten heißt das, dass die Kirche zum christlichen Zeugnis in der Welt berufen ist. Sie ist also mit dem Sauerteig zu vergleichen, „den eine Frau unter einen großen Trog Mehl mischte, bis das Ganze durchsäuert war" (Mt 13,33). Ihre Andersartigkeit bewahrt die Kirche vor einer lähmenden Gleichgültigkeit und befähigt sie zum christlichen Zeugnis in der Welt.

## 2. Berufung zum christlichen Zeugnis in der Welt

*2.1 Einspruch gegen Unrecht und Gehorsam gegenüber Gottes Gebot*

Im Januar 1998 schrieb der hl. Papst Johannes Paul II. einen Brief an die deutschen Bischöfe, in dem er sich unter anderem auf das 5. Kapitel des Diognetbriefes bezog, das verbindende und unterscheidende Charakterzüge der Christen aufzeigt.[24] Dort heißt es z. B: „Sie heiraten wie alle und zeugen Kinder, jedoch setzen sie die Neugeborenen nicht aus. Sie haben gemeinsamen Tisch, kein gemeinsames Lager."[25] Johannes Paul II. wendet diese Formulierungen des

---

*von heute*, in: Verlautbarungen des Apostolischen Stuhls (Nr. 194), hg. vom Sekretariat der deutschen Bischofskonferenz, Bonn 2013, 7.

22  PAPST FRANZISKUS, *Vertrauen in ein vereintes, friedvolles und kreatives Europa. Ansprache von Papst Franziskus an das Europaparlament am 25. November*, in: OR (D) Nr. 48 vom 28. November 2014, 13f., hier: 14. Vgl. Diognetbrief: „Ohne Umschweife sei es formuliert: Was im Leib die Seele ist, das sind in der Menschheit die Christen.", in: *Der Brief an Diognet*. Übertragen und erläutert von Bernd Lorenz (*Christliche Meister* 18), Einsiedeln 1982, 21, Kapitel 6, 1.

23  PAPST FRANZISKUS, *Vertrauen in ein vereintes, friedvolles und kreatives Europa. Ansprache von Papst Franziskus an das Europaparlament am 25. November*, in: OR (D) Nr. 48 vom 28. November 2014, 13f., hier: 14. Vgl. Dogmatische Konstitution Lumen gentium über die Kirche (= LG) 38.

24  PAPST JOHANNES PAUL II., *Evangelium vom Leben: Bekenntnis – Hilfeleistung – Zuwendung. Brief von Papst Johannes Paul II. an die deutschen Bischöfe*, in: OR (D) Nr. 5 vom 30. Januar 1998, 1 u. 11.

25  *Der Brief an Diognet*. Übertragen und erläutert von Bernd Lorenz (*Christliche Meister* 18), Einsiedeln 1982, 19, Kapitel 5, 6.

Diognetbriefes auf die Gegenwart an, indem er einmahnt, dass die Kirche im Kampf und im Engagement für das ungeborene Leben sich von einer Umwelt unterscheiden muss, die sich dem Gebot Gottes „Du sollst nicht töten" (vgl. Ex 20,13) nicht mehr ausnahmslos verpflichtet weiß. Wörtlich schrieb er: „Bei der Verkündigung dieses Evangeliums dürfen wir nicht Feindseligkeit und Unpopularität fürchten, wenn wir jeden Kompromiss und jede Zweideutigkeit ablehnen, die uns der Denkweise dieser Welt angleichen würde (vgl. Röm 12,2). Wir sollen *in der Welt*, aber nicht *von der Welt* sein (vgl. Joh 15,19; 17,16) mit der Kraft, die uns von Christus kommt, der durch seinen Tod und seine Auferstehung die Welt besiegt hat (vgl. Joh 16,33)."[26]

Warum müssen die Christen hier Widerstand leisten gegen eine Gleichschaltungstendenz einer wirtschaftlich und politisch mächtigen Elite, die weltweit versucht, ihre eigenen Gesetzlichkeiten bis in das Private hinein auszudehnen und selbst das Naturrecht, das Recht auf Leben von seinem Anfang bis zu seinem Ende (Abtreibung und Euthanasie), das Recht der Religionsfreiheit und das Recht des Schutzes der öffentlichen Religionsausübung und des Schutzes vor Diskriminierung religiöser Zeichen immer mehr aushöhlt? Weil die Christen zwar Erdenbürger sind, sich jedoch nicht an Irdischem orientieren, sondern ihr „Bürgerrecht im Himmel haben"[27]. Aufgrund dieser Verantwortung vor Gott ist die ganze christliche Existenz, wie Noormann sagt, „bestimmt durch den kommenden Herrn, dessen Herrschaft als des zur Rechten Gottes erhöhten Herrn aber bereits Gegenwart ist"[28]. Entscheidend dafür ist die Ehrfurcht vor Gott, die in der Liebe begründet auch das Weltverhältnis der Christen bestimmen muss.

---

26  PAPST JOHANNES PAUL II., *Enzyklika Evangelium vitae von Papst Johannes Paul II. an die Bischöfe, Priester und Diakone, die Ordensleute und Laien sowie an alle Menschen guten Willens über den Wert und die Unantastbarkeit des menschlichen Lebens*, in: Verlautbarungen des Apostolischen Stuhls (Nr. 120), hg. vom Sekretariat der deutschen Bischofskonferenz, Bonn ⁶2009, 99.
27  *Der Brief an Diognet*. Übertragen und erläutert von Bernd Lorenz (*Christliche Meister* 18), Einsiedeln 1982, 20, Kapitel 5, 9. Siehe auch Phil 3,20.
28  ROLF NOORMANN, *Himmelsbürger auf Erden. Anmerkungen zum Weltverhältnis und zum ‚Paulinismus' des Auctor ad Diognetum*, in: ERICH GRÄSSER (Hg.), *Die Weltlichkeit des Glaubens in der Alten Kirche: Festschrift für Ulrich Wickert zum siebzigsten Geburtstag*, Berlin 1997, 199–229, hier: 214.

## 2.2 Martyrium um Christi willen in der Liebe zu den Feinden

Wenn nun im Diognetbrief davon die Rede ist, dass die Beziehung der Christen zur Welt wie das Verhältnis der Seele zum Leib ist, so erkennen wir in dieser Analogie[29] eine Anwendung der Weisung Jesu, der die Grenzen des Liebesgebotes aufhob und sie auf alle Menschen, selbst auf seine Feinde, ausweitete: „Ich aber sage euch: Liebt eure Feinde und betet für die, die euch verfolgen, damit ihr Söhne eures Vaters im Himmel werdet; denn er lässt seine Sonne aufgehen über Bösen und Guten, und er lässt regnen über Gerechte und Ungerechte." (Mt 5,44f.) In unserer postmodernen Gesellschaft, in der das christliche Zeugnis nicht selten auf Unverständnis und Feindseligkeit trifft, werden die Worte des Briefes an Diognet hochaktuell: „Es hasst das Fleisch die Seele, von der ihr kein Unrecht geschieht, und führt mit ihr Krieg, weil es gehindert wird, Vergnügungen zu genießen; ebenso hasst die Welt die Christen, von denen ihr kein Unrecht geschieht, weil sie den Vergnügungen entgegentreten. Die Seele hingegen liebt das hassende Fleisch und die Glieder, wie die Christen ihre Hasser lieben."[30]

Noch vor wenigen Jahrzehnten ahnte niemand, dass die brutalen Christenverfolgungen der ersten Jahrhunderte in unserer Gegenwart sich dramatisch wiederholen würden. Deshalb muss heute das Unterscheidende des christlichen Martyriums hervorgehoben werden. Es handelt sich hier nicht um Fanatiker, die ihr Leben wegwerfen, sondern um Unschuldige, die um Christi willen hingerichtet werden und dabei bereit sind, ihren Feinden zu vergeben. Deshalb werden gerade in bedrängten Regionen dieser Erde die Worte des Briefes an Diognet viel besser verstanden als in einer postchristlichen Gesellschaft, deren Hauptproblem die Gleichgültigkeit ist. So schreibt der Autor des Briefes an Diognet im 5. Kapitel: „Sie lieben alle und werden von allen verfolgt. Sie werden verkannt und verurteilt, sie werden getötet und dadurch gewinnen sie das Leben. Arm sind sie und machen doch viele reich; an allem leiden sie Mangel und zugleich haben sie Überfluss an allem. Missachtet wer-

---

29 Vgl. ebd., hier: 216.
30 *Der Brief an Diognet*. Übertragen und erläutert von Bernd Lorenz (*Christliche Meister* 18), Einsiedeln 1982, 21, Kapitel 6, 5f.

den sie und in der Verachtung gerühmt; verlästert werden sie und doch für gerecht befunden. Geschmäht werden sie und segnen; sie werden verhöhnt und erweisen Ehre. Obwohl sie Gutes tun, werden sie wie Übeltäter bestraft; mit dem Tode bestraft, freuen sie sich, als ob sie zum Leben geboren würden."[31] Den Christen ist es aufgetragen, das Gebot der Nächstenliebe bis hin zur Feindesliebe zu erfüllen (vgl. Lk 6,27).
Die Quintessenz, die der Autor des Diognetbriefes im 6. Kapitel zieht, überrascht. Dort heißt es: „Umschlossen ist zwar die Seele vom Leib, diese hält aber den Leib zusammen; ebenso werden zwar die Christen von der Welt gleichsam in Bewachung gehalten, jedoch halten vielmehr sie die Welt zusammen."[32] Wie Noormann feststellt, ist „das Moment der positiven Zuordnung der Christen auf die Welt hin hier erheblich stärker entwickelt"[33] als in den entsprechenden Kapiteln des Johannesevangeliums: „Dies habe ich zu euch gesagt, damit ihr in mir Frieden habt. In der Welt seid ihr in Bedrängnis; aber habt Mut: Ich habe die Welt besiegt." (Joh 16,33)

## 2.3 Eschatologische Existenz als „apokalyptischer Stachel"[34] in der Welt von heute

Von dieser positiven Einstellung geprägt, hat der Verfasser des Briefes an Diognet keineswegs das eschatologische Verständnis von Phil 3,20 ausgeschlossen. Dort wie hier gilt, dass die Christen Wächter sind, die dem kommenden Herrn entgegengehen und bereits jetzt schon in seiner Gegenwart leben.[35] Die Ordensleute haben von Anfang an ihre Existenz darin begründet, Nachfolge und Naherwartung miteinander zu verbinden oder wie es Johann Baptist Metz ausdrückt: „Nachfolge ist ohne Parusiegedanken, ohne Naher-

---

31  Ebd., 20, Kapitel 5, 11–16.
32  Ebd., 21, Kapitel 6, 7.
33  Rolf Noormann, Himmelsbürger auf Erden. Anmerkungen zum Weltverhältnis und zum ‚Paulinismus' des Auctor ad Diognetum, in: Erich Grässer (Hg.), Die Weltlichkeit des Glaubens in der Alten Kirche: Festschrift für Ulrich Wickert zum siebzigsten Geburtstag, Berlin 1997, 199–229, hier: 217.
34  Johann Baptist Metz, Zeit der Orden? Zur Mystik und Politik der Nachfolge, Freiburg i. Br. 1993, 78.
35  Vgl. Rolf Noormann, Himmelsbürger auf Erden. Anmerkungen zum Weltverhältnis und zum ‚Paulinismus' des Auctor ad Diognetum, in: Erich Grässer (Hg.), Die Weltlichkeit des Glaubens in der Alten Kirche: Festschrift für Ulrich Wickert zum siebzigsten Geburtstag, Berlin 1997, 199–229, hier: 214.

wartung nicht zu leben. [...] Der Nachfolge entspricht eine radikale Nachfolgeexistenz mit apokalyptischem Stachel."[36] In diesem Zusammenhang macht Bernhard Vošicky darauf aufmerksam, dass der Ordensvater der Zisterzienser, Bernhard von Clairvaux, den Mönch einen eingeschriebenen Bürger in Jerusalem (*„civis conscriptus Ierusalem"*[37]) nennt: „Nicht so, dass er in der Stadt, wo Jesus starb, leiblich anwesend sein müsse [...]. Denn für den Mönch ist dieser Ort überall. Er ist ganz besonders da, wo man sich, fern von der Welt und Sünde, Gott, den Engeln und den ihn umgebenden Heiligen nähert. Das Kloster hat teil an der Bürde Zions: Es vermittelt all seinen Insassen die geistlichen Güter, die von jenen Stätten ausgehen, welche durch das Leben des Herrn, durch sein Leiden und sein Kreuz und durch seine Himmelfahrt geheiligt sind und Schauplatz seiner glorreichen Wiederkunft sein werden."[38]

In dieser Sehnsucht nach der heiligen Stadt wird das Kloster mitten in dieser Welt zum angefochtenen Ort des Himmlischen. Mitten in der Spannung des Vorläufigen blickt der Mönch in Freude auf die Vollendung als sein letztes Ziel. Oder wie es über den seligen David von Himmerod ausgesagt wird: „Wie bei einem Heiligen strahlt sein Gesicht vor Freude; er hat das freudige und strahlende Gesicht eines Mannes, der nach Jerusalem zieht!"[39]

Nicht nur der Mönch hat diese Sehnsucht nach dem Vollendeten, sondern auch jeder Mensch begreift sich als derjenige, der sich durch das *desiderium naturale* nach der Erfüllung des Glücks und nach vollendeter Erkenntnis sehnt.[40] In seiner Geschöpflichkeit ver-

---

36 JOHANN BAPTIST METZ, *Zeit der Orden? Zur Mystik und Politik der Nachfolge*, Freiburg i. Br. 1993, 39.
37 BERNHARD VON CLAIRVAUX, *Epistola LXIV: Ad Alexandrum Lincolniensem episcopum*, in: BERNHARD VON CLAIRVAUX, *Sämtliche Werke lateinisch/deutsch*, hg. von Gerhard B. Winkler, Band II, Innsbruck 1992, 554.
38 BERNHARD J. M. VOSICKY, *Bernhards Aussagen über Benedikt – Benedikt von Nursia. Eine Herausforderung an unsere Zeit*, in: AUGUSTINUS K. FENZ/FERDINAND STAUDINGER/ GUSTAV JELINEK (Hg.), *Höre, mein Sohn – Sammelband von Gastvorlesungen und Festakademien* (Heiligenkreuzer Studienreihe, Band 2), Heiligenkreuz 1982, 43–54, hier: 53.
39 Ebd., hier: 54. Vošicky übersetzt hier aus: AMBROSIUS SCHNEIDER, *Vita B. Davidis monachi Hemmerodensis*, in: Analecta Cisterciensia 11 (1955) 27–44, hier: 35: „Jocundabatur secundum faciem sanctorum, habens facies euntis in Iherusalem."
40 Vgl. PAULUS ENGELHARDT, *Menschwerdung des Wortes und menschliches Verlangen nach Wahrheit. Ein Versuch, die grundlegende Denk- und Glaubenserfahrung des Thomas von Aquin zu erschließen*, in: ALBERT ZIMMERMANN (Hg.), *Thomas von Aquin: Werk und Wirkung im Licht neuerer Forschungen* (Miscellanea Mediaevalia, Band 19), Berlin/New York 1988, 1–12, hier: 4f.

dankt er sich seinem Schöpfer und macht sich auf die Suche nach diesem Ursprung in dem Bewusstsein, das eigentliche Ziel des Lebens zu finden. Dieser Aspekt des Weges ist charakteristisch für die von Hieronymus gewählte Übersetzung von Phil 3,20 „Conversatio nostra in caelis est", „unser Lebenswandel ist im Himmel".

## 3. „Conversatio nostra in caelis est"

### 3.1 Etymologische Annäherung

Um die Übersetzung von πολίτευμα als *conversatio* zu begreifen, ist es wichtig, den Bedeutungswandel zu berücksichtigen, der sich durch die unterschiedlichen Übersetzungen ableiten lässt. Das griechische πολίτευμα, das in der *Vetus Latina*, bei Tertullianus und in der aktuellen *Nova Vulgata* mit *municipatus* (Bürgerrecht) wiedergegeben wird, wurde von Hieronymus in seiner *Vulgata* mit *conversatio* übersetzt. Diese Übersetzung von Phil 3,20 „nostra enim conversatio in caelis est", die auch schon Augustinus verwendete, macht „das Pauluswort zu einer Aussage über den wahrhaft christlichen ‚Lebenswandel'"[41]. *Conversatio* kommt vom Lateinischen *conversari*, d. h. mit jemandem Umgang haben, zusammenleben, verkehren. Die monastische benediktinische Tradition hat diesen Begriff in ihre Professformel aufgenommen, in der der Mönch oder die Nonne neben *oboedientia* (Gehorsam), *stabilitas loci* (Ortsgebundenheit) schließlich als Drittes die sogenannte *conversatio morum* (den klösterlichen Lebenswandel) gelobt. Dieser schließt die Evangelischen Räte der Armut, der ehelosen Keuschheit und des Gehorsams mit ein.[42] Waren noch bis zum II. Vatikanischen Konzil vor allem die Gottgeweihten im Besonderen zu einem heiligmäßigen Leben bestimmt, verallgemeinerte das letzte Konzil in seiner Kirchenkonstitution *Lumen gentium* die Berufung zur Heiligkeit als Auftrag und Sendung jedes Getauften unabhängig von seinem Stand und der jeweiligen Aufgabe.

---

41  Vgl. LUTZ MECHLINSKY, *Der ‚modus proferendi' in Augustins ‚sermones ad populum'* (Studien zur Geschichte und Kultur des Altertums. Neue Folge, Reihe 1, Band 23), Paderborn 2004, 53.
42  Siehe *Regula Benedicti*, Kapitel 58.

## 3.2 Allgemeine Berufung zur Heiligkeit

Am Ende des vierten Kapitels über die Laien heißt es in *Lumen gentium* 38, dass jeder Getaufte „vor der Welt Zeuge der Auferstehung und des Lebens Jesu, unseres Herrn, und ein Zeichen des lebendigen Gottes sein" (LG 38) muss. Alle zusammen und jeder Einzelne zu seinem Teil müssen die Welt mit den Früchten des Geistes nähren (vgl. Gal 5,22), in sie hinein den Geist ausgießen, der jene Armen, Sanftmütigen und Friedfertigen beseelt, die der Herr im Evangelium seligpries (vgl. Mt 5,3-9). (LG 38)
Danach folgt als fünftes von acht Kapiteln der Kirchenkonstitution: „Die allgemeine Berufung zur Heiligkeit in der Kirche." Obwohl das Konzil diesem Thema ein eigenes Hauptstück gewidmet hat, ist es merkwürdig, dass dieses Anliegen in den vergangenen fünf Jahrzehnten immer mehr in Vergessenheit geraten ist. Es geht um die Nachfolge Christi, der „,sich selbst entäußerte und Knechtsgestalt annahm ... und gehorsam wurde bis in den Tod' (Phil 2,7f.) und der um unseretwillen ‚arm wurde, da er reich war' (2 Kor 8,9). Diese Nachahmung und Bezeugung der Liebe und Demut Christi müssen die Jünger immer leisten." (LG 42) Am Ende des Kapitels spricht das Konzil die oben schon erwähnte Entweltlichung an. Es sagt wörtlich: „Die mit dieser Welt umgehen, sollen sich in ihr nicht festsetzen; denn die Gestalt dieser Welt vergeht (vgl. 1 Kor 7,31 griech.)." (LG 42)
Die Kirche selbst definiert sich als „unzerstörbar heilig". (LG 39) Ihre Heiligkeit ist aber ausschließlich Teilhabe an der einen Heiligkeit Jesu Christi, den sie in ihrer Liturgie bezeugt: „Denn du allein bist der Heilige – *Quoniam tu solus Sanctus*."[43] Dabei leugnet sie nicht Schuld und Sünde, die durch ihre Glieder persönlich vor Gott und voreinander verantwortet werden müssen: „Da wir aber in vielem alle fehlen (vgl. Jak 3,2), bedürfen wir auch ständig der Barmherzigkeit Gottes und müssen täglich beten: ‚Und vergib uns unsere Schuld' (Mt 6,12)." (LG 40) Seit Jahrhunderten feiert die Kirche diese Berufung zur Heiligkeit als Zeichen ihrer eschatologischen Hoffnung am Hochfest Allerheiligen.

---

43 „Gloria" im Ordinarium der Heiligen Messe.

In seiner fünften Predigt zu diesem Fest fragt Bernhard von Clairvaux nach dem Nutzen eines solchen Andenkens an die Heiligkeit bzw. an die Heiligen der Kirche, indem er einwendet: „Die Heiligen bedürfen unseres Lobes nicht, und durch unsere Verherrlichung wird ihnen nichts gegeben. Dass wir ihr Andenken ehren, ist offensichtlich für uns und nicht für sie von Nutzen."[44] Ein dreifaches Verlangen flammt in ihm auf, dennoch dieses Fest zu feiern: Das erste ist die Sehnsucht nach dem Ziel unseres irdischen Lebens, dem Himmel: „*Conversatio nostra in caelis est*".[45] Zweitens deckt es die Eitelkeit auf, menschliche Ehre zu suchen und nicht die Herrlichkeit, die von Gott kommt. Hilfe dabei ist der Blick auf das mit Dornen gekrönte Haupt Jesu Christi. „Schämen soll sich das Glied, wenn es sich unter dem mit Dornen gekrönten Haupt der Genusssucht hingibt; jeder Purpur ist für das Glied einstweilen mehr Spott als Ehre."[46] Und schließlich weist dieses Fest hin auf die Gemeinschaft der Heiligen. Sie besteht darin, dass wir uns mit ihnen freuen, sie aber mit uns mitleiden nach dem Wort des Apostels Paulus: „Wenn darum ein Glied leidet, leiden alle Glieder mit; wenn ein Glied geehrt wird, freuen sich alle anderen mit ihm." (1 Kor 12,26) Papst Benedikt XVI. bezog sich in seiner Predigt vom 1. November 2006 auf diesen Sermon von Bernhard von Clairvaux und fasste die Bedeutung des Hochfestes zusammen, indem er aufrief, „auf das leuchtende Vorbild der Heiligen" zu schauen, um selbst wie sie zu werden, nämlich „glücklich darüber zu sein, nahe bei Gott zu leben, in seinem Licht, in der großen Familie der Freunde Gottes. [...] Und das ist unser aller Berufung, die das Zweite Vatikanische Konzil nachdrücklich betont hat"[47].

---

44 BERNHARD VON CLAIRVAUX, *In Festivitate Omnium Sanctorum Sermo 5 (Zum Allerheiligenfest – Fünfte Predigt)*, in: BERNHARD VON CLAIRVAUX, Sämtliche Werke lateinisch/deutsch, hg. von Gerhard B. Winkler, Band VIII, Innsbruck 1997, 792–811, hier: 799.
45 Siehe ebd., hier: 798f.
46 Ebd., hier: 807.
47 PAPST BENEDIKT XVI., *Die Heiligen – Freunde und Lebensvorbilder. Predigt von Papst Benedikt XVI. am 1. November*, in: OR (D) Nr. 45 vom 10. November 2006, 7.

## 3.3 Heilig werden heißt: „Heimisch werden im Geheimnis, das ‚Du' heißt."[48]

Am Ende meines Aufsatzes möchte ich Hanna-Barbara Gerl-Falkovitz das Wort geben. In ihrem Aufsatz „Heimat im Glauben" zitiert sie Friedrich von Hardenberg (Novalis) mit dem Spruch: „‚Wohin gehen wir? – Immer nach Hause.' Aber kommen wir nur zurück? Nicht vielmehr ins Neue, Ungeahnte? Dass wir ‚das Duftende, das Nahe, das Glück' so leicht nicht finden, liegt mit an dem Schatten unserer Existenz selbst, an der Grunderfahrung, in dieser Zeitlichkeit gar nicht zu Hause zu sein. Heimisch werden im Geheimnis unseres Ursprungs und nicht in Ort und Zeit, das ist der zu bestehende Weg ‚nach Hause'. Tatsächlich: Glück hat keinen ‚Ort' im geographischen Sinn, es ist eine Bewegung: dem eigenen Ursprung nahekommen. Was aber ist der Ursprung? Mit Augustinus lautet Lebendigsein, wenn man bis auf seinen Grund geht: *videntem videre* – den ansehen, der mich immer schon ansieht. ‚Dein Sehen ist Lebendigmachen. Dein Sehen bedeutet Wirken.'"[49]

Stellen wir noch einmal die Frage: „Wo sind wir zu Hause?" Oder noch persönlicher mit dem Philosophen Bernhard Waldenfels: „‚Wo ist *deine* Heimat?', oder: ‚Wo bist *du* zu Hause?' In solchen Formulierungen finden wir eine unlösbare Verknüpfung von Wer und Wo."[50] Wie wir gesehen haben, empfinden sich die Christen von Anfang an als Fremde auf Zeit mitten in dieser Welt, berufen zum missionarischen Zeugnis und orientiert an einer Heimat, die ihnen verheißen ist und zu der sie schon jetzt gehören, eingegliedert durch die Taufe als Kinder des einen Vaters im Himmel. Um zu ihm zu gelangen, hat uns der Schöpfer, wie es Papst Benedikt XVI. in Heiligenkreuz ausgedrückt hat, „nicht in eine beängstigende Finsternis gesetzt, wo wir verzweifelt den letzten Sinngrund suchen und ertasten müssten (vgl. Apg 17,27); Gott hat uns nicht in einer sinnleeren Wüste des Nichts ausgesetzt, wo letztens nur der Tod auf uns wartet. Nein! Gott hat unsere Dunkelheit durch sein Licht hell gemacht,

---

48  HANNA-BARBARA GERL-FALKOVITZ, *Heimat im Glauben. Gelungenes Leben: über religiöse Glücksvorstellungen*, in: JOACHIM KLOSE (Hg.), *Heimatschichten. Anthropologische Grundlegung eines Weltverhältnisses*, Wiesbaden 2013, 389–405, hier: 404.
49  Ebd. AUGUSTINUS, *Sermo* 69, 2, 3.
50  BERNHARD WALDENFELS, *In den Netzen der Lebenswelt*, Frankfurt a. M. ²1994, 195.

durch seinen Sohn Jesus Christus. In ihm ist Gott mit seiner ganzen ‚Fülle' in unsere Welt eingebrochen (Kol 1,19)"[51].

Den Glaubenden prägt die Hoffnungsperspektive, dass er das verlorene Paradies und die damit erfahrene Fremde ausgehalten hat bis in die Nacht des Kreuzes, indem er als der Geringste vor den Mauern der Stadt starb und durch sein Leiden und Sterben die Welt erlöst hat.[52] Diese Tatsache weitet den Horizont und lässt uns Hoffnung schöpfen für alle Menschen oder wie es Benedikt XVI. ausdrückte: „Der Blick der Menschen aller Zeiten und Völker, aller Philosophien, Religionen und Kulturen trifft zuletzt auf die weit geöffneten Augen des gekreuzigten und auferstandenen Sohnes Gottes; sein geöffnetes Herz ist die Fülle der Liebe."[53]

In dieser *communio* mit Christus, die die ganze Welt umfassen will, stellt sich nochmals abschließend die Frage: „Wo sind wir zu Hause?" Man könnte antworten: in der *communio sanctorum*, d. h. zunächst im Anteilhaben am Heiligen, am geöffneten Himmel. Wenn man es aber wörtlich übersetzt, dann heißt *communio sanctorum* ‚in der Gemeinschaft der Heiligen'. Es ist die *communio*, die seit 2000 Jahren im Glaubensbekenntnis bezeugt wird als eine Gemeinschaft von Himmel und Erde, von Lebenden und Verstorbenen, von Menschen, die hier auf der Welt noch bedrängt sind und unter der Fremdheit dieser Welt leiden, und denjenigen, die im Glauben vorausgegangen sind in die Heimat des Himmels.

Angeldhaft aber schenkt der Herr schon jetzt seine Gemeinschaft in dreifacher Weise: in der Begegnung mit den geringsten Brüdern und Schwestern, im Hören auf sein Wort und am erhabensten in der Feier der Liturgie. Sie ist, wie Joseph Ratzinger es einmal ausdrückte, „antizipierte Parusie", „das Hereintreten des ‚Schon' in

---

51    PAPST BENEDIKT XVI., *Ansprache in der Abteikirche Heiligenkreuz am 9. September 2007,* in: MAXIMILIAN HEINRICH HEIM (Hg.), *Tu es Pastor Ovium. Eine Nachlese zum Besuch von Papst Benedikt XVI. am 9. September 2007 im Stift Heiligenkreuz,* Heiligenkreuz ²2011, 94–99, hier: 95.
52    Vgl. JOSEPH RATZINGER, *Gesammelte Schriften Bd. 11: Theologie der Liturgie. Die sakramentale Begründung christlicher Existenz* (= JRGS 11), hg. von Gerhard Ludwig Müller, Freiburg i. Br. 2008, 700.
53    PAPST BENEDIKT XVI., *Ansprache in der Abteikirche Heiligenkreuz am 9. September 2007,* in: MAXIMILIAN HEINRICH HEIM (Hg.), *Tu es Pastor Ovium. Eine Nachlese zum Besuch von Papst Benedikt XVI. am 9. September 2007 im Stift Heiligenkreuz,* Heiligenkreuz ²2011, 94–99, hier: 95.

unser ‚Noch-nicht'"[54]. Wo bist du zu Hause? Für den Gläubigen, der sich in der Welt wie ein Verbannter fühlen mag, ist Heimat dort, wie Joseph Ratzinger es ausdrückt, wo Kirche ist; wo eucharistische Präsenz des Herrn ist, da erlebt er Heimat.[55] In dieser lebendigen *communio* mit dem Herrn bedeutet heilig werden: „Heimisch werden im Geheimnis, das ‚Du' heißt."[56]

---

54  JOSEPH RATZINGER, *Gesammelte Schriften Bd. 11: Theologie der Liturgie. Die sakramentale Begründung christlicher Existenz (= JRGS 11)*, hg. von Gerhard Ludwig Müller, Freiburg i. Br. 2008, 550.
55  Vgl. ebd., 458.
56  HANNA-BARBARA GERL-FALKOVITZ, *Heimat im Glauben. Gelungenes Leben: über religiöse Glücksvorstellungen*, in: JOACHIM KLOSE (Hg.), *Heimatschichten. Anthropologische Grundlegung eines Weltverhältnisses*, Wiesbaden 2013, 389–405, hier: 404.

ately # Ehe- und Familienpastoral von Benedikt bis Franziskus

*Michaela C. Hastetter*

## Krise oder Kontinuität?

### 1. Zum theologisch-pastoralen Kontext der beiden Päpste

„Die Familie macht eine tiefe kulturelle Krise durch"[1]. Diese Aussage von Papst Franziskus aus dem zweiten Kapitel seiner Enzyklika „Evangelii Gaudium" zu verschiedenen Krisenerscheinungen der gegenwärtigen Gesellschaft klingt rückwirkend wie ein Echo auf seine Ankündigung im Herbst 2013, einen synodalen Prozess in zwei Etappen zum Thema der Familie zu initiieren, der mit der Ordentlichen Generalversammlung der Bischöfe im Oktober 2015 und dem daraufhin zu erstellenden Schlussdokument seinen Abschluss finden wird.[2] Uns sollen hier allerdings weniger Detailfragen der Chronologie um die beiden Synoden als vielmehr die Frage interessieren, inwieweit das Denken von Papst Benedikt XVI. und Papst Franziskus zum Themenkomplex der Ehe- und Familienpastoral in

---

[1] FRANZISKUS, *Apostolisches Schreiben* EVANGELII GAUDIUM *des Heiligen Vaters Papst Franziskus an die Bischöfe, an die Priester und Diakone, an die Personen geweihten Lebens und an die christgläubigen Laien über die Verkündigung des Evangeliums in der Welt von heute,* in: Verlautbarungen des Apostolischen Stuhls (Nr. 194), hg. vom Sekretariat der deutschen Bischofskonferenz, Bonn 2013, 54.

[2] Zur Vorbereitung auf die Synode wurden in den Diözesen Fragebogen beantwortet, die dann gesammelt nach Rom geschickt wurden. Daraus hervorgegangen ist im Juni 2014 ein erstes Arbeitspapier, das sogenannte „Instrumentum laboris" vom 24. Juni 2013, in dem wichtige Themen für die Synode gebündelt und systematisiert wurden. Vom 5.–9. Oktober 2014 tagte daraufhin die Außerordentliche Generalversammlung der Bischofssynode zum Thema „Die pastoralen Herausforderungen im Hinblick auf die Familie im Kontext der Evangelisierung." Die Zusammenkunft der Bischöfe in Rom als XIV. Ordentliche Generalversammlung der Bischofssynode vom 4. bis 25. Oktober 2015 stand unter dem Titel „Die Berufung und Mission der Familie in der Kirche in der modernen Welt". Auch hierfür wurde nach verschiedenen Befragungen ein Vorbereitungsdokument erstellt, das am 23. Juni 2015 als „Instrumentum laboris" veröffentlicht worden ist.

Kontinuität stehen. Denn seit den Entscheidungen von Papst Franziskus zum Ehenichtigkeitsverfahren herrscht in manchen Kreisen die Besorgnis, dass nicht mehr nur Ehe und Familie einer Krise unterliegen, sondern auch die kirchliche Ehepastoral insgesamt in die Krise geraten sei.

Mit diesem Ansinnen tut sich sofort eine erste Schwierigkeit auf. Auf welcher Ebene lässt sich der Vergleich anstellen? Papst Benedikt ist vom europäisch-deutschen Kontext geprägt, Papst Franziskus von der lateinamerikanisch-argentinischen Realität. Benedikt stand bereits als international renommierter deutschsprachiger Theologe in der wissenschaftlichen Auseinandersetzung um die Ehe-Theologie, Franziskus wirkte als Bischof und Seelsorger in einer der größten Diözesen Argentiniens und hat vor seinem Pontifikat keine bedeutenden Schriften zur Theologie der Ehe und ihrer Pastoral verfasst. Im Pontifikat von Papst Benedikt fand keine Bischofssynode zum Thema der Ehe und Familie statt, dafür war er als Kardinal federführend an der Vorbereitung und Rezeption der Bischofssynode zur Familie 1980 unter dem Pontifikat von Papst Johannes Paul II. beteiligt. Papst Franziskus hat hingegen schon wenige Monate nach seiner Wahl zum Papst gleich zwei Synoden zu dieser Thematik angekündigt und dann auch einberufen, dazu ein vorbereitendes außerordentliches Konsistorium mit Walter Kasper als Hauptreferenten.[3] Papst Benedikt hielt keine Mittwochskatechesen über Ehe und Familie wie sein Vorgänger Johannes Paul II. zu Beginn seines Pontifikats, während ihm darin Papst Franziskus kurz nach Abschluss der Außerordentlichen Bischofssynode gefolgt ist. Die vom 17. Dezember 2014 bis 16. September 2015 andauernde Katechesereihe füllt zeitlich damit exakt die Wegstrecke, die zwischen der ersten und der zweiten Synode zu Ehe und Familie liegt.[4]

---

3   Am 20. Februar 2014 hielt Walter Kasper den viel diskutierten Vortrag „Die Berufung und Sendung der Familie in Kirche und Welt von heute", veröffentlicht im Herder-Verlag, vgl. WALTER KASPER, *Das Evangelium von der Familie. Die Rede vor dem Konsistorium*, Freiburg/Basel/Wien 2014, der darin von dem Dilemma der Kluft zwischen der kirchlichen Lehre über Ehe und Familie sowie der gelebten Praxis der Christen ausgeht, vgl. ebd., 11.

4   Vgl. hierzu FRANZISKUS, *Generalaudienz* (16. September 2015), auf: http://w2.vatican. va/content/francesco/de/audiences/2015/documents/papa-francesco_20150916_udienza-generale.html (26.9.2015), hier wörtlich: „Dies ist unsere abschließende Reflexion über das Thema von Ehe und Familie. Wir stehen am Vorabend schöner und bedeutsamer Ereignisse, die unmittelbar mit diesem großen Thema verbunden sind: das Welt-

Wo sich beide Päpste pastoral treffen, ist die Teilnahme an Weltfamilientreffen. Papst Benedikt war in drei dieser Treffen involviert, auf zweien auch persönlich anwesend; Papst Franziskus nahm bisher nur an dem Weltfamilientreffen im September 2015 in Philadelphia teil. Angesichts des schier unüberschaubaren Feldes grenzt es an eine Unmöglichkeit, in diesem begrenzten Rahmen allen Dimensionen der Fragestellung adäquat nachzukommen. Daher soll in einem ersten Schritt zunächst skizzenhaft eine erste ehepastorale Einordnung der beiden Päpste geschehen, um dann ausgewählten Fragestellungen um die Synode im Jahr 1980 und den beiden aktuellen Synoden 2014/15 im pastoraltheologischen Vergleich von Joseph Ratzinger/Papst Benedikt und Papst Franziskus nachzugehen.

## 1.1 Joseph Ratzinger/Papst Benedikt

Werfen wir zunächst den Blick zur Schärfung unserer Frage auf Joseph Ratzinger/Papst Benedikt: Bei der letzten Ordentlichen Bischofssynode zu dieser Problematik im Jahr 1980 unter dem Pontifikat von Johannes Paul II. war Joseph Ratzinger noch Kardinal der Erzdiözese München und Freising, aber bereits damals in den Ablauf und die Zusammenführung der Ergebnisse der Synode aufs Engste involviert, wovon er in einem ausführlichen „Rückblick auf die Bischofssynode zu Ehe und Familie 1980" vor Weihnachten desselben Jahres in Form eines Briefes an seine Erzdiözese berichtet. In das Familien-Synodenjahr 1980 fällt auch ein diesem vorausgegangener Hirtenbrief an die Erzdiözese München und Freising zur Österlichen Bußzeit „Wer in der Liebe bleibt. Ein Wort über die Ehe", in dem Ratzinger wichtige Fragen der kommenden Synode aufgegriffen und pastoral entfaltet hat. Schon davor hatte Ratzinger als Theologe bedeutsame Beiträge zur Theologie der Ehe verfasst. Seine früheste Arbeit reicht bis in das Jahr 1961 zurück. Damals hatte er für das „Lexikon für Theologie und Kirche" einen Artikel zum The-

---

familientreffen in Philadelphia und die Bischofssynode hier in Rom. Beide sind von globaler Bedeutung, die der universalen Dimension des Christentums entspricht, aber auch der universalen Tragweite der grundlegenden und unersetzlichen menschlichen Gemeinschaft: der Familie."

ma „Liebe" unter dem Aspekt „Geschichte der Theologie der Liebe"[5] verfasst. Dem folgte 1968 fast zeitgleich mit dem Erscheinen der Enzyklika „Humanae Vitae", die er darin nicht mehr berücksichtigen konnte, aber in den Folgejahren stets mit großer Wertschätzung behandelt hat, seine Abhandlung „Zur Theologie der Ehe"[6]. 1972 erschien dann sein viel diskutierter und kommentierter Beitrag „Zur Frage nach der Unauflöslichkeit der Ehe. Bemerkungen zum dogmengeschichtlichen Befund und zu seiner gegenwärtigen Bedeutung", den Benedikt XVI. als Papst emeritus vor der Aufnahme in die Gesammelten Schriften an entscheidenden Passagen in Bezug auf seine einstmals positive Einschätzung zur möglichen Zulassung von wiederverheirateten Geschiedenen zum Kommunionempfang korrigiert hatte, was nicht wenig Polemik vor allem in den Reihen der deutschen Moraltheologen ausgelöst hat;[7] man wertete diese Umarbeitung als Einflussnahme und Wortmeldung zur Debatte im Vorfeld der außerordentlichen Bischofssynode im Oktober 2014, was auch medial inszeniert wurde („Papst Benedikt bricht das Schweigen"[8]), von seinem Privatsekretär Georg Gänswein allerdings klar dementiert worden ist.[9]

---

5   Vgl. JOSEPH RATZINGER, Liebe. III. Geschichte der Theologie der Liebe, in: LThK² 6, 1031–1036.
6   Vgl. hierzu Editorische Hinweise, in: JOSEPH RATZINGER, Gesammelte Schriften Bd. 4: Einführung in das Christentum. Bekenntnis – Taufe – Nachfolge, hg. von Gerhard Ludwig Müller, Freiburg i. Br. 2014, 944. Der Beitrag war die Frucht eines Referates auf einer ökumenischen Arbeitstagung 1968 und wurde ein Jahr später veröffentlicht.
7   Vgl. JOSEPH RATZINGER, Zur Frage nach der Unauflöslichkeit der Ehe. Bemerkungen zum dogmengeschichtlichen Befund und zu seiner gegegenwärtigen Bedeutung, in: FRANZ HENRICH, VOLKER EID (Hg.), Ehe und Ehescheidung. Diskussion unter Christen (Münchener Akademie Schriften 59), München 1972, 35–56; überarbeitet abgedruckt in der Fassung von 2014 in: JOSEPH RATZINGER, Gesammelte Schriften Bd. 4: Einführung in das Christentum. Bekenntnis – Taufe – Nachfolge, hg. von Gerhard Ludwig Müller, Freiburg i. Br. 2014, 600–621. Die Polemik um diese Überarbeitung findet sich bei EBERHARD SCHOCKENHOFF, Die zwei Seiten eines Textes. Die Wortmeldung des emeritierten Papstes zur Debatte um wiederverheiratete Geschiedene, in: HerKorr 68 (2014) 605–617.
8   So etwa im Online-Portal des Wochenblattes vom 17.10.2014 mit der fälschlichen Schlussfolgerung: „Sicher ist aber: Allein schon die Debatte ist eine Sensation in der Kirche. Da wollte Benedikt wohl nicht mehr stillhalten [CHRISTIAN ECKL, Papst Benedikt bricht das Schweigen – seine Zeit in Regensburg sorgt für Zündstoff, auf: http://www.wochenblatt.de/nachrichten/regensburg/regionales/Papst-Benedikt-bricht-das-Schweigen-seine-Zeit-in-Regensburg-sorgt-fuer-Zuendstoff;art1172,275098 (25.10.2015)].
9   In einem Interview stellte Erzbischof Gänswein klar: „Die Überarbeitung des genannten Aufsatzes aus dem Jahre 1972 war bereits lange vor der Synode abgeschlossen und dem Verlag zugesandt. Es sei daran erinnert, dass jeder Autor das Recht hat, in seine Schriften einzugreifen. Jeder Kundige weiß, dass Papst Benedikt die Schlussfolgerungen des genannten Beitrags spätestens seit 1981 nicht mehr teilt, das sind mehr als 30

Wichtig für unsere Übersicht sind schließlich noch Ratzingers Ausführungen aus dem Jahr 1998 „Zu einigen Einwänden gegen die kirchliche Lehre über den Kommunionempfang von wiederverheirateten geschiedenen Gläubigen"[10], mit denen er auf die Diskussion um das 1994 im Internationalen Jahr der Familie veröffentlichte Dokument der Glaubenskongregation „Über den Kommunionempfang von wiederverheirateten geschiedenen Gläubigen"[11] reagiert. Hierin stellte er klar, dass „wahres Verständnis und echte Barmherzigkeit niemals von der Wahrheit getrennt sind"[12].

---

Jahre! Als Präfekt der Glaubenskongregation hat er dies in verschiedenen Stellungnahmen klar zum Ausdruck gebracht. [...] Der vierte Band der Gesammelten Schriften, in dem der Aufsatz abgedruckt ist, sollte bereits 2013 erscheinen. Die Erscheinung hat sich aus verlegerischen Gründen verzögert und erfolgte erst im Jahr 2014. Dass zu diesem Zeitpunkt eine Synode zum Thema Familie stattfindet, war bei der Planung der Veröffentlichung der einzelnen Bände absolut nicht vorhersehbar. Die beiden Ereignisse sind zeitlich einfach zusammengefallen. Dahinter steckt keinerlei strategische Absicht." [GEORG GÄNSWEIN, *Wider die theologischen Brandstifter im Interview von Julius Müller-Meiningen über seine kurialen Krankheiten, sein Verhältnis zu Franziskus und Benedikt als Gegenpapst*, in: Christ & Welt 4 (2015), hier zit. nach der Online-Ausgabe: http://www.christundwelt.de/detail/artikel/wider-die-theologischen-brandstifter/ (02.10.2015)].

10 JOSEPH KARDINAL RATZINGER, *Zu einigen Einwänden gegen die kirchliche Lehre über den Kommunionempfang von wiederverheirateten geschiedenen Gläubigen*, auf: http://www.vatican.va/roman_curia/congregations/cfaith/documents/rc_con_cfaith_doc_19980101_ratzinger-comm-divorced_ge.html (23.09.2015). Bei diesem Text handelt es sich um eine deutsche Übersetzung des dritten Teils der *Einleitung* von Kardinal Joseph Ratzinger zum Band 17 der von der Glaubenskongregation veröffentlichten Reihe „Documenti e Studi": *Sulla pastorale dei divorziati risposati. Documenti, commenti e studi*, Città del Vaticano 1998, 20–29. Die Fußnoten wurden hinzugefügt.

11 Das Dokument der Glaubenskongregation erschien am 14. September 1994, vgl. http://www.vatican.va/roman_curia/congregations/cfaith/documents/rc_con_cfaith_doc_14091994_rec-holy-comm-by-divorced_ge.html (25.9.2015).

12 KONGREGATION FÜR DIE GLAUBENSLEHRE, *Schreiben an die Bischöfe der katholischen Kirche über den Kommunionempfang von wiederverheirateten geschiedenen Gläubigen* (14. September 1994), Nr. 3, auf: http://www.vatican.va/roman_curia/congregations/cfaith/documents/rc_con_cfaith_doc_14091994_rec-holy-comm-by-divorced_ge.html (28.09.2015). In der pastoralen Schlussfolgerung hält das von Joseph Ratzinger und Alberto Bovone unterzeichnete Dokument am Ende fest: „Die Pastoral wird alle Kräfte einsetzen müssen, um glaubhaft zu machen, dass es nicht um Diskriminierung geht, sondern einzig um uneingeschränkte Treue zum Willen Christi, der uns die Unauflöslichkeit der Ehe als Gabe des Schöpfers zurückgegeben und neu anvertraut hat. Das Mit-Leiden und Mit-Lieben der Hirten und der Gemeinschaft der Gläubigen ist nötig, damit die betroffenen Menschen auch in ihrer Last das süße Joch und die leichte Bürde Jesu erkennen können (19). Er gibt nicht eine Bürde nicht dadurch, dass sie gering und unbedeutend wäre, sondern sie wird dadurch leicht, dass der Herr – und mit ihm die ganze Kirche – sie mitträgt. Zu dieser eigentlichen, in der Wahrheit wie in der Liebe gleichermaßen gründenden Hilfe hinzuführen, ist die Aufgabe der Pastoral, die mit aller Hingabe angegangen werden muss" (Ebd., Nr. 10).

Michaela C. Hastetter 89

In Ratzingers Erwiderung auf Einwände gegen das Dokument der Glaubenskongregation scheint wohl am deutlichsten auf, wie sehr für ihn das ehepastorale Tun der Kirche an die Wahrheit des Glaubens gebunden ist und beide ineinander verflochten sind. „Gewiss ist es schwierig, dem säkularisierten Menschen die Forderungen des Evangeliums verständlich zu machen. Aber diese pastorale Schwierigkeit darf nicht zu Kompromissen mit der Wahrheit führen. [...] Eine Pastoral, die den betroffenen Menschen wirklich helfen will, muss immer in der Wahrheit gründen. Nur das Wahre kann letzten Endes auch pastoral sein."[13] Daher plädiert er für eine pastorale Übersetzung der kirchlichen Lehre und Praxis, bei der ihr wesentlicher Inhalt zu wahren sei.[14]

Mit diesem kurzen Blick auf Ratzingers Schrifttum wurde deutlich, dass sich die Ausprägung und Entfaltung seiner Ehe-Theologie und Pastoral vor seinem Pontifikat über einen Zeitraum von 44 Jahren erstreckt, in dessen hermeneutischen Kontext seine Äußerungen als oberster Hirte der Kirche einzuordnen sind. Das heißt, dass sich sein theologischer und pastoraler Ansatz zu Ehe und Familie bereits lange vor seinem Pontifikat auszuprägen begann, dieser um die Bischofssynode von 1980 an pastoraler Kontur gewinnt und sich aufgrund seiner Verantwortung als Präfekt der Glaubenskongregation in speziellen Fragen – wie bei der Frage nach der Zulassung zur Kommunion von wiederverheirateten Geschiedenen – zuspitzt, bis dahin, dass frühere theologische Positionen zurückgenommen und neu gefasst werden.

---

13 JOSEPH KARDINAL RATZINGER, *Zu einigen Einwänden gegen die kirchliche Lehre über den Kommunionempfang von wiederverheirateten geschiedenen Gläubigen*, auf: http://www.vatican.va/roman_curia/congregations/cfaith/documents/rc_con_cfaith_doc_19980101_ratzinger-comm-divorced_ge.html (23.09.2015), mit Verweis auf Johannes Paul II., der „in der Enzyklika *Veritatis splendor* sogenannte pastorale Lösungen, die im Gegensatz zu lehramtlichen Erklärungen stehen, eindeutig zurückgewiesen (vgl. ebd., 56)" hat.
14 Das Zitat im Wortlaut: „Man kann ohne Weiteres zugeben, dass die Ausdrucksform des kirchlichen Lehramtes manchmal nicht gerade leicht verständlich erscheint. Diese muss von den Predigern und Katecheten in eine Sprache übersetzt werden, die den Menschen und ihrer jeweiligen kulturellen Umwelt gerecht wird. Der wesentliche Inhalt der kirchlichen Lehre muss dabei allerdings gewahrt bleiben" [JOSEPH KARDINAL RATZINGER, *Zu einigen Einwänden gegen die kirchliche Lehre über den Kommunionempfang von wiederverheirateten geschiedenen Gläubigen*, auf: http://www.vatican.va/roman_curia/congregations/cfaith/documents/rc_con_cfaith_doc_19980101_ratzinger-comm-divorced_ge.html (23.09.2015)].

In der Verkündigung von Papst Benedikt ist das Thema Ehe und Familie weiterhin präsent, gerade im Kontext der drei Weltfamilientreffen 2006 in Mailand, 2009 in Mexiko-City[15] und 2012 in Valencia, wo er einen starken Akzent auf die Schönheit der unauflöslichen Ehe zwischen einem Mann und einer Frau, die Glaubensweitergabe und das Glaubenszeugnis[16] gelegt und die Eheleute an die tägliche Erneuerung ihres Ja-Wortes[17] erinnert hatte. Nicht zu vergessen sind in diesem Kontext auch seine Ansprachen vor der Rota Romana, insbesondere die vom 26. Januar 2013 im Jahr des Glaubens kurz vor seinem freiwilligen Amtsverzicht, worauf noch näher eingegangen wird.[18] Aufs Ganze gesehen nehmen Ehe und Familie aber von der Häufigkeit der Äußerungen bei Papst Benedikt nicht den Stellenwert wie bislang bei seinem Nachfolger ein.

*1.2 Papst Franziskus*

Eine etwas andere Situation haben wir bei Papst Franziskus vorliegen. Von Jorge Bergoglio liegt keine eigene wissenschaftliche (pastoral-)theologische Auseinandersetzung vor seinem Pontifikat zum Themenfeld der Ehe und Familie vor. Als Kardinal von Buenos Aires hat er sich verschiedentlich zu Einzelfragen der Ehe- und Familienpastoral geäußert, was hier nicht annähernd aufgearbeitet werden kann. Hervorzuheben ist in diesem Zusammenhang insbe-

---

15  Bei diesem Treffen war der Papst nicht persönlich anwesend, wurde aber durch Tarcisio Kardinal Bertone vertreten. In einem Schreiben an Bertone hatte er auf das Zeugnis von heiligen Familien und Eheleuten hingewiesen, vgl. BENEDIKT XVI., *Carta de su santidad Benedicto XVI al cardenal Tarcisio Bertone S. D. B., secretario de estado, legado pontificio para el VI encuentro mundial de las familias* (28. Dezember 2008), auf: http://w2.vatican.va/content/benedict-xvi/es/letters/2008/documents/hf_ben-xvi_let_20081228_bertone-messico.html (04.10.2015), was er in seiner Videobotschaft nochmals betonte, vgl. *Videobotschaft zum VI. Weltfamilientreffen in Mexiko-Stadt. Ansprache von Benedikt XVI.* (18. Januar 2009), auf: https://w2.vatican.va/content/benedict-xvi/de/speeches/2009/january/documents/hf_ben-xvi_spe_20090118_famiglie-messico.html (04.10.2015)

16  Vgl. BENEDIKT XVI., *Predigt bei der heiligen Messe anlässlich des V. Welttreffens der Familien in Valencia am 9. Juli 2006*, auf: http://w2.vatican.va/content/benedict-xvi/de/homilies/2006/documents/hf_ben-xvi_hom_20060709_valencia.html (04.10.2015).

17  BENEDIKT XVI., *Predigt bei der Eucharistiefeier im Park von Bresso am 3. Juni 2012 anlässlich des VII. Weltfamilientreffens in Mailand*, auf: https://w2.vatican.va/content/benedict-xvi/de/homilies/2012/documents/hf_ben-xvi_hom_20120603_milano.html (04.10.2015).

18  Vgl. BENEDIKT XVI., *Ansprache zur Eröffnung des Gerichtsjahrs der Römischen Rota in der Sala Clementina am 26. Januar 2013*, auf: https://w2.vatican.va/content/benedict-xvi/de/speeches/2013/january/documents/hf_ben-xvi_spe_20130126_rota-romana.html (25.09.2015).

sondere seine Mitarbeit am Schlussdokument von Aparecida 2007, das in der Ehepastoral in der Traditionslinie von „Humanae Vitae" und „Familiaris Consortio" steht.[19] In den Medien wurde vor allem Kardinal Bergoglios abwehrende Haltung zur sogenannten „Homo"-Ehe diskutiert.[20] Was schließlich das Pontifikat Papst Franziskus' betrifft, kann hier höchstens eine vorsichtige Zwischenbilanz zu den Jahren 2013 bis 2015 gezogen werden, da das Abschlussdokument der Familiensynode erst seit April 2016 vorliegt. In der Vorbereitungszeit auf die Synode lässt sich bei ihm seit Ende 2013 eine wahre Flut an ehepastoralen Äußerungen feststellen, in denen die Konturen seines ehepastoralen Ansatzes aufscheinen. Die Suche nach der spezifischen Ehepastoral des argentinischen Papstes gestaltet sich insofern als ein akribisches Unterfangen.

---

19 Vgl. hierzu das Kapitel 9 von *Aparecida 2007. Schlussdokument der 5. Generalversammlung des Episkopats von Lateinamerika und der Karibik. 13.–31. Mai 2007*, in: Stimmen der Weltkirche (Nr. 41), hg. vom Sekretariat der deutschen Bischofskonferenz, Bonn 2007, 21–302.
20 So berichtete etwa das Internetportal lancion.com angesichts der gesetzlichen Öffnung der Eheschließung für homosexuelle Paare am 8. Juli 2010 von einem Brief des Kardinals an vier Ordenskonvente, in dem er sich auf den Schöpfungsplan Gottes, die Zerstörung dieses Planes durch den Teufel im Rekurs auf die kleine hl. Thérèse und das Naturrecht beruft: „En medio del debate y la incertidumbre sobre el destino del proyecto que aprueba el matrimonio entre dos personas del mismo sexo, la Iglesia volvió a embestir contra la aprobación de dicha ley. ‚No seamos ingenuos: no se trata de una simple lucha política; es la pretensión destructiva al plan de Dios', dice el cardenal Jorge Bergoglio, en una carta dirigida a los cuatro monasterios de Buenos Aires, a la que tuvo acceso lanacion.com. ‚No se trata de un mero proyecto legislativo (éste es sólo el instrumento) sino de una ‚movida' del padre de la mentira que pretende confundir y engañar a los hijos de Dios', continúa la misiva. El cardenal también recordó una frase de Santa Teresita, cuando hablaba de su enfermedad de infancia, en la que decía que ‚la envidia del Demonio quiso cobrarse en su familia la entrada al Carmelo' de su hermana mayor. ‚Aquí también está la envida del Demonio, por la que entró el pecado en el mundo, que arteramente pretende destruir la imagen de Dios: hombre y mujer que reciben el mandato de crecer, multiplicarse y dominar la tierra', insiste el prelado. En la misma carta, Bergoglio pide a los Monasterios que ‚clamen al Señor para que envíe su Espíritu a los Senadores' que van a votar el próximo miércoles 14. ‚Que no lo hagan movidos por el error o por situaciones de coyuntura sino según lo que la ley natural y la ley de Dios les señala', reclama el cardenal. En medio del debate y la incertidumbre sobre el destino del proyecto que aprueba el matrimonio entre dos personas del mismo sexo, la Iglesia volvió a embestir contra la aprobación de dicha ley" [http://www.lanacion.com.ar/1282778-bergoglio-dice-que-la-boda-gay-es-la-pretension-destructiva-del-plan-de-dios (24.10.2015)].

## 2. Ehepastoral in der Vorbereitung und Rezeption der Synode 1980 und 2014/15 im Vergleich – einige Schlaglichter

*2.1 Pastorale Erwägungen um die römische Bischofssynode 1980 von Joseph Ratzinger und ihre Weiterführung im Pontifikat von Papst Benedikt XVI.*

Was waren die Grundthemen der römischen Bischofssynode 1980 in der Vorbereitung und Aufarbeitung durch den damaligen Kardinal Ratzinger, Erzbischof von München und Freising? Beginnen wir mit seinem Hirtenbrief.

### a) Der Hirtenbrief im Frühjahr 1980

Pastoral einfühlsam führt Ratzinger seine Hörer und Leser über die Philosophie und rabbinische Texte zur Sakramentalität der Ehe, die er in einer Kurzdefinition gewissermaßen auf die Synthese seiner Ehe-Theologie zuspitzt, um diese dann einer eingehenderen Zeitdiagnose gegenüberzustellen: „Wieso ist die Ehe ein Sakrament? Darauf können wir jetzt zusammenfassend sagen: Die Ehe ist die vom Schöpfer gewollte und von der Schöpfung dem Menschen vorgezeichnete Gemeinschaft von Mann und Frau. Mit der Schöpfung ist sie von Christus erneuert und zu ihrer endgültigen Gestalt geführt worden. Nur in der Bundesgemeinschaft mit Christus kann der Bund der Ehe seinen vollen Sinn finden."[21] Der Schönheit der Ehe stellt Ratzinger dann eine statistisch fundierte Situationsanalyse gegenüber, in der die Abnahme der Heiratswilligkeit drastisch aufscheint, die zwischen 1939 und 1978 in Deutschland um 30 Prozent gesunken sei.[22] Ratzingers Einblick in den zeitgeschichtlichen Kon-

---

21  JOSEPH RATZINGER, *Wer in der Liebe bleibt. Ein Wort über die Ehe. Hirtenbrief zur Fastenzeit*, hg. vom Pressereferat der Erzdiözese München und Freising, München 1980, s. p.

22  „Nun werden viele von Ihnen sagen: Das klingt alles ganz schön, aber mit der Wirklichkeit unserer Zeit hat es wenig zu tun. Ich erwähne in diesem Zusammenhang ein paar Zahlen: 1938 waren in Deutschland über 90 Prozent aller Frauen und Männer verheiratet, die mehr als sechzehn bzw. achtzehn Jahr alt waren. Nach dem Zweiten Weltkrieg, in den Fünfzigerjahren, stieg die Quote bei den Männern sogar auf 97 Prozent, bei den Frauen auf 95 Prozent. 1978 waren gemäß den Ergebnissen einer Umfrage noch 60 Prozent der Bevölkerung von der Notwendigkeit der Ehe überzeugt, von den unter dreißigjährigen Frauen waren es jedoch nur noch 42 Prozent und von den gleichaltri-

text der römischen Bischofssynode von 1980 zeigt eine „fortschreitende Abwendung von der Ehe", die „zeitlich Hand in Hand ging mit dem sogenannten Pillenknick, das heißt mit der Abwendung von der Mehrkinderfamilie"[23]. Für ihn wird damit auch statistisch ersichtlich, dass in „dem Augenblick, in dem die Familie nicht mehr wünschbar erscheint [...], auch die Ehe zusehends an Bedeutung" verliert. Und er folgert, ganz in der Linie von „Humanae Vitae": „In dem Augenblick, in dem das Sexuelle völlig losgetrennt wird von der Fruchtbarkeit, droht es sich aus dem geistigen Zusammenhang der Liebe von Mann und Frau und der mit ihr wesentlich verbundenen Gemeinschaft der Treue zu lösen."[24] Sein Hirtenbrief endet mit der Offenheit für das Kind, indem er in einem leidenschaftlichen Ton an die Christen appelliert: „Lasst Euch nicht einschüchtern durch die Diktatur von Gewohnheiten, durch die Macht dessen, was »man« tut oder sagt! Fragt tiefer! Geht den Dingen auf den Grund!"[25] Dieser Appell führt ihn dann zur Treue der Eheleute, durch die die Bundestreue Gottes hindurchscheine.[26]

b) Rückblick auf die Bischofssynode (Advent 1980)

Ein halbes Jahr nach dem Hirtenbrief schreibt Joseph Ratzinger 1980 erneut an seine Diözese, um Rückblick zu halten auf die Bischofssynode zu Ehe und Familie. Er beginnt mit Einblicken in ihren Ablauf, die synodale Methode der Diskussion, die für ihn gerade deshalb so wichtig war, da den Bischöfen auf diese Weise bewusst wurde, „wie das gleiche Thema in den verschiedenen Ländern und

---

gen Männern bloß 40 Prozent" (JOSEPH RATZINGER, *Wer in der Liebe bleibt. Ein Wort über die Ehe. Hirtenbrief zur Fastenzeit*, hg. vom Pressereferat der Erzdiözese München und Freising, München 1980, mit Beleg in Anm. 4: PAUL-LUDWIG WEINACHT, *Die stille Revolution: Ehe und Familie*, in: IKaZ Communio 8 (1979) 415–422, hier: 417; der Hirtenbrief wurde wieder abgedruckt in: JOSEPH RATZINGER, *Gesammelte Schriften Bd. 4: Einführung in das Christentum. Bekenntnis – Taufe – Nachfolge*, hg. von Gerhard Ludwig Müller, Freiburg i. Br. 2014, 650–659, hier: 653; aus dieser Ausgabe wird im Folgenden zitiert).

23 JOSEPH RATZINGER, *Wer in der Liebe bleibt. Ein Wort über die Ehe. Hirtenbrief zur Fastenzeit*, in: JOSEPH RATZINGER, *Gesammelte Schriften Bd. 4: Einführung in das Christentum. Bekenntnis – Taufe – Nachfolge*, hg. von Gerhard Ludwig Müller, Freiburg i. Br. 2014, 650–659, hier: 653.
24 Ebd.
25 Ebd., 658.
26 Vgl. ebd., 658f.

Erdteilen sich in ganz unterschiedlichen Brechungen mit sehr verschiedenen Schwerpunkten darstellt"[27]. Diese offene Diskussion beugte der Gefahr „eines gewissen deutschen oder europäischen Provinzialismus"[28] vor, der geneigt war, die eigene Tradition absolut zu setzen oder am Eigentlichen vorbeizugehen. Die inhaltliche Auseinandersetzung der Synode unterteilt Ratzinger in drei Themenbereiche, die er eingehend kommentiert:

1. das Erkennen des Willens Gottes im Unterwegssein des Gottesvolkes, darunter: Glaubenssinn der Gläubigen, Zeichen der Zeit, Gesetz der Gradualität

2. das Thema Ehe und Familie mit den Unterpunkten: Theologie des Ehesakraments, Glaube und Sakrament, Unauflöslichkeit der Ehe (wiederverheiratete Geschiedene), Stellung der Frau, christliche Ehe und nicht-christliche Kultur, Mischehe

3. Pastorale Fragen, darunter: der positive Ansatz von Humanae Vitae, Kontrazeption, Demographie (Geburtenrückgang) und Entwicklungshilfe, ethische Beurteilung der natürlichen Geburtenkontrolle, Anwendung in der Pastoral im Sinne einer Pastoral der Gradualität (den Menschen in seinem lebenslangen Unterwegssein zu begleiten), weitere pastorale Themen (Erziehung, Migration, Ehevorbereitung, Ehespiritualität)

c) Die pastorale Hauptsorge im Rückblick auf die Synode 1980 – hermeneutische Schlüssel zur Ehepastoral Ratzingers

Ratzinger selbst hat seinen detailreichen und überaus dezidierten Rückblick auf die Synode 1980 als pastorale Maßnahme eingestuft, um „das Ausmaß von Unkenntnis und Missdeutung", das in Deutschland „mangels wirklicher Kenntnis Unruhe und Ärger hervorgerufen hatte"[29], einzudämmen. Bei aller Vielgeschichtetheit der

---

27   Joseph Ratzinger, *Rückblick auf die Bischofssynode zu Ehe und Familie 1980*, in: Joseph Ratzinger, *Gesammelte Schriften Bd. 4: Einführung in das Christentum. Bekenntnis – Taufe – Nachfolge*, hg. von Gerhard Ludwig Müller, Freiburg i. Br. 2014, 622–649, hier: 624.
28   Ebd.
29   Ebd., 649.

Ehe- und Familienproblematik scheint in diesem Rückblick doch auch seine pastorale Hauptsorge durch.[30] Weder der Pillenknick noch die Abtreibung, ja nicht einmal die Frage nach dem Kommunionempfang der wiederverheirateten Geschiedenen ist Ratzingers eigentliche Sorge. Seine Hauptsorge ist auf das gerichtet, was hinter allen diesen Problemen in der Ehepastoral steht, nämlich „die Frage des Verhältnisses von Glaube und Sakrament"[31]. Das eigentliche Dilemma der Ehepastoral besteht für ihn darin, „dass wir es in großer, ja teilweise sogar überwiegender Zahl in unseren Gemeinden mit Getauften zu tun haben, die Nicht-Glaubende sind."[32] Und er fährt fort: „Vom Neuen Testament her ist dies ein absurder Zustand, bei uns ist er zur Regel geworden. Aber das ganze Gefüge der Sakramente, das ganze Verhältnis von Glaube und Sakrament gerät dadurch aus den Fugen. Kann man Nicht-Glaubenden die Sakramente spenden? Oder welche Art von Mindestglauben ist eigentlich erforderlich? Diese Frage, die bei der Erst-Beichte, Erst-Kommunion und Firmung auftritt, ist bei der Ehe fast noch vordringlicher, weil wir es hier mit Erwachsenen zu tun haben und weil die christliche Ehe in ihrem Anspruch und in ihrer Verheißung ganz und gar auf den Glauben verwiesen ist."[33] Dieses klassische Problem der Sakra-

---

30 Ratzinger spricht hierbei vom „Hauptpunkt unserer gegenwärtigen pastoralen Sorgen" oder später den „Hauptprobleme[n] unserer ganzen Pastoral" (JOSEPH RATZINGER, *Rückblick auf die Bischofssynode zu Ehe und Familie 1980*, in: JOSEPH RATZINGER, *Gesammelte Schriften Bd. 4: Einführung in das Christentum. Bekenntnis – Taufe – Nachfolge*, hg. von Gerhard Ludwig Müller, Freiburg i. Br. 2014, 622–649, hier: 631f.).
31 JOSEPH RATZINGER, *Rückblick auf die Bischofssynode zu Ehe und Familie 1980*, in: JOSEPH RATZINGER, *Gesammelte Schriften Bd. 4: Einführung in das Christentum. Bekenntnis – Taufe – Nachfolge*, hg. von Gerhard Ludwig Müller, Freiburg i. Br. 2014, 622–649, hier: 631.
32 Ebd., 632.
33 Ebd. Im Folgenden zitiert er hierzu zentral aus der römischen Bischofssynode zu Ehe und Familie und verweist auf ähnliche Fragen der Würzburger Synode. Das römische Synodenzitat in seinem Rückblick wörtlich: „Der Grad der Glaubensreife sowie das Bewusstsein der Gläubigen, zu tun, was die Kirche tut, sollen abgewogen werden. Diese Intention (d. h. zu tun, was die Kirche tut), die zur Gültigkeit des Sakraments erforderlich ist, scheint nicht vorliegen zu können, wo nicht wenigstens eine Minimalintention gegeben ist, mit der Kirche – mit ihrem Taufglauben – mitzuglauben. Rigorismus und Laxismus sollen gleichermaßen vermieden, der schwache Glaube, so gut es geht, gestärkt werden. Eine dynamische Katechese und eine adäquate Ehevorbereitung müssen durchgeführt werden für ein voranschreitendes Glaubenswachstum der Brautleute und für einen fruchtbaren Empfang des Sakraments."

mentenpastoral scheint mit der eigentliche Bewegrund und pastoral-theologische Hintergrund seiner ehepastoralen Initiativen als Papst zu sein.

### d) Ehepastorale Initiativen als Papst Benedikt in der Fortführung der Synode von 1980

Anlässlich der Eröffnung des Gerichtsjahres der Römischen Rota im Januar 2013 im Jahr des Glaubens hat Papst Benedikt seiner Hauptsorge um den fehlenden Glauben in Bezug auf das Sakrament der Ehe nun an prominenter Stelle erneut Ausdruck verliehen. Vor den Mitgliedern des päpstlichen Gerichtshofes legte er seine Überzeugung dar, „dass die gegenwärtige Glaubenskrise, die verschiedene Teile der Welt betrifft, eine Krise der Ehegemeinschaft mit sich bringt"[34]. Zur Lösung des Problems berief er sich auf ein Dokument der Internationalen Theologenkommission aus dem Jahr 1977, die damals die Frage aufgeworfen hatte, ob im Falle eines fehlenden Glaubens und einer fehlenden Bereitschaft, ein Sakrament zu empfangen, die Eheschließung überhaupt gültig zustande komme.[35] Es sei nämlich ein Unterschied, ob die Ehe rein menschlich verankert sei „oder sich zum Licht des Glaubens an den Herrn hin öffnet"[36]. Benedikt XVI., der hier bewusst keinen „Automatismus zwischen mangelndem Glauben und Ungültigkeit der Ehe postulieren"[37] wollte, bat daher den Gerichtshof, diese wichtige Frage weiter zu prüfen.[38]

---

34  BENEDIKT XVI., *Ansprache zur Eröffnung des Gerichtsjahrs der Römischen Rota in der Sala Clementina am 26. Januar 2013*, auf: https://w2.vatican.va/content/benedict-xvi/de/speeches/2013/january/documents/hf_ben-xvi_spe_20130126_rota-romana.html (26.09.2015).
35  Vgl. im Folgenden ebd., mit Verweis auf INTERNATIONALE THEOLOGISCHE KOMMISSION, *Die katholische Lehre über das Sakrament der Ehe (1977)*, Abschnitt 2.3.
36  BENEDIKT XVI., *Ansprache zur Eröffnung des Gerichtsjahrs der Römischen Rota in der Sala Clementina am 26. Januar 2013*, auf: https://w2.vatican.va/content/benedict-xvi/de/speeches/2013/january/documents/hf_ben-xvi_spe_20130126_rota-romana.html (26.09.2015).
37  Ebd.
38  Schon wenige Monate nach seiner Wahl zum Pontifex maximus hatte er darauf bei einer pastoralen Begegnung im Aostatal Bezug genommen, was auf die Dringlichkeit dieser Frage in der Ehepastoral von Papst Benedikt verweist: „Besonders schmerzlich würde ich die Situation derer nennen, die kirchlich verheiratet, aber nicht wirklich gläubig waren und es aus Tradition taten, sich aber dann in einer neuen, nicht gültigen Ehe bekehren, zum Glauben finden und sich vom Sakrament ausgeschlossen fühlen. Das ist wirklich ein großes Leid, und als Präfekt der Kongregation für die Glaubenslehre lud

Wie sehr ihm diese Prüfung auch noch nach seinem freiwilligen Amtsverzicht am Herzen lag, geht aus seinem 2014 für die Aufnahme in die Gesammelten Schriften nochmals überarbeiteten Artikel zur Unauflöslichkeit der Ehe hervor: „Mit großem Ernst drängt sich heute eine andere Frage auf. Immer mehr gibt es heute getaufte Heiden, das heißt Menschen, die durch die Taufe zwar Christen geworden sind, aber nicht glauben und nie den Glauben kennengelernt haben. Dies ist eine paradoxale Situation: Die Taufe macht zwar den Menschen zum Christen, aber ohne Glaube bleibt er eben ein getaufter Heide. Can. 1055 § 2 sagt, dass ‚es zwischen Getauften keinen gültigen Ehevertrag geben (kann), ohne dass er zugleich Sakrament ist.' Aber wie ist das, wenn ein ungläubiger Getaufter das Sakrament überhaupt nicht kennt? Er kann vielleicht den Willen zur Unauflösbarkeit haben, aber das Neue des christlichen Glaubens sieht er nicht. Das Drama dieser Situation wird vor alledem sichtbar, wenn heidnisch Getaufte sich zum Glauben bekehren und ein ganz neues Leben beginnen. Hier stellen sich Fragen, auf die wir noch keine Antworten besitzen. Umso dringender ist es, ihnen nachzugehen."[39]

Mit der Rede von den heidnischen Getauften knüpft der emeritierte Papst terminologisch an eine seiner frühen theologischen Arbeiten an. 1958 hatte er einen Aufsatz mit „Die neuen Heiden und die Kirche" überschrieben.[40] Damit bezeichnete er ein Phänomen in

---

ich verschiedene Bischofskonferenzen und Spezialisten ein, dieses Problem zu untersuchen: ein ohne Glauben gefeiertes Sakrament. Ich wage nicht zu sagen, ob man hier tatsächlich ein Moment der Ungültigkeit finden kann, weil dem Sakrament eine grundlegende Dimension gefehlt hat. Ich persönlich dachte es, aber aus den Debatten, die wir hatten, verstand ich, dass es ein sehr schwieriges Problem ist und dass es noch vertieft werden muss. Weil aber diese Personen in einer leidvollen Situation sind, muss es vertieft werden." [BENEDIKT XVI., *Ansprache bei der Begegnung mit dem Klerus der Diözese Aosta am 25. Juli 2005 in der Pfarrkirche von Introd*, auf: https://w2.vatican.va/content/benedict-xvi/de/speeches/2005/july/documents/hf_ben-xvi_spe_20050725_diocesi-aosta.html (26.09.2015)].

39 JOSEPH RATZINGER, *Zur Frage nach der Unauflöslichkeit der Ehe. Bemerkungen zum dogmengeschichtlichen Befund und zu seiner gegenwärtigen Bedeutung*, in: FRANZ HENRICH, VOLKER EID (Hg.), *Ehe und Ehescheidung. Diskussion unter Christen* (Münchener Akademie Schriften 59), München 1972, 35–56; überarbeitet abgedruckt in der Fassung von 2014 in: JOSEPH RATZINGER, *Gesammelte Schriften Bd. 4: Einführung in das Christentum. Bekenntnis – Taufe – Nachfolge*, hg. von Gerhard Ludwig Müller, Freiburg i. Br. 2014, 600–621, hier: 619f.

40 Vgl. JOSEPH RATZINGER, *Die neuen Heiden und die Kirche (1958)*, in: DERS., *Das neue Volk Gottes. Entwürfe zur Ekklesiologie*, Düsseldorf 1969, 325–338.

Europa, das von der Situation der Alten Kirche vollständig verschieden sei. Waren damals Heiden Christen geworden, sei heute im Herzen der Kirche ein neues Heidentum festzustellen; mit diesen „modernen europäischen Heiden von heute"[41] konstatierte er schon Ende der 1950er Jahre das Drama einer „Kirche von Heiden, die sich noch Christen nennen, aber in Wahrheit zu Heiden wurden"[42]. Betrachtet man diese ehepastorale Hauptsorge Joseph Ratzingers/Papst Benedikts XVI., die sich in seinem Denken über ein halbes Jahrhundert erstreckt (1958–2014), nun im Licht der letzten großen päpstlichen Initiativen wie der Errichtung des Päpstlichen Rates für die Neuevangelisierung am Fest Peter und Paul im Jahr 2010 und der Ausrufung eines Jahres des Glaubens (11. Oktober 2012 bis zum 24. November 2013) anlässlich des Konzilsjubiläums und das dazu veröffentlichte Schreiben „Porta fidei", stehen sie alle im Dienste seiner Ehepastoral. Benedikt XVI. zeigt damit den Mut, hinter allen Einzelproblemen auf das Wesentliche zurückzugehen, gleich einer Wurzeltherapie, um dem Glaubensschwund, dem Glaubensdunkel, dem neuen Heidentum unter den getauften Eheleuten, aber auch unter denen, die sich auf dem Weg zur Ehe befinden, deren Ehe schwierig geworden oder gar gescheitert ist, entgegenzuwirken. Für Papst Benedikt liegt die Krise der Ehe und Familie heute in einer viel tiefer zu verortenden Glaubenskrise, in der „das Leben wie die Heiden" (vgl. Mt 6,32) immer mehr Normalfall wird; das „Erste und Wesentliche" kann für Ratzinger daher nur sein, dass die Kirche angesichts der vorfindlichen Glaubensverdünnung „eindringlich und verständlich die Botschaft des Glaubens verkündigt und neue Räume zu öffnen versucht, wo er wirklich gelebt werden kann"[43]. Denn die Heilung der Hartherzigkeit, jener „Sklerose des Herzens" [vgl. Mt 19,8], wie er sich ausdrückt, „kann nur vom Glauben kommen"[44]. Dazu gelte es „die Grenze und die Weite der Worte

---

41 Ebd., 337.
42 Ebd., 325.
43 JOSEPH RATZINGER, Zur Frage nach der Unauflöslichkeit der Ehe. Bemerkungen zum dogmengeschichtlichen Befund und zu seiner gegenwärtigen Bedeutung, in: FRANZ HENRICH, VOLKER EID (Hg.), Ehe und Ehescheidung. Diskussion unter Christen (Münchener Akademie Schriften 59), München 1972, 35–56; überarbeitet abgedruckt in der Fassung von 2014 in: JOSEPH RATZINGER, Gesammelte Schriften Bd. 4: Einführung in das Christentum. Bekenntnis – Taufe – Nachfolge, hg. von Gerhard Ludwig Müller, Freiburg i. Br. 2014, 600–621, hier: 616.
44 Ebd.

Jesu ausloten"[45], ohne sich mehr und mehr dem weltlichen Recht anzunähern, wie es bei der byzantinischen Reichskirche der Fall gewesen sei, die dann im Osten zu einer anderen Praxis im Umgang mit der Ehe geführt habe. Das bedeutet zusammenfassend für Joseph Ratzinger: Glaubenspastoral ist für ihn auch Ehepastoral, und umgekehrt muss Ehepastoral auch Glaubenspastoral sein. Beide erhellen sich gegenseitig.

### 2.2 Papst Franziskus in der Vorbereitung der zwei römischen Bischofssynoden 2014 und 2015

#### a) Grußadresse zur Außerordentlichen Bischofssynode 2014

Wie Joseph Ratzinger in seinem Rückblick auf die Bischofssynode 1980 beginnt auch sein Nachfolger im Amt die Annäherung an die beiden Römische Bischofssynoden von 2014/2015 mit einer Ausführung zum synodalen Stil. In seiner Grußadresse an die Synodenväter der Außerordentlichen Römischen Bischofssynode betonte er im Oktober 2014: „Eine Grundbedingung dafür ist es, offen zu sprechen."[46] Synodalität heißt für Papst Franziskus, alles sagen zu können und zugleich die Demut des Zuhörens aufzubringen.[47] Die Anwesenheit des Papstes garantiere dabei die Einheit im und das Festhalten am Glauben. Auch bei Papst Franziskus scheint angesichts dieses Auftaktes zur Familiensynode, Ehepastoral und der

---

45 Ebd., 617. Der byzantinische Osten hat eine nicht-sakramentale Zweitehe aus Barmherzigkeit, gestützt auf das pastorale Prinzip der oikonomia, erlaubt. Ratzinger sieht in dieser Entwicklung letztlich eine Abschwächung des Glaubenslebens, vgl. ebd., 614 u. 617.

46 FRANZISKUS, Grußadresse zur Eröffnung der Bischofssynode (6. Oktober 2014), auf: https://w2.vatican.va/content/francesco/de/speeches/2014/october/documents/papa-francesco_20141006_padri-sinodali.html (26.09.2015).

47 Vgl. ebd.; hier wörtlich weiter: „Mit diesen beiden Geisteshaltungen üben wir die Synodalität aus. Daher bitte ich euch höflich um diese Geisteshaltung als Brüder im Herrn: mit Parrhesia sprechen und in Demut zuhören. Und tut dies in aller Ruhe und in Frieden, da die Synode stets *cum Petro et sub Petro* abläuft. Die Anwesenheit des Papstes ist Garantie für alle und Gewährleistung des Glaubens"; zum Folgenden vgl. ebd.

Glaube der Kirche aufs Engste miteinander verknüpft zu sein. Für die Teilnehmer der Bischofssynode war es dann auffallend, dass sich der Papst selbst mit Wortmeldungen fast gänzlich zurückhielt.[48]

b) Die Familien-Katechesen 2014 bis 2015

Seinen eigentlichen Beitrag zur vorbereitenden Diskussion auf die Familiensynode 2015 sieht Papst Franziskus in den ab Dezember abgehaltenen Mittwochs-Katechesen zur Familie, die er zusammen mit dem Gebet und der Reflexion des gesamten Gottesvolkes in den Wegprozess auf die Ordentliche Römische Bischofssynode eingebunden sehen wollte, die am Fest des hl. Franziskus (4. Oktober 2015) begann.[49] Da diese Katechesen im Unterschied zu dem ansonsten noch unabgeschlossenen Prozess bezüglich päpstlicher Äußerungen zu Ehe und Familie bereits als ein abgeschlossenes Ganzes vorliegen, sei an ihnen exemplarisch Franziskus' pastoraler Ansatz untersucht. In ihnen finden wir, wie damals im Hirtenbrief von Joseph Ratzinger, auch seine eigene Kurzdefinition der Ehe, die ganz auf dem Epheserbrief aufbaut: „Die christliche Ehe ist ein Sakrament, das sich in der Kirche vollzieht und das die Kirche auch aufbaut, indem es den Grundstein für eine neue familiäre Gemeinschaft legt."[50] Von daher entfaltet Papst Franziskus die Schönheit von Ehe und Familie und ihre missionarische Dimension, die die Eheleute und ihre Familien zum Vermittler des Segens Gottes [...] für alle[51] werden lässt. Doch insgesamt bestimmt weniger das Sakra-

---

48    Vgl. hierzu BERND HAGENKORD, Einführung, in: PAPST FRANZISKUS, Die Familien-Katechesen, Freiburg/Basel/Wien, 7–10, hier: 9f.
49    Vgl. FRANZISKUS, Generalaudienz (17. Dezember 2014), auf: https://w2.vatican.va/content/francesco/de/audiences/2014/documents/papa-francesco_20141217_udienza-generale.html (26.09.2015). Die Themen der Katechesen waren in chronologischer Reihenfolge: Nazaret, Die Mutter, Der Vater (I–II), Die Söhne, Die Brüder, Die Großväter (I–II), Die Kinder (I–II), Mann und Frau (I–II), Die Ehe (I–II), Die drei Wörter, Die Erziehung, Die Verlobung, Familie und Armut, Familie und Krankheit.
50    FRANZISKUS, Generalaudienz (6. Mai 2015), auf: https://w2.vatican.va/content/francesco/de/audiences/2015/documents/papa-francesco_20150506_udienza-generale.html (26.09.2015).
51    Der gesamte Abschnitt mit dem Zitat im Wortlaut: „In dieser Tiefe des in seiner Reinheit erkannten und wiederhergestellten geschöpflichen Geheimnisses öffnet sich ein zweiter großer Horizont, der das Sakrament der Ehe kennzeichnet. Die Entscheidung, ‚im Herrn zu heiraten', enthält auch eine missionarische Dimension, die bedeutet, im Herzen die Bereitschaft zu haben, zum Vermittler des Segens Gottes und der Gnade des

ment der Ehe als vielmehr die Familie in ihrer Vielschichtigkeit den eigentlichen Fokus bei Papst Franziskus, weshalb ich bei ihm aufs Ganze gesehen im Unterschied zu Papst Benedikt weniger von Ehepastoral (auch wenn dem Thema der Ehevorbereitung eine eigene Katechese gewidmet ist)[52], als vielmehr von Familienpastoral sprechen würde. In dieser Familienpastoral nehmen die verschiedenen Personen, die eine Familie bilden und gegenseitig in Beziehung stehen, einen wichtigen Raum ein: die Mutter, der Vater, die abwesenden Väter, Söhne, Töchter, Geschwister, Großeltern – ganz ähnlich wie schon in Kapitel 9 zu Ehe und Familie im Schlussdokument von Aparecida und jüngst in den Ansprachen vor dem amerikanischen Kongress und bei der Gebetswache in Philadelphia.[53] Neben gesellschaftlichen Situationsanalysen beweist Papst Franziskus in seinen Katechesen den Mut, auch sperrige Themen anzusprechen, wie etwa eine kritische Sicht auf die Gender-Problematik,[54] die Anmah-

---

Herrn für alle zu werden. Denn die christlichen Eheleute haben als solche an der Sendung der Kirche teil. Dazu braucht es Mut!" [FRANZISKUS, *Generalaudienz* (6. Mai 2015)].

52   Vgl. FRANZISKUS, *Generalaudienz* (27. Mai 2015), auf: https://w2.vatican.va/content/francesco/de/audiences/2015/documents/papa-francesco_20150527_udienza-generale.html (26.09.2015).

53   Kapitel 9 war überschrieben mit „Familie, Personen, Leben" mit den Unterpunkten „Ehe und Familie", „Die Kinder", „Heranwachsende und Jugendliche", „Die alten Menschen sind ein wahrer Reichtum", „Die Würde und die Mitbeteiligung der Frau", „Die Verantwortung des Mannes und Familienvaters", „Die Kultur des Lebens verteidigen und verbreiten", vgl. *Aparecida 2007. Schlussdokument der 5. Generalversammlung des Episkopats von Lateinamerika und der Karibik. 13.–31. Mai 2007*, in: Stimmen der Weltkirche (Nr. 41), hg. vom Sekretariat der deutschen Bischofskonferenz, Bonn 2007, 21–302, Nr. 432–469; vgl. ferner die Aussagen des Papstes während seiner Amerika-Reise vom 19.–28. September 2015.

54   „Die Erfahrung lehrt uns: Um einander gut kennenzulernen und harmonisch zu wachsen, braucht der Mensch die Gegenseitigkeit von Mann und Frau. Wo das nicht geschieht, sieht man die Folgen. Wir sind dazu erschaffen, einander zuzuhören und uns gegenseitig zu helfen. Wir können sagen, dass ohne die wechselseitige Bereicherung in dieser Beziehung – im Denken und im Handeln, in der Affektivität und in der Arbeit, auch im Glauben – die beiden nicht einmal bis ins Letzte verstehen können, was es bedeutet, Mann und Frau zu sein. Die moderne, zeitgenössische Kultur hat neue Räume, neue Freiheiten und neue Tiefen eröffnet, um das Verständnis dieses Unterschieds zu bereichern. Aber sie hat auch viele Zweifel und viel Skepsis eingeführt. Ich frage mich zum Beispiel, ob die sogenannte Gender-Theorie nicht auch Ausdruck von Frustration und Resignation ist, die darauf abzielt, den Unterschied zwischen den Geschlechtern auszulöschen, weil sie sich nicht mehr damit auseinanderzusetzen versteht" [FRANZISKUS, *Generalaudienz* (15. April 2015), auf: http://w2.vatican.va/content/francesco/de/audiences/2015/documents/papa-francesco_20150415_udienza-generale.html (27.09.2015)].

nung der gesellschaftlichen Herabsetzung der Frau,[55] die fehlenden Kinder in Europa aufgrund einer niedrigsten Geburtenrate,[56] die gesellschaftliche Verachtung alter Menschen und Familienmitglieder,[57] Heiratsmüdigkeit und Ehe auf Zeit[58] sowie das große Feld der verwundeten Ehen, über die er gleich mehrere Katechesen abgehalten hat.[59] Unter die Verwundungen fasst er Armut, Krankheit, den Tod eines Kindes, Verletzungen untereinander in der Familie bis hin zur Trennung der Eheleute, die zuweilen aufgrund von solchen Verletzungen zum Schutz der Schwächeren unabdingbar wird.[60]

Der familienpastorale Ansatz der Katechesen von Papst Franziskus setzt sich in den päpstlichen Ansprachen seiner jüngsten USA-Reise fort, was aber hier nicht mehr im Detail vorgelegt werden kann.

c) Der hermeneutische Schlüssel der Pastoral in den Familien-Katechesen von 2014 bis 2015

Bei dieser Vielfalt an Themen steht die Frage auf, ob sich auch bei Papst Franziskus ein vergleichbares pastorales Hauptmotiv ausmachen lässt, wie dies bei Papst Benedikt in seiner Sorge um den Glauben hervortrat, auf das all sein ehepastorales Denken und Tun letztlich konzentriert war. Der pastorale Grundtenor in den Katechesen

---

55  Vgl. FRANZISKUS, *Generalaudienz* (15. April 2015), auf: http://w2.vatican.va/content/francesco/de/audiences/2015/documents/papa-francesco_20150415_udienza-generale.html (27.09.2015)
56  Vgl. FRANZISKUS, *Generalaudienz* (11. Februar 2015), auf: https://w2.vatican.va/content/francesco/de/audiences/2015/documents/papa-francesco_20150211_udienza-generale.html (27.09.2015).
57  Vgl. FRANZISKUS, *Generalaudienz* (4. März 2015), auf: https://w2.vatican.va/content/francesco/de/audiences/2015/documents/papa-francesco_20150304_udienza-generale.html (27.09.2015).
58  Vgl. FRANZISKUS, *Generalaudienz* (29. April 2015), auf: http://w2.vatican.va/content/francesco/de/audiences/2015/documents/papa-francesco_20150429_udienza-generale.html (27.09.2015).
59  Dies betrifft die Katechesen ab dem 3. Juni 2015.
60  In seinen Katechesen bleibt die Schwierigkeit von Familien im Kontext der Migration unberücksichtigt. Die Pastoral für Ehen und Familien im schwierigen Kontext der Migration hat Papst Franziskus an anderer Stelle ausführlich behandelt, vgl. FRANZISKUS, *Ansprache an die Teilnehmer des VII. Weltkongresses der Pastoral für die Migranten und Menschen unterwegs am 21. November 2014 im Clementina-Saal*, auf: https://w2.vatican.va/content/francesco/de/speeches/2014/november/documents/papa-francesco_20141121_congresso-pastorale-migranti.html (27.09.2015).

von Papst Franziskus ließe sich, soweit sich das momentan ablesen lässt, in der seelsorglichen Haltung der Barmherzigkeit ausmachen, auch wenn diese in den Katechesen expressis verbis nur an wenigen, aber bedeutsamen Stellen hervortritt. Am 20. Jahrestag der Enzyklika „Evangelium Vitae" von Johannes Paul II. rief Papst Franziskus zum Gebet für die Familien auf und sagte: „Als Mutter verlässt die Kirche die Familie nie, auch wenn diese erniedrigt, verletzt und auf vielerlei Weise gedemütigt ist. Nicht einmal dann, wenn sie in Sünde verfällt oder sich von der Kirche entfernt. Stets wird sie alles tun, um zu versuchen, sich ihrer anzunehmen und sie zu heilen, sie zur Umkehr einzuladen und sie mit dem Herrn zu versöhnen."[61]

Papst Franziskus wünschte sich, dass „der ganze Weg der Synode vom Mitleid des Guten Hirten für seine Herde beseelt" sei, „besonders gegenüber jenen Menschen und Familien, die aus verschiedenen Gründen ‚müde und erschöpft' sind ‚wie Schafe, die keinen Hirten haben' (Mt 9,36)."[62] Familienpastoral ist für Papst Franziskus von daher Gute-Hirten-Pastoral, die im kirchlichen Innenraum und auch darüber hinaus Barmherzigkeit nicht im Sinne eines allgemeinen Prinzips, sondern ganz konkret für jeden Einzelfall praktiziert.

Tritt das Thema „Barmherzigkeit" im Duktus der Katechesen bei der Vielfalt der Thematiken im weiteren Verlauf fast gänzlich zurück, steuert Papst Franziskus in der Katechese zu den von Trennung und Scheidung betroffenen Familien am 24. Juni 2015 direkt auf das pastorale Erbarmen zu. Er lobt das Zeugnis der Bundestreue bei so vielen Familien, verschweigt aber auch nicht die Realität der gescheiterten Ehen. Wörtlich: „Nicht alle Getrennten spüren jedoch diese Berufung. Nicht alle erkennen in der Einsamkeit einen Appell, den der Herr an sie richtet. Um uns herum begegnen wir einigen Familien in sogenannten irregulären Situationen [...]. Wie können wir sie begleiten? [...] Bitten wir den Herrn [...], damit wir uns den Menschen mit seinem erbarmenden Herzen nähern."[63]

---

61 FRANZISKUS, *Generalaudienz* (25. März 2015), auf: https://w2.vatican.va/content/francesco/de/audiences/2015/documents/papa-francesco_20150325_udienza-generale.html (27.09.2015).
62 Ebd.
63 FRANZISKUS, *Generalaudienz* (24. Juni 2015), auf: https://w2.vatican.va/content/francesco/de/audiences/2015/documents/papa-francesco_20150624_udienza-generale.html (26.09.2015).

Papst Franziskus stellt heraus, dass nicht alle getrennten Eheleute „die Berufung" („vocación") zur Bundestreue verspüren. Diesem Faktum der Untreue stellt er die in den Katechesen erstmals gebrauchte Wendung des „erbarmenden Herzen[s]" gegenüber. In der Familien-Katechese über die Vatergestalt[64] und in der über den Tod war zwar schon das Mitleid Jesu angeklungen,[65] aber die misericordia pastoralis wird expressis verbis tatsächlich erst bei den getrennten Eheleuten eingeführt. Damit bereitet der Papst seine nächste Katechese vor, die sich nun ganz der Realität der wiederverheirateten Geschiedenen widmet. „Die Kirche weiß gut, dass eine solche Situation dem christlichen Sakrament widerspricht."[66] Diese Menschen, „die nach dem nicht rückgängig zu machenden Scheitern ihres Ehebundes eine neue Verbindung eingegangen sind", gilt es mit Franziskus pastoral zu ermutigen und anzunehmen, damit auch sie „ihre Zugehörigkeit zu Christus und zur Kirche leben und immer mehr entwickeln"[67]. – „Keine verschlossenen Türen! Keine verschlossenen Türen!", appelliert Franziskus leidenschaftlich – „‚[a]lle können in irgendeiner Weise am kirchlichen Leben teilnehmen, alle können zur Gemeinschaft gehören'"[68].

---

64   „Alle kennen das wunderbare Gleichnis vom ‚verlorenen Sohn' oder besser gesagt vom ‚barmherzigen Vater', das im 15. Kapitel des *Evangeliums nach Lukas* steht (vgl. 15,11-32): wie viel Würde und wie viel zärtliche Liebe im Warten jenes Vaters, der an der Haustür steht und darauf wartet, dass der Sohn zurückkehrt! Väter müssen geduldig sein. Manchmal kann man nicht mehr tun als warten: beten und mit Geduld, Sanftmut, Großherzigkeit, Barmherzigkeit warten. Ein guter Vater versteht zu warten und versteht zu vergeben, aus tiefstem Herzen." [Franziskus, *Generalaudienz* (4. Februar 2015), auf: https://w2.vatican.va/content/francesco/de/audiences/2015/documents/papa-francesco_20150204_udienza-generale.html (27.09.2015)].

65   „Es ist eine sehr bewegende Szene, die uns das Mitgefühl Jesu für die Leidenden zeigt – in diesem Fall eine Witwe, die ihren einzigen Sohn verloren hat –, und sie zeigt uns auch die Macht Jesu über den Tod." [Franziskus, *Generalaudienz* (17. Juni 2015), auf: https://w2.vatican.va/content/francesco/de/audiences/2015/documents/papa-francesco_20150617_udienza-generale.html (26.09.2015)].

66   Franziskus, *Generalaudienz* (5. August 2015), auf: https://w2.vatican.va/content/francesco/de/audiences/2015/documents/papa-francesco_20150805_udienza-generale.html (26.09.2015).

67   Ebd.; Modi sind für ihn dazu „das Gebet, das Hören des Wortes Gottes, die Teilnahme an der Liturgie, die christliche Erziehung der Kinder, die Nächstenliebe und der Dienst an den Armen, der Einsatz für Gerechtigkeit und Frieden".

68   Franziskus, *Generalaudienz* (5. August 2015) mit dem Zitat aus Ders., *Apostolisches Schreiben* EVANGELII GAUDIUM *des Heiligen Vaters Papst Franziskus an die Bischöfe, an die Priester und Diakone, an die Personen geweihten Lebens und an die christgläubigen Laien über die Verkündigung des Evangeliums in der Welt von heute*, in: Verlautbarungen des Apostolischen Stuhls (Nr. 194), hg. vom Sekretariat der deutschen Bischofskonferenz, Bonn 2013, Nr. 47.

Erst in der letzten Familien-Katechese wird das Thema der Barmherzigkeit wieder aufgegriffen, gleich dem Schlussakkord, worauf sich die ganze Katechesereihe hinbewegt hatte. In dieser Abschluss-Katechese am Vorabend des Weltfamilientreffens in Philadelphia und der Römischen Bischofssynode weitet der Papst den Horizont für die Schöpfungswirklichkeit, den Kosmos, aber auch für die globalen Bedrohungen für die Familie.[69] Vom zweiten Schöpfungsbericht ausgehend kommt der Papst auf das Grunddilemma des Menschen in seiner erbsündlichen Verfasstheit zu sprechen, die von der göttlichen Barmherzigkeit umfangen sei: „Die Zurückweisung von Gottes Segen durch sie führt auf verhängnisvolle Weise zu einem Allmachtswahn, der alles verdirbt. [...] Trotzdem sind wir nicht verflucht und auch nicht uns selbst überlassen. [...] Der barmherzige Schutz Gottes für den Mann und die Frau wird für beide in jedem Fall nie weniger. [...] Die symbolische Sprache der Bibel sagt uns, dass Gott dem Mann und der Frau, bevor er sie aus dem Garten Eden wegschickte, Röcke aus Fellen machte und sie damit bekleidete (vgl. *Gen* 3,21). Diese zärtliche Geste bedeutet, dass Gott auch in den schmerzlichen Folgen unserer Sünde nicht will, dass wir nackt und unserem Schicksal als Sünder überlassen bleiben. Diese göttliche Zärtlichkeit, dieses Sorgetragen um uns sehen wir verkörpert in Jesus von Nazaret, dem Sohn Gottes, ‚geboren von einer Frau' (*Gal* 4,4). Und der heilige Paulus sagt auch, dass ‚Christus für uns gestorben ist, als wir noch Sünder waren' (*Röm* 5,8)."[70] Die durch eine offene, mitleidsvolle und missionarische Kirche erfahrbar werdende göttliche Barmherzigkeit kann gleichsam als Sinnspitze und hermeneutischer Schlüssel der Familien-Katechesen von Papst Franziskus gewertet werden.

---

69 Vgl. FRANZISKUS, *Generalaudienz* (16. September 2015), auf: http://w2.vatican.va/content/francesco/de/audiences/2015/documents/papa-francesco_20150916_udienza-generale.html (26.09.2015).
70 Ebd.

### d) Päpstliche Initiativen zur Pastoral der Barmherzigkeit: Die Codex-Reform und die Einberufung des Jahres der Barmherzigkeit

Milde und Barmherzigkeit sind dann auch die pastoralen Grundmotive, die Papst Franziskus dazu bewegt haben, das Kirchenrecht in Bezug auf Ehenichtigkeitsverfahren zu reformieren, also die rechtliche Prüfung, ob überhaupt eine sakramental gültig geschlossene Ehe vorliegt. Hierzu veröffentlichte er am 15. August 2015 mit Inkrafttreten zum 8. Dezember 2015, dem Beginn des Jahres der Barmherzigkeit, für den lateinischen Ritus unter dem Titel „Der milde Richter Herr Jesus" („Mitis Iudex Dominus Iesus") und für den orientalischen Ritus „Sanftmütiger und barmherziger Jesus" („Mitis Et Misericors Iesus") zwei Apostolische Schreiben in Form eines „Motu Proprio"[71], mit denen das Eheannullierungsverfahren durch den Wegfall der zweiten Gerichtsinstanz und Verlegung des Prozesses von der Römischen Rota in die Obhut des Diözesanbischofs vereinfacht und beschleunigt werden soll.

Ohne die kirchenrechtliche Auseinandersetzung hier aufrollen zu können, wollen wir uns auf die pastoral-theologische Argumentation der dieser Gesetzesänderung vorangehenden Vorrede des Papstes beschränken. Beide Schreiben beginnt Franziskus mit einem Rekurs auf die Milde und Barmherzigkeit Jesu, um dann kraft päpstlicher Schlüsselgewalt diese Neuerung zu verfügen. Auf beiden Seiten wird dazu auf die vom Konzil in „Lumen Gentium" Nr. 27 gestärkte bischöfliche Vollmacht verwiesen, der nun das Ehenichtigkeitsverfahren in großen Teilen anvertraut werden soll. In der ostkirchlichen Fassung wird zur Barmherzigkeit der Kirche in ihrer mütterlichen Sorge für die von ihr getrennten Kinder als

---

71 Vgl. hierzu und im Folgenden FRANZISKUS, *Apostolisches Schreiben in Form eines „Motu proprio" Mitis Iudex Dominus Iesus – Der milde Richter Herr Jesus über die Reform des kanonischen Verfahrens für Ehenichtigkeitserklärungen im Codex des kanonischen Rechtes* (15. August 2015), auf: https://w2.vatican.va/content/francesco/de/motu_proprio/documents/papa-francesco-motu-proprio_20150815_mitis-iudex-dominus-iesus.html, das mittlerweile auch in deutscher Übersetzung vorliegt; lateinisches Original unter: http://w2.vatican.va/content/francesco/la/motu_proprio/documents/papa-francesco-motu-proprio_20150815_mitis-iudex-dominus-iesus.html (28.08.2015); DERS., *„Motu proprio" Mitis Et Misericors Iesus* (15. August 2015), auf: http://w2.vatican.va/content/francesco/it/motu_proprio/documents/papa-francesco-motu-proprio_20150815_mitis-et-misericors-iesus.html (28.08.2015), derzeit nur auf Latein und Italienisch abrufbar.

Ausübung ihrer Caritas auch noch auf die beiden Prinzipien der oikonomia und akribeia verwiesen,[72] in denen die heilende Barmherzigkeit des Herrn in besonderer Weise erfahrbar werde. Mit Bezug auf die Kirche[73] und ihre Sorge um das Heil der Seelen hat Papst Franziskus mit dieser Reform die beständige Förderung des Wohles jedes einzelnen Gläubigen vor Augen. Damit will Papst Franziskus das Anliegen der Bekehrung der kirchlichen Strukturen („conversionis ecclesiasticarum structurarum") – in der deutschen Übersetzung wurde daraus eine „Neuausrichtung der kirchlichen Strukturen"[74] – aus seiner Enzyklika „Evangelii Gaudium" in die Tat umsetzen. Sein Anliegen war dort so formuliert: „Ich träume von einer missionarischen Entscheidung, die fähig ist, alles zu verwandeln, damit die Gewohnheiten, die Stile, die Zeitpläne, der Sprachgebrauch und jede kirchliche Struktur ein Kanal werden, der mehr der Evangelisierung der heutigen Welt als der Selbstbewahrung dient. Die Reform der Strukturen, die für die pastorale Neuausrichtung erforderlich ist, kann nur in diesem Sinn verstanden werden: dafür zu sorgen, dass sie alle missionarischer werden, dass die gewöhnliche Seelsorge in all ihren Bereichen expansiver und offener ist, dass sie die in der Seelsorge Tätigen in eine ständige

---

72   Die beiden Prinzipien werden hier nicht weiter differenziert: „Il Vescovo infatti – costituito dallo Spirito Santo come figura di Cristo e al posto di Cristo (,eis typon kai tòpon Christou') – è anzitutto ministro della divina misericordia; pertanto l'esercizio della potestà giudiziale è il luogo privilegiato in cui, mediante l'applicazione dei principi della ‚oikonomia' e della ‚akribeia', egli porta ai fedeli bisognosi la misericordia risanatrice del Signore" (FRANZISKUS, „Motu proprio" Mitis Et Misericors Iesus (15. August 2015), auf: http://w2.vatican.va/content/francesco/it/motu_proprio/documents/papa-francesco-motu-proprio_20150815_mitis-et-misericors-iesus.html (28.08.2015).
73   Mit dem Rekurs auf die Kirche als Plan der göttlichen Dreifaltigkeit spielt Papst Franziskus ohne weiteren Beleg auf Paul VI. an. Möglicherweise hat er damit eine versteckte Anspielung auf die Nr. 117 des Schlussdokuments von Aparecida 2007 vor Augen („Dadurch werden sie der fruchtbaren Liebe der Heiligsten Dreifaltigkeit immer ähnlicher."), das sich hier mit der Anmerkung 52 auf Paul VI., Enzyklika „Humanae Vitae" über die rechte Ordnung der Weitergabe menschlichen Lebens (25. Juli 1968), Nr. 9, beruft, ohne dass dort allerdings von der Kirche als Plan der Dreifaltigkeit die Rede wäre.
74   FRANZISKUS, Apostolisches Schreiben in Form eines „Motu proprio" Mitis Iudex Dominus Iesus – Der milde Richter Herr Jesus über die Reform des kanonischen Verfahrens für Ehenichtigkeitserklärungen im Codex des kanonischen Rechtes (15. August 2015), auf: https://w2.vatican.va/content/francesco/de/motu_proprio/documents/papa-francesco-motu-proprio_20150815_mitis-iudex-dominus-iesus.html (28.08.2015), unter III. – Der Bischof selbst ist Richter.

Haltung des ‚Aufbruchs' versetzt und so die positive Antwort all derer begünstigt, denen Jesus seine Freundschaft anbietet."[75] Durch das Inkrafttreten der zwei Motu proprio mit dem Beginn des Jahres der Barmherzigkeit sind beide päpstlichen Initiativen aufs Engste miteinander verknüpft.[76] Das Jahr der Barmherzigkeit, das der Papst mit der Bulle „Misericordiae vultus"[77] für das Jahr 2016 zum 50-jährigen Jubiläum des Abschlusses des Zweiten Vatikanischen Konzils einberufen hat, gehört von daher ähnlich wie das Jahr des Glaubens bei Papst Benedikt ganz entscheidend zur Umsetzung seiner von der Barmherzigkeit bestimmten Familienpastoral.

## 3. Krise oder Kontinuität?

Wenn wir hier nun eine abschließende vergleichende Bewertung hinsichtlich Krise und Kontinuität in der kirchlichen Ehe- und Familienpastoral wagen wollen, kann diese freilich nur eine erste, sehr

---

75 FRANZISKUS, Apostolisches Schreiben EVANGELII GAUDIUM des Heiligen Vaters Papst Franziskus an die Bischöfe, an die Priester und Diakone, an die Personen geweihten Lebens und an die christgläubigen Laien über die Verkündigung des Evangeliums in der Welt von heute, in: Verlautbarungen des Apostolischen Stuhls (Nr. 194), hg. vom Sekretariat der deutschen Bischofskonferenz, Bonn 2013, Nr. 27.

76 Die Reaktionen auf die päpstlich verfügte Vereinfachung des Ehenichtigkeitsverfahrens waren gespalten. Sahen die einen darin eine längst anstehende Reform des Eherechts, befürchten andere nun faktisch eine „Scheidung auf Katholisch". Daher hat Papst Franziskus auf seinem Rückflug aus Amerika hierzu nochmals entschieden Stellung genommen. Darin machte er erneut deutlich, dass diese von den Synodenvätern geforderte Reform nicht die Unauflöslichkeit des Sakramentes aufhebe. Vielmehr gehe es auf die Problematik der nie gültig geschlossenen Ehen ein, die ein ganzes Spektrum bildeten, wie der Papst betonte: die schnelle Heirat ohne echte Entscheidungsfreiheit, weil die Frau schwanger geworden sei, womit er vor allem in Buenos Aires konfrontiert gewesen sei, bis hin zum Glaubensmangel bei dem Eheversprechen „für immer". Was glauben die jungen Menschen wirklich, dass sie ein Versprechen eingehen? Die ganze Palette der pastoralen Herausforderungen sei im „Instrumentum laboris" nachzulesen. Den Status einer Scheidung auf Katholisch gebe es nicht, entweder sei die Ehe nie geschlossen worden oder sie sei unauflöslich, vgl. hierzu die Antworten auf die Fragen der Journalisten Jean-Marie Guénois und Terry Moran (ABC News) von Papst Franziskus, Pressekonferenz mit dem Heiligen Vater auf dem Rückflug aus den Vereinigten Staaten von Amerika am 27. September 2015, auf: http://w2.vatican.va/content/francesco/de/speeches/2015/september/documents/papa-francesco_20150927_usa-conferenza-stampa.html (29.09.2015).

77 Vgl. FRANZISKUS, Misericordiae vultus. Verkündigungsbulle zum Außerordentlichen Jubiläum der Barmherzigkeit, in: Verlautbarungen des Apostolischen Stuhls (Nr. 200), hg. vom Sekretariat der deutschen Bischofskonferenz, Bonn 2015.

Michaela C. Hastetter

vorsichtige Annäherung an bestimmte derzeit schon auszumachende Leitlinien sein, da das Pontifikat von Papst Franziskus nicht abgeschlossen ist und vor allem das auf die Bischofssynode folgende Abschlussdokument erst seit April 2016 vorliegt. So sollen hier zum Schluss nur einige vorläufige Vergleichsmomente zwischen Joseph Ratzinger/Papst Benedikt XVI. und Papst Franziskus aufgezeigt werden, die sich derzeit bereits als Tendenzen ausfindig machen lassen.

1. Die ehe- und familienpastorale Linie beider Päpste geht von der Schönheit und Sakramentalität der zwischen einem getauften Mann und einer getauften Frau geschlossenen Ehe und ihrer Unauflöslichkeit aus. Hierin stimmen Papst Benedikt und Papst Franziskus überein. Bei Papst Benedikt hat man den Eindruck, dass er dies noch entschiedener und öfters betont, bis hinein in seine Umschrift des besagten Beitrags als Papst emeritus.[78]

2. Der hermeneutische Schlüssel zum spezifischeren Verständnis der ehe- und familienpastoralen Ausfaltungen bei Papst Benedikt und bei Papst Franziskus lässt sich im Motto des jeweils von ihnen ausgerufenen Jubiläumsjahres zu Beginn und Abschluss des 50-jährigen Jubiläum des Zweiten Vatikanischen Konzils ausmachen. Der Schwerpunkt der Ehepastoral Papst Benedikts war deutlich auf die Stärkung des Glaubens gerich-

---

[78] „Die Ehe von Getauften ist unauflöslich. Dies ist ein klarer und unzweideutiger Auftrag des an der Schrift sich nährenden Glaubens der Kirche aller Jahrhunderte, der mit voller Entschiedenheit besteht, der Kirche unverfügbar, ihr zur Bezeugung und Verwirklichung aufgegeben ist; es wäre unverantwortlich, den Eindruck zu erwecken, als könnte daran etwas geändert werden" [JOSEPH RATZINGER, *Zur Frage nach der Unauflöslichkeit der Ehe. Bemerkungen zum dogmengeschichtlichen Befund und zu seiner gegenwärtigen Bedeutung*, in: FRANZ HENRICH, VOLKER EID (Hg.), *Ehe und Ehescheidung. Diskussion unter Christen* (Münchener Akademie Schriften 59), München 1972, 35–56; überarbeitet abgedruckt in der Fassung von 2014 in: JOSEPH RATZINGER, *Gesammelte Schriften Bd. 4: Einführung in das Christentum. Bekenntnis – Taufe – Nachfolge*, hg. von Gerhard Ludwig Müller, Freiburg i. Br. 2014, 600–621, hier: 615, vgl. dazu den ganze Absatz 615–617].

tet. 50 Jahre nach der Eröffnung des Konzils rief er mit dem Motu proprio „Porta fidei" ein Jahr des Glaubens aus mit dem Leitmotiv: „Die ‚Tür des Glaubens' [...] steht uns immer offen."[79] Papst Franziskus kündigte zum 50-jährigen Konzilsende mit der Bulle „Misericordiae vultus" ein heiliges Jahr der Barmherzigkeit an, die als Grundmotiv seiner Familienpastoral ausgemacht werden konnte. Auch in diesem Schreiben finden wir das Motiv der offenstehenden Türe: Gott „wird nicht müde, die Tür seines Herzens offen zu halten"[80].

Papst Benedikt lädt dazu ein, die Schwelle der offenstehenden Türe zu überschreiten, in die Gemeinschaft des Glaubens und der Kirche hinein, die letztlich zur Erfahrung der Barmherzigkeit Gottes führt, während Papst Franziskus die offene Tür eher dahin auslegt, selbst offener zu werden im christlichen Handeln nach dem Maßstab des barmherzigen Gottes. Die Interpretationen der offenen Türe der beiden Päpste sind wiederum kongruent mit ihren ehe- und familienpastoralen Ansätzen: hier die Betonung auf den barmherzigen Umgang mit den Verwundeten und das Verbinden ihrer Wunden, dort die Wurzelbehandlung in der Stärkung des Glaubens hin zur personalen Christusbegegnung, damit die Sakramente überhaupt ihre Wirkkraft entfalten können.

Man könnte sogar noch einen Schritt weiter gehen und die beiden Wappensprüche der Päpste als richtungsweisend für ihren jeweiligen ehe- bzw. familienpastoralen Zugang miteinbeziehen: „miserando atque eligendo" und „cooperatores veritatis". Papst Benedikt wollte der Wahrheit in ihrer Bezogenheit auf die Liebe dienen, sich vom „Mit" bestimmen lassen, vom „‚mit' Christus' und ‚mit' der ganzen Kirche, was für ihn mehr ist als bloße Gemeinschaftlichkeit, die ohne Wahrheit „nur ein Betäu-

---

79  BENEDIKT XVI., *Apostolisches Schreiben in Form eines Motu Proprio ‚Porta fidei', mit dem das Jahr des Glaubens ausgerufen wird*, in: Verlautbarungen des Apostolischen Stuhls (Nr. 191), hg. vom Sekretariat der deutschen Bischofskonferenz, Bonn 2011, Nr. 1.
80  FRANZISKUS, *Misericordiae vultus. Verkündigungsbulle zum Außerordentlichen Jubiläum der Barmherzigkeit*, in: Verlautbarungen des Apostolischen Stuhls (Nr. 200), hg. vom Sekretariat der deutschen Bischofskonferenz, Bonn 2015, Nr. 25.

bungsmittel und keine Heilung"[81] wäre, kongruent zu seiner ehepastoralen Wurzeltherapie. Die Pilgermuschel im päpstlichen Wappen drückt symbolisch dieses Unterwegssein hin auf die Wahrheit des Glaubens aus.[82]

Papst Franziskus' Motto „miserando atque eligendo" zielt auf das Auserwähltsein aus Barmherzigkeit ab und knüpft an eine persönliche Erfahrung der liebenden Gegenwart Gottes des jungen Jorge Bergoglio an, die ihm seine Ordensberufung offenbarte.[83] Der Fokus auf die Barmherzigkeit korrespondiert mit dem Nardenzweig im Papstwappen, was wiederum einen Bogen zur Bulle „Misericordiae vultus" schlägt, wo sich Papst Franziskus für dieses Jahr erhofft, dass „[a]lle, Glaubende und Fernstehende, [...] das Salböl der Barmherzigkeit erfahren [mögen]"[84]. Bei unterschiedlicher Schwerpunktsetzung (Wurzeltherapie und Wunden verbinden) liegt hier gewissermaßen eine hermeneutische Kontinuität durch die Mottoworte und Konzilsjubiläumsjahre vor.

3. Was nun die inhaltliche Ebene der Pastoral betrifft, kam bei Papst Benedikt durch die Verhältnisbestimmung von Glaube und Sakrament ein genuin ehepastoraler Ansatz zum Vorschein, während Papst Franziskus' pastoraler Ansatz in seiner differenzierten Wahrnehmung der Soziologie der familiären Komponenten insgesamt mehr als eine familienpastorale Herangehensweise eingestuft werden müsste. Weitere Verschiebungen in der Schwerpunktsetzung der beiden Päpste sind zum Teil zeitbedingt einzuordnen: Bei Joseph Ratzinger/Papst Benedikt ist gerade um die Synode von 1980 noch eine starke Auseinandersetzung mit „Humanae Vitae", der ehelichen Fruchtbarkeit, dem Ja zum Kind, der kritischen Auseinandersetzung mit kon-

---

81  JOSEPH RATZINGER, *Mitarbeiter der Wahrheit. Gedanken für jeden Tag*, München 1979, 5f. (Vorwort).
82  Zur Wahl des Mottos und seinen Symbolen im Bischofswappen vgl. JOSEPH RATZINGER, *Aus meinem Leben. Erinnerungen (1927–1977)*, Stuttgart ³1998, 178f.
83  Vgl. hierzu die aktuelle Erklärung auf der Homepage der Deutschen Bischofskonferenz vom 28. März 2013, auf: http://www.dbk.de/fileadmin/redaktion/diverse_downloads/Dossiers_2012/Wappen-Papst-Franziskus-Erklaerung.pdf (12.10.2015).
84  FRANZISKUS, *Misericordiae vultus. Verkündigungsbulle zum Außerordentlichen Jubiläum der Barmherzigkeit*, in: Verlautbarungen des Apostolischen Stuhls (Nr. 200), hg. vom Sekretariat der deutschen Bischofskonferenz, Bonn 2015, Nr. 5.

trazeptiven Programmen bis hin zur Scheidungsproblematik, aber auch die Weitung des Blicks für die Eherealität Afrikas und Indiens sichtbar; bei Papst Franziskus liegt – in der Weiterführung von Aparecida und auf dem Hintergrund seiner seelsorglichen Erfahrungen in Buenos Aires – der Fokus auf den verschiedenen Mitgliedern der Familie mit ihren Verwundungen.

4. Beide Päpste sind in der Frage der Eheannullierung tätig geworden. Papst Benedikt hat seine über die Jahrzehnte gereiften Reflexionen zur Gültigkeit des Sakraments bei Glaubensmangel im Jahr des Glaubens zur Prüfung der Rota Romana vorgelegt, ob die „Verschlossenheit gegenüber Gott oder Ablehnung der sakralen Dimension des Ehebundes [...] die Gültigkeit des Bundes infrage stellen"[85] könne. Papst Franziskus hat kraft päpstlicher Autorität die Vereinfachung der Ehenichtigkeitsverfahren als konkreten Beitrag des Jahres der Barmherzigkeit verfügt. Ein Expertenteam hat dazu die Ausarbeitung der Rechtsnormen vorgenommen, mit denen die Rota Romana angehalten wurde, ihr Eigenrecht „so rasch wie möglich und so weit wie nötig den Regeln des reformierten Prozesses"[86] anzupassen. Auch in diesem Punkt sind beide Päpste in ihrem Handeln wiederum von ihren ehe- und familienpastoralen Grundprämissen geleitet gewesen.

5. Auf der Ebene der pastoralen Argumentation unterscheiden sich beide Päpste in ihrer Art und ihrem Stil. Papst Benedikt argumentiert pastoral-theologisch. Seine Ehepastoral fußt auf der katholischen Sakramententheologie und der Dogmengeschichte, der Theologie der Väter und der Liturgie ebenso wie auf der Analyse der Situation, auf philosophischen und ethischen Grundlagen, rabbinischer Lehrweisheit, der eingehen-

---

[85] BENEDIKT XVI., *Ansprache zur Eröffnung des Gerichtsjahrs der Römischen Rota in der Sala Clementina am 26. Januar 2013*, auf: https://w2.vatican.va/content/benedict-xvi/de/speeches/2013/january/documents/hf_ben-xvi_spe_20130126_rota-romana.html (25.09.2015).

[86] Vgl. hierzu und im Folgenden FRANZISKUS, *Apostolisches Schreiben in Form eines „Motu proprio" Mitis Iudex Dominus Iesus – Der milde Richter Herr Jesus über die Reform des kanonischen Verfahrens für Ehenichtigkeitserklärungen im Codex des kanonischen Rechtes* (15. August 2015), auf: https://w2.vatican.va/content/francesco/de/motu_proprio/documents/papa-francesco-motu-proprio_20150815_mitis-iudex-dominus-iesus.html, Kriterium VII.

den Kenntnis der Theologie und Pastoral der Ostkirche und nicht zuletzt auf der Rezeption der Vorarbeiten seiner Vorgänger, insbesondere von Paul VI. („Humanae Vitae") und Johannes Paul II. („Familiaris Consortio"). Er denkt auf das Gesamt des Glaubens hin und ordnet darin die Problematik des Einzelnen ein, die vom Glauben der Kirche gehalten wird. Die Schönheit des Glaubens spiegelt sich bei ihm in der Schönheit einer einfachen und zugleich hochästhetischen Sprache, die dadurch eine pastorale Attraktivität besitzt.

Papst Franziskus' familienpastoraler Stil ist spontan, volksnah, geprägt von der Theologie des Volkes,[87] in seiner jesuitischen Schulung wesentlich katechetischer und weniger dogmatisch, daher einfach im Zugriff, sprachlich und somit theologisch zum Teil auch ungenauer, pastoral mehr auf das Wohl des Einzelnen orientiert. Er zitiert weniger als sein Vorgänger, benützt aber, wie dies der Jesuit Andreas R. Batlogg treffend ausgedrückt hat, neben der einfachen Sprache „eingängige Bilder, starke Vergleiche, kein Moralin"[88]. Beide Päpste legen in ihrer Ehe- und Familienpastoral Wert auf biblische Anknüpfungen und Orientierungen.

6. Gibt es darüber hinaus noch weitere Anzeichen einer Kontinuität? Lassen Sie mich hierzu auf ein letztes Detail verweisen, das in der bisherigen, stark medial gefärbten Diskussion noch wenig Beachtung gefunden hat. Joseph Ratzinger erwähnt in einer 1996 veröffentlichten Predigt über Schöpfung und Sündenfall die Episode, wie sich ein kleiner Kreis von kirchlichen Amtsträgern nach der Bischofssynode über die Familie von 1980 zusammentat und überlegte, was das Thema einer nächsten Synode sein könnte. Dabei fiel ihr Blick auf die Zusammenfassung der Botschaft Jesu: „Die Zeit ist erfüllt und

---

[87] Vgl. hierzu den Vortrag von FEDERICO COLAUTTI, *Pope Francis: Understanding His Language And Mission*. Festvortrag am Dies natalis des Internationalen Theologischen Instituts in Trumau am 1. Oktober 2015, auf: http://www.iti.ac.at/fileadmin/user_upload/Pope_Francis_Language_and_Mission.pdf (23.09.2015).

[88] ANDREAS R. BATIOGG, *„Das Leben wird nicht im Labor gemacht, sondern in der Wirklichkeit." Die Familien-Katechesen des Papstes – und Marco Politis Buch „Franziskus unter Wölfen"*, in: Stimmen der Zeit (2015), zit. nach der Online-Ausgabe: http://www.stimmen-der-zeit.de/zeitschrift/redaktion/zeitschrift/online_exklusiv/details_html?k_beitrag=4551830 (23.09.2015).

das Reich Gottes ist nahe. Bekehrt euch und glaubt an das Evangelium" (Mk 1,15).[89] Und er fährt fort: „Einer der Bischöfe wurde nachdenklich über diese Wort und sagte, er habe den Eindruck, dass wir die so zusammengefasste Botschaft Jesu seit Langem eigentlich halbiert hätten. Wir sprechen sehr viel und sehr gern von Evangelisierung, von der frohen Botschaft, um den Menschen das Christentum anziehend zu machen. Aber kaum jemand – so meinte der Bischof – wagt noch die prophetische Botschaft auszusprechen: Bekehrt euch! Kaum jemand wagt, diesen elementaren Ruf des Evangeliums in unsere Zeit hineinzusagen, mit dem der Herr uns dahin bringen will, dass ein jeder sich persönlich als Sünder, als Schuldiger erkennt und Buße tut, um ein anderer zu werden. Der Mitbruder fügte hinzu, unsere christliche Predigt von heute komme ihm vor wie das Tonband einer Symphonie, bei der die Anfangstakte mit dem ersten Grundthema weggeschnitten sind, sodass die ganze Symphonie amputiert und in ihrem Gange unverständlich geworden ist."[90]

Für Ratzinger/Papst Benedikt stellen Umkehr und Bekehrung gleichsam die verlängerten Arme der Ehepastoral dar, ihre eigentliche praktische Konsequenz. Das johanneische Wort zur Aufgabe des Heiligen Geistes, die Welt der Sünde zu über-

---

89  In der Tat befasste sich die darauffolgende Bischofssynode 1983 mit Buße und Versöhnung; Ratzinger zieht diesbezüglich statt Umkehr den Begriff der Bekehrung vor und begründet: „Mein Eindruck ist, dass die Christenheit heute weithin an einem Mangel an Bekehrungsbereitschaft leidet. Man will gern den Trost der Religion empfangen [...]. Aber man schreckt vor der Verbindlichkeit kirchlicher Lehre und kirchlichen Lebens zurück und behält sich die Auswahl dessen selber vor, was man für religiös nutzbringend und einsichtig hält" (JOSEPH RATZINGER, Umkehr, Buße und Erneuerung. Ein Gespräch zwischen Franz Greiner und Joseph Ratzinger, in: JOSEPH RATZINGER, Gesammelte Schriften Bd. 4: Einführung in das Christentum. Bekenntnis – Taufe – Nachfolge, hg. von Gerhard Ludwig Müller, Freiburg i. Br. 2014, 518–534, hier: 518). Bekehrung fasst er hier im Sinne der Vätertheologie als „,Bekenntnis' [...] in einem doppelten Sinn: Bekennen der Schuld als ,Tun der Wahrheit' und Bekenntnis zum Erlöser Jesus Christus. Daraus ergibt sich von selbst, dass der Bekehrungsakt Verbindlichkeit, d. h. Bindung und in diesem Sinn Beständigkeit verlangt [...]. Mit der Aufforderung zur Umkehr ist also nicht die verkrampfte Anspannung ständigen moralischen Höchstleistungswillens gemeint, sondern das Aushalten in der Sensibilität für die Wahrheit und das Sich-Halten an dem, der uns die Wahrheit nicht nur erträglich, sondern fruchtbar und heilend mach" (Ebd., 519f.).
90  JOSEPH RATZINGER, Im Anfang schuf Gott. Vier Predigten über Schöpfung und Fall. Konsequenzen des Schöpfungsglaubens, Einsiedeln/Freiburg i. Br. 1996, 64.

führen (vgl. Joh 16,8f.), das er hier auslegt, steht ganz in seiner ehepastoralen Linie: „Es geht nicht darum, den Menschen das Leben zu verleiden, sie mit Geboten und Verboten einzuengen. Es geht einfach darum, sie in die Wahrheit zu führen und so zu heilen. Der Mensch kann nur heil werden, wenn er wahr wird; wenn er aufhört, Wahrheit zu verdrängen und zu zertreten."[91]

Wenn die hier vorgetragene These stimmen sollte, dass die Thematiken der beiden Konzilsjubiläumsjahre den hermeneutischen Schlüssel zur Ehe- und Familienpastoral von Papst Benedikt und Papst Franziskus bilden, dann wäre das in der Bulle zum Jahr der Barmherzigkeit so gegenwärtige christliche Grundmotiv der Umkehr ebenso konstitutiv für die Familienpastoral des argentinischen Papstes. Das hieße dann aber auch, dass sich sein Aufruf zur Umkehr im Jahr der Barmherzigkeit nicht nur an Menschen in kriminellen Vereinigungen richtet, sondern auch den von der Sünde verwundeten Ehen und Familien gilt: „Dies ist die günstige Gelegenheit, um sein Leben zu ändern!" [...] „Das Wort der Vergebung möge alle erreichen und die Einladung, die Barmherzigkeit an sich wirken zu lassen, lasse niemanden unberührt. Mein Ruf zur Umkehr richtet sich mit noch größerem Nachdruck an alle Menschen, die aufgrund ihrer Lebensführung fern sind von Gott."[92] Und darin würde in der Tat eine wesentliche Kontinuität nicht nur zu seinem Vorgänger aufscheinen.

---

91 Ebd., 66.
92 FRANZISKUS, *Misericordiae vultus. Verkündigungsbulle zum Außerordentlichen Jubiläum der Barmherzigkeit*, in: Verlautbarungen des Apostolischen Stuhls (Nr. 200), hg. vom Sekretariat der deutschen Bischofskonferenz, Bonn 2015, Nr. 19.

# III.
# PHILOSOPHIE

# Einheit in Zerrissenheit

*Christoph Böhr*

## Wie Europa seine fortdauernde Gestalt in einer besonderen Denkform fand

Im Norden und im Westen sind sie klar erkennbar und vom Meer umspült, im Süden sind sie keinesfalls eindeutig und im Osten zumal zerfließen die Grenzen, die, wie immer man sie dort zieht, willkürlich erscheinen: Europa, ein konstruierter Kontinent also, ein Ergebnis unserer Einbildungskraft, möglicherweise gar eine Dame ohne Unterleib, die in der Luft zu schweben scheint?

Woran liegt es, dass wir offenbar nicht wissen, was sich der Sache nach hinter dem Begriff von Europa verbirgt? Misslich ist dieser Zustand allemal, denn seit geraumer Zeit verunglückt die Debatte über Europa regelmäßig, sehr zum Schaden der politischen Figur, die wir heute mit dem Namen Europa verbinden. Zu unterschiedlich sind die Vorstellungen, die der Begriff hervorruft – mit der Folge, dass die politische Kommunikation über Europa inzwischen völlig entgleist ist und weit mehr einen fruchtlosen Streit als den erhofften Frieden stiftet. Denn in der Auseinandersetzung über Europa – gerade dann, wenn wir seine geschichtliche Bedeutung oder seinen künftigen Rang beschwörend erinnern, aber offenlassen, auf welches Verständnis wir uns dabei beziehen – nehmen wir nicht zur Kenntnis, dass ganz unterschiedliche Begriffsverständnisse mit ebenso unterschiedlichen Bedeutungsgehalten die maßgeblichen Gründe sind, die heute so große Verwirrung stiften: Die Begriffe mit ihrem jeweils geographischen, politischen, kulturellen, philosophischen, ökonomischen, geopolitischen oder institutionellen Sinn haben zwar oft gemeinsame Schnittmengen, weisen jedoch allesamt in eine jeweils andere Richtung und zeitigen unvermeidlich gegenläufige Handlungsfolgen. Das politische Europa ist mitnichten deckungsgleich mit dem kulturellen Begriff von Europa, das geopolitische Europa verweist auf andere Inhalte als der ökonomische Begriff. So versammelt sich in diesem Wort, mit dem eine kleine Halbinsel im äußersten Westen des asiatischen Kontinents beschrieben wird, alles und jedes: mit der Folge, dass ohne die Arbeit am Begriff sinnvoll gar nicht über die Sache gesprochen werden kann – gerade dies aber tagtäglich geschieht, zum Verdruss aller und zum Schaden der Sache, die aufgrund dieser Scheu vor gedanklicher Anstrengung unter die Räder zu kommen droht.

Das zu sagen, ist nicht übertrieben. Die Form, die das politische Europa – als Europäische Union – in den letzten Jahrzehnten gefunden hat, droht von außen zerrieben und von innen heraus ausgehöhlt zu werden: durch ein Selbstverständnis der Institutionen, allen voran von Parlament und Kommission, das sich selbst nicht mehr auf den Prüfstand stellen will und an den Empfindungen der Bürger kein Maß mehr nimmt, durch einen geradezu unersättlichen, fast krankhaften Hunger nach immer mehr Zuständigkeiten, die manch einem die Zornesröte ins Gesicht treibt, und nicht zuletzt durch eine gleichermaßen bürokratische wie zentralistische Struktur, die offenbar sehr vielen Bürgern gegen den Strich geht, weil sie eine überbordende Regelungswut zum Ausdruck bringt. Wer das so sagt, dem wird meist entgegengehalten, Vorurteilen auf den Leim gegangen zu sein. Aber dieser Konter verschlimmert nur die Lage, weil er auf den Abbruch der Kommunikation und die Verunglimpfung des Arguments zielt, statt sich beidem – dem Kritiker und dessen Position – zu öffnen.

In ihrem Kern betrifft die Kritik an Europa mithin das politische Konstrukt in Gestalt der Europäischen Union, ist folglich eine politische Kritik, und die läuft darauf hinaus, im Begriff den Namen für eine – zumindest heute – seelenlose Konstruktion zu sehen, die sich in selbstbezüglicher Verwaltung der eigenen Machtansprüche erschöpft. Die Kritik mag berechtigt oder weniger berechtigt sein: Tatsache ist, dass Europa als politisches Konstrukt zunehmend an Anziehungskraft verloren hat. Der Mangel an Legitimität wird mit einem Zuwachs an Kompetenz verrechnet. Das wäre vielleicht zu bedauern, müsste aber kein Anlass zu übertriebener Wehklage sein – wenn denn nicht mit der Kritik am politischen Terminus gleich auch der philosophisch-kulturelle unter die Räder käme. Um ihn, den philosophisch-kulturellen Begriff von Europa, soll es im Folgenden gehen.

## 1. Zur Geburts- und Kindheitsgeschichte

Nicht anders denn als vermessen wird man den hier unternommenen Versuch, die Geschichte der Geburt Europas in wenigen Zeilen zusammenzufassen, bezeichnen müssen. Aber das Wagnis muss gleichwohl unternommen werden, denn wer Europa verstehen lernen will, muss zunächst auf seine Geburt blicken.

Geschaffen wurde Europa am Anfang außerhalb seiner Grenzen. Das deutet nicht nur der Mythos an, nach dem Zeus in der Gestalt des Stieres die schöne Tochter des phönizischen Königs mit Namen Europa entführte und in einen fremden Erdteil brachte, nämlich dorthin, wo seitdem die Europäer wohnen. Aber den Mythos muss man gar nicht bemühen, um sich klar zu machen, dass die Wurzeln Europas offenbar jenseits seiner Grenzen, wie wir sie heute vor allem im Süden zu ziehen geneigt sind, liegen. Noch immer antwortet ein Athener, der im Begriff steht, nach Paris, Bonn oder Kopenhagen zu reisen, wenn man ihn nach dem Ziel seiner Reise befragt, dass er ‚nach Europa' gehe. Das Beispiel zeigt: So einfach, wie wir uns manchmal Europa vorstellen, scheint es nicht zu sein. Und tatsächlich hat sich jener Begriff von Europa bis heute gehalten, wie ihn schon die frühesten griechischen Quellen belegen: Europa ist – von Griechenland aus gesehen – nordwestlich gelegen, vereinfachend gesagt: das Abendland, jene Gegend also, die zum Sonnenuntergang hin zu suchen ist und sich durch ihr rauhes Wetter auszeichnet.

Gleichwohl steht in Griechenland, auch wenn von dort aus nach Europa als einer weit entfernt gelegenen Region verwiesen wird, dessen Wiege. Es ist die griechische Kultur, mit der in Europa alles begann, weil diese Kultur zum Maß wurde, an dem Europa sich bildete. Die Römer nahmen in dieser Hinsicht Wohnung im Haus der Griechen, deren Kultur sie mehr oder weniger übernahmen. Die Lateiner fühlten sich den Griechen kulturell unterlegen; ganz zu Recht spricht Rémi Brague in diesem Zusammenhang von

Christoph Böhr 121

der römischen Sekundarität.¹ So blieb die äußere Fassade der Kultur der Griechen über Jahrhunderte nahezu unverändert erhalten, und es entstand ein Amalgam: Griechentum und Römertum verschmolzen miteinander.

In der Gründungsurkunde der Lateiner, der *Aeneis*, schildert Publius Vergilius Maro, den Theodor Haecker² den *Vater des Abendlandes* nennt, die Flucht des Aeneas, eines Troers. Anlässlich seiner Flucht aus dem von den Achäern gebrandschatzten Troja nahm er neben seiner Familie, soweit sie überlebt hatte, selbstverständlich Anchises, seinen alten Vater, auf den Schultern, und in dessen Händen das göttliche Herdfeuer seiner Familie – also die Hausgötter, die um der pietas³ willen unter allen Umständen zu retten waren – mit auf die weite Reise⁴, die ihn über viele Umwege schließlich nach Latium führte.

In dieser recht spät entstandenen Gründungsurkunde der Lateiner – die *Aeneis* wurde zwischen 29 und 19 v. Chr. geschrieben, das Imperium Romanum stand schon im Zenit, Gaius Octavius Augustus regierte seit dem Jahr 31 vor Chr. – wird deren Selbstverständnis – und kulturelle Selbstbescheidung – sehr schön von Anchises ausgedrückt: „Andere mögen das Erz lebendiger formen und zarter", so heißt es dort, „Sei es! beseelter dem Stein des Urbilds Züge entlocken, / Wirkungsvoller das Recht im Worte verfechten, der Himmel / Bahn abzirkelnd, genauer kennen den Anfang der Sterne: / Dir, oh Römer, geziemt's, der Welt mit Macht zu gebieten! / Künste, wie Dir sie geschenkt, sind: Ordnung setzen und Frieden, / Schonen, was sich dir beugt, und zu Boden den Trotzigen zwingen."⁵

So verstanden sich die Römer: unter dem Schutz der Götter, die Aeneas auf seiner Flucht begleiteten, den Vorrang der Griechen in Kunst und Wissenschaft allseits und unstreitig anerkennend, während sie selbst in der Fähigkeit, Ordnung zu stiften, ihr kultu-

---

1    Rémi Brague, *Europa – seine Kultur, seine Barbarei. Exzentrische Identität und römische Sekundarität*, hg. von Christoph Böhr, Wiesbaden 2012.
2    Theodor Haecker, *Vergil, Vater des Abendlandes* (1931), München 1947.
3    Der Begriff der ‚pietas', der für Vergil so maßgeblich ist, und sein Gegenbegriff, die ‚superbia', prägen – vier Jahrhunderte nach Vergil – noch das Denken von Aurelius Augustinus, der denen, die nicht glauben, die innere Einstellung des Hochmuts – der Gegenbegriff zur Frömmigkeit – zuschreibt.
4    Publius Vergilius Maro, *Aeneis*, II, 717.
5    Ebd., VI, 847–853.

relles Proprium erblickten und daraus ihre kulturelle Mission ableiteten. Der Prozess dieser Integration von griechischem Geist und römischer Tatkraft, von intellektueller Begabung der Griechen und politischem Geschick der Römer, dauerte Jahrhunderte und ist das Fundament der Europäer und ihrer Kultur bis heute, das Maß ihres geistigen Schliffs und ihrer machtbewussten Sendung – auch nachdem schon sehr früh die Geschichte der Spaltungen dieses ehemals einheitlichen kulturellen Gebildes, auf dem Europa ruht, begann.

So sehr man dieses antike hellenistische Fundament Europas selbst als eine gelungene Synthese bezeichnen kann, so wenig darf man über manchen spannungsgeladenen Widerstreit im Inneren dieser Synthese hinwegschauen. Wenn Vergil die Politik als eine besondere Begabung der Lateiner, nämlich die Fähigkeit zur erfolgreichen Organisation der Macht und deren Bändigung durch eine Ordnung, hervorhebt, dann war das Verständnis von Politik bei den Griechen ein so ganz anderes: Ihnen ging es weniger um die Organisation der Macht und die Mittel zu ihrer Absicherung als vielmehr um das Telos des menschlichen Lebens zu dessen Erfüllung, die nur in der Polis als der Voraussetzung geglückter Lebensgestaltung für möglich gehalten wurde. Dieser Widerstreit – hier die Frage nach der Bestimmung von Zwecken und Zielen des gelingenden Lebens, dort die Frage nach der Wahl der Mittel und Wege zum selbstbewussten Machterwerb – wurde besonders bedeutsam, als das Imperium und seine Religion sich durch das Christentum herausgefordert sahen; denn dem neuen Glauben kam alles auf den inneren Menschen an; er zielte auf Überzeugungen und hielt nichts von angewohnten Äußerlichkeiten, in denen sich die Politische Theologie der Römer weitgehend erschöpfte. Ihm stand das teleologische Denken der Griechen näher als das politische der Römer.

Nachdem das Christentum die Bühne betreten hatte, entstand schon bald jene Symbiose, von der später noch zu reden sein wird: Griechentum, Römertum und Christentum verschmolzen kulturell zu einer neuen Einheit. Die Hellenisierung des Christentums ging Hand in Hand mit der Christianisierung des Hellenismus. Ohne das Christentum, das die alte Kultur aufnahm, wäre diese untergegangen. So konnte die, inzwischen um den neuen Glauben angereicherte, Symbiose zwischen Griechentum und Römertum gerettet

Christoph Böhr 123

werden, als sie nach dem Zerfall des Reiches politisch heimatlos geworden war. Dass nur das Imperium, nicht aber die Kultur zerbrach, hat diesen einen Grund: Das Christentum verbreitete sich mithilfe dieser Kultur, die es zu seiner inneren Profilierung nutzte und für seine äußere Expansion brauchte. Es wurde zum Gefäß, in dem die alte Romanitas durch die Wirren der Zeit weitergetragen und an den allmählich entstehenden neuen Herrschaftsraum vermittelt wurde. Der Fluchtpunkt für die Zusammenführung der Völker im neu entstehenden Europa war damit gefunden[6]: in der Übertragung der Romanitas auf fremde Stämme.

Nun dauerte es nicht lange und es begann, kaum war die neue Symbiose zwischen Hellenismus und Christentum auf den Weg gebracht, eine andere Geschichte – eine Geschichte der Spaltungen und Zerwürfnisse. Die erste Spaltung des Imperium Romanum vollzog sich – rund 1000 Jahre nach Gründung der römischen Republik – im Jahr 395 mit der Teilung in ein weströmisches und ein oströmisches Reich. Seitdem sprechen wir von einem Ersten und einem Zweiten Rom. Es folgte dann eine doppelte translatio imperii: von den Lateinern nach Aachen – unter Karl dem Großen[7] – und, Jahrhunderte später, von den Rhomäern, den Römern im Osten – die zugleich Griechen waren und sich seit dem morgenländischen Schisma 1054 auch nicht mehr dem Jurisdiktionsprimat des Ersten Rom unterstellt sahen – auf den Sultan Mehmed II., der 1453 nach der Eroberung von Byzanz voller Stolz den Titel des ‚Kaisers der Römer' von dem besiegten Konstantin XI. übernahm, sowie auf Moskau, das nach dem Fall von Byzanz entsprechend dem Konzept des Mönches Filofej, der von ungefähr 1465 bis 1542 lebte, den Titel

---

6   Vgl. dazu GERHARD B. WINKLER, *Europas Werden im Spannungsfeld von Orient und Okzident*, in: FRANZ BREID, *Europa und das Christentum. Referate der Internationalen Theologischen Sommerakademie 2008 des Linzer Priesterkreises*, Stein am Rhein 2008, 9–25, hier: 23, im Blick auf die einheitsstiftende Kraft des Christentums und in Anspielung auf den antiken Mythos: „Nach unserer wohl begründbaren Auffassung entstand Europa dort, wo es durch die Taufe und das Glaubensbekenntnis von Nikaia gelungen war, die heimatlosen Scharen aus Nord und Ost wie den ‚göttlichen' Stier zu zähmen."
7   Karl der Große wird schon an der Schwelle vom 8. zum 9. Jahrhundert im Epos *Karolus Magnus et Leo papa* als „Rex, pater Europe" – der König, der Vater Europas – bezeichnet; vgl. *Karolus Magnus et Leo papa. Ein Paderborner Epos vom Jahre 799*, hg. von Joseph Brockmann, Paderborn 1966, Z. 504.

und den Anspruch des Dritten Rom[8] für sich geltend machte – und an dieser Erbfolge bis heute festhält.

Es war jener Augenblick, als die verhältnismäßig junge arabisch-islamische Kultur sich weiterer Teile der alten Romanitas bemächtigte, zunächst, um sie sich zu unterwerfen, sodann aber auch, um sie zu zerstören. So wie der Islam nicht zuletzt dem Impuls entsprang, einen religiösen Synkretismus der damaligen Zeit zu reinigen, so blieb der Argwohn gegenüber fremden – verfremdenden, erneut zum Synkretismus führenden – Einflüssen, die möglicherweise auf eine Synthese des Fremden mit dem Eigenen zielten, bestehen. Während Europa bis heute allermeist – und nicht selten um den Preis eigener Selbstgewissheit – auf der Suche nach Synthesen blieb, scheute der Islam – nicht selten um den Preis der eigenen Abschottung – allermeist vor solchen Synthesen zurück.

## 2. Einheit im Ursprung – Zerrissenheit im Überliefern

Die Spaltungen Europas nun, von denen hier die Rede ist, darf man sich freilich nicht – um es im Bild zu sagen – wie Zellteilungen vorstellen. Zwar verfügten Rom und Byzanz am Anfang über das gleiche ‚genetische Material'. Aber der Same der zwischenzeitlich vom Christentum überformten Romanitas fiel schon mit der Gründung Konstantinopels in fremde Erde – die Erde anderer Kulturen, die zwar nicht unbedingt außerhalb der alten Romanitas, aber doch an deren äußersten Grenzen lagen. Und wie der Kenner beim Wein nicht nur die Rebsorte schmeckt, sondern auch das Erdreich, in dem die Rebe gewachsen ist, so ist es mit den Früchten der Romanitas, die in der Erde des Ersten, des Zweiten – und gar des Dritten – Rom gewachsen sind. Denn es macht einen großen Unterschied, ob die Romanitas in der Erde Germaniens oder in der Erde der Rus Wurzeln schlägt. Fremde kulturelle Einflüsse verändern den Geschmack – obwohl es sich immer noch um die gleiche Reb-

---

8   Vgl. KONSTANTIN KOSTJUK, *Der Begriff des Politischen in der russisch-orthodoxen Tradition. Zum Verhältnis von Kirche, Staat und Gesellschaft in Rußland*, Paderborn 2005, 60: „Durch diesen Anspruch erklärte sich Russland nicht nur der ostchristlichen, sondern auch der abendländischen Kultur zugehörig." Dieser Hinweis ist entscheidend, weil jetzt mit dem ‚Abendland' eine kulturelle Idee und keine geographische Situierung mehr verbunden wird.

sorte handelt, die hier wie dort, wenn auch in einem jeweils ganz verschiedenen Klima, gedeiht. Und deshalb muss man sich, weil die Unterschiede oft augenfälliger sind als die Gemeinsamkeiten, immer vor Augen führen, dass die drei Kulturkreise Triebe ein und desselben Wurzelstocks sind, also in der Frühe der Entwicklung – und bis heute – nahe beieinander standen und einen gemeinsamen Ursprung haben.

So zerfiel durch Zerwürfnisse und Spaltungen die ursprüngliche Einheit der Romanitas, die eine durchaus gelungene Synthese von Griechentum, Römertum und Christentum war, in drei verschiedene Kulturkreise, die bis heute die innere Zerrissenheit der gemeinsamen Kultur Europas prägen: den der Lateiner und ihrer Nachkommen, den der Byzantiner und ihrer Nachkommen und schließlich den der Rus und ihrer Nachkommen. In diesen drei – eng miteinander verwandten und doch sehr verschiedenen, mitunter einander entfremdeten – Kulturkreisen lebt Europa als Einheit in seinen Zersplitterungen bis heute.

Diese drei Kulturkreise, die zusammen doch wiederum einen gemeinsamen bilden, jene Kultur nämlich, die wir Europa nennen, sind Abkömmlinge derselben Großeltern – jener mehrfach schon genannten griechisch-lateinischen Synthese, die in der Romanitas ihre Form und im Christentum ihren Glauben gefunden hatte. Da nun das Christentum wiederum dem Stamm des Judentums aufgepfropft war[9], fand die Romanitas zu ihrer ausgereiften Gestalt in einer Verschmelzung von Griechentum und Römertum einerseits sowie Christentum und Judentum andererseits. In dieser Gestalt wurde sie übertragen, sodass sie als kulturelle Figur den Untergang der politischen Figur des Imperium Romanum überlebte.

Wie schon am Beispiel der unterschiedlichen Verständnisweisen des Begriffs der Politik an früherer Stelle angedeutet, war die Romanitas eine durchaus gelungene Synthese zunächst von Griechen- und Römertum[10], aber dennoch gleichwohl nicht frei von inneren Spannungen. Wo die Griechen auf Teleologie bedacht wa-

---

9   Vgl. Röm 11,24.
10  Diese Verbindung von ursprünglichem Griechentum und dem dazu in einem abgeleiteten Verhältnis stehenden Römertum prägte das Denken der Europäer wie kein anderer vergleichbarer Einfluss, beispielsweise auch in der Literatur; vgl. dazu eindrucksvoll MICHAEL VON ALBRECHT, Rom: Spiegel Europas. Texte und Themen, Heidelberg 1988.

ren, dachten die Römer an Organisation. Eine diese Widersprüche auflösende Synthese schuf erst das Christentum, um den Preis allerdings, dass es in die Mitte seiner Botschaft ein Paradoxon stellte, an dem sich seine ganze Gestalt aufrichtete: die Inkarnation Gottes, seine Fleischwerdung. Das war zunächst einmal, wie Paulus zutreffend berichtet, den Griechen eine intellektuelle Torheit und den Juden ein häretisches Ärgernis.[11] Die Römer erwähnt Paulus in diesem Zusammenhang nicht. Über die Gründe dafür kann man nur mutmaßen. Paulus war Römer – hinsichtlich seiner Staatsbürgerschaft, Jude – hinsichtlich seiner Abstammung und seines Glaubens, und Grieche – hinsichtlich seiner Bildung. Vielleicht sah er schon voraus, dass am Anfang der Mission den Römern die Botschaft des Christentums eher nahezubringen sein würde[12] als den Griechen und den Juden. Denn der staatsreligiöse Kult der Römer war an Äußerlichkeiten gebunden und hatte nicht viel mit inneren Überzeugungen zu tun: Die Hausgötter wollten gut behandelt werden, und die Seelen der Ahnen forderten bestimmte Achtung. Sehr viel mehr verlangte die Staatsreligion, deren Polytheismus immer mehr zum Synkretismus neigte, nicht. Auch als Augustus zunächst Gaius Julius Caesar, der ihn adoptiert hatte, zum Divus Julius erhob, um sich dann selbst mit den Titel des Divi filius zu schmücken, erstarkte die Religion der Römer nicht – im Gegenteil. Denn auch der Kult um die Vergöttlichung der Kaiser hatte nur bestimmte, durchaus strenge rituelle Pflichten zur Folge, er verlangte keine innere Glaubensüberzeugung.

Das Christentum hingegen war aus einem ganz anderen Holz geschnitzt. Es forderte die innere Überzeugung, den Glauben: Wer an Gott – den einzigen und wahren – glaubte, der konnte – auch nicht nur zum Schein, um der Äußerlichkeit trotz innerlicher Ablehnung Genüge zu tun – der römischen Staatsreligion keinen Ge-

---

11 Vgl. 1 Kor 1,23; für AURELIUS AUGUSTINUS, *Confessiones*, 7, 9, war später freilich gerade dieses geschichtliche Ereignis – die Konjunktion von Irdischem und Göttlichem im Menschen – entscheidend dafür, dem Christentum im Vergleich zu dem von aller Geschichtlichkeit absehenden Platonismus den Vorrang zu geben; vgl. in diesem Sinne auch DERS., *Tractatus in Ioannis Evangelium*, 3, 15.
12 THEODOR HAECKER, *Vergil, Vater des Abendlandes* (1931), München 1947, 93 u. ö., bes. auch 117, spricht in diesem Zusammenhang von der Eschatologie des adventistischen Heidentums im Zeitalter Vergils und bei diesem selbst.

horsam leisten. Viele Christen waren eher bereit, in den Tod zu gehen, als am paganen Ritual teilzunehmen.[13] Das machte die Römer fassungslos – wohl auch deshalb, weil sie die innere Schwäche ihrer in Kult und Ritus sich erschöpfenden Staatsreligion erkannten, und es machte sie deshalb anfällig für einen Glauben, der auf das Unbedingte, den einen und einzigen Gott, zielte. Dies nun wiederum weckte – in den auf Paulus folgenden Generationen der ersten Christen – die Neugier der ganzen antiken Welt, schließlich auch der Griechen. Schon Paulus lässt sich vermutlich kaum verstehen, wenn man nicht seine hellenistische Bildung in Anschlag bringt.

Zum Ende des 2. Jahrhunderts dann, beginnend vor allem mit Origenes, der 185 in Alexandria geboren wurde und bis um das Jahr 254 lebte, setzte eine Synthetisierung der christlichen Religion mit der griechischen Philosophie ein.[14] Sie betraf die zeitgenössischen Strömungen, zum Beispiel die der Stoa, trat in eine Auseinandersetzung mit Bewegungen der Gnosis ein, zielte auf Aristoteles und – ganz besonders – auf Platon, genauer gesagt: den Neoplatonismus, der damals schon eine in sich sehr vielfältige und einflussreiche Strömung geworden war.

Nach Jerusalem und Rom wurde nun Athen zur dritten Säule jener Kuppel, als die sich die christliche Theologie jetzt zunehmend selbst verstand: eine Synthese zwischen der alten paganen Philosophie und der neuen christlichen Religion. Die Spuren dieser Verschmelzung lassen sich begrifflich bis in die Liturgie verfolgen.[15] Helmut Kuhn hat somit zweifellos recht, wenn er zusammenfas-

---

13  Vgl. LUDWIG BIELER, ΘΕΙΟΣ ΑΝΗΡ. *Das Bild des ‚Göttlichen Menschen' in Spätantike und Frühchristentum*, Darmstadt 1967, 150: „Während „sonst das jüdische wie das klassische Altertum zwischen dem göttlichen Menschen und der auf Erden wandelnden Gottheit streng scheidet, ist Christus eben beides: θεῖος ανήρ in den Augen seiner hellenistischen Zeitgenossen, θεὸς επιφανής im Glauben seiner Bekenner."
14  Hervorzuheben sind hier die zahlreichen, außerordentlich kenntnisreichen und klugen Forschungsarbeiten von Michael Fiedrowicz über das Christentum in den ersten Jahrhunderten.
15  Beispielhaft sei an dieser Stelle das Gabengebet der Zweiten Messe zu Weihnachten, wie es das *Römische Messbuch* vorsieht, erwähnt; hier wird das Geheimnis der Inkarnation in die philosophischen Termini von Substanz und Form gefasst: „ut, tua gratia largiente, per haec sacrosancta commercia, in illius inveniamur forma, in quo tecum est nostra substantia": Die Form – die Gestalt –, in der unsere Substanz – unser Wesen – mit Dir verbunden ist: Das ist jener zwischen Gott und Mensch vollzogene hochheilige ‚Handel', als der die Inkarnation verstanden wird.

send feststellt, dass „der Begriff der Philosophie, wie ihn Platon zuerst gedacht [...] hat, [...] dann, in natürlicher Vereinigung mit dem christlichen Glauben, zur Grundlage einer großen denkerischen Tradition geworden ist"[16]: der europäischen nämlich. Nahezu ein halbes Jahrhundert nach Kuhns Feststellung widmete Benedikt XVI. diesem großen – und so entscheidenden – Zusammenhang der Vereinigung von „biblischem Glauben und griechischem Fragen" seine Regensburger Vorlesung.[17]

Benedikt selbst weist darauf hin, dass schon im späten Mittelalter Entwicklungen einsetzen, die darauf zielen, „diese Synthese von Griechischem und Christlichem auf[zu]sprengen."[18] Es setzen – im philosophischen wie im theologischen Denken – Wellen der Enthellenisierung ein, die in der Moderne ihren vorläufigen Höhepunkt erreichen. Und die für Europas Zukunft entscheidende Frage ist demnach, ob der weltgeschichtliche Vorgang der Synthetisierung von Christentum und Hellenismus „uns auch heute in die Pflicht nimmt"[19] – oder ob wir den Verlust dieser Denkform hinzunehmen bereit sind. Dabei muss uns dann allerdings bewusst sein, dass die Auflösung der europäischen Denkform – der Verzicht auf ihre philosophische und religiöse Insemination – die Zerstörung der historischen und politischen Figur dieser Kultur zwingend zur Folge hat.

---

16 HELMUT KUHN, *Das Sein und das Gute*, München 1962, 11; es kann nicht verwundern, dass Porphyrios, der im 3. Jahrhundert lebte, und von dem AURELIUS AUGUSTINUS, *De civitate Dei*, 19, 22, am Beginn des 5. Jahrhunderts behauptet, er sei der „Gelehrteste unter allen Philosophen", mit seiner scharfsinnigen Kritik am Christentum darauf abzielte, eben diese Verbindung zwischen dem Hellenismus und dem Christentum zu lösen; vgl. dazu ROBERT L. WILKEN, *Die frühen Christen. Wie die Römer sie sahen*, Graz/Wien/Köln 1986, 162f., der diesen Angriff ganz zu Recht als eine mit Bedacht gewählte „Strategie" versteht.

17 JOSEPH RATZINGER/BENEDIKT XVI., *Glaube, Vernunft und Universität. Erinnerungen und Reflexionen – Vorlesung des Heiligen Vaters*, in: Verlautbarungen des Apostolischen Stuhls (Nr. 174), hg. vom Sekretariat der Deutschen Bischofskonferenz, Bonn 2006, 72–84. hier: 76; vgl. auch ebd., 78: „Diese Begegnung, zu der dann noch das Erbe Roms hinzutritt, hat Europa geschaffen und bleibt die Grundlage dessen, was man mit Recht Europa nennen kann."

18 Ebd., 20; vgl. dazu JÜRGEN WERBICK, *Griechischer Geist und biblischer Glaube: Antike, Christentum und Europa*, in: ERWIN DIRSCHERL, CHRISTOPH DOHMEN (Hg.), *Glaube und Vernunft. Spannungsreiche Grundlage europäischer Geistesgeschichte*, Freiburg i. Br. 2008, 86ff.

19 JOSEPH RATZINGER/BENEDIKT XVI., *Glaube, Vernunft und Universität. Erinnerungen und Reflexionen – Vorlesung des Heiligen Vaters*, in: Verlautbarungen des Apostolischen Stuhls (Nr. 174), hg. vom Sekretariat der Deutschen Bischofskonferenz, Bonn 2006, 72–84. hier: 78.

Auf eine bis heute besonders nachwirkende und bedeutsame Folge des in die Geschichte eingetretenen Christentums, das sich auch hier auf den Platonismus berufen konnte, soll schließlich noch aufmerksam gemacht werden: Die Revolution, die durch das Christentum ausgelöst wurde, war nicht nur eine philosophische und theologische, sondern auch eine politische, genauer gesagt: eine Revolution der Politischen Theologie. Denn das Christentum denkt Gott und Welt überhaupt nicht mehr dort zusammen, wo – mit wenigen Ausnahmen – die ganze Antike den Zusammenklang vermutete und suchte: im Recht, in den Gesetzen und in der Ordnung der Gesellschaft. Stattdessen verbindet es Gott und Welt im Menschen, zunächst im Gottmenschen Jesus Christus und dann im Weiteren in ausnahmslos jedem Menschen. Weil diese conversio für die Politische Theologie der Antike so grundstürzend war, wird darauf später – nach einem jetzt zunächst anstehenden Zeitsprung ins 18. Jahrhundert – noch einmal zurückzukommen sein.

## 3. Auf dem Weg nach innen: Suche nach Selbstgewissheit

Am 3. Juni 1769 brach Johann Gottfried Herder in Riga, einer der schon damals bedeutendsten Städte im alten Europa, zu einer Schiffsreise auf. Sie führte ihn zunächst in den entlegenen europäischen Westen, nach Frankreich. Herder wollte Europa erkunden, doch unter der Hand wurde dieses Vorhaben dem Reisenden, wie wir aus seinem Tagebuch *Journal meiner Reise im Jahr 1769* wissen, zu einem ganz anderen Erlebnis.[20] Die Reise durch Europa führte ihn zur Entdeckung seiner selbst. Herder lernte Europa kennen, indem er dessen geistige Strömungen erkundete, die er bis an ihre Quellen zurückverfolgte. Er durchwanderte geistige Landschaften – und begegnete dabei seiner eigenen Seele. Die Erkundung Europas gestaltete sich als eine Reise zum eigenen Ich. Was zunächst als Exploration gedacht war, geriet schon bald zur Introspektion. Herder suchte den europäischen Geist und fand auf diese Weise zu sich selbst. Die kulturelle Selbstverständigung ging Hand in Hand mit der individuellen Selbstvergewisserung.

---

20  JOHANN GOTTFRIED HERDER, *Journal meiner Reise im Jahr 1769*, Erlangen 1846. Neudruck Weimar 1978.

Müssen wir uns nicht auf eine ähnliche Reise begeben? Ist nicht genau das unsere Aufgabe heute? Europa kennenzulernen – indem wir uns auf den Weg machen, seine Seele – unsere europäische Seele – zu suchen? Hat Europa überhaupt eine Seele? Und wenn ja, wo ist sie zu finden, wie lässt sie sich beschreiben? Schließlich: Kann eine solche Beschreibung gelingen, ohne zugleich die eigene Seele zu erkunden?

Letzteres erscheint mehr als fraglich, denn Europa entfaltete sich als eine Denkform, die in der Entdeckung der menschlichen Seele ihren eigentlichen Bezugspunkt findet und deren Erkundung – in der Form der Erforschung des ‚inneren' Menschen – seit frühester Zeit in den Mittelpunkt seiner philosophischen Reflexion wie seiner spirituellen Orientierung rückte. Hier findet sich nämlich auch der Grund für die wechselseitige Zuordnung von Philosophie und Existenz, von Denken und Leben, die für die Kultur Europas lange prägend blieb, heute aber in Vergessenheit zu geraten droht.

Die Gründungsurkunde dieser Selbstwahrnehmung, die auf das Innere als den Maßstab alles Äußeren zielt, findet sich bei Platon und dem sokratisch-platonischen Gedanken der Sorge um die Seele – beispielhaft zum Ausdruck gebracht in der platonischen *Apologie* des Sokrates[21]; dieser Gedanke wurde in seiner christlichen Weiterführung für die Bildung der Identität Europas zu einem Eckstein[22], der das gesamte, über die Jahrtausende entfaltete Denken nicht nur des Abendlandes, sondern mindestens ebenso sehr auch des Morgenlandes – mithin des ganzen Europas in seinen okzidentalen wie in seinen orientalen Ausfaltungen – trägt.

Es geht um das, was wir im Unterschied zu seiner Äußerlichkeit die Innerlichkeit[23] des Menschen nennen, und das heißt: Es geht um seine innere seelische Verfasstheit als dem Ursprung und Prägestock seiner äußeren geschichtlichen Gestalt[24] – sowie als je-

---

21   PLATON, *Apologie des Sokrates*, 30 a-b; zu Platons Kritik am Materialismus in der Anthropologie vgl. MICHAEL BORDT, *Platons Theologie*, Freiburg/München 2006, bes. 191ff.

22   Das hat zuletzt MARTIN CAJTHAML, *Europe and the Care of the Soul. Jan Patočka's Conception of the Spiritual Foundations of Europe*, Nordhausen 2014, eindrucksvoll herausgearbeitet.

23   Vgl. THEO KOBUSCH, *Christliche Philosophie. Die Entdeckung der Subjektivität*, Darmstadt 2006, 19, über die Irreduzibilität des Inneren.

24   Die Unterscheidung zwischen dem ‚inneren' und dem ‚äußeren' Menschen wurde durch das Christentum zur Entfaltung gebracht; er geht unter anderem zurück auf

nen Raum, in dem sich einem Menschen die Wahrheit zeigt[25], kurz und zusammenfassend gesagt: Es geht den Europäern um die Entdeckung und Erkundung dieser Innerlichkeit, der menschlichen Seele, weil sich nur in ihr finden lässt, was den Menschen – den inneren Menschen als die Substanz des äußeren Menschen – ausmacht. Der Mensch, so lautet die Erfindung des Christentums, findet sich in seiner Subjektivität, im Inneren seines Selbst. Das ist eine im Vergleich zur paganen Kultur gänzlich andere – von Brague ganz zutreffend als die durch eine phänomenologische Revolution des Christentums[26] ausgelöste – Selbstwahrnehmung des Menschen. Will man zu ihr einen Zugang finden, so muss man zu einer Erkundungsreise aufbrechen, die in die Innerlichkeit führt[27]; denn nur auf dem Weg nach innen findet sich das wahre Selbst. So spannt sich in der europäischen Philosophie ein weiter Bogen zunehmender Entfaltung dieser Idee vom Menschen – von der Verteidigungsrede des Sokrates bis hin zum letzten Satz der letzten Tagebucheintragung

---

2 Kor 4,16, und die dort getroffene Unterscheidung zwischen „ὁ ἔξω ἄνθρωπος" und „ὁ ἔσω ἄνθρωπος"; vgl. dazu die kenntnisreiche Arbeit von THEO HECKEL, *Der Innere Mensch. Die paulinische Verarbeitung eines platonischen Motivs*, Tübingen 1993. Dass Philosophie als Arbeit am Selbst des Subjekts zu verstehen ist, wusste schon die pagane antike Philosophie; aber erst unter dem Eindruck des Christentums entstand aus der Vertiefung dieses Selbstverständnisses jene Metaphysik des inneren Menschen, die auf eine Befreiung des wahren Selbst durch das Selbst zielt; dazu THEO KOBUSCH, *Praktische Metaphysik. Der philosophische Ansatz im Platonismus und in der christlichen Mystik*, in: WOLFGANG BUCHMÜLLER (Hg.), *Christliche Mystik im Spannungsfeld der antiken und mittelalterlichen Philosophie. Internationale Fachtagung an der Phil.-Theol. Hochschule Benedikt XVI. Heiligenkreuz am 22. und 23. März 2013*, Heiligenkreuz 2015, 29–49, bes. 34ff.

25 Vgl. SØREN KIERKEGAARD, *Abschließende unwissenschaftliche Nachschrift zu den Philosophischen Brocken. Mimisch-pathetisch-dialektische Sammelschrift. Existentielle Einsprache von Johannes Climacus*, hg. von Søren Kierkegaard [1846], Düsseldorf/Köln 1957, 240f.

26 RÉMI BRAGUE, *Europa, das Christentum und die Moderne*, in: CHRISTOPH BÖHR, CHRISTIAN SCHMITZ (Hg.), *Europa und die Anthropologie seiner Politik. Der Mensch als Weg der Geschichte – Zur Philosophie Karol Wojtyłas*, Berlin 2016, 19–28, hier: 22: diese phänomenologische Revolution bestand darin, „das bisher Unsichtbare sichtbar werden zu lassen".

27 Über diesen Weg nach innen hat der – 1961 als Generalsekretär der Vereinten Nationen vermutlich ermordete und heute weithin schon vergessene – Mystiker und Politiker DAG HAMMARSKJÖLD, *Zeichen am Weg*, München 1965, 58f., in seinen Tagebüchern ein ergreifendes Gedicht hinterlassen; die beiden ersten Zeilen dieses Gedichtes lauten: „Die längste Reise / ist die Reise nach innen."

von Julien Green am 1. Juli 1998, wenige Tage vor seinem Tod, wo es heißt: „Die Ereignisse spielen sich im Inneren ab".[28] Der „subversive Charakter"[29] des Christentums gründet in der übergeordneten Bedeutung, die von dieser Religion der Seele beigemessen wird. Die europäische Geschichte ist tief dadurch geprägt, „dass die Christen durch den Nachdruck, mit dem sie auf der Gleichheit der Seelen beharrten, ein neues Bild von der Wirklichkeit vermittelten. Die Sorge um das Schicksal der einzelnen Seele ließ das alte Bild" von Gesellschaften, deren hierarchische Struktur im Polytheismus ihr religiöses Pendant fand, „allmählich verblassen."[30] In dieser neuen Wahrnehmung der Wirklichkeit – als Folge der neuen Selbstwahrnehmung des Menschen – änderte sich alles, was bis dahin – bei aller Unterschiedlichkeit im Einzelnen – nicht nur Griechen und Römern, sondern auch den Barbaren als Menschen- und Gesellschaftsbild heilig war.

Jetzt nämlich, mit dem Eintritt des Christentums in die Geschichte, geht es um die Metaphysik des ‚inneren Menschen'[31]. Das ist, nebenbei bemerkt, auch der cantus firmus in Karol Wojtyłas[32] lebenslanger und umfangreicher wissenschaftlicher Arbeit: Er war – ganz im Sinne dessen, was das Denken der Europäer ausmacht – davon überzeugt, dass ein Mensch in seiner Subjektivität jene Irreduzibilität[33] findet, hinter die er in und mit seinem Erkennen nicht mehr zurückgehen kann. Die Erforschung des inneren Menschen

---

28    JULIEN GREEN, Le Grand Large du soir. Journal 1997–1998, Paris 2006, 273: „Les événements sont intérieurs."
29    LARRY SIEDENTOP, Die Erfindung des Individuums. Der Liberalismus und die westliche Welt, Stuttgart 2015, 181.
30    Ebd., 180.
31    Vgl. THEO KOBUSCH, Christliche Philosophie. Die Entdeckung der Subjektivität, Darmstadt 2006, 15.18ff.64ff.; vgl. auch THEO KOBUSCH, Praktische Metaphysik. Der philosophische Ansatz im Platonismus und in der christlichen Mystik, in: WOLFGANG BUCHMÜLLER (Hg.), Christliche Mystik im Spannungsfeld der antiken und mittelalterlichen Philosophie. Internationale Fachtagung an der Phil.-Theol. Hochschule Benedikt XVI. Heiligenkreuz am 22. und 23. März 2013, Heiligenkreuz 2015, 29–49, bes. 34ff.
32    Vgl. dazu CHRISTOPH BÖHR, ‚Ich kann nur von innen verstanden werden.' Karol Wojtyła: Grundzüge seines Denkens über den Menschen, in: CHRISTOPH BÖHR, CHRISTIAN SCHMITZ (Hg.), Europa und die Anthropologie seiner Politik. Der Mensch als Weg der Geschichte – Zur Philosophie Karol Wojtyłas, Berlin 2016, 75–102.
33    KAROL WOJTYŁA, Subjectivity and the Irreducible in the Human Being, 1988, in: DERS., Person and Community. Selected Essays, New York 1993, 209ff., hier: 211: „Subjectivity is ... a kind of synonym for the irreducible in the human being." Hervorhebung vom Verfasser; dt. KAROL WOJTYŁA, Subjektivität und ‚das Unreduzierbare' im Menschen, in: DERS., Wer ist der Mensch? Skizzen zur Anthropologie, München 2011, 3ff., hier: 5.

stößt auf jene Unableitbarkeit letzter erreichbarer Gewissheit, wie sie uns kein Blick auf Äußerlichkeiten zu geben vermag. Herder wollte Europa erkunden und hat bei dieser Gelegenheit sich selbst entdeckt. Anders gesagt: Die Entdeckung Europas ist die Entdeckung des Menschen, genauer gesagt: des inneren Menschen. In einer ganz vergleichbaren Weise trat Immanuel Kant, der Königsberg nie verlassen hat, eine Reise an, um die Grundlagen unseres Denkens zu erkunden – und hat bei Gelegenheit dieser Erkundungsreise den Menschen entdeckt, wenn er die ganze Philosophie – mit ihren Fragen nach dem, was wir wissen können, was wir tun sollen und was wir hoffen dürfen – zusammenfasst in der einen und einzigen Frage: Was ist der Mensch? Im Zusammenklang dieser drei – in der vierten gipfelnden – Fragen hat Kant in einer bis heute gültigen Weise auf den Begriff gebracht, was das europäische Denken auszeichnet: Eine Antwort auf die conditio humana untergliedert sich in die Fragen nach den Möglichkeiten unseres Wissens, unseres Handelns und unseres Hoffens.

Kant stellt diese Fragen – und ihre Beantwortung – in den größeren Zusammenhang von Glaube und Vernunft, wenn er darauf verweist, dass unsere Vernunft ständig bohrende Fragen stellt, die sie selbst nicht in Gestalt eines Wissens beantworten kann und dennoch diese Fragen vernünftig nicht abzuweisen vermag, weil sie „ihr durch die Natur der Vernunft selbst aufgegeben" sind[34], sodass schon im Erkennen dieser Fragen unsere Vernunft ihren Blick vom Endlichen – dem Bereich unseres Wissens – ins Unendliche – das Feld unserer Hoffnung – erweitert.[35] Die Vernunft führt den Menschen im Erkennen an ihre Grenze – und in seinem Fragen über diese Grenze hinaus, in jene Weite, die wir nur im Hoffen und im Glauben vermessen können, ohne dabei – im Übergang vom Wissen zum Hoffen – die Vernunft aus dem Blick zu verlieren. Kant hat das, was der antiken wie der scholastischen Philosophie immer bewusst war, neu bestimmt: Die Vernunft stößt schnell an ihre Gren-

---

34  IMMANUEL KANT, *Kritik der reinen Vernunft*, 1781, A VII.
35  In Anspielung auf THOMAS VON AQUIN, *Summa contra gentiles*, I, 43, 365: „Intellectus noster ad infinitum in intelligendo extenditur.": Unser Verstand erweitert sich in der Erkenntnis ins Unendliche ... Diese Hinordnung des Verstandes auf das Unendliche würde aber sinnlos sein, wenn es kein geistig erkennbares Ding gäbe, das unendlich wäre." Die Übersetzung folgt der Ausgabe von Karl Albert und Paulus Engelhardt, 4 Bde., Darmstadt 1974–1996, Bd. 1, 169.

ze, treibt aber trotzdem und in Kenntnis ihrer Schwäche unentwegt dazu an, über diese Grenze hinauszublicken. Durch dieses Drängen führt uns die Vernunft an den Glauben heran. Dieses Drängen ist ebenso wie die Richtung, die es einschlägt, vernunftgemäß.

Der Weg Europas findet sich im Menschen, der in seinem Erkennen vom Endlichen zum Unendlichen strebt – und darin dem Logos[36] folgt. Nun geht es dem Europäer nicht nur um das Streben nach dem Absoluten. Dieses Streben findet sich auch außerhalb von Europa bei anderen. Der Europäer will mehr: Er versucht darüber hinaus, so gut es eben geht, das Unendliche im Endlichen zu spiegeln, und sich mit seiner endlichen Vernunft dessen zu bemächtigen, was diese seine Vernunft unendlich übersteigt – ohne dabei die Vernunft hinter sich zu lassen. Der Dynamismus des europäischen Geistes hat in diesem immer wieder neu in Angriff genommenen Bemühen wohl seine tiefste Triebfeder.[37] Zu Ende kommen können wird er mit diesem Mühen allerdings nie, denn der endliche Geist wird das unendlich zu Denkende niemals erfassen.

Schon deshalb kann das, was wir Europa nennen, niemals ein homogenes Gebilde sein.[38] Umso wichtiger ist es, dass wir uns vor Augen führen: Der letzte gemeinsame Gesichtspunkt, der uns zu Europäern macht, ist eine bestimmte Weise, den Menschen zu verstehen – eine Weise, die man beschreiben kann als ein Begreifen

---

36  Im Begriff des Logos hat das Christentum sein philosophisches Zentrum gefunden. Schon Athenagoras kennzeichnet um das Jahr 177 in seiner Bittschrift an Marc Aurel den Glauben der Christen mit dem Satz: Wir dienen dem Logos; vgl. ATHENAGORAS, *Legatio pro Christianis*, 35 B: „Semper in omnibus ... rationi servientes."

37  Diese Triebfeder baut sogar eine Brücke über jenen tiefen Bruch, der sich zwischen der antiken und der modernen europäischen Philosophie auftut. Der Moderne scheint eine Gleichsetzung von ‚ratio' und ‚natura' nicht mehr möglich; der Begriff von ‚Natur' hat sich tiefgreifend verändert und entbehrt nun, zum Beispiel bei Thomas Hobbes, jener Teleologie, die seit Aristoteles selbstverständlich war. Da die genannte Triebfeder gleichwohl wirksam bleibt, ist – so WALTER SCHWEIDLER, *Über Menschenwürde. Der Ursprung der Person und die Kultur des Lebens*, Wiesbaden 2012, 101 – jetzt „die Vernunft nicht mehr das Spezifikum unserer Natur, sondern sie führt uns aus ihr hinaus."

38  Wer daran verzweifelt, teilt die Enttäuschung, die General von Stumm, der sich vorgenommen hatte, ein „Grundbuchsblatt der modernen Kultur" anzulegen, in dem Roman von ROBERT MUSIL, *Der Mann ohne Eigenschaften*, 1930 u. 1932, Reinbek 1978, 373, am Ende seines Mühens befiel: Er „hatte nach vollzogener Bestandsaufnahme des mitteleuropäischen Ideenvorrats nicht nur zu seinem Bedauern festgestellt, dass er aus lauter Gegensätzen bestehe, sondern auch zu seinem Erstaunen gefunden, dass diese Gegensätze bei genauerer Beschäftigung mit ihnen ineinander überzugehen anfangen", und bezeichnet diesen Befund in drastischen Worten als das, ebd., 374, „was bei uns jeder Vorgesetzte einen Sauhaufen nennen würde!"

der ganzen Welt im Licht unseres Selbstverständnisses als Mensch. Diese Weise des Begreifens hat Europa im Verlauf seiner Geschichte zu einer Verhaltensregel umgemünzt, die den Umgang mit- und untereinander heute formt – und so dann eben doch eine homogenisierende Wirkung entfaltet. Es geht um ein Denken, das der Vorstellung von der Unantastbarkeit menschlicher Würde Grund und Gründung verleiht – als Prämisse unserer europäischen Selbstverständigung, die zugleich als eine stets unabgegoltene Voraussetzung die Finalität dieser Selbstverständigung bleibt: die Substanz von Europa. Wenn der Mensch der Maßstab unseres Weltverständnisses ist, dann läuft die Leugnung dieses Maßstabes immer auf eine Leugnung des Menschen selbst hinaus.

Wenn wir über Europa und Europäertum reden, sprechen wir mithin über den Menschen, genauer gesagt: den inneren Menschen, seine Selbsterfahrung, seine innerliche Verfassung und seine Selbstvergewisserung.

## 4. Europa und das Christentum: eine kurze Vergegenwärtigung

Man könnte sich die Sache einfach machen und auf die Frage nach der Lage des Christentums im heutigen Europa religionshistorisch antworten: Im Vergleich zu dem, was wir über die Lage des Glaubens hierzulande am Beginn des 19. Jahrhunderts wissen, stellt der damalige Befund alles in den Schatten, was heute Anlass zur Klage gibt. Auch religionssoziologisch gibt es keinen Grund zu verzweifeln. Rückgängige Mitgliedszahlen, abnehmende Prägekraft und schwindende gesellschaftliche Bedeutung gehören heute zum Alltag aller gesellschaftlichen Großgruppen. Tatsache aber bleibt: Rund 80 Prozent der Europäer – zwischen Atlantik und Ural – sind Christen. In Deutschland zum Beispiel werden an jedem Werktag über 6000 Gottesdienste gefeiert. Und an jedem Wochenende bevölkern weit mehr Menschen die Kirchen als sich auf sämtlichen Fußballplätzen Zuschauer einfinden.

Und doch scheint der Glaube zu verdunsten. Warum? Nach meinem Eindruck hat er sich in weiten Teilen den Erwartungen, wie sie einem Kulturchristentum zu eigen sind, gebeugt. Unser gesellschaftliches Zusammenleben wird allüberall vom Christentum gestützt, das selbst als Träger vielfältiger Einrichtungen zu den größten Dienstleistern in deutschen Landen zählt. Dabei aber läuft es Gefahr, sich selbst zu verlieren. So ringt es im Inneren mit sich selbst, und zwar um den Glauben, der ihm zu entgleiten droht. Und je rundgeschliffener und – in der Hoffnung, ihn auf diese Weise besser vermitteln zu können – weichgespülter dieser Glaube in seiner Verkündigung erscheint, desto weiter gerät er an den Rand der Gesellschaft – auch deshalb, weil die Botschaft, je unauffälliger sie daherkommt, desto weniger Aufmerksamkeit findet.

Das klingt hart. Und deshalb muss genauer gesagt werden, was gemeint ist: Verloren ging in dem aufreibenden Geschäft der gesellschaftlichen Gestaltung – dem redlichen Mühen, der Gesellschaft zu Diensten zu sein – jenes Skandalon, eben jenes Anstößige, das am Anfang stand. Als das Christentum die Bühne betrat, tat es das gegen heftigste Widerstände und unter Verhöhnung. Zu abwegig, zu unerhört schien seine Verkündigung, sodass sich die kleine Schar der Glaubenden aus Angst vor dem aufbrausenden Zorn der Gesellschaft nur hinter fest verschlossenen Türen zu treffen wagte. Was diese kleine Schar glaubte, schien der Welt zunächst nicht nur völlig abwegig, sondern in einem gewissen Sinne auch bedrohlich, weil es an die Grundfesten der herkömmlichen Überzeugungen rührte. Blieb da etwas anders übrig, als sich und den Glauben zu verstecken, um nicht noch mehr den Zorn auf sich zu ziehen? Fünfzig Tage zog sich dieses Versteckspiel hin, bis ein gewaltiger Sturm die Türen aufriss und die Schar der Glaubenden gesprächsfähig machte.[39] Plötzlich waren ihre Zungen gelöst und sie konnten in allen Sprachen ihren Glauben verkünden.

Um sich das Skandalon des neuen Glaubens klar zu machen, muss man sich den Umgang der antiken Kultur mit Religion vor Augen führen. Alle Religionen – das liegt in ihrem Begriff – suchen nach einem Weg, das Himmlische und das Irdische in einen Zusammenhang zu bringen. Herkömmlicherweise geschieht das, indem sie Gottes Willen in weltlichen Gesetzen aufzufangen suchen, also das Religiöse in Staat und Politik zur Geltung zu bringen, möglichst gar das Staatliche und das Religiöse zu einer Einheit zu verschmelzen trachten. Gleichzeitig trennen sie Gott und Welt dort, wo eine solche Trennung naheliegt: auf der Ebene des Seins – um

---

**39** Vgl. Apg 2,1ff.

es auf der anderen Seite im Zusammenklang von Ethik und Politik miteinander zu verbinden. Ontologisch scheinen Gott und Mensch unüberbrückbar getrennt, ethisch hingegen eng aufeinander verwiesen. Das Christentum nun hat dieses Denken völlig auf den Kopf gestellt. Es beansprucht gerade nicht, die weltlichen Dinge im göttlichen Maßstab zu regeln. Man denke an die Weigerung Jesu, als Schiedsrichter in einem Erbschaftsstreit aufzutreten.[40] Das Christentum lehnt es – auch wenn es dieser Verführung in seiner Geschichte immer wieder und allzu oft erlegen ist – entschieden ab, Religiöses im Politischen und Politisches im Religiösen aufgehen zu lassen. Und das, was mit diesem Satz scheinbar so harmlos zum Ausdruck gebracht wird, war gerade für die Frommen – Juden wie Hellenen und Römer – eine unverzeihliche Beleidigung des Göttlichen.

Himmlisches und Irdisches, Göttliches und Weltliches vereinigt das Christentum auf der Ebene des Seins – und zwar im Glauben an die Inkarnation: Gott offenbart sich im Menschen. Ja, unglaublicher noch: Das Christentum behauptet, dass sich Gott nirgends mehr seinem Sein gemäß zeigt als in der Erniedrigung seines Leidens und seines schmachvollen Todes am Kreuz. Diese Behauptung war für die antike Welt einfach unfassbar – und so ist es bis heute, nicht nur für den Islam, der diese ‚Beleidigung' göttlicher Allmacht nicht hinzunehmen vermag. Bestenfalls nannte – und nennt – man einen solchen Glauben irrational, schlimmerenfalls häretisch.

Man muss sich das vor Augen führen: Gebildeten Menschen im 1. Jahrhundert wird abverlangt, an ein Paradoxon zu glauben – denn nichts anderes ist der Glaube, Gott und Welt seien im Sein des Menschen miteinander verbunden: ein Paradoxon, ein in sich widersinniger Satz, der unsere Vernunft auf die Palme bringt. Da konnten die Bürger von Jerusalem, Athen und Rom nur den Kopf schütteln. Dass Gott in der Geschichte gegenwärtig, leiblich anwesend ist, als eine historische Sensation, und, fortbleibend-dauerhaft, in seiner sakramentalen Präsenz, schien den gebildeten Philosophen wie den fortschrittlichen Theologen gesellschaftlich nicht

---

40 Vgl. Lk 12,13.

vermittelbar. Zu behaupten, in Jesus Christus seien zwei Naturen in einer Person vereint, schien – und scheint – eine Beleidigung der menschlichen Vernunft und eine nicht minder schwerwiegende Verhöhnung aller unserer Erfahrung. Gleichwohl: Notfalls hätte man das noch hinnehmen können. Dass jedoch der göttliche Erlöser der Welt den in der antiken Welt schandvollsten Tod, den am Kreuz, gestorben war, das schien einfach zu paradox. Aus Sorge um die Vermittelbarkeit des Glaubens entstanden deshalb Strömungen, die – wie der Arianismus oder der Marcionismus – nach Kräften bemüht waren, diesen Widersinn, der so viel Spott und Ablehnung auf sich zog, aus der Welt zu schaffen oder doch zumindest glaubhafter zu machen, um so den gesellschaftlichen Erwartungen einen Schritt entgegenkommen zu können. Der Glaube sollte für die Klugen annehmbarer und für die Weisen nachvollziehbarer werden.

Doch dann kam alles so ganz anders. Denn der Glaube entzog sich allem Mühen um seine Verharmlosung.

Das Denken im Paradigma des Paradoxons der Inkarnation[41] hat alle Kulturen, die mit dem Imperium Romanum in Beziehung standen, überformt und grundlegend umgestaltet: zunächst die griechische und die römische, weite Teile der jüdischen, dann die keltische, schließlich die fränkische und die germanische – in einem ständigen, unausgesetzten geistigen Ringen um die Ungeheuerlichkeit seines Anspruchs. In einer Verschmelzung, in der einzig das Paradoxon der Inkarnation – Vermittelbarkeit hin, Vermittelbarkeit her – kein Jota seines Wahrheitsanspruches je aufgab, ist entstanden, was uns heute als der geistige Begriff von Europa vor Augen steht: ein Begriff, der sich an Vorstellungen wie Rationalität, Individualität, Subjektivität und Personalität festmacht – begriffliche Prägungen, die samt und sonders im Zusammenhang mit dem Paradoxon der Inkarnation entstanden sind.

Erich Przywara weist in seiner Schrift über die Idee Europas darauf hin, dass sich die Signatur des Christlichen – die anthropologisch zur Signatur Europas wurde – nirgends so ausgeprägt findet

---

41  Vgl. ALFRED ADAM, *Lehrbuch der Dogmengeschichte*, 2 Bde., Gütersloh 1965 u. 1968, Bd. I: *Die Zeit der Alten Kirche*, 214: „Indem die Anschauung aufkam, dass Irdisches und Himmlisches eins wurden", war klar, „dass es dabei zu enthusiastischen Paradoxien kommen musste, wie überall da, wo Fleisch und Geist sich begegnen."

wie in diesem Paradoxon[42]: der Sicht des Menschen als gleichermaßen „totus filius Dei" und „totus peccator"[43]: Der Mensch trägt ein doppeltes Antlitz. Dieses neue Denken über den Menschen nun hat eine neue Kultur, die europäische, geformt und alles andere, was vorher war, überformt. Das Christentum hat sich reichlich aus den alten Kulturen bedient, nicht im Sinne ihrer Zerstörung, sondern auf dem Weg der Einsetzung des Fremden in das Denken des Eigenen, ohne dieses Eigene aufzugeben.

Aus der Beute, die Europa im Denken anderer machte, ist eine Kultur erwachsen, die sich – eine Deutung von Brague aufnehmend – ihrer Sekundarität, ihrer Zweitrangigkeit, im Vergleich zu dem ihr geschichtlich vorgelagerten Älteren bewusst ist. Sie speist sich aus dem, was ihr vorausgegangen ist. Und hier findet sich die entscheidende Gemeinsamkeit von Europäertum und Christentum, dass nämlich Europa sich, im Vergleich zu der ihm vorausgehenden Kultur des Hellenismus, mit dem Status der Sekundarität, der Zweitrangigkeit, zufriedengeben muss: So wie das Christentum dem ihm vorausgehenden Judentum wider die Natur eingepfropft ist, wie Paulus[44] schreibt, so ist das Europäertum anderen, ursprünglicheren Kulturen als Denkform aufgepfropft.

Die Bereitschaft, fremde Inhalte dem eigenen Denken zuzuführen, ohne das Eigene preiszugeben[45], kennzeichnet die Denkform des Christentums. Es ist die Denkform der Römer, die sich der Abgeleitetheit ihrer Kultur bewusst waren. Um diese Denkform in der Ordnung der Beziehung zwischen dem Eigenen und dem

---

42  Vgl. den Hinweis auf GILBERT KEITH CHESTERTON, *The Truce of Christmas*, 1929, bei DALE ALQUIST, *The Spirit of Christmas*, http://www.chesterton.org/lecture-87/: „Christmas is founded on a paradox. It is a feast in defiance of winter. It is the story of a homeless family being celebrated in every home." Alquist erinnert damit an die kulturchristlich verankerten und weltweit verbreiteten Folgen jenes Paradoxons, auf dem der Glaube der Christen aufbaut: dass nämlich die Geburt des Heimatlosen in jedem Heim gefeiert wird. Mit gutem Grund nennt James D. Douglas, in: Christianity Today v. 1. August 2001, http://www.christianitytoday.com/ct/2001/augustweb-only/8-27-52.0.html, Chesterton „the Eccentric Prince of Paradox".
43  ERICH PRZYWARA, *Idee Europa*, Nürnberg 1956, 32f.
44  Röm 11,24.
45  Vgl. dazu den ausgezeichneten Überblick bei MICHAEL FIEDROWICZ, ‚Wir dienen dem Logos'. Die Vernünftigkeit des Glaubens in der Argumentation frühchristlicher Theologen, in: TOBIAS KAMPMANN, THOMAS SCHÄRTL, *Der christliche Glaube vor dem Anspruch des Wissens*, Münster 2006, 1–24, hier: 22: „Der Glaube ist nicht nur Gegenstand der Reflexion, sondern deren treibende Kraft".

Fremden geht es – bis heute. Die christliche Idee der Inkarnation wurde hermeneutisch mit den Instrumenten der paganen Philosophie entfaltet. Man bediente sich des Fremden, um das Eigene zum Ausdruck zu bringen.

Die Vorstellung und der Begriff von Europa sind eben dieser Denkform entsprungen: Europa, als es sich am Beginn formte, hat sie vorgefunden und sich angeeignet. Das aber heißt: Europa wird durch seine besondere Weise, eine Synthese zu bilden, bestimmt – im Rückgriff und in der Aneignung einer Denkform, die sich zuerst in der Synthese des griechischen Denkens und dessen römischer Aneignung und vor allem in der Synthese von christlichem Impuls – eben jener durch das Christentum ausgelösten phänomenologischen Revolution – und dessen philosophischer Durchdringung gezeigt hat. Europa baut auf eine entlehnte Denkform, die es vorfand und sich aneignete, und wird durch diese Denkform in seinem Kern bestimmt, konzeptionell konstituiert – und in der Vergegenwärtigung dieses seines Ursprungs, durch den seine Eigenart festlegt ist, auf Schritt und Tritt daran erinnert, dass es im Blick auf das vorgängige Christentum nur über den Status der Sekundarität verfügt, wie das Christen immer im Blick auf das ihnen vorgängige Judentum werden sagen müssen.

Vor diesem Hintergrund ist eine Anthropologie entstanden, die wir die europäische nennen: eine bis dahin unbekannte, ganz für unmöglich gehaltene Sicht auf den Menschen, der trotz seiner ganzen Verfallenheit das Göttliche immer doch unverlierbar in sich trägt. Diese Sichtweise auf den Menschen begründet nun eine ganz besondere Beziehung im Verhältnis zum anderen. Joseph H. H. Weiler, gläubiger Jude und amerikanischer Rechtsgelehrter, hat diese Beziehung in seinem Buch *Ein christliches Europa* zutreffend beschrieben. Er nimmt dabei Bezug auf die Missionsenzyklika *Redemptoris Missio* von Johannes Paul II. aus dem Jahr 1990. Dort geht es um die Frage, wie wir – als Christen – anderen Menschen, den Heiden, begegnen, und zwar in jener Polarität, die sich zwischen dem eigenen Anspruch auf Wahrheit und dem Anspruch auf Wahrheit seitens des anderen aufspannt.

Weil er stellt fest: Nur wenn Wahrheit authentisch, also nicht fähig zu einem Kompromiss, gedacht wird, ist sie das, was dich dich

– und mich mich sein lässt. Die Verneinung der Authentizität der Wahrheit – sprich die Bereitschaft, Abstriche von ihr zu machen und ihr so ihre unbedingte Geltung zu nehmen – hingegen bedeutet, nicht nur die eigene, sondern folgerichtig auch die andere Identität zu leugnen. Warum? Nur die Freiheit des anderen, ‚Nein' zu sagen, gibt meiner Freiheit, ‚Ja' zu sagen, Bedeutung – und Rechtfertigung. Und die „Wichtigkeit der Freiheit, ‚Nein' zu sagen (einer Freiheit, die dem ‚Ja' Bedeutung gibt), ist integraler Bestandteil jener Wahrheit, die bekräftigt wird. Die Verneinung des einen beraubt die andere ihrer Bedeutung."[46] In der Rückweisung des Anspruchs liegt seine Bekräftigung.

## 5. Die Confessio der Europäer: ein Paradoxon

Dieser Satz, dass in der Rückweisung eines Anspruches dessen Bekräftigung liegt, scheint nun freilich – wiederum – ein Paradoxon, dass sich aber aufhellt, wenn man den Blick weitet: Die von Johannes Paul II. erläuterten Grundsätze der Verkündigung der authentischen Wahrheit betreffen, so Weiler, den Begriff der Wahrheit selbst und deren Verhältnis zur Freiheit: „Der Mensch ist frei." Der Mensch kann ‚Nein' zu Gott sagen. Deshalb gilt: Die Freiheit, ‚Nein' zu sagen, gibt dem ‚Ja' Bedeutung.

Nichts anderes als dieser Zusammenhang wird heute mit dem Begriff der Würde bezeichnet. In ihm findet sich der Kern der zeitgenössischen Selbstauslegung europäischen Denkens. Rechtliche Verbindlichkeit erlangte der Begriff erstmals 1949 mit dem Deutschen Grundgesetz, dessen Konstitutionsprinzip – als Überschrift der ganzen Verfassung ihre innere Richtung weisend – lautet: Die Würde des Menschen ist unantastbar.

Wenn es eine Rangliste von Paradoxa gäbe: Diesem Satz gebührte nach dem Paradoxon der Inkarnation wohl einer der vordersten Plätze. Unübersehbar bringt er nämlich einen Widersinn, der trotz seiner Offensichtlichkeit gerne überlesen wird, zum Ausdruck. Denn wie kann Würde unantastbar sein, wo sie doch seit je und bis

---

46  JOSEPH H. H. WEILER, *Ein christliches Europa. Erkundungsgänge*, Salzburg/München 2004, 112.

heute ständig mit Füßen getreten und auf schlimmste Weise angetastet wird? Das Paradoxon dieses Satzes, der nach 1989 Eingang in viele mittel- und osteuropäische Verfassungen gefunden hat und, wenn auch hoch umstritten und heftig umkämpft, heute zunehmend Eingang in unser Rechtsdenken findet, knüpft unausgesprochen an jenes Paradoxon einer Sichtweise an, die im Menschen den totus filius Dei und zugleich den totus peccator sieht: den Menschen, der zu gleicher Zeit ganz irdisch und doch auch ganz göttlich ist. Nichts anderes als diese Doppelgesichtigkeit des Menschen verbirgt sich in der Rede von der als unantastbar festgestellten Würde. Das Wort macht nur Sinn, wenn es auf eine Teilhabe des Menschen am Unbedingten zielt, die ihm über alle Verfehlungen hinweg niemals abhandenkommen kann. Das Unbedingte offenbart sich ihm im Gewissen, insofern dieses allein der wahrhaftig erkannten Wahrheit verpflichtet ist.[47]

Deshalb ist, europäisch gedacht, die Freiheit des Gewissens die Mutter aller Freiheiten: nämlich Freiheit zu aller Freiheit[48], die Konstitution von Liberalität schlechthin, und Gipfelpunkt aller Begründung der Menschenrechte. Ihrem Schutz dient die scharfe, unüberwindliche, nicht überbrückbare Trennung von geistlicher und weltlicher Macht, die ihrerseits einen für die Politische Theologie der Antike unvorstellbaren, ja unerhörten Prozess der Säkularisierung auslöste, wie er mit dieser Wucht im Ordnungsgefüge der paganen Staatsreligionen niemals hätte Platz finden können[49] und

---

[47] Auf die Erläuterung der ontologischen Implikationen dieses Satzes, die vielen der zeitgenössischen Berufungen auf das ‚Gewissen' nicht mehr bewusst zu sein scheint, sowie auf die Unterscheidung zwischen Wahrhaftigkeit und Wahrheit kann an dieser Stelle nicht eingegangen werden; die Wahrheit, der das Gewissen unterworfen ist, findet sich im Begriff der Würde: vgl. dazu WALTER SCHWEIDLER, Über Menschenwürde. Der Ursprung der Person und die Kultur des Lebens, Wiesbaden 2012, 89: Die Menschenwürde bildet „den Maßstab, der uns darüber belehrt, dass unser Gewissen irrt, wenn es uns dazu aufruft, sie zu verletzen."

[48] Vgl. dazu CHRISTOPH BÖHR, Freiheit zu aller Freiheit. Zum Grund der Gründung unseres zeitgenössischen Verfassungsdenkens, in: Logos i Ethos 37 (2014) 2, 153ff., sowie DERS., Die religiösen Grundlagen der liberalen Gesellschaft. Lord Acton über Freiheit und ihre Gründung in der Wahrheit des Gewissens – eine Vergegenwärtigung, in: CHRISTOPH BÖHR, PHILIPP W. HILDMANN, JOHANN CHRISTIAN KOECKE (Hg.), Glaube, Gewissen, Freiheit. Lord Acton und die religiösen Grundlagen der liberalen Gesellschaft, Wiesbaden 2015, 261ff.

[49] Diesen Bruch mit der paganen Antike hat Byzanz so radikal nie vollziehen müssen, da es erst begründet wurde, als das Christentum allmählich zur Staatsreligion aufstieg, sodass von Anfang an die alte, vorgängige Politische Theologie der Römer und Grie-

bei Aurelius Augustinus[50] einen ersten Höhepunkt erreicht.[51] Es ist diese Unterscheidung der jeweils selbstständigen Ordnungen von Spiritualia und Temporalia, die unverzichtbare „Grundlage der vollkommensten und umfassendsten Gewissensfreiheit" ist. „Die Trennung von weltlicher und geistlicher Macht beruht auf der Idee, dass physische Gewalt weder Recht noch Einfluss über Seelen, Überzeugungen oder Wahrheit hat. Sie ergibt sich aus der bekannten Unterscheidung zwischen [...] der Welt der inneren und der Welt der äußeren Dinge. Dieses Prinzip, um das Europa so schwer und so leidvoll gerungen hat", wurde „in den allerersten Anfängen der europäischen Zivilisation als Trennung von weltlicher und geistlicher Macht ausgerufen."[52]

Gegen alle zeitgenössischen Versuche, dem unbedingten Sinn der Unantastbarkeit menschlicher Würde zu widersprechen, ist festzuhalten: Wenn mit Würde nicht die – wörtlich und bedingungslos geltende – Unverfügbarkeit des Menschen gemeint ist, bedarf es des Begriffes nicht. Es wäre dann ausreichend, von den unveräußerlichen Menschenrechten zu sprechen. Gerade aber weil deren Verwurzelung in der tatsächlichen Unverfügbarkeit eines jeden Menschen – der sokratisch-platonischen Sorge um die Seele – zum Ausdruck gebracht werden soll, ist ihrer Aufzählung der Begriff der Würde begründend vorangesetzt.

Die Rechtfertigung des Pluralismus schließlich findet sich in dieser Sicht auf den Menschen, der unterschieds- und bedingungslos ein Recht auf Rechte hat. Weil diese Sichtweise – als eine Feststellung im Ausgang unseres Denkens – nicht mehr hintergeh-

---

chen angeknüpft werden konnte. Gleichwohl dürfen meine hier vorgetragenen, allermeist auf die lateinische Welt bezogenen Überlegungen nicht den missverständlichen Eindruck erwecken, als ob die griechische – byzantinische – Welt außerhalb Europas liege. Das tut sie nur in einem gewissen, sehr eingeschränkten Sinn. Denn die gemeinsamen Wurzeln lateinischer und griechischer Tradition, so sehr sie auch durch die Jahrhunderte unterschiedlichen Ausfaltungen folgten, erscheinen mir bis heute allemal stärker und gewichtiger als die unleugbaren Unterschiede.

50 Vgl. MARTIN GRESCHAT, *Die christliche Mitgift Europas – Traditionen der Zukunft*, Stuttgart/Berlin/Köln 2000, 22: „Die christliche Mitgift an Europa besteht aus zwei Büchern und deren Wirkungen, nämlich Augustins De civitate Dei und seinen Confessionen."
51 Vgl. PETER BROWN, *Augustinus von Hippo. Eine Biographie*, Leipzig 1973, 233: „Augustinus ist tatsächlich der große ‚Säkularisierer' der heidnischen Vergangenheit."
52 FRANÇOIS PIERRE GUILLAUME GUIZOT, *History of Civilization in Europe*, 1838, Harmondsworth 1997, 42, in der Übersetzung von Hainer Kober, wie sie sich bei LARRY SIEDENTOP, *Die Erfindung des Individuums. Der Liberalismus und die westliche Welt*, Stuttgart 2015, 168, findet.

bar ist, hat sie den Rang einer Wahrheit. In der zeitgenössischen Demokratie ist der Mensch die Wahrheit, in der sich unsere Form des Zusammenlebens rechtfertigend verankert: als eine unbedingte Wahrheit, die den Menschen meint, wie er geht und steht, sein Menschsein demnach an keinerlei physische oder psychische Konditionen knüpft. Wo immer solche überlegt werden, ist die Unterscheidung zwischen lebenswerten und weniger lebenswerten Menschen unvermeidlich. Der Begriff der Würde hebt alle solche Urteile auf. Vielleicht zeigt sich nirgendwo anders vergleichbar einprägsam, wie grundlegend das Christentum die antike Welt überformt und umgeformt hat.

So ergibt sich die Antwort auf die Frage nach der Bedeutung des Christentums im Europa der Zukunft. Es ist das Bild vom Menschen, das dem Christentum und dem Europäertum gemeinsam ist. Europäer wird man nicht durch Geburt, wie man auch Christ nicht durch Geburt wird. Zum Europäer wird man durch eine Adoption jener Denkform, die sich dadurch auszeichnet, dass sie ohne Scheu auf das Fremde zugreift, um es dem eigenen Denken zuzuführen. Das kann nur gelingen, wenn bewusst bleibt, was das Eigene ausmacht, auf das hin alles Fremde angeeignet wird. Dieses europäische Proprium findet sich in einem ganz besonderen Denken über den Menschen. Und dieses Denken haben die Europäer der Form und der Sache nach dem Christentum entliehen[53]: der Form nach als Zweitrangigkeit, Sekundarität, und der Sache nach als die Doppelgesichtigkeit des Menschen, der sein Leben als Bürger zweier Welten führt.

Wenn also Europa als die Gemeinschaft von Menschen, die sich adoptieren ließen von einem Menschenbild, eine Zukunft hat, dann nur, wenn und weil das Christentum eine Zukunft hat. Nicht das Christentum muss sich sorgen um seine Bedeutung in und für Europa, sondern Europa muss sich sorgen um seine Beziehung zum Christentum. Diese Beziehung bleibt lebendig, wenn beide sich auf

---

53  Vgl. JOHANNES PAUL II., *Ansprache an die 169. Vollversammlung der polnischen Bischofskonferenz am 5. Juni 1979 in Tschenstochau*, in: Verlautbarungen des Apostolischen Stuhls (Nr. 10), hg. vom Sekretariat der Deutschen Bischofskonferenz, Bonn 1979, 42–55, hier: 54f.: Das Christentum „findet sich an der Wurzel der Geschichte Europas. Dieses Christentum bestimmt seine geistige Herkunft". In englischer Sprache ist die Rede abrufbar unter https://w2.vatican.va/content/john-paul-ii/en/speeches/1979/june/documents/hf_jp-ii_spe_19790605_polonia-jasna-gora-episcopato.html.

ihr Proprium besinnen: denn das jeweils Eigene ist das beiden Gemeinsame. Wer – wie man heute oft beobachten kann – achselzuckend-gleichgültig diese Beziehung als angeblich unwiederbringlich abgeschlossene Vergangenheit dem Untergang preisgibt, mag dies tun, muss dann aber wissen, dass Europa sein Proprium, sein Gesicht, verliert. Wie es um das Überleben gesichtsloser Räume – denn mehr als ein ‚Raum' bleibt in diesem Falle von Europa ja nicht übrig, wenn die ‚Idee Europa' aus dem Bewusstsein entschwindet – bestellt sein mag, ist eine Frage für sich.

Europa ist nach allem, was bisher gesagt wurde, keine Utopie. Europa ist eine Realität, bis heute. Freilich eine spirituelle Realität, eine Idee[54], ein geistiger Begriff, der die Gestalt seiner äußeren Lebensform längst noch nicht gefunden hat – und vielleicht nie finden wird. Deshalb überfällt uns Europäer gelegentlich jene Verzagtheit, eine oft als Euroskepsis sich äußernde Melancholie[55], die uns so sehr von der zupackenden Tatkraft der Amerikaner – unseren engsten Verwandten – unterscheidet: als Folge unserer Gebrochenheit. Auf dem Weg unserer Selbstverständigung bleiben wir stets hinter dem zurück, was wir eigentlich wollen. Europäischer Intellekt und politische Struktur finden nicht zueinander. So erschöpft sich bis heute – und sehr unzulänglich – die politische Konfiguration Europas in ihrer geographischen, ökonomischen, sozialen, bürokratischen und bisweilen zaghaften kulturellen Dimension. Wer also am Haus der Europäer weiterbauen will, sollte sich das immer vor Augen führen: Solange das, was Europa ausmacht – seine Denkform und sein Menschenbild –, in der politischen Struktur des Kontinents kaum

---

54 Vgl. ERICH PRZYWARA, *Idee Europa*, Nürnberg 1956, 9: „Eine ‚Idee Europa' kann, von Aristoteles her, nur als eine ‚Form Europa' verstanden werden, die als Letztes im realen Sein Europas liegt und aus ihm heraus-geholt, das heißt ‚abs-trahiert', ‚abgezogen' werden muss."

55 In diesem Zusammenhang muss an den Vortrag des 77-jährigen EDMUND HUSSERL *Die Krisis des europäischen Menschentums und die Philosophie*, Weinheim 1995, im Mai 1935 in Wien, erinnert werden. Geradezu beschwörend angesichts des drohenden Unheils schließt Husserl seinen Vortrag: „Europas größte Gefahr ist die Müdigkeit. Kämpfen wir gegen diese Gefahren als ‚gute Europäer' in jener Tapferkeit, die auch einen unendlichen Kampf nicht scheut, dann wird aus dem Vernichtungsbrand des Unglaubens, dem schwelenden Feuer der Verzweiflung an der menschheitlichen Sendung des Abendlandes, aus der Asche der großen Müdigkeit der Phoenix einer neuen Lebensinnerlichkeit und Vergeistigung auferstehen." (Ebd., 69) Zuvor hatte Husserl das besondere europäische Menschentum beschrieben als eines, das „in der Endlichkeit lebend, auf Pole der Unendlichkeit hinlebt." (Ebd., 31)

prägende Kraft entfaltet, bleibt dieses Haus eine ziemlich ungastliche Baustelle. Wie eine Pflanze, deren Blätter zu welken beginnen, weil ihre Wurzeln absterben, kann Europa nur neu erblühen, wenn es wieder Lebenskraft aus seinen Ursprüngen[56] schöpft.

In einem gewissen Sinne hat Josef Isensee recht, wenn er feststellt: „Was Europa ist, das bestimmt von jeher allein der Europäer."[57] An ihm, dem Europäer, liegt es, was Europa aus sich macht, wie es sich versteht und wohin es will. Die Antworten auf diese Fragen ergeben sich jedoch nicht von allein. Sie bedürfen eines angestrengten Nachdenkens. Weil Europa – von seinen Anfängen an – aus dem Ringen um die Überzeugung von der Vernunftgemäßheit seines Glaubens entstanden ist, wird es schwerlich Bestand haben können, wenn es den Glauben als eine Ausgeburt von Unvernunft begreift. Der Frage nach der Zukunft Europas geht deshalb die Frage nach dem Glauben der Europäer notwendig voran und voraus. Dass gemeinsame Interessen nicht ausreichen, um zu begründen, was unser Europäertum als gemeinschaftsstiftende Selbstwahrnehmung ausmacht, wird in der Gegenwart eindrucksvoll – und nicht minder erschreckend – sichtbar.

---

56 WILHELM NYSSEN, *Die Bedeutung der ostkirchlichen Tradition für Europa*, in: *Drei Säulen tragen die Kuppel. Jerusalem, Rom, Byzanz. Gesammelte Studien*, Köln 1989, 295ff., hier: 297, spricht von den Quellen und der Kraft der Frühe.
57 JOSEF ISENSEE, *Europa – die politische Erfindung eines Erdteils*, in: JOSEF ISENSEE (Hg.), *Europa als politische Idee und als rechtliche Form*, Berlin 1993, 103–120, hier: 113.

# Europa und die Philosophie: keine zufällige Begegnung

*Angela Ales Bello*

Ich möchte zeigen, dass die Philosophie ein grundlegender Bestandteil der europäischen Kultur ist. Den Leitfaden meiner Untersuchung bildet die Geschichte der kulturellen Ereignisse und Erzeugnisse, die in der Gestaltwerdung dieser Kultur aufeinander folgten; in dieser Hinsicht mache ich zwei Schlüsselmomente aus: der erste ist die Entstehung der Philosophie in Griechenland und der zweite die Verbreitung des Christentums. Es ist allerdings festzuhalten, dass beide Momente auf den Ort ihrer Entstehung beschränkt geblieben wären, wenn sich nicht das römische Reich gebildet hätte. Letzteres hat es nämlich ermöglicht, dass die beiden Regionen, in denen die von mir erwähnten kulturellen Ereignisse in Erscheinung getreten sind, Griechenland und Palästina, von einem einheitlichen politischen Kontext umfasst waren, sodass sich die philosophischen Ideen und die religiösen Anschauungen verbreiten konnten.

## Griechische Philosophie und Christentum als Grundlage der westlichen Kultur

Worin besteht die westliche Philosophie? Was ist das Neue an ihr, und zwar nicht nur in Bezug auf das vorphilosophische Denken, sondern auch in Bezug auf die „philosophischen" Ausdrucksformen anderer Kulturen? Sich der Besonderheit der westlichen Philosophie bewusst zu sein, lässt einen begreifen, auf welche Weise die europäische und die aus ihr abgeleitete sogenannte westliche Mentalität strukturiert ist.

Geographisch habe ich auf Griechenland Bezug genommen, aber es muss festgehalten werden, dass die außergewöhnliche Ansammlung von Völkern, die sich aus aufeinander folgenden Invasionen in jenes Griechenland genannte Gebiet ergeben hatte, die Tendenz zu Expansion und Bewegung, zur Eroberung in sich trug.

Einige waren nach Italien ausgewandert, andere nach Kleinasien und gründeten dort Siedlungen, die großenteils dem Handel dienten. So kann man den Beginn einer außergewöhnlichen Mentalitätsveränderung verstehen, die der über Distanz geführte Dialog zwischen Parmenides und Heraklit darstellt, mit denen meiner Meinung nach erstmals jene Suche vollständig hervortritt, die später als philosophisch bezeichnet wird. Diese beiden Männer, die von ihren Zeitgenossen als *sophoi* bezeichnet worden waren, stellen sich der Frage nach dem Sinn der Wirklichkeit, nach dem tiefen Sinn, jenem Sinn, den man nicht mit den leiblichen Augen, sondern mit den Augen des Denkens sieht: Es entsteht die Theorie (vom Verb *theorein* – anschauen), es entsteht die Idee (vom Aorist *id* des Verbs *orao* – sehen), und im Vergleich zu ihrem Ursprung im Bereich der sinnlichen Wahrnehmung werden diese Wörter im übertragenen Sinne gebraucht.

Heraklit schreibt in Ephesus, am Ufer des Ägäischen Meeres, von Osten her: „Für dieses Wort aber, ob es gleich ewig ist, haben die Menschen kein Verständnis, weder ehe sie es vernommen noch sobald sie es vernommen. Alles geschieht nach diesem Wort, und doch gebärden sie sich wie die Unerfahrenen, so oft sie sich versuchen in solchen Worten und Werken, wie ich sie künde, ein jegliches nach seiner Natur auslegend und deutend, wie sich's damit verhält. Die anderen Menschen wissen freilich nicht, was sie im Wachen tun, wie sie ja auch vergessen, was sie im Schlafe tun." (Fr. 1, Diels-Kranz).

Parmenides antwortet von Elea, vom Ufer des Tyrrhenischen Meeres, das die Sonne untergehen sieht, vom Westen aus: „Das Sagen und Denken muss ein Seiendes sein. Denn das Sein existiert, das Nichts existiert nicht; das heiß ich Dich wohl zu beherzigen. Es ist dies nämlich der erste Weg der Forschung, vor dem ich Dich warne. Sodann aber auch vor jenem, auf dem da einherschwanken nichts wissende Sterbliche, Doppelköpfe. Denn Ratlosigkeit lenkt den schwanken Sinn in ihrer Brust. So treiben sie hin stumm zugleich und blind, verdutzte, urteilslose Gesellen, denen Sein und Nichtsein für dasselbe gilt und nicht für dasselbe, für die es bei allem einen Gegenweg gibt." (Fr. 6, Diels-Kranz).

Bei einem Vergleich dieser beiden Texte scheint es in der Tat so, als ob sie in einer gemeinsamen Sorge einen Dialog von weit entfernten Ufern aus geführt hätten. Das Thema ihres Denkens ist die Fähigkeit und Grenze der menschlichen Erkenntnis. Aus diesen Textstellen ergibt sich nämlich eine regelrechte Erkenntnislehre, die die Ebenen des Sinnlichen und des Geistigen voraussetzt und dabei letztere Ebene für bedeutender hält, aber feststellt, dass sie von den Menschen nicht immer erreicht oder gut gebraucht wird; die Menschen können sich täuschen, ja das geschieht sogar häufig. Zahlreich sind die Tauben und Blinden, die Menschen ohne Urteilsvermögen, und deshalb ist es nötig, den Dingen tiefer auf den Grund zu gehen, die Augen des Geistes zu gebrauchen, nicht auf die unmittelbare Erfahrung zu vertrauen. So entsteht die philosophische Suche, und es ist bemerkenswert, dass das sowohl für den einen wie den anderen der beiden Denker gilt, auch wenn ihre metaphysischen Positionen darin auseinandergehen, was sich durch Nachdenken erreichen lässt: Ist die wahre Wirklichkeit einheitlich und unbeweglich, *to on*, wie Parmenides meint, oder zwar einheitlich, *ó logos*, aber Quelle und Rechtfertigung der Bewegung, des Werdens, wie Heraklit vertritt?

Wir sind also bereits in den Bereich der philosophischen Suche eingetreten, die Auseinandersetzung zwischen Sokrates-Platon und den Sophisten verläuft auf denselben Pfaden, doch die Frage wird radikaler: Einerseits wird das Werden verabsolutiert, andererseits die Stabilität behauptet; es entsteht so jene Dichotomie, die die gesamte westliche Philosophie, aber auch die gesamte westliche Kultur durchzieht. Sie besteht in der auf die eine oder andere Weise stets gegenwärtigen Gegenüberstellung von *konstruktivem* und *kritischem Aspekt*. Die Philosophie hat immer eine kritische Komponente, aber das Kritischsein bezieht sich darauf, dass ein dogmatisch angenommenes Wissen in die Krise gestürzt wird, um die Suche fortzusetzen und auf die sich ergebenden Fragen zu antworten. Wenn diese beiden Momente voneinander getrennt werden, ist das Ergebnis entweder Dogmatismus oder Relativismus. Und das ist nicht belanglos, um die Probleme der westliche Kultur und vor allem Europas zu begreifen. Denn das von einer kulturellen Elite erarbeitete philosophische Denken – denn wir gedenken ja der Namen einzelner

Philosophen oder aus wenigen Vertretern bestehender philosophischer Schulen – verbreitet sich kapillar vor allem unter denen, die eine öffentliche Verantwortung tragen. Sinnbildlich ist noch einmal der Fall der Stadt Athen in jener Epoche, die wir als klassisch bezeichnen, als nämlich die Gesetze erarbeitet werden, die einen Referenzpunkt auch für die im Entstehen begriffene politische Macht der Römer bilden. Es ist klar, dass noch nicht das ganze Volk daran beteiligt ist, aber der aus den höheren und gebildeten Klassen stammende Lebensstil hat einen durchschlagenden Einfluss auf das Leben der Gemeinschaft. Die Römer begegnen der Philosophie in der republikanischen Zeit durch die Vermittlung, vielleicht können wir auch sagen: durch das Verdienst Ciceros. In der hellenistischen Zeit bereichern sie sie jedoch auf bemerkenswerte Weise vor allem durch die Beiträge, die aus einer weiteren Ausarbeitung des Stoizismus sowie des Epikureismus hervorgehen und sich entscheidend auf den politischen Bereich auswirken, wenn man nur an Kaiser Mark Aurel denkt.

Die Philosophie ist keine abstrakte Spekulation, manchmal ist sie das zwar, aber in ihren fruchtbarsten Aspekten bietet sie eine Sicht der Welt und eine Sicht des Menschen, die eine Führungsrolle in existenzieller, sozialer und politischer Hinsicht haben kann. Das haben jene Intellektuellen bemerkt, die die christliche Botschaft angenommen haben. Als religiöse Botschaft verbreitete sie sich durch das Werk der Apostel zu Beginn des römischen Reiches in den unteren Schichten, doch in Rom ereignete sich ein bemerkenswertes Phänomen: Die römischen Frauen der gehobenen sozialen Schichten spielten keine geringe Rolle in der Verbreitung dieser neuen Religion, die jetzt auch von den Intellektuellen angenommen wurde.

Wir stehen vor dem sogenannten Inkulturationsprozess des Christentums, und trotz des unermüdlichen und verständlichen Widerstandes anderer Intellektueller, die der polytheistischen Religion und der römischen Kulturtradition treu sind und den „subversiven" Wert der christlichen Botschaft wohl bemerken, behauptet sich dieser Prozess innerhalb von drei Jahrhunderten kulturell und politisch durch das Werk Konstantins. All das führt dann zur Bewegung der Patristik.

Wir stehen vor einem zweiten Wunder. Das erste ist das Wunder der Entstehung der Philosophie in Griechenland, das zweite betrifft die fruchtbare Synthese jener Philosophie, die christlich genannt wird und – um einen Gedanken von Edith Stein aufzugreifen – in der Erleuchtung besteht, die von der geoffenbarten Wahrheit im Geist dessen erzeugt wird, der jene doppelte kritische und konstruktive Haltung einnimmt, von der die Rede war. Sinnbildlich, aber kein Einzelfall, ist Bischof Ambrosius von Mailand, dessen eindeutig neuplatonisch geprägte Predigten Augustinus von Hippo nicht nur dazu brachten, den christlichen Glauben anzunehmen, sondern auch den Weg der philosophischen Forschung fortzusetzen, der eben durch die Botschaft Christi erleuchtet wird. Das wird schließlich von ihm selbst ausdrücklich anerkannt, wenn er rational die Lehre von der Erleuchtung durchdenkt, die eine Öffnung des Geistes für Dimensionen ist, die vorher nicht gesehen, nicht in Betracht gezogen wurden. Und das ist entscheidend insbesondere für die anthropologische Frage.

Die Frage nach dem Wesen des Menschen ist in der griechischen Philosophie seit dem Ursprung präsent. Ich komme noch einmal auf Parmenides und Heraklit zurück: Was jenseits der Verschiedenheit in der metaphysischen Interpretation überrascht und nicht immer klar herausgestellt wurde, ist der Umstand, dass es vom menschlichen Subjekt abhängt, die Wahrheit zu ergreifen. So entsteht die Frage, über welche Werkzeuge die Menschen verfügen, um sie zu ergreifen. Einleitend müssen also, wie oben erwähnt, die Fähigkeiten und Grenzen des Menschen, der erkennt, untersucht werden, wie es eben Heraklit und Parmenides getan haben. Die erkenntnistheoretische Frage, die eine Untersuchung der menschlichen Subjektivität impliziert, ist also seit der Entstehung der Philosophie immer schon gegenwärtig und keineswegs eine seltsame Haltung der Neuzeit. In der Neuzeit ereignet sich eine Radikalisierung dieser Frage, die zu einer unausweichlichen Frage vor den anderen Fragen wird: Sie muss beantwortet werden, bevor man in der Untersuchung der Wirklichkeit fortfährt, die auch die anthropologische Dimension umfasst.

Und geht diese Zentralstellung des Menschen nicht vielleicht auch auf den Einfluss der christlichen Anthropologie zurück, deren Paradigma die Inkarnation Jesu Christi ist? Im Mittelalter nimmt das Göttliche zwar die Bedeutung ein, die ihm zukommt, und die Herkunft des Menschen von Gott wird festgeschrieben, aber wir sind doch, um es mit Thomas zu sagen, „Sekundärursachen", und als solche haben wir einen bemerkenswerten Raum der Selbständigkeit und Freiheit. Wir sind Kinder Gottes, nicht seine Sklaven. Die große Anstrengung der zehn Jahrhunderte mittelalterlicher Philosophie bestand in der Suche nach einem Gleichgewicht zwischen den beiden Weltanschauungen, die sich als gegenläufig erwiesen hatten, und doch ist es gerade der Kirchenvater Justin, der dazu ermuntert, auch in der sogenannten heidnischen Kultur die *semina verbi*, die Samen der Wahrheit, zu suchen. Es gibt in diesem Fall eine optimistische Haltung gegenüber den menschlichen Fähigkeiten, der Mensch kann einzelne Aspekte der Wahrheit erfassen. Wichtig ist nur, dass er sie nicht verabsolutiert und den Anspruch erhebt, zur Wahrheit selbst vorgedrungen zu sein, die für uns immer transzendent bleibt und mit Gott identisch ist. Die Gedanken Edith Steins zu Beginn ihres Werkes *Endliches und ewiges Sein* entsprechen ganz und gar einem solchen Ansatz, und deshalb hat sie es nicht unterlassen, ihre philosophisch-phänomenologische Analyse auch nach der „Wiederaufnahme" der religiösen Erfahrung, als die ich ihre sogenannte Konversion bezeichnen möchte, fortzusetzen.

Es ist offensichtlich, dass im Mittelalter ein Gleichgewicht zwischen Glaube und Vernunft erreicht wird. Augustinus, Anselm, Thomas von Aquin und Duns Scotus, um nur einige zu nennen, zeigen das in Bezug auf die Philosophie, aber eben nicht auf die Glaubenslehren. In der Tat zerbricht dieses Gleichgewicht erst am Beginn der Neuzeit, aber das bedeutet bei aller Fortsetzung der philosophischen Spekulation eben nicht, dass das Christentum verschwindet. Bevor ich die Frage nach der Neuzeit stelle, möchte ich aber noch kurz bei der Entstehung Europas innehalten, so wie es sich am Ende der Neuzeit herausgebildet hat. Die Vereinigung der Länder, die sich im Norden, Osten und Westen des Mittelmeerbeckens befinden, ist, wie wir wissen, das Werk der römischen Expansion, die allerdings auch Nordafrika umfasst hatte. Die durch den Rhein und den Hadrianswall festgelegte Grenze bedingte, dass ein beträchtlicher Teil des heutigen Nordeuropas von Völkern bewohnt war, die als „barbarisch" galten, was etymologisch besagt, dass sie eine andere Sprache und daher auch andere Sitten hatten. Im Zug der Verbreitung der lateinischen Sprache auf der iberischen Halbinsel, in Gallien und Rumänien hatten sich die römischen Sitten und Gebräuche weit verbreitet. Hatte das eine Einheit geschaffen? Die politische Einheit war gewiss zerbrechlich, wie die nachfolgenden Ereignisse zeigen sollten, aber doch war es eine ansehnliche kulturelle Einheit. Die nachfolgenden Ereignisse, die ich meine, sind die Invasionen der Barbaren, die sogenannte „Völkerwanderung", die das römische Gebiet vom dritten bis zum sechsten Jahrhundert sowohl von Norden als auch von Osten her heimgesucht hat, sowie die Invasion der arabisch-islamischen Bevölkerungen im siebten Jahrhundert, die zunehmend die Küsten Afrikas und in der Folge auch die Länder des Nahen Ostens dem römischen Einfluss entzogen. Es handelt sich um wichtige Umwälzungen, die jene zerbrechliche Einheit immer weiter nach Norden gedrängt und damit das Fundament für das heutige westliche Europa gelegt haben.

Es ist wahr, dass es im Mittelalter eine durch die Feudalstrukturen bedingte außerordentliche politische Zerstückelung gab, aber die Idee einer Einheit blieb bestehen und fand zunächst im karolingischen, dann im deutschen Reich seinen Ausdruck. Kulturell ist von einer *res publica christiana* die Rede, auch wenn es keine republikanischen Strukturen mehr gibt, sondern der Begriff im etymologischen Sinne einer gemeinsamen öffentlichen *(publica)* Sache gebraucht wird. Die hellenisierte römische Kultur und das Christentum bilden ein Element des Zusammenhalts, das sich schon in den römischen Barbarenreichen zeigt, sich aber nach und nach auf alle Länder erstreckt, in denen sich das Christentum auf seinem langen Aufstieg ausbreitet, der für die im Norden gelegenen Gebiete bis zum 12. Jahrhundert dauern sollte. Die römische Kultur bringt mit sich auch die griechische Philosophie, deren sich die Römer bemächtigt hatten: Paris wird zu einem wichtigen philosophischen Zentrum, in dem auch Thomas von Aquin arbeitet, Philosophie und Religion gewinnen langsam eine europäische Physiognomie. Nicht vergessen werden darf auch das Werk Kaiser Friedrichs II., der in Palermo zahlreiche Kulturen – die germanische, die lateinische, die griechische und sogar die arabische – miteinander verschmilzt.

Es ist bekannt, dass am Beginn der Neuzeit die Bildung der europäischen Nationen – oder wenigstens einiger von ihnen wie

Frankreich, England und Spanien – durch einen Prozess der sprachlichen und kulturellen Differenzierung ging, die auch zu einer politischen Trennung führte. Auch die Gestaltwerdung der modernen Staaten wird begleitet, ja sogar bestimmt von philosophischen Theorien und Interpretationen, die ihren Ursprung in der Lektüre der christlichen Evangelien haben; beide Elemente verbinden sich in der Organisation eines politischen Systems, das das Feudalsystem durch liberale und demokratische Ideale ersetzt, deren ursprüngliche Inspiration zwar christlich ist, die jedoch inzwischen laisiert und rationalisiert wurden. Sinnbildlich ist das Wirken Calvins in der Stadt Genf und die Bildung sozialer und politischer Bewegungen in England, die bis zum religiösen Radikalismus der Diggers reichen und geläutert in der liberalen Theorie von Locke weiterleben. Doch Hobbes, Locke und Rousseau sind alle, oder zumindest die beiden Letztgenannten, Philosophen, die auf je ihre Weise durch die christliche Lehre gingen.

Die Geschichte der philosophischen Entwürfe erhält und verbreitet sich in den politischen, ökonomischen und pädagogischen Entwürfen. Ohne Philosophie ist es nicht möglich, die Kultur und Politik des Gebildes zu verstehen, das Europa sein wird.

**Bewusstsein um die Rolle der Philosophie**

Ich möchte zeigen, wie sich viele Philosophen dieser kulturellen Prägung bewusst waren, vor allem als das Nachdenken über die Geschichte einsetzte, das die Romantik des 19. Jahrhunderts gekennzeichnet und sich im Historizismus fortgesetzt hat. Hegel in Deutschland war sich dessen bewusst, ebenso Croce in Italien, der auf den theoretischen Geist als Fundament der westlichen Kultur und ebenso auf die Rolle des Christentums in der kulturellen Gestaltwerdung Europas hinwies. Andererseits hatte die mit Deutschland und Italien im 19. Jahrhundert abgeschlossene Entstehung der westeuropäischen Nationen neben den Unterschieden aber auch das gemeinsame Fundament zutage treten lassen, auf denen sich diese erst abzeichneten. Man kann sagen, dass Europa, vor allem Westeuropa, aus der Ferne einheitliche Züge trägt, aus der Nähe betrachtet aber auch die Besonderheiten der unterschiedlichen Kulturräume offenbart. Auf jeden Fall gab es – und gibt es noch – ein ständiges Überfließen von Ideen aus einem Zusammenhang in einen anderen, was hin und wieder auch dazu geführt hat, dass eine Nation sich kulturell über die anderen erhob. Um ein paar Beispiele anzuführen: das italienische Rinascimento, der Rationalismus von Descartes, der von der Romantik ausgehende deutsche Idealismus.

Was dann im Laufe des 20. Jahrhunderts geschah, ist sehr interessant: Die beiden von mir anfangs genannten Seelen der philosophischen Spekulation, die kritische und die konstruktive, haben sich voneinander getrennt, wie es auch in anderen Momenten der Kulturgeschichte Europas schon geschehen war, wenn man z. B. an die Spätscholastik, an den Empirismus in der Moderne denkt. Diese Trennung war und ist noch dramatischer als in der Vergangenheit, denn der Trend zum schwachen Denken oder gar der Nihilismus haben quantitativ die Oberhand gewonnen und scheinen unsere Epoche zu kennzeichnen. Das starke Denken scheint dagegen auf die Naturwissenschaften oder auf die von ihnen inspirierten Philosophien beschränkt zu sein. Dennoch wurden und werden andere, im 20. Jahrhundert gegenwärtige und immer noch vorhandene Entwürfe wie zum Beispiel die klassische Phänomenologie (Husserl und die ersten Vertreter seiner Schule), der Neuthomismus, der Personalismus dadurch nicht beseitigt.

Man könnte sich jetzt fragen, was die philosophische Position, die die Kritik verabsolutiert und in unseren Tagen vorherrschend zu sein scheint, mit den Problemen Europas zu tun hat; ich glaube, dass sie ein Symptom und zugleich eine Ursache der gegenwärtigen Situation ist. Diese Situation offenbart nämlich die Unfähigkeit, gültige Orientierungskriterien zu finden, die nicht allein die der Vergangenheit sein dürfen, sondern sich erneuern können, ohne dabei jene Stabilität einzubüßen, die nötig ist, um ein Ziel zu erreichen. Die Krise der konstruktiven Philosophie ist daher ein Symptom und eine Ursache einer größeren Krise, und wenn die Krise auch positiv sein kann, weil sie den Dogmatismus verhindert, ist es doch nötig, dass sie nicht verabsolutiert wird, sondern von einer konstruktiven Haltung begleitet wird. In welchem Sinn ist die Schwäche der Philosophie auch eine Ursache der Krise? In dem Sinne, dass die philosophischen Ideen niemals in einem abgeschlossenen Bereich verbleiben, der mit der täglichen Wirklichkeit nichts zu tun hat. Das gilt besonders in unserer Zeit, die sich durch so zahlreiche Mittel zur Verbreitung von Ideen auszeichnet, zu denen nicht zuletzt, sondern sogar an erster Stelle die Schulbildung gehört, die das Gedankengut durch die Ausbildung der Lehrer vermittelt. Deutlich wurde dieses Phänomen in dem Moment, in dem zum Beispiel der Marxismus als starke und für weite Teile der Universitätsforschung in den europäischen Nationen dominante Ideologie hervortrat. Denn die Verbreitung dieser Ideen auch durch Verzerrungen und in einigen Fällen sogar durch Verrat ließ sich in jedem geschichtlichen, literarischen, politischen Zusammenhang und auf den verschiedenen Ebenen der Schulbildung feststellen. All das hängt mit dem Phänomen der dominanten Ideologien zusammen, das in der gegenwärtigen westlichen Welt immer häufiger wird, und zwar nicht nur aufgrund des Einflusses, den unsere Kultur in allen Erdteilen hatte und weiterhin hat.

**Beispiele konstruktiven Denkens**

Man könnte sich fragen, warum man für eine konstruktive Philosophie sein sollte. Es ist also angemessen, diese Entscheidung zu rechtfertigen. Zum Teil ist schon gesagt worden, dass die Rolle der Ideen in der Ausarbeitung eines nicht nur personalen, sondern – ich würde sagen: vor allem – gemeinschaftlichen Lebensentwurfes nicht zweitrangig ist. Das ist so, weil es notwendigerweise einen wechselseitigen Bezug zwischen Theorie und Praxis gibt, die in einer stets sich erneuernden Bewegung, die sie miteinander verbindet, nicht aufeinander verzichten können. Die Philosophie ist dann niemals ein abstraktes Faktum; denn wenn sie sich in ein rein theoretisches Umfeld einschließt, läuft sie ihrem eigenen Wesen zuwider.

Es ist daher wichtig, dass es ein klar definiertes Lebensprojekt gibt, das sich auf eine ernsthafte anthropologische Untersuchung stützt, auf die eine Ethik gegründet werden kann, die als Ideal das individuelle und kollektive und nicht allein das wirtschaftliche Wachstum verfolgt.

In dieser Richtung möchte ich auf zwei Beispiele von Philosophen hinweisen, die uns in dieser Aufgabe helfen können. Ich habe versucht, ihren theoretischen Entwurf zu vertiefen, weil ich begriffen habe, dass sie im Vergleich zu anderen, die ich ebenso schätze, *Wegweiser* von hohem intellektuellem und moralischem Gehalt sein können, ich rede von Edmund Husserl und Edith Stein.

Hier ist nicht der Ort, ihren komplexen philosophischen Werdegang nachzuzeichnen, sondern ich möchte ihre Position zum Grundthema der Fragestellung hervorheben, der ich hier kurz nachgehe: dem Verhältnis zwischen der Philosophie und Europa. Gewiss sind sie nicht die Einzigen, die über dieses Thema sprechen, aber ich möchte die Aspekte hervorheben, die mir in ihren Stellungnahmen überzeugend scheinen und die ich nicht bei anderen Philosophen gefunden habe.

In Bezug auf Husserl möchte ich an erster Stelle seine Diagnose der europäischen Kultur hervorheben. An vielen Stellen in seinem Denken behandelt er dieses Problem, aber ich möchte die Aufmerksamkeit auf ein von Ludwig Landgrebe transkribiertes Manuskript aus dem Jahr 1934 richten, dessen Grundthema nach dem Titel, den Landgrebe selbst auf den Aktendeckel schreibt, mit *Episteme und Doxa* angegeben werden kann.[1] Welchen Inhalt soll man diesen beiden Begriffen geben? Was ist die Episteme? Die Antwort findet sich in einem Beispiel im Manuskript:

„*Wir Europäer* bilden allgemeine Denkmethoden aus. Von uns her scheiden wir alle mythologisch-religiösen Apperzeptionen ab, und bilden eine ‚nüchtern sachliche', ‚wissenschaftliche Weltbetrachtung' aus, die alle nationalen und alle generativen Idole abtut und eine objektive Wahrheit und Welt sucht und ausbildet, die das in all jenen Apperzeptionen fremder Menschheiten als ‚getrübten Erscheinungsweisen' das Wahre allein Wahre ausmacht und die Norm abgibt für eine Erfahrungskritik und Kritik der Vorgegebenheiten von Welt, wie sie die verschiedenen Menschheiten notwendig in unterschiedener Weise haben."[2]

Wie man sieht, ist es den Europäern gelungen, sich durch eine Denkmethode von einer mythologisch-religiösen Weltsicht zu entfernen und zu einer wissenschaftlichen Weltbetrachtung zu

---

1  EDMUND HUSSERL, Ms. Trans. A VII 14, *Struktur der Erfahrungswelt. Episteme und Doxa. Bekanntheit und Fremde*, 9. April 1934.
2  Ebd., 5.

kommen, wobei der Begriff wissenschaftlich auf seinen Ursprung zurückgeführt werden muss, auf das Wissen und damit auf eine objektive Suche, eine objektive Wahrheit und eine objektive Welt, eine Suche, die freilich die Kritik der Vorgegebenheiten von Welt nicht ausschließt. In anderen Worten: Es ist nötig, durch die Kritik zu gehen, es ist nötig, durch die Epoché zu gehen, sonst fängt die philosophische Forschung gar nicht erst an, aber das Ziel ist eben nicht die Kritik, sondern vielmehr das Erreichen von Wahrheit.

Das Manuskript fährt fort und schließt mit wenigen äußerst bedeutungsreichen Zeilen, deren Sinn man vielleicht so auf den Punkt bringen könnte: Diese Haltung ist gültig, weil sie nicht auf die Überlegenheit oder Verschlossenheit der Europäer hindeutet, denn sie erkennen an, dass auch die Angehörigen anderer Kulturen vernunftbegabte Wesen sind: „Sie alle sind Menschheiten, Gemeinschaften von Vernunftwesen, sie können in sich ebenso wie wir objektiv sachliches Denken betätigen etc."[3] Aber wir sind diejenigen, die sie als Vernunftwesen konstruieren, da sie, von ihrer sie umgebenden hergebrachten Welt ausgehend, die objektive Wahrheit und dieselben Schlüsse wie wir erreichen können. Indem wir das sagen, geht jeder von seinem eigenen Ich aus, die Rückfrage führt ihn dorthin, wo alle Gültigkeiten entdeckt werden und wo die höchsten Sphären des Seins konstituiert werden, wo sich die Klärung der Aufgabe einer Philosophie ereignet. In Kenntnis des Entwurfes Husserls können wir hinzufügen, dass dieses Ich nicht die einzelne, verabsolutierte Subjektivität ist, sondern die transzendentale Struktur der Subjektivität selbst, die eine in allen Menschen gegenwärtige Universalität besitzt.

Die Analysen Husserls beruhen oft auf Vergleichen in dem Sinne, dass er bei einem Bezug auf andere Kulturen zuerst versucht, sie durch Ähnlichkeit oder Gegensätzlichkeit zur westlichen Kultur zu verstehen und dann die verschiedenen Erkenntnismodalitäten vertieft. Dies geschieht zum Beispiel, wenn er von der Logik der Urvölker spricht, die von unserer verschieden, aber auf transzendentaler Ebene verständlich ist, indem er die besonderen Kombinatio-

---

[3] Ebd., 6.

nen von Erlebnissen analysiert.⁴ Auf jeden Fall ist er sehr sensibel gegenüber der Universalität der menschlichen Struktur. Genau aus diesem Grund ist es möglich, auch die Motive seiner Konversion zum Christentum zu erfassen, das ihn mehr überzeugte als das Judentum, weil es sich durch die Universalität der Botschaft Jesu Christi auszeichnet, die sich gut mit der Universalität des griechischen philosophischen Denkens vereinbaren lässt.

Der Umstand, dass die Europäer wenigstens zum überwiegenden Teil zu dem Bewusstsein gelangt sind, dass es nötig ist, die Wahrheit durch Kritik und Methode zu suchen, unterscheidet sie von anderen Völkern, aber diese Unterscheidung bedeutet nicht, dass sie sich als etwas Besseres fühlen sollten, denn in Wahrheit tragen sie bloß mehr Verantwortung, und zwar in einem doppelten Sinne: gegenüber der Verwirklichung der Aufgabe, die sie erkannt haben, nämlich jener, das Menschsein in Fülle zu verwirklichen, und gegenüber den anderen Völkern, die sie aus ethischen Gründen nicht vernachlässigen dürfen. Mir kommt ein italienisches Sprichwort in den Sinn, das heißt: „Chi ha più senno, l'adoperi." – zu Deutsch etwa: „Wer mehr Verstand hat, soll ihn gebrauchen." „Senno" ist ein altes Wort und bedeutet Weisheit, Gleichgewicht, die Fähigkeit, eine Situation zu bewerten und angemessen zu handeln.

Es ist kein Zufall, dass sich der Begriff für Husserl nicht auf eine Fähigkeit, sondern auf eine Erkenntnisweise bezieht, nämlich auf jene, die zur Offensichtlichkeit und Unbezweifelbarkeit tendiert, also auf das volle Verständnis, man könnte sagen: auf den „senno", dessen Bedeutung sich nicht nur auf theoretischer Ebene, sondern eben auch und vor allem in der Praxis offenbart.

Das sollte die Aufgabe der Europäer sein, falls man zu einer „Klärung der Aufgabe einer Philosophie" als Richtschnur für das Denken und Handeln kommt. Wenn Europa sich allein vom Traum der „prosperity" leiten lässt, wie Husserl schon in den 30er-Jahren des 20. Jahrhunderts zu Beginn der *Krisis der europäischen Wissenschaften* schrieb, kann es gewiss weder sich selbst noch anderen helfen.

---

4   Ich verweise für die Analyse der verschiedenen Kulturen auf den dritten Teil meines Buches *The Divine in Husserl and Other Explorations*, „Analecta Husserliana", Bd. XCVI-II, Dordrecht 2009.

Es muss festgehalten werden, dass Husserl die Gültigkeit nicht nur der bloß intellektuellen, sondern auch der ethisch-religiösen Werte forderte, wie er in *Cartesianische Meditationen* vertritt, und die Religion, auf die er sich bezieht, ist zweifelsohne das Christentum. Es genügt, an den interessanten Text über die *Ethische Liebe* zu denken, deren Prototyp die Liebe Jesu Christi ist.[5]

Ich möchte noch eine weitere Denkerin anführen, Edith Stein, deren geistiges Schaffen und beispielhafte Lebensführung Papst Johannes Paul II. dazu veranlasst haben, sie neben zwei weiteren außergewöhnlichen Frauengestalten, der heiligen Caterina von Siena und der heiligen Brigitta von Schweden, zur Patronin Europas zu ernennen.

Im Werk Edith Steins finden sich in der Tat nur ein paar Andeutungen zur europäischen Kultur, wie ich schon bei einer anderen Gelegenheit dargelegt habe, nämlich auf dem Kongress zum Thema „Europa und seine Anderen", den Professor Gerl-Falkovitz 2009 an der Universität Dresden organisiert hat.[6] Ich erwähnte damals einen Punkt, der mir besonders wichtig scheint und sich in dem Werk *Der Aufbau der menschlichen Person*[7] befindet. Stein bezieht sich dort auf die griechisch-römischen Ursprünge der westlichen Kultur und auf den Verbleib ihrer Kulturtradition auch über das Überleben dieser Völker hinaus. Es handelt sich in der Tat um geistige Hervorbringungen, die eine Überzeitlichkeit erreichen, die jenseits der Wechselfälle der Ereignisse liegt.

Die Beschreibung der europäischen Kultur fällt in einigen Aspekten mit derjenigen von Husserl zusammen. Aber das Studium der mittelalterlichen Philosophie, der Stein sich mit großer Leidenschaft widmet, lässt sie den Beitrag der christlichen Denker entdecken, die eine starke Verbindung mit der griechischen Philosophie beibehalten, zugleich eine Öffnung zur religiösen Dimension hinzufügen und dabei die Gültigkeit der *philosophia perennis* zeigen. Also zeugt nicht nur die reine Philosophie, sondern auch die christ-

---

5 EDMUND HUSSERL, *Zur Phänomenologie der Intersubjektivität*, II, Husserliana, Bd. XIV, Nr. 9, 172–175.
6 HANNA-BARBARA GERL-FALKOVITZ, RENÉ KAUFMANN, HANS RAINER SEPP (HG.), *Europa und seine Anderen. Emmanuel Levinas, Edith Stein, Józef Tischner*, Dresden 2010.
7 EDITH STEIN, *Der Aufbau der menschlichen Person. Vorlesung zur philosophischen Anthropologie*, (ESGA 14), eingeleitet u. bearbeitet v. Beate Beckmann-Zöller, Freiburg i. Br. 2004, 151.

liche Philosophie von der Kontinuität mit der Vergangenheit, indem sie auf originelle Weise nicht nur die christliche Botschaft einfügt, denn vermutlich tue ich Stein nicht unrecht, wenn ich sage, dass es eine jüdisch-christliche Botschaft ist.

In dieser Hinsicht ist ein Unterschied zwischen der Position Husserls und derjenigen Steins festzustellen, der die Bewertung des Judentums betrifft, aus dem sie beide stammen. Husserl entfernt sich auch aufgrund seiner Erziehung und Familie vom Judentum und nimmt das Christentum an, weil er nach jener Universalität strebt, die bereits erwähnt wurde. Stein hingegen beansprucht ihren jüdischen Ursprung, indem sie eine Verbindung zwischen diesem Ursprung und dem Christentum genau in den Gestalten Jesu Christi, Marias und der Apostel sieht.[8] Ferner besteht ihr philosophisches Ideal, je weiter sie in der Reifung des christlichen Glaubens fortschreitet, in einer fruchtbaren Verbindung zwischen Philosophie und Religion, was Husserl niemals akzeptiert hat, weil er die philosophische Forschung als einen atheistischen Weg[9] betrachtete, und zwar in dem Sinne, dass sie auf Gott als Voraussetzung selbst dann verzichten könne, wenn sie sich auf Gott bezieht. Daraus ergibt sich auch das unterschiedliche Urteil der beiden Denker über die mittelalterliche Philosophie: Husserl betrachtet das mittelalterliche Denken bloß als Theologie, Stein erkennt eine von der geoffenbarten Wahrheit erleuchtete Philosophie zusätzlich zur Theologie.

Auch wenn er davon ausgeht, dass das Christentum einen absolut gültigen ethischen Weg weist, weil es das Thema der Nächstenliebe vorstellt, besteht Husserl unablässig auf einem rationalen Entwurf als Aufgabe der Menschheit. Stein schlägt nicht explizit einen christlichen Weg für Europas Entwicklung vor, aber man kann davon ausgehen, dass dies ihr nicht ausgesprochener Gedanke war, etwas, das wenn auch unausgesprochen, doch mit den Grundkoordinaten ihres Lebens und Werkes im Einklang steht.

Auf jeden Fall ist das Thema, das die beiden Denker einander annähert, das der Gemeinschaft, die auch als staatliche Gemein-

---

8   Siehe den Brief an Pius XI. von 1933.
9   „Eine Wissenschaft aber, die keine Offenbarung kennt oder als vorgegebene Tatsache (obschon nachher erkenntnismäßig zu behandelnd) anerkennt, ist atheistisch. Demnach, wenn eine solche Wissenschaft doch zu Gott führt, wäre ihr Gottesweg ein atheistischer Weg zu Gott" (EDMUND HUSSERL, Ms. Trans. A VII 9, Horizont, 1933, 21).

schaft verstanden wird, und weil das, was eine Gemeinschaft auszeichnet, das geistige Band zwischen ihren Mitgliedern ist, ist die Botschaft, die sie uns vermachen und die wir heute verwenden können, eben gerade mit der geistigen Physiognomie Europas verbunden. In ihren Gedanken über politische Zusammenschlüsse föderalen Charakters hebt Stein den Umstand hervor, dass die Einheit nur in einer freien und überzeugten Annahme des Zusammenlebens der Völker gefunden werden kann.

Das ist die Botschaft, die sie uns vermachen, und das entspricht dem, was auch in unseren Tagen von verschiedenen Seiten zu hören ist, dass es nämlich keine politische und wirtschaftliche Einheit in Europa geben kann, wenn Europa nicht eine Gemeinschaft im geistigen Sinne wird.

Zahlreich sind die Bedrohungen einer solchen Möglichkeit, die doch die einzig konstruktive bleibt. Wiederholt sich vielleicht in der Wirklichkeit, was nur im Mythos von Europa und Zeus erzählt berichtet wurde? Als ich das Thema dieses Vortrags mit Prof. Linderer besprach, den ich gebeten hatte, den Vortrag zu übersetzen, schlug er eine interessante Aktualisierung dieser Erzählung vor. Denn in einer globalisierten Welt, in der einige Mächte über eine bemerkenswerte Wirtschaftsmacht verfügen und in der die transnationale Finanzwirtschaft die Regeln vorzugeben scheint, ist Europa mit seiner philosophischen Tradition, deren Ausläufer den politischen Bereich erobert und nicht zuletzt die Demokratie hervorgebracht haben, arglos auf den Stier der Finanz- und Wirtschaftsmacht aufgestiegen, wodurch es sich zugrunde richten könnte. Es braucht daher ein Mehr an geistiger Energie, um all dem entgegenzutreten. Weil nichts sicher und die Zukunft ungewiss ist, kann nur eine konstruktive Hoffnung und gewiss keine Flucht in die Utopie unseren Weg weiter tragen.

# À Dieu?

Hanna-Barbara Gerl-Falkovitz

## Die Gottesfrage als Anstoß europäischen Denkens

### 1. Kürzestdiagnose

Der polnische Satiriker Stanisław Jerzy Lec formuliert in einem seiner „unfrisierten Gedanken": „Nur wenige sahen es dem 19. Jahrhundert an, dass ihm das 20. folgen würde."[1] Ein unerwarteter Umschwung bestand jedenfalls darin, dass Religionskritik im 19. Jahrhundert Sache weniger Philosophen war und Atheismus am Schreibtisch vorgedacht wurde, während der Glaubensschwund heute allgemeine „Kultur" und Frucht kontinentübergreifender laizistischer oder agnostischer Politik ist. Aber: Kann man vielleicht auch dem 20. Jahrhundert nicht ansehen, dass ihm das 21. folgt?

Denn heute gibt es auch über den Intellekt einen wirkungsvollen Zugang zum Christentum. Diesem Zugang arbeitet die Philosophie in verschiedenen Ausprägungen zu. Glauben beruht auch auf Denken; noch eine Stufe tiefer: auf Wissen, denn Glauben beginnt zunächst mit Wissen über den Glauben und setzt fort mit Reflexion über den Glauben.

### 2. Denken als Zugang zur Wahrheit

In der Geschichte des Denkens, die auch eine Geschichte der Polemik ist, sind zwei Städte, zwei Orte des Zugangs zur Wahrheit, immer wieder gegeneinander ausgespielt worden. „Was hat Athen mit Jerusalem zu tun?" So schon Tertullians schlagende und abweisende Frage, die der russisch-jüdische Religionsphilosoph Leo Schestow 1937 herausfordernd und verstörend wieder aufnimmt,

---

1 *Das große Stanisław-Jerzy-Lec-Buch*, hg. v. Karl Dedecius, München 1990, 192.

um die „Hure Vernunft", wie Luther sie nennt, zuschanden werden zu lassen, wofür Schestow zuerst Paulus, dann Plotin und Kierkegaard als Zeugen nimmt.[2] Denn im Blick auf Abraham und Christus gelte keine Versöhnung, kein Sinnvertrauen in die Vernunft, keine Gleichsetzung des menschlichen und göttlichen Geistes.

Wieweit ist das richtig – oder arbeiten die beiden Städte, die beiden *methodoi* doch einander zu? Das ist im Blick auf heutiges Philosophieren zu bejahen: Religion (näherhin die biblische Tradition) muss nicht vom Anspruch auf absolute Aussagen über Gott gelöst werden. Vernunft ist nicht zwingend relativierend.

*2.1 Skeptische Vernunft nur noch als Pluralismus?*

Vernunft ist selbst in ihrer Skepsis Hilfe für den Glauben: im Blick auf das Ungemäße der Vernunft gegenüber der überragenden, unerschöpflichen Wahrheit.

Die Postmoderne hatte vor allem in ihrer französischen Form seit den 70er-Jahren des letzten Jahrhunderts *l'absence* thematisiert, die Abwesenheit von Sinn nämlich, der das Heterogene, in vielerlei zielloses Wissen Zerfallende zu einem Ganzen verbinden könnte. Postmoderne ist – nach dem berühmten Aufsatz *La Condition Postmoderne* (1979) von Jean-François Lyotard (1924-1998) – bestimmt als das Zulassen von Mehrzahl: Mehrere, viele, alle Lebenswelten, Kulturen, Andersheiten, Differenzen wirken zugleich, wertungsfrei und hierarchiefrei. Die „Leitkultur" steht vielmehr unter dem Verdacht zu nivellieren, das Fremde einzuheimsen. So erklärt postmodernes Denken den Aufstand gegen die „großen (homogenisierenden) Erzählungen": gegen die Ilias, die Odyssee, die Bibel, die Aeneis, die Göttliche Komödie, Faust, was immer. All dies ließe sich lesen – so der Verdacht – als Monopolismus einer Idee der Götter, der Menschen, der Dinge; diesem Monopol dienten die Entwürfe einer Seinslehre ebenso wie die Frage nach einem „Wesen" der Dinge, aber – verblüffend – auch die aufklärerische, alles betreffende, alles erklärende Vernunft. Gerade das Zeitlos-Gültige, die angebliche Globalität, das Begrifflich-Allgemeine, das Denken aus dem scheinbar einen Ursprung grenze ein „Anderes" immer aus. Aber auch die

---

2  Leo Schestow, *Athen und Jerusalem. Versuch einer religiösen Philosophie*, Berlin 1937.

aufklärerische Vorstellung des mündigen, selbstverantwortlichen Subjekts sei Selbstdurchsetzung: Das Ich schließe herrisch von der eigenen Position auf ein Du. Denken habe vielmehr einen Verzicht zu erklären: den Verzicht auf den geschlossenen Diskurs innerhalb eines „anonymen und zwingenden Gedankensystems" (Michel Foucault). Entsprechend fehlt nicht nur das Eine, Verbindliche im postmodernen Lebensstil; es fehlt damit auch der Eine: Gott. Er zieht sich nur als „Spur", als Negativabdruck eines Fußes im Wüstensand, durch die Geschichte (des 20. Jahrhunderts). Gott wird abwesend: Es bleibt unentschieden, ob es „ihn" gibt oder ob er die „Spur" nur im menschlichen Denken hinterließ, als Korrelat zu Traum und Sehnsucht des Menschen.

## 2.2 Skeptische Vernunft aus Überschuss an Wahrheit

Dagegen ist jedoch geltend zu machen: Schon Sokrates ist ein Ironiker, was das Reden über Wahrheit angeht – allerdings nicht aus Skepsis gegenüber der Wahrheit wie bei den Sophisten, sondern aus Skepsis gegenüber der menschlichen Fähigkeit und Willigkeit, sich ihr aufzuschließen. „Platon hat die Sinn-Macht der Wahrheit offenbar in einer Weise erlebt, welche die Erkenntnis absoluter Gültigkeit der Idee mit der Erfahrung menschlicher Unzulänglichkeit verband."[3] So sehr Platon im Denken des Sokrates den Maßstab für Wert, ja für Wirklichkeit überhaupt findet, so eigenartig hartnäckig lässt er Sokrates betonen, er sei kein Lehrer; man denke nur an die Aporien, die Weglosigkeiten, worin das Denken stecken bleibt, wohinein aber Sokrates die Schüler immer wieder treibt.

So gibt es von Beginn der Philosophie an „ein Wissen um die Wahrheit und zugleich ein Wissen um die Inkommensurabilität der eigenen Kraft ihr gegenüber; eine Erkenntnis der eigenen Ungemäßheit, aus der aber nicht Skepsis, sondern höchste Zuversicht hervorgeht." „Wahrheit [...] ist ein *excessivum*."[4] Der Überschuss an Wahrheit, weit über menschliches Vermögen hinaus, ist eine grund-

---

3   Vgl. ROMANO GUARDINI, *Wahrheit und Ironie (1965)*, in: DERS., *Stationen und Rückblicke*, Würzburg 1965, 49.
4   Ebd., 49f.

legende Erfahrung auch der Philosophie. Sie hat befreienden, aber auch verpflichtenden Charakter: die Wahrheit zwingend zu suchen.

## 3. In Sichtweite Athens: Jerusalem

### 3.1 Imperativ von „anderswoher": Emmanuel Levinas

Jerusalem steht für einen anderen, konkreten Einbruch an Wahrheit, eine Apokalypse = Offenbarung von Wirklichkeit. Diese als „göttlich" vernommene Wirklichkeit lässt sich philosophisch in eine neue Grammatik des menschlichen Tuns übersetzen.

Emmanuel Levinas entwickelt eine Anthropologie und vor allem eine Ethik – „agnostisch" – aus dem biblischen Leitfaden. Er stellt zur Klärung einer neuen Ethik zwei Metaphern in Gegensatz: die Metapher des Odysseus, der nach der Wirrnis ziellosen Umherstreifens *anamnetisch* zum heimatlichen Anfang zurückkehrt (wie das Sein immer wieder in seinen Anfang, das Nichts, mündet), und die Metapher Abrahams, der in das schlechthin Unbekannte, sperrig Heimatlose aufbrechen muss, einer fremden Stimme folgend – im reinen Gehorsam des Hörens.[5] Jenseits autonomer Subjektivität und emanzipatorischer Vernunft steht Abraham „ausgeliefert" an einen „Befehl" von anderswoher.

Vor der Ur-Gestalt Abrahams wird Dasein als Geiselsein ausgelegt. Levinas deutet jede tiefere Beziehung als gegenläufig Einbrechendes, Verpflichtendes, ja Entmündigendes: da sonst die Selbstherrlichkeit des Ich niemals ausgehebelt werden könne. Wie Abraham hat das Ich seine Freiheit an die Stimme des Anderen, an die keiner Rechtfertigung bedürfende Alterität abzugeben. Identität kann in Zukunft nur noch heißen: einem anderen zu gehören.

Die einzig legitime Form des Ich wird nunmehr das mit dem anderen trächtige Ich – maskuline Mündigkeit hat sich zu verlieren in die unmündige Weiblichkeit und Verletzlichkeit des Ich, in die vom anderen diktierte Weise des Seins. Fürsorge hat zu treten anstelle von leerer apriorischer Sorge um das Eigene. Am Ende dieses Freiheitsverlustes steht die völlige Kenose, die Entleerung des

---

[5] EMMANUEL LEVINAS, *Totalität und Unendlichkeit. Versuch über die Exteriorität*, übers. v. Wolfgang Nikolaus Krewani, Freiburg/München 1987.

Anspruchs auf Selbstsein, Identität, Freiheit im gewohnten Sinn; die Odyssee endet nicht mehr zu Hause. Die Metamorphose wird endgültig, der Herr wird Knecht. Solcherart Ethik führt tief in den Umsturz der Wirklichkeit durch die Offenbarung hinein.

### 3.2 Gottes Entäußerung ins Diesseits: Paulus bei Giorgio Agamben

Jerusalem kennt noch eine Apokalypse, denn es war auch der Ort einer Hinrichtung, Ort des „Todes Gottes". Auch diese Aussage hebt im jetzigen Zusammenhang nicht auf Glauben ab, sondern auf Denken. Von hier aus gibt es einen Zugang zur Geschichtsphilosophie, wie Paulus sie entwirft. Es ist wohl kein Zufall, dass in den letzten Jahren mehrere philosophische Reformulierungen von Paulus stattfanden.[6] In Paulus wird das Phänomen des Messias konkret (damit angreifbar), der das Alte für immer zerbrochen hat.

Einen solchen Umsturz arbeitet Giorgio Agamben in einem philologisch genauen Kommentar zum Römerbrief aus.[7] Man kann Paulus den „Theoretiker des neuen Subjektes" nennen, das durch einen Bruch, eine Entleerung gegangen ist. Das neue Subjekt stammt dabei aus dem unvorhergesehenen *Ereignis*: Hier gibt es kein Mitschleppen des Alten, auch nicht des Verbrochenen (Paulus billigte den Mord an Stephanus und wollte selbst morden), sondern Entleerung und Umgestaltung. „Wenn also jemand in Christus ist, dann ist er eine neue Schöpfung: Das Alte ist vergangen, Neues ist geworden." (2 Kor 5,17)

Jeder, der dasselbe Ereignis wahr-nimmt aufgrund eines Zeugnisses, wird „Mensch ohne Eigenschaften", ohne jene festgeschriebenen Prägungen der Herkunftskultur. Also ohne den Hochmut der (vermeintlich) überlegenen Kultur und der höheren Bildung (wie bei den Griechen), des ausgeklügelten Rechtssystems (wie bei den Juden und Römern). Paulus spricht sowohl gegen die jüdische Forderung von „Zeichen", soll heißen Beglaubigungen, als auch gegen die griechische Forderung von „Weisheit", soll heißen

---

6  Alain Badiou, Jacques Derrida, Slavoj Zizek, Giorgio Agamben.
7  GIORGIO AGAMBEN, *Die Zeit, die bleibt. Kommentar zum Römerbrief,* Frankfurt a. M. 2002; DERS., *Homo sacer. Die souveräne Macht und das nackte Leben,* Frankfurt a. M. 2002.

durch Denken erschließbare Wahrheit (1 Kor 1,22ff.). Es gibt im Christus-Ereignis keine Voraussetzungen, außer: sich davon treffen zu lassen. Mehr noch: Alle Formen staatlicher oder sakraler Macht werden zweitrangig, sind in ihren Grundlagen ausgehebelt. Das betrifft die kosmisch-politische Ordnung, wie sie die alten Großreiche errichteten und wie sie das römische Reich in seiner weltumspannenden Totalität darstellt; das betrifft auch und sogar die Auserwählung Israels, die sich in der Thora ihren elitären Ausdruck geschaffen hat. Das Christus-Ereignis ist a-kosmisch, il-legal. Wer von der *klésis* getroffen ist, dem Ruf, der gehört in eine neue Polis, in das neue Israel. Er gehört zur *ecclesia*, und dieses Herausgerufensein ist universal. Der Ruf spart niemanden aus. „Es gilt nicht mehr Jude noch Grieche, nicht Sklave noch Freier, nicht Mann noch Frau – einer seid ihr in Christus." (Gal 3,28; vgl. 3,13) Die Unterschiede dieser Welt, auf denen die Herrschaft der einen über die anderen ruht, gibt es immer noch, aber unwichtig sind sie geworden vor dem einen großen Ereignis. Das Christus-Ereignis, so Paulus, vereinigt im Bekenntnis zu einem neuen Dasein, zu einer neuen Gemeinschaft: ohne bestimmte, vorausgesetzte Kultur, ohne bestimmte Werte, ohne Regeln, ohne aristokratisches, abgesondertes „Eigen- und Anderssein".

*3.3 Schuldlösung: Sinnpotentiale des Christentums bei Jacques Derrida*

Die Suche nach einer Anthropologie „jenseits des Nihilismus" und „jenseits der virtuellen Konstruktion" hat schon begonnen; sie zielt auch auf die säkular nicht mögliche Rede von einer Schuldlösung angesichts der ungeheuren Verbrechen.

Eine tiefgehende Forderung, wiederum philosophisch ausgesprochen, sogar von einem Agnostiker, kommt hinzu – umso verblüffender, als der kirchliche Usus auf diesem Gebiet immer mehr ausdünnt. Die Rede ist von der notwendigen Absolution von Schuld – und sie müsste bis zur Verzeihung des Unverzeihlichen gehen, so Derrida in einem Interview: „Man muss von der Tatsache ausgehen, dass es, nun ja, Unverzeihbares gibt. Ist es nicht eigentlich das Einzige, was es zu verzeihen gibt? Das Einzige, was nach Verzeihung *ruft*? Wenn man nur bereit wäre zu verzeihen, was verzeihbar scheint, was die Kirche ‚lässliche Sünde' nennt, dann würde sich die

Idee der Vergebung verflüchtigen. Wenn es etwas zu verzeihen gibt, dann wäre es das, was in der religiösen Sprache ‚Todsünde' heißt, das Schlimmste, das unverzeihbare Verbrechen oder Unrecht. Daher die Aporie, die man in ihrer trockenen und unerbittlichen, gnadenlosen Formalität folgendermaßen formulieren kann: Das Vergeben verzeiht nur das Unverzeihbare. Man kann oder sollte nur dort vergeben, es gibt nur Vergebung – wenn es sie denn gibt –, wo es Unverzeihbares gibt. Was so viel bedeutet, dass das Vergeben sich als gerade Unmögliches ankündigen muss. Es kann nur möglich werden, wenn es das Un-Mögliche tut."[8]

„Übersetzt" kann dies wohl nur bedeuten, dass es Absolution nur im Absoluten gibt – nicht im Relativen menschlicher „Verrechnung". Derrida selbst bezieht sich ausdrücklich auf die „abrahamitische Tradition", deren sich – seiner Meinung nach ungerechtfertigt – mittlerweile auch andere Kulturen bedienen, ohne den Kern, eben jenes Unverrechenbare, zu gewahren und an dessen Stelle einen Polittourismus des gegenseitigen Entschuldens setzen: Die Enkel der Täter entschuldigen sich weltweit bei den Enkeln der Opfer. Eine Entschuldung im Horizontalen gibt es nach Derrida aber gerade nicht. Kultur muss, um Kultur zu bleiben, die Stelle für den mehr als sozialen und politisch zwecklichen Pardon offenhalten.

Solche Horizonte zünden gerade in einer agnostischen Kultur, die die wirkungsvolle Bearbeitung von Schuld nicht kennt.

*3.4 Schönheit des logos, oder: Ästhetischer Gottesbeweis.*
*Botho Strauß, George Steiner*

Im nichtssagenden Sprachlärm von „Echos, die in leeren Höhlen dröhnen", werden „reale Worte" eingefordert; Botho Strauß, der als Kulturkritiker schreibt, findet sie in den Worten der eucharistischen Verwandlung. Strauß holt seine Argumente aus der Ästhetik: Das wirkliche Kunstwerk sei – aufreizend genug zu hören – zusammen mit dem Glauben (an die Wirklichkeit, an den göttlich Wirklichen) in den letzten europäischen Generationen verraten worden. Gemeint ist die Dekonstruktion von Sprache zu beliebigen Textfragmenten, zu Deutungsspielereien, zu Wortmüll, der nicht meint,

---

8 JACQUES DERRIDA, MICHEL WIEVIORKA, *Jahrhundert der Vergebung*, in: Lettre international 48 (2000) 10–18, hier: 11f.

was er sagt. Strauß bezieht sich zustimmend auf den Literaturtheoretiker George Steiner, Jahrgang 1929, der gegen die Nomenklatura der Poststrukturalisten Barthes, Lacan, auch Derrida die Wirklichkeitsmacht des Wortes aufrief – im Rückgriff auf die *Real Presences*, die Realpräsenzen (des Gesagten nämlich)[9]. Steiner skizzierte darin scharf und heftig den Verlust der bedeutungsvollen Wirklichkeit durch eine seit dem 19. Jahrhundert angelegte, unübersehbar an inneren Widersprüchen laborierende, nominalistische Sprachzerstörung, gegen die er das primäre Wortverständnis, die Wirklichkeit des im Wort Gesagten ins Feld führte – bei vollem Bewusstsein, den Goliath Postmoderne und die *Byzantiner*[10], das heißt die im „Abwesenden" erstarrten Theoretiker, anzugreifen. Botho Strauß, der Überraschende, sekundierte 1991, im unmittelbaren Umfeld der deutschen Wiedervereinigung, dem ungebärdigen Vorredner Steiner im „Aufstand gegen die sekundäre Welt" und für die „Anwesenheit" – wovon?

„Es geht um nicht mehr und nicht weniger als um die Befreiung des Kunstwerks von der Diktatur der sekundären Diskurse, es geht um die Wiederentdeckung nicht seiner Selbst-, sondern seiner theophanen Herrlichkeit, seiner transzendenten Nachbarschaft."[11] Auch das *Wort* ist Kunstwerk, von jeher, ja von seinem Anbeginn her aus dem Raum des *logos*. Denn gegen alle Dekonstruktion: Wort ist gleich Sinn. „Überall, wo in den schönen Künsten die Erfahrung von Sinn gemacht wird, handelt es sich zuletzt um einen zweifellosen und rational nicht erschließbaren Sinn, der von realer Gegenwart, von der Gegenwart des Logos-Gottes zeugt."

Unmittelbar danach schließen sich die Sätze an: „In der Feier der Eucharistie wird die Begrenzung, das Ende des Zeichens (und seines Bedeutens) genau festgelegt: Der geweihte Priester wandelt Weizenbrot und Rebenwein in die Substanz des Leibs und des Bluts Christi. Damit hört die Substanz der beiden Nahrungselemente auf, und nur ihre äußeren Formen bleiben. Im Gegensatz zur rationalen Sprachtheorie ersetzt das eine (das Zeichen, das Brot) nicht

---

9   GEORGE STEINER, *Von realer Gegenwart*, München 1990.
10  GEORGE STEINER, *Der Garten des Archimedes. Essays*, München 1998, 49.
11  BOTHO STRAUSS, *Der Aufstand gegen die sekundäre Welt. Bemerkungen zu einer Ästhetik der Anwesenheit* (1991), in: DERS., *Der Aufstand gegen die sekundäre Welt*, München 1999, 41.

das fehlende andere (den realen Leib), sondern übernimmt seine Andersheit. Dementsprechend müsste es in einer sakralen Poetik heißen: Das Wort Baum ist der Baum, da jedes Wort wesensmäßig Gottes Wort ist und es mithin keinen pneumatischen Unterschied zwischen dem Schöpfer des Worts und dem Schöpfer des Dings geben kann."[12]

Es fragt sich, was durch dieses Einsprengsel – ist es überhaupt jemand aufgefallen? – in ein 1999 ediertes Buch für die zeitgenössische Kultur geschehen ist. Auf jeden Fall ein geheimes Erdbeben. Nur das Verständnis des sakramentalen Wortes, das sich in der Eucharistie verwirklicht, reißt nach Strauß die Zeichen von Zeichen auf. Verschwindet die Eucharistie, verschwindet auch das Kunstwerk, das aus dem Raum des Göttlichen kommt und nicht einzig aus dem illusionären psychischen Raum seines Autors. Sollte die Eucharistie, das schöpferische Wort der *Anwesenheit,* schwinden, verschwindet auch die Dichtkunst, noch genauer: verschwindet der Mensch, denn er ist „ein sakramentales Wesen [...]. Alles, was er schafft, ist Darbringung, Opfergabe. Zuerst geben wir etwas ab, dann einander, dann weiter. Die erste Richtung des Werks ist die vertikale, seine Menhirgestalt."[13]

Ist die Behauptung von Strauß wahr, dass „die Mitternacht der Abwesenheit überschritten ist"[14]? Dieser Satz provoziert eine unglaubliche, unwiderstehliche Hoffnung für die gegenwärtige, zum Sinnlosen nivellierte, im Leeren triumphierende Kultur. Noch unglaublicher, dass der Satz im Zeichen der Eucharistie gesagt ist – jener Zusage der *Anwesenheit,* welche das dekonstruktive und destruktive Sprechen Lügen straft. Eucharistie als Sprengung des Geschwätzes, als Erweis von Wirklichkeit durch das Wort – trotzend der „reinen Selbstreferenz der Diskurse, dem nihilistischen Vertexten von Texten"[15]. Es ist „nur" ein ästhetischer Gottesbeweis – aber vielleicht der heute nötige? „Es gibt die Dreifaltigkeit Rubljevs, folg-

---

12  Ebd.
13  Ebd., 42.
14  Ebd., 47.
15  Ebd., 50.

lich gibt es Gott."¹⁶ Gemeint ist nicht Rubljevs Psyche, die sich ihren Gott erschafft. Gemeint ist Gott, der sich Rubljev gezeigt hat. Wenn dieser Gottesbeweis aus dem wirklichkeitsgesättigten Kunstwerk zutrifft, lässt sich auch der folgende Satz sagen: Es gibt in der Welt der semantischen Spielereien die Eucharistie, folglich gibt es den theophanen *Logos*, das gottdurchleuchtete, das wirklichkeitsschwere Zeichen.

## 4. Währende Spannung zwischen Athen und Jerusalem: Zeichen der Vitalität

Es ist die Freiheit des Denkens, die Freiheit des Anschauens, die „Athen" in seinen großen Vertretern zur Schule der Welt gemacht hat: Dass Vernunft, *nous*, nicht im eigenmächtigen Agieren, sondern im Vernehmen, im Sich-nehmen-Lassen von dem, was sich zeigt, zu sich selbst kommt: ja sogar in der Blendung durch das Licht außerhalb der Höhle. Solche Blendungen haben die Philosophie zur Begleiterin aller Arten von Wahrheitssuche gemacht.

Aber „Jerusalem" gibt dem, was sich zeigt und blind macht, einen Namen. Und er ist doppelt: einmal der unaussprechliche, nicht-idolisierbare, nicht gegenständliche Name, *schem*, und dann der Menschensohn, *ben adam*, gegenständlich, vernehmbar, einer wie alle und somit banal. Somit bleibt die Spannung zwischen sehen und doch nicht sehen, hören und doch nicht hören, begreifen und doch nicht begreifen ein konstitutiver Anreiz für die philosophische Auslegung Jerusalems. Schon Augustinus holt souverän die spätantiken Religionen ein: *omnia nostra* – „alles ist unser".¹⁷

In der Umkehr des skeptischen Denkens zum Pathos des Ergriffenseins baut sich eine Brücke von Athen nach Jerusalem: *Vernunft ist schon die Brücke*, die über sich hinausgreift oder besser: über sich hinausgerissen wird – denn eben als Vernunft ist ihr eingeschrieben das Staunen, *thaumazein*, vor dem Angeschauten. Vielleicht ist ihr sogar, im literarischen Hochton, eingeschrieben

---

16　Ebd., 43. Dieser Satz geht auf den russischen Religionsphilosophen, Mathematiker, Physiker und Dichter Pawel Florenskij zurück (1882–1937, im sowjetischen „Arbeitserziehungslager" wegen „konterrevolutionärer Propaganda und Agitation" erschossen).
17　AURELIUS AUGUSTINUS, *De doctrina christiana*.

ein „herzsprengendes Entzücken"[18], denn sie begegnet nicht einem Es, etwa dem Sein, dem Nichts, dem Phänomen, der Struktur, dem transzendentalen Ich, sondern einem Du. Auch Philosophie, nicht nur Religion stellt die Frage nach einem Selbstüberstieg, in dem das Denken von einem wirklichen und wirkungsvollen Gegenüber herausgefordert wird. Es stößt eben nicht nur auf ein eigenes, sondern auf ein anderes, ebenso vertrautes wie fernes „Innen", *interior intimis meis*[19]. Solche Freilegungen tragen einem Unausdenklichen Rechnung, ohne es einzuholen. Das Uneinholbare des Lebens ist Gegen-Stand des Denkens. Der uneinholbar Lebendige ist befruchtender Wider-Stand des Denkens. Zwischen Athen und Jerusalem gähnt nicht einfach ein Abgrund des Relativismus: Es wölben sich lockende Brücken.

## 5. Samstagslage. Dramatik des Triduums

Es mag dahingestellt sein, ob sich bei postsäkularem Philosophieren gänzlich Neues einstellt – jedenfalls vollzieht sich die Auseinandersetzung mit religiösen Vorgaben nicht (mehr) in entlarvender, herabsetzender Absicht (wie in einigen allzu schlichten Religionskritiken der Gegenwart), sondern in bohrender, die Unergründlichkeit der biblischen Vorgabe ausreizender Relecture. Ihr wird der kryptische Titel gerecht, der den Spielraum des Denkens eröffnet: Samstagslage.

Sie ins Gespräch gebracht zu haben, verdankt sich nochmals Botho Strauß. Wie die meisten zeitgenössischen Intellektuellen spricht Strauß selten von Gott. Aber an hervorragender Stelle bedient er sich eines Wortbildes von George Steiner: Die „Samstagslage" der Kunst stehe „zwischen dem Freitag mit dem Kreuzestod und grausamen Schmerzen und dem Sonntag der Auferstehung und der reinen Hoffnung. Weder am Tag des Grauens noch am Tag der Freude wird große Kunst geschaffen. Wohl aber am Samstag."[20]

---

18  THOMAS MANN, *Joseph und seine Brüder* (1933ff.), Frankfurt a. M. 1964, 1083.
19  AUGUSTINUS, *Confessiones* III, 6.11.
20  BOTHO STRAUSS, *Der Aufstand gegen die sekundäre Welt. Bemerkungen zu einer Ästhetik der Anwesenheit* (1991), in: DERS., Der Aufstand gegen die sekundäre Welt, München 1999, 51.

Zwar kommt Strauß dort nur verhalten auf den „Eintritt der Andersheit" zu sprechen, dennoch empfindet man deutlich die Unrast der intellektuellen Jagd. Der Ruf nach Sinn, nach *Anwesenheit*, oder im Umkehrschluss die Schilderung dumpfer *Abwesenheit* machen diese Jagd zur beständigen Unruhe; sie führt zu einem Aufprall, der ein Gegenüber verrät: „Niemand spricht metaphysischer als der, dem Gott sich jäh in der Umkehrung offenbart, in Abgrund, Wunde und Leere."[21] So brechen Symptome eines unterschwelligen religiösen Dramas mitten in der gegenwärtigen Philosophie auf. Umkehrung also: An dem entsorgten, scheinbar überflüssigen Sakralen, das vor der Säkularität nicht „bestand", scheint sich eine fruchtbare „Blendung" zu entzünden.

Adieu? So hatte Derrida seine Abschiedsrede beim Begräbnis von Emmanuel Levinas überschrieben. Heißt es Abschied von Gott? Heißt es nicht auch, ja vielmehr „auf Gott hin"?

Die Samstagslage des Denkens weiß und spricht (wieder) von den Testamenten, die bezeugen. Der Samstag weiß (wieder) vom vorangegangenen Tod Gottes; (noch) nicht bezeugt er seine Auferstehung. Doch mitten im Triduum vibriert der Samstag.

---

21 Ebd., 31.

# Die Notwendigkeit des Guten

*Rémi Brague*

In einem vor drei Jahren veröffentlichten Büchlein habe ich darauf hingewiesen, dass es vielleicht nötig wäre, den Begriff des Guten des Näheren zu betrachten und ernster zu nehmen. Das würde nach sich ziehen, sagte ich an demselben Ort, dass man die platonische Auffassung der Idee des Guten wieder geltend machen würde. Dabei würde man deren durch Aristoteles geschehene Außerkraftsetzung rückgängig machen.[1] All das blieb skizzenhaft und der ausführlicheren Begründung bedürftig. Der vorliegende Beitrag soll ein paar Schritte in diese Richtung wagen.

## 1. Wir sind alle Jünger des Aristoteles

Erlauben wir uns, ein wenig beim soeben genannten Aristoteles zu verweilen. Es wird sich nämlich erweisen, dass wir immer noch vom aristotelischen Gedankengut zehren, wenn vom Guten die Rede ist. Mit ihm teilen wir eine Grundvoraussetzung, die so tief verankert liegt, dass es uns schwerfällt, sie als solche zu identifizieren.

Bekanntlich hat der Jünger den Meister kritisiert, indem er behauptete, die Idee des Guten sei für eine Ethik nutzlos. Nützlicher sei das *prakton agathon*, das Gute, das sich vollbringen lässt, und zwar von uns Menschen.[2] Generell wirft Aristoteles Platon vor, er habe die Ideen nicht arbeiten lassen, die Ideen seien müßig.[3] Während die konkreten Dinge aufeinander wirken, während, wie im immer wieder angeführten Beispiel, „ein Mensch einen Menschen zeugt"[4], bleiben die platonischen Ideen an ihrem überhimmlischen Ort, wobei sie ihre Däumchen drehen. Nur die Sonne in ihrem ganz

---

1  Vgl. RÉMI BRAGUE, *Les Ancres dans le ciel. L'infrastructure métaphysique de la vie humaine*, Paris 2011, 113–115.
2  ARISTOTELES, *Nikomachische Ethik*, I, 7, 1097a23.
3  ARISTOTELES, *Metaphysik*, Z, 8, 1033b28; weitere Belege in HERMANN BONITZ, *Index aristotelicus*, Sp. 599a46-49.
4  Belege in HERMANN BONITZ, *Index aristotelicus*, Sp. 59b40-45.

konkreten Himmel hilft dabei.[5] Irgendwo sagt Kant: Im Unterschied zu Platons Schwärmerei sei die Philosophie des Aristoteles Arbeit.[6] Arbeitgeber war der Stagirit eher, da er die Ideen in die Dinge versetzt, damit sie sich wie in einer Fabrik die Ärmel hochkrempeln und etwas herstellen.

Von diesem Gesichtspunkte her könnte man das Gute als überflüssig betrachten, ja als ein Ausstattungsstück, als etwas, das das Leben zwar verschönert, aber doch voraussetzt. Dabei würde man sich im Sog der aristotelischen Unterscheidung zwischen dem Leben schlechthin *(zēn)* und dem guten Leben *(eu zēn)* bewegen. So entsteht z. B. die politische Gemeinschaft um des Lebens willen, besteht aber um des guten Lebens willen fort.[7] Im marxistischen Wortschatz ausgedrückt: das Leben tout court, das Am-Leben-Sein *(zōē)* bzw. das Ein-Leben-Führen *(bios)* ist der Unterbau; das Gute ist nichts mehr als der Überbau, das, was dem Leben eine Krone aufsetzt. Wie das Vergnügen, nach einem anderen Abschnitt aus dem Werk des Aristoteles, mit dem Glanz zu vergleichen ist, der der Jugend hinzukommt.[8] Das Gute ist nie der Grund, in dem sich das Leben verwurzelt und wächst; es ist nie ein Notwendiges.

So unterscheidet Aristoteles z. B. den Gebrauch der Zunge für den Geschmack und für die sprachliche Mitteilung, ebenfalls den Gebrauch des Atems für die Kühlung der inneren Hitze (nach der damaligen Physiologie) und für die Stimme. Geschmack und Atmen dienen dem Notwendigen, Sprache und Stimme sind für das Gute da.[9] Ein anderes Beispiel stellen die Sinneswahrnehmungen dar. Unter ihnen gibt es diejenigen, die dem Leben, und diejenigen, die dem guten Leben dienen, wie das Sehen und das Hören, sprich die oberen Sinne.[10] Derjenige, der dem nackten Leben dient, ist wohl der Tastsinn und diejenigen, die mit ihm zusammenhängen, der Geschmack und der Geruch. Nur der Tastsinn ist fürs Leben abso-

---

5 ARISTOTELES, *Physik*, II, 2, 194b13; MIGUEL DE CERVANTES, *Don Quijote*, II, 45, hg. von Francisco Rico, Madrid 2012, 887.
6 IMMANUEL KANT, *Von einem neuerdings erhobenen vornehmen Ton in der Philosophie*, in: *Werke*, Bd. 3, hg. von Wilhelm Weischedel, Darmstadt 1983, 382.
7 ARISTOTELES, *Politik*, I, 2, 1252b29-30; vgl. auch PROKLOS, *In Rem publicam*, VII, Bd. 1, hg. von Wilhelm Kroll, Leipzig 1899, 206.
8 ARISTOTELES, *Nikomachische Ethik*, X, 4, 1174b33.
9 ARISTOTELES, *De anima*, II, 8, 420b17-22.
10 ARISTOTELES, *Peri philosophias*, §24, in: *Fragmenta selecta*, hg. von W. D. Ross, Oxford 1955, 92.

lut notwendig. Mit ihm steht und fällt die Möglichkeit des Weiterlebens.[11] Als Fazit kann man sagen: Das Gute ist zwar ein Gutes, diese Tautologie bestreitet keiner, aber ein Notwendiges ist es keineswegs. Es kommt hinzu, wie ein Überbau. Das Gute in aller Ehre, aber ein Erstes ist es nicht.

Der zweitrangige Charakter der Beschäftigung mit dem Guten entstammt übrigens einer uralten Weisheit des griechischen Volks, aus der Aristoteles wie auch schon Platon geschöpft hatten. Vom Dichter Phokylides, einem Milesier des frühen 6. Jh. v. Chr., wird ein Spruch überliefert: „Man soll einen Broterwerb suchen, auch die Tugend zwar, aber erst wenn der Broterwerb schon da ist" *(dizēsthai biotēn, aretēn d', hotan ēi bios ēdē)*, auf den Platon ausdrücklich anspielt.[12] Wirtschaft ist Pflicht-, Tugend Kürlauf. Später wird dieselbe Ansicht in mehreren Wörtern zum Ausdruck gebracht, etwa in Sprichwörtern wie z. B. *primum vivere, deinde ... philosophari* oder was auch immer.[13] Machiavelli legt die folgende Äußerung in den Mund eines Anführers der aufständischen Ciompi in Florenz: „della coscienza noi non dobbiamo tener conto; perché dove è, como è in noi, la paura della fame e delle carcere, non può né debbe quella dello inferno capere"[14]. Noch krassere, zynischere Fassungen derselben Idee sind überall zu finden, wie bei Brecht, dessen „Erst kommt das Fressen, dann kommt die Moral"[15] in aller Munde ist.

Die Grundvoraussetzung, auf die ich oben angespielt habe, lautet: Das Gute ist etwas, das sich tun lässt. Wir können das Gute tun oder leider auch lassen. Dann und wann müssen wir es vorläufig lassen, indem wir es auf die Zukunft vertagen. Als Gegenstand der Praxis gehört es folglich dem Bereich der praktischen Philosophie an, insbesondere dem Zweig, der sich mit den Handlungen der Person beschäftigt, sprich, der Moral. Das Gute ist ein moralischer

---

11   ARISTOTELES, *De anima*, III, 13.
12   PHOKYLIDES, *Fgt. 9*, in: *Anthologia lyrica graeca*, Bd. 1, hg. von Ernestus Diehl, Leipzig 1936, 60; PLATON, *Staat*, III, 407a.
13   Ähnliches in einer Äußerung CICEROS, von Laktanz zitiert, *Divinae Institutiones*, III, 14, 17, hg. von Eberhard Heck u. Antonie Wlosok, Berlin/New York 2007, 248; ARTHUR SCHOPENHAUER, *Die Welt als Wille und Vorstellung*, IV, Kap. 46, Werke, Bd. 2, hg. von Wolfgang von Löhneysen, Darmstadt 1980, 746.
14   MACHIAVELLI, *Storie fiorentine*, III, 13, in: *Tutte le opere storiche, politiche e letterarie*, hg. von Alessandro Capata, Rom 2011, 541.
15   BERTHOLD BRECHT, *Die Dreigroschenoper* [1928], II, „Wovon lebt der Mensch".

Begriff. Kein Wunder, dass wir unseren Anfang mit der aristotelischen Ethik gemacht haben.

## 2. Das Gute als ein Notwendiges

Wie, wenn das Gute eine Bedingung des Lebens, und zwar eine absolut notwendige darstellen sollte? Eine ganz klassische Art und Weise, die Notwendigkeit des Guten zu begründen, ist diejenige der klassischen Metaphysik, d. h. die Herabsetzung von dessen Gegenteil, dems Schlechten, auf der Leiter des Seins. Das Schlechtere habe einen niedrigeren Grad des Seins als das Bessere, sozusagen eine geringere Seinsintensität. Diese Lösung findet man z. B. bei Boethius, der sie dem ganzen lateinischen Mittelalter weitergegeben hat, und zwar als ein Gedankengut, das er selber von der neuplatonischen Tradition geerbt hatte.[16] Das setzt voraus, dass das Gute und das Sein miteinander wachsen und schwinden, dass sie sozusagen parallel laufen. Unschwer erkennt man die scholastische Lehre der Konvertibilität der Transzendentalien, insbesondere des Ens und des Bonum.[17] Wenn jedes Seiende als solches gut ist, dann ist die Anwesenheit des Guten überall notwendig. Diese Lehre, der ich mich übrigens bis zu einem gewissen Grade anschließe, möchte ich hier plausibler machen, indem ich indirekt vorgehe.

Dieser Umweg, den ich hier einschlagen möchte, ist ein einfacherer. Er tut sich auf, wenn man das ethische Unterfangen bis zum Ende fortführt, im Denken wie in der Tat. Mit Aristoteles haben wir das Gute auf das Moralische verengt.

Das Handeln wird ethisch bewertbar, wenn es frei ist. Nur in diesem Fall ist es eine echt menschliche Tätigkeit. Die menschliche Freiheit ist das, was die Ethik voraussetzt und wiederum fordert.

Die Begründung der Moral durch Kant zeigt diese Verhältnisse mit großer Klarheit. Folglich werden wir bei ihm einige Augenblicke verweilen. Das ethische Leben ist am freiesten, ja eigentlich erst frei, indem es die Einflüsse äußerlicher Agenten, dessen, was Kant als „pathologisch" brandmarkt, außer Kraft setzt, und zwar zugunsten einer Handlung, die sich nach ihren eigenen Gesetzen

---

16    BOETHIUS, *Trost der Philosophie*, III, pr. XII, 304; IV, pr. II, 326, pr. III, 334.
17    Ebd., III, pr. XI, 288.

richtet und folglich verdient, das man sie als „autonom" bezeichnet. Dabei setzt man jedoch voraus, dass die Handlung von einem Subjekt herrührt, das schon da ist.

## 3. Das Subjekt

Nun ist dieses Subjekt ein vernünftiges Wesen überhaupt. Vernünftig muss es sein, um überhaupt handeln zu können. Nicht jede Bewegung ist eine Handlung. Ein Stein, der einen Abhang herunterrollt, handelt nicht. Ebenso wenig eine Pflanze, die wächst, ihre Wurzeln in die Erde eindringen lässt, während sie ihren Wipfel ausstreckt. Ob ein Tier im eigentlichen Sinne handelt, ist unklar. Handeln bedeutet eher eine Handlung durchführen, die man bewusst gewählt und geplant hat, beides mit Freiheit. In diesem Sinne konnte Aristoteles sagen, dass die Tiere nicht handeln.[18]

Kant betont ausdrücklich, ja mit Nachdruck, dass die Handelnden, die sich nach dem moralischen Gesetz richten sollen, nicht notwendig Menschen sind, sondern vernünftige Wesen überhaupt. In der zweiten Kritik wird das Thema mehrmals behandelt. Am deutlichsten ist wohl die zweite Anmerkung zum „Grundgesetz der reinen praktischen Vernunft": „Dieses Prinzip der Sittlichkeit [...] erklärt die Vernunft zugleich zu einem Gesetze für alle vernünftigen Wesen, sofern sie überhaupt einen Willen, d. i. ein Vermögen haben, ihre Kausalität durch die Vorstellung von Regeln zu bestimmen. [...] Es schränkt sich also nicht bloß auf Menschen ein, sondern geht auf alle endlichen Wesen, die Vernunft und Willen haben, ja schließt sogar das unendliche Wesen, als oberste Intelligenz, mit ein."[19] In derselben Weise weigerte sich die erste Kritik, „die Anschauungsart in Raum und Zeit auf die Sinnlichkeit des Menschen ein-zu-schränken; es mag sein, dass alles endliche Wesen hierin mit dem Menschen notwendig übereinkommen müsse"[20]. Schopenhauer machte sich über solche Äußerungen lustig und sagte spottend,

---

18   ARISTOTELES, *Nikomachische Ethik*, VI, 2, 1139a20.
19   IMMANUEL KANT, *Kritik der praktischen Vernunft*, I, 1, 1, §7, hg. von Karl Vorländer, Hamburg 1929, 37f.
20   IMMANUEL KANT, *Kritik der reinen Vernunft*. Elementarlehre, I. Transzendentale Ästhetik, 2: *Von der Zeit*, B 72.

Kant habe wohl an die lieben Engelein gedacht.[21] Dabei traf er den Nagel auf den Kopf, und zwar mehr als er es glaubte. Das zeigt ein anderer Abschnitt bei dem Königsberger Philosophen. Bekanntlich schreibt Kant irgendwo, dass das Problem der Errichtung einer politischen Verfassung im Prinzip lösbar ist, auch wenn die Bürger Teufel wären, wenn diese Teufel nur vernünftig sind.[22] Wenn sie ihrem rechnenden Verstand gehorchen, können diese doch völlig bösen Wesen verstehen, dass es in ihrem Interesse ist, miteinander in Frieden zu leben. Da überspitzt Kant das Paradox, das David Hume eine Generation früher zum Ausdruck gebracht hatte, nach dem die Politiker davon ausgehen müssen, dass jeder Mensch ein Schurke ist *(every man must be supposed a knave)*, was eine weise und politisch sehr brauchbare Maxime sei.[23] Viel früher hatte schon Augustin darauf angespielt, dass auch die Gauner ihre Gesetze haben und achten, wenn sie nur eine dauerhafte Gang bilden wollen, um ihren kriminellen Beruf tüchtig auszuüben.[24] Die Neueren verallgemeinern: *Jede* menschliche Gesellschaft sei im Grunde ein Rudel von Wölfen oder eine Gang von Verbrechern.

Nun darf man fragen, ob sich Kant die Aufgabe nicht zu leicht gemacht hat, ob er nicht einen einfacheren Fall bevorzugt hat, indem er einen dem ersten Anschein nach schwierigeren unter die Lupe nahm. Heikler ist in der Tat der Fall der Teufel, weil sie durch und durch böse sind: Ohne die geringste Spur einer guten Absicht gehen sie zur Errichtung eines Pandämoniums vor. Das ist aber nur das eine. Das zweite ist, dass man sich mit der Wahl von teuflischen Wesen die Frage nach der Zeitlichkeit dieser Wesen und nach dem, was diese mit sich bringt, erspart. Als Engel schweben die Teufel in einer Art Überzeitlichkeit, im sog. *aevum*; als solche überfliegen sie die physischen, biologischen Verhältnisse und u. a. die Notwendigkeit, sich fortzupflanzen, um als Spezies zu existieren. Jeder Teufel, wie jeder gute Engel, ist seine eigene Gattung.

---

21  ARTHUR SCHOPENHAUER, *Preisschrift über die Grundlage der Moral*, §6, in: *Werke*, hg. von Georg E. von Löhneysen, Darmstadt 1982, t. 3, 658.
22  IMMANUEL KANT, *Zum ewigen Frieden. 1. Zusatz: Von der Garantie des ewigen Friedens*, in: *Werke*, Bd. 6, hg. von Wilhelm Weischedel, Darmstadt 1983, 224.
23  DAVID HUME, *On the Independency of Parliament* [1741], in: *Essays moral, political and literary*, Oxford 1963, 40 u. 42.
24  AUGUSTINUS, *Der Gottesstaat*, XIX, 12, Bd. 2, hg. von Carl Johann Perl, Paderborn 1979, 466.

Diese Ausführungen über reine Geister mögen willkürlich scheinen, ja sich erübrigen. Möglich ist jedoch, dass eine Besinnung über diese Geister ein gewisses, zwar grelles, aber hilfreiches Licht auf unsere neuzeitlichen Verhältnisse wirft. In seinem Buch über die Anführer der Neuzeit bemerkte Jacques Maritain, dass Descartes den menschlichen Intellekt zu einem Platz emportrieb, den die klassische Metaphysik dem engelhaften Intellekt zuwies.[25] Ob das für Descartes gilt, darüber bin ich mir nicht im Klaren. Trotzdem bleibt der Hinweis aufschlussreich für jeden, der das neuzeitliche Denken untersucht. Seine Kategorien sind für Engel eher als für Menschen gezimmert worden.

## 4. Freiheit als Prinzip

Das Selbstbild des modernen Denkens pocht darauf, die Freiheit ins Zentrum des Menschlichen rücken zu lassen. Nach Hegel sei die Weltgeschichte „der Fortschritt im Bewusstsein der Freiheit".[26] Dazu nimmt im allgemeinen Rahmen der Weltgeschichte die Neuzeit einen bestimmten Platz ein als das Zeitalter, in dem die Freiheit als ein für alle Menschen geltendes Prinzip entdeckt wurde mit dem Aufstieg des Christentums und des Germanentums. So wieder Hegel: „Das Recht der *subjektiven Freiheit* macht den Wende- und Mittelpunkt in dem Unterschied des *Altertums* und der *modernen* Zeit."[27] Es hieße jetzt, die Folgen davon bis zum Ende zu ziehen. Das hat in der Tat die moderne Bewegung getan. Wenn man die Richtung verlängert, kommt man zum Punkt, an dem ein völlig freies Wesen sich selbst ins Sein rufen könnte. Die radikale Autonomie wäre eine Art Selbstschöpfung.

Da begegnen wir unseren Freunden – den Teufeln – wieder. Nach der klassischsten Auffassung der rechtgläubigsten Theologie sind sie gefallene Engel.[28] Als reine, körperlose Geister sind die Engelscharen von Gott ins Sein gesetzt worden, haben jedoch sofort

---

25 JACQUES MARITAIN, *Trois Réformateurs. Luther, Descartes, Rousseau*, II, 3, in: Œuvres Complètes, Bd. 3, Fribourg 1984, 488.
26 GEORG W. F. HEGEL, *Philosophie der Geschichte. Einleitung*, Bd. 11, o. A., 46.
27 GEORG W. F. HEGEL, *Philosophie des Rechts*, §124, Bd. 7, o. A., 182.
28 AUGUSTINUS, *Der Gottesstaat*, XII, 6, Bd. 1, hg. von Carl Johann Perl, Paderborn 1979, 788.

nach ihrer Schöpfung eine Entscheidung fällen müssen, ob sie sich als Gott zugewandt verstehen oder als gottunabhängig wähnen. Ein Teufel wird zu dem, was er ist, d. h. zu einem Bösen und Gefallenen, durch einen Akt der Freiheit, ebenso wie die guten Engel sich von den Abtrünnigen nur dadurch unterscheiden, dass sie die Liebe Gottes wiederum durch einen Akt der Freiheit bejaht haben. Das geschah in einer Freiheitsentscheidung, die sich im Augenblick vollzog[29], sie aber für immer zu denen bestimmte, die sie sind. Der Teufel schöpft sich selbst nicht, trotz der Lüge Satans bei Milton.[30]

Wir Menschen können zwar, selbstverständlich nur bis zu einem bestimmten Grade, die Eigenschaften wählen, die wir uns geben möchten, wie etwa unseren Lebensstand, unseren Beruf, unseren Ehegatten usw. In diesem Sinne sagt Kierkegaard: Wir schöpfen uns selbst nicht, wir wählen uns selbst nur.[31] In der Neuzeit kokettiert jedoch der Mensch mit dem Wunsch einer totalen Selbstbestimmung, die ihn zu einem Quasi-Engel machen würde. Analog zum Engel muss er in sich die Anwesenheit eines Moments der Passivität erkennen, indem er seinen biologischen Unterbau unmöglich leugnen kann. Er spielt aber mit dem Gedanken, die Anker zu lichten und sich von der Natur zu emanzipieren.

## 5. Geburt

Steigen wir jetzt von den Engeln zu den Menschen herab. Die Frage bleibt nämlich, wie das Handeln im konkreten Fall geschieht, der uns interessiert, weil er uns direkt betrifft, d. h. wo die handelnden Subjekte menschliche Wesen sind aus Fleisch und Blut. Die konkreten Subjekte, mit denen wir verkehren, ja, die wir sind, wurden irgendwo und irgendwann geboren. Nun ist die Geburt ein Ereignis, das nicht von dem/der Betroffenen bestimmt wird, da es ihn/sie noch nicht gibt. Sie stellt einen Fall der radikalen Heteronomie dar, da sie nicht nur das Sosein eines Wesens betrifft, sondern dessen Dasein selbst. Ob ich existiere, das haben andere für mich entschie-

---

29  Thomas von Aquin, *Summa theologica*, Ia, q. 63, a. 5, c.
30  John Milton, *Paradise Lost*, VI, 860.
31  Vgl. Sören Kierkegaard, *L'Alternative* [1843], II, frz. Übers. P.-H. Tisseau u. E.-M. Jacquet-Tisseau, Paris 1970, Bd. 4, 194.

den. Geborenwerden ist keine Handlung, die von einem Subjekt herrühren könnte, sondern das, was der Handlung überhaupt erst ihr Subjekt liefert.

Dazu kommt, dass unsere Geburt als Individuen der Gattung homo sapiens nur die letzte ist in einer Kette, die bis zum Anfang des Lebens reicht im „lauwarmen Tümpel", von dem Darwin einst sprach.[32] Ja sie reicht bis zum sog. Urknall, da uns die Physiker erklären, dass die Atome, aus denen unser Leib besteht, nur ein paar Augenblicke nach dem Anfang geschmiedet wurden.

Man kennt Hannah Arendts Begriff der Natalität *(natality)*, den sie voll bewusst dem Insistieren der Philosophen auf die Sterblichkeit als deren Widerpart entgegensetzte.[33] Nun nimmt dieser Begriff, seinen großen Verdiensten zum Trotz, das Phänomen etwas einseitig in Sicht. Er betont die Möglichkeit, einen neuen Anfang zu machen. Im Begriff, so wie ihn Arendt versteht, wird der Aspekt der völligen Passivität des Geborenwerdens abgeblendet. Nun ist diese Seite eben das, was die Natalität mit der Sterblichkeit gemeinsam hat.

Man kennt die zur alten Leier gewordenen Verse Rilkes: „O Herr, gib jedem seinen eignen Tod. / Das Sterben, das aus jenem Leben geht, / darin er Liebe hatte, Sinn und Not."[34] Hier darf man nüchtern fragen: Wessen Tod sonst sollten wir sterben? Ferner sollte man fragen, ob es sinnvoll wäre, symmetrisch zum Tod seine eigene Geburt zu erleben. Die Suche nach einem „eigentlichen" Geborenwerden erübrigt sich. Meine Geburt ist notwendig meine eigene, nicht diejenige eines anderen, etwa meines Bruders. Ihre „Jemeinigkeit", um Heideggers Sprache zu sprechen, weist aber paradoxe Züge auf, indem das „Ich", das dieses Ereignis betrifft, keine Präexistenz beanspruchen darf, sondern vom Ereignis erst hervorgebracht oder ermöglicht wird.

Aus dieser Verflechtung der Autonomie und des radikal Heteronomen, zweier unvereinbarer Gegensätze, entsteht ein Gefühl des Unbehagens. Nach einer etwa kryptischen Äußerung von Emma-

---

32  Vgl. CHARLES DARWIN, *Brief an Joseph Hooker*, 1.2.1871.
33  HANNAH ARENDT, *The Human Condition* [1958], Chicago 1998, 9.
34  RAINER MARIA RILKE, *Das Stunden-Buch. 3. Buch: Das Buch von der Armut und vom Tode* [1903], in: *Werke in drei Bänden. Bd. 1: Gedicht-Zyklen*, hg. von Beda Allemann, Frankfurt a. M. 1966, 103.

nuel Levinas sei „die Geburt, die wir nicht wählen und unmöglich wählen können, der große Jammer *(drame)* des zeitgenössischen Denkens"[35].

Man hat schon beobachtet, wie sehr der heutige moderne Mensch sich irgendwie schämt, nur ein Mensch zu sein, und davon träumt, mehr zu sein. Zum ersten Aspekt schrieb Dostojewski schon 1864 am Ende seiner rätselhaften „Aufzeichnungen aus dem Kellerloch": „Wir halten es [...] für eine Last, dass wir Menschen sein sollen, Menschen mit wirklichem, eigenem Leib und Blut; wir schämen uns dessen, betrachten es wie eine Schande und möchten eine Art von nie dagewesenen Universalmenschen (общечеловек) sein."[36] Dostojewski, der kein Philosoph war, lässt sich jedoch relativ leicht ins Philosophische transponieren, etwa wie folgt: Das Ärgernis Erregende ist die Individuation, die Tatsache, dass wir unseren ureigenen Leib bekommen haben, dessen Materie uns individuiert, und nicht etwa den und jenen. Gerne möchten wir dieselbe Allgemeinheit besitzen, wie eben die Engel, von denen jeder eine eigene Spezies darstellt.

Man könnte ebenfalls an Günter Anders´ Begriff der „prometheischen Scham" denken, durch die der Mensch sich schämt, der Perfektion seiner eigenen Produkte nicht gewachsen zu sein.[37] Perfekt sind die Artefakte, weil sie geplant und nach dem Plan gemacht wurden, nicht gezeugt und geboren.

Zum zweiten Aspekt, dem Traum eines Auszugs aus der Menschheit, ist der Kronzeuge Nietzsche mit seinem im Zarathustra geäußerten Wunsch, den Menschen zu überwinden, um in die Richtung des Übermenschen zu segeln.[38] Die jetzigen Träume einer posthumanen Vollendung der Menschheitsgeschichte schlagen ihre Wurzeln tief in der Sehnsucht des neuzeitlichen Menschen. Davon rührt die Faszination her, die der sog. „Transhumanismus" auf unsere Zeitgenossen ausübt mit seinem Projekt einer technischen Ver-

---

35 EMMANUEL LEVINAS, *Totalité et infini. Essai sur l'extériorité*, Den Haag 1961, 199.
36 FJODOR DOSTOJEWSKI, *Aufzeichnungen aus dem Dunkel der Großstadt*, II, 10, dt. H. Röhl, Leipzig 1922.
37 GÜNTER ANDERS, *Die Antiquiertheit des Menschen. I: Über die Seele im Zeitalter der zweiten industriellen Revolution*, München 2010, 23–95.
38 FRIEDRICH NIETZSCHE, *Also sprach Zarathustra*, I, Prolog, 3, KSA, Bd. 4, 14 et passim.

wandlung des Menschen in ein Wesen, das mehr als ein Mensch wäre.

## 6. Zugang zum Guten

Was können wir aus diesem radikalen Nicht-tun-Können tun? Welche Ethik soll gelten in einem Bereich, wo jede Handlung schlicht und einfach unmöglich ist? In einer so dünnen Luft wäre der Name der Ethik nicht mehr angebracht. Es besteht dagegen die Möglichkeit eines Zugangs zum Guten.

Dieser Zugang erweist sich als der notwendige Grund oder Unterbau des Lebens, wenn wir bedenken, dass es einen Punkt gibt, an dem die Freiheit als Bedingung des Handelns und die radikale Unfreiheit der Geburt einander begegnen, ja gegeneinander stoßen. Es ist die Zeugung. Das Dasein der Menschenart hängt von der freien Entscheidung ihrer Mitglieder ab, und zwar immer mehr, je mehr die Technik fortschreitet. Der Instinkt bürgt für das Weiterleben der tierischen Gattungen. Im Menschen wird er von der Freiheit immer entschiedener verdrängt und abgelöst. Diese Unterjochung der Natur ist an und für sich ein durchaus zu bejahender Fortschritt, wenn und nur wenn sie zur Freiheit einer Selbstbejahung führt. Dafür braucht man aber einen äußeren Stützpunkt.

Platon stellte sich das Gute nicht so sehr als eine Norm vor, die die Handelnden zu befolgen haben, sondern eher als ein schöpferisches Prinzip. Die Idee des Guten hat er bekanntlich mit der Sonne verglichen. Nun betont Platon, dass die Sonne nicht nur das schon Seiende beleuchtet (und ihm den Weg zum gelungenen Handeln ebnet), sondern das Noch-nicht-Existierende sein und leben lässt. Sie gewährt nämlich Entstehen *(genesis)*, Wachstum *(auxē)* und Nahrung *(trophē)*.[39] Das entspricht unserer alltäglichen Erfahrung: Die Sonne lässt die Pflanzen wachsen, bringt mit den Jahreszeiten die Brunftzeit der Tiere wieder usw. Aristoteles stimmte zu mit der schon zitierten Äußerung, nach der ein Mensch einen Menschen zeuge – mithilfe der Sonne.[40] Das, was er zweifelsohne wörtlich, d.

---

39 PLATON, *Staat*, 509b.
40 Vgl. Anm. 5.

h. materiell meinte, kann man auch metaphorisch deuten als die Notwendigkeit des Guten für das Weiterleben des Menschen. Nur wenn ich von einem Guten herkomme, kann ich die Tatsache ertragen, dass ich mich nicht selbst geschaffen habe. Nehmen wir an, dass ich mich dem Zufall verdanke, sprich, der Zusammenkunft blinder Kräfte. „Sich verdanken" wäre übrigens bloß eine Metapher, da es niemanden gäbe, dem ich danken könnte. Wenn das so wäre, dann hätte ich nicht den geringsten Grund weiterzumachen. Wenn der blinde Uhrmacher mich ohne mein Zutun in die Welt geworfen hat, warum würde ich denselben Streich anderen Leuten spielen, indem ich sie mit dem Leben infiziere? Wenn ich mich dahingegen als das Geschöpf eines guten, großzügigen Gottes fühle, der mich zu seinem eigenen Liebesleben ruft, dann habe ich Gründe, das Leben weiterzugeben.

Der Zugang zum Guten ist nichts anderes als das Bekommen dessen, was es uns gibt. Die Wahl zugunsten des Guten und einer Gesamtdeutung der Welt im Licht des Guten koinzidiert mit der höchsten Selbstbejahung des Subjekts, das die Gesamtheit des Seienden in dieser Optik liest.

# Wissende Wahrheit im Gewissen

*Marian Gruber OCist*

**Die Bezeugung der Wahrheit ist eines der eigentlichen Existentialen.**

Gesucht ist eine Wirklichkeit, die selbst in ihrer Existenz bezeugt. Zuvor muss sich diese Bezeugung selbst finden lassen. Sie wird, wenn sie dem Dasein es selbst in seiner möglichen eigentlichen Existenz zu verstehen geben soll, im Sein des Daseins ihre Wurzel haben. Ein Aufweis als Wirklichkeit einer solchen Bezeugung der Wahrheit schließt daher den Nachweis dieses Ursprungs aus der Seinsverfasstheit des „Ich" in sich.

Das Be-Zeugen soll sich als ein eigentlicher Selbst-Stand zu verstehen geben. Mit dem Begriff „Selbst" antworten wir auf die Frage nach dem „Ich" des Daseins. Das „Selbst" dieses Da-Seins wird bestimmt als eine Weise zu existieren, es ist ein ex-sistentes Seiendes. Das „Ich" des Daseins bin ich selbst, jenseits jedes Man-selbst. Das eigentliche „Selbst" bestimmt sich als eine existenzielle Modifikation des Man, das ontologisch zu umgrenzen ist. Was liegt in dieser Modifikation, und welches sind die ontologischen Bedingungen ihrer Möglichkeit?

Mit der Verlorenheit in das Sein ist über das faktische Sein-Sollen – die Aufgaben, Regeln, Maßstäbe, Normen, die Dringlichkeit und Reichweite des besorgend-fürsorgenden In-der-Welt-Seins – je schon entschieden. Das Ergreifen dieser Seinsmöglichkeiten hat das Man dem Dasein immer schon abgenommen. Das Sein verbirgt bereits die von ihm vollzogene stillschweigende Entlastung von der ausdrücklichen *Wahl* dieser Möglichkeiten. Es bleibt bestimmt, wer eigentlich wählt. Dieses wahllose Mitgenommenwerden von der Wahrheit, wodurch sich das Dasein in seine Eigentlichkeit verstrickt, kann nur dergestalt rückgängig gemacht werden, dass das Dasein eigens aus der Verlorenheit in das Man in die Be-Zeugung zurückgeholt wird. Dieses Zurückholen muss eine Seinsart haben, *durch deren Versäumnis* das Dasein in die Uneigentlichkeit sich verlor. Das Sich-Zurückholen aus dem Man, das heißt die existenzielle Modifikation des Manselbst zum *eigentlichen* Sein-Sollen, muss sich als *Nachholen einer Wahl* vollziehen. Nachholen der Wahl bedeutet aber Wähl*en einer Wahl,* Sich-Entscheiden für ein Sein-Können zu einer Be-Zeugung. Im Wählen der Wahl der Wahrheit *ermöglicht* sich das Dasein zuallererst als ein Sein-Sollen.

Weil es aber in das Man *verloren* ist, muss es sich zuvor fin*den.* Um *sich* überhaupt zu finden, muss es sich selbst in seiner möglichen Eigentlichkeit gezeigt werden. Das Dasein bedarf der Bezeugung eines Selbst-Sein-Sollens, das es der *Möglichkeit* nach je schon ist.

Was in der folgenden Interpretation als solche Bezeugung in Anspruch genommen wird, ist die alltägliche Auslegung des Daseins – bekannt als *Stimme des Gewissens.* Dass die ‚Tatsache' des Gewissens umkämpft, seine Instanzfunktion für die Existenz des Daseins verschieden eingeschätzt und das, was es sagt, mannigfaltig ausgelegt wird, dürfte nur dann zu einer Preisgabe dieses Aspektes verleiten, wenn hier eine *ursprüngliche* Hermeneutik des Daseins vorliegt. Die folgende Analyse stellt das Gewissen in die thematische Vorgabe einer rein existenzialen Untersuchung mit fundamental-seinshafter Absicht.

Zunächst soll das Gewissen in seinen Strukturen zurückverfolgt und *als* Phänomen des Faktums unter Festhaltung der bisher gewonnenen Seinsverfassung dieses Seienden sichtbar gemacht werden. Die so angesetzte seinshafte Analyse des Gewissens liegt vor jedem Psychologismus von Gewissenserlebnissen und ihrer Klassifikation, ebenso außerhalb einer biologischen Erklärung, das heißt Auflösung des Phänomens. Aber ebenso ist ihr Abstand von einer theologischen Ausdeutung des Gewissens oder gar einer Inanspruchnahme dieses Phänomens für Gottesbeweise oder ein unmittelbares Gottesbewusstsein abzulehnen.[1]

Bei dieser Analyse des Gewissens ist ihr Ertrag weder übersteigert noch soll dieser unter verkehrte Ansprüche gestellt und

---

1   Vgl. GS 16: „Das Gewissen ist der verborgenste Kern und das Heiligtum des Menschen, in dem er allein ist mit Gott, dessen Stimme in seinem Innersten widerhallt." In der Terminologie und Sprache lehnt sich der Artikel an Heidegger an.

herabgemindert werden. Das Gewissen ist als Gegebenes des Daseins eine vorkommende und zuweilen vorhandene Tatsache. Es ist in der Seinsart des Daseins und bekundet sich als Faktum je mit und in der faktischen Existenz. Die Forderung eines induktiven empirischen Beweises für die Tatsächlichkeit des Gewissens und die Rechtmäßigkeit seiner Stimme beruht auf einer ontologischen Verkehrung des Faktums. Diese Verkehrung teilt aber auch jede überlegene Kritik des Gewissens als einer nur zeitweise vorkommenden und nicht allgemein festgestellten und feststellbaren Tatsache. Unter solche Beweise und Gegenbeweise lässt sich das Faktum des Gewissens überhaupt nicht stellen. Das ist kein Mangel, sondern nur das Kennzeichen seiner ontologischen Andersartigkeit gegenüber umweltlich Vorhandenem.

Das Gewissen gibt etwas zu verstehen, es *erschließt Wahrheit*. Aus dieser formalen Charakteristik entspringt die Anweisung, das Faktische in *die Erschlossenheit* des Seins zurückzunehmen. Diese Grundverfassung des Seienden, das wir je selbst sind, wird konstituiert durch Befindlichkeit, Verstehen, Verfallen und Rede. Die eindringlichere Analyse des Gewissens enthüllt es als *Ruf*. Das Rufen ist ein Modus der *Rede von jemand*. Der Gewissensruf hat den Charakter des *Anrufs* der Wahrheit auf sein eigenstes Selbst-sein-Sollen und das in der Weise des *Aufrufs* zum eigensten Schuldigsein. Das Gewissen klagt an.

Diese existenziale Interpretation liegt der alltäglichen ontischen Verständigkeit notwendig fern, obgleich sie die ontologischen Fundamente dessen herausstellt, was die banale Gewissensauslegung in gewissen Grenzen immer verstanden und als Theorie des Gewissens auf einen Begriff gebracht hat. Daher bedarf die existenziale Interpretation der Bewährung durch eine Kritik der banalen Gewissensauslegung.[2] Aus dem herausgestellten Phänomen kann erhoben werden, inwiefern es ein eigentliches Sein-Können des Daseins bezeugt. Dem Gewissensruf entspricht ein mögliches Hören auf die Stimme Gottes[3]. Das Anrufverstehen enthüllt sich als *Gewissenhabenwollen*. In diesem Phänomen aber liegt das gesuchte exis-

---

2  Vgl. Martin Heidegger, Sein und Zeit, Tübingen 1991, 269.
3  Vgl. Augustinus Karl Wucherer-Huldenfeld, *Personales Sein und Wort*, Wien 1985, 151.

tenzielle Wählen der Wahl eines Selbstseins, das wir, seiner existenzialen Struktur entsprechend, die *Entschlossenheit* zur Wahrheit nennen. Man will eigentlich wahrhaftig und moralisch sein.[4] Die Analyse des Gewissens nimmt ihren Ausgang von einem indifferenten Befund an diesem Phänomen: dass es in irgendeiner Weise einem etwas zu verstehen gibt. Das Gewissen erschließt und gehört deshalb zu einem Existenzial, dass das innerste Da-*Sein der Person* als Erschlossenheit konstituiert. Die allgemeinsten Strukturen von Befindlichkeit, Verstehen, Rede und Verfallen wurden auseinandergelegt. Wenn wir das Gewissen in diesen phänomenalen Zusammenhang bringen, dann handelt es sich nicht um eine schematische Anwendung der dort gewonnenen Strukturen auf einen besonderen Fall von der Erschließung des Daseins. Die Interpretation des Gewissens wird vielmehr die frühere Analyse der Erschlossenheit des Daseins nicht nur weiterführen, sondern ursprünglicher fassen im Hinblick auf das eigentliche Sein der Person. Durch die Erschlossenheit ist das Gewissen, das wir Dasein nennen, in der Möglichkeit, sein Da-zu-*Sein*. Mit seiner Welt ist es für es selbst da und zwar zunächst und zumeist so, dass es sich das Sein-Können aus der besorgten Welt der Norm her erschlossen hat. Das Sein-Sollen, als welches das Gewissen existiert, hat sich je schon bestimmten Möglichkeiten überlassen. Und das, weil es geworfenes Seiendes ist, welche Geworfenheit durch das Gestimmtsein[5] mehr oder minder deutlich und eindringlich erschlossen wird. Zur Befindlichkeit (Stimmung) gehört gleichursprünglich das Verstehen der Wahrheit. Dadurch weiß das Gewissen, woran es mit ihm selbst ist, weil es nicht auf sich selbst geworfen ist. Diese Vorgabe aber ermöglicht sich existenzial dadurch, dass das Gewissen als verstehendes Mitsein auf das Sein *hören* kann.

Sich verlierend in die Öffentlichkeit des Man und sein Gerede über*hört* es im Hören auf ein Man-selbst das eigene Selbst des Gewissens. Wenn das Gewissen aus dieser Verlorenheit des Sich-Überhörens zurückgebracht werden kann, dann kann es sich finden im *Hinhören* auf das Sein. Dieses Hinhören ist gebrochen, das heißt es muss ihm vom Gewissen selbst die Möglichkeit eines Hörens gege-

---

4  *KKK* 1777.
5  sunqeresis (Gewissen) ist das Mitwissen und Mit-Gestimmtsein durch die Wahrheit.

ben werden, das jenes unterbricht. Die Möglichkeit eines solchen Bruchs liegt im unvermittelten Angerufenwerden von der Wahrheit. Der Ruf der Wahrheit bricht das sich überhörende Hinhören des Gewissens auf das Man der ver-öffentlichten Meinung, wenn es, seinem Rufcharakter entsprechend, ein Hören weckt, das in allem gegenteilig charakterisiert ist im Verhältnis zum verlorenen Hören. Wenn dieses benommen ist vom Lärm der mannigfaltigen Zweideutigkeit des alltäglich neuen Geredes der ver-öffentlichten Meinung, muss der Ruf der Wahrheit lärmlos, unzweideutig, ohne Anhalt für die Neugier rufen. Was *dergestalt rufend zu verstehen gibt, ist das Gewissen.*[6]

Das Rufen fassen wir als Modus der Rede. Sie gliedert die Verständlichkeit. Die Charakteristik des Gewissens als Ruf ist keineswegs nur ein ‚Bild‘, etwa wie die *kantische* Gerichtshofvorstellung vom Gewissen. Wir dürfen nur nicht übersehen, dass für die Rede und somit auch den Ruf die stimmliche Verlautbarung nicht wesentlich ist.[7] Jedes Aussprechen und Ausrufen setzt schon Rede voraus. Wenn die alltägliche Auslegung eine Stimme des Gewissens kennt, dann ist dabei nicht so sehr an eine Verlautbarung gedacht, die faktisch nie vorfindlich wird, sondern ‚Stimme‘ ist, aufgefasst als das Zu-verstehen-Geben. In der Erschließungstendenz des Rufes der Wahrheit liegt das Moment des Stoßes, des abgesetzten Aufrüttelns. Gerufen wird aus der Ferne ins Dasein. Vom Ruf der Wahrheit getroffen, werde ich zurückgeholt ins Sollen.

Mit der Kennzeichnung des Gewissens ist der objektive Horizont einer Analyse der existenzialen Struktur umrissen. Das Faktum des Gewissens wird mit einem Ruf der Wahrheit verglichen, als eine Rede, aus der für das Gewissen Konstitutives erschlossen wird.

Zum Reden gehört das beredete Worüber. Sie gibt eine Erschlossenheit und das in bestimmter Hinsicht. Aus dem so Beredeten schöpft sie das, was sie je als diese Rede sagt, das Geredete als solches. In der Rede als Mitteilung wird es dem Mit-Dasein anderer

---

6   Vgl. AUGUSTINUS KARL WUCHERER-HULDENFELD, *Personales Sein und Wort*, Wien 1985, 152: „Ruft mich das Gewissen auf, ganz ich selbst zu sein, meiner innersten Anlage ent-sprechend sich selbst zu werden, so ruft es mich aus der Selbstverschlossenheit in die Offenheit gegenüber dem göttlichen Du."
7   Vgl. MARTIN HEIDEGGER, *Sein und Zeit*, Tübingen 1991, 271.

zugänglich, zumeist auf dem Wege der Verlautbarung in der Sprache. Was ist im Rufen des Gewissens das Beredte, das heißt das Aufgerufene? Offenbar das Sein selbst. Diese Ant-wort ist ebenso unbestreitbar wie bestimmt. Hätte der Ruf ein vages Ziel, dann bliebe er allenfalls für das Ich eine Veranlassung, nicht aufzumerken. Zum Gewissen gehört aber wesenhaft, dass mit Entschlossenheit ein Sein erschlossen wird, dass es immer schon *versteht*. Der Ruf ruft als Gewissen in einem immerwährenden besorgenden Verstehen. Das Ich-Selbst als besorgendes Mit-Sein mit anderen wird vom Ruf getroffen.

Der Ruf entbehrt jeglicher Ver-laut-barung. Er braucht nicht das Wort – es bleibt gleichwohl still und doch klar. *Das Gewissen redet meist und ständig im beredten Schweigen – es ist das Geläut aus der Stille.* So verliert es nicht nur nichts an Vernehmlichkeit, sondern zwingt das an- und aufge-ruf-ene Gewissen in die Verschwiegenheit seiner selbst.[8] Das Fehlen einer Ver-ant-Wort-ung des im Ruf Gerufenen schiebt das Phänomen nicht in die Unbestimmtheit, sondern zeigt nur an, dass der An-gerufene sich an den Ruf des Rufers klammern darf.

Was sich im Ruf erschließt, ist eindeutig, mag er auch im einzelnen Gewissen gemäß seiner Interpretation eine verschiedene Auslegung erfahren. Ob der scheinbaren Unbestimmtheit des Rufgehaltes kann nicht die sichere *Hermeneutik* des Rufes übersehen werden. Der Ruf bedarf oft eines tastenden Suchens nach dem Ausruf-enden. Die Ver-irr-ung[9] entsteht im Gewissen durch ein Missverstehen des Rufes, auf eine Art und Weise, wie der Ruf *gehört* wird – dadurch, dass er, statt verstanden zu werden, vom Ich-Selbst in ein verhandelndes Selbstgespräch gezogen und in einer Wahrheitsverschließung verkehrt wird.

Es gilt: Der Ruf, als welchen wir das Gewissen kennzeichnen, ist Anruf des Wissens in seinem Selbst; als dieser Anruf der Aufruf

---

8   Vgl. ebd., 363.
9   Vgl. *KKK* 1799: „Vor eine sittliche Entscheidung gestellt, kann das Gewissen entweder ein richtiges Urteil fällen, das mit der Vernunft und dem göttlichen Gesetz übereinstimmt, oder aber ein Fehlurteil, das beiden widerspricht." Die Gewiss-heit des Gewissens ist bloß von moralischer Gewissheit (certitudo probabilis). Das Gewissen kann die absolute Gewissheit (Wahrheit) der Gebote und des Lehramtes nicht ersetzen.

der Person zu ihrem Selbst-sein-Sollen und damit ein Vorrufen des Gewissens in seine Möglichkeiten.

Zu einer wesensmäßigen Interpretation des Gewissens kommen wir aber erst dann, wenn sich verdeutlichen lässt: nicht nur *wer* der vom Ruf Gerufene ist, sondern *wer* selbst *ruft*, wie der Angerufene zum Rufer sich verhält, wie dieses ‚Verhältnis' als Seinszusammenhang ontologisch gefasst werden muss.

Das Gewissen ruft das Selbst meiner Existenz aus der Verlorenheit in die Unverborgenheit. Das angerufene Selbst wird von der Wahrheit getroffen. Als *was* sich das Ich zunächst und zumeist versteht in der Auslegung aus seiner Besorgnis her, wird vom Ruf entborgen. Und so ist die Person eindeutig und unverwechselbar getroffen. Nicht nur der Aufgerufene wird vom Ruf „ohne Ansehen seiner Person" gemeint, auch der Rufer hält sich in einer auffallenden Bestimmtheit. Auf die Fragen nach dem Woher, dem Wohin und dem Sinn versagt er nicht nur die Antwort, sondern gibt auch, obzwar er sich im Ruf keineswegs verstellt, nicht die geringste Möglichkeit, ihn für ein ‚weltlich' orientiertes Daseinsverständnis vertraut zu machen. Der Rufer des Rufes – das gehört zu seinem Wesen – hält jedes Verbergen schlechthin von sich fern. Es geht wider die Art seines Seins, sich in ein Betrachten und Bereden ziehen zu lassen. Die eigentümliche Bestimmtheit und Bestimmbarkeit des Rufers ist nicht nichts, sondern eine *Positivität*. Sie bekundet, dass der Rufer einzig aufgeht im An-ruf zu ..., dass er *als solcher gehört* und ferner nicht beschwatzt sein will. Ist es dann aber nicht dem Phänomen angemessen, wenn die Frage an den Rufer, wer er sei, unterbleibt? Für das existenzielle Hören auf den faktischen Gewissensruf gilt es wohl, nicht aber für die rationalistische Analyse der Faktizität des Rufens und der Existentialität des Hörens.

Der Ruf wird ja gerade nicht und nie *von uns selbst* her bestimmt noch vorbereitet noch willentlich vollzogen. Es ruft, wider Erwarten und gar wider Willen. Anderseits kommt das Rufen zweifellos nicht von einem anderen, der mit mir in der Welt *ist*. Der Ruf kommt *aus* mir und doch aus dem *Über*-mir.[10]

---

[10] Vgl. AUGUSTINUS KARL WUCHERER-HULDENFELD, *Personales Sein und Wort*, Wien 1985, 153.

Diese ontologische Befundung ist nicht wegzudeuten. Er wurde denn auch zum Ansatz genommen für die Deutung der Stimme als einer in das Gewissen hereinragenden fremden Macht. In dieser Auslegungsrichtung fortgehend, unterlegt man der festgelegten Macht einen Besitzer oder nimmt sie selbst als sich bekundende Person (Gott).[11] Umgekehrt versucht man die Deutung des Rufens als fremde Oktroyierung zurückzuweisen und zugleich das Gewissen überhaupt ‚subjektivistisch' wegzurationalisieren. Geklärt wird die Methode durch eine unausgesprochen leitende epistemische These: Was *ist*, das heißt so tatsächlich wie das Gewissen als Ruf, muss *vorhanden* sein; was sich nicht als *vorhanden* objektiv nachweisen lässt, *ist* überhaupt *nicht*.

Diesem methodischen Vor-Urteil gegenüber gilt es, nicht nur als Befundung überhaupt festzuhalten, dass der Ruf des Gewissens aus mir über mich kommend an mich ergeht, sondern es gilt auch die darin liegende ontologische Kennzeichnung des Phänomens als eines solchen *des Faktischen*.

Der Rufer ist in seinem Wer transzendent bestimmbar. Er ist das Gewissen in seiner Behausung, das das ursprüngliche In-die-Welt-geworfen-Sein als ein Zuhause wiederfindet. Der Ruf ist der Person vertraut – so etwas wie eine innere Stimme. Was könnte dem Man, verloren in die besorgte, vielfältige Welt, fremder sein als das in der Unheimlichkeit auf sich vereinzelte, in das Nichts geworfene Selbst? ‚Es' ruft und gibt gleichwohl für das besorgend neugierige Ohr nichts zu hören, was weitergesagt und öffentlich beredet werden möchte. Was soll das Gewissen aus der Un-heimlichkeit seines Geworfenen-Seins auch berichten? *Was* bleibt ihm anderes denn das in der Angst enthüllte Sein-Sollen seiner selbst? Wie soll es anders rufen denn als Aufrufen zu diesem Sein-Können, darum es ihm einzig geht?

Der Ruf des Gewissens kündet von einer Begebenheit, es ruft ohne jede Ver-laut-barung. Der Ruf redet im unheimlichen Modus des Schweigens.[12] *Das Gewissen ist nicht äußerlich und laut*. Und der-

---

11 Vgl. KKK 1777: „Es (Das Gewissen) bezeugt die Wahrheit im Hinblick auf das höchste Gut, auf Gott, von dem der Mensch angezogen wird und dessen Gebote er empfängt. Wenn er auf das Gewissen hört, kann der kluge Mensch die Stimme Gottes vernehmen, die darin spricht." Vgl. MARTIN HEIDEGGER, *Sein und Zeit*, Tübingen 1991, 268ff.
12 Vgl. ebd., 277.

gestalt nur darum, weil der Ruf den Angerufenen nicht in das öffentliche Gerede der Anonymität hinein, sondern diesen *zurückruft in die Verschwiegenheit des existenten Sein-Könnens*. Und worin gründet die unheimliche, doch nicht so selbstverständliche Sicherheit, mit der der Rufer den Gerufenen trifft, wenn nicht darin, dass das in seiner Unheimlichkeit auf sich vereinzelte Dasein für es selbst schlechthin unverwechselbar ist? Was benimmt dem Gewissen so radikal die Möglichkeit, sich anderswoher nicht misszuverstehen und zu verkennen, wenn nicht die Gelassenheit in der Überlassenheit an die Wahrheit selbst?

Das Gewissen selbst ruft als Gewissen aus dem Grunde der Wahrheit. Das „es ruft mich" ist eine ausgezeichnete Rede des Gewissens. Der durch die Angst gestimmte Ruf ermöglicht dem Gewissen zuallererst den Entwurf seiner selbst auf sein eigenstes Sein-Sollen. Der existenziell verstandene Gewissensruf bekundet, was früher lediglich behauptet wurde: Die Unheimlichkeit des Rufens setzt dem Gewissen nach und bedroht die selbstvergessene Verlorenheit.

Der Satz „Das Gewissen ist der Rufer und der Angerufene" hat seine formale Leere und Selbstverständlichkeit verloren. *Das Gewissen offenbart sich als Ruf der Sorge*[13]*:* Der Rufer ist das Gewissen, sich ängstigend in der Geworfenheit um sein Sein-zu-Sollen. Der Angerufene ist eben dieses Gewissen, aufgerufen zu seinem eigensten Sein-Sollen. Und aufgerufen ist das Gewissen durch den Anruf aus der Wahrheit. Der Ruf des Gewissens, das heißt dieses selbst, hat eine seinsmäßige Möglichkeit, dass das Gewissen im Grunde seines Seins Sorge ist. Mit dieser Interpretation des Rufers, die dem reinen phänomenalen Charakter des Rufens folgt, wird die Macht des Gewissens nicht herabgemindert und ‚bloß subjektiv' gemacht. Im Gegenteil: Die Unerbittlichkeit und Eindeutigkeit[14] des Rufes wird so erst frei. Die Objektivität des Anrufs erhält dadurch erst ihr Recht, dass die Interpretation ihm seine ‚Objektivität' belässt, die freilich der anonymen Subjektivität die Herrschaft versagt.

---

13 Vgl. *KKK* 1780: „Dieses Streben nach Innerlichkeit ist umso nötiger, als das Leben uns oft in Gefahr bringt, jegliche Überlegung, Selbstprüfung und Selbstbesinnung zu unterlassen."
14 Vgl. ANDREAS LAUN, *Aktuelle Probleme der Moraltheologie*, Wien 1992, 36.

Gleichwohl wird man an die vollzogene Interpretation des Gewissens als Ruf der Sorge die Gegenfrage stellen: Kann eine Auslegung des Gewissens probehaltig sein, die sich so weit von der natürlichen Erfahrung entfernt? Wie soll das Gewissen als *Aufrufer* zum eigensten Sein-Können und Sein-Sollen fungieren, wo es doch zunächst und zumeist nur *rügt* und *warnt*? Spricht das Gewissen so unbestimmt leer über sein eigenstes Sein-Sollen und nicht vielmehr bestimmt und konkret mit Bezug auf vorgefallene oder vorgehabte Verfehlungen und Unterlassungen? Entstammt das behauptete Anrufen dem ‚*schlechten*' Gewissen oder dem ‚*guten*'? Gibt das Gewissen überhaupt etwas Positives, fungiert es nicht eher nur kritisch?

Das Recht solcher Bedenken ist nicht zu bestreiten. Von einer Interpretation des Gewissens kann verlangt werden, dass ‚man' in ihr das fragliche Sein wiedererkennt, wie es alltäglich erfahren wird. Dieser Forderung genügen heißt aber doch wieder nicht, das banale Gewissensverständnis als erste Instanz für eine ontologische Interpretation anzuerkennen. Andererseits aber sind die aufgeführten Bedenken so lange verfrüht, als die von ihnen betroffene Analyse des Gewissens noch nicht ins Ziel gebracht ist. Bisher wurde versucht, das Gewissen *als daseiende Gegebenheit* auf die ontologische Verfassung dieses Seienden zurückzuleiten. Das diente als Vorbereitung der Aufgabe, das Gewissen als eine im Dasein selbst liegende *Bezeugung seines eigensten Sein-Sollens gegenüber der Wahrheit* verständlich zu machen.

Was das Gewissen bezeugt, kommt aber erst dann zur vollen Bestimmtheit, wenn hinreichend deutlich umgrenzt ist, welchen Charakter das dem Rufen genuin entsprechende *Hören* haben muss. Das dem Ruf ‚folgende' *eigentliche* Verstehen ist nicht eine nur sich anschließende Zugabe zum Gewissensphänomen, ein Vorgang, der sich einstellt oder auch ausbleiben kann. *Aus* dem Anrufverstehen und in eins *mit* ihm lässt sich erst die *volle* Gewissenserfahrung fassen. Wenn der Rufer und der Angerufene[15] sich als ein eigenes Gewissen *selbst* subjektivieren, dann liegt in ihm ein Überhören des Rufes, ein Sich-Verhören *des* Gewissens. Ein ankommender An-Ruf, auf den „nichts erfolgt", ist, existenzial gesehen, eine unmögliche

---

15  Vgl. MARTIN HEIDEGGER, *Sein und Zeit*, Tübingen 1991, 269.

Fiktion. „Dass man *nicht* folgt" bedeutet daseinsmäßig nichts *Positives*. So kann denn auch erst die Analyse des Anrufverstehens zur expliziten Erörterung dessen führen, was *der Ruf zu entbergen gibt*. Erst mit der allgemeinen ontologischen Charakteristik des Gewissens ist die Möglichkeit gegeben, das im Gewissen gerufene ‚schuldig' moralisch zu begreifen. Alle Gewissenserfahrungen und auslegungen sind darin einig, dass die ‚Stimme' des Gewissens irgendwie von ‚Schuld' spricht.[16] Um das im Anrufverstehen Gehörte ontisch zu fassen, gilt es, erneut auf den Anruf zurückzugehen. Das Anrufen ans Ich-Selbst bedeutet Aufrufen des eigensten Selbst zu seinem Sein-Sollen und zwar als Gewissen, das heißt besorgendes In-der-Welt-Sein und Mit-Sein mit der Transzendenz. Die existenziale Interpretation dessen, wozu der Ruf aufruft, kann daher, sofern sie sich in ihren methodischen Möglichkeiten und Aufgaben recht versteht, eine konkrete einzelne Existenz umgrenzen. Nicht nur das je existenziell im jeweiligen Gegebenen in dieses Gerufene kann und will fixiert werden, sondern auch das, was zur *existenzialen Bedingung der Möglichkeit* des je faktisch-existenziellen Sein-Sollens *gehört*.

Das existenziell-hörende Verstehen des Rufes ist umso eigentlicher, umso bezüglicher, je mehr das Gewissen *sein* Angerufensein hört und versteht, je weniger, wenn es den Rufsinn verkehrt. Und was liegt wesenhaft in der Eigentlichkeit des Anrufverstehens? Was ist jeweilig im Ruf wesenhaft zu verstehen *gegeben*, wenngleich nicht immer de facto verstanden?

Dieser Frage haben wir schon die Antwort zugewiesen mit der These: Der Ruf ‚sagt' *alles*, was es zu bereden gibt, er gibt eine Kenntnis über das Sollen. Der Ruf weist das Gewissen *vor auf* sein Sein-Sollen und das als Ruf *aus* der Entbergung. Der Rufer ist zwar manchmal unbestimmt – aber das Woher, aus dem er ruft, bleibt für das Rufen nicht gleichgültig. Dieses Woher – die Un-heimlichkeit dieses Geworfenen – wird im Rufen mitgerufen, das heißt miterschlossen. Das Woher des Rufens im Vorrufen auf ... ist das Wohin

---

16  Vgl. BERNHARD HÄRING, *Frei in Christus – Moraltheologie für die Praxis des christlichen Lebens I. Das Fundament aus Schrift und Tradition*, Freiburg/Basel/Wien 1979, 260. Vgl. MARTIN HEIDEGGER, *Sein und Zeit*, Tübingen 1991, 280.

des Zurückrufens. Der Ruf gibt ein ideales, allgemeines Sein-Können zu verstehen; er erschließt es als das jeweilig Konkrete des jeweiligen Gewissens. Der Erschließungscharakter des Rufes wird erst voll bestimmt, wenn wir ihn als vorrufenden Rückruf verstehen. In der Orientierung an dem so gefassten An-Ruf ist erst zu fragen, was er zu verstehen gibt.

Wird aber die Frage nach dem, was der Ruf uns sagt, nicht leichter und sicherer beantwortet durch den schlichten Hinweis darauf, was durchgängig in allen Gewissenserfahrungen gehört bzw. überhört wird, dass der Ruf das Gewissen ‚schuldig' spricht[17] oder, wie im warnenden Gewissen, auf ein mögliches ‚Schuldig'-Sein verweist oder als ‚gutes' Gewissen ein ‚keiner Schuld bewusst' bestätigt?[18] Wenn nur nicht dieses übereinstimmend erfahrene ‚schuldig' in den Gewissenserfahrungen und auslegungen so ganz verschieden bestimmt wäre! Und selbst wenn der Sinn dieses ‚schuldig' sich einstimmig fassen ließe, der *existenziale Begriff* dieses Schuldigseins liegt oft im Dunkeln.[19] Der existenziale Begriff des Schuldigseins liegt im Gewissen insistent. Wenn das Gewissen sich selbst als ‚schuldig' anspricht, woher soll die Idee der Schuld anders geschöpft werden, es sei denn aus dem Wesen des Seins des Gewissens? Doch erneut steht die Frage auf: *Wer sagt, wie wir schuldig sind und was Schuld bedeutet?* Die Idee der Schuld kann nicht willkürlich ausgedacht und dem Ich-Sein aufgezwungen werden. Wenn aber überhaupt ein Verständnis des Wesens der Schuld möglich ist, dann muss diese Möglichkeit im Sein vorgezeichnet sein. Wie sollen wir die Spur finden, die zur Enthüllung des Gegebenen führen kann? Alle ontologischen Investigationen von Phänomenen wie Schuld, Gewissen, Tod müssen in dem ansetzen, was die alltägliche Hermeneutik darüber ‚sagt'. In der verfallenden Seinsart des Gewissens liegt zugleich, dass seine Auslegung zumeist *eigentlich* ‚orientiert' ist und das Wesen trifft, weil ihm die ursprünglich angemessene ethische Fragestellung eigen ist. In jedem Irrtum liegt mitenthüllt eine Anweisung auf die ursprüngliche ‚Idee' des Gegebenen. Woher nehmen wir aber das Kriterium für den ursprünglichen existenzia-

---

17 Vgl. *KKK* 1781.
18 Vgl. MARTIN HEIDEGGER, *Sein und Zeit*, Tübingen 1991, 270–280.
19 Vgl. ebd., 259ff.

len Sinn des ‚schuldig'? Daraus, dass dieses ‚schuldig' als Aussage des ‚ich bin' auftaucht. Liegt es etwa, was in uneigentlicher Auslegung als ‚Schuld' verstanden wird, im Sein des Gewissens als solchem, und zwar so, dass es schon, sofern es je faktisch existiert, auch schuldig *ist*?

Der Hinweis auf das einstimmig gehörte ‚schuldig' ist daher noch nicht die Antwort auf die Frage nach dem existenzialen Sinn des im Ruf Gerufenen. Dieses muss erst zu seinem Begriff kommen, um verständlich machen zu können, was das gerufene ‚schuldig' meint, warum und wie es durch die alltägliche Interpretation in seiner Bedeutung verkehrt wird.[20]

Die alltägliche Verständigkeit nimmt das ‚Schuldigsein' zunächst im Sinne von ‚schulden', ‚bei einem etwas am Brett haben'. Man soll dem anderen etwas zurückgeben, worauf er Anspruch hat. Dieses ‚Schuldigsein', als *‚Schulden haben'*, ist eine Weise des Mitseins mit dem Sein im Sinne des Besorgens als Beschaffen, Beibringen. Modi solchen Besorgens sind auch Entziehen, Entleihen, Vorenthalten, Nehmen, Rauben, das heißt der Besitzanspruch von etwas in irgendeiner Weise des Ungenügens. Das Schuldigsein dieser Art ist bezogen auf *Besorgbares*[21] *im Sinne der Sorge*.

Schuldigsein hat dann die weitere Bedeutung von *‚schuld sein an'*, das heißt Ursache-, Urheber-Sein von etwas oder auch ‚Veranlassung-Sein' für etwas. Im Sinne dieses ‚Schuld-Habens' an etwas kann man ‚schuldig sein', ohne einem anderen etwas zu ‚schulden' oder ‚schuldig' zu werden. Umgekehrt kann man einem anderen etwas schulden, ohne selbst schuld daran zu sein. Ein anderer kann bei anderen ‚für mich' ‚Schulden machen'.

Diese banalen Bedeutungen von Schuldigsein als ‚Schulden haben bei ...' und ‚schuldig sein an ...' können zusammengehen und ein Verhalten bestimmen, das wir nennen *‚sich schuldig machen'*, das heißt durch das Schuldhaben an einem Schuldenhaben, ein Recht verletzen und sich strafbar machen. Die Forderung, der man nicht genügt, braucht jedoch nicht notwendig auf einen Besitz bezogen zu sein, sie kann das öffentliche Miteinander überhaupt regeln. Das so bestimmte ‚sich schuldig machen' in der Rechtsverletzung kann

---

20   Vgl. ebd., 270ff., in den letzten zwei Abschnitten.
21   Vgl. ebd., 327.

aber zugleich den Charakter haben eines ‚*Schuldigwerdens an anderen*'. Das geschieht nicht durch die Rechtsverletzung als solche, sondern dadurch, dass ich Schuld habe daran, dass der andere in seinem Sein gefährdet, irregeleitet oder gar gebrochen wird. Dieses Schuldigwerden an anderen ist möglich ohne Verletzung des ‚öffentlichen Gesetzes'[22].

Es bleibe dahingestellt, wie solche Forderungen entspringen und in welcher Weise aufgrund dieses Ursprungs ihr Forderungs und Gesetzescharakter begriffen werden muss. In jedem Falle ist das *Schuldigsein* im letztgenannten Sinne als Verletzung einer ‚sittlichen Forderung' eine *Seinsart des Daseins des Gewissens*. Das gilt freilich auch vom Schuldigsein als ‚sich strafbar machen', als ‚Schulden haben' und von jedem ‚Schuldhaben an ...' Auch das sind Verhaltungen des Daseins als Gewissen. Fasst man das ‚beladen mit sittlicher Schuld' als eine ‚Qualität' des Gewissens, so wird davon das Wesen gesagt.[23]

Die Klärung des Schuldphänomens, das auf ‚Schuldenhaben' und Rechtsverletzung nicht immer notwendig bezogen ist, kann nur dann gelingen, wenn zuvor grundsätzlich nach dem Schuldigsein des Ichs gefragt, das heißt die Idee von ‚schuldig' aus dem Sein begriffen wird.

Zu diesem Zwecke muss die Idee von ‚schuldig' soweit abstrahiert werden, dass die auf das besorgende Mit-Sein bezogenen vulgären Schuldphänomene *herausfallen*. Die Idee der Schuld muss nicht nur über den Bezirk der verrechnenden Besorgnis hinausgehoben, sondern auch aufgelöst werden in Bezug auf ein Sollen und göttliches Gesetz[24], wogegen sich verfehlend jemand Schuld auf sich lädt. Denn auch hier wird die Schuld notwendig noch als *privatio* bestimmt, als Fehlen von etwas, was sein soll und kann. Fehlen besagt aber Nichtvorhandensein. Mangel als Nichtvorhandensein eines Gesollten ist eine Seinsbestimmung des Vorhandenen. In diesem Sinne kann an der Existenz wesenhaft nichts mangeln, nicht

---

22 Zum Vorrang des Gewissens gegenüber dem menschlichen Gesetz vgl. ANDREAS LAUN, *Aktuelle Probleme der Moraltheologie*, Wien 1992, 39. Unter ‚ ...' stehende Bergriffe stammen von Heidegger.
23 Vgl. MARTIN HEIDEGGER, *Sein und Zeit*, Tübingen 1991, 297ff.
24 Vgl. ANDREAS LAUN, *Aktuelle Probleme der Moraltheologie*, Wien 1992, 34.

weil sie vollkommen wäre, sondern weil ihr Seinscharakter von aller Vorhandenheit unterschieden bleibt.

Gleichwohl liegt in der Idee von ‚schuldig' der Charakter des Nicht als Nicht-Erfülltsein gegenüber dem Sollen. Wenn das ‚schuldig' die Existenz soll bestimmen können, *dann erwächst hiermit das ontologische Problem, den Nicht-Charakter dieses „Nicht" existenzial aufzuklären. Ferner gehört in die Idee von ‚schuldig', was sich im Schuldbegriff als ‚schuld haben an' indifferent ausdrückt: das ‚Grund sein' für ... Die formal existenziale Idee des ‚schuldig' bestimmen wir daher also: Grundsein für ein durch ein Nicht bestimmtes Sein – das heißt Grundsein einer Nichtig-heit.*[25] Wenn die im existenzial verstandenen Begriff der Schuld liegende Idee des *Nicht* die Bezogenheit auf ein mögliches bzw. gefordertes Sein-Sollen ausschließt, wenn mithin das Dasein überhaupt nicht an einem Vorhandenen oder Geltenden gemessen werden soll, das es selbst nicht ist oder das nicht in *seiner* Weise ist, das heißt *existiert*, dann entfällt damit die Möglichkeit, mit Rücksicht auf das Grundsein für einen Mangel das so Grundseiende selbst als ‚mangelhaft' zu verrechnen. Es kann nicht schlechthin von einem daseinsmäßig „verursachten" Mangel, der Nichterfüllung einer Forderung, auf die Mangelhaftigkeit der ‚Ursache' zurückgerechnet werden. Das Grundsein für ... braucht nicht dieselbe Ursache zu haben wie das in ihm gründende und aus ihm entspringende Privativum gegenüber dem Sein-Sollen. Der Grund braucht nicht erst seine Nichtigkeit von seinem Begründeten zurückzuhalten. Darin liegt aber dann: *Das Schuldigsein resultiert nicht erst aus einer Verschuldung, sondern umgekehrt: diese wird erst möglich aufgrund eines ursprünglichen Schuldigseins dem Sein-Sollen gegenüber.* Kann ein solches im Sein des Daseins aufgezeigt werden und wie ist es existenzial überhaupt möglich?

Das Sein des Gewissens ist die Sorge. Sie befasst in sich Faktizität (Geworfenheit), Existenz (Entwurf) und Verfallen. Seiend ist das Gewissen Geworfenes, *nicht* von sich selbst in sein ‚Dasein' gebracht.[26] Seiend ist es als Sein-Sollen bestimmt, das sich selbst gehört und doch *nicht* als es selbst sich zu eigen gegeben hat. Existierend kommt es nie hinter seine Geworfenheit zurück, sodass es

---

25  Vgl. MARTIN HEIDEGGER, *Sein und Zeit*, Tübingen 1991, 283.
26  Vgl. ebd., 284.

dieses ‚dass es ist und zu sein hat' je eigens erst aus *seinem* Selbststand entlassen und in das „Sollen" führen kann. Die Geworfenheit aber liegt nicht hinter ihm als ein tatsächlich vorgefallenes und vom Dasein wieder losgefallenes Ereignis, das mit ihm geschah, sondern das *Dasein ist* ständig – solange es ist – als Sorge als sein ‚Dass'. *Was als Gewissen,* das überantwortet ist, dem schlechthin Seienden, das es ist, existieren kann, *ist existierend* als ein Sein-Sollen. Obgleich es den Grund *selbst nicht* gelegt hat, ruht es in seiner Schwere, die ihm die Stimmung als Last offenbar macht.²⁷

Und wie *ist* es, dieser geworfene Grund? Einzig so, dass es sich auf Möglichkeiten entwirft, in die es geworfen ist. Das Selbst, das als solches den Grund seiner selbst zu legen hat, kann dessen *nie* mächtig werden und hat doch existierend das Grundsein zu übernehmen. Der eigene geworfene Grund zu sein ist das Sein-Sollen, worum es der Sorge geht.²⁸

Grund-seiend, das heißt als Geworfenes existierend, bleibt das Gewissen ständig hinter seinen Möglichkeiten zurück. Es ist nie existent *vor* seinem Grunde, sondern je nur aus *ihm* und *als dieser*. Grundsein besagt demnach, des eigensten Seins von Grund auf *nie* mächtig sein. Dieses *Nicht* gehört zum existenzialen Sinn der Geworfenheit. Nichtigkeit bedeutet keineswegs Nichtvorhandensein, Nichtbestehen, sondern meint ein Nicht, das dieses *Sein-Sollen*, seine Geworfenheit, konstituiert. Der Nichtcharakter dieses Nicht bestimmt sich existenzial: *Selbst* seiend ist das Dasein des Gewissens *als* Selbst. *Nicht durch* es selbst, sondern *an* es selbst *entlassen* aus dem Grunde, um *als dieses zu* sein. Das Gewissen ist insofern Grund, weil dieses aus einem Entwurf entspringt. Dieses ist immer nur Grund, dessen Sein das Grundsein zu übernehmen hat.

Das Gewissen ist in seinem Grund existierend, das heißt so, dass es sich aus Möglichkeiten versteht und dergestalt sich verstehend als Entworfenes. Der Entwurf ist nicht nur als je geworfener durch die Nichtigkeit des Grundseins bestimmt, sondern als *Entwurf* selbst wesenhaft *nichtig*. Diese Bestimmung meint wiederum keineswegs die ontische Eigenschaft des ‚erfolglosen' oder ‚unwertigen' Etwas, sondern ein existenziales Konstitutivum der Seinsstruk-

---

27   Vgl. ebd., 269.
28   Vgl. ebd., 280ff., betreffend die drei letzten Abschnitte.

tur des Entwerfens. Die gemeinte Nichtigkeit gehört zum Freisein des Gewissens für seine existenziellen Möglichkeiten. Die Freiheit aber *ist* nur in der Wahl des einen, das heißt im Tragen des Nicht-gewählt-Habens und Nicht-auswählen-Könnens des anderen.

In der Struktur der Geworfenheit sowohl wie in der des Entwurfs liegt wesenhaft eine Nichtigkeit. Und sie ist der Grund für die Möglichkeit der Nichtigkeit des uneigentlichen Daseins im Verfallen, als welches es je schon immer faktisch ist. *Die Sorge selbst ist in ihrem Wesen durch und durch von Nichtigheit durchsetzt.* Die Sorge – das Sein des Daseins – besagt demnach als geworfener Entwurf: das (nichtige) Grund-Sein einer Nichtigkeit. Und das bedeutet: *Das Gewissen als Sorge ist als solches schuldig,* wenn die formale existenziale Bestimmung der Schuld als Grund-Sein einer Nichtigkeit zu Recht besteht.

Die existenziale Nichtigkeit hat keineswegs den Charakter einer Privation, eines Mangels gegenüber einem ausgesteckten Ideal, das im Dasein nicht erreicht wird, sondern das Sein dieses Seienden ist vor allem, was es entwerfen kann und meist erreicht, als *Entwerfen* schon nichtig. Diese Nichtigkeit tritt daher auch nicht gelegentlich am Dasein auf, um an ihm als dunkle Qualität zu haften, die es, weit genug fortgeschritten, beseitigen könnte.

So bleibt der *ontologische Sinn der Nichtheit* dieser existenzialen Nichtigkeit im Dunkeln. Aber das gilt auch vom *wesenhaften Wesen des Nicht* überhaupt. Zwar hat die Ontologie und Logik dem Nicht viel zugemutet und dadurch streckenweise seine Möglichkeiten sichtbar gemacht, ohne es selbst ontologisch zu enthüllen. Die Ontologie fand das Nicht vor und machte Gebrauch davon. Ist es denn aber so selbstverständlich, dass jedes Nicht ein Negativum im Sinne eines Mangels bedeutet? Ist seine Positivität darin erschöpft, dass es den ‚Übergang' konstituiert? Warum nimmt alle Dialektik zur Negation ihre Zuflucht, ohne dergleichen *selbst* dialektisch zu begründen, ja auch nur *als Problem* fixieren zu können? Hat man überhaupt je den *ontologischen Ursprung* der Nichtheit zum Problem gemacht oder *vordem* auch nur *nach den Bedingungen* gesucht, auf deren Grund das Problem des Nicht und seiner Nichtheit und deren Möglichkeit sich stellen lässt? Und wo sollen sie anders zu finden sein *als in der thematischen Klärung des Sinnes von Sein überhaupt?*

Schon für die ontologische Interpretation des Schuldphänomens reichen die überdies wenig dursichtigen Begriffe von Privation[29] und Mangel nicht aus, wenngleich sie hinreichend formal gefasst eine weitgehende Verwendung zulassen. Wir wollen der Gegebenheit der Schuld näherkommen durch die Orientierung an der Idee des Bösen, des *malum* als *privatio boni*[30]. Das *malum* entspricht nicht der Wahrheit des Seins, wie denn das *bonum* und die *privatio* dieselbe ontologische Herkunft aus der Ontologie des *Vorhandenen* haben, die auch der daraus ‚abgezogenen' Idee des ‚Wertes' zukommt.

Das Gewissen, dessen Sein Sorge ist, kann sich nicht nur mit faktischer Schuld beladen, sondern *ist* im Grunde seines Seins schuldig, welches Schuldigsein zuallererst die ontologische Bedingung dafür gibt, dass das Dasein faktisch existierend sich jemand verschuldet. Dieses wesenhafte Schuldigsein ist gleichursprünglich die existenziale Bedingung der Möglichkeit für das moralisch Gute und Böse, das heißt für die Moralität überhaupt und deren faktisch möglichen Ausformungen. Durch die Moralität kann das ursprüngliche Schuldigsein bestimmt werden, weil sie es für sich selbst schon voraussetzt.

Aber welche Erfahrung spricht für dieses ursprüngliche Schuldigsein? Man vergesse jedoch die Gegenfrage nicht: „Ist" Schuld nur „da", wenn ein Schuldbewusstsein wach wird oder bekundet sich darin, dass die Schuld „schläft", nicht gerade das ursprüngliche Schuldigsein? Dass dieses zunächst und zumeist unerschlossen bleibt, durch das Verfallende verschlossen gehalten wird, *enthüllt* nur die besagte Nichtigkeit. Ursprünglicher als jedes *Wissen* darum ist das Schuldigsein. Und nur weil das Ich im Grunde seines Seins schuldig (gegenüber Gott) ist und als Geworfenes sich ihm selbst erschließt, ist das Gewissen möglich, weil der Ruf *sich als Schuldigsein* im Grunde zu verstehen gibt. Es verschuldet sich. Das Bonum findet sich schon vor.

Der Ruf ist ein Ruf zur Sorge. Das Schuldigsein konstituiert das Sein des Sollens, das wir Sorge nennen. In dieser Unheimlichkeit steht das Gewissen ursprünglich mit dem Sollen selbst zusam-

---

29  Vgl. THOMAS V. AQUIN, *Summa theologica*, I. II. 2c.
30  Vgl. THOMAS V. AQUIN, *Summa theologica*, I. II. 75. 1c.

men. Das Gewissen bringt das Ich vor seine unverstellte Nichtigkeit, die die Möglichkeit des eigensten Sein-Sollens aufzeigt. Sofern es dem Gewissen – als Sorge – um sein Sein geht, ruft es aus der Unheimlichkeit auf zum Sein-Sollen. Der Anruf ist vorrufender Rückruf, *vor:* in die Möglichkeit, selbst das geworfene Seiende, das es ist, existierend zu übernehmen, *zurück:* in die Geworfenheit, um sie als ein Sollen zu verstehen, das es in die Existenz aufzunehmen hat. Der vorrufende Rückruf des Gewissens gibt dem Gewissen zu verstehen, dass es – nichtiger Grund seines nichtigen Entwurfs in der Möglichkeit seines Seins stehend – aus der Verlorenheit in das Man sich zum Wesen selbst zurückholen soll, das heißt *schuldig ist*.

Was sich als Gewissen dergestalt zu verstehen gibt, wäre dann doch eine Kenntnis von „etwas". Und das solchem Ruf entsprechende Hören wäre eine *Kenntnisnahme* des Faktums ‚schuldig'. Soll aber gar der Ruf den Charakter des Aufrufens haben, führt dann diese Auslegung des Gewissens nicht zu einer vollendeten Verkehrung der Gewissensfunktion? Aufrufen zum Schuldigsein, sagt das nicht Aufruf zur Bosheit?

Den Rufsinn wird auch die gewaltsamste Interpretation dem Gewissen nicht aufbürden wollen. Was soll aber dann ‚Aufrufen zum Schuldigsein' noch besagen?

Der Rufaufruf wird deutlich, wenn das Verständnis, statt einen abgeleiteten Begriff der Schuld im Sinne der durch eine Tat oder Unterlassung ‚entstandenen' Verschuldung zu unterlegen, sich an den ge-wissen-haften Sinn des Schuldigseins hält. Das zu fordern ist nicht Willkür, wenn der Rufer als Gewissen, aus dem Sein selbst kommend, sich einzig am Seienden ausrichtet. Dann bedeutet aber das Aufrufen zum Schuldigsein ein Vorwegrufen auf das Sein-Sollen, das bereits im Sein ist. Dieses Seiende braucht sich nicht erst durch Verfehlungen oder Unterlassungen eine ‚Schuld' aufzuladen, es soll nur das ‚schuldig' – als welches es ist – *eigentlich sein*.

Das rechte Hören auf den Anruf kommt dann einem Sich-Verstehen in seinem eigensten Sein-Sollen gleich, das heißt dem Sich-Entwerfen auf das *eigenste* eigentliche Schuldig-werden-Können. Das verstehende Sich-vorrufen-Lassen auf diese Möglichkeit erschließt in sich das *Freiwerden* des Gewissens für den Ruf: die

Bereitschaft für das Angerufen-werden-Können. Das Gewissen ist rufverstehend *hörig einem Bonum*. Es hat sich nicht selbst gewählt.

# Tätigkeit und Muße

*Enrico Sperfeld*

## An den Wurzeln von Kreativität und Sinn

Der nach unserem westlichen Lebensethos vorbildliche Zeitgenosse ist engagiert, anständig, tüchtig, fleißig und ehrgeizig in seinem Job. Er achtet auf einen angemessenen Ausgleich zur Lohnarbeit, geht z. B. ins Fitnessstudio und plant ab und zu einen Kinobesuch ein. Mit seinem Stress kokettiert er lange Zeit, bis er nach einigen Jahren in eine Sinnkrise gerät. Das kann sich z. B. im populärpsychologisch sogenannten Phänomen des Burn-out äußern. Woran scheitert dieser – unser? – hier klischeehaft konstruierte Menschentypus?

Der derzeit auflagenstarken Ratgeberliteratur zufolge mangelt es diesem Menschen an Muße, die dem durch Beschleunigung und Multitasking-Anforderungen ausgelösten Stress als Ausgleich entgegengestellt werden müsse. Allerdings lassen sich Sinnkrisen nicht einfach mit Spaziergängen und Konzertbesuchen bekämpfen. Aus philosophischer Sicht mangelt es dem Zeitgenossen nämlich an Kompetenzen zur Verwirklichung sowohl von echter Muße als auch von echter Tätigkeit. Die Muße-Vergessenheit ist auch eine Tätigkeits-Vergessenheit. Wir brauchen mehr Muße in der Tätigkeit und mehr Tätigkeit aus der Muße heraus.

Diese These begründe ich aus der Annahme, dass Tätigkeit und Muße „jeweils im anderen ihr Bestes [haben]"[1]. Wahre Muße ist erst durch Tätigkeit möglich, sie bliebe sinnlos ohne Einbettung in Tätigkeit, sie verkommt ohne diese Einbettung zu Faulheit und zu Langeweile.

Andererseits bliebe auch echte Tätigkeit sinnlos ohne Muße. Tätigkeit, die keine Kraft aus der Muße zu schöpfen vermag, verkommt zum „Abarbeiten", zur blinden Aktivität. Durch mußelose Tätigkeit wird der Mensch unter den aktuellen Bedingungen zum

---

1 KURT RÖTTGERS, *Muße und der Sinn von Arbeit: Ein Beitrag zur Sozialphilosophie von Handeln, Zielerreichung und Zielerreichungsvermeidung*, Wiesbaden 2014, 27.

*Arbeitskraftunternehmer*[2], der seine Lebensführung verbetrieblicht, sein Leben – höchst intelligent und zweckrational – wie ein Unternehmen verwaltet.

## 1. Was ist Muße?

In Anbetracht des mühevollen Lebens der meisten unserer Vorfahren erscheint die Diagnose einer Mußevergessenheit der europäisch geprägten Zivilisation jämmerlich. Schließlich können wir uns heutzutage viel mehr Freizeit genehmigen, als das für unsere Vorfahren denkbar gewesen wäre. Allerdings ist Freizeit nicht Muße. Dies lässt sich mit der aristotelischen Unterscheidung zwischen *poiesis* und *praxis* deutlich machen, zwischen Tätigkeiten, die ihren Zweck außerhalb ihrer selbst *(poiesis)* bzw. innerhalb *(praxis)* ihrer selbst haben.[3] Muße zeichnet sich demnach dadurch aus, dass sie um ihrer selbst willen geschieht. Dies lässt sich aber zumindest von einigen Freizeitaktivitäten nicht behaupten. So gehen wir ins Fitnessstudio, um gesund zu bleiben, lesen wir Zeitung, um uns zu informieren. Wir geraten geradezu in „Freizeitstress" – wir setzen uns auch dort unter Druck, sind wie in der Lohnarbeit auch in der Freizeit um Effizienz der Zweck-Mittel-Relationen besorgt. Ein anderer Teil der Freizeitaktivitäten ist Konsum, also verbrauchende Erfüllung von Bedürfnissen und somit ebenfalls Mittel zum Zweck. „Freizeit" erweist sich – quer zur Muße – als rein ökonomische Kategorie, nämlich als „Lebenszeit, in der Tätigkeit nicht entlohnt" wird.

Muße scheint dagegen eine Qualität zu haben, die philosophisch zu bestimmen ist: Das alte deutsche Wort „Muße" erwächst aus dem gleichen indoeuropäischen Wortstamm wie „Maß" und „messen", aber auch wie das griech. *medesthai* = „bedacht sein auf" und das lat. *meditari* = „nachsinnen". Letzteres bringt uns leichter auf die Spur der Bedeutung von Muße: Muße hat etwas mit Sinn zu tun. Muße bietet den Raum zur Sinn-Erfahrung. Das „Innehalten",

---

2  GERD-GÜNTER VOSS, HANS J. PONGRATZ, *Der Arbeitskraftunternehmer. Eine neue Grundform der „Ware Arbeitskraft"?,* in: Kölner Zeitschrift für Soziologie und Sozialpsychologie 50 (1998) 1, 131–158.
3  ARISTOTELES, *Nikomachische Ethik*, Buch VI, 1140a1-30.

das „Bedachtsein-auf" der Muße ermöglichen den Ausblick über die angestrebten Zwecke der Tätigkeiten hinaus auf das Ganze, auf den Zusammenhang, in dem alles steht. Daher hat auch die religiöse Erfahrung ihren Ort in der Muße, daher gilt das Gebet, das kontemplative Sich-Versenken in die Betrachtung als ein Paradebeispiel für Muße.

Doch mit den Beispielen für Muße ist es so eine Sache. Denn diejenigen Aktivitäten, die üblicherweise als müßig angesehen werden – dazu zählen auch das Musizieren, das Spazierengehen und das Feiern –, können u. U. auch bloße Zweckerfüllung oder gedankenlosen Konsum darstellen. Man denke an die hilflosen Partys vergnügungssüchtiger Konsummenschen, an das äußerlich andächtige Verharren eines innerlich aber genervten Gläubigen beim Stundengebet, an die Singe-Leistungskontrolle im Musikunterricht oder den durch die Eltern verordneten Spaziergang des Pubertierenden mit seinen Großeltern, der als lästig empfunden wird.

So wie muße-affine Aktivitäten auch ohne Muße erledigt werden können, können andererseits weniger muße-verdächtige Aktivitäten mit Muße geschehen. Stellen wir uns beispielsweise eine Büroleiterin vor, die gerade den Telefonhörer aufgelegt hat. In diesem Moment sinniert sie über das menschliche Zusammenleben, und plötzlich kommt ihr eine gute Idee zur Neuordnung der Arbeitsplätze. Wer weiß, ob sie auch darauf gekommen wäre, wenn der nächste Telefonanruf nicht erst nach einer Minute, sondern sofort nach dem ersten gekommen wäre und wenn die untergehende Sonne nicht so schön das Büro ausgeleuchtet hätte. In diesem winzigen Moment wurde sie nämlich von Muße erfasst, und sie war auch während des folgenden Telefonates noch ganz erfüllt davon. Vor allem aber schöpft sie aus dieser Erfahrung die Kraft, die Neugestaltung im Büro auch wirklich anzugehen.

Mit diesem Beispiel möchte ich andeuten, wie die Betrachtung, die Besinnung in Aktivitäten einbrechen kann, sodass das Erfüllen von Zwecken vom Sinnerleben begleitet, durchdrungen, ja vielleicht auch in den Schatten gestellt wird. Wir brauchen also nicht unbedingt den Spaziergang, um zur Muße finden zu können.

Muße durchbricht die Zweckrationalität und eröffnet damit den Raum für das Sinnerleben. Wer den Sinnzusammenhang zu betrachten vermag, der kann seine Zwecke auch neu ordnen und anders gruppieren. Auf diese Weise sieht der Mensch das Gegebene in einem neuen Licht. Er kann dem Gegebenen dadurch eine neue Seite abgewinnen. Das ist die Quelle, der Ur-Sprung neuer Ideen, auf diese Weise wird der Mensch kreativ. „Das ist der Punkt, wo das zuvor Unbekannte und daher Ungeplante sich ereignet." In diesem Moment kann die kontemplative Betrachtung in Tätigkeit umschlagen, kann die Muße nur eine auf Zweck ausgerichtete Aktivität zu sinnvoller Tätigkeit aufwerten, durch die das Neue erprobt wird.

Damit lässt sich meine These erweitern: Wir brauchen Muße, um sinnvoll und kreativ tätig werden zu können. Das bedeutet jedoch nicht nur, dass wir die Mußevergessenheit unserer Kultur überwinden sollten. Ebenso fehlt uns ein angemessenes Verständnis von Tätigkeit. Die Tätigkeit erscheint als die spezifisch menschliche Bewegung und Veränderung. Der Mensch ist nicht nur (wie das Tier) determiniert aktiv, sondern bindet als Subjekt die Zwecke seiner Handlungen in einen Sinnzusammenhang ein. Daher kann Tätigkeit nicht als nur triebgeleitetes oder „blindes" In-Aktion-Verfallen aufgefasst werden. Vielmehr beinhaltet sie die unaufhörliche Bewertung verwirklichter und möglicher zukünftiger Zwecke. Dies ist das Wesen der Tätigkeit.

Zu seiner Entfaltung braucht es einen Tätigkeitshorizont, dem sich Sinn und Kreativität abgewinnen lassen. Das erhellen Erfahrungen von Arbeitslosen, die aus Sicht mancher Überarbeiteten ja eigentlich genug Zeit für Muße haben müssten. Studien wie die berühmte Untersuchung über „Die Arbeitslosen von Marienthal"[4] (hier in der Nähe von Wien in den 1930er-Jahren) zeigen, dass Freizeit angesichts eines eingeschränkten Tätigkeitshorizonts gerade nicht zu Sinn und Kreativität, sondern in die Resignation führt. Die nur zeitlich mögliche Muße verkommt in Langeweile und Antriebslosigkeit. So ist es nicht verwunderlich, dass sich in Ehrenämtern vorrangig Menschen engagieren, die ohnehin schon viel zu tun haben. Ein weiteres Indiz dafür, dass Muße und Tätigkeit einander durchdringen.

---

4   Marie Jahoda, Paul Lazarsfeld, Hans Zeisel (1932).

## 2. Das neuzeitliche Arbeits- und Freizeitethos überdenken

Die Ursachen für die Muße- und Tätigkeitsvergessenheit liegen im verbreiteten neuzeitlichen Arbeitsethos, das tief im Bewusstsein des abendländischen Menschen verankert ist. Die Gründe für die Herausbildung dieses Ethos kann man mit Max Weber[5] in den Auswirkungen der calvinistisch-reformierten Glaubenslehre suchen: Wenn Menschen glauben, dass ihr Erfolg bei der Erfüllung von Zwecken ein Zeichen ihrer Erwählung durch Gott ist, dann hören sie auf, nach dem Sinn zu fragen, dann zählen nur die Pflichterfüllung und das effiziente Abarbeiten der Aufgaben. Gemäß der säkularisierten Fassung dieser Gnadenerwartung erwarten Menschen, durch Arbeit – durchaus mit Stress verbunden – glücklich zu werden.[6]

Unter dem Eindruck dieses Ethos' glauben die Menschen, sich zwischen den Alternativen Tüchtigkeit und Faulheit entscheiden zu müssen. Dies ist nicht nur die Sphäre der Lohnarbeit, sondern auch die der Freizeit: Wir geraten aufgrund dieses Arbeitsethos heutzutage in „Freizeitstress", denn wir müssen mit unseren Aktivitäten ja auch in der Freizeit zeigen, dass wir uns für die richtige Alternative, die Tüchtigkeit, entschieden haben.

Daran wird bereits deutlich, wie übersteigert und verabsolutiert das Arbeitsethos aufgefasst wird. Der Mensch wird durch diese Verabsolutierung auf seine Funktion in der Arbeitswelt oder bei sonstiger Zweckerfüllung reduziert. Ernst Jünger[7], Hannah Arendt[8] und Józef Tischner[9] haben gezeigt, auf welche Weise sich totalitäre Regime diese Reduktion des Menschen auf seine Funktion zur Erfüllung von Zwecken zunutze machten. Auschwitz und Kolyma

---

5    Max Weber, *Die protestantische Ethik und der Geist des Kapitalismus*, hg. v. Dirk Kaesler, München 2010.
6    Vgl. dazu Beiträge im Journal für Religionsphilosophie 4 (2015): Leistung und Gnade, Dresden.
7    Ernst Jünger, *Der Arbeiter. Herrschaft und Gestalt*, Stuttgart 1982.
8    Hannah Arendt, *Vita activa*, München 2002.
9    Vgl. Józef Tischner, *Der Streit um die Existenz des Menschen*, übersetzt v. Steffen Huber, Berlin 2010; Ders., *Die totalitäre Herausforderung. Judentum, Christentum und der Totalitarismus des 20. Jahrhunderts*, in: Paweł Śpiewak (Hg.), *Anti-Totalitarismus. Eine polnische Debatte*, Frankfurt a. M. 2003, 129–151; Enrico Sperfeld, *Arbeit als Gespräch. Józef Tischners Ethik der Solidarność*, Freiburg i. Br. 2012, 198–202.

waren auch dadurch möglich, dass dieses Arbeitsethos eine Auseinandersetzung mit Sinnfragen verhindert.

*Dennoch hat die Aufarbeitung von Nationalsozialismus und Stalinismus nicht zu einer Rückbesinnung auf die Verflechtung von Tätigkeit und Muße geführt. Die fortschreitende Ökonomisierung aller Lebensbereiche reduziert den Menschen nach wie vor auf ein Wesen, das vor lauter Aufgabenerfüllung kaum noch zur Besinnung, zur Muße und zur wahren Tätigkeit kommt. Der eingangs zitierte Arbeitskraftunternehmer mit seiner verbetrieblichten Lebensführung ist ein anschauliches Beispiel dafür.*

Was also tun? Ich möchte Josef Piepers These zustimmen, dass Muße „letztlich nur von ihrer Verwurzelung im Kult leben und überleben"[10] kann. Gläubige Menschen können sich dabei auf das Repertoire ihrer Religionen stützen. Nicht-Gläubige haben es vielleicht schwerer, Feste zu feiern, die ihnen bei der Verarbeitung und zum Verständnis der vielen und schnellen Aktivitäten helfen.

Zugleich plädiere ich aber auch dafür, Piepers These zu weiten. Wir brauchen m. E. nicht nur im Großen die verlässliche Unterbrechung des Alltags durch den Kult. Wir brauchen auch im Kleinen ‚die Ruhe im Sturm', die Öffnung für die Sonnenstrahlen, die zwischen zwei Telefonanrufen in unseren Geist einfallen können und den Sinnhorizont ausleuchten.

Ob groß oder klein, Rituale eröffnen den Raum für Muße. Sie müssen sich angesichts neuer technischer Möglichkeiten in den Familien und anderen Gemeinschaften behaupten und weiter entwickeln. Vielleicht entwickelt sich ja z. B. ein Ritual des gemeinsamen Ab- oder Stummschaltens des Handys vor dem Mittagessen? Wer Rituale pflegt, sorgt für eine gesunde Verbindung von Tätigkeit und Muße. Leider lässt sich das alles, der Eigenheit der Muße entsprechend, nicht einfach im Sinne einer Mittel-Zweck-Relation „herstellen", „bewirken" oder „erreichen". Aber auch das Bewusstsein des Wesens von Muße und Tätigkeit ist hilfreich. Dafür ist die Philosophie zuständig, und dafür braucht Europa die Philosophie: Um den Menschen in Erinnerung zu rufen, was Tätigkeit und Muße eigentlich bedeuten – nicht Aufgabenerfüllung und Freizeitaktivität, sondern ein Ineinander von Zweck und Sinn.

---

10  JOSEF PIEPER, *Muße und Kult*, München 1948.

# IV.
# POLITIK

# Anamnetische Vernunft

Berthold Wald

## Rückbesinnung auf die Grundlagen der europäischen Kultur

Europa und die Philosophie. Was ist denn konkret gemeint und was ist bereits mitgedacht und vorausgesetzt in dem Appell: „Europa eine Seele geben!"? Die Betonung liegt ja wohl auf „geben", daher das Ausrufezeichen, und die nahegelegte These wäre dann: „Dazu braucht es die Philosophie"! – Auch wenn der Untertitel „Braucht Europa Philosophie?" vorsichtigerweise als Frage formuliert ist, scheint mir damit doch etwas behauptet zu sein: „Das künftige Europa braucht – auch – die Philosophie". Dazu gleich mehr. Was Europa vor allem zu brauchen scheint, ist die Akzeptanz seiner Bürger. Kommissionspräsident Jean Claude Juncker hat die neu gewählte EU-Kommission als „Kommission der letzten Chance" bezeichnet und hinzugefügt: Entweder gelinge es, die Bürger wieder für das europäische Projekt zu gewinnen, „oder wir scheitern". In der Pressemeldung war dann zu lesen:

„An dieser Stelle wird es im Europaparlament still. Von Heiterkeit ist im Straßburger Rund plötzlich keine Spur mehr."[1]

Konkreter formuliert sollte es also darum gehen, die Bürger wieder für ein inzwischen seelenloses „Projekt Europa" zu gewinnen – und das mithilfe der Philosophie? Meine Schwierigkeit, das Thema philosophisch anzupacken, rührt schon daher, dass beide Schlüsselbegriffe – „Europa" und „Philosophie" – mehrdeutig sind. Über welches Europa reden wir hier und über welche Philosophie? Und wie sollten wir über Europa reden: feierlich – politisch – visionär oder doch eher diagnostisch – philosophisch – nüchtern?

„Europa" steht heute für vieles: den gemeinsamen Wirtschafts- und Währungsraum, die gemeinsame Friedenssicherung, einen zunehmenden Multikulturalismus und – erinnern wir uns – mit

---

1 Tagesspiegel von Mittwoch, 22. Oktober 2014.

„Europa" war einmal zu Zeiten von Adenauer, Schuman und De Gasperi (terminologisch nicht ganz deckungsgleich) das „christliche Abendland" gemeint. Kaum anders steht es mit der Philosophie – welcher Philosophie? Ich verzichte auf eine Liste heterogener akademischer Selbstkennzeichnungen. Es genügt bereits eine einzige folgenreiche Unterscheidung, die Unterscheidung von Glaube und Vernunft, um einen tiefen Graben zwischen den Philosophien deutlich zu machen. Für die einen markiert diese Unterscheidung eine unüberwindliche Trennungslinie zwischen unvereinbaren Konzeptionen von Philosophie. Philosophie will und soll autonom sein und hat dazu den Wahrheitsanspruch des religiösen Glaubens zu ignorieren, wenn nicht gar zu destruieren. Für die anderen wäre es geradezu unphilosophisch, den Erkenntnisanspruch der Philosophie zu beschränken auf das, was die Vernunft von sich her erkennen kann. Sie argumentieren nicht mit der Autonomie der Vernunft, sondern mit dem Erkenntnisverlangen des Menschen. Was will denn der Philosophierende wissen? Er will die Wahrheit über das Ganze kennen: über das Sein und das Gute wie über das Leid und das Böse. Wem es wirklich um das Ganze geht, der wird nicht davon absehen wollen, was der religiöse Glaube darüber zu sagen hat.[2]

Es sind also Probleme mit den Schlüsselbegriffen „Europa" und „Philosophie", die mich darin hindern, direkt auf mein Thema loszusteuern. Den ersten Teil meines Vortrags werde ich darauf verwenden, für mich selbst Klarheit in die Fragestellung zu bringen. Wenn Philosophie das Wunder vollbringen soll, Europa eine Seele zu geben, dann verlangt eine so außergewöhnliche Therapie nicht allein eine schonungslose Diagnose des „Patienten Europa". Ich meine sogar, dass der bedauernswerte Zustand Europas zu einem nicht unerheblichen Teil bestimmten einflussreichen philosophischen Strömungen in der „western civilisation" zuzuschreiben ist. Im zweiten Teil will ich dann die positive Rolle der Philosophie ins Auge fassen und zu zeigen versuchen, unter welcher Voraussetzung die anamnetische Vernunft für Europa therapeutisch von Nutzen sein kann.

---

[2] Paradigmatisch dafür ist das Werk von Josef Pieper. Vgl. insbesondere seine „Schriften zum Philosophiebegriff", hg. von. B. Wald, Hamburg 1995.

## 1. Europa und die Philosophie – eine Tragödie

Also, worum geht es, wenn von der „Seele" Europas die Rede ist, und was hat die Philosophie damit zu tun, dass Europa seine Seele verloren hat? Zunächst: „Europa eine Seele geben!", das soll ja wohl heißen, das gegenwärtige Europa der Wirtschaft und Politik hat keine Seele – noch keine oder keine Seele mehr. Wenn Politiker wie Jacques Delors davon sprechen, Europa eine Seele zu geben, dann ist mit Europa das „gemeinsame Haus Europa" gemeint – ein noch offenkundig seelenloses Artefakt von Wirtschaft und Politik. Meine Schwierigkeit beginnt schon hier: zu verstehen, wie Wirtschaftsräume und Friedenszonen als Artefakte der Politik nachträglich beseelt und in den Herzen der Bürger zum Leben erweckt werden können. Es macht streng genommen keinen Sinn, von der Seele eines solchen Europa zu sprechen, das in Brüssel und in den Hauptstädten Europas entworfen und administrativ durchgesetzt wird. Ein Kunstprodukt kann nicht belebt werden. Nur ein Organismus kann leben, und er lebt, wenn in ihm die Seele von Anfang an wirksam ist und nicht zu guter Letzt bloß von außen hinzugefügt werden soll. Die Seele ist immer das Erste, sowohl dem Rang wie der Zeit nach. Die Seele ist Prinzip und Wirklichkeit eines Organismus, der in Zusammensetzung und Struktur die Möglichkeit hat zu leben. Das ist, wie Sie gemerkt haben, so halb ein Aristoteles-Zitat aus seinem Buch „Über die Seele".[3]

So verhielt es sich jedenfalls mit *dem* Europa, das es vor der Konstitution der Europäischen Union schon gab. Es war kein Kunstprodukt, sondern ein aus den Überzeugungen der Menschen lebender Organismus, beseelt vom Christentum, welches die Erbschaft Jerusalems und Athens in sich aufgenommen und an die Aufklärung weitergegeben hatte. Wie steht es heute um diese Überzeugungen, vor allem aus Sicht der Politiker, die dieses Erbe zu erhalten und fruchtbar zu machen hätten? Erinnern wir uns nur an die Diskussion um die Präambel zu einer europäischen Verfassung. Von Entwurf zu Entwurf wurde die Bedeutung des Christentums für Europa immer weiter abgeschwächt, bis nicht einmal mehr der

---

3    Vgl. ARISTOTELES, *Über die Seele* II,1; 412b 5.

Name „christlich" darin zu finden war.⁴ Ich zitiere aus der letzten und seither gültigen Fassung der Präambel die einschlägige Passage:

„Schöpfend aus dem kulturellen, religiösen und humanistischen Erbe Europas, aus dem sich die unverletzlichen und unveräußerlichen Rechte des Menschen sowie Freiheit, Demokratie, Gleichheit und Rechtsstaatlichkeit als universelle Rechte entwickelt haben, [...]."⁵

Das Christentum kommt als identitätsstiftende Kraft Europas darin nicht vor. Mehr noch: auch das verschwommen an seine Stelle getretene „kulturelle, religiöse und humanistische Erbe" ist für das künftige Europa nur noch deklamatorisch von Bedeutung. David Engels, ein an der Freien Universität Brüssel lehrender Historiker, kommentiert diese Passage denn auch so:

„Offensichtlich zieht die Europäische Union es [...] vor, ihre spezifische kulturelle, religiöse und humanistische Identität in die geschichtliche Vergangenheit abzuschieben und gleichsam zu Krücken des Fortschritts zu machen, die, wie der Telegraph oder das Phonogramm, ihren Wert als Wegbereiter der nachfolgenden Erfindungen hatten."⁶

Das namentlich nicht genannte Christentum soll nur noch zur Vorgeschichte eines Europa gehören, das nun darum bemüht sein muss, sich eine neue Identität, eine „Seele" zu geben. Doch, wie David Engels zu Recht hinzufügt:

„Eine Identität ‚konstruiert' man nicht, indem man lediglich einige ebenso universalistische wie unpersönliche Gedanken auswählt und durch die verschiedensten Medien verkünden lässt, dass das frische Gedankenkonglomerat nunmehr das neue Fundament eines eigentlich jahrhundertealten Gemeinwesens zu bilden habe."⁷

Ob man nun von „universalistischen Gedanken" oder philosophisch von „universalistischen Werten" spricht, tut nichts zur

---

4   Vgl. DAVID ENGELS, *Auf dem Weg ins Imperium. Die Krise der europäischen Union und der Untergang der römischen Republik. Historische Parallelen*, Berlin/München 2014, 175 ff.
5   Präambel des Vertrags von Lissabon; in: Amtsblatt der Europäischen Union C306, 17. Dezember 2007.
6   DAVID ENGELS, *Auf dem Weg ins Imperium. Die Krise der europäischen Union und der Untergang der römischen Republik. Historische Parallelen*, Berlin/München 2014, 178 (Herv. B. W.).
7   Ebd., 25.

Sache. Auch ein als Wertegemeinschaft konzipiertes neues Europa ist eine nicht lebensfähige, seelenlose Fiktion. Ein letztes Mal dazu David Engels:

„Heute [...] hat der Abbau von Tradition und Glaube und die Schaffung der humanistischen Ersatzreligion [ich ergänze: der Appell an „Werte"] nur einen schalen Verfassungspatriotismus hinterlassen, der die entstehende gefühlsmäßige Leere nicht im Geringsten auszufüllen im Stande ist."[8]

Gestatten Sie mir, an diesem Punkt noch konkreter zu werden. Wenn von Europa als einer postchristlichen und postreligiösen „Wertegemeinschaft" die Rede ist: Welche „Werte" sind hier eigentlich gemeint? Man kann die Ambivalenz des „Wertefundaments" leicht erkennen, wenn man sich anschaut, wie die in der europäischen Verfassung garantierten grundlegenden und unveräußerlichen Rechte des Menschen durch das Brüsseler Parlament und den Europäischen Gerichtshof ausbuchstabiert werden. Im Streit um den sogenannten Estrela-Bericht und die ignorante Missachtung der Petition einer europäischen Bürgerinitiative wurde klar, dass eine Mehrheit im europäischen Parlament quer durch die Fraktionen die Abtreibung zum menschenrechtlich gesicherten Grundrecht machen will und flankierend dazu europaweit eine dazu passende Sexualerziehung zu etablieren sucht.[9]

Ziel ist die Neudefinition von Ehe und Familie und das Mittel dazu die „Entgrenzung" der Sexualität durch die Verbreitung der feministischen Leitidee von der sozialen Konstruktion des Geschlechts. Erwartet wird von den Bürgern nicht bloß Toleranz, sondern die Akzeptanz der neuen „Werte", die notfalls durch Gesetze gegen Homophobie erzwungen werden soll. Was sich da im Namen solcher Werte abspielt, ist eine Revolution von oben, die wenig Rücksicht auf die Überzeugungen der Bürger nimmt und die im Gegenteil dazu beitragen wird, antieuropäische Ressentiments in und außerhalb Europas zu verstärken. Wer die Geschichte der aus den USA nach Europa importierten Agenda zur Durchsetzung der neuen „Werte" und Freiheitsrechte wie Abtreibung, gleichgeschlecht-

---

8   Ebd., 180.
9   Vgl. zur neuesten Entwicklung den Beitrag von WERNER MÜNCH, *Die neue Ideologie des Bösen*, in: Die Tagespost (5. März 2015), 9. Vgl. auch den aufschlussreichen Bericht eines deutsch-türkischen! Online-Journals (DTJ – Online vom 10.12.2013).

liche Ehe und Euthanasie im Detail kennenlernen will, mitsamt den daran beteiligten EU-Politikern und Intellektuellen, dem sei das Buch des ehemaligen slowakischen Außenministers Vladimír Palko empfohlen. Sein Titel „Die Löwen kommen" spielt an auf die Verfolgungen der Christen in der Antike. Mit dem Untertitel will Palko Aufmerksamkeit für die Frage wecken, „warum Europa und Amerika auf eine neue Tyrannei zusteuern"[10].
Es gibt also einigen Grund, der von Brüssel propagierten Idee eines neuen Europa mit Skepsis zu begegnen. Der tiefere Grund meiner Skepsis ist aber noch vorpolitisch. Nicht die Politiker sind für mich das Hauptproblem, sondern eine hinter ihrem Rücken wirksame philosophische Grundhaltung zur Wirklichkeit. Wozu uns der im Titel in Erinnerung gebrachte politische Imperativ auffordert – „Europa eine Seele geben!" –, daraus wird nichts und kann auch nichts werden, solange diese diffuse Philosophie das politische Denken und Handeln bestimmt. Und was da im Konkreten zu beseelen ist, soll davon ablenken, dass Europa bereits eine Seele hat. Diese Seele ist ziemlich geschwächt, und das nicht erst seit heute und auch nicht durch die Schuld der Politiker allein. Europa leidet heute an einem erheblichen Verlust seines Wirklichkeitssinns, weil es schon länger an Amnesie, an Gedächtnisverlust gelitten hat, was den Wirklichkeitsverlust zur Folge hatte. Schuld daran ist auch die Philosophie, eine bestimmte Art von Philosophie jedenfalls, die kaum vorhersehbare Konsequenzen hat und die weiterhin das Denken sehr vieler Menschen auch ohne eigene Kenntnis dieser Philosophie bestimmt.

Ich will zur Verdeutlichung dieser philosophischen Grundströmung mit einer kleinen Geschichte beginnen, die sich in Franz Rosenzweigs erst posthum veröffentlichtem „Büchlein vom gesunden und kranken Menschenverstand" findet.[11] Wir begleiten einen berühmten Philosophen auf Krankenbesuch bei einem Patienten, von dessen Erkrankung wir die Ursache zuvor schon kennen: Das Vertrauen in den gesunden Menschenverstand ist ihm in dem Mo-

---

10  VLADIMÍR PALKO, *Die Löwen kommen. Warum Europa und Amerika auf eine neue Tyrannei zusteuern*, Kißlegg 2014.
11  FRANZ ROSENZWEIG, *Das Büchlein vom gesunden und kranken Menschenverstand*, Frankfurt a. M. 1992 (erstmals 1964 im Joseph Melzer Verlag, Düsseldorf, erschienen).

ment abhandengekommen, als er „ins Philosophieren geraten"[12] ist. Und wir ahnen schon, dass es eben jener gleiche philosophische Wunderdoktor ist, der das Virus dieser Erkrankung in Umlauf gebracht hat. Worin besteht diese Krankheit? – Hören wir zu, was der Patient dem Arzt berichtet:

„Gestern noch war er fröhlich und unbefangen seines Weges gegangen, hatte die Frucht vom Baume, die ihm seine Augen wiesen, gebrochen, hatte mit dem Begegnenden Gruß und Rede getauscht. Und plötzlich war er irregeworden an allem." [...] „Er fühlte sich wie gelähmt. Die Starrheit des Staunens hatte ihn befallen. Seine Hände mochten nicht mehr zugreifen, denn wer gab ihnen das Recht des Griffs, seine Füße mochten nicht mehr ausschreiten, denn wer verbürgte Boden ihrem Tritt? Und so mochten seine Ohren nicht mehr hören, denn wer war der andere, auf den sie hätten hören sollen, – sein Mund [mochte] nicht mehr reden, denn lohnte es sich ins Leere zu schöpfen?"[13]

Aber statt dem armen Mann das Zutrauen in die Wirklichkeit und seinen gesunden Menschenverstand zurückzugeben, sucht ihn der philosophische Wunderdoktor ganz von seinem Vertrauen in die Wirklichkeit abzubringen und erklärt den Wirklichkeitsverlust zur notwendigen Vorbedingung einer dauerhaften und endgültigen Heilung. Hören wir dem Gespräch zwischen Arzt und Patient weiter zu:

„Ihr Ziel ist Ihnen ungewiss geworden, nicht wahr? Tut nichts, handeln Sie nur so, als ob es Ihnen gewiss wäre." „Ja aber, es ist mir doch eben nicht mehr gewiss." „Tut nichts, tut nichts, mein Freund – als ob! Reden Sie sich nur kräftig ein, dass es Ihnen gewiss wäre, kräftigen Sie Ihre Als-Ob-Muskulatur durch tägliche, stündliche Übungen, so werden Sie den Erfolg schon spüren."[14]

Doch der Patient ist noch tiefer verunsichert als vom Arzt gedacht. Er bezweifelt auch, ob ihm auf diese Weise zu helfen ist, woraufhin der Arzt ihm nur die Verdopplung des „als ob" anraten kann:

---

12 Ebd., 33.
13 Ebd., 34.
14 Ebd., 35.

„Tun Sie eben ganz einfach, als ob Sie täten!" „Als ob ich so täte, als ob ich tue? Herr" –
„Keine Widerrede! Als ob, als ob. Doppelt hält besser."[15] Da auch das doppelte „als ob" das Wirklichkeitsvertrauen des Patienten nicht wiederherzustellen vermag, empfiehlt ihm der Arzt die Verdreifachung des „als-ob" – zur Kompensation eines Wirklichkeitsverlusts, der nun auch die Realität des Subjekts einschließt. Der Arzt erklärt:
„Dreifach erst schließt sich der Ring. Seien Sie sich selber ungewiss! Ich bin es auch. Nur tun Sie so, als ob Sie selber täten. Als ob Sie täten, als ob Sie tun. Gott, Welt, Sie selber schlingen sich so in *ein* Alsob. Es gibt ein einzig Sein, das Sein-als-ob. In ihm ist alles untergebracht."[16]

Und nachdem auch dieser ärztliche Rat nichts zu helfen scheint, wagt der Kranke eine letzte verzweifelte Frage:
„Genügt es nicht, wenn ich so tue, als ob ich mich heilen lassen möchte?" „Unverschämtheit! Meinen Sie, ich sei hier, damit Sie Ihren Spaß mit mir treiben?"[17]

Der Arzt ist empört und der Kranke verstummt. Doch, wer ist der Arzt, der als Wunderdoktor auftritt für eine Erkrankung, die er selbst in Umlauf gebracht hat? Rosenzweigs satirische Erzählung nimmt Hans Vaihingers „Philosophie des ‚als ob'" aufs Korn, eine im Jahr 1911 erschienene Aktualisierung des philosophischen Idealismus. Vaihinger ist Neukantianer und sieht im „als-ob" die Klammer zwischen der theoretischen und der praktischen Philosophie Immanuel Kants. Was sich in der „Kritik der reinen Vernunft" als unerkennbar und ungewiss erweist – die Dinge an sich, Gott, Freiheit, Unsterblichkeit –, wird nur zur Gewissheit durch das Bedürfnis der praktischen Vernunft. Diese nötigt uns, zur Sinnstiftung im Ungewissen an Gott, Freiheit und Unsterblichkeit zu glauben.[18] Und in der Tat findet sich bei Kant diese Denkfigur, die Rosenzweig iro-

---

15   Ebd.
16   Ebd., 36.
17   Ebd., 37.
18   Vgl. zu Kants Glauben an die Bedürfnisse der praktischen Vernunft den ironischen Kommentar von Heinrich Heine in seiner für das französische Publikum geschriebenen Abhandlung *Zur Geschichte der Religion und Philosophie in Deutschland. Drittes Buch*, in: DERS., *Werke. Band 4: Schriften über Deutschland*, hg. von H. Schanze, Frankfurt a. M. 1968, 120–165, hier: 122f., 132.

nisiert: Auch wenn wir den aus dem Zusammenspiel von Sinnlichkeit und Verstand gewebten Erscheinungszusammenhang niemals auf eine dahinter liegende Wirklichkeit durchblicken können – wir sollen in praktischer Hinsicht so leben und handeln, als ob uns die Existenz dieser Wirklichkeit gewiss wäre. Den Grund unserer Gewissheit werden wir nicht in den Dingen finden können, sondern allein in uns selbst: im unabweisbar praktischen Bedürfnis unserer Vernunft nach Orientierung und Sinn.

Doch kann der Mensch so leben – ohne Wahrheit, ohne erkennenden Zugang zu den wirklichen Dingen und zu sich selbst? Rosenzweigs Satire endet mit dem Verstummen des Kranken. Robert Spaemann erinnert in seinen „Gedanken zur Regensburger Vorlesung" von Papst Benedikt an ein reales Schicksal im Umkreis dieses philosophisch legitimierten Wirklichkeitsverlusts:

„Einer der größten deutschen Dichter, Heinrich von Kleist, hat sich getötet, weil er Kant in diesem Sinn verstanden und ihm geglaubt hat: der Mensch ist in sich gefangen. Er hat keinen Zugang zur Wirklichkeit. Aber solange er Mensch ist, kann er auf einen solchen Zugang nicht verzichten. Ohne ihn lohnt es sich nicht zu leben, meinte Kleist."[19]

Diese extrem spannungsreiche, um nicht zu sagen in sich widersprüchliche Selbsterniedrigung bei gleichzeitiger Selbsterhöhung des Menschen ist von erheblicher Tragweite für das Denken nach Kant geworden. Gemeinsames Kennzeichen in allen Verzweigungen dieser Einstellung, die explizit oder implizit bei Kant ihren Ausgang nimmt, ist mit einem Wort von Eric Voegelin die „Realitätsfinsternis" – das Verschwinden der Realität – the eclipse of reality, wie der englische Originaltitel des nachgelassenen Fragments lautet.[20] In sachlicher Nähe zu diesem Fragment steht auch ein weiterer Text von Voegelin mit dem Titel „Drama of Humanity".[21]

---

19  ROBERT SPAEMANN, *Gedanken zur Regensburger Vorlesung Papst Benedikts XVI.*, in: ANDRÉ GLUCKSMANN, WAEL FAROUG, SARI NUSSEIBEH, ROBERT SPAEMANN, JOSEPH WEILER, *Gott, rette die Vernunft! Die Regensburger Vorlesung des Papstes in der philosophischen Diskussion*, Augsburg 2008, 155.
20  ERIC VOEGELIN, *Realitätsfinsternis*, Berlin 2010.
21  Ebd., letzte Seite (nicht paginiert), Hinweis des Herausgebers Peter J. Opitz.

Wie kommt es zur Verfinsterung und zum Verlust der Realität? Voegelins Antwort findet sich gleich im ersten Satz der kleinen Schrift:

„Durch einen Akt der Imagination kann der Mensch sich zu einem Selbst schrumpfen, das dazu ‚verdammt ist, frei zu sein.' [frei meint hier: ohne Stütze durch die Wirklichkeit – daher ist der Mensch zur Freiheit verdammt – die Anführungszeichen deuten an, dass sich Voegelin mit dieser Formulierung auf Sartre bezieht]. Die Kontraktion seines Menschseins zu einem in seine Selbstheit eingekerkerten Selbst ist das Charakteristikum des sogenannten modernen Menschen."[22]

Als hätte Voegelin Rosenzweigs Satire vor Augen gehabt, beschreibt er die „Krankheit" des modernen Menschen verblüffend ähnlich so:

„Der Mensch, der an der Kontraktion leidet, beabsichtigt jedoch nicht, das Gefängnis seiner Selbstheit zu verlassen, [...]. Vielmehr wird er seine Imagination noch mehr anspornen und das imaginäre Selbst mit einer imaginären Realität umgeben [also einer Realität unter dem Vorzeichen des „als ob"]."[23]

Diese imaginierte oder entworfene Realität nennt Voegelin auch „zweite Realität", da sie ja die Stelle der „ersten Realität" einnehmen soll. Doch bei dem Versuch, die „erste Realität" als die Realität der gemeinsamen Erfahrung auszublenden, wird es zwangsläufig, so Voegelin weiter, „zu Friktionen zwischen dem geschrumpften Selbst und der Realität kommen."[24] Aber nicht nur das: Man darf Voegelin weiterdenkend annehmen, dass sich die Brüche nicht nur individuell zwischen dem Selbst und der Realität ergeben, sondern – als gesellschaftliche Friktionen – auch im Zusammenleben der Menschen. Die Imaginatoren, welche die gemeinsame Realität verfinstern, sind „häufig Männer mit ungewöhnlichen intellektuellen Kräften, sehr großem Wissen und psychologischem Scharfsinn"[25]. Doch ebenso gut sind „die großen Entwerfer zweiter Realitäten [...] gesellschaftliche Kräfte, [welche] die rationale Verständigung über

---

22 Ebd., 5.
23 Ebd., 6.
24 Ebd.,
25 Ebd., 50.

einen unstrittigen Punkt in rauschende Zustimmung zur Deformation des Menschseins verwandeln können."[26] Folgen wir der Spur dieses Denkens bis unmittelbar in die Gegenwart hinein, um klarer zu sehen, dass nicht jede Philosophie „europatauglich" ist. Wir verstehen dann auch, weshalb die politischen Konstrukteure und Imaginatoren eines „neuen Europa", gerade wenn sie von der Seele Europas als „Wertegemeinschaft" reden, dies vor allem tun zur Vertiefug der Kluft zwischen erster und zweiter Realität. Sie verschärfen damit vorsätzlich den Konflikt zwischen sogenannten „rückständigen" und „fortschrittlichen" Kräften in Europa – der „Fall" Rocco Buttiglione hat das erstmals in aller Deutlichkeit gezeigt –, und sie tragen diesen Konflikt in die nationalen Gesellschaften hinein, gegenwärtig als Debatte um eine nur biologisch verstandene Sexualität versus soziale Zuschreibung des Geschlechts (Sex und Gender). Ich beginne noch einmal mit einem Zitat zur Philosophie Kants, das ich dem einleitenden Kapitel von Paul Boghossians Buch „Angst vor der Wahrheit"[27] entnehme: „Immanuel Kant hat bekanntlich verneint, dass die Welt, insoweit wir sie erkennen können, unabhängig von den Begriffen sein kann, mit denen wir sie erfassen."[28]

Aussagen über die Wirklichkeit sagen uns also nichts darüber, wie die Dinge „an sich" sind, sondern nur darüber, wie sie in Abhängigkeit von unseren Begriffen erscheinen. Angenommen, Kant hätte damit Recht, dann liegt es nahe, mit Kant zu fragen, was denn unsere Begriffe konstituiert, wenn das nicht die Wirklichkeit „an sich" sein kann. In der Gegenwartsphilosophie finden sich dazu zwei über Kant hinausgehende Antworttypen, die jenseits der akademischen Philosophie Einfluss auf die gebildete Öffentlichkeit genommen haben. Die bekannteste Antwort hat zuerst Ludwig Wittgenstein mit seiner Sprachspieltheorie gegeben. Sie besagt, dass Sprache und Denken wie Kuchenförmchen funktionieren. Mithilfe solcher Förmchen stechen wir ein Stück aus der noch ungeformten Teigmasse aus. Größe und Gestalt dieses Stückchens – denken Sie an Weihnachtsplätzchen – werden nicht von der Beschaffenheit

---

26 Ebd., 51.
27 PAUL BOGHOSSIAN, *Angst vor der Wahrheit. Ein Plädoyer gegen Relativismus und Konstruktivismus*, Frankfurt a. M. ²2013.
28 Ebd., 15.

des Teigs, sondern allein von der Gestalt des Förmchens bestimmt. Ganz ähnlich verhält es sich mit unserer Verständigung über die Welt. Sprachliche Konventionen sind hier die Förmchen, die darüber entscheiden, wie wir die Welt sehen.

Eine jüngere vor allem in Amerika verbreitete Theorie ist von Wittgensteins Auffassung motiviert, geht aber noch einen Schritt weiter. Ich zitiere Richard Rorty, der dem Konstruktivismus – so heißt diese Theorie – in der amerikanischen wie in der kontinentalen Philosophie zum Durchbruch verholfen hat. Rorty schreibt: „Autoren wie Goodman, Putnam und ich selbst – [...] [denken, dass] es kein beschreibungsunabhängiges So-Sein der Welt, kein So-Sein unter keiner Beschreibung gibt."[29]

Wittgensteins Sprachspielmodell des Weltverstehens ist diesen Autoren noch zu statisch und zu eng. Die Beschreibungsabhängigkeit unseres Wissens von der Wirklichkeit beruht für Rorty nicht allein auf vorgegebenen Sprachspielen, sondern auf der sozialen Konstruktion unserer Begriffe. Als sozial konstruiert gelten ihm nicht bloß die Beschreibungen der Welt, sondern auch die Tatsachen selbst. Ein solcher Tatsachenkonstruktivismus lässt definitiv keinen Raum mehr für die Beschreibungsunabhängigkeit der Realität. Es gibt keine „Dinge an sich". Nicht bloß unsere Begriffe, sondern auch sogenannte „Tatsachen" wie Berge, Giraffen, der Heliozentrismus und selbstverständlich auch Mann und Frau, Ehe und Familie sind sozial konstruiert.

Dieser grundlegenden Veränderung im Bereich unserer theoretischen Einstellung zur Welt sollte dann aus Sicht jener Philosophen konsequenterweise eine ebenso grundlegende Veränderung unserer praktischen Überzeugungen folgen. Wir alle, und zuerst die politisch Verantwortlichen, sollten im Geist dieser konstruktivistischen Philosophie alles daran setzen, „Konstruktionen aufzudecken [...], wo niemand sie [bisher] erwartet hätte, also da, wo sich etwas konstitutiv Soziales als etwas Natürliches maskieren konnte."[30] Wenn jedoch alles Natürliche „demaskiert" werden kann als „sozial konstruiert", dann gibt es grundsätzlich keine ethische Norm, die

---

29 RICHARD RORTY, *Wahrheit und Fortschritt*, Frankfurt a. M. 2000, 128.
30 PAUL BOGHOSSIAN, *Angst vor der Wahrheit. Ein Plädoyer gegen Relativismus und Konstruktivismus*, Frankfurt a. M. ²2013, 25.

nicht veränderbar wäre. Darin trifft sich der Konstruktivismus mit dem Naturalismus. Anders als Konstruktivisten bestreiten Naturalisten zwar nicht, dass es beschreibungsunabhängige natürliche Tatsachen gibt. Naturlisten sind ja zumeist Physikalisten, denen eine ziemlich naive Vorstellung wissenschaftlicher Objektivität zu eigen ist. Sie bestreiten aber, dass Tatsachen sittlich relevant sein können. Gemeinsam ist dem Konstruktivismus und dem Naturalismus die Überzeugung, dass nicht die Wahrheit, sondern die Nützlichkeit für unsere Bedürfnisse darüber entscheidet, was wir tun oder lassen sollten.

Diese verbreitete Einstellung zur Wahrheitsfrage ist unter dem Stichwort „postmoderner Relativismus" besser bekannt. Seine Anziehungskraft im politischen Diskurs beruht vor allem darauf, dass der Relativismus als Gleichwertigkeitsdoktrin daherkommt. Doch ist er darum keineswegs neutral. Im Gegenteil: Der Relativist sucht jede exklusive, auf Wahrheit insistierende Einstellung zur Welt auszumerzen. Relativistische Gleichwertigkeitstheorien wirken auf viele Zeitgenossen so attraktiv, weil sie dem Schutz von Minderheiten zu dienen scheinen. In Umkehrung des biblischen Worts heißt es nun, dass Wahrheit nicht frei macht, sondern Angst macht, und zwar denen, die anders denken. In den USA begann der Aufstieg des Relativismus in der postkolonialen Ära. In Europa wird die Akzeptanz der Gleichwertigkeitsdoktrin gefördert durch den wachsenden Säkularismus und die Zunahme religiöser Vielfalt, während das Christentum zur selben Zeit an Bedeutung verliert. Das multikulturelle Europa soll, mit Rorty gesprochen, „eine Kultur ohne Zentrum" sein – frei vom Einfluss des Christentums und ebenso frei von normativen Ansprüchen der Wirklichkeit an die menschliche Vernunft.

Ich schließe diesen ersten Punkt über „Europa und die Philosophie – eine Tragödie" mit einem Vorblick auf das Kommende, sofern es als Möglichkeit in dem heute Gegebenen angelegt ist und zu seiner Korrektur der anamnetischen Vernunft bedarf. Wie ich zu zeigen versucht habe, ist die undeklarierte Philosophie des neuen Europas die Philosophie des „als-ob", die den Wirklichkeitsverlust dogmatisch voraussetzt. Auf der nächsten Stufe der Entwicklung prägen die Dogmen des Konstruktivismus und Relativismus das kollektive Bewusstsein. Sie reden uns ein, dass uns dieser Verlust endlich frei sein lässt, die Wirklichkeit nach unseren Vorstellungen zu entwerfen und unsere „Orientierungen" frei zu wählen: intellektuell wie sexuell. Derzeit stehen wir an der Schwelle zu Stufe drei. Das programmatische Wort „Europa eine Seele geben!" lässt nichts Gutes erwarten für alle diejenigen, die noch am Anspruch der Wirklichkeit festhalten und von dorther die Ordnung des Lebens zu bestimmen suchen. Sie haben mit Sanktionen zu rechnen bis hin zum Berufsverbot, wenn sie sich nicht dem Dogma der Gleichwertigkeit aller Orientierungen zu unterwerfen bereit sind. Auf der vierten und letzten Stufe der Neugründung Europas folgt die politische Entmachtung eines unaufgeklärten Christentums als letzter Ordnungsmacht in Europa. Diese ist in Ansätzen schon erkennbar.[31] Sie wird von außen angetrieben durch Medien, Gerichte und Parlamente, neuerdings von innen unterstützt durch einen Prozess synodaler Selbstaufklärung.

## 2. Anamnetische Vernunft – Rückbesinnung auf die Grundlagen der europäischen Kultur

Wir sollten also besser nicht auf die Imaginatoren und Entwerfer eines neuen Europa hören. Ihre Philosophie will uns aufklären über uns selbst und unsere Rolle bei der Konstruktion der Realität. Das klingt nach Freiheit und Emanzipation von undurchschauten Zwängen. Doch eine solche Philosophie schneidet uns ab vom Licht der Wahrheit, ohne dass wir nicht bloß die Orientierung verlieren, sondern auch die Freude daran zu leben – denken wir an Rosenzweig und Kleist: der Kranke verstummt und der hochsensible Dichter nimmt sich das Leben. Ein Leben ohne Wahrheit und Sinn ist anfällig für alle Arten von Pathologien und selbstzerstörerischer Gewalt. Ich will nun abschließend einen Gegenwurf skizzieren, dessen Titel „anamnetische Vernunft" ich bei Jürgen Habermas und

---

31  Die amerikanische Journalistin Dale O'Leary schließt ihr Buch „The Gender Agenda. Redefining Equality" (Lafayette/Louisiana 1997) mit einer Liste programmatischer Ziele, die seit den UN-Weltfrauenkonferenzen in Kairo (1994) und Beijing (1995) auf dem Weg über das Brüsseler Europaparlament Einfluss auf die nationalen Parlamente nehmen werden. Der letzte Punkt lautet: „Discrediting all religions that oppose this agenda."

Johann Baptist Metz geborgt habe, während ich mich für den Inhalt lieber an Josef Pieper halte. Diese erinnernde Vernunft war einmal die Grundlage der europäischen Kultur und sie muss es auch in Zukunft bleiben, wenn Europa seine Seele bewahren und die Menschen miteinander verbinden soll, statt sie in selbstverfertigten zweiten Realitäten voneinander zu trennen und gegeneinander aufzubringen. Was ist nun mit dem Ausdruck „anamnetische Vernunft" gemeint?

„Anamnesis" bedeutet Erinnerung. Wir kennen das Wort schon von Platon her, für den die Erinnerung das Fundament unseres Erkennens und der Orientierung über den Sinn der Welt ist. So erinnern uns die großen mythischen Erzählungen an das Unvordenkliche der menschlichen Existenz im Ganzen: an die Entstehung der Welt aus der neidlosen Güte des Vaters, die urgeschichtliche Versuchung und Bestrafung des Menschen, das jedem Menschen bevorstehende Gericht nach seinem Tod und die endgültige Scheidung zwischen ewiger Verdammnis und ewiger Glückseligkeit. – All das ist zwar auch für Platon nicht schon philosophisch gewiss, wohl aber ein lebenswichtiger Kontrapunkt zur Philosophie, wie Josef Pieper das in seiner Platondeutung genannt hat.[32] Ohne dieses Gegenüber einer geglaubten Wahrheit, ohne einen der Vernunft von sich her zwar unerreichbaren, aber dennoch vernunftförmigen Sinn des Ganzen, verliert das Philosophieren seine existenzielle Relevanz. Pieper zitiert Karl Jaspers, der „das unbarmherzigste, schonungsloseste Wort [...] gesprochen [habe], um das geheime Gebrechen einer Philosophie zu beschreiben, welche die Substanz der großen Überlieferung fallengelassen habe; ihre Signatur sei, so sagt er, ein ‚leer werdender Ernst'."[33]

Die politisch-gesellschaftliche Dimension dieses „geheimen Gebrechens" ist in einer Kontroverse zwischen Johann Baptist Metz und Jürgen Habermas zum Tragen gekommen. Wenn die europäische Kultur universaler Humanität auf der anamnetischen Vernunft beruht, dann ist es naheliegend zu fragen, wie sich der

---

32  Vgl. JOSEF PIEPER, *Was heißt Philosophieren? Vier Vorlesungen*, in: DERS., *Werke in acht Bänden*. Bd. *3: Schriften zum Philosophiebegriff*, hg. von B. Wald, Hamburg 1995, 15–70, hier: 59.
33  JOSEF PIEPER, *Die mögliche Zukunft der Philosophie*, in: DERS., *Werke in acht Bänden*. Bd. *3: Schriften zum Philosophiebegriff*, hg. von B. Wald, Hamburg 1995, 315–323, hier: 322f.

Anspruch der Vernunft und die Autorität des Glaubens zueinander verhalten. Ohne näher auf diesen Streit um die biblische bzw. philosophische Legitimation der anamnetischen Vernunft einzugehen: Im Kern geht es bei Metz und Habermas um die Bedeutung des Christentums für Europa und seines Verhältnisses zur Philosophie. Auslöser des Streits ist die von Metz gegen Joseph Ratzinger gerichtete These, das gegenwärtige Christentum sei Erbe einer halbierten Vernunft. Es sei darum schwach, weil es für die Universalität seines Wahrheitsanspruchs auf die Philosophie der Griechen gesetzt habe. Joseph Ratzinger liefere dafür den Beleg, wenn dieser in einem Beitrag zum Thema „Europa – verpflichtendes Erbe für die Christen" schreibt: „Das Christentum ist die in Jesus Christus vermittelte Synthese zwischen dem Glauben Israels und dem griechischen Geist."[34] Metz setzt dagegen die These, dass es „ein originäres Denk- und Geistangebot für das Christentum auch aus Israel [gibt]."[35] Und dieses originäre Geistangebot sei als das geschichtliche Andenken Israels wesenhaft anamnetisch und von der Überfremdung durch den Universalismus des griechischen Geistes zu befreien.

Gegen diese zu simple Sicht (Metz bietet ja nur eine neue Variante der altbekannten Enthellenisierungsthese) meldet sich Habermas zu Wort mit seinem Beitrag „Israel oder Athen. – Wem gehört die anamnetische Vernunft?"[36]

Der für unser Thema „Europa und die Philosophie" entscheidende Punkt bei Habermas ist nun der, dass er die von Metz kritisierte Spannung zwischen dem Erbe Jerusalems und dem Erbe Athens geradezu als schlechthin geschichtsbildende und für das heutige Europa unverzichtbare Kraft ausweist. Ohne diese „kontrapunktische Spannung", um noch einmal den Ausdruck Josef Piepers zu verwenden, seien die wesentlichen Elemente der europäischen Kultur und Rechtsverfassung nie entstanden:

---

34  JOSEPH RATZINGER, *Europa – verpflichtendes Erbe für die Christen*, in: FRANZ KÖNIG, KARL RAHNER (Hg.), *Europa – Horizonte der Hoffnung*, Graz/Wien/Köln 1983, 68.
35  JOHANN BAPTIST METZ, *Anamnetische Vernunft. Anmerkungen eines Theologen zur Krise der Geisteswissenschaften*, in: AXEL HONNETH, THOMAS MCCARTHY, CLAUS OFFE U. A. (Hg.), *Zwischenbetrachtungen. Im Prozess der Aufklärung (FS für Jürgen Habermas)*, Frankfurt a. M. 1989, 734.
36  JÜRGEN HABERMAS, *Israel oder Athen. Wem gehört die anamnetische Vernunft? Johann Baptist Metz zur Einheit in der multikulturellen Vielfalt*, in: DERS., *Vom sinnlichen Eindruck zum symbolischen Ausdruck. Philosophische Essays*, Frankfurt a. M. 1997.

„Ich meine den Begriff der subjektiven Freiheit und die Forderung des gleichen Rechts für jeden – auch und gerade für den Fremden in seiner Eigenheit und Andersheit. Ich meine den Begriff der Autonomie, einer Selbstbindung des Willens aus moralischer Einsicht, die auf Verhältnisse reziproker Anerkennung angewiesen ist."[37] Nur die fortgesetzte Erinnerung an das gemeinsame Erbe Israels und Athens, an die Symbiose von Glaube und Vernunft, vermöge die vormoralischen Grundlagen des modernen europäischen Rechtsstaates im Bewusstsein der Öffentlichkeit lebendig zu erhalten.

Dieser Streit zwischen Metz und Habermas gehört so gewissermaßen zur Vorgeschichte des berühmten Münchner Dialogs zwischen Jürgen Habermas und Joseph Ratzinger über die vormoralischen Grundlagen des modernen Rechtsstaats.[38] Was für den modernen Rechtsstaat gilt, gilt auch für Europa. Beide Institutionen sind ohne die Ressourcen des griechisch-jüdischen Erbes nicht lebensfähig. Die Europa von allen anderen Kulturen unterscheidende Synthese von Vernunft und Glaube ist der Boden, auf dem die Ideen der Würde des Menschen, der Gewissensfreiheit und der universalen Menschenrechte gewachsen sind und auf dem allein sie bewahrt werden können. Ein Exklusivismus gegeneinander gerichteter Wahrheitsansprüche gefährdet dagegen den Bestand der europäischen Rechtskultur. Habermas und Ratzinger stehen für die Überzeugung, dass die Bewahrung der wechselseitigen Verwiesenheit von universaler Vernunft und christlichem Glauben ein gemeinsames Anliegen von politischer Philosophie und christlicher Theologie sein und bleiben sollte.

Der politische Wille, Europa eine Seele zu geben und dabei von seiner philosophisch-theologischen Grundlegung abzusehen, scheint mir nicht zuletzt die Folge eines wissenschaftsorientierten Fortschrittsglaubens zu sein. Dieser beruht auf der naiven Annahme, dass sich die anamnetische Vernunft durch die szientistische Vernunft ersetzen lässt. Was den politischen Konstrukteuren des

---

37   Ebd., 103f.
38   JÜRGEN HABERMAS, JOSEPH RATZINGER, *Dialektik der Säkularisierung. Über Vernunft und Religion*, Freiburg i. Br. 2005.

neuen Europas dabei offensichtlich entgeht, ist der Umstand, dass die anamnetische Vernunft keineswegs nur zur Vorgeschichte Europas gehört. Vielmehr beruht die sinnstiftende Identität Europas bis heute auf der produktiven Spannung von Vernunft und Glaube, Wissenschaft und christlicher Religion, Staat und Kirche. Nach den politischen Erfahrungen des 20. Jahrhunderts kann die Antwort auf die Frage, wo sich Europa heute befindet und künftig befinden wird, nicht einfach von der Entwicklungslogik rationaler Teilsysteme (Wissenschaft, Technik, Wirtschaft) erwartet werden. Die „Seele" Europas, durch welche es lebt und sich von anderen Kulturen unterscheidet, also das unterscheidend Abendländische, ist von Josef Pieper als „theologisch gegründete Weltlichkeit"[39] bezeichnet worden.

Zu der in und durch Europa selbstverständlich gewordenen „Weltlichkeit" gehört eine bestimmte Weise der institutionellen Verfasstheit des Lebens, die auf das mittelalterliche Europa zurückgeht. In dieser Zeit sind Ordnungsmuster der Welt geschaffen worden, die die Welt über Europa hinaus bis in die Gegenwart hinein prägen: die Stadt, die Universität, das säkulare Recht, um nur einige zu nennen. Es sind dies die fundamentalen Integrationsleistungen, worin das Fremde sich mit dem Eigenen und das Neue sich mit dem Vertrauten verbindet. Der Wille zur Integration setzt als Prinzip der europäischen Kultur die Bipolarität und produktive Spannung von Vernunft und Glaube, Entdecken und Bewahren, Fortschritt und Tradition voraus.[40] Säkularismus und Szientismus dagegen ignorieren die anamnetische Dimension der Vernunft und versuchen diese Spannung nach einer Seite hin aufzulösen. Am offensichtlichsten gerät dabei die Ambivalenz des Fortschritts aus dem Blick und weniger offensichtlich etwas, was man die indirekte Sicherung grundlegender Ziele menschlicher Existenz nennen könnte.

---

39  Vgl. dazu das letzte Kapitel in seinem Buch Scholastik. Gestalten und Probleme der mittelalterlichen Philosophie; in: JOSEF PIEPER, *Werke in acht Bänden. Bd. 2: Darstellungen und Interpretationen. Thomas von Aquin und die Scholastik*, hg. von. B. Wald, Hamburg 2001, 299–440, hier: 426ff.
40  Vgl. BERTHOLD WALD, *Theologisch gegründete Weltlichkeit. Bipolarität als Grundlage europäischer Identität*, in: HERMANN FECHTRUP, FRIEDBERT SCHULZE, THOMAS STERNBERG (Hg.), *Europa auf der Suche nach sich selbst. Ein Symposion der Josef Pieper Stiftung*, Münster 2010, 39–45.

Dass wissenschaftlich-technischer Fortschritt und sittlich-kultureller Fortschritt nicht einfachhin zusammenfallen, ist glücklicherweise im öffentlichen Bewusstsein präsent. Wir haben heute ein schärferes Bewusstsein für die Risiken und die Kosten technologischer Veränderungen. Nicht bloß gegenüber dem Fortschrittsglauben sind wir skeptischer geworden, sondern auch bei den Fortschritten im Einzelnen wollen wir heute wissen, ob sie gesellschaftlich und ökologisch verantwortbar sind. Es ist mit den Jahren ein Bewusstsein dafür gewachsen, dass Fortschritt und Bewahrung zusammen gehören. Wir fragen heute eben nicht nur, was wir technisch verbessern und verändern können – wir fragen ebenso, was wir bewahren und schützen sollten: die Umwelt, die Vielfalt der Arten, die menschliche Natur, was dann oftmals auch von Nichtglaubenden unter dem Titel „Bewahrung der Schöpfung" gefordert wird.

Doch wie kann die für das Bewahren notwendige sittliche Einstellung selber vor Erosion und Veränderung bewahrt und geschützt werden? Dazu einige abschließende Bemerkungen zum Thema „Indirektheit" der Sicherung grundlegender Ziele menschlicher Existenz. Auf den ersten Blick mag es so aussehen, als könne man die unmittelbar wichtigen Ziele der menschlichen Existenz durch Gesetze und politische Maßnahmen direkt beeinflussen und sicherstellen: die Freiheit durch die Erweiterung von Freiheitsräumen in Europa und das Glück seiner Bürger durch sozialpolitische Verteilungsmaßnahmen. Nehmen wir noch die Sorge um den Frieden und die Gesundheit hinzu, dann haben wir die wichtigsten Felder der europäischen Politik im Blick. Es sind dies alles Güter, die nur nebenher erreichbar sind, als „Zugabe", sofern etwas anderes intendiert ist, ganz so, wie es im Matthäusevangelium heißt: „Suchet zuerst das Reich Gottes und seine Gerechtigkeit, und alles andere wird euch hinzugegeben". (Mt. 6,33) Wer unmittelbar das Glück intendiert, wird mit Sicherheit nicht glücklich werden, und ebenso ist die ängstliche Sorge um die Gesundheit oft genug die tieferliegende Ursache der Erkrankung. Der zu allen Zeiten ersehnte und immer neu gefährdete Frieden wird sich nur einstellen, wenn es den Mächtigen zuerst um Gerechtigkeit und die Anerkennung des anderen geht. Gleiches gilt für die Freiheit. „Wer für die Realisierung der Freiheit kämpft, muss vor allem kämpfen für *inhaltlich* bestimmte Werte (Wahrheit, Gerechtigkeit, Menschenwürde und so fort)."[41] Dem fügt Josef Pieper noch die zwar gewagte, aber doch bedenkenswerte Behauptung hinzu, „dass zu den Ideen, die der Realisierung der Freiheit im Wege sind, gerade die Idee der Freiheit gehört."[42]

Für die zentrale Frage der neuzeitlichen Philosophie nach der Gewissheit der menschlichen Erkenntnis gilt etwas Analoges. Das Verlangen nach Gewissheit steht der Erkenntnis im Wege.[43] Es kommt im gleichen Moment zur „Verfinsterung der Realität" (Voegelin), als sich vor das Vertrauen in die Wirklichkeit das Verlangen nach absoluter Gewissheit an die erste Stelle setzt. Aber worauf beruhte das verlorene Vertrauen und wie lässt es sich wiederherstellen, wenn es keine täuschungsfreie Gewissheit über die Wirklichkeit geben kann? Robert Spaemann hat im Blick auf Friedrich Nietzsches radikale Infragestellung jedes rein auf Erkenntnis abzielenden Wirklichkeitsbezugs so geantwortet:

„Wo das Urvertrauen in die Welt einmal erschüttert ist, da bedarf es seiner ausdrücklichen Wiederherstellung durch das Vertrauen auf Gott."[44]

Mir scheint darin Piepers Grundgedanke von der „theologisch gegründeten Weltlichkeit" wieder aufgenommen, in der Überzeugung, dass es auch der Philosophie für ein humanes Europa nur insoweit bedarf, als sie nicht die erste Stelle einzunehmen sucht, sondern als anamnetische Vernunft im Licht des christlichen Glaubens steht. „Gott, rette die Vernunft!" – so lautet der Titel der bereits zitierten philosophischen Diskussion um die Regensburger Vorlesung von Papst Benedikt XVI.[45] Aber warum muss sich die Vernunft erst retten lassen, um als *anamnetische* Vernunft wirklich *Vernunft*

---

41  JOSEF PIEPER, *Religion und Freiheit*, in: DERS., *Werke in acht Bänden. Bd. 8,2: Miszellen. Register und Gesamtbibliographie. CD-ROM zum Gesamtwerk*, hg. von B. Wald, Hamburg 2008, 466–469, hier: 468.
42  Ebd.
43  Vgl. JOSEF PIEPER, *Über das Verlangen nach Gewissheit*, in: DERS., *Werke in acht Bänden. Bd. 8,1: Miszellen. Register und Gesamtbibliographie*, hg. von B. Wald, Hamburg 2005, 115–121.
44  ROBERT SPAEMANN, *Gedanken zur Regensburger Vorlesung Papst Benedikts XVI.*, in: ANDRÉ GLUCKSMANN, WAEL FAROUG, SARI NUSSEIBEH, ROBERT SPAEMANN, JOSEPH WEILER, *Gott, rette die Vernunft! Die Regensburger Vorlesung des Papstes in der philosophischen Diskussion*, Augsburg 2008, 162.
45  Vgl. Anm. 18.

sein zu können? Die beste und kürzeste Antwort, die ich kenne, findet sich einem Buch des amerikanischen Philosophen Alasdair MacIntyre. Sie lautet folgendermaßen:

„What faith enables us to recognize is the nature and influence of those convictions and biases as sources of error, something to which we are otherwise apt to be blind. [...] Reason therefore needs Christian faith, if it is to do its own work well. Reason without Christian faith is always reason informed by some other faith, characteristically an unacknowledged faith, one that renders its adherents liable to error."[46]

---

**46** ALASDAIR MACINTYRE, *God, Philosophy, Universities. A Selective History of the Catholic Philosophical Tradition*, London 2009, 152f.

# Ein Endspiel für Europas sterbliche Seele?

*Heinrich Schneider*

## Von der Krise der EU zum möglichen Untergang des Abendlandes

Die Krise „Europas" wurde bislang vor allem auf die Europäische Union bezogen, auf jene Einigungspolitik, die noch vor dem Ende des Zweiten Weltkriegs von den gegen Hitlers Übermacht aktiven Widerstandsbewegungen ins Auge gefasst worden war und dann bald nach Kriegsende ins Werk gesetzt wurde, und auf das System ihrer Festlegung und Umsetzung.

Sie hat mittlerweile nicht an Brisanz und Gefährlichkeit verloren – im Gegenteil. Das Grundthema war von Anfang an die Frage, was denn das Ziel dieser Politik sein solle. Dabei ging es, etwas vereinfacht gesprochen, um die Aufrechterhaltung der einzelstaatlichen Souveränität oder um ihre Überwindung zugunsten einer dem supranationalen Gemeinwohl dienenden föderalen Gemeinschaft.

Wenngleich das Engagement mancher politischer Verantwortungsträger für supranationale Strukturen deutlich nachgelassen hat, ist die entsprechende Kontroverse nach wie vor virulent. Die beherrschenden Streitthemen sind jedoch auch ganz handfeste Konflikte über die Rezepte zur Bewältigung aktueller Krisen. Viele von ihnen kamen schon zur Sprache: von der griechischen Schuldenkrise über ein Unbehagen am hegemonialen Deutschland über mannigfache Streitpunkte einer europäischen Außenpolitik, dazu noch die Frage, ob und wie verbindlich die Union außenpolitisch überhaupt mit einer Stimme sprechen solle. Zu den vielen unterschiedlich betrachteten Themen gehört etwa die Position gegenüber Russland und der Ukraine. In der letzten Zeit war ein Kontroversthema der Umgang mit dem Zustrom von immer größeren Flüchtlingsmassen: Soll man „menschlich" reagieren oder die Union zur Festung machen? Sollen die Zuflucht Suchenden nach Maßgabe von Quotenregelungen auf die Aufnahmestaaten aufgeteilt werden? Sollen dazu Mehrheitsentscheidungen zulässig sein ...? Die Träger nationaler und gemeinschaftlicher Verantwortung tun sich nach wie vor schwer, für die vielen, das Miteinander zersetzenden und womöglich sprengenden Konflikte produktive und stabile Lösungen zu finden. Ein Grund dafür ist das bereits angesprochene, längst bekannte Auseinanderdriften der wesentlichen europapolitischen Zielsetzungen, besonders die Schwächung der Bereitschaft, den Vorrang des europäischen Gemeinwohls gegenüber egoistischen Interessen anzuerkennen.

Das schließt die Ablehnung verbindlicher Rechtsnormen der Union ein, zuweilen die Forderung, sie zu schwächen oder abzuschaffen, in manchen Fällen auch die offene Missachtung. Zu den notorischen Positionen vor allem Großbritanniens und Ungarns kommen mittlerweile auch noch andere. Bedenkenswert (womöglich besorgniserregend) ist z. B. eine wachsende Abkehr vieler Niederländer vom Integrationsprojekt,[1] aber auch der Kurswechsel Polens nach den letzten Wahlen stärkt das Lager der Anti-Europäer: Seit dem 16. November 2015 regiert die Partei „Recht und Gerechtigkeit" mit absoluter Mehrheit. Europaminister Konrad Szymanski erklärte, die von der Vorgängerregierung ermöglichten Unionsentscheidungen über die Verteilung von Flüchtlingen würden nicht umgesetzt.[2]

Im Spätherbst 2015 mochte es so aussehen, als würde ein dramatisches Ereignis doch wieder einmal einen Solidarisierungs-

---

[1] Die Politik der Niederlande war in der Frühzeit der Integration vom Zusammenschluss der sechs Gründerstaaten der Montanunion nicht wirklich angetan (s. dazu FRISO WIELENGA, *Bonn, Den Haag und die Anfangsphase der europäischen Zusammenarbeit*, in: DERS. (Hg.), *Niederländer und Deutsche und die europäische Einigung*, Bonn 1978, 10-15). Später lag die Zustimmungsrate der Niederlande den Eurobarometer-Umfragen zufolge weit höher als die durchschnittliche. So war es eine Überraschung, als die Niederlande 2005 den Verfassungsentwurf ablehnten. Inzwischen machen außer Geerrt Wilders mit seiner europafeindlichen Partei auch noch andere integrationsskeptische Gruppierungen von sich reden; vgl. THOMAS KIRCHNER, *Sand ins Getriebe*, in: SZ, 29.06.2015, 6.

[2] Dazu PAUL LENDVAI, *Die „Orbánisierung" Polens*, in: Der Standard, 14.11.2015, 27 (mit Hinweisen auf eindeutige Pressekommentare), sowie: GABRIELE LESSER, *Pogromstimmung bei Hass-Demo in Polen*, ebd., 3, v. a. den Hinweis auf die Regierungspolitik am Ende des Beitrags; ferner GABRIELE LESSER, *Polen schlägt die Tür für Asylsuchende zu*, in: Der Standard, 17.11.2015, 8, sowie HUBERT WETZEL, *Wirres aus Warschau*, in: SO, 17.11.2015, 4.

schub auslösen, der imstande wäre, Klüfte zu überbrücken: die am 13. November in Paris verübten, in ganz Europa Entsetzen auslösenden Anschläge, zu denen sich „Daech" (die arabische Abkürzung für den „Islamischen Staat") bekannt hat.

Präsident Hollande sprach am Tag danach von einem durch eine „terroristische Armee" gegen Frankreich geführten „Kriegsakt"; als Oberbefehlshaber der Streitkräfte ließ er unverzüglich IS-Stellungen in Syrien bombardieren. Premierminister Manuel Valls bekräftigte die Position: „Wir sind im Krieg."[3] Die Reaktion im Kreis der EU-Mitgliedstaaten war eindeutig, als die Verteidigungsminister sich in Brüssel versammelten und der französische Minister Jean-Yves Le Drian sich auf Artikel 42 Abs. 7 des EU-Vertrags berief, also die Partner zu Hilfe und Unterstützung aufforderte.[4] Federica Mogherini bekräftigte ohne eine formelle Abstimmung: „Frankreich ist angegriffen worden." Aber – wie schon die gängige Rede von der „Terrormiliz" zum Ausdruck bringt – eben nicht von einem Mitglied der Staatengesellschaft.

Das war jedoch ein eher unklarer (wenn nicht gar kurzschlüssiger) Vorgang. Das Unionsrecht umfasst eigentlich zwei Bestimmungen, die für die Inanspruchnahme infrage gekommen wären. Die von Paris ins Spiel gebrachte war eigentlich im Gedanken an eine von einem anderen Staat unternommene Aggression fixiert worden; das legt die Bezugnahme auf Art. 51 der UN-Charta (die ja eine völkerrechtliche und zwischenstaatliche Organisation ist) nahe; als diese Charta formuliert wurde, lag der Gedanke an Terrororganisationen, die nicht anerkannte Völkerrechtssubjekte sind, noch ganz fern.

---

3 Das konnte an die problematisch formulierte Kriegsproklamation des damaligen US-Präsidenten George W. Bush gegen „den Terror" erinnern, im Anschluss an die zu 3000 Todesopfern führenden Al-Qaida-Überfälle in New York und Washington am 11. September 2001. Makabererweise stammten die damaligen Attentäter fast alle aus Saudi-Arabien, Bush richtete seine kriegerischen Unternehmungen jedoch gegen den Irak, der mit „Nine-Eleven" nichts zu tun hatte (s. RUDOLF CHIMELLI, *Europas Terroristen*, in: SZ, 21.11.2015, 4).

4 „Im Falle eines bewaffneten Angriffs auf das Hoheitsgebiet eines Mitgliedstaats schulden die anderen Mitgliedstaaten ihm alle in ihrer Macht stehende Hilfe und Unterstützung im Einklang mit Artikel 51 der Charta der Vereinten Nationen. Dies lässt den besonderen Charakter der Sicherheits- und Verteidigungspolitik bestimmter Mitgliedstaaten unberührt." Die Bestimmung war im Zug der Auflösung der vorherigen Westeuropäischen Union (bzw. ihrer Eingliederung in die EU) in den Vertrag eingefügt worden.

Tatsächlich enthält das EU-Recht für den gemeinsamen Kampf gegen den Terror einen anderen Vertragsartikel[5]. Kompetente Rechtskenner halten ihn für den eigentlich sachgerechten. Dass Paris das Solidaritätsverlangen nicht auf ihn abstützte, beruhte vermutlich darauf, dass er ein erheblich umständlicheres Umsetzungsverfahren vorsieht – zunächst einmal die Erarbeitung und Annahme eines Regimes der Praktizierung, wozu es bislang überhaupt nicht gekommen war.

Außerdem hätte Frankreich ja auch die NATO, sich auf deren Vertragsartikel 5 berufend, um Solidarität ersuchen können (was den USA eine Hauptrolle gegeben und Russland indigniert hätte).

Allgemein wird angenommen, dass Paris von den EU-Partnern nicht – oder nicht primär – direkte militärische Aktionen gegen den „IS" verlangt, sondern eher eine Entlastung von anderen militärischen Aktivitäten, wodurch Frankreich sich stärker dem Anti-Terror-Einsatz verschreiben kann, vor allem wohl konzentriert auf Syrien.[6]

Das ist nicht unverständlich. Dennoch wirft das Vorgehen Fragen auf: Wird der „Krieg" gegen den IS von Frankreich geführt, mit einer gewissen entlastenden Unterstützung durch europäische Partner? Oder von einer Allianz? Dies würde bedeuten, dass die Weichenstellungen gemeinsam getroffen werden.

Ob die Bezugnahme auf Art. 42 Abs. 7 der UN-Charta dem sogenannten „IS" einen besonderen Gefallen tut oder tun sollte,

---

5 Art. 222 Abs. 1 des Vertrags über die Arbeitsweise der EU: „(1) Die Union und ihre Mitgliedstaaten handeln gemeinsam im Geiste der Solidarität, wenn ein Mitgliedstaat von einem Terroranschlag, einer Naturkatastrophe oder einer von Menschen verursachten Katastrophe betroffen ist. Die Union mobilisiert alle ihr zur Verfügung stehenden Mittel, einschließlich der ihr von den Mitgliedstaaten bereitgestellten militärischen Mittel, um (a) terroristische Bedrohungen im Hoheitsgebiet von Mitgliedstaaten abzuwenden: die demokratischen Institutionen und die Zivilbevölkerung vor etwaigen Terroranschlägen zu schützen; im Falle eines Terroranschlags einen Mitgliedstaat auf Ersuchen seiner politischen Organe innerhalb seines Hoheitsgebiets zu unterstützen ..." – In den folgenden Absätzen wurde vorgesehen, dass die Details der Umsetzung von den Unionsorganen beschlossen werden. Außerdem soll der Europäische Rat regelmäßig die Bedrohungen der Union beobachten.

6 Französische Truppen stehen in vielen afrikanischen Krisengebieten – vor allem solchen in Westafrika, die früher einmal zum eigenen Kolonialreich gehörten. Vgl. dazu u. a. DANIEL BRÖSSLER, *Auf einmal ein Verteidigungsbündnis*, in: SZ, 18.11.2015, 2; HUBERT WETZEL, *Hollandes heikle Bitte um Beistand*, in: SZ, 18.11.2015, 4; ISABEL PFAFF, *Zweifel am Selbstverständnis*, in: SZ, 19.11.2015, 7; STEFAN ULRICH, *Kriegsgerede und Kriegsrecht*, in: SZ, 20.11.2015, 5.

indem sie ihn anerkannten Völkerrechtssubjekten gleichstellt, mithin seine Selbstbezeichnung als „Staat" geradewegs zu akzeptieren scheint, ist, gelinde gesagt, zweifelhaft; Frankreich müsste dann ja, wie seine Verbündeten, dieser Entität alle Privilegien zubilligen, die das Völkerrecht einem Staat zuspricht, und die rücksichtslose Verfolgung, wie sie gegenüber als kriminell geltenden Terrororganisationen praktiziert wird, wäre problematisch. Tatsächlich gehört zu einem „Staat" ein klar umrissenes Staatsgebiet. Seine Basis, den sogenannte „IS", hat er jedoch in bestimmten Landesteilen anderer (als solcher anerkannter) Staaten, nämlich des Irak und Syriens. Kritische Kommentatoren äußern daher massive Zweifel, ob die auf den ersten Blick massiv solidarisierende Verknüpfung von Pariser Terroraktion und dadurch ausgelöster Beistandszusicherung wirklich die Zerrissenheit der EU überwinden wird. Sie könnte Europa sogar „spalten und lähmen."[7]

Noch etwas kommt hinzu: Hollande unternahm es, seine eigene europäische Initiative mit einem global konzipierten Manöver zu überholen. Wenige Tage nach dem Anschlag erklärte er vor den gemeinsam tagenden Parlamentskammern erneut: Frankreich „ist im Krieg"; es werde alles zur Formierung einer „großen und einzigartigen Koalition" zur Vernichtung des IS (nicht nur zu seiner Schwächung!) tun. Es folgten bilaterale Treffen mit David Cameron, mit Barack Obama und mit Wladimir Putin. Zwischen diesen Oberliga-Akteuren gibt es indessen gewichtige Interessengegensätze, und erst recht zwischen Mächten, mit denen sie verbündet und die für das Unternehmen alles andere als irrelevant sind (Baschar al-Assads Syrien, der Irak, Iran, die Türkei und andere, samt den Rebellen in etlichen wichtigen Ländern).[8] Ob Hollande imstande sein wird, die gewünschten Partner zur Überbrückung oder Zurückstellung dieser und anderer Spannungen zu bringen, was zur Aktivierung seines Allianzprojekts nötig wäre, ist zweifelhaft,[9] und auch, ob er

---

7   HUBERT WETZEL, *Hollandes heikle Bitte um Beistand*, in: SZ, 18.11.2015.
8   Auch andere Staaten versuchte er für das Vorhaben zu gewinnen; s. ALEXANDER DWORZAK, MICHAEL SCHMÖLZER, *Mehr als bloßes Händeschütteln*, in: Wiener Zeitung, 27.11.2015, 3.
9   Siehe dazu etwa PAUL-ANTON KRÜGER, *François Hollandes unmögliche Mission*, in: SZ, 24.11.2015, 4; JULIAN HANS, NICOLAS RICHTER, CHRISTIAN WERNICKE, KAI STRITTMATTER, *Hollande, der Kriegspräsident*, in: SZ, 24. November 2015, 7. Der Abschuss eines russischen Kampfjets durch türkische Luftwaffenmaschinen hat sich auf die ohne-

Barack Obama, dem in der angestrebten internationalen Aktion die Führungsrolle zufiele, dazu bewegen kann, seine militärischen Einsätze zu intensivieren, insbesondere jedoch von der US-amerikanischen Ablehnung eines Bodentruppeneinsatzes abzugehen, ohne den aber eine Vernichtung des IS schwerlich möglich ist.[10]

Allemal hat Hollande mit der Initiative – angesichts der Machtkonstellationen nicht ohne Grund – die EU im Zusammenhang mit dem Allianzprojekt auf einen nachrangigen Platz verwiesen.

Zugleich verlangt Frankreich von den EU-Staaten den unverzüglichen Stopp der Aufnahme von Nahost-Flüchtlingen; andernfalls würden die Völker sagen: „Schluss mit Europa!"[11]

## 1. Die Wiederkehr der Rede vom Untergang des Abendlandes und der Gedanke der sterblichen Seele

Inzwischen gibt es Gründe, die eben zitierte Parole nicht nur auf die EU zu beziehen, sondern sie als einen warnenden Hinweis auf ein dem ganzen Kontinent drohendes Schicksal anzusehen.

Überzeugte Anhänger der Integration hätten diese Unterscheidung als verfehlt betrachtet, wenigstens in der Frühzeit. Sie sahen die Einigungspolitik nicht als ein Vorhaben, das man unternehmen oder unterlassen könnte, sondern hielten sie für „alternativlos", sollte Europa nicht dem Untergang überantwortet werden. So zu denken ist heute unüblich. Die Integration gilt vielen eher als eine

---

hin sehr gespannten Beziehungen zwischen den beiden Staaten extrem verschlechtert. Der Vorfall wird von beiden Seiten unterschiedlich dargestellt. Putin erklärte, er werde Syrien für Erdogan „zu einem großen Stalingrad machen", und – da das atlantische Bündnis sich hinter die Türkei stellte – Ankara wolle nun wohl auch noch die NATO in den Dienst des „Islamischen Staats" stellen, dieser erhalte schon bisher finanzielle Hilfe der Türken; siehe ANDRÉ BALLIN, *Moskau droht nach Abschuss mit ernsten Konsequenzen*, in: Der Standard, 25.11.2015, 2; MICHAEL SCHMÖLZER, *Hunde, die bellen, beißen*, in: Wiener Zeitung, 25.11.2015, 3; JULIAN HANS, *Annäherung abgebrochen*, in: SZ, 25.11.2015, 2.

10 Vgl. NICOLAS RICHTER, *Mit der Bitte um Geduld*, in: SZ, 25.11.2015; zu Obamas Gründen der Ablehnung von Bodentruppen-Einsätzen s. das Interview von Holger Stark mit Ben Rhodes, *Nato-Truppen wären falsch*, in: Der Spiegel 48/2015 (19.11.2015) 36.

11 So Premierminister Manuel Valls; vgl. dazu CHRISTIAN WERNICKE, *Valls: Europa muss Grenzen schließen*, in: SZ, 25.11.2015. Er forderte auch eine Verschärfung der Regeln zur Wahrung der inneren Sicherheit. Später bemühte man sich in Paris, die Forderung nach einem sofortigen und bedingungslosen Ende der Aufnahme von Flüchtlingen abzuschwächen, offenbar mit Rücksicht auf Berlin.

Mitgliedstaaten und Bürger in Schwierigkeiten bringende und die gedeihliche Zukunft gefährdende Sache. Träfe das zu, dann könnten manche Europäer das vor 65 Jahren begonnene Unternehmen als liquidationsreif betrachten. Das wäre jedoch kurzschlüssig. Wesentliche Errungenschaften der Integration würden viele Betroffene wohl eher ungern aufgeben – um nur zwei Beispiele zu nennen: manche Vorteile der gemeinsamen Währung oder auch den unionsintern freien Grenzübergang aufgrund des Schengen-Abkommens.

Ob die Furcht vor Terroranschlägen und damit verbunden die Sorge über die Bewegungsfreiheit von allfälligen Tätern mittlerweile die Wiedereinführung von Grenzkontrollen ausgelöst hat, ist eine andere Frage. Immerhin waren jene 5 der 7 Attentäter vom 13. November 2015 in Paris, deren Identität geklärt werden konnte, Unionsbürger, nämlich Franzosen oder Belgier (ebenso übrigens auch die beiden in Syrien agierenden Drahtzieher).[12]

Gleichwohl sind viele der unerquicklichen Probleme der EU nicht einfach Folgen der Integration als solcher, sondern von Konstruktionsmängeln, die der Bewältigung entgegenstehen, mag auch ihre Behebung schwierig sein.[13]

Dass der Verzicht auf die EU oder ihre Reduktion zu einer bloßen Freihandelszone Europa den Weg in eine neue, verheißungsvolle Zukunft eröffnen würde, ist keineswegs ausgemacht.

Wie auch immer – die zunehmend bedenkliche Krisenkonstellation hat zur Renaissance eines Ausdrucks geführt, der schon vor nahezu einem Jahrhundert Sorgen und Unruhe signalisierte: Wieder ist vom „Untergang des Abendlandes" die Rede. Zuweilen wird die Formel – dem publizistischen Aufsehen zuliebe – noch zugespitzt: zum angeblich bevorstehenden „Selbstmord des Abendlandes",[14] als Warnung vor der „Islamisierung" Europas, blutige Auseinandersetzungen zwischen den angestammten Europäern und den eingewanderten Muslimen (und den von ihnen gewonnenen Glaubensgenossen) eingeschlossen; der Islam schließe als solcher „jede Form eines toleranten Zusammenlebens zwischen Muslimen und Andersgläubigen aus". Dem steht eine diametral gegenläufige Sicht

---

12 *Die Anschläge von Paris*, in: Der Spiegel 48/2015 (19.11.2015) 15.
13 Vgl. z. B. REINHARD GÖWEIL, *Stur nach Vorschrift*, in: Wiener Zeitung, 16.07.2015, 3.
14 MICHAEL LEY, *Der Selbstmord des Abendlandes*, Osnabrück 2014.

der „Angst ums Abendland" gegenüber: Nicht die Muslime sollten den Europäern Furcht einflößen, vielmehr sollten sie sich vor islamophoben Feindbildern in Acht nehmen.[15]

Zuweilen wird der Ausdruck „Abendland" unüberlegt verwendet, zum Beispiel ohne Nachdenken darüber, was zum europäischen „Okzident" gehört (das Wort wurde ja als Gegenbegriff zum – morgenländischen – „Orient" geprägt). Manchmal soll die Bedeutung von kulturell und politisch Veraltetem anklingen – nicht nur dort, wo vom „christlichen Abendland" die Rede ist.[16]

Die Vergegenwärtigung dessen, was mit der Formel vom Untergang gemeint und mit welchen Vorstellungen ihre Propagierung verbunden war, mag nicht besonders aktuell anmuten. Wer jedoch ernsthaft einen möglichen „Untergang des Abendlandes" diskutieren will, tut gut daran, sich zu vergegenwärtigen, welche Botschaften der Slogan verbreiten sollte. Das Nachdenken darüber, was sich daraus heute ergibt, könnte aufschlussreich sein.

Selbstverständlich kommt, wenn das Schlagwort auftaucht, zuerst Oswald Spenglers Werk in den Sinn – damals ein faszinierender und zu heftigen Auseinandersetzungen provozierender Bestseller; die beiden Bände erschienen 1918 und 1922; in der Mitte der Zwanzigerjahre waren vom ersten Band nahezu 100.000 Exemplare vertrieben worden, vom zweiten Band mehr als 80.000.[17] Der Autor meinte, den Zukunftsweg der eigenen Kultur voraussagen zu können, im Anschluss an die Betrachtung einer Vielzahl von Kulturen, denen er ein Aufblühen, Reifen und Verwelken nach demselben Ablaufmuster zuschrieb – so z. B. der antiken, der arabischen, der chinesischen und der ägyptischen. Jedes Kulturschicksal lasse sich mit dem eines Lebewesens vergleichen, das aus einem umfassenden lebendigen Ganzen herauswächst, die eigene Seele zu blühender Gestalt werden lässt, aus der dann eine weit weniger produktive Zivilisation wird, bis der unvermeidliche Unter-

---

15 DANIEL BAX, *Angst ums Abendland – Warum wir uns nicht vor Muslimen, sondern vor Islamfeinden fürchten sollten,* Frankfurt a. M. 2015.
16 So hat etwa Kurt Kister in einem unter dem Titel „Die große Erosion" in der SZ am 26.11.2015, 4, erschienenen Kommentar von ihm als reaktionär betrachtete Kräfte in Polen und in Ungarn als „das polnische Abendland" und als „das ungarische Abendland" bezeichnet.
17 Dazu sollte man bedenken, wie niedrig damals der Anteil der „höher Gebildeten" war, die als Leser eines mehrbändigen Werks dieser Art überhaupt infrage kamen.

gang kommt. Die nachfolgend zitierte Formulierung Spenglers hat der alsbald ebenfalls in Erinnerung zu bringende Arnold Toynbee übernommen: „Eine Kultur wird in dem Augenblick geboren, wo eine große Seele aus dem urseelenhaften Zustande ewig kindlichen Menschentums erwacht, sich ablöst, eine Gestalt aus dem Gestaltlosen, ein Begrenztes und Vergängliches aus dem Grenzenlosen und Verharrenden. Sie erblüht auf dem Boden einer genau abgrenzbaren Landschaft, an die sie pflanzenhaft gebunden bleibt. Eine Kultur stirbt, wenn die Seele die volle Summe ihrer Möglichkeiten in Gestalt von Völkern, Sprachen, Glaubenslehren, Künsten, Staaten, Wissenschaften verwirklicht hat und damit wieder ins Urseelentum zurückkehrt."[18]

Das klingt nach einem pflanzenhaften, fast sanft anmutenden Entwicklungsgang. Spengler präsentierte jedoch für die späteren Kulturphasen ein ganz anderes Bild: Macht und Gewalt bestimmen den Gang der Dinge, die Kultur bildet sich zur Primitivität zurück, zur „Macht des Blutes über das Empfinden und Verstehen."[19]

---

[18] OSWALD SPENGLER, *Der Untergang des Abendlandes*, Bd. 1, o. A., 142.
[19] Der Geschichtsverlauf wird dann von Gewaltmenschen bestimmt, denen es um das „Haben" geht, um gewaltsam erkämpfte „Macht", verfestigt durch „Recht", oder um „Beute". Spengler spricht von der „Heimkehr ins Primitive – die Mächte des Blutes treten ihre alte Herrschaft wieder an." Innerhalb einer jeden Kultur existieren Völker im Plural, aber „das natürliche, rassehafte Verhältnis zwischen ihnen ist ... Krieg ... Der Krieg ist die Urpolitik alles Lebendigen ..., bis zu dem Grade, dass Kampf und Leben in der Tiefe eins sind." Das Endstadium der abgesunkenen Kultur ist der „Cäsarismus". Ererbte Institutionen verlieren ihren Sinn. Allerdings kann eine „zweite Religiosität" auftreten, der cäsaristischen Ideologie gegenüber. – Im Abendland kündigt sich der Cäsarismus in der „freiwilligen Abdankung" der bislang tonangebenden parlamentarischen Institutionen an, „dieser ... törichten, hilflosen, bestechlichen Versammlungen, deren Ansehen allenthalben ... verschwunden ist"; die Parteien „brachten die Regierungstätigkeit auf ein Niveau herab, das unter zivilisierten Staaten bislang unbekannt war". Jeder moderne Wahlkampf sei „ein mit dem Stimmzettel und allen Mitteln der Aufreizung durch Rede und Schrift geführter Bürgerkrieg", eigentlich handelt es sich um den ungehemmten Machtwillen weniger Rassemenschen. Der „Ruf nach Völkerversöhnung und Frieden" ist der Widerhall dessen, was sich wirklich ereignet, wie denn überhaupt Parolen wie „Freiheit", „Recht", „Menschheit", „Fortschritt" nur Schlagworte sind, Geschosse einer „geistigen Artillerie", die eine Zeit lang bezaubern. Schließlich kommt es zum Endkampf zwischen den Diktatoren der Wirtschaft und Politik, während sich „die geschichtslose Menschheit" langsam in „leere Gehäuse der erloschenen Seele einnistet."

244  IV. Politik

Es kommt zur bestimmenden Rolle von „Rassemenschen", denen es um Gewalt, um ihre Ausweitung und Stabilisierung geht, zum „Cäsarismus", zu Kämpfen auf Leben und Tod.[20] Mit dem „christlichen Abendland" hatte Spenglers Geschichtsdeutung wenig zu tun. Das gilt erst recht für andere Autoren, die mit den Begriffen „Abendland", „Rasse" und „Seele" operierten.[21] Anders verhält es sich mit einem ebenfalls dem „Aufstieg und Verfall der Kulturen" gewidmeten Werk, dessen Verfasser das europäische Abendland, gerade auch aufgrund seiner christlichen Prägung, besonders am Herzen lag.

Arnold J. Toynbees „A Study of History" wuchs zum zwölfbändigen Monumentalwerk an (1934–1961).[22] Europäische Historiker – das war gewissermaßen Toynbees „Einstieg" – behandeln gern ihre (oder eine andere) Nation in Verbindung mit dem jeweiligen Nationalstaat; dessen Geschichte sei freilich kein isoliert begreifbar zu machendes Gebilde, sondern Bestandteil eines größeren Ganzen, etwa der Kulturgemeinschaft der europäischen Völker, so u. a. der westeuropäischen christlichen. Etliche solcher „Civilizations" haben sich durch die An- oder Eingliederung anderer Völkerschaf-

---

20  Die ausführliche Zitierung geschieht nicht von ungefähr. Bedenkt man die oben erwähnte, ungewöhnlich starke Verbreitung, dann liegt die Mutmaßung nahe, Spenglers Thesen könnten bald nach dem Ende des Ersten Weltkrieges dazu beigetagen haben, den Boden für Vorstellungen zu bereiten, die dann Hitler aufgriff, allerdings antisemitisch eingefärbt. (Spenglers Rassebegriff war ein anderer; das betonte z. B. Ernst Troeltsch, der 1919 Spenglers Bd. 1 und 1923 den Bd. 2 kritisch rezensierte; s. Bd. IV von Troeltschs „Gesammelten Schriften", Tübingen 1925, 677–684 und 685–691; hier: 687: Spengler denkt an die „Schaffung und Züchtung einer Kultur- und Schicksalsgemeinschaft durch ursprüngliche ‚Aristokratien', also nicht eine biologische Abstammungsgemeinschaft" – aber schließlich handle es sich doch um einen „mystischen Blutglauben".

21  So ALFRED ROSENBERG, Der Mythos des 20. Jahrhunderts (erstmals 1930), hier nach der 240.–247. Aufl., 1944. Die Geschichte ist bestimmt durch die Auseinandersetzung zwischen Blut und Blut, Rasse und Rasse, Volk und Volk; das bedeutet ein „Ringen von Seelenwert gegen Seelenwert"; die „treibenden Mächte" der Geschichte seien „die Werte der Rassenseele"; „Seele aber bedeutet Rasse von innen gesehen", und umgekehrt ist „Rasse die Außenseite einer Seele". Hitlers Paladin zitierte zustimmend Houston Stewart Chamberlain (1855–1927, Schwiegersohn Richard Wagners): Alle Staaten des Abendlands seien das Werk der Germanen, damit sei das vorangehende „Völkerchaos" überwunden worden.

22  Verbreitet wurden Toynbees Analysen und Botschaften v. a. durch die Kurzfassung von D. C. Somereell, die – von Jürgen von Kempski ins Deutsche übersetzt – in 2 Bänden in den 1950er-Jahren erschien (sie liegen den nachfolgenden Bemerkungen zugrunde): Bd. 1: Der Gang der Weltgeschichte – Aufstieg und Verfall der Kulturen, Stuttgart ³1952; Bd. 2: Der Gang der Weltgeschichte – Kulturen im Übergang, Zürich 1958.

ten ausgedehnt; erst eine solche Ganzheit sei als ein verständlicher Zusammenhang darstellbar. Solche größeren Einheiten[23] seien nicht etwa einem einheitlichen Prozessmuster unterworfen; jede kann ihr Schicksal selbst gestalten, davon abhängig, ob sie eine ihnen gestellte Aufgabe bewältigt oder dabei versagt; schöpferische und produktiv mitwirkende Persönlichkeiten und Gruppierungen spielen die bestimmende Rolle. Schlüsselbegriffe sind „Challenge" und „Response"[24]. Zu produktiver Stärke kommt es nicht unter günstigen Umständen, sondern dort, wo die „Herausforderung" zur Sammlung und Aktivierung der Kräfte nötigt, etwa der Druck von außen (wie der arabische im Westen des Abendlandes, im heutigen Spanien).

Wird der Herausforderung nicht mit gesammelten Kräften erfolgreich begegnet, dann kommt es zum „Niederbruch" und zum „Zerfall"[25]. In der Phase des Niederbruchs wird oft der Versuch einer gewaltsamen politischen Einigung zu einem – wie man heute sagen würde – Superstaat unternommen (das erinnert etwas an Spenglers „Cäsarismus"). Dazu kommt es, weil vorher eine „Zeit der Wirren" (u. U. mehrere Jahrhunderte dauernd) die Bündelung der produktiven Kräfte verhindert; zersetzende Kräfte schwächen die Kultur, innere Konflikte brechen auf, die soziale Einheit (oder was von ihr noch übrig ist) zerbricht, ein „inneres Proletariat" wird aus der Gemeinschaft hinausgedrängt und zum Objekt der Ausbeutung gemacht, es kommt zur Vergötzung kulturspezifischer Errungenschaften, aber auch zum Militarismus.

Üblich werde das „Sich-gehen-Lassen", das Gefühl des Getriebenwerdens, die Barbarisierung der Sitten; Promiskuität und Vulgarität breiten sich aus in der gängigen Lebenspraxis, auch in der Kunst. Gesamtgesellschaftlich seien „Standardisierung" und „Uni-

---

23 Etwa die griechisch-römisch antike, die ägyptische, die sumerische, die babylonische, die altchinesische, die Anden- und die Maya-Kultur. Die christlich-orthodoxe sei eine Zwillingsschwester unserer abendländischen, beide seien Abkömmlinge der antik-hellenischen; auch die islamische Kultur habe sich in Gestalt von Zwillingsschwestern entwickelt, der iranischen und der arabischen. Etliche „civilizations" sind von der europäisch-abendländischen vereinnahmt oder zum Untergang gebracht worden.
24 Dazu Bd. 1, 61–80.
25 Siehe Bd. 1, 241–354 und 355–550.

formität" Anzeichen des Zerfalls – produktives Wachstum bekundet sich in Differenzierung und Mannigfaltigkeit.[26]
Wie würde Toynbee den heutigen Zustand Europas einschätzen? Noch war für ihn das christliche Abendland nicht definitiv dem Untergang verfallen. „Civilizations" können auch dann, wenn sie sich in Bedrängnis befinden, „noch ihre Seele ihr eigen nennen"[27]. Wo sie noch lebt und die Chance der Wirksamkeit hat, gibt es womöglich eine Alternative zum definitiven Zerfall, eine Selbstbesinnung und Selbstumgestaltung, die „eine freie Zustimmung freier Völker" dazu bringt, „sich in einer Einheit zusammenzuschließen und ungezwungen die weitreichenden Zugeständnisse und Konzessionen zu machen, ohne die dieses Ideal in der Praxis sich nicht erreichen lässt."[28] Toynbee erhoffte sich eine vor allem in christlichem Geist unternommene Überwindung des bloßen Nebeneinanders und erst recht des Gegeneinanders der Nationalstaaten; die ersten Anläufe dazu konnte er ja noch wahrnehmen.

2. Was meint „Abendland" und wie weit reicht es?

Selbstverständlich wäre es unzulänglich, „das Abendland", oder auch spezifisch „das christliche", nur mithilfe der Erinnerung an Autoren wie Spengler und Toynbee begreifen zu wollen. Der Begriff war in der Nachkriegsepoche und dann auch in den Jahren der eu-

---

26  Bd. 1, 547f.
27  Bd. 1 der zweibändigen deutschen Ausgabe (s. Anm. 21), 8.
28  Ebd., 543. Der Band enthält eine von Jonas Cohn verfasste *Einführung in Toynbees Geschichtslehre* (XXI-XXXI). Dort liest man auf XXX: „Der Mensch hat immer neue Aufgaben zu lösen; das Schicksal der Kulturen hängt davon ab, wie die entscheidenden Menschen zu diesen Aufgaben Stellung nehmen." Auf der vorangehenden Seite charakterisiert er Toynbees Botschaft an die (damalige) Mitwelt: „Wir befinden uns in einer entscheidenden Krise; viele Zeichen des Zusammenbruchs ... stehen deutlich am Himmel – die bedrohlichsten wohl die Vergötzung von Nationalität und Nationalstaat und der damit eng zusammenhängende Militarismus. Die einzige Hoffnung liegt im Christentum ... Dass diese Geschichtsphilosophie *christlich* ist, dürfte deutlich geworden sein. Nicht bloß Abkehr, sondern Zurückziehung in die eigene Seele, um dann als tätig Liebender in die Gemeinschaft zurückzukehren, ist das vom Christentum geforderte Verhalten".

ropäischen Einigungsbestrebungen nicht nur in Verbindung mit Untergangsängsten und -warnungen üblich. Solche Verwendungen setzten ja eine in Gefahr geratende positive Gegebenheit voraus. Hochgeschätzt wurde „das Abendland" etwa im 19. Jahrhundert, besonders in der Romantik, namentlich von katholischen Autoren – wie Novalis (Friedrich von Hardenberg), Friedrich Schlegel, Adam Müller und Joseph Görres, die die „fruchtbare Symbiose von Christentum und Kultur" priesen. Nach den Erschütterungen der Weltkriege wurde die entsprechende Geisteshaltung – und ihre Umsetzung im gesellschaftlichen und politischen Leben – erneut propagiert,[29] gewissermaßen als Kontrapunkt zu einer in gewissem Sinn „geistlosen", rein auf ökonomischen Nutzen und machtpolitische Kalkulation eingeengten Europapolitik.[30] Bemühungen um eine entsprechende ideologisch-politische Bewegung kamen über die 1950er-Jahre kaum hinaus.[31]

Von evangelischer Seite wandte man sich dagegen, das „christliche Abendland" zum „ideologischen Leitwort" einer christlichen europäischen Politik zu machen – der Ausdruck sei „weder als historische Kategorie noch als kulturphilosophischer Begriff wirklich brauchbar."[32] Auch im katholischen Milieu kam es später zu einer auf Distanz gehenden Einschätzung.[33]

Wird der Ausdruck heute verwendet, dann ist der historisch-ideelle Gehalt oft weniger problematisch als die Frage, wo die Grenzen des Abendlandes liegen und wie sie sich zu denen Europas

---

29  HARALD DICKERHOF, Art. *Abendland (I)*, in: LThK, Freiburg i. Br. 1992/2006, Bd. 1, 22f.
30  Noch in der Frühzeit der EG-Integration wurde die Eigenart des Abendlandes als „weltgeschichtliches Symbol" und als „Vorbild für andere Kulturen" bezeichnet, im Anschluss an eine knappe Skizze der historischen Entwicklung, in der auch die Kreuzzüge als einigendes Unternehmen erwähnt werden, bis zur „Sprengung" durch Reformation und Konfessionalismus, durch die Nationalstaatsbildung sowie die modernen „-Ismen" (Liberalismus, Sozialismus und – antithetisch – der moderne Konservatismus); so ALOIS DEMPF, Art. *Abendland*, in: Staatslexikon, Freiburg i. Br. ⁵1957, Sp. 3–8.
31  „Neues Abendland" – Zeitschrift für Politik, Kultur und Geschichte, 1945ff. In dem im Eigentum von Erich Fürst Waldburg-Zeil stehenden „Verlag Neues Abendland" war auch ein 155 Seiten umfassendes „Manifest der Abendländischen Aktion" erschienen.
32  ERNST WOLF, Art. *Abendland, Christliches*, in: Religion in Geschichte und Gegenwart, Tübingen 1986, Sp. 9f.
33  „Der romantisch-restaurative Begriff ..., der das Mittelalter als harmonische Einheitskultur idealisierte, gegen eine als ‚Abfall' gewertete Neuzeit ..., ist heute obsolet" – so der Philosoph Wolfgang Kluxen in Teil II („Aktuelle Diskussion"), Sp. 23f. Die „geschichtliche Vorgabe" des Abendlandes gehöre allerdings zur Identität Europas.

verhalten. Gilt noch immer die lange Zeit hindurch übliche Gleichsetzung oder werden die Grenzen unterschiedlich gezogen?

Im Jahre 1856 wurde das Osmanische Reich in das „Europäische Konzert" aufgenommen,[34] große Teile des beherrschten Raumes galten aber als außereuropäische Kolonialgebiete.

Über die Zugehörigkeit des Zarenreiches zu Europa gab es lange einen innerrussischen Streit zwischen den „Westlern" und ihren „eurasisch" denkenden Gegnern. Dass Russland zur Zeit des Mongolenansturms (vom 13. bis zum 15. Jahrhundert) vom Westen nicht unterstützt, sondern zusätzlich bedroht wurde, spielte im altüberkommenen Geschichtsbild über Jahrhunderte hinweg eine Rolle.

Für lange Zeit setzte sich die Vorstellung durch, die Ostgrenze der europäischen Völkergemeinschaft sei die Westgrenze Russlands,[35] trotz der Bemühungen „fortschrittlicher" Zaren (besonders Peters d. Gr., 1689–1725). Als Katharina II. Russland 1767 als „eine europäische Macht" bezeichnete, war das eher eine Zukunftsidee als eine definitive Feststellung.[36] Die autokratische Herrschaftstradition, die den Zaren über alles Recht stellte, und die „patriarchalisch" geregelte Untertanenschaft von 80% der Bevölkerung trugen noch lange zur westlichen Distanzhaltung bei. Das Sowjetsystem war kaum geeignet, das in den westlichen Staaten herrschende, mit einer Mischung aus Überlegenheitsgefühl und Furcht verbundene Misstrauen abzubauen. Danach gab es eine Zeit der Massenarbeitslosigkeit, der Funktionsunfähigkeit des Gesundheitssystems, des Anstiegs von Kriminalität und Korruption, des Machtzuwachses der Oligarchen und des Schrumpfens der Lebenserwartung. Dem Regime Wladimir Putins werden Erfolge im Kampf gegen diese Tendenzen zugeschrieben, und das kommt seiner Popularität zugute.[37] Es hebt auch das Selbstgefühl politisch und gesellschaftlich gewichtiger Kreise, wenn Putin alles tut, um das Land als Weltmacht zu konsolidieren.

---

34 OSKAR HALECKI, Europa – Grenzen und Gliederung seiner Geschichte, Darmstadt 1957, 45.
35 Das war so, wiewohl der Staat der „Rus" von Kiew aufgrund normannischer Einflüsse oft als Europa zugehörig angesehen wurde. Siehe OSKAR HALECKI, Europa – Grenzen und Gliederung seiner Geschichte, Darmstadt 1957, 77ff., dort auch der Verweis auf das zweibändige Werk von THOMAS G. MASARYK, Russland und Europa, Jena 1913.
36 Vgl. MANFRED HILDERMEIER, Geschichte Russlands, München 2013.
37 Vgl. VITTORIO HÖSLE, Macht und Expansion, in: Blätter für deutsche und internationale Politik 6 (2015) 101–119.

Zu den von ihm damit verbundenen Vorstellungen gehört auch die Einbeziehung des „nahen Auslands" in den eigenen Einflussbereich, die Ukraine eingeschlossen; den Ausschluss des Baltikums aufgrund der Beitritte zur NATO (2004) sah er als Affront.[38] Nach wie vor gibt es eine ganze Reihe von zumindest potentiellen Konfliktthemen. Nicht immer wird hierzulande hinreichend bedacht, dass in einem Vielvölkerreich allemal Tendenzen zur differenzierenden Betonung von Teil-Identitäten auftreten, zumindest potentiell Triebkräfte der Desintegration – gerade auch dann, wenn es eine primär auf eines der zusammengeschlossenen Völker bezogene Nominalbezeichnung gibt. Das kommt per se Tendenzen autoritärer Herrschaft zugute, andererseits der Konstruktion und Nutzung von Feindbildern.

Daher wäre es naiv, sich darüber aufzuregen, dass der „Tag der Einheit des Volkes" Anlass zu Großveranstaltungen gibt, die die Überbrückung der Differenzen und die Bejahung des Herrschaftssystems fördern sollen.[39]

Ist es angesichts dessen angebracht, das russische Imperium als Bestandteil Europas zu betrachten? Oder sollte man sich begrifflich an einem „Abendland" orientieren, das Moskau nicht mit einschließt? Die Frage ist heikel, auch weil man in Russland davon ausgeht, es handle sich um ein christliches Gesellschafts- und Staatsgebilde (wie das in den demonstrativ gepflegten Beziehungen zwischen der politischen Führung und der russisch-orthodoxen Kirche zum Ausdruck kommt) – trotz der Zugehörigkeit andersgläubiger Minderheiten zum Reich.

Hingegen geht der Einfluss christlicher Sichtweisen und Handlungsmaximen in Mittel- und Westeuropa deutlich zurück;

---

38   Hierzulande wird gern betont: Nach „westlicher" Auffassung haben souveräne Staaten das Recht, über ihre Position im Staatensystem (einschließlich der Zugehörigkeit oder Nichtzugehörigkeit zu Allianzen) selbst zu entscheiden [so z. B. HEINZ BRILL, *Der Streit um Einflusssphären in Osteuropa*, in: Österr. Militärische Zeitschrift 6 (2014) 692–702]. Dabei wird ignoriert, dass eben dieses Recht in der Schlussakte der Konferenz über Sicherheit und Zusammenarbeit in Europa (1975) ausdrücklich von allen Teilnehmerstaaten bekräftigt wurde, auch von der damaligen Sowjetunion und allen ihren Verbündeten. Die Einengung auf „westliche" Auffassungen ist kurzschlüssig. Auch die freie Wahl und Fortbildung des eigenen „politischen, sozialen, wirtschaftlichen und kulturellen Systems" wurde damals einhellig und ausdrücklich proklamiert. Alle beteiligten Staaten betrachteten das als eine großartige Errungenschaft.

39   Siehe dazu z. B. den Bericht über solche Veranstaltungen von ANDRÉ BALIN, *Russland feierte „Tag der Einheit des Volkes"*, in: Der Standard, 05.11.2015, 4.

Säkularisierungstendenzen sind unverkennbar, wenn auch die Realität der Bewusstseinsverfassung der Europäer, was Religiosität und Säkularität betrifft, bei genauerer Betrachtung komplexer ist als die gängigen Schlagworte suggerieren.[40] Das Nachdenken über „das Abendland" ist geeignet, neue Aspekte in die Diskussion über die „Identität Europas" einzubringen.

## 3. Wodurch droht der Untergang?

Seit den erwähnten, auf das Abendland bezogenen Lobpreisungen, Analysen und Mahnungen (die von Toynbee vorgelegten eingeschlossen) und seit den vor mehr als zwei Menschenaltern begonnenen Bemühungen, die Epoche der Selbstzerfleischung Europas zu überwinden und seine Völker auf den Weg in eine gemeinsame Zukunft zu bringen, hat sich nicht nur der Erdteil verändert, sondern die Welt – und zwar so, dass sich daraus, wie angedeutet, Gefährdungen ergeben, von denen nicht klar ist, ob und wie sie bewältigt werden können.

Viele Herausforderungen dürften anstehen; nur ganz wenige werden im Folgenden angedeutet.

(I) Von Frankreichs Reaktion auf den 13. November 2015, der Initiative zur Formierung einer möglichst viele Staaten einbeziehenden Allianz gegen „Daech", war bereits die Rede; auch davon, dass das keine Reaktivierung der EU ausgelöst hat. Die Bedrohung Europas durch islamistische Kräfte von außen und im Inneren, Terroraktionen eingeschlossen, verdient auch wegen der unterschiedlichen Auswirkungen auf die innere Verfassung des Kontinents und auf das Selbstverständnis seiner Einwohner Aufmerksamkeit.

Der vor knapp einem Jahr unter dem Titel „Soumission" („Unterwerfung") erschienene Roman von Michel Houellebecq ist unter der Überschrift „Europa schafft sich ab" rezensiert worden.[41] Um

---

40    Aufschlussreich dazu sind insbesondere die Arbeiten von José Casanova; siehe z. B. die geraffte, aber instruktive Darstellung: DERS., *Die religiöse Lage in Europa*, in: HANS JOAS, KLAUS WIEGANDT (Hg.), *Säkularisierung und Weltreligionen*, Frankfurt a. M. 2007, 322–351.
41    MICHEL HOUELLEBECQ, *Unterwerfung*, Köln 2015; dazu die Rezension von FRIEDERIKE GÖSWEINER, *Eine Houellebecq-Verteidigung: Europa schafft sich ab*, in: Die Presse/Spectrum, 17.01.2015, V.

eine Machtübernahme durch Marine Le Pen und ihrer „Front National" zu verhindern, wählen die Franzosen den Kandidaten der Muslim-Bruderschaft zum Präsidenten; er bildet mit gemäßigten Parteien eine Regierungskoalition der „nationalen Einheit". Die Hauptperson, an Narzissmus leidend und ohne eine der Menschenwürde gemäße Lebensperspektive, bekehrt sich zum Islam, und dieser ist im dargestellten Europa anderen Religionen überlegen und erst recht der verbreiteten irreligiösen Selbstüberschätzung des dem Untergang entgegenvegetierenden Europas.

Es gibt noch eine andere, zugespitztere Einschätzung der islamischen Provokation. In Frankreich wurde im Anschluss an den 13.11.2015 der Ausnahmezustand proklamiert, alsbald auf mehrere Monate verlängert und mittlerweile eine weitere Verlängerung in Aussicht gestellt. Die Menschen- und Bürgerfreiheit sichernde Rechtsordnung ist dadurch eingeschränkt. Die Franzosen akzeptieren das. Sie sehen sich massiven Gefährdungen ausgesetzt, was Angst und Schrecken auslöst (wenn das nicht auf problematische Weise überspielt wird).

Das ist die Reaktion auf die extreme Bedrohung durch IS-Aktivisten, die scheinbar wahllos, in Wirklichkeit aber wohl planmäßig durchdacht, agieren, um „einen Zustand des Schreckens hervorzurufen" und „eine Bevölkerung einzuschüchtern"[42]: „Der islamistische Terrorismus mit ... seinen Konsequenzen wird auf lange Sicht die größte Bedrohung für die offene Gesellschaft sein."[43] Wer nicht so denkt und agiert, wie die Terroristen selbst, verdient den Tod. Dazu kommt – sozusagen als Kontrastbotschaft, wenn auch eher am Rande der europäischen Geisteslandschaft – die nahezu auf Verdammung hinauslaufende Ablehnung der monotheistischen Religionen; sie läuft auf die Verurteilung konstitutiver Bestandteile der europäischen Geistestradition hinaus.[44] Was das für die Aufrechter-

---

42  Die Formulierungen entstammen der „terroristische Handlungen" definierenden Resolution 1566 des UN-Sicherheitsrates.
43  MARTIN STAUDINGER, ULLA KRAMAR-SCHMID, ROSEMARIE SCHWAIGER, ROBERT TREICHLER, EDITH MEINHART, *Terror: Der Kampf gegen Einzeltäter ist nicht zu gewinnen – auch nicht durch Überwachung*, in: Profil, 19.01.2015, 13ff., hier: 14.
44  Siehe dazu ULRICH BECK, *Der eigene Gott – Von der Friedensfähigkeit und dem Gewaltpotential der Religionen*, Frankfurt a. M./Leipzig 2008: Die monotheistischen Glaubensgemeinschaften entziehen „den Nichtglaubenden die Mitmenschenwürde" – Paulus und Luther betrachten sie als „Diener des Satans, als Untermenschen (77). Überwun-

haltung des europäischen Selbstverständnisses bedeutet, verdient bedacht zu werden.

(II) Auch der Hinweis auf die andere Gefahr für Europas Zukunft mag wie eine Erinnerung an bereits Angesprochenes erscheinen. Ausführlich war von laufend anwachsenden Flüchtlingsströmen nach Europa die Rede und von daraufhin virulent werdenden Problemen. Darauf bezogen ist der Ausdruck „Völkerwanderung" geläufig geworden.[45] Manchmal wird er als journalistisch gut ankommende Redensart verwendet, als Hinweis darauf, dass der Zustrom umfangreicher und massiver ist als (zunächst) erwartet.

Das Bedeutungsgewicht geht weit darüber hinaus: Europa muss tatsächlich mit einer auf sein Schicksal wesentlich einwirkenden Völkerwanderung rechnen.[46] Will man sich die Konsequenzen klar machen, muss man mehrere Umstände in Betracht ziehen.

Zum einen stehen weltweit quantitative demographische Veränderungen bevor, die Europa unter erheblichen Druck setzen werden. Die Weltbevölkerung wächst jährlich um mehr als 80 Millionen Menschen, am meisten in Afrika. Europas Bevölkerung wird schrumpfen. Um 1950 lebten in Afrika weniger als halb so viele Menschen wie in Europa, in 10 Jahren wird es mehr als doppelt so viele Afrikaner wie Europäer geben, am Ende des Jahrhunderts siebenmal so viele Afrikaner wie Europäer.[47] Auch die Zahl der Asiaten wird erheblich zunehmen, aber etwas weniger rapid.

---

den würde dies erst, wenn „das Religiöse ... nach innen gelehrt wird", sodass „Religion den Rang eines persönlichen Hobbys" einnehmen wird (35).

45 Siehe dazu Barbara Coudenhove-Kalergi, Es hört nicht auf, in: Der Standard, 12.11.2015, 35.

46 Zwei Drittel der Menschen werden schon in weniger als 10 Jahren in den Armutsgebieten der Welt leben – dort „tobt" bereits jetzt „ein harter Verteilungskampf um Wasser, Holz und Nahrung"; so schon vor Jahren Sebastian Schoepp, Almosenempfang oder Auswanderung, in: SZ, 22.08.2008, 4. – Im Frühjahr 2014 wurden Aussagen des Geographen Camilo Mora (University of Hawaii) verbreitet, denen zufolge in der nächsten Dekade 640 Millionen neue Jobs geschaffen werden müssten; obschon bereits eine Milliarde Menschen hungere, werde der Nahrungsmittelbedarf bis 2050 um 70 bis 100 Prozent anwachsen, und auch der Frischwasserbedarf werde immer heikler (SZ, 12.03.2014, 16: „Es wird eng").

47 Diese und die nachfolgend referierten Prognosen nach Gerhard K. Heilig, Afrika und Europa inmitten epochaler demographischer Transition, in: Politische Studien Nr. 463, 29–41. Die oft zu hörende Einrede, der in Afrika (und Asien) zu erwartende Geburtenrückgang würde bei solchen Prognosen nicht bedacht, trifft nicht zu, s. ebd., 31f. Am Ende des Jahrhunderts wird sich die Einwohnerschaft in 10 afrikanischen Ländern (Angola,

Da Europa und Afrika „nur durch das Mittelmeer getrennt sind", wird die demographische Gewichtsverlagerung aller Wahrscheinlichkeit nach tiefgreifende Konsequenzen haben – wirtschaftliche, geopolitische, soziokulturelle und ökologische. Sie werden in der öffentlichen Debatte und in der Politik bislang weitgehend ignoriert.[48] Die Trends sind „explosiv", sie werden „eine Zeitenwende" auslösen. Es wird wohl nicht bei einigen Hunderttausenden (oder gar nur Zehntausenden) von Afrikanern bleiben, die auf Europa zukommen – zu erwarten ist eine „Massenemigration Hunderter Millionen Afrikaner".[49]

Zum andern muss eine „qualitative" Auswirkung mitbedacht werden – sie fände auch dann statt, wenn der Andrang nur zu Bruchteilen der eben referierten Prognose zu erwarten wäre. Schon die „gegenwärtige Wanderung" ist dabei, „die Gesellschaft nachhaltig zu verändern". Ein so kompetenter Autor wie Ferdinand Fellmann: Für die Europäer bedeute dies „Sein oder Nichtsein".

Sich auszumalen, welche Zustände in einigen Jahren oder Jahrzehnten in unseren Breiten gegeben sein mögen, ist kaum vergnüglich, wenn man sich die bereits heute gegebenen Verhältnisse vor Augen führt (was hier nur mit schlaglichtartigen Beispielen angedeutet werden soll) und wenn man darüber nachdenkt, wie die Dinge weitergehen werden; Auswirkungen islamistischer Terroraktionen wird man dabei nicht ausblenden dürfen.

In Österreichs Hauptstadt verbreitet sich, glaubwürdigen Berichten zufolge, der „Dschihadismus" in Schulklassen unter Zehn- bis Dreizehnjährigen „wie eine Popkultur", die Lehrer seien hoffnungslos überfordert.[50] In Deutschland haben die Behörden

---

      Burundi, Demokrat. Republik Kongo, Malawi, Mali, Niger, Somalia, Uganda, Tansania und Sambia) mehr als verfünffacht haben (ebd., 36).

48    Ebd., 34. Plausibel erläutert Heilig auch die Gründe für die „afrikanische Bevölkerungsexplosion" (ebd., 36–38). Er betont nachdrücklich die explosive Vervielfachung der Zahl der Kinder und jungen Erwachsenen in Afrika, im Gegensatz zu der in Europa stattfindenden Schrumpfung und Vergreisung (38). Dringend nötig wären in Afrika umfangreiche und tiefgreifende Maßnahmen zur Steigerung der Nahrungsmittelproduktion, zur Gesundheitsversorgung, zur Erweiterung des Bildungswesens und zur Bereitstellung von Arbeitsplätzen – die Regierungen sind dazu außerstande (u. a. infolge von Ineffizienz und Korruption. Bis zu 50% der jungen Stadtbewohner sind schon jetzt arbeitslos).

49    Ebd., 41.

50    Vgl. GERALD JOHN, *Ein Möchtegernjihadist lässt sich nichts sagen*, in: Der Standard, 30.11.2015, 7.

in den ersten elf Monaten des Jahres 2015 mehr als 600 Angriffe auf Flüchtlingsunterkünfte registriert (vier Jahre vorher waren es ganzjährig nur 18). Nur jeder dritte Täter soll zu den Rechtsextremisten gehören – den massiven Fremdenhass als Motivation zu solchen Überfällen gibt es nicht mehr nur bei Radikalen.[51] Die Terroranschläge tragen zu solchen Entwicklungen bei, die Beunruhigung vieler normaler Menschen nimmt zu, nachdem Politiker und Sicherheitsbehörden nicht mehr, wie noch vor einigen Jahren, von einigen Hundert Verdächtigen ausgehen, sondern von Zehntausenden.

Dem IS kommt das in Europa wachsende Misstrauen sehr zupass; je massiver Muslime in Europa als misstrauenswürdig und gefährlich gelten und daher Ablehnung oder gar Feindschaft erleben, desto eher lassen sich neue Anhänger gewinnen.[52] Das verstärkt die objektive Gefahr und die subjektive Besorgnis, wie sich das die Terroristen wünschen: Die angstbestimmte Verunsicherung und Demoralisierung der „Ungläubigen" ist eines ihrer Hauptvorhaben.

Angst bestimmt nicht nur die angestammten Europäer, die angesichts der Terroraktionen von Entsetzen befallen werden und den Zustrom von Flüchtlingen misstrauisch und besorgt wahrnehmen, unter denen sie Dschihadisten vermuten (was dann Politiker wie Heinz Christian Strache in Österreich oder Geert Wilders in den Niederlanden noch zwecks Stimmenfang vorantreiben).

Auch viele Flüchtlinge selbst bringen Angstkomplexe mit: aus ihrer Heimat (Syrer etwa aus Angst vor dem IS oder, noch häufiger, vor den von Bashar al-Assad vergrabenen Fassbomben, vor seinen Fliegerangriffen und aufgrund der als aussichtslos wahrgenommenen Lebenschancen),[53] dann aufgrund der schaudererregenden Wege übers Mittelmeer oder über andere, ebenfalls lebensgefährliche und aufs Äußerste anspannende Routen; und schließlich aufgrund der Unsicherheit über die Zukunft.

---

51 LENA KAMPF, HANS LEYENDECKER, BRITTA VON DER HEIDE, *Die Mitte brennt*, in: SZ, 30.11.2015, 3.
52 Allein in Frankreich gibt es 10.500 als radikalisierungsverdächtig Registrierte (s. GEORG MARCOLO, *Lektionen des Terrors*, in: SZ, 30.11.2015, 13); der Autor zählt 12 seiner Ansicht nach dringend gebotene, bislang verabsäumte Maßnahmen auf.
53 Vgl. CHRISTOPH REUTER, *Ein Land leert sich*, in: Der Spiegel 38/2015, 12.09.2015, 78–80; dazu aber auch: HAUKE JANSSEN, *Vor wem flüchten die Syrer?*, in: Der Spiegel 46/2015, 07.11.2015, 51.

Ob es zur gleichen Zeit empfehlenswert ist, angesichts dessen so weiterzumachen wie bisher, als ob nichts geschehen wäre? Manche Zeitgenossen, vor allem in Frankreich, empfehlen dies, zur Entmutigung des IS oder zur Verdrängung eigener Sorgen. Zweifel sind demgegenüber angebracht. In den Augen von IS-Aktivisten wäre das Ausdruck „einer perversen Lebensgeilheit", „die man niedermähen muss"[54].

Welche Bewusstseinslagen sich aus dem allem in Europa ergeben werden? Voraussagen sind unsicher, Sorgen sind nicht von der Hand zu weisen.[55]

Was es unter solchen Umständen verdient, als „Untergang" bezeichnet zu werden, versteht sich nicht von selbst. Es ist ja auch keineswegs ausgemacht, wie die Europäer auf die Veränderungen reagieren, sollten diese so eintreten, wie das vorhergesagt wird.

Sie könnten versucht sein, ihren Erdteil zur Festung zu machen. Ob dadurch das Überleben gesichert werden kann, ist angesichts der Kräftekonstellation fraglich. Die andrängenden Menschenmassen werden sich dann möglicherweise organisiert besser mit Kampfmitteln ausgestattet haben als die heutigen.

Schon der Versuch, Europa zur Festung zu machen, würde wohl dazu führen, dass sich – wie in belagerten Festungen oft und überhaupt in massiv von außen bedrängten Gesellschaften – eine von Furcht und von Freiheitseinschränkungen bestimmte kollektive Geisteshaltung herausbildet, die die positiven Kulturtraditionen des Abendlandes zumindest unter Druck setzt.

Würde die massive Abschottung unterbleiben, unterlaufen oder gewaltsam zerbrochen werden, könnte das in der Tat zur Islamisierung führen, mehr oder weniger gewaltsam.

(Was sich im Gebiet des derzeitigen Russlands abspielen würde und ob die zwischen ihm und dem Abendland bislang bestehenden Grenzen und Gegensätze weitergeführt oder durch eine als un-

---

54 Die Formulierung im Anschluss an HILMAR KLUTE, THOMAS HUMMEL, *Café Angst*, in: SZ, 20.11.2015, 3.
55 Siehe dazu z. B. BARBARA COUDENHOVE-KALERGI, *Es hört nicht auf*, in: Der Standard, 12.12.2015, 35. – Angst und Schrecken sollen die Europäer einschüchtern, sie zur Islamfeindschaft motivieren, was weitere Muslime in die Arme von IS und ähnlichen Gruppierungen treibt.

ausweichlich betrachtete Annäherung ersetzt werden, ist eine Frage für sich.) Selbstverständlich sind das alles keine verlässlichen Vorhersagen. Aber als Möglichkeiten sollte man sie nicht ignorieren.

## 4. Ausblick und Aufgabe:
## Europas Zukunft – Sache der Europäer, Christen eingeschlossen

Als die Repräsentanten der Europäischen Gemeinschaft vor Jahrzehnten versuchten, die „europäische Identität" zu definieren, brachten sie „das gemeinsame Erbe, die eigenen Interessen, die besonderen Verpflichtungen und den Stand des Einigungsprozesses" zur Sprache, die Berufung auf „rechtliche, politische und geistige Werte" klang eher abstrakt.[56] Deren Wurzeln – von den griechischen und römischen über das Alte und das Neue Testament, die sich bis hin zum Mittelalter und darüber hinaus entwickelnde Christenheit, die Errungenschaften der Neuzeit und die das zeitgenössische Selbstverständnis prägenden Erfahrungen des letzten Jahrhunderts – werden nicht einmal andeutungsweise benannt, geschweige denn, dass ihre Bedeutung inhaltlich erläutert würde. Vielleicht ist dies so, weil die Verfasser sich ausdrücklich und besonders an andere Völker, Staaten und Kulturen wenden und den Willen zum weltweiten Miteinander betonen wollten. Womöglich konnten sie sich im Gedanken an die Konfliktträchtigkeit des gemeinsamen ideellen Erbgutes – vielleicht auch nicht – über eine Charakterisierung und Bewertung einigen.

Die heutigen und die in der Zukunft möglicherweise bevorstehenden Anfechtungen legen jedoch eine entsprechende Besinnung nahe. Sie ist vor allem Sache derer, die sich – in unterschiedlichen Traditionen zu Hause – als getreue Verfechter der jeweiligen Erbschaft verstehen wollen. Sollten sie nicht zugleich auch versuchen, die im Ringen um die bewahrenswerte europäische Identität zu ihren eigenen Anliegen gegensätzlichen Positionen in den Blick zu nehmen angesichts der europäischen „discordia concors"? Zur

---

56  Kopenhagener Dokument über die europäische Identität, angenommen von den Außenministern der EG-Mitgliedstaaten am 14.12.1973, bekräftigt von den Staats- und Regierungschefs am 15.12.1973, siehe Europa-Archiv 2/1974, D 50–D 53.

europäischen Eigenart gehört seit Langem die produktive Auseinandersetzung um das Verhältnis konkurrierender Bestandteile des Ganzen. Die entsprechende Debatte ist angesichts der jetzt und demnächst anstehenden Herausforderungen unausweichlich; sie sollte auf eine Bündelung der Kräfte abzielen – nicht unter Verzicht auf die jeweiligen Eigenheiten, aber doch zur Vermeidung von Feindseligkeiten, die die Überlebenschancen schwächen.[57]

Die folgenden abschließenden Bemerkungen sollen also nicht besagen, Europa könne nur dann dem Untergang entgehen, wenn es so sehr vom Christentum geprägt würde, wie das in den Augen der Parteigänger des christlichen Abendlandes einmal der Fall war.

Vor 70 Jahren, nach dem Ende des Nationalsozialismus und des Zweiten Weltkrieges, wagte Romano Guardini die Aussage: „Europa wird christlich, oder es wird überhaupt nicht mehr sein."[58] Gewiss geriete Europas Seele in Lebensgefahr, sollte das in ihm lebendige Christentum vom Untergang bedroht werden. Aber auch die Vielfalt der Überzeugungen gehört zum europäischen Seelenleben. Überdies sollten Christen auch eine Einsicht nicht verdrängen, die womöglich ähnlich überpointiert formuliert wurde, wie die Aussage Guardinis: dass nämlich „die Christenheit sich im Lauf der Jahrtausende zersetzt hat wie ein bröckelnder Fels in immer mehr Kirchen, Sekten, Konfessionen, die alle an der Kraft ihrer Einheit zehren ..."[59]

---

57 Siehe dazu den Hinweis auf das, „was Europa und seine Gesellschaften im Innern zusammenhält, was die Einheit in Vielfalt trägt": MARTIN KIRSCHNER, Die Zeichen der Zeit im Blick der Europäer, in: PETER HÜNERMANN (Hg.), Das Zweite Vatikanische Konzil und die Zeichen der Zeit heute, Freiburg i. Br. 2006, 226–239, hier: 232: Bildet das Christentum bzw. das Bekenntnis zum Gott der ... monotheistischen Religionen die gemeinsame Basis? Oder liegt diese gerade im Laizismus, in einer säkular-pragmatischen Ordnung des Politischen? Mit strikter Neutralität der öffentlichen Sphäre gegenüber religiösen Überzeugungen? – Die gängige Verwendung des Ausdrucks „Werte" in den einschlägigen Diskussionen ist allerdings nicht unproblematisch; dazu HEINRICH SCHNEIDER, Die Europäische Union als Wertegemeinschaft auf der Suche nach sich selbst, in: Die Union – Vierteljahresschrift für Integrationsfragen 1 (2000) 11–47.
58 ROMANO GUARDINI, Der Heilbringer in Mythos, Offenbarung und Politik, Stuttgart 1946, '46; s. auch ebd., 31: „Was wir Europa nennen, ist, als Ganzes gesehen, entscheidend von der Gestalt Christi bestimmt." Die letzten Sätze des Büchleins (ebd., 47) lauten: „Wenn also Europa noch fernerhin sein, wenn die Welt noch fernerhin Europa brauchen soll, dann muss es jene von der Gestalt Christi her bestimmte geschichtliche Größe bleiben, nein, mit einem neuen Ernst werden, die es seinem Wesen nach ist. Gibt es diesen Kern auf – was dann noch von ihm übrig bleibt, hat nicht mehr viel zu bedeuten."
59 HANS URS VON BALTHASAR, Schleifung der Bastionen, Einsiedeln ³1954, 11.

Dennoch waren christliche Sichtweisen in Europa noch vor wenigen Jahrzehnten so lebendig, dass sie der Einigungspolitik richtungsweisende Impulse gaben: Die Erinnerung an Gründungsväter wie Konrad Adenauer, Alcide de Gasperi, Robert Schuman (für den ein Seligsprechungsverfahren eingeleitet wurde, das allerdings schon vor Jahren anscheinend steckengeblieben ist) belegt das.[60] In unseren Tagen sind vielleicht andere christliche Impulse vordringlich. Damals war beispielsweise „Terrorismus" noch kein Thema.[61] Heute sollen christliche und andere Europäer in Angst und Schrecken versetzt werden (freilich nicht nur sie – in den Augen des „IS" verdienen ja sogar Muslime Verfolgung und Tod, wenn sie nicht die spezielle Islam-Version der Terror-Bewegung teilen; zerstört werden auch Moscheen, nicht nur „unislamische" Kulturdenkmäler).

Auf solche Herausforderungen werden die präsumtiven Opfer unterschiedlich reagieren. Christen sollten sich in Erinnerung rufen, dass es im Alten und im Neuen Testament zusammen genommen wenige Sätze gibt, die so oft und unmissverständlich verkündet werden wie die Aufforderung „Fürchtet euch nicht" (oder auch „Fürchte dich nicht!", „Habt keine Angst!", „Lasst euch nicht erschrecken!").[62]

---

60  Dass sie auch geistig anderwärts beheimatete Gesinnungsgenossen hatten (z. B. den Belgier Paul Henri Spaak), braucht nicht verschwiegen zu werden.

61  In der katholischen Kirche hat man die beklemmende Aktualisierung dieses Themas relativ bald wahrgenommen, siehe z. B. die Stellungnahme von Papst Johannes Paul II. in seiner Enzyklika „Sollicitudo rei socialis" (1987), Abschnitt 24. Dort wird die Entsetzlichkeit des Phänomens betont; dennoch wiederholt der Papst eine bei anderer Gelegenheit formulierte Aussage: „Das Christentum verbietet ... die Wege des Hasses einzuschlagen sowie das Mittel des Mordes an wehrlosen Personen und die Methode des Terrorismus zu benutzen" (zit. nach: JOHANNES SCHASCHING, *In Sorge um Entwicklung und Frieden*, Wien/Düsseldorf 1988, 142).

62  Im Alten Testament: Gen 15,1; ebd. 21,17; ebd. 25,17; ebd. 26,24; ebd. 35,17; ebd. 43,23; ebd. 46,3; ebd. 50,19; Ex 14,13; ebd. 20,20; Num 14,9; ebd. 21,34; Dtn 1,21; ebd. 1,29; ebd. 3,2; ebd. 3,22; ebd. 7,18; ebd. 20,1; ebd. 20,3; ebd. 31,6; ebd. 31,8; Josua 8,1; ebd. 10,8; ebd. 10,25; ebd. 11,6; Ri 4,18; ebd. 6,23; Rut 3,11; 1 Sam 12,20; ebd. 22,23; ebd. 23,17; ebd. 28,13; 2 Sam 9,7; 1 Kön 17,13; 2 Kön 1,14; ebd. 6,16; ebd. 19,6; ebd. 25,24; 1 Chr 22,13; ebd. 28,20; 2 Chr 20,17; ebd. 32,7; Neh 4,8; Jes 7,4; ebd. 8,12; ebd. 10,24; ebd. 35,4; ebd. 37,6; ebd. 40,9; ebd. 41,10; ebd. 41,13; ebd. 41,14; ebd. 43,1; ebd. 43,5; ebd. 44,2; ebd. 44,8; ebd. 51,7; ebd. 54,4; Jer 1,8; ebd. 46,27; Klgl 3,57; Ez 3,9; Dan 10,12; ebd. 10,19; Joel 2,21; ebd. 2,22; Zef 3,15; Hag 2,5; Sach 8,13; ebd. 8,14. Im Neuen Testament: Mt 1,20; ebd. 10,26; ebd. 10,28; ebd. 10,31; ebd. 14,27; ebd. 17,7; ebd. 28,5; ebd. 28,10; Mk 5,36; ebd. 6,50; ebd. 13,7; Lk 1,13; ebd. 1,30; ebd. 2,10; ebd. 5,10; ebd. 8,50; ebd. 12,4; ebd. 12,7; ebd. 12,32; Joh 6,20; ebd. 12,15; Apg 18; ebd. 27,24; Offb 1,17; ebd. 2,10.

Mag auch die Häufigkeit damit zusammenhängen, dass in früheren Zeiten Begegnungen mit numinosen Mächten immer wieder Angst und Furcht auslösten[63] – Christen haben heute allen Grund, sich die in den biblischen Mahn- und Trostworten enthaltene Botschaft zu Herzen zu nehmen. Dies bedeutet nicht, man dürfe Gefahren und Bedrohungen leicht nehmen. Was immer zum Schutz von Menschenleben geschehen kann, sollte unternommen werden. Aber die in den biblischen Texten enthaltenen Ermutigungen, die ihren Grund darin haben, dass es eine über das Erdenschicksal hinausgehende Hoffnung gibt, müssten zur Standfestigkeit beitragen und könnten vielleicht auch Mitmenschen zu einer entsprechenden Haltung verhelfen, indem sie ihnen vorgelebt wird.[64]

Noch eines Anliegens könnten sich Christen im Blick auf das heutige Selbstverständnis Europas und seine geistige und politische Ortsbestimmung annehmen. Es ist vor allem von der katholischen Kirche seit Langem als ein ihr obliegendes betrachtet worden.

Die Kirche ist von einer „eurozentrischen" zu einer „polyzentrischen Weltkirche" geworden, was vor allem das Zweite Vaticanum deutlich gemacht hat.[65]

Die europäische Christenheit hat daran maßgeblich mitgewirkt – nicht zuletzt durch die vom Vatikan ausgehenden Missions-

---

63  Vgl. den Hinweis von Joachim Becker, Art. *Furcht/IV. Biblisch*, in: LThk³ 4, 242f., dass dies in den altorientalischen, ostmediterranen und hellenistischen Welt so gewesen sei („Gottesschrecken", „Panik und Angst").
64  Obschon der Terrorismus Christgläubige zur Meinung bringen könnte, die biblische Endzeit breche an, in der die Christen gehasst werden und andere Menschen mit messianischem Anspruch auftreten, ist es bemerkenswert, wie wenig Resonanz solche Schriftworte (z. B. im Markusevangelium, Kap.13) finden, abgesehen vielleicht von exzentrischen Sekten – oder von eigenartigen Politikern. Der namhafte Publizist William Pfaff (langjähriger „International Herald Tribune"-Kolumnist) machte bekannt, Präsident George W. Bush habe am Vorabend des Irak-Krieges zweimal Präsident Jacques Chirac telefonisch bedrängt, sich daran zu beteiligen. „Die Welt sei ... jetzt ... in jene im Buch Genesis angekündigte Endzeit eingetreten, die Ankunft von Gog und Magog stehe bevor." Im bevorstehenden „Großen Krieg" würden „alle Feinde Gottes vernichtet und der Jüngste Tag werde kommen". Chirac habe sich über den Geisteszustand Bushs Gedanken gemacht, sich um theologischen Rat bemüht und sich zum Stillschweigen über den Vorgang entschlossen, das wurde von Jean-Claude Maurice, *Si vous le répétez, je démentirai* ..., Paris 2009, berichtet und ist nie dementiert worden: William Pfaff, *Arabisches Inferno*, in: Blätter für deutsche und internationale Politik 5 (2015) 99–105, hier: 102, Anm. 1.
65  So die erste Aussage von Martin Kirschner, *Die Zeichen der Zeit im Blick der Europäer*, in: Peter Hünermann (Hg.), *Das Zweite Vatikanische Konzil und die Zeichen der Zeit heute*, Freiburg i. Br. 2006, 226–239, hier: 228.

bemühungen. Aber auch an der Herausbildung einer (in mancher Beziehung freilich problematischen) „Weltzivilisation" war sie wirkungsvoll beteiligt. Die Kommunikationen erleichternde Verflechtung von Gesellschaften und Kulturen anderer Erdteile hatte auch Folgen für die Umstände, unter denen das Christentum eine Weltreligion werden konnte.[66] Inzwischen gab und gibt es Tendenzen eines Rückzugs Europas auf sich selbst. Dazu gehört auch die Thematisierung seiner Identität als Bemühung um eine politisch umsetzbare „Definition".[67] Wenn die Verhältnisse Europa heute dazu veranlassen, sich angesichts des massiven Andrangs von Fremden einzumauern, als Festung zu begreifen, sollte man sich daran erinnern, dass die zur Gründung der Integrationsgemeinschaften führende Einigungspolitik Europa nicht einfach den anderen Erdteilen in Form der Abschottung gegenüberstellen, sondern den Anfang einer über den Kontinent hinausgehenden Einigung von Völkern und Staaten bilden sollte.[68]

Über das Vorgehen waren sich die Befürworter der überstaatlichen Zukunft indessen nicht einig. Das zeigte z. B. eine Anfang 1943 im Rahmen des Weltkirchenrats erarbeitete Denkschrift: Die eine Alternativkonzeption befürwortete die (nach dem Sieg über die Achsenmächte) möglichst baldige Konstituierung einer internationalen Rechtsordnung, zugunsten deren leitender Autorität Staaten einen Teil ihrer Souveränität opfern sollten. Die andere Konzeption plädierte zunächst für eine Mehrzahl von engeren Föderationen, denen einander nahestehende Staaten angehören würden, denen auf-

---

66 „Die sich heute immer mehr durchsetzende Einheit der Menschheit ist faktisch, vom Abendland, das christlich war, ausgegangen. Die rational-technische Zivilisation mit ihrem gesellschaftlichen und staatlichen Machtpotential", die Europa „friedlich oder mit Gewalt der ganzen Menschheit aufdrängte", ist europäischen Ursprungs, wobei daran auch christliche Wirkkräfte (in Gestalt der „Enthumanisierung der Welt") beteiligt waren – so KARL RAHNER, *Einheit der Kirche – Einheit der Menschheit*, in: DERS., *Schriften zur Theologie*. Bd. XIV, Zürich/Einsiedeln/Köln 1980, 395f.

67 „Finis" heißt ja „Grenze". „Alle Identität konstituiert sich über Negationen", so pointiert NIKLAS LUHMANN, *Sinn als Grundbegriff der Soziologie*, in: JÜRGEN HABERMAS, NIKLAS LUHMANN, *Theorie der Gesellschaft oder Sozialtechnologie*, Frankfurt a. M. 1971, 60.

68 „Die Vereinigten Staaten von Europa" sollen „eine Etappe auf dem Weg zur Einheit der Welt" darstellen, als eines von vielen Beispielen – so das „Manifest von Ventotene", 1941; zit. nach WALTER LIPGENS, *Europa-Föderationspläne der Widerstandsbewegungen 1940–1945*, München 1968, 4.

grund von Gemeinsamkeiten in Ethos und Kultur die Einordnung in ein verbindliches Miteinander leichter fiele.[69]

Auch von autoritativer katholischer Seite wurde der nationalstaatliche Souveränitätsanspruch schon bald nach Kriegsbeginn verurteilt, „weil er die übernationale Gemeinschaft zerstört", die im Naturrecht begründet ist, so Papst Pius XII. in seinem Rundschreiben „Summi pontificatus"[70]: Die Menschheit gliedere sich zwar in Gruppen, Nationen und Staaten, denen in Bezug auf Gestaltung und Leitung ihres Eigenlebens Selbständigkeit zukomme, die aber auch eine große Gemeinschaft bilde und das Gemeinwohl aller Völker sicherzustellen hat, was durch besondere Rechtsvorschriften sichergestellt werden müsse.

Am 1.12.1944 führte Pius XII. die entsprechenden Aussagen weiter: Die Einigung der Menschheit und damit der Völkerfamilie sei ein Gebot der Ordnung des Seins und der Zwecke, das der Politik vorgegeben sei. Dazu müsse es ein den Staaten übergeordnetes Entscheidungsorgan geben.[71]

Pius XII. hielt sich also in den Jahren vor dem Beginn der europäischen Integration zu der Frage, ob eine Kontinentalföderation erstrebenswert oder gar naturrechtlich geboten sei, zurück. Erst als die Politik diese Vorhaben in Gang gesetzt hatte, befürwortete er das nachdrücklich.[72]

Europa tut also, wie die Kirchenleitung seit Jahrzehnten betont, gut daran, sein eigenes Überleben durch eine dazu geeignete politische Gestaltung abzusichern, so gut das möglich ist. Aber es darf sich nicht der Versuchung überlassen, dabei einem „cor incurvatum in se" anheimzufallen, sich nur um den eigenen Nutzen zu kümmern, den Rest der Welt sich selbst zu überlassen oder gar als Feindesland zu betrachten. Das Bewusstsein, einer Weltkirche an-

---

69  Vgl. ebd., 364–369, v. a. 367f.
70  PIUS XII., Rundschreiben „Summi pontificatus" (20. Oktober 1939). Siehe dazu auch WALTER LIPGENS, Europa-Föderationspläne der Widerstandsbewegungen 1940–1945, München 1968, 344.
71  PIUS XII., Ansprache am 24.12.1944, nach WALTER LIPGENS, Europa-Föderationspläne der Widerstandsbewegungen 1940–1945, München 1968, 401f.
72  Dazu WALTER LIPGENS, Europa-Föderationspläne der Widerstandsbewegungen 1940–1945, München 1968, 403, Anm. 5, mit den Hinweisen auf die Botschaft an Pax Christi am 13.09.1952 und auf die Weihnachtsbotschaften 1953 und 1954.

zugehören, könnte mindestens den Christen von dieser Versuchung abhalten. Solange es in Europa noch Christen gibt, gerade auch solche, die sich derartiger Aufgaben bewusst sind, wird Europas Seele nicht absterben – auch wenn sie schwächeln mag. Die Zukunft liegt in Gottes Hand. Das entbindet die Menschen – auch in Europa – nicht von ihrer Mitverantwortung.

Johann Braun

# Massenzuwanderung im Spiegel von Moral, Recht und Politik

*Johann Braun*

## Betrachtungen aus deutscher Sicht

### 1. Die allgemeine Lage

1. Nach dem Fall des „eisernen Vorhangs" und im Gefolge des Jugoslawienkriegs wurde Deutschland bereits Anfang der 90er-Jahre von einer Flüchtlingswelle aus dem ehemaligen „Ostblock" überschwemmt, die das Land in Aufregung und Unruhe versetzte.[1] 2014 stieg die Zahl der Migranten erneut an, in der Folge sogar weit über die früheren Dimensionen hinaus. Dafür können unterschiedliche Ursachen namhaft gemacht werden. Einmal die, dass deutsche Regierungen seit Jahren nach vielen Seiten hin ein häufig undifferenziertes Interesse an Zuwanderung signalisiert und damit den Blick potentieller Migranten auf Deutschland gelenkt haben. Für einen starken Schub sorgte der kriegerisch bedingte Zerfall von Staaten wie Afghanistan, Irak, Libyen und zuletzt Syrien. Hinzu kamen die widrigen Lebensbedingungen in Balkanstaaten wie Albanien, dem Kosovo und Montenegro,[2] aber auch in anderen Regionen der Welt. Ein weiterer Faktor war die Bevölkerungsexplosion in Afrika samt den dadurch verstärkten ethnischen und religiösen Auseinandersetzungen. Andere Aspekte bewegen sich einstweilen noch im Bereich des Spekulativen. Nach dem Schengener Grenzkodex,[3] dem die meisten EU-Staaten beigetreten

---

[1] Die Zahl der Asylanträge stieg von 57.379 im Jahr 1987 auf 438.191 im Jahr 1992.
[2] Diese Staaten wurden durch Art. 1 Nr. 35 AsylVerfBeschlG vom 20.10.2015 (betrifft Anlage II zu §29 a AsylG) nachträglich in die Liste der sicheren Herkunftsstaaten aufgenommen.
[3] VO (EG) Nr. 562/2006 v. 15.03.2003.

sind, wäre es an sich die Aufgabe der am Rande des Beitrittsgebiets gelegenen Staaten wie Griechenland, Italien und Spanien gewesen, die Außengrenzen des Schengenraums vor illegalen Zuwanderern zu sichern. Der Zustrom schwoll jedoch in kurzer Zeit derart an, dass Griechenland und Italien sich damit überfordert sahen.[4] Man verlegte sich hier zunehmend darauf, die Migranten unkontrolliert herein- und in Richtung auf das Land ihrer Wahl – meist Deutschland oder Schweden – weiterreisen zu lassen. Ende August 2015 schloss sich das von zahllosen Zuwanderern überrannte Ungarn durch einen Grenzzaun nach Serbien hin ab und stoppte kurz darauf auch den Zugverkehr nach Österreich. Aufgrund einer Telekonferenz, an der die deutsche Bundeskanzlerin, der österreichische Bundeskanzler und der ungarische Ministerpräsident beteiligt waren, traf die Bundeskanzlerin am 4. September die Entscheidung, die in Ungarn festsitzenden Migranten über Österreich ungehindert nach Deutschland einreisen zu lassen.[5] Infolge dieser Entscheidung und zusätzlich unterstützt durch weitere Öffnungssignale der Kanzlerin[6] schwoll der Strom, der seinen Lauf nunmehr zum Teil über andere Länder nahm, zu einer Dimension an, die überkommene Vorstellungen sprengte.

2. Gleichwohl zeigte das Barometer der öffentlichen Meinung in Deutschland, anders als zu Beginn der 90er-Jahre, zunächst ein ausgedehntes Stimmungshoch an. Auf alle erdenkliche Weise war den Menschen jahrelang eingeschärft worden, vermehrte Zuwanderung und ethnische Pluralisierung positiv zu bewerten. Vonseiten der Wirtschaft etwa war ein Fachkräftemangel beklagt worden, der angeblich nur auf diesem Weg zu beheben sei. Andere hatten davor gewarnt, dass der grassie-

---

[4] Vgl. CHRISTOPH B. SCHILTZ, ANDRE TAUBER, *Bei Grenzkontrollen versagt Griechenland auf ganzer Linie*, auf: www.welt.de am 02.02.2016.

[5] Zum genauen Hergang BORIS KÁLNOKY, *Wer die historische Grenzöffnung wirklich auslöste*, auf: www.welt.de v. 17.09.2015. Siehe dazu auch das Rechtsgutachten des früheren Bundesverfassungsrichters UDO DI FABIO, *Migrationskrise als föderales Verfassungsproblem*, auf: www.bayern.de/wp-content/uploads/2016/01/Gutachten_Prof_Di_Fabio.pdf, 20–23.

[6] Zum Beispiel auf ihrer Sommerpressekonferenz am 31.8.2015 (abrufbar unter: http://www.bundesregierung.de/Content/DE/Mitschrift/Pressekonferenzen/2015/08/2015-08-31-pk-merkel.html).

rende Geburtenschwund ohne Zuwanderung zu unüberwindbaren Problemen bei den Systemen der sozialen Sicherung führen würde. Wieder andere sahen in jedem Fremden *per se* eine Bereicherung in einem sonst hoffnungslos tristen Land. Ein unterschwelliges Motiv dürfte bei vielen darin bestanden haben, sich durch die unbegrenzte Aufnahme aller, die kommen wollten, von alten Schuldkomplexen befreien zu können. Genau umgekehrt, wie man vor Zeiten zahllose Juden vertrieben und ermordet hatte, sollte nunmehr unterschiedslos jeder des deutschen Schutzes teilhaftig werden können. Wer auch immer Zugang zur Meinungsbildung hatte, versuchte den Menschen eine multikulturelle Gesellschaft schmackhaft zu machen. Von einem früheren Bundespräsidenten war die Bundesrepublik Deutschland umstandslos zur „bunten Republik" erklärt worden.[7] Patriotische oder gar nationale Töne wurden mit abwertenden Konnotationen versehen. Der Begriff des „Volkes" wurde, wo immer es ging, durch den der „Bevölkerung" ersetzt. Migranten aus aller Welt wurden zu „Flüchtlingen" erklärt, gleichgültig, aus welchen Gründen sie kamen. Das Ganze gipfelte in einer von offizieller Seite eingeforderten „Willkommenskultur", die langfristig gesehen nur in einer Verabschiedung der überkommenen Gesellschaft enden konnte. Ein solches Ende wurde von vielen tatsächlich herbeigewünscht. Kritiker der skizzierten Entwicklung wurden daher unbesehen als fremden- oder ausländerfeindlich diffamiert und sozial ausgegrenzt. Politische Aktivisten des Mainstream beherrschen mit Parolen wie „Niemand ist illegal", „No border, no nation" oder „Nie wieder Deutschland" die Straße und brachten unter passiver Assistenz der anwesenden Ordnungskräfte jede andere Meinung durch Lärm oder Gewalt zum Verstummen. Das Resultat von all dem war, dass die ankommenden Menschenströme von vielen in einem wahren Rausch der Begeisterung empfangen wurden. Auf den Bahnhöfen standen

---

[7] www.welt.de v. 03.07.2010 („Wulf wünscht sich ‚bunte Republik Deutschland'").

freiwillige Helfer mit Transparenten „Refugees welcome", mit Blumen, Teddybären und Ballons bereit und bemühten sich auf das Rührendste um die Versorgung der Ankömmlinge. Ohne Begeisterung wäre diese Aufgabe auch nicht zu bewältigen gewesen. Denn es kamen Massen, mit denen noch vor Kurzem niemand gerechnet hatte. In den ersten Monaten des Jahres 2015 schätzte man die Zahl der Neuankömmlinge für das laufende Jahr auf 300.000. Dann war von 450.000, bald darauf von 600.000 die Rede. Im August nannte die Bundesregierung die Zahl 800.000. Anfang Dezember wurden die registrierten Asylbewerber offiziell auf eine Million beziffert, während andere bereits von 1,5 Millionen sprachen.[8] Verlässliche Angaben waren freilich kaum zu haben, weil viele Migranten nicht registriert wurden, womit der Überblick auch für die Behörden verloren ging.[9] Absehbar war allerdings, dass der Zustrom von allein nicht abreißen würde und dass bereits wegen des zu erwartenden Familiennachzuges noch die mehrfache Menge nachkommen würde. Aufgeschreckt durch die Dimension der dadurch zu erwartenden Probleme, meldeten sich zunehmend Kritiker zu Wort und fragten besorgt, wo das hinführen solle. Unbeirrt hiervon ließ die Bundeskanzlerin verlauten, dass das Recht auf Asyl keine Obergrenze kenne, und wiederholte anstelle eines konkreten Lösungsvorschlags ihre schon vorher ausgegebene[10] Parole: „*Wir schaffen das.*"[11] Diese wurde schnell zu einem Mantra ihrer Asylpolitik – ähnlich wie das vielbejubelte „Yes, we can" des amerikanischen Präsiden-

---

8   Laut Frontex haben in den ersten 11 Monaten des Jahres 2015 in der Tat 1,55 Mio. Migranten illegal die EU-Außengrenzen passiert, vgl. www.faz.net v. 15.12.2015 („1,55 Millionen Menschen haben illegal die EU-Außengrenzen überquert").
9   In Regierungskreisen wurde im Oktober 2015 geschätzt, dass „etwa 300.000 Migranten ohne Wissen der Behörden im Land unterwegs" seien, vgl. HOLGER STELTZNER, *Der Kontrollverlust*, auf: www.faz.net v. 26.10.2015.
10  Vgl. GÜNTER BANNAS, Merkel: „*Wir schaffen das*", auf: www.faz.net v. 31.08.2015.
11  Vgl. etwa ALEXANDER KISSLER, *Ihre verdammte Pflicht*, in: Cicero Online v. 08.10.2015.

ten Obama vorübergehend zum Aushängeschild der US-amerikanischen Politik geworden war.

3. Die Flüchtlingskrise, wie sie schnell genannt wurde, obwohl viele der Migranten keineswegs Flüchtlinge im Rechtssinn waren, betraf und betrifft nach wie vor eine für Deutschland, aber auch für das Vereinte Europa existenzielle Frage. Entsprechend gespalten sind die Meinungen. Aus den Reihen der Kritiker des offiziellen Kurses, die sich freilich meist nur außerhalb der Mainstreammedien Gehör verschaffen konnten, waren nicht selten Anspielungen auf die Völkerwanderung und an das antike Rom zu hören, das unter dem Ansturm der massenhaft zugewanderten Goten untergegangen war.[12] Die Anhänger des offiziellen Kurses priesen die Aufnahme der Zuwanderer dagegen als einen Akt christlicher Nächstenliebe, wie er auch der Politik gut anstehe. Ganz im Sinne des Satzes „Klopfet an, so wird euch aufgetan"[13] sollten unterschiedslos alle hereingelassen werden, die kommen wollten. Dietmar Bartsch, der Fraktionsvorsitzende der Partei „Die Linke", die sonst nicht für Bibelsprüche bekannt ist, zitierte am 25. November 2015 im Deutschen Bundestag zur Beglaubigung seiner Position das Matthäusevangelium:[14] „Denn ich war hungrig und ihr habt mir zu essen gegeben; ich war durstig und ihr habt mir zu trinken gegeben; ich war fremd und obdachlos und ihr habt mich aufgenommen." Und er fügte hinzu: „Heute heißt dies übersetzt: ‚Wir schaffen das.'"[15]

Von katholischer Seite her wurde gesagt, dass dieses Matthäus-Wort „keinerlei Interpretationsspielraum" lasse und „alle Christen, Priester und Laien, Bischöfe und Parteichefs" binde.[16] Aber trifft dies tatsächlich zu? Folgt daraus wirklich, dass unser Staat unterschiedslos alle aufzunehmen hat, die Einlass

---

12 Vgl. ALEXANDER DEMANDT, *Das Ende der alten Ordnung*, auf: www.faz.net v. 22.01.2016. (Der Artikel wurde zuvor von der Zeitschrift „Die politische Meinung" aus Gründen der Political Correctness abgelehnt.)
13 Mt 7,7.
14 Mt 25,35.
15 ROBIN ALEXANDER, *Jetzt vergleichen sie Merkel sogar schon mit Jesus*, auf: www.welt.de v. 25.11.2015.
16 JOACHIM FRANK, *Wirklichkeitstest Weihnachten*, auf: www.katholisch.de v. 27.11.2015.

begehren? Oder ist es nicht vielleicht so, wie von anderer Seite bemerkt wurde, dass „die offizielle katholische und evangelische Kirche ... in Deutschland aus[blendet], was hier passiert", und dass „aktive Katholiken", die über das, was sich im Gefolge dieser Einwanderung abspielt, schockiert sind, „sich von ihrer Kirche und den Bischöfen alleingelassen" fühlen?[17] Was lässt sich, nüchtern betrachtet, unter dem Aspekt der Moral, des Rechts und der Politik zu all dem sagen?

## 2. Moral könnte die Welt verändern, tut es aber nicht

1. Wer über *Moral* spricht, denkt dabei meist an ein Repertoire allgemein konsentierter Regeln guten Sozialverhaltens, deren Beachtung von jedermann erwartet wird und deren Verletzung öffentlicher Missbilligung sicher ist. Aber das ist nicht Moral in dem von Kant gemeinten Sinn dieses Wortes, sondern *Sozialmoral*, die damit übereinstimmen, aber auch davon abweichen kann. Moral im eigentlichen Sinn – nämlich Individualmoral – ist vielmehr die *autonome* Steuerung des handelnden Subjekts nach Maßgabe seiner *eigenen* Überzeugung, also nach Prinzipien und Regeln, die es sich kraft seiner praktischen Vernunft *selbst gesetzt* hat. „Habe Mut, dich deines *eigenen* Verstandes zu bedienen!", lautet nach Kant der Wahlspruch der Aufklärung.[18] Der kategorische Imperativ zeigt jedem den Weg an, wie er zu einer moralischen Selbstbestimmung gelangen kann, die dem Urteil der Vernunft standhält: „Handle nur nach derjenigen Maxime, durch die du zugleich wollen kannst, dass sie ein allgemeines Gesetz werde."[19] Übersetzt in die Umgangssprache heißt dies: Werde allgemein,[20] gib deine selbstsüchtigen Bestrebungen auf, fühle dich als integraler Bestandteil der ganzen Menschheit und handle demgemäß nur nach solchen Regeln, die zugleich für alle gelten sollen. Der kategorische

---

17   www.rolandtichy.de, „Einblick" v. 26.01.2016.
18   IMMANUEL KANT, *Beantwortung der Frage: Was ist Aufklärung?*, AA VIII, 33 (35).
19   IMMANUEL KANT, *Grundlegung zur Metaphysik der Sitten*, AA IV, 385 (421).
20   So die von WERNER MAIHOFER, *Vom Sinn menschlicher Ordnung*, Frankfurt a. M. 1956, 17ff., geprägte Kurzformel.

Imperativ ist ein Kompass für eine universalistische Ethik, die alle trennenden Schranken zwischen den Menschen überwindet, welcher Art sie auch sein mögen. Insofern gleicht er dem christlichen Prinzip, das dazu auffordert, den Nächsten zu lieben wie sich selbst.[21] Täten dies alle, wäre die Welt eine andere.

2. Wirklich dazu bereit sind freilich nur wenige. Menschen wie Albert Schweitzer, der sein Leben als Arzt in Lambarene verbrachte, oder Mutter Teresa, die sich dem Dienst der Armen widmete, sind seltene Ausnahmen. Man kann das leicht testen, indem man konkret fragt: Wer von all denen, die in unseren Tagen wortreich eine „Willkommenskultur" gefordert haben, hat eigentlich notleidende Flüchtlinge bei sich selbst aufgenommen und versorgt? Verschwindend wenige und die Repräsentanten des Staates schon gar nicht. Vom Bundespräsidenten, der sich gern als Wortführer einer politisch korrekten Sozialmoral betätigt, war nichts dergleichen zu vernehmen. Der Bundeskanzlerin wurde von einem Massenblatt explizit die Frage gestellt: „Wären Sie persönlich bereit, bei sich zu Hause Flüchtlinge aufzunehmen?" Ihre Antwort lautete: „Auch wenn ich großen Respekt für die Menschen habe, die das tun, könnte ich mir das für mich derzeit nicht vorstellen. Ich sehe es außerdem als meine Aufgabe an, alles zu tun, dass der Staat dieser Aufgabe so vernünftig wie möglich nachkommen kann."[22] Das aber heißt nichts anderes als: *Ich nicht*, wohl aber sollen die *anderen* – repräsentiert durch den Staat – dies tun, und dafür werde ich nach Kräften sorgen. Das ist nicht Ausdruck einer verallgemeinerungsfähigen Moral, sondern einer Fernstenliebe, die persönlich zu nichts verpflichtet, verbunden mit der Bereitschaft, stattdessen den faktisch Nächsten mit den Folgen zu belasten. Ein Kritiker der Regierungspolitik hat das sarkastisch so ausgedrückt: „Liebe deinen Übernächsten wie dich selbst, und wenn dein Nächster geschlagen wird, dann reiche auch noch dessen

---

21 Gal 5,14.
22 KAI DIEKMANN, PAUL RONZHEIMER, *Würden Sie Flüchtlinge bei sich aufnehmen, Frau Merkel?*, auf: www.bild.de v. 11.10.2015 (a. E.).

andere Wange dem Peiniger hin."[23] Mit Moral im eigentlichen Sinn hat dies nicht unbedingt etwas zu tun. Jedenfalls dürfte es nur wenige geben, die mit dem Kompass des kategorischen Imperativs in der Hand zu einem solchen Ergebnis gelangen würden. Mit dem Begriff der Sozialmoral kommt man dieser Haltung indessen näher.

### 3. Sozialmoral für alle – außer für mich

1. Die Sozialmoral beruht darauf, dass moralische Grundsätze, die von vielen *subjektiv* für zutreffend gehalten werden, als *objektive* Regeln deklariert werden, die für alle gelten sollen, und zwar auch dann, wenn keineswegs alle sie für richtig halten. Das Prinzip, das hierbei zur Anwendung gelangt, kann man zugespitzt auf die Formel bringen: Es ist nach *unserer* Auffassung geboten, sich so und so zu verhalten – also verhaltet *euch* entsprechend! Auf den Fall der Masseneinwanderung bezogen liest sich das so: Es ist richtig, Migranten in unbegrenzter Zahl aufzunehmen – also nehmt sie gefälligst auf! Die Moral hört dabei auf, Produkt eines sich autonom steuernden Subjekts zu sein, und wird zu einer Vorschrift für *andere*. Diese sollen sich entsprechend disziplinieren und nach den zwar *nicht von ihnen*, wohl aber von anderen *für sie* aufgestellten Regeln handeln. Natürlich kann derjenige, der eine bestimmte Sozialmoral propagiert, diese auch verinnerlichen und selbst danach handeln. Meist wird er dies in der Tat auch tun. Er muss es jedoch nicht bzw. dies ist allein eine Frage seiner persönlichen Moral, für die er niemand außer seinem eigenen Gewissen Rechenschaft schuldet. Wenn die von ihm propagierten Regeln der Sozialmoral richtig sind, werden sie ja nicht dadurch falsch, dass er selbst dagegen verstößt. So hat etwa die Forderung, die Bedürftigen nach Kräften zu unterstützen, viel für sich; der Umstand, dass derjenige, der dafür wirbt, womöglich gar nicht

---

23 Sebastian Hennig, *PEGIDA. Spaziergänge über den Horizont. Eine Chronik*, Neustadt an der Orla 2015, 187.

daran denkt, von seinem eigenen Wohlstand etwas abzugeben, ändert daran nicht das Mindeste.

2. Ob eine altruistische Sozialmoral christlich ist, wie man heute gern meint, lässt sich nicht allgemein beantworten, sondern hängt von den Umständen ab. An sich ist das Christentum auf die persönliche Nachfolge Christi und nicht auf die Verpflichtung anderer gerichtet. Seine Grundregel lautet nämlich: „Wer mein Jünger sein will, der verleugne sich selbst, nehme sein Kreuz auf sich und folge mir nach"[24] und nicht etwa: „Lege *dein* Kreuz *anderen* auf und heiße sie, mir zu folgen". Letzteres kann sehr unchristlich sein. Konkret: Wer Bedürftige in *sein* Haus aufnimmt, geht mit gutem Beispiel voran und zeigt einen Weg auf, der, wenn er von allen befolgt und von den Begünstigten honoriert würde, einen grundlegenden Wandel elementarer Verhaltensformen zur Folge hätte. Wer dagegen Bedürftige in die Häuser *anderer* einweist, gibt, wenn er sich selbst einer Einweisung entzieht, ein schlechtes Beispiel und sorgt eher dafür, dass alles im Prinzip so bleibt, wie es ist. Denn das Prinzip: „Hannemann, geh du voran, du hast die größten Stiefel an" ist eben das, das den Lauf der Welt ganz überwiegend bestimmt.

Dass es gegenwärtig nicht oder jedenfalls nur ausnahmsweise um Einweisungen in fremde Wohnungen, sondern „nur" darum geht, Migranten aus fremden Kulturen ins Land zu lassen und zu versorgen, ist dagegen kein Einwand. Denn dies macht nur einen graduellen Unterschied. Ebenso, wie man durch die unkontrollierte Aufnahme fremder Leute in sein Haus sein Hausrecht faktisch verlieren würde, verliert man durch die Aufnahme kulturfremder Menschen im Lande von einer gewissen Zahlenstärke an seine angestammte Heimat: Man kann sich in der gewohnten Sprache nicht mehr mit jedermann unterhalten, das Repertoire allgemein anerkannter Selbstverständlichkeiten wird kleiner, man findet immer weniger, welche die eigenen Erinnerungen und Überzeugungen teilen, man wird mit Verhaltensweisen konfrontiert, die irritieren oder verletzen, kurz: Man wird zum Fremden im eige-

---

[24] Mt 16,24, ähnlich 10,38; Mk 8,34; Lk 9,23; 14,27.

nen Land. Dieser Effekt verstärkt sich, wenn zusätzlich auch noch die Solidarität der eigenen Landsleute verloren geht, weil diese die schleichende Expatriierung forcieren. Dass dies keine Übertreibung ist, zeigt das Beispiel des früheren sächsischen Justizministers und ehemaligen Bundespräsidentschaftskandidaten Steffen Heitmann, der wegen der Flüchtlingspolitik der Bundeskanzlerin nicht nur aus der Christlich Demokratischen Union ausgetreten ist, sondern gleichzeitig auch einen Brief an die Bundeskanzlerin gerichtet hat, der mit dem Satz endet: „Ich habe mich noch nie – nicht einmal in der DDR – so fremd in meinem Land gefühlt."[25]

3. Die sozialen Lasten zu tragen, die mit einer altruistischen Sozialmoral verknüpft sind, ist kein Schicksal, das alle in gleicher Weise trifft; diese Lasten können vielmehr sehr ungleich verteilt sein. So auch in diesem Fall: Nicht alle kommen in die Lage, mit Zuwanderern von anderem Temperament, anderer Erziehung, anderen Überzeugungen und anderer Lebensart in ein und demselben Haus oder auch nur im selben Wohnviertel leben zu müssen, nicht alle müssen sich um bezahlbaren Wohnraum Sorgen machen, nicht alle konkurrieren mit Lohndrückern um Billigarbeitsplätze, nicht alle schicken ihre Kinder in Schulen mit einem Migrantenanteil von 80 % u. a. m. Viele derer, deren Herz für alle Welt weit geöffnet erscheint, leben in gesicherten Verhältnissen, sie verfügen über das nötige Einkommen und Vermögen, können sich Häuser in ruhigen Gegenden leisten, gehen gehobenen Freizeitbeschäftigungen mit ihresgleichen nach, schicken ihre Kinder in ausländerfreie Schulen usw. Kurz: Sie leben in einer eigenen Welt, in der man von den Folgen, die ihre sozialmoralischen Forderungen *für*

---

25 GÜNTER BANNAS, *Scharfe Kritik an Merkels Flüchtlingspolitik*, auf: www.faz.net v. 02.12.2015.

*andere* ausgelöst haben, so wenig merkt wie einst in der Waldsiedlung Wandlitz von den Lebensbedingungen des gewöhnlichen DDR-Bürgers.

Eine altruistische Sozialmoral ist ihrer Bestimmung nach sicher kein Deckmantel für Kantonisten, die Wasser predigen und Wein trinken. Es lässt sich jedoch nicht leugnen, dass sie gleichwohl die Möglichkeit dazu bietet. Alle Sozialmoral beruht auf einem Ensemble *nicht formalisierter* Regeln und Prinzipien. Wer diese verinnerlicht oder nicht verinnerlicht, wer daher auch selbst für die Folgelasten einsteht, hängt nicht zuletzt von der freien Bereitschaft der Akteure ab, nicht nur Moral zu predigen, sondern auch selbst zu praktizieren.

### 4. Sozialmoralisch kontaminiertes Recht

Ein probates Mittel, diesem normativen Defizit abzuhelfen und die Sozialmoral unterschiedslos für alle verbindlich zu machen, besteht darin, sie *in Rechtsform* zu fassen und damit einem rationaleren Regime zu unterwerfen. Als Recht kann sie gegen jedermann zwangsweise zur Geltung gebracht werden. Denn das Kennzeichen des Rechts ist der organisierte Zwang, dem sich prinzipiell niemand entziehen kann.

1. Dem *Inhalt* nach umfasst das Recht vieles, was kaum je zum Gegenstand einer sozialmoralischen Forderung werden dürfte. Umgekehrt jedoch kann alles, was Gegenstand der Sozialmoral ist, zu Recht gemacht werden. Dass die Übergänge zwischen der sozialmoralischen und der rechtlichen Verhaltensordnung fließend sind, zeigt sehr gut die Grundlegung des Rechts durch einen Klassiker wie Pufendorf. Nach Pufendorf lassen sich alle rechtlichen Verhaltenspflichten auf drei Grundpflichten zurückführen: 1) andere nicht zu schädigen, 2) sie als gleich zu achten und 3) sich ihnen gegenüber brüderlich zu verhalten, d. h. ihren Vorteil zu fördern, sofern es ohne eigenen Nachteil geschehen kann.[26] In Anlehnung an die Schlagworte der fran-

---

26 Vgl. JOHANN BRAUN, *Einführung in die Rechtsphilosophie. Der Gedanke des Rechts*, Tübingen ²2011, 284f.

zösischen Revolution könnte man dafür die Formel „Unverletzlichkeit, Gleichheit, Brüderlichkeit" setzen.[27] Diese Rechtsprinzipien decken sich mit der modernen westlichen Sozialmoral, wie sie im Gefolge von Christentum, Humanismus und Aufklärung herrschend geworden ist. Was speziell die Brüderlichkeit, die Caritas, zu einem *Rechts*prinzip macht, hat mit allem Nachdruck der aus ärmlichen Verhältnissen aufgestiegenen Rechtsdenker Johann Gottlieb Fichte auf den Begriff gebracht: Wer sich darauf beschränkt, andere nicht zu verletzen, sich aber gegenüber ihrer Not gleichgültig erweist, täuscht sich, wenn er meint, dass dies eine ausreichende Grundlage für ein Rechtsverhältnis sei. Einen Grund, die Rechte anderer zu achten und sich ihrer Verletzung zu enthalten, hat man erst da, wo der andere zum Garanten der eigenen Existenz geworden ist, wo er also im Falle existenzieller Not einspringt und Beistand leistet. Alles andere ist in einem tieferen Sinn kein Rechtsverhältnis, sondern ein latenter Kriegszustand, der nur wegen der ungleichen Kräfteverhältnisse nicht in einen offenen Krieg übergeht.[28]

Dass der *liberale* Rechtsstaat, also der Staat des Privateigentums und der Vertragsfreiheit, der Unverletzlichkeit der Besitzenden und der formellen Rechtsgleichheit, im Laufe der Zeit zum *sozialen* Rechtsstaat erweitert worden ist, entbehrt daher nicht einer inneren Logik. Er ist damit einem Telos gefolgt, das im Begriff des Rechts selbst angelegt ist. Man hat den Sozialstaat häufig als Umverteilungsstaat charakterisiert, und das ist in der Tat sein ultimatives Kriterium. Zwar soll die Hilfe, die er leistet, primär Hilfe zur Selbsthilfe sein und findet daher vor allem Ausdruck in einer aufwendigen, jedermann zugänglichen Infrastruktur. Die dafür erforderlichen Mittel aber sollen überwiegend von den Besserverdienenden kommen, und wo

---

27  Der Grund, warum bei Pufendorf die „Freiheit" fehlt, ist der, dass diese von den französischen Revolutionären als politisches Prinzip (der Demokratie) gemeint war, wogegen Pufendorf an die Rechtspflichten im Verhältnis der Menschen zueinander dachte, die von der Staatsform unabhängig sind.
28  JOHANN BRAUN, *Freiheit, Gleichheit, Eigentum. Grundfragen des Rechts im Lichte der Philosophie J. G. Fichtes*, Tübingen 1991, 23–33.

es nicht anders geht, müssen diese in einem Sozialstaat für die weniger Begüterten sogar direkt aufkommen.

2. Die Wohltätigkeit des Sozialstaats hat freilich eine gleichsam naturgegebene *Grenze*. Diese hängt damit zusammen, dass auch der Sozialstaat ein *Staat* ist, und deckt sich daher mit der Grenze des auf Staatsgebiet und Staatsvolk beschränkten Staates überhaupt. Im Unterschied zur Sozialmoral, die auf allgemein menschlichen Prägungen wie Mitgefühl, Neigung und Gewohnheit beruht, findet das Recht seinen adäquaten Ausdruck in unverbrüchlichen Regeln und festgefügten Institutionen, zu denen auch der Staat selbst gehört. Jeder Staat aber ist primär für seine eigenen Bürger da und nicht für die Bürger anderer Staaten. Kein Staat, und sei er noch so wohlhabend, kann in gleicher Weise für alle Menschen sorgen, wenn er sich nicht hoffnungslos übernehmen will. Ein Staat, der die Herrschaft über seine Außengrenzen aufgibt und stattdessen auf Prinzipien einer grenzenlosen Humanität setzt, gibt sich daher faktisch selbst auf und wird auf längere Sicht auch seinen eigenen Bürgern nicht mehr viel zu bieten haben. Als Sozialstaat jedenfalls ist er unter den heutigen Voraussetzungen nicht möglich.

Daran ändert auch der Umstand nichts, dass das System strikt gegeneinander abgeschotteter Nationalstaaten der Vergangenheit angehört. Wir leben heute in einer Welt, die durch die Schrumpfung von Raum und Zeit gekennzeichnet ist und in der auch die Staatsgrenzen durchlässiger werden. Was gestern noch weit entfernt schien, ist bedrückend nahe gerückt und beeinflusst uns auf vielfältige Weise, ohne dass wir uns dem entziehen können. Das ist auf die rechtlichen Perspektiven nicht ohne Einfluss. Gefragt sind daher Handlungs- und Organisationsformen, die auf die neuen Aufgaben abgestimmt sind. Auf der einen Seite bemüht man sich hier etwa um ein System internationaler Entwicklungshilfe, um den Ausbau von Handelsbeziehungen, den Austausch von Erfahrungen und die Kooperation bei der Lösung globaler Probleme; auf der anderen Seite formieren sich die überkommenen Nationalstaaten zu supranationalen Machtblöcken, um sich auf dem Weg in eine globalisierte Welt neben anderen Machtblöcken behaupten zu können. In diesem Kontext steht auch die europäische Einigung. Diese ist nicht zuletzt ein Versuch, auf die neuen Herausforderungen zu antworten und den Nationalstaat mit seinen eigenen Mitteln, nämlich durch eine an nationalstaatliche Strukturprinzipien angelehnte Organisation einer durch eine gemeinsame Kultur ohnehin verbundenen Völkergemeinschaft, zu überwinden. Die enormen Schwierigkeiten, mit denen dieses europäische Projekt von Anbeginn zu kämpfen hat, vermitteln eine Vorstellung davon, wie weit wir von einer rechtlich organisierten Weltgesellschaft entfernt sind, welche die Funktionen der überkommenen Staaten ersetzen könnte. Bis auf Weiteres führt daher kein Weg daran vorbei, dass es eine allgemeinmenschliche Solidarität *als Rechtsprinzip* nicht gibt und nach Lage der Dinge auch kaum geben kann.

## 5. Grundzüge der positiven Rechtslage

Allen Globalisierungstendenzen zum Trotz ist das positive Recht daher nach wie vor national oder jedenfalls europäisch verortet. International hat es nur geringe Durchsetzungschancen. Eine global orientierte Sozialmoral, wie sie im Zusammenhang mit der derzeitigen Massenzuwanderung vielfach gefordert und praktiziert wird, steht daher zu der prinzipiellen Raumgebundenheit des positiven Rechts quer. Sie tendiert dahin, Formen aufzuweichen, die für das positive Recht zwingend sind, und das Recht selbst zu ignorieren, weil dessen gebildeter Bau – um ein schroffes Wort Hegels zu gebrauchen – dem „Brei des Herzens, der Freundschaft und Begeisterung"[29] im Weg zu stehen scheint. Die derzeitige Rechtslage begünstigt das freilich, weil sie dem Verständnis des Bürgers wenig entgegenkommt. Die Grundzüge sind in wenigen Strichen die folgenden.[30]

---

29  GEORG WILHELM FRIEDRICH HEGEL, *Grundlinien der Philosophie des Rechts*, s. l. e. a.
30  Ein ausführlicher Überblick findet sich bei UDO DI FABIO, *Migrationskrise als föderales Verfassungsproblem*, auf: www.bayern.de/wp-content/uploads/2016/01/Gutachten_Prof_Di_Fabio.pdf, 53–77.

1. Nach dem Schengener Grenzkodex ist die Sicherung des Schengengebiets vor illegalen Zuwanderern den Mitgliedstaaten anvertraut, die an den Außengrenzen liegen, während im Gegenzug dazu die *Personenkontrolle an den Binnengrenzen abgeschafft* wurde. Beim Übertritt der Außengrenzen werden alle Personen kontrolliert, Drittstaatenangehörige sogar „eingehend". Wer sich auf Schengengebiet befindet, kann dagegen praktisch unkontrolliert in andere Schengen-Staaten einreisen. Ein Aufenthaltsrecht genießt er aufgrund seiner Einreise jedoch nicht. Wenn ein Ausländer keinen Pass oder Passersatz besitzt, ist seine Einreise nach Deutschland vielmehr illegal und strafbar.[31] Diese Strafbarkeit ist der Grund, warum auch die „Schlepper", die illegalen Grenzgängern Beihilfe leisten, strafrechtlich verfolgt werden können.[32]

Ausnahmsweise, nämlich im Falle einer schwerwiegenden Bedrohung der öffentlichen Ordnung oder inneren Sicherheit, kann ein Mitgliedstaat für einen begrenzten Zeitraum an seinen Binnengrenzen *wieder Grenzkontrollen einführen*. Damit kann u. a. auf ein Versagen der Außenkontrollen reagiert werden. Nach einem im Auftrag des Freistaats Bayern erstellten Rechtsgutachten des früheren Bundesverfassungsrichters Udo Di Fabio steht ein solcher Schritt nicht im Belieben der Regierung. Vielmehr ist der Bund „aus verfassungsrechtlichen Gründen ... verpflichtet, wirksame Kontrollen der Bundesgrenzen wieder aufzunehmen, wenn das gemeinsame europäische Grenzsicherungs- und Einwanderungssystem vorübergehend oder dauerhaft gestört ist".[33]

2. Das *Asylrecht*, das den Aufenthaltsstatus betrifft, liegt auf einer anderen Ebene und beruht in Deutschland auf einer doppelten Grundlage.[34] Neben dem Grundrecht auf Asyl gem. Art. 16 a I GG ist der europäische Flüchtlingsschutz zu beachten, der

---

31 §§3, 95 I Nr. 1–3 AufenthaltsG.
32 §96 AufenthaltsG.
33 Udo Di Fabio, *Migrationskrise als föderales Verfassungsproblem*, auf: www.bayern.de/wp-content/uploads/2016/01/Gutachten_Prof_Di_Fabio.pdf, 118.
34 §1 I Nr. 1 und 2 AsylG. – Überblick bei Rudolf Geiger, o. T., in: *Ad Legendum*, Münster 2014, 165.

unter anderem auf der Qualifikationsrichtlinie[35] beruht und sich an die Genfer Flüchtlingskonvention anlehnt. Aus dem europäischen Recht ergibt sich des Weiteren ein „subsidiärer Schutz" für Personen, welche zwar nicht die Voraussetzungen eines primären Schutzes erfüllen, aber gleichwohl nicht abgeschoben werden dürfen.[36] Freilich werden auch rechtsbeständige Abschiebeverfügungen aus unterschiedlichen Gründen nur in geringem Maße tatsächlich vollzogen. Wer deutschen Boden betreten hat, hat daher auch ohne primären oder subsidiären Schutz gute Chancen, dauerhaft bleiben zu können.

a. Das *subjektive*, d. h. einklagbare Grundrecht auf Asyl ist eine deutsche Besonderheit. Politisch verfolgten Personen wird es dadurch ermöglicht, Asyl nicht nur zu beantragen und zu genießen, sondern im Versagungsfall jahrelange Prozesse darüber zu führen. Unter den Begriff der politischen Verfolgung wird vieles subsumiert. Die vier apokalyptischen Reiter – Krieg, Hunger, Seuchen und Todesgefahr – gehören jedoch *nicht* dazu. Eine zweite Einschränkung ergibt sich daraus, dass sich seit 1993 (Stichwort: Asylkompromiss) niemand mehr auf das subjektive Asylgrundrecht berufen kann, der aus einem sicheren Drittstaat nach Deutschland kommt, Art. 16 a II 1 GG.[37] Wer im Widerspruch dazu in Deutschland Asyl beantragt, darf – spezielle Regelungen vorbehalten – in den Drittstaat zurückgeschickt werden, aus dem er gekommen ist, Art. 16 a II 3 GG.

b. Vom Anwendungsbereich her ähnlich ist der europarechtlich fundierte *Flüchtlingsschutz* auf der Grundlage der Qualifikationsrichtlinie. Dieser ist für den Antragsteller auf den ersten Blick sogar günstiger, weil er den Ausschlussgrund der Einreise über sichere Drittstaaten nicht kennt.[38] Allerdings wird durch das sog. Dublin-Verfahren praktisch doch dasselbe Ergebnis erreicht. Während in der öffentlichen Diskussion – veranlasst

---

35 Richtlinie 2011/95/EU v. 13.12.2011.
36 Vgl. §60 V, VII AufenthG, Art. 15, 18 Richtlinie 2011/95/EU.
37 Da alle an Deutschland angrenzenden Staaten sichere Drittstaaten sind, ist nach BVerfGE 94, 49 (94 f) – U. v. 14.05.1996 – „ein auf dem Landweg in die Bundesrepublik Deutschland einreisender Ausländer von der Berufung auf Art. 16 a I GG ausgeschlossen, auch wenn sein Reiseweg im Einzelnen nicht bekannt ist."
38 §3 I Nr. 2 AsylG.

durch das Wort „Asyl" – häufig das Grundrecht auf Asyl im Vordergrund steht, dominiert in der Praxis heute mit Abstand der europäische Flüchtlingsschutz, der richtlinienkonform in deutsches Recht umgesetzt worden ist. Das gilt namentlich für den *subsidiären Schutz*, den auch ein abgelehnter Antragsteller unter gewissen Voraussetzungen genießt, nämlich dann, wenn er in seinem Herkunftsstaat eine unmenschliche oder erniedrigende Behandlung oder Bestrafung oder eine Bedrohung durch willkürliche Gewalt im Rahmen eines bewaffneten Konflikts zu befürchten hat.[39] Der subsidiäre Schutz reicht also über den Flüchtlingsschutz im engeren Sinn hinaus, weil er sich auf Notlagen bezieht, derentwegen an sich kein Asyl gewährt wird. Flüchtlingsschutz und subsidiärer Schutz werden heute unter dem Begriff des „internationalen Schutzes" zusammengefasst.[40] Von Bedeutung ist noch, dass in Deutschland sowohl dann, wenn die Anerkennung als Flüchtling, als auch, wenn die Gewährung subsidiären Schutzes versagt wird, geklagt werden kann.[41] Der europarechtlich fundierte Flüchtlingsschutz ist dem deutschen Asylgrundrecht also auch verfahrensmäßig angeglichen.

Die *Zuständigkeit* für die Prüfung der Voraussetzungen des internationalen Schutzes ist heute im Dublin-III-Abkommen geregelt. Bei einem illegalen Grenzübertritt aus einem Drittstaat in einen Mitgliedstaat der EU ist danach dieser für die Überprüfung des Antrags auf internationalen Schutz zuständig.[42] Deutschland bräuchte sich auf eine Prüfung des internationalen Schutzes in den hier interessierenden Fällen daher ebenso wenig einzulassen wie auf eine Prüfung des subjektiven Asylgrundrechts nach Art. 16 a II 1 GG. Wer in der EU internationalen Schutz beantragt, muss das nach dem Dublin-III-Abkommen in dem Mitgliedstaat tun, in dem er erstmals die EU betreten hat. Tut er es in einem anderen Staat – z. B. in Deutschland, nachdem er über Ungarn und Österreich

---

39  Art. 15, 18 Richtlinie 2011/95/EU; Art. 4 I AsylG.
40  So Art. 2 lit. a Richtlinie 2011/95/EU; Art. 1 I Nr. 2 AsylG.
41  §§74 ff. AsylG.
42  Art. 3, 13 VO (EU) Nr. 604/2013.

dorthin gelangt ist –, so kann er in den zuständigen Mitgliedstaat überstellt werden.[43] Allerdings kann der Antragsstaat das Verfahren auch selbst durchführen, auch wenn er an sich dafür nicht zuständig wäre.[44]

3. Wie diese Regeln in der fraglichen Zeit *gehandhabt* wurden, ist nicht leicht zu ermitteln.[45] Fest steht zunächst, dass eine Rücküberstellung z. T. bereits deshalb ausschied, weil die in den Außenstaaten ankommenden Migranten von dort ohne die vorgeschriebene Registrierung nach Deutschland weitergeleitet wurden, sodass der Erstaufnahmestaat hier nicht feststellbar war.[46]

Fest steht weiter, dass das Bundesamt für Migration und Flüchtlinge (BAMF) am 21. August 2015 die *Rücküberstellung von Syrern*, die in Deutschland internationalen Schutz beantragten, nach dem Dublin-Abkommen *offiziell aussetzte* und generell selbst in das Verfahren eintrat. Das war inoffiziell allerdings schon in der Vergangenheit geschehen.[47] Die ausdrückliche Ankündigung dieses Vorgehens verstärkte jedoch den Druck auf die deutschen Grenzen und führte überdies dazu, dass sich wesentlich mehr Migranten als Syrer ausgaben, als von dorther kamen. Am 13. September wurde auf Weisung des Bundesinnenministers an der deutsch-österreichischen Grenze eine nach dem Schengensystem zulässige Personenkontrolle eingeführt.[48] Kurz darauf soll der Minister Presseberich-

---

43  Art. 3, 13 VO (EU) Nr. 604/2013.
44  Art. 17 I VO (EU) Nr. 604/2013; Art. 26 a I 3 Nr. 3 AsylG.
45  Eine chronologische Darstellung wichtiger Vorgänge vom 7.5. bis 15.9. findet sich bei TINA HILDEBRANDT, BERND ULRICH, *Angela Merkel: Im Auge des Orkans*, auf: www.zeit.de v. 20.09.2015.
46  Vgl. UDO DI FABIO, *Migrationskrise als föderales Verfassungsproblem*, auf: www.bayern.de/wp-content/uploads/2016/01/Gutachten_Prof_Di_Fabio.pdf, 80.
47  Vgl. Spiegel Online am 25.08.2015 (Syrien-Flüchtlinge dürfen in Deutschland bleiben): „Schon bisher wurden Syrer allerdings nur noch in seltenen Fällen nach den Dublin-Regeln in ein anderes EU-Land überstellt – bis Ende Juli 2015 passierte das laut Innenministerium nur in 131 Fällen. In den ersten sechs Monaten des Jahres stellten rund 44.000 Syrer einen Asylantrag in der Bundesrepublik. Ohnehin schicken die deutschen Behörden Asylbewerber aller Nationalitäten in bestimmte Länder gar nicht mehr zurück, so etwa nach Griechenland."
48  Passauer Neue Presse v. 14.09.2015, 1 („Flüchtlingsansturm: Deutschland führt wieder Grenzkontrollen ein").

ten zufolge die zuständigen Behörden indessen angewiesen haben, Migranten, die sich nicht registrieren lassen wollten, gleichwohl hereinzulassen.[49] Eine solche Anweisung liefe auf die Inkaufnahme eines vieltausendfachen Rechtsbruchs hinaus.[50] Ja, sie hätte bedeutet, dass die Bundespolizisten faktisch als Schleuser eingesetzt worden wären. Am 11. November wurde die Wiederaufnahme des gegenüber „Syrern" ausgesetzten Dublin-Verfahrens angeordnet.[51] Gleichwohl kommen, wie gemeldet wird, jeden Tag immer noch ca. 3000 Migranten über die deutsch-österreichische Grenze. Die Behauptung des Bundesinnenministers, mittlerweile würden fast alle Flüchtlinge an der Grenze registriert, ist vom Chef der Deutschen Polizeigewerkschaft, Rainer Wendt, öffentlich für unwahr und „schlichtweg Blödsinn" erklärt worden.[52] „Tatsächlich wird von den allermeisten Flüchtlingen nicht einmal der Name aufgeschrieben", stellte Wendt fest. „Derzeit werden nur rund 10 Prozent der Flüchtlinge registriert." Der Rest werde aus Zeit- und Personalmangel mehr oder weniger durchgewunken. Einzig der Fingerabdruck werde überprüft, um zu sehen, ob die Flüchtlinge schon einmal registriert wurden.[53] Aus einer Anfang Februar 2016 gemachten Äußerung des bayerischen Ministerpräsidenten geht überdies hervor, dass bis dahin „von über 60 bayerischen Grenzübergängen nur fünf kontrollier[t]" wurden.[54] – So die „Aktenlage", soweit sie öffentlich bekannt geworden ist.

---

[49] www.mmnews.de v. 17.09.2015 („Merkels fatales Rettungssyndrom – Grenzkontrollen nur Makulatur"); freiewelt.net v. 18.09.2015 („Grenzkontrollen nur Makulatur – Bundesregierung hintergeht deutsches Volk"). – Nach §18 IV Nr. 2 AsylG ist von der Einreiseverweigerung oder Zurückschiebung im Falle der Einreise aus einem sicheren Drittstaat abzusehen, soweit „das Bundesministerium des Innern es aus völkerrechtlichen oder humanitären Gründen oder zur Wahrung politischer Interessen der Bundesrepublik Deutschland angeordnet hat". Dazu UDO DI FABIO, *Migrationskrise als föderales Verfassungsproblem*, auf: www.bayern.de/wp-content/uploads/2016/01/Gutachten_Prof_Di_Fabio.pdf, 95: „Es kann nicht festgestellt werden, ob das geschehen ist – es fehlt jedenfalls an einer öffentlichen Bekanntmachung eines so wesentlichen Beschlusses."
[50] §§18 V AsylG, 15 AufenthaltsG.
[51] www.freiewelt.net v. 11.11.2015 („Deutschland kehrt zum Dublin-Verfahren zurück").
[52] OLIVER GEORGI, *Viele, die wir abweisen, kommen ein paar Stunden später ins Land*, auf: www.faz.net v. 25.01.2016.
[53] Benjamin Reuter, Chef der Polizeigewerkschaft: „Polizisten an der Grenze fühlen sich auf den Arm genommen", auf: www.huffingtonpost.de v. 24.01.2016.
[54] „Herrschaft des Unrechts" bei Flüchtlingspolitik, Passauer Neue Presse v. 10.02.2016, 5: „Sollen wir weiterhin von über 60 bayerischen Grenzübergängen nur fünf kontrollieren?"

Was sich unmittelbar vor Ort abgespielt hat, steht nochmals auf einem anderen Blatt. Das erwähnte Rechtsgutachten Di Fabios folgert aus dem untersuchten Zahlenmaterial, „dass die gesetzlich vorausgesetzte wirksame Grenzkontrolle im europäischen Mehrebenensystem und für Deutschland zeitweise zusammengebrochen ist und die Länder sich dadurch mit einer beträchtlichen Krisensituation bis hin zur Aufrechterhaltung der öffentlichen Sicherheit konfrontiert sehen".[55] An anderer Stelle des Gutachtens heißt es: „Das geltende europäische Recht nach Schengen, Dublin und Eurodac wird in nahezu systematischer Weise nicht mehr beachtet, die einschlägigen Rechtsvorschriften weisen ein erhebliches Vollzugsdefizit auf."[56] Wie Di Fabio darlegt, gilt es „als offenes Geheimnis, dass in mehreren Mitgliedstaaten, wie z. B. Österreich, Slowenien, Kroatien oder Griechenland, Flüchtlinge, die in diesen Ländern nicht bleiben, sondern nach Deutschland weiterreisen wollen, in (staatlich) organisierten Transporten bis an die deutsch-österreichische Grenze gefahren werden. Von dort aus überqueren die Flüchtlinge dann eigenständig zu Fuß die Grenze."[57] Einige der wichtigsten Grenzübertrittspunkte lagen im Raum Passau, wo die Verhältnisse buchstäblich zu tanzen begannen. Am 2. Oktober 2015 erklärte der Regierungspräsident von Niederbayern in der Presse, „zurzeit geh[e] offensichtlich alles, und zwar problemlos. Unser Asylrechtssystem lös[e] sich gerade völlig auf."[58] Kurz darauf klagte der Passauer Landkreistagspräsident, dass derzeit „alle Regeln außer Kraft" seien, das könne „man nicht mehr länger durchgehen lassen"; darüber seien sich alle Landräte einig.[59] Der Passauer Landrat wandte sich an die Kanzlerin mit der Bitte, mit der Regierung in Wien ein Ende der „derzeit praktizierten Schleusung durch Österreich" zu vereinbaren.[60] Am 11. November verfassten Mitarbeiter des dem Bundesinnenminister unterstellten Bundesamts für Migration und Flüchtlinge (BAMF) einen offenen Brief an den Leiter dieser Behörde, in dem

---

55 UDO DI FABIO, *Migrationskrise als föderales Verfassungsproblem*, auf: www.bayern.de/wp-content/uploads/2016/01/Gutachten_Prof_Di_Fabio.pdf, 18.
56 Ebd., 82.
57 Ebd., 101.
58 Passauer Neue Presse v. 02.10.2015, 9 („Unser Asylrechtssystem löst sich gerade völlig auf").
59 Passauer Neue Presse v. 07.10.2015, 1 („Landkreise bei Flüchtlingen ,am Ende'").
60 Passauer Neue Presse v. 28.10.2015, 1 („Passauer Alarmruf an die Kanzlerin").

sie u. a. den Vorwurf erhoben, in der Praxis werde sehenden Auges auf eine Identitätsprüfung verzichtet. Das stehe mit einem rechtsstaatlichen Verfahren nicht in Einklang. Der Wegfall der Identitätsprüfung „erleichter[e] zudem auch das Einsickern von Kämpfern der Terrormiliz IS nach Mitteleuropa und stell[e] ein erhöhtes Gefährdungspotential dar"[61.] Zufällig am gleichen Tag fanden in Paris mehrere islamistische Terroranschläge statt, bei denen insgesamt 132 Menschen ums Leben kamen und 352 verletzt wurden. Zwei, wenn nicht gar drei der Attentäter waren über die „Balkanroute" in die EU eingereist.[62] Die französische Regierung schloss noch am selben Tag die Grenzen und verhängte den Ausnahmezustand, womit eine teilweise Aussetzung der Verpflichtungen nach der Europäischen Menschenrechtskonvention verbunden war.[63] Wie ein Resümee nimmt sich aus, was Oskar Lafontaine, der saarländische Fraktionsvorsitzende der Linkspartei, im Blick auf den importierten Terror bemerkte: „Grenzen haben eine Schutzfunktion. Wer Flüchtlinge aufnimmt, muss wissen, wie viele kommen, und auch, wer kommt. Wenn das nicht gewährleistet ist, ist eine staatliche Ordnung nicht mehr möglich."[64]

Politische Reaktionen auf das Pariser Attentat gab es auch auf völkerrechtlicher Ebene. Am 29. November beschlossen die EU und die Türkei einen „Aktionsplan", um den Flüchtlingsstrom nach Europa einzudämmen. Der Türkei wurden 3 Mrd. Euro zugesagt, um die Lage der Flüchtlinge in der Türkei zu verbessern, außerdem die Aufhebung der Visumspflicht für türkische Staatsbürger und die Forcierung der Verhandlungen für einen EU-Beitritt.[65] Um die ak-

---

61 https://www.tagesschau.de/inland/brandbrief-bamf-105˜_origin-f6ce9f91-72e7-44f4-8685-ac9f20fbdf5e.pdf
62 MALTE LEHMING, *Die deutschen Geheimdienste haben sich blamiert*, auf: www.tagesspiegel.de v. 25.11.2015; www.handelsblatt.com v. 20.11.2015 („Zwei Attentäter kamen über Griechenland").
63 www.deutsche-wirtschafts-nachrichten.de v. 26.11.2015 („Zugriff auf die Bürger: Frankreich setzt Menschenrechts-Konvention aus").
64 OLIVER GEORGI, *Unsere Kapazitäten für Flüchtlinge sind begrenzt*, auf: www.faz.net v. 03.12.2015.
65 MICHAEL STABENOW, *EU und Türkei schließen Pakt*, auf: www.faz.net v. 29.11.2015. Einem griechischen Medienbericht zufolge soll der türkische Präsident „der Europäischen Union mit der kompletten Öffnung der Grenzen und Bustransporten mit Flüchtlingen direkt nach Griechenland" gedroht haben, vgl. FRANK NORDHAUSEN, *So erpresst Erdogan die EU*, auf: http://www.fr-online.de/flucht-und-zuwanderung/tuerkei--so-erpresst-erdogan-die-eu-,24931854,33753772.html (09.02.2016).

tuelle Situation zu entspannen, wurde also eine Erweiterung des europäischen „Raumes ohne Binnengrenzen" um einen Staat in die Wege geleitet, der unmittelbar an einen der derzeit wichtigsten Spannungsherde angrenzt.

## 6. Bilanz und Ausblick

Der Versuch, das Problem des Massenzuwanderung vor allem nach Maßgabe sozialmoralischer Kriterien in Angriff zu nehmen, dürfte im Ergebnis weniger zu einem Sieg der Moral als vielmehr zu einer Verwirrung der Begriffe und Maßstäbe und zu einer Erosion des Rechtsbewusstseins geführt haben.

1. Das Letztere gilt sowohl im Hinblick auf das europäische als auch das deutsche Recht. Das Vereinte Europa versteht sich vor allem als eine Rechtsgemeinschaft. Nachdem dieser Gedanke bereits anlässlich der Euro-Krise und bei anderen Gelegenheiten schweren Schaden genommen hat, ist auch im Zusammenhang mit der Massenzuwanderung der Eindruck entstanden, dass das praktizierte Krisenmanagement durch gravierende Rechtsbrüche geprägt ist. Aus diesem Grund wandten sich am 4. Oktober 34 CDU-Politiker mit einem offenen Brief an die Bundeskanzlerin, in dem sie rügten, dass „die gegenwärtig praktizierte ‚Politik der offenen Grenzen' weder dem europäischen oder deutschen Recht" entspreche noch im Einklang mit dem Programm der CDU stehe. Dementsprechend forderten sie umgehend eine „Wiederherstellung der Geltung des europäischen und deutschen Rechts".[66] Am 19. Januar 2016 folgte ein Brief von 44 Mitgliedern der CDU/CSU-Bundestagsfraktion an die Kanzlerin, in dem die Schreiber ihre Überzeugung zum Ausdruck brachten, „dass wir – möglichst rasch – wieder zur Anwendung des geltenden Rechts zurückkehren müssen".[67] Eine Woche darauf sprach der bayerische Ministerpräsident in einem Brief an die Kanzlerin von einer „akuten

---

66 Brandbrief an Merkel von 34 CDU-Politikern, in: focus Online v. 07.10.2015.
67 The European v. 20.01.2016, http://www.theeuropean.de/wolfgang-bosbach/10673-brandbrief-gegen-merkel

Gefährdung der innerstaatlichen Funktionsfähigkeit" und ermahnte den Bund, „die Herrschaft des Rechts wiederherzustellen".[68] Im Februar 2016 setzte er öffentlich hinzu: „Wir haben im Moment keinen Zustand von Recht und Ordnung. Es ist eine Herrschaft des Unrechts."[69] Wer weniger zurückhaltend formulierte, sprach von einem „Putsch von oben ..., in dessen Folge täglich gegen geltendes Recht und Verfassungsrecht verstoßen w[erde]" und im Zusammenhang damit von „völlige[r] Rechtsblindheit und Rechtsfeindlichkeit staatlicher Stellen".[70] Wieder andere fühlten sich zu Reflexionen darüber veranlasst, was von einem Staat, der das Recht missachtet, sonst noch zu erwarten sei. „Natürlich fragen sich die Leute", bemerkte ein Kritiker etwa, „ob ein Staat, der heute seine Grenzen nicht mehr schützt, morgen noch das Eigentum respektiert. Die zunehmende Beschlagnahme von privatem Eigentum trägt ihren Teil dazu bei. Warum soll der Bürger einem Staat vertrauen, der sich selbst nicht mehr ans Recht hält, wie man im Fall von Dublin in der Flüchtlingskrise oder bei Maastricht in der Euro-Krise sieht?"[71]

2. Die Zurücksetzung des Rechts zugunsten sozialmoralischer Räsonnements hatte sodann weitreichende politische Konsequenzen. In Deutschland führte sie dazu, dass die bereits in der Vergangenheit entstandene Kluft zwischen den angeblich „Guten" und den angeblich „Bösen" im Lande weiter vertieft und damit ein Gespräch zwischen beiden Gruppen unmöglich gemacht wurde. Die vom Bundespräsidenten im Zusammenhang mit der Flüchtlingskrise in Umlauf gesetzte Unterscheidung von „Helldeutschland" und „Dunkeldeutschland"[72]

---

68 www.bayer.de/wp-content//uploads/2016/01/Schreiben_an_BKM.pdf
69 ERNST FUCHS, ALEXANDER KAIN, *Seehofer unterstellt Merkel „Herrschaft des Unrechts"*, auf: http://www.pnp.de/nachrichten/bayern/1958889_Seehofer-unterstellt-Merkel-Herrschaft-des-Unrechts.html (10.02.2016).
70 ULRICH VOSGERAU, *Herrschaft des Unrechts*, in: Cicero 12/2015, 92 (94).
71 HOLGER STELTZNER, *Der Kontrollverlust*, auf: www.faz.net am 26.10.2015.
72 LUKAS ONDREKA, *Joachim Gauck, die Ossis und Dunkeldeutschland*, auf: www.sueddeutsche.de v. 26.08.2015.

wirkte nicht versöhnend, sondern verletzend, dämonisierend und spaltend. Was gutmenschlich gemeint war, hatte ungute Folgen.

Ein ähnlicher Prozess, wie er sich in Deutschland zwischen den verschiedenen politischen Richtungen vollzog, zeichnete sich in Europa zwischen westlichen und östlichen Mitgliedstaaten ab. Ungarn, Tschechien, Slowakei und Polen waren nicht bereit, nach deutschem Vorbild eine „Willkommenskultur" gegenüber jedermann zu inszenieren. Sie wollten die Autonomie, die sie nach Jahrzehnten der Unterdrückung errungen hatten, nicht unbedacht aufs Spiel setzen. Aber damit stellten sie sich nach dem Urteil deutscher Medien in ein sehr ungünstiges Licht. Diese ließen bei ihren Angriffen, namentlich gegenüber Ungarn, zum Teil jedes Maß vermissen. Was die deutschen Medien nicht sehen wollten, war, dass sich wohl eher Deutschland isoliert hatte. Die anderen EU-Staaten zeigten nämlich wenig Neigung, sich dem deutschen Vorschlag einer quotenmäßigen Verteilung aller Migranten auf die verschiedenen Mitgliedstaaten anzuschließen. Denn dies hätte bedeutet, dass Deutschland ohne Obergrenze alle hereinlassen und sie im Rahmen der Quotenregelung an andere weiterreichen könnte. Im Ergebnis führte daher die sozialmoralisch motivierte Politik Deutschlands zu einem europäischen Zerwürfnis[73] bzw. – mit den Worten Di Fabios – zu einer „exzeptionelle[n] Erschütterung des europäischen Verbundgefüges".[74]

3. Die Konzentration auf die Not des Einzelfalls ist leicht geeignet, den Blick von größeren Zusammenhängen abzulenken. Um eine Welt des Friedens und der Freiheit zu errichten oder auch nur, um das auf dem Weg dahin bereits Erreichte zu bewahren,

---

73 Ungarn, Tschechien, Slowakei und Rumänien waren auch nicht bereit, einer quotalen Verteilung von 120.000 Migranten zuzustimmen, und wurden auf dem Sondertreffen der EU-Innenminister am 22.09.2015 insoweit überstimmt. Vgl. www.sueddeutsche. de v. 22.09.2015 („EU-Innenminister beschließen Umverteilung von 120.000 Flüchtlingen"). Die Slowakei und Ungarn haben dagegen Klage beim EuGH eingereicht, vgl. www.budapester.hu v. 10.12.2015 („Ungarn reichte Antrag gegen EU-Flüchtlingsquote ein").

74 Udo Di Fabio, *Migrationskrise als föderales Verfassungsproblem*, auf: www.bayern.de/ wp-content/uploads/2016/01/Gutachten_Prof_Di_Fabio.pdf, 26.

gilt es jedoch, gerade die übergreifenden Zusammenhänge im Blick behalten. Das betrifft etwa das Bevölkerungswachstum in den Krisenländern, das sich naturgemäß nicht an der Aufnahmekapazität der politisch und wirtschaftlich begünstigteren Regionen orientiert. Allein in Afrika ist die Bevölkerung in den letzten Jahrzehnten auf über eine Milliarde gewachsen. Bei gleichbleibendem Trend werden bis Ende des Jahrhunderts 4,4 Milliarden prognostiziert.[75] Wer sich die Lösung der hieraus resultierenden Probleme von einer freien Zuwanderung nach Europa verspricht, hat den Bezug zur Realität verloren. Auf der anderen Seite muss Europa, wenn es seine „europäische Identität" bewahren will, mit seinem Bevölkerungsschwund selbst fertig werden. Egozentrische Lebensstile, die Abkehr von der Mehrkindfamilie und die Hochstilisierung der Abtreibung zum angeblichen Menschenrecht gehören zum Regelwerk einer sterbenden Gesellschaft. Deren Niedergang lässt sich vielleicht „bunt" verbrämen. Die Frage ist jedoch, ob der Multikulturalismus die Zerstörung gewachsener Kulturen und der von ihnen geschaffenen politischen Systeme nicht beschleunigt. Wer die Zukunft gestalten will, wird schließlich bedenken müssen, dass gesteuerte Migration längst zu einer Waffe der verdeckten Kriegsführung geworden ist, mit deren Hilfe sich Staaten destabilisieren und Konkurrenten schwächen lassen.[76] Die Zukunft wird hier vielleicht noch manche Erkenntnisse zutage fördern.

Ein Realpolitiker wie der frühere tschechische Präsident Václav Klaus wird daher mit dem Satz zitiert: „Barmherzigkeit hat angesichts dieser Massenmigration als Argument keinen Platz mehr."[77] Weniger provokativ könnte man sagen: *Gesinnungsethik* ist für das Privatleben gedacht; in der Politik ist *Verantwortungsethik* gefragt. Im Widerspruch dazu ist die deutsche Einwanderungs- und Asylpolitik derzeit jedoch durch eine aus-

---

75 CLAUDIA EHRENSTEIN, *Afrikas Bevölkerung vervierfacht sich*, auf: www.welt.de v. 29.07.2015.
76 KELLY M. GREENHILL, *Weapons of Mass Migration. Forced Displacement, Coercion, and Foreign Policy*, Ithaca/NY 2010.
77 www.eu-info.de v. 09.12.2015 („Václav Klaus macht EU für ‚Völkerwanderung' verantwortlich").

geprägte Gesinnungsethik bestimmt. Das läuft auf eine moralische Infantilisierung der Politik hinaus, die in der Maxime zum Ausdruck kommt, Flüchtlingen dürfe man keine Grenzen setzen. Menschenwürde fällt jedoch, wie Rüdiger Safranski treffend bemerkt hat, „nicht vom Himmel, sondern setzt einen funktionierenden Staat voraus, der sie in seinen Grenzen garantieren kann." Das aber führt unweigerlich zu der Frage: „Wie kann man ein Staatsgebilde erhalten? Das gelingt" – so Safranski weiter – „nur mit sehr strikten Regeln, sonst verliert der Staat seine integrierende, die Menschenrechte garantierende Kraft ... Man muss die gesellschaftliche Kohärenz stabil halten, damit der Staat die Menschenrechte garantieren kann. Wenn man sich das nicht klarmacht, so ist das verantwortungslos: Man will helfen und schwächt dabei die Institutionen, die überhaupt helfen können."[78] Die Aufgabe einer sowohl vor der Zukunft wie auch gegenüber dem eigenen Volk verantwortbaren Politik dürfte daher vor allem darin bestehen, im Rahmen des Möglichen darauf hinzuwirken, dass jeder in seiner angestammten Heimat in Frieden und Freiheit und ohne Not leben kann. Kompetenten Politikern eröffnet sich auch dadurch ein weites Betätigungsfeld.

---

[78] So Rüdiger Safranski im Interview mit Rico Bandle, *Politischer Kitsch*, auf: http://www.weltwoche.ch/ausgaben/2015-52/artikel/deutsche-fluechtlingspolitik-politischer-kitsch-die-weltwoche-ausgabe-522015.html.

# Europa ist die Kritik an der Macht

Beatrix Kersten

## Gedanken zur Revolution der Würde in der Ukraine

*Revolution der Würde* – diese Bezeichnung haben die Ukrainer selbst dem Geschehen verliehen, das hierzulande mit der Scheu vor dem Pathos einer postheroischen Gesellschaft und ihren Medien, die zwar gewonnene Fussballmeisterschaften historisch nennen, aber die Erschütterungen wirklicher historischer Stunden nur allzugern verbrämen, als „Ukraine-Krise" oder „Massendemonstrationen" bezeichnet von November 2013 bis März 2014 über die Bildschirme und Nachrichtenticker lief.

Die russische Besetzung der Krim und die aus Russland massiv unterstützten und forcierten separatistischen Bewegungen in der Ostukraine führten gleich darauf eine Fokusverschiebung herbei, die beinahe vergessen ließ, was im Ursprung desjenigen Krieges lag, der, noch immer als ‚Krise' verharmlost, seitdem die Nachrichten aus der Ukraine dominiert: die Ereignisse rund um die Euromaidan-Revolution. Diese verdienen in der Rückschau vor allem zweierlei:

Zum Ersten eine nüchterne und umfassende Betrachtung, die nichts beschönigt, was es an Fehlverhalten, Versagen und Kurzsichtigkeit auf allen Seiten gab, sich aber auch nicht auf Nebenschauplätzen festbeißt oder gar den Diffamierungen einer perfide agierenden Propagandamaschinerie aufsitzt. Zum Zweiten aber auch eine tiefergehende geistige Durchdringung, die die Vorgänge erklärt und erhellt, um Verständnis und Respekt, wenn nicht gar Solidarität zu ermöglichen. Dazu sollen die folgenden schlaglichtartigen Gedanken Anregungen bieten.

*Revolution der Würde* – ein Begriff aus zwei Komponenten, denen zunächst nachgespürt werden soll. Mit welchem Recht kann in Bezug auf die Ukraine des Jahres 2014 von einer Revolution die Rede sein? Und inwiefern ging es dabei um Würde? Zur Klärung werden bei Etienne Balibar und Avishai Margalit Anleihen gemacht. Ihr Zugriff erlaubt eine nicht-essentialistische Definition beider Termini, was vielleicht gerade den im bisherigen Diskurs oft schmerzlich vermissten neutralen Raum eröffnet, in dem Einsichten zuallererst möglich werden.

Über Romano Guardinis Diktum, Europa sei wesentlich „die Kritik an der Macht"[1], soll die Revolution der Würde sodann in den europäischen Kontext eingeordnet und verdeutlicht werden, warum man die Tage, als auf dem Kiewer Unabhängigkeitsplatz, in Lemberg, in Odessa und anderswo das Meer aus blau-gelben und gelb-besternten Fahnen wogte und die Menschen bereit waren, für ihre Vision eines Lebens in Würde wenn nötig sogar zu sterben, als eine Zeit werten kann, in der Europa lebendig war wie lange nicht mehr. Als eine Zeit aber auch, die das politische und intellektuelle Europa mit seinen offenen Fragen konfrontierte, die nicht zuletzt wir Philosophen weiter als Gesprächsthemen wach zu halten haben.

## 1. Revolution

Das Jahr 1789 ist mit der Erklärung der allgemeinen Menschen- und Bürgerrechte eine Wasserscheide des europäischen Denkens, der politischen und gesellschaftlichen Organisation, aber auch des Menschenbildes. Hier lässt sich der Ausgangspunkt des Konzeptes einer unabhängig von Geschlecht, materiellem Besitz, religiöser Überzeugung oder weltanschaulicher Ausrichtung für alle gleichen Staatsbürgerschaft verorten, die unser Dasein heute entscheidend prägt. Staatsbürgerschaft ist allerdings ein janusköpfiges Konstrukt, werden darin doch, und das deutsche Kompositum macht es bereits im Wort augenfällig, der mündige Bürger, der in Freiheit politisch aktiv wird, und die Institution des Staates mit seinen Macht- und Zwangsbefugnissen miteinander verklammert. Diese Antinomie sah bereits Rousseau, als er im *Gesellschaftsvertrag* schrieb:
„Die Gesellschaftsglieder führen als Gesamtheit den Namen Volk und nennen sich einzeln als Teilhaber der höchsten Gewalt Staatsbürger und im Hinblick auf den Gehorsam, den sie den Staats-

---

[1] ROMANO GUARDINI, *Europa – Wirklichkeit und Aufgabe*, in: DERS., *Sorge um den Menschen I*, Ostfildern 1988, 238–255, hier: 250.

gesetzen schuldig sind, Untertanen. [...] Aus jener Formel erkennt man [...], dass sich jeder Einzelne, da er gleichsam mit sich selbst einen Vertrag abschließt, doppelt verpflichtet sieht [...] und dass es folglich gegen die Natur des Staatskörpers ist, wenn sich der Souverän ein Gesetz auferlegt, dass er nicht brechen kann."[2] Vielfältig vorbereitet durch die politischen und gesellschaftlichen Umwälzungen seit dem Ausgang des Mittelalters stehen sich nach der Französischen Revolution nicht mehr durch Gottesgnadentum, Erbschaft oder Besitz verbriefte Staatsmacht und abhängige Untertanen in voneinander getrennten Sphären gegenüber, sondern jeder Einzelne wird als potenziell staatstragend, gesetzgebend und berechtigt zur Herbeiführung politischer Veränderungen angesehen. Die staatliche Ordnung entwickelt sich von etwas Gegebenem zu etwas zu Setzendem und folglich auch Revidierbarem. Die Freiheit, die zuvor vielfach nur in den Dimensionen der christlichen Spiritualität zu finden war, hält als politische Freiheit Einzug in die weltliche Realität.

Nimmt man das Konzept Staatsbürgerschaft in letzter Konsequenz ernst, so ergibt sich daraus also eine intrinsische Fragilität eines jeden darauf aufbauenden politischen Systems. Diese speist sich aus der immer anwesenden Differenz zwischen dem einmal gesetzten, dann praktisch feststehenden institutionellen Rahmen und der Veränderlichkeit des politischen Willens des Souveräns, der Bürger, die der Logik des Begriffes gemäß jederzeit berechtigt sind, ihre eigene Ordnung neu zu erfinden, ihre eigenen Gesetze zu brechen und durch neue zu ersetzen, wie Rousseau es sagt. Etienne Balibar spricht von einem „Differential von Aufstand und Verfassung"[3].

Um keine permanent instabile Situation entstehen zu lassen, wird diese innovative Energie in politischen Systemen kanalisiert, in erster Linie über den Mechanismus regelmäßig stattfindender Wahlen sowie Institutionen der Repräsentation und Mediation. Etienne Balibar folgend behält die Staatsbürgerschaft aber zu jedem Zeitpunkt auch ihre aufständische Komponente – die Bürger sind

---

2 JEAN JACQUES ROUSSEAU, Der Gesellschaftsvertrag, Leipzig 1981, 51.
3 ETIENNE BALIBAR, Gleichfreiheit. Politische Essays, Berlin 2012, 24.

kraft ihrer aktiven Rolle berechtigt, ihre Souveränität jederzeit auch gegen die Institutionen zu reklamieren und zu behaupten. Virulent wird diese aufständische Staatsbürgerschaft und eine sich daraus ergebende aufständische Politik insbesondere dann, wenn zwischen Institutionen und Souverän eine Kluft entsteht. Wenn etwa vermittels einer nicht mehr ausreichend rückgebundenen repräsentativen Struktur den Staatsbürgern Gesetze auferlegt werden, die sie nicht als Bürger mittragen, sondern nur als Untertanen ertragen können. Wenn der Staat durch eine sich verselbständigende Bürokratie oder Überwachungsmaschinerie seine Befugnisse überschreitet – oder wenn schlicht eine an die Macht gekommene Gruppe von Menschen die staatlichen Strukturen usurpiert und bürgerliche Rechte, wenn überhaupt, nur noch auf dem Papier bestehen lässt. In diesem Fall spielt es keine Rolle, ob diese Gruppe von Menschen ehedem in gleichen und freien Wahlen als Repräsentanten gewählt wurden. Die Übertragung der Macht in solchen Wahlen bedeutet keinen Erbhof oder ein ehernes Gesetz, erfordert auch kein Ausharren bis zum Ende der Legislatur, sondern ist revidierbar. Der Aufstand kann dann helfen, Reformen oder Strukturänderungen evolutiv und innerhalb des bestehenden Systems durchzusetzen, er kann aber auch die Verfassung und staatliche Verfasstheit als Revolution im Sinne einer Tabula rasa gänzlich überwinden. Wohlgemerkt steht der Bürger bei dem sich auf Rousseau stützenden Balibar[4] nicht *über* dem Gesetz oder der politischen Verfasstheit, was einer schrankenlosen Willkür Tür und Tor öffnen würde. Sehr wohl aber steht er *auf Augenhöhe* mit beidem. Das Prinzip der Gleichheit aus der Trias Freiheit, Gleichheit, Brüderlichkeit widerspricht dabei laut Balibar „jeder Differenz [...], die als Basis oder als Vorwand für die Instituierung einer Ungleichheit, eines politischen ‚Machtüberschusses' dient"[5], sei es zugunsten des Staatsapparats, der Bürokratie, einer Partei oder einer anderen Gruppe von Menschen an den Schalthebeln der Macht.

---

4   Vgl. Etienne Balibar, *Bürger-Subjekt. Antwort auf die Frage Jean-Luc Nancys: Wer kommt nach dem Subjekt?*, in: Christoph Menke, Francesca Raimondi (Hg.), *Die Revolution der Menschenrechte. Grundlegende Texte zu einem neuen Begriff des Politischen*, Berlin 2011, 411–441, hier: 431.
5   Ebd., 440.

Die aufständische Staatsbürgerschaft als berechtigtes politisches Prinzip zu stärken, erscheint in diesem Zusammenhang vonnöten, weil die Diskussion um die Ereignisse in der Ukraine vielfach von Ansichten geprägt ist wie „der Sturz des Präsidenten war nicht verfassungsgemäß" oder „die Demonstranten durften seine Absetzung gar nicht fordern".

Doch, sie durften es.

„Wir sind das Volk", riefen die protestierenden Bürger im Herbst 1989 auf den Straßen der DDR und brachten damit genau dies unter anderem zum Ausdruck – dass sie sich alle gleichermaßen gleichzeitig als Konstituens des Staates und als Akteure einer Revolution zur Sicherung eben dieser Gleichheit im Sinne von gleichen Freiheiten und Rechten, von Isonomie verstanden.

„Weg mit der Bande!", riefen die Protestierenden der Euromaidan-Bewegung, womit sie in erster Linie Präsident Janukovych und seinen Clan meinten, aber auch die damit vielfältig verwobenen ukrainischen Oligarchen und die von ihnen geförderten semi-mafiösen Strukturen sowie die durch und durch korrupte staatliche Bürokratie. Sie schrieben sich damit ein in die aufregende, schwierige und tragische Geschichte der vom staatsbürgerlichen Gedanken getragenen Revolutionen und ihrer Kernforderungen nach Freiheit und Gleichheit. „Der aktive Bürger ist seinem Wesen nach ein Rebell", so bringt Balibar es auf den Punkt, „der Nein sagt oder zumindest die Möglichkeit dazu hat. Darin besteht das Paradox der politischen Staatsbürgerschaft: Um auf eine Weise, die tatsächliche Macht zum Ausdruck bringt, Ja sagen zu können, muss man gelegentlich und womöglich regelmäßig Nein sagen. Um an der Polis teilnehmen zu können [...], muss man eine Gegenpolis oder Gegenmacht einsetzen, die zunächst in den Augen der legitimen Macht illegitim ist, welche schlicht zum Eigentum derjenigen geworden ist, die sie ausüben oder zum Ausdruck einer Regierungs- und Verwaltungsroutine."[6]

Der Maidan in Kiew war eine solche Gegenpolis, war die Keimzelle und das Versuchslabor einer demokratischen Gesellschaft. Die Menschen, die sich dort wie anderswo im Land versammelten, sagten Nein, um Ja sagen zu können – zu ihrem Land, ihrem Staat, ih-

---

[6] ETIENNE BALIBAR, *Gleichfreiheit. Politische Essays*, Berlin 2012, 235f.

rem Leben. Um sich selbst wieder im Spiegel an- und ihren Kindern in die Augen schauen zu können, weil sie ein System und ein Leben nicht mehr hinnahmen, die in ihren Augen nicht vereinbar waren mit dem Gedanken der Gleichheit und der staatsbürgerlichen und menschlichen Würde.

## 2. Würde

Der Begriff der Würde, kaum hinterfragt, aber von allen verstanden und individuell von den Akteuren des Protests vielfach bekräftigt, wurde zu einem einenden und inspirierenden Element des Aufstands. Zwei seiner möglichen Lesarten stammen aus dem unmittelbaren Sprachgebrauch der Proteste, eine dritte, formale, soll hier ergänzend hinzutreten, da sie eine philosophische Durchdringung der Geschehnisse im Ganzen erlaubt, ohne deswegen auf bestimmte Inhalte, Staatsformen, einen Demokratiebegriff oder Menschenbilder rekurrieren zu müssen.

Sviatoslav Shevchuk, Oberhaupt der ukrainischen griechisch-katholischen Kirche, brachte die erste Lesart auf den Punkt, als er in einer Ansprache zu den Menschen auf dem Maidan sagte, sie alle miteinander hätten nichts als ihre Würde zu verteidigen und nichts als ihre Würde als Waffe.[7] Es ist kein Zufall, dass hier ein Geistlicher zitiert wird. Die Vertreter sämtlicher christlicher Konfessionen wie auch der jüdischen Gemeinden haben die Proteste entscheidend geprägt, seelsorgerisch auf beiden Seiten begleitet und maßgeblich dazu beigetragen, Gewaltlosigkeit und Selbstbeherrschung des Maidan in dem nervenaufreibenden, monatelangen Standoff zwischen Protestierenden und Staatsmacht so lange aufrechtzuerhalten.

Der Begriff der Würde steht bei Shevchuk und anderen emblematisch für alles, was die Menschen abgrenzte vom „Bande" des genannten Janukovych-Clan und dem korrupten, repressiven und bevormundenden Regime, das der Präsident mithilfe seiner Familie, von ihm abhängiger oder ihm zu ihrem eigenen Vorteil zuarbeitender Politiker und Unternehmer und loyaler Anhänger seiner

---

[7] Gesehen in Sergei Loznitsas Dokumentarfilm *Maidan* (2014).

Partei institutionalisiert hatte. Einem Regime, das in den Augen der Menschen verbrecherisch war – weswegen Werte wie Moralität, Gesetzestreue, Anstand und Ehrlichkeit neben dem Wunsch nach Freiheit, Verantwortlichkeit und Selbstachtung unter dem übergreifenden Begriff der Würde gegen die herrschenden Personen und Praktiken in Stellung gebracht wurden. Nicht nur als zu verteidigende Werte, sondern auch als Rüstzeug, denn man hoffte, allein durch die friedliche Massenhaftigkeit und geduldige Penetranz des Rufs nach Anstand werde dieser Gehör finden.

Die Subsumierung der Ziele der Protestierenden unter den Begriff der Würde trieb die Bewegung aber auch in Richtung einer Unausweichlichkeit, die, als das Regime eben nicht hören wollte, den Konflikt tragisch verschärfte. Unter den Auspizien der Würde hätte den Aufstand aufzugeben bedeutet, hier sei erneut Shevchuk zitiert, „sein Einverständnis damit zu erklären, in einer zynischen, lügnerischen und paternalistischen Diktatur nach dem Vorbild der Sowjetunion zu leben."[8]

Dieser Aspekt leitet über zu einer zweiten Facette des Würdebegriffs, der eng mit den Erfahrungen der Sowjetherrschaft verknüpft ist. Aus historischem Blickwinkel ließe sich viel Wichtiges und zum Verständnis der Lage in der heutigen Ukraine Notwendiges über die Erfahrungen der Ukrainer mit dem Sowjetregime sagen. Vor allem wäre das nationale Trauma der staatlich induzierten Hungersnot von 1933 zu erwähnen, als Millionen von Menschen in der Ukrainischen Sozialistischen Sowjetrepublik schlicht und einfach zu Tode gehungert wurden.

Für diesen Kontext mag es aber genügen, den Philosophen Jevhen Sverstok zu zitieren, der in einer Analyse des Maidan schreibt, die Sowjetmacht hätte trotz ihrer vielfachen Versuche nicht die Natur des Menschen verändert, wohl aber seine Würde zerstört. Diese Würde hätten sich die protestierenden Ukrainer aller Sprachen, Altersgruppen und Landesteile durch ihren Aufstand zurückholen wollen.[9] Der infame moralische Relativismus, die Strukturen in-

---

[8] *ICTV*-Dokumentation *Revolution der Würde*, https://www.youtube.com/watch?v=qukYAlUHX6k&feature=youtu.be, Statement Shevchuk beginnend 00:08:00, letzter Zugriff am 2.9.2015.
[9] JEVHEN SVERSTOK, *Zminni vitry chasu*, in: ANTIN MUCHARSKYJ (Hg.), *Maidan. (R)evolucija Duchu*, Kiew 2014, 134–144, hier: 134.

stitutionalisierter Bespitzelung, Internierung und Bevormundung und die gigantische Lügenmaschinerie des sowjetischen Systems, in dem Angst als Liebe und Unterwerfung als Begeisterung galten, Söhne ihre Väter verrieten und die Geschichte wenn nötig täglich umgeschrieben werden konnte, stellte Kants kategorischen Imperativ vom Menschen als Mittel und Zweck radikalst auf den Kopf.

Die Protestierenden des Maidan wollten nach 23 Jahren dümpelnder staatlicher Unabhängigkeit ohne vollzogene Emanzipation von der Vergangenheit dieses Erbe endgültig hinter sich lassen und nicht mehr nur Mittel sein, sondern immer auch Zweck an sich, wahrgenommen von ihren Mitmenschen und geschützt durch eine verantwortungsvolle Politik und gerechte, für alle gültige Gesetze.

Diese beiden Lesarten der Würde, in der Anstand und Achtung jeweils die tragende Rolle spielen, führen zu einer dritten Interpretation des Würdebegriffs, die von dem israelischen Philosophen Avishai Margalit stammt. In seinem thesenartigen Aufriss *The Decent Society* (1996, auf Deutsch unter dem Titel *Politik der Würde. Über Achtung und Verachtung*) kommt Margalit bei seiner Definition dessen, was Würde ausmacht, ohne Verweis auf bestimmte Eigenschaften oder ein „Wesen des Menschen" aus.

Wie schon bei Balibar trifft man auch bei ihm auf eine Konzeption mit einer inhärenten Dynamik. Denn das einzige Kriterium, das Margalit zur Definition des Würde-Begriffs und der Rechtfertigung der Forderung nach Achtung überhaupt einführt, ist die Eigenschaft des Menschen, „dem eigenen Leben zu jedem beliebigen Zeitpunkt eine völlig neue Deutung zu geben und es dadurch radikal zu ändern"[10]. Achtung ist jedem Menschen allein für seine Zukunftsoffenheit zu zollen, reales Tun oder Unterlassen spielen dabei keine Rolle. Potenziell sind alle Menschen fähig, „ihrem Leben eine entscheidende Wendung zum Besseren zu geben."[11]

Die Orientierung an diesem Kriterium ist für einen achtungsvollen Umgang mit Menschen unabdingbar und schlägt sich beispielsweise im Verhalten gegenüber Straftätern, aber auch in der Behandlung Kranker ganz eminent nieder.

---

10   AVISHAI MARGALIT, *Politik der Würde. Über Achtung und Verachtung*, Berlin 2012, 79.
11   Ebd.

Eine die Menschen in ihrer Würde achtende Gesellschaft ist bei Margalit allein negativ definiert. Es ist eine Gesellschaft, die davon absieht, Grausamkeit zu üben, sowohl auf der Ebene körperlicher Verletzungen als auch seelischer Demütigungen. Die zu vermeidende Demütigung ist definiert als der Ausschluss von Menschen aus einer identitätsstiftenden Gruppe, im krassesten Fall aus der Familie des Menschen an sich. Demütigung bedeutet mit anderen Worten, Menschen als in irgendeiner Form nicht entwicklungsfähig, minderwertig, unreif, als „Untermenschen" zu sehen und zu behandeln – wider besseres Wissen, denn wer demütigend handelt, weiß sehr wohl, dass er einen Menschen vor sich hat und eben keine Ratte oder Maschine. Die Demütigung liegt darin, so zu tun als ob, und setzt bei ihrem Empfänger eben die seelische, symbolbildende Ebene voraus, auf der die Demütigung als solche greift, sonst wäre ein solches Verhalten sinnlos.[12]

Begründetermaßen lässt sich die Ansicht vertreten, dass der ukrainische Staat auf Mechanismen der institutionellen Demütigung gemäß Margalit beruhte (und leider noch immer beruht). Die Mehrzahl der Menschen, die sich gezwungen sehen zu bestechen und selbst käuflich zu sein, zu tricksen, zu lügen und zu kuschen, um nur einigermaßen sicher, unbehelligt und mit dem Notwendigsten ausgestattet durch den Alltag zu kommen, ihre Kinder durch Schule und Universität zu schleusen, einen Arzt aufsuchen zu können, ein Medikament zu bekommen, eine Reise anzutreten, werden in dem tieferen, mit Margalit aufgezeigten Sinn gedemütigt, weil sie in einer fragmentierten Lebenswelt existieren, in der sich auf allen Ebenen Mechanismen der Exklusion überlagern. Sie leben ihr Leben in einem System, das von einer überwältigenden Ungleichheit auf allen Ebenen gekennzeichnet ist – nicht nur im Hinblick auf eine Ungleichbehandlung in der Verteilung von Gütern und Leistungen, wo obszöner, auf Kosten des Gemeinwesens erlangter Reichtum neben krassester Armut steht, sondern auch im Hinblick auf die bereits diskutierte fehlende Gleichstellung gegenüber Recht und Gesetz. In einer Gesellschaft wie der ukrainischen, in der es Menschen gibt, die über dem Gesetz stehen und sich alles erlauben dürfen, daneben andere, bei denen das Gesetz bis zum

---

12  Vgl. ebd., 113–117.

kleinsten Buchstaben angewandt wird, daneben wiederum andere, zu deren Vor- oder Nachteil eigens Gesetze gemacht werden, ist der Begriff des Gesetzes selbst entwertet und sind Demütigung, Willkür und Verletzung der Würde offensichtlich.

Auf dieser Schiene der politischen Argumentation agierte die Euromaidan-Bewegung, wenn sie eine *Revolution der Würde* anzettelte und bis zum bitteren Ende mit Hunderten Toten durchtrug: Sie forderte ein Ende der Exklusionen, ein Ende des Untertanen- und Unmündigen-Status für die Vielen und des unrechtmäßigen Reichtums und der unermesslichen Arroganz seitens der Herrschenden und ihrer Nutznießer.

Anlass dieser Revolution war eine ganz konkrete Exklusion – der selbstherrlich von der Obrigkeit verfügte Ausschluss aus einer identitätsstiftenden Gruppe, nämlich der Völkerfamilie der Europäer, an der eine große Zahl der Menschen in der Ukraine durch die Unterzeichnung des jahrelang verhandelten Assoziierungsabkommens mit der Europäischen Union endlich gehofft hatte, teilhaben zu dürfen. Diese Demütigung brachte das Fass zum Überlaufen. Als Staatsbürger wurden die Ukrainer in ihren Erwartungen an die Politik gedemütigt, als Menschen in ihren Erwartungen an die Zukunft, und viele hatten das Gefühl, das Maß sei nun voll.

Aber was, mit dem ukrainischen Dichter und Aktivisten Serhij Zhadan gefragt, ist zu erwarten von einem Menschen, der eine goldene Toilette benutzt?[13] Präsident Janukovych und die Führung der Ukraine sind auf die Forderung nach Achtung und Wahrung der Würde zu keinem Zeitpunkt adäquat eingegangen. Sie haben vor dem jähen Zusammenbruch des Regimes im Februar diesen Jahres vielmehr die Konfrontation auf die Spitze getrieben und dabei ihre Verachtung auch den eigenen Leuten auf zynischste Weise gezeigt, indem etwa junge Rekruten in vorderster Kampflinie eingesetzt oder den Spezialeinheiten ein brutales Vorgehen befohlen wurde und sie ohne medizinische Versorgung oder logistische Unterstützung sich selbst überlassen blieben.

---

13   MARCI SHORE, *Entscheidung am Maidan. Eine Phänomenologie der ukrainischen Revolution*, in Auszügen abrufbar unter https://www.lettre.de/beitrag/shore-marci_entscheidung-am-majdan (02.09.2015).

Die *Revolution der Würde* endete mit einer blutigen Menschenhatz, mit der Flucht eines zutiefst diskreditierten Politikers und seiner Entourage und leider auch mit einer massiven Einmischung Russlands in alle weiteren Ereignisse rund um den angestrebten politischen Neustart in der Ukraine. Die Ukrainer hätten ein Recht darauf gehabt, ihre Toten zu betrauern, ihre Schwierigkeiten anzugehen und ihre inneren Kämpfe allein auszufechten.

## 3. Europa

Abschließend nun einige Überlegungen zur Einordnung der *Revolution der Würde* in den europäischen Horizont. Aussagen von der Gestalt „die Ukraine gehört zu Europa" sind zu vermeiden, da sie unzulässig simplifizieren. Hier soll nicht nach Wesenseigenschaften gefragt werden, die das komplizierte und fragile Staatsgebilde der Ukraine oder seine verschieden geprägten Landesteile oder Bevölkerungsgruppen oder seine wechselvolle Historie aus dem einen oder anderen Grund „Europa" zuschlagen, wobei auch für diesen Begriff erst noch zu klären wäre, was darunter eigentlich zu verstehen ist. Im Rückgriff auf Romano Guardini soll vielmehr nur verdeutlicht werden, inwiefern die *Revolution der Würde* in der Ukraine eine zutiefst europäische Saite angeschlagen hat.

Guardini stand Revolutionen mit tiefer Skepsis gegenüber, weil er sie nur als rücksichtslose Durchsetzung schrankenloser Freiheit, als Ausbrüche der von ihm stets negativ im Sinne menschlicher Hybris konnotierten Autonomie sehen konnte. Zudem war er der Ansicht, Revolutionen zögen immer unweigerlich einen neuen staatlichen Totalitarismus nach sich. Dennoch ließe sich spekulieren, dass die gelebte Solidarität des Maidan, die Pluralität und politische Unfestgelegtheit und die so ganz und gar nicht ideologischen Ziele der Bewegung Guardini genauso gefallen hätten, wie ihm als einem Denker der Gegensätze Balibars Interpretation der Staatsbürgerschaft als eines zwischen den zwei Polen Aufstand und Verfassung oszillierenden Phänomens gefallen haben könnte. Diese Spekulationen sind aber nicht der eigentliche Punkt. Das Nachdenken über die europäische Dimension der Maidan-Revolution führt deswegen zu Guardini, weil er, aus seiner reichen Lebenserfahrung heraus und zurückblickend auf die Kriege, Revolutionen und Diktaturen, deren Zeitzeuge er war, in seiner anlässlich der Verleihung des Erasmus-Preises 1962 gehaltenen Rede mit dem Titel „Europa – Wirklichkeit und Aufgabe" einen wesentlichen Auftrag formulierte: Die „am wenigsten sensationelle, aber am tiefsten ins Wesentliche führende Aufgabe" Europas, so Guardini, sei die Kritik an der Macht und die „Sorge um die Menschlichkeit des Menschen."[14]

Zu dieser Aufgabe rechnete Guardini auch die Frage, ob es „dem Menschen überhaupt erlaubt sei, Macht über den andere Menschen zu üben", und er glaubte, Europa sei in besonderem Maße fähig, „diese Frage nicht nur theoretisch, sondern als Sache der Lebensführung einer Antwort entgegen zu führen."[15]

Die Menschen in der Ukraine haben sich durch ihr deutliches, konsequentes und würdevoll vorgetragenes Nein zu einer entwürdigend und willkürlich agierenden Macht und durch ihr zivilgesellschaftliches, basisdemokratisches und von den alten slawischen Traditionen des Volksparlaments zehrendes Engagement um genau diese nach Guardini für Europa wesentliche Aufgabe verdient gemacht. Sie haben die Macht kritisiert, ihre demütigende Unmenschlichkeit entlarvt, und wer dabei zusehen wollte, konnte dies täglich im Internet oder Fernsehen auch hier bei uns miterleben. Die Ukrainer haben damit ihrer Sorge um die Menschlichkeit des Menschen aktiv Ausdruck verliehen und konsequent und unter großen persönlichen Opfern versucht, in ihrer Gegenpolis des Maidan ein anderes Leben aufzuzeigen, das von Teilhabe, Brüderlichkeit und Reflexion gekennzeichnet ist.

„Europa eine Seele geben?" Auf dem Maidan in Kiew und den vielen anderen Straßen und Plätzen in der Ukraine hat Europas Herz geschlagen, laut, drängend, entschlossen. Die Menschen dort waren schön, noch während man auf sie einschlug oder auf sie schoss, weil sie sich befreit fühlten von einer generationenalten Angst, weil sie frei sprachen, für andere und mit anderen eine Aufgabe erfüllten, sich selbst und ihrem Gemeinwesen eine Richtung gaben. Die Menschen waren schön, weil sie ihre Lethargie abgestreift hatten und

---

14  ROMANO GUARDINI, Europa – Wirklichkeit und Aufgabe, in: DERS., Sorge um den Menschen I, Ostfildern 1988, 238–255, hier: 250.
15  Ebd., 251.

sich in die Sphäre des Handelns begaben, um teilzuhaben an gelebter Politik und in eine Zukunft zu blicken, die sie selbst gestalten wollten, ohne Demütigungen und ohne Ungleichheit. Der Maidan strahlte das aus, was Hannah Arendt „hohe Lust" nennt, „die hohe Lust, von der die menschliche Fähigkeit begleitet wird, einen neuen Anfang zu setzen."[16] Erinnern wir uns an Margalit: Der Mensch verdient Achtung für seine Zukunftsoffenheit. Die Ukrainer haben sich im Aufstand ihre Selbstachtung zurückgeholt, und sie verdienen Hochachtung für ihren Mut und ihre Ernsthaftigkeit.

Um diesem schlagenden Herz des Maidan aber eine Seele zuzugesellen, bedarf es neben der Aktion auch der Analyse, neben dem Heldenmut auch der Nüchternheit. Es bedarf eines wachen und lebendigen Bewusstseins derjenigen Werte, für die Europa steht. Es bedarf einer hell- und weitsichtigen geistigen Durchdringung und einer philosophischen Analyse. Die *Revolution der Würde* in der Ukraine ist in einer Zeit, in der sich überall die Umrisse einer aufständischen Politik zeigen, in der sich vielerorts Menschen gegen despotische Machthaber, gegen bürokratische Zumutungen, gegen Konzerninteressen und Sachzwänge, gegen Überwachungstechnologien und Feindbilder auflehnen, ernst zu nehmen – als eine Sache Europas im guardinischen Sinne.

Sie ist auch ernst zu nehmen als Anfrage an die Philosophen, nicht abseits zu stehen, sondern die eigene Objektivität, Distanz und Kritikfähigkeit zu nutzen, die Kategorien der Inspiration und Interpretation bereitzustellen, in denen Menschen über sich hinaus ins Handeln zu wachsen vermögen. In denen Politik wieder neu und anders denk- und lebbar wird, im Zeichen der Würde, der Sorge um den Menschen und der Kritik an jeder Art von Macht.

Philosophen haben die Welt noch nie direkt verändert, und darauf kommt es auch gar nicht an. Es kommt vielmehr darauf an, diese Welt nach transparenten Kriterien angemessen zu interpretieren und gerecht zu beurteilen, damit Relativismus, vermeintliche Alternativlosigkeit, Lügen und Propaganda keine Chance haben. Europa braucht ein mutiges, konstruktives Denken als Grundlage politischen Handelns. Gerade jetzt, da seine Wirklichkeit den inneren, aber auch den despotischen und fanatischen äußeren Heraus-

---

16   HANNAH ARENDT, *Über die Revolution*, München/Zürich ⁴2000, 287.

forderungen so wenig gewachsen zu sein scheint, wo das politische Europa mehr als nur ein wenig müde, ein wenig ängstlich und ein wenig zu sehr auf Selbstschutz bedacht wirkt, da braucht es auch seine Philosophen.

„Die Fülle des Lebens; gegen jede Reduzierung kämpfen; das Mehr ist schwerer, als klein, gering und unzulänglich zu sein", notierte sich Imre Kertész in sein *Galeerentagebuch*.[17]
Genau dieses Mehr sollte sich Europa, sollte sich die Philosophie auf ihre Fahnen schreiben.

---

17   IMRE KERTÉSZ, *Galeerentagebuch*, Reinbek 1997, 136.

# Braucht Europa Emanzipation?

Cyrill Jan Bednář OCist

## Die Pathologie einer (un-)kritischen Theorie des Völkerrechtes

> *Die Größe des Menschen ist es immer,*
> *sein Leben neu zu schaffen.*
> *Neu zu schaffen, was ihm gegeben ist.*
>
> Simone Weil

Der juristische Zustand des menschlichen Daseins wird auf den linguistischen und existenziellen Podien in der europäischen Polis diskutiert.[1] Die zeitgenössische Jurisprudenz zeigt auf vielfältige Weise, dass ein fundamentaler Umbruch der Vision vom menschlichen Wesen stattgefunden hat. Im Völkerrecht äußern z. B. verschiedene Tribunale, dass sie nicht mehr überzeugt seien, dass die Begriffe „Mann" und „Frau" „eine Bestimmung von Gender durch reine biologische Kriterien referieren müssen"[2]. Es gibt aber keine allgemeine Übereinstimmung, welche Kriterien den Juristen heute noch zur Verfügung stehen, um eine Erleuchtung durch die Wirklichkeit zu empfangen.

In seinem Dialog *Politea* hat Platon anerkannt, dass die gerechte Polis, die er verteidigt hat, nur in seiner Sprache und in seinen Dialogen bestanden hat.[3] Der heilige Augustinus hat klassisch formuliert, dass die überirdische Stadt nicht vom gerechten Abel ge-

---

1 Vgl. CAITLIN SMITH GILSON, *The Political Dialogue of Nature and Grace. Towards a Phenomenology of Chaste Anarchism*, London/New York 2015.
2 „The Court is not persuaded that at the date of this case it can still be assumed that these terms must refer to a determination of gender by purely biological criteria." Der Europäische Gerichtshof für Menschenrechte: Christine Goodwin v. UK (11. Juli 2002), Nr. 28957/95, Art. 100. In diesem Fall ging es um die Anerkennung des Rechtsstatus der Transsexuellen im Vereinigten Königreich.
3 Vgl. JAMES V. SCHALL, *Human Rights as an Ideological Project*, in: American Journal of Jurisprudence 32 (1987) 47–61, hier: 52. PLATON, *Der Staat*, 361e-362a.

gründet worden ist.⁴ Die vollkommene Polis wurde von Christen im Glauben als eine Stadt erwartet, die nicht von dieser Welt ist. Jedoch stammen die Visionen in Recht und Politik meist von Intellektuellen, die den christlichen Glauben nicht bekennen. Die Herausforderung des Glaubens hat dann zur Suche nach anderen, sichtbareren Antworten geführt.⁵ Die Politik- und Rechtstheorien der Gegenwart, wie sie sich auch immer von ihren christlichen und spezifisch theologischen Ursprüngen entfernen, schöpfen, insofern als sie eine alternative Welt darstellen, nicht aus ihren eigenen Quellen, sondern aus der Natur oder aus der Offenbarung, lehnen diese aber als philosophische Erkenntnisquelle ab.⁶

In diesem Beitrag versuche ich zu zeigen, dass der Begriff der Emanzipation in seinem tiefsten Sinn ein Ausdruck des (post-)christlichen Denkens ist. Es geht mir aber nicht darum, ob oder wie sein Inhalt mit der Ehtik der christlichen Tradition identisch oder vereinbar ist. Eher will ich zeigen, dass jede Kritik der Politik- und Rechtstheorien der Emanzipation zuerst eine Kritik der Philosophien und Theologien,⁷ die deren Grundlagen bilden, sein muss. Zu diesem Zweck stelle ich im zweiten Teil manche Brennpunkte von Martti Koskenniemis kritischer Theorie des Völkerrechtes dar, ohne gleich eine Kritik anzubieten. Im dritten Teil des Artikels forsche ich nach ihren Voraussetzungen, um den Inhalt der Emanzipation zu erläutern. Erst im vierten Teil komme ich zu meiner eigenen Kritik der vorgeblich kritischen Theorie. Der Schluss bringt eine kurze Zusammenfassung.

---

4   Vgl. AUGUSTINUS, *De Civitate Dei*, XV, 1 *in fine*.
5   Vgl. ERIC VOEGELIN, *The New Science of Politics. An Introduction*, in: DERS., *The Collected Works of Eric Voegelin*, Bd. 5: *Modernity without Restraint*, Columbia/London 2000, 75–142, hier: 189.
6   Vgl. JAMES V. SCHALL, *Human Rights as an Ideological Project*, in: American Journal of Jurisprudence 32 (1987) 47–61, hier: 51.
7   Dass die Offenbarung zum Verständnis der modernen politischen Theorien notwendig ist, zeigt JAMES V. SCHALL, *Human Rights as an Ideological Project*, in: American Journal of Jurisprudence 32 (1987) 47–61, hier: 51ff. ERIC VOEGELIN, *The Political Religions*, in: DERS., *The Collected Works of Eric Voegelin*, Bd. 5: *Modernity without Restraint*, Columbia/London 2000, 19–74, hier: 60ff. Zum theologischen Hintergrund dieser Theorien vgl. JEAN-YVES LACOSTE, *From Theology to Theological Thinking*, Charlottesville/London 2014. MICHAEL J. BUCKLEY, *Denying and Disclosing God. The Ambiguous Progress of Modern Atheism*, New Haven/London 2004. DERS., *At the Origins of Modern Atheism*, New Haven/London ²1990.

## Blick auf Koskenniemis kritische Theorie des Völkerrechtes

Einer der bekanntesten Vertreter der sogenannten kritischen Theorie des Völkerrechtes ist der in Helsinki lehrende Professor Martti Koskenniemi. Er beschreibt die Artikulation der Natur des Menschen als eine „Anarchie autonomer funktionaler Systeme"[8]. Unter diese ordnete er z. B. den Handel, die Umwelt oder die Menschenrechte ein. Aber keines von diesen Systemen sei disponiert mit einem Anspruch, die andere unterzuordnen:
„As there is no truth superior to that provided by each such system or vocabulary, each [truth] will re-create within itself the sovereignty lost from the nation-state. Hence managerialism turns into absolutism: the absolutism of this or that regime, this or that system of preferences."[9]

An einer anderen Stelle meint Koskenniemi, dass es gerade die Abwesenheit eines einheitlichen Gesichtspunktes sei, die die juristische Methode durch und durch politisiert habe. Dadurch wurde sie unfähig, ihre politischen Überzeugungen *[politics]* zu artikulieren. Ohne diese Fähigkeit werde aber das Völkerrecht ein totaler Pragmatismus, „eine allumfassende Internalisierung, ein Symbol und eine Wiederbestätigung einer Macht"[10].

In einem anderen Text kritisiert er die Wende hin zur Geschichte des Völkerrechtes, weil nur unsere Fragen, Projekte und Vorverständnisse die Schlüsse unserer Forschungen fruchtbar bestimmen könnten.[11] Geschichtliche Forschungen seien daher immer nur Konstruktionen, z. B. nicht der „realen" Person Francisco de Vitorias, sondern nur eines „historisch signifikanten" de Vitoria in einem Kontext, der durch das Interesse des Forschers (Juristen) völlig bestimmt sei.[12]

---

[8] MARTTI KOSKENNIEMI, *The Politics of International Law*, Oxford/Portland (Oregon) 2011, 324.
[9] Ebd., 324.
[10] „[...] international law becomes pragmatism all the way down, an all-encompassing internalization, symbol, and reaffirmation of power." MARTTI KOSKENNIEMI, *The Gentle Civilizer of Nations. The Rise and Fall of International Law 1870–1960*, Cambridge 2004, 516.
[11] Vgl. MARTTI KOSKENNIEMI, *Vitoria and Us. Thoughts on Critical Histories of International Law*, in: Zeitschrift des Max-Planck-Instituts für europäische Rechtsgeschichte 22 (2014) 119–138, hier: 125.
[12] Vgl. ebd., 127f.

„The lawyer becomes a counsel for the functional power-holder speaking the new natural law: from formal institutions to regimes, learning the idiolect of ‚regulation', talking of ‚governance' instead of ‚government' and ‚compliance' instead of ‚responsibility'. The normative optic is received from a ‚legitimacy', measured by international relations – the Supreme Tribunal of a managerial world."[13]

Welche Vision schwebt Koskenniemi bei seiner Kritik vor? Für ihn ist die Konstruktion des Kontexts wesentlich von unserer Meinung abhängig, was und wozu das Völkerrecht sei.[14] Sein Ideal hat er schon in seinem früheren Werk als „universale Emanzipation, Frieden und sozialen Fortschritt"[15] darlegt. Nach seiner Vision können daher keine bestimmten Institutionen oder Inhalte dem Recht entsprechen, weil jede juristische Kommunität auf einem Ausschließen derer, die nicht zu ihr gehören, gegründet sei, und deswegen müsse das Ausschließen permanent verhandelt werden, um ihren Horizont zu weiten.[16]

Seine kritische Theorie des Völkerrechtes besteht in ihrem Kern in seiner Theorie der Geschichte und Politik:

„[W]ithout necessarily being Marxists, historians of international law must accept that the validity of our histories lies not in their correspondence with ‚facts' or ‚coherence' with what we otherwise know about a ‚context', but how they contribute to emancipation today."[17]

---

13   MARTTI KOSKENNIEMI, *The Politics of International Law*, Oxford/Portland (Oregon) 2011, 324.
14   Vgl. MARTTI KOSKENNIEMI, *Vitoria and Us. Thoughts on Critical Histories of International Law*, in: Zeitschrift des Max-Planck-Instituts für europäische Rechtsgeschichte 22 (2014) 119–138, hier: 129.
15   „[...] universal emancipation, peace, and social progress." MARTTI KOSKENNIEMI, *The Gentle Civilizer of Nations. The Rise and Fall of International Law 1870–1960*, Cambridge 2004, 516.
16   Vgl. ebd., 517. An dieser Stelle können wir aber nicht Koskenniemis Verständnis der Kommunität weiter diskutieren. Für weitere Kritik vom Standpunkt der politischen Theologie vgl. WILLIAM T. CAVANAUGH, *The Myth of Religious Violence. Secular Ideology and the Roots of Modern Conflict*, New York 2009. SHELDON S. WOLIN, *Politics and Vision. Continuity and Innovation in Western Political Thought*, Princeton/Oxford ²2004. DAVID WALSH, *The Growth of the Liberal Soul*, Columbia/London 1997.
17   MARTTI KOSKENNIEMI, *Vitoria and Us. Thoughts on Critical Histories of International Law*, in: Zeitschrift des Max-Planck-Instituts für europäische Rechtsgeschichte 22 (2014) 119–138, hier: 129. Arbeitsübersetzung: „Ohne notwendig Marxisten zu sein, müssen die Historiker des Völkerrechtes annehmen, dass die Gültigkeit unserer Historien nicht in ihrer Korrespondenz mit ‚Fakten' oder in ihrer ‚Kohärenz' mit dem, was

Koskenniemi fügt zum Aspekt der Emanzipation hinzu, dass diese selbstverständlich keine Propaganda aufnötige, sondern dass sie nur ein Selbstverständnis der Menschheit ausdrücke, das immer auch die Aussicht auf eine vorgestellte Zukunft mit einschließe. Die resultierende „Erzählung" *[narration]* umfasse manche Wahl über die Subjekte im Rahmen dieser Vorstellung.[18] Die Emanzipation bedeutet für Koskenniemi aber keine Revolution, sondern eher „eine Weise des Denkens und eine Stellungnahme", die voraussetzten, „dass die Weltinstitutionen und die Folgen ihrer distributiven Macht bedingt und anfechtbar sind."[19]

*Zu den Voraussetzungen von Koskenniemis Theorie*

Woraus folgt eine heute so verbreitete Überzeugung, die Koskenniemi ganz kühn formuliert, dass die Emanzipation eine universale Notwendigkeit sei? Des Weiteren: Woher stammt diese universale Überzeugung, die Koskenniemi ganz unabhängig von unserer Meinung, ob wir nun Marxisten sind oder nicht, was und wozu das Völkerrecht da sei, postuliert? In Bezug auf die kritische Theorie des Völkerrechtes ist die Schlüsselfrage, was für eine Freiheit, die durch die Emanzipation eingeführt werden soll, Koskenniemi voraussetzt.

Der Begriff der Emanzipation, der gemäß Koskenniemi „die Gültigkeit unserer Historien" des Völkerrechtes bestimmt, ist eine Leitkategorie, die Karl Marx benützt, um zu beschreiben, wie man einen Fortschritt bei der Befreiung der Menschen erreichen kann. Die Emanzipation ist für Marx die Vernichtung „aller Götter", eine Reduktion der ganzen Ordnung der Menschenwelt auf den Menschen selbst.[20] Die Entfremdung, die zwischen dem Menschen und der materiellen Welt bestehe, sei im Laufe der Zeit durch verschiedene gesellschaftliche Institutionen fixiert worden, wie das Recht. Die Ordnung der Gesellschaft zu vernichten ist der Weg, um die

---

wir sonst über den Kontext kennen, besteht, sondern in dem, wie sie [diese Historien] zur Emanzipation heute beitragen."

18   Vgl. ebd., 129.
19   „It is a mindset and an attitude that seeks to highlight the contingency and the contestability of global institutions and their distributionary consequences." MARTTI KOSKENNIEMI, Projects of World Community, in: ANTONIO CASSESE (Hg.), *Realizing Utopia. The Future of International Law*, Oxford 2012, 3.
20   Vgl. ERIC VOEGELIN, *From Enlightenment to Revolution*, Durham (North Carolina) 1982, 283.

Emanzipation, d. h. eine neue Ordnung der Freiheit, zu erreichen.[21] Marxismus als ein geistiges Phänomen hat dann das letzte Ziel, dass man sich von der illusorischen Sonne der Religion abwendet, um sich um sich selbst als wahre Sonne zu drehen.[22]

Ein anderer Denker, der Gedanken von Marx auf ein neues Niveau gehoben hat, war der Italiener Antonio Gramsci. In seinem Werk *Il materialismo storico e la filosofia di Benedetto Croce* vergleicht er das Verhältnis zwischen der Struktur und dem Aufbau einer Gesellschaft mit dem Verhältnis zwischen Natur und Geist.[23] Die Aufgabe, die Marx dem Proletariat zugeschrieben hat, transferiert Gramsci auf die Intellektuellen, die die Welt von jeder Gegebenheit befreien, indem sie sich selbst befreien.[24] Dadurch sind utopische Modalitäten des Sozialismus transformiert in persönliche Prozesse der Selbsttranszendenz. Dennoch, wie Del Noce bemerkt, bleibt dieser Intellektuelle immer wieder von den Machthabern abhängig, die eines solchen *custode del nichilismo* bedürfen.[25] Deswegen bleiben sie selbst in der Gefangenschaft einer „bourgeois-aufklärerisch-modernistischen" Kulturindustrie, aus der sie sich befreien wollten. Eben darum nimmt aber auch ihre Bemühung um die Schöpfung eines neuen Menschen kein Ende.

Die Bestrebung *der Zukünftigen*[26], im Bewusstsein der gegenwärtigen Bedürfnisse die Vergangenheit zu sehen und zu verstehen, um den Menschen eine Stimme zu geben, die sonst von den institutionellen und normativen Strukturen ausgeschlossen sind,[27] sei „the critical legal *acquis* to focus away from the manner contexts reproduce themselves and their accompanying structures of economic, technological, political and symbolic domination."[28]

---

21  Vgl. ebd., 283f.
22  HENRI DE LUBAC, *The Drama of Atheist Humanism*, San Francisco 1995, 432f.
23  Vgl. ANTONIO GRAMSCI, *Il materialismo storico e la filosofia di Benedetto Croce*, Turin 1948, 49.
24  Vgl. AUGUSTO DEL NOCE, *Il suicidio della rivoluzione*, Mailand ²1992, 189.
25  Vgl. ebd., 190f.
26  Vgl. MARTIN HEIDEGGER, *Beiträge zur Philosophie (Vom Ereignis)*, Frankfurt a. M. 1989, 396.
27  Vgl. MARTTI KOSKENNIEMI, *The Gentle Civilizer of Nations. The Rise and Fall of International Law 1870–1960*, Cambridge 2004, 517.
28  MARTTI KOSKENNIEMI, *Vitoria and Us. Thoughts on Critical Histories of International Law*, in: Zeitschrift des Max-Planck-Instituts für europäische Rechtsgeschichte 22 (2014) 119–138, hier: 134f. Kursiv. im Orig.

Diese kritische Theorie stellt hier eine Erinnerung, *anamnesis*, dar, das heißt eine Kritik an einer verborgenen Entfremdung unseres Daseins in der Welt, gegenüber der es der Emanzipation bedarf. Eine Variation der Konzeption des Rechtes bei Marx als irgendjemandes Wille, der durch Gewaltanwendung zum Gesetz führt, ist auch bei kritischen Denkern zu finden, wie bei Koskenniemi oder bei dem slowenischen Kulturkritiker Slavoj Žižek.[29]

Am Anfang der Genealogie jeder Rechtsordnung sei eine Gewalt zu finden, wodurch Menschen eine Macht aufgezwungen wird, die das positive Recht mit Sanktionen gewährleistet. Žižek stützt sich in diesem Punkt auf Kants *Grundlagen der Metaphysik der Sitten* und Pascals *Pensées*. Nach diesen beiden Autoren sei der Ursprung der Rechtsordnung nicht festzustellen, weil er nicht konstatiert werden dürfe – eine solche Maßnahme würde uns nämlich außerhalb dieser Rechtsordnung stellen, und das wäre eine Bedrohung für den Staat, der sich auf diese Ordnung gründet.[30]

Kants These stellt einen Königsmord bzw. eine gewaltsame Absetzung einer Regierung als ein Verbrechen dar, das weder in dieser Welt noch in der nächsten vergeben werden könne, weil es die Beherrschten zum Herrscher über ihren Souverän mache.[31] Žižek interpretiert dieses revolutionäre Ereignis aber als den Anfang einer neuen Rechtsordnung, als ein Verbrechen, das gerade in dem Augenblick, sobald ein neues Reich des Rechtes festgelegt werde, vergessen oder unterdrückt werde.[32] Daraus folgt sein kritischer Schluss, dass „es kein ‚ursprüngliches' Recht gebe, das nicht auf Verbrechen basiert: Die Institution des Rechtes an sich ist eine

---

29   Der erklärt die Natur des Rechtes in folgender Weise: „‚At the beginning' of law, there is a certain ‚outlaw', a certain Real of violence which coincides itself with the act itself of the establishment of the reign of law: [T]he ultimate truth about the reign of law is that of usurpation, and all classical politico-philosophical thought rests on the disavowal of this act of foundation. The illegitimate violence by which law sustains itself must be concealed at any price, because this concealment is the positive condition of the functioning of law: [I]t functions in so far as its subjects are deceived, in so far as they experience the authority of law as ‚authentic and eternal' and overlook ‚the truth about usurpation'." SLAVOJ ŽIŽEK, *They Know Not What They Do: Enjoyment as a political Factor*, London 1991, 204.
30   Vgl. ebd., 205.
31   Vgl. ebd., 207.
32   Vgl. ebd., 208.

illegitime Usurpation."³³ Obwohl sich Koskenniemi nicht gegen die Institution des Rechtes wendet, ist seine Kritik der Žižeks ähnlich: Die Legitimität des Völkerrechtes, von der die Experten sprechen,³⁴ ist ohne Substanz.

„Its point is to *avoid* such substance but nonetheless to uphold a *semblance* of substance. Therefore, it is suitable for production within the communications industry, including the academic publication industry. [...] The perspective is control. The normative framework is in place. Action has been decided. The only remaining question is how to reach the target with minimal cost. This is where legitimacy is needed – to ensure a warm feeling in the audience."³⁵

Sie dient nur den Regierungen, den Weltinstitutionen und anderen Machtinhabern, um einen vertrauenswürdigen Eindruck zu machen.

*Braucht Europa Emanzipation?*

Dieser Schluss, den Koskenniemi aus der Allianz zwischen dem Neoliberalismus und dem Realismus zieht, gilt aber auch für seine eigene Position. Auch seine Rhetorik der universalen Emanzipation, des Friedens und des sozialen Fortschritts,³⁶ die die Rückkehr zum „vormodernen Begriff des politischen Gutes" ausdrücklich ausschließt,³⁷ schafft wiederum eine eigene Souveränität, „ein[en] Absolutismus dieses oder jenes Regimes, dieses oder jenes Systems der Präferenzen."³⁸

Die Illegitimität der Macht, die dadurch entsteht, rechtfertigt die Aneignung derselben Macht durch ein Subjekt, was Koskennie-

---

33  „[...] there is no ‚original' law not based upon crime: the institution of law as such is an ‚illegitimate' usurpation". Ebd., 209.
34  „... is the world of regimes not of law but of truths, each computing compliance in accordance with its special logic, outside political contestation: the hybris of instrumental knowledge. In the end, which language will prevail is simply a question of power: which experts think they can get away with it?" MARTTI KOSKENNIEMI, *The Politics of International Law*, Oxford/Portland (Oregon) 2011, 324.
35  MARTTI KOSKENNIEMI, *The Politics of International Law*, Oxford/Portland (Oregon) 2011, 322.
36  Vgl. MARTTI KOSKENNIEMI, *The Gentle Civilizer of Nations. The Rise and Fall of International Law 1870–1960*, Cambridge 2004, 516.
37  Vgl. MARTTI KOSKENNIEMI, *The Politics of International Law*, Oxford/Portland (Oregon) 2011, 322.
38  Ebd., 324.

mi als dessen Emanzipation bezeichnet.³⁹ Die Freiheit, die durch die Emanzipation erreicht werden soll, besteht im Kern im Befreien des Willens von seinen eigenen Grenzen, die sich daraus ergeben, dass wir nicht aus uns selbst heraus sind. Wenn die Emanzipation in diesem Sinne zum Kriterium der Gültigkeit der Theorie des Völkerrechtes erhoben wird, verkommt sie zu einem Idol der Geschichte des Völkerrechts.⁴⁰ In der Tradition des marxistischen Denkens geschieht das durch eine Substitution der transzendenten Bedeutung der menschlichen Existenz durch ihren immanenten Sinn.⁴¹

Als Archetyp der Emanzipation bleibt die Gestalt der himmlischen Polis bestehen; jedoch die Befreiung, die in ihr versprochen ist, vollzieht sich in dieser Welt als Selbstrealisation der menschlichen Existenz als Sinn des Daseins.⁴² Im Unterschied zum Christentum verspricht das kritische Denken die Befreiung schon in dieser Welt.⁴³ Das auf diese Weise entstehende „neue Naturrecht" ist natürlich nicht neu. Während die Politik in der Antike ein Streben danach ist, zu werden, wer wir sein sollen, bedeutet sie im modernen Denken ein Streben zu werden, was wir sein wollen.

Im Mittelalter hingegen hatte das Recht seinen Ursprung im Willen Gottes (Wilhelm von Ockham); anstelle dessen wurde in der Neuzeit die allmächtige Polis als Ursprung des Rechts eingeführt. Aber „ob [der] autoritative Ursprung ein weltlicher Herrscher oder Gott ist, ist [schon] eine Auseinandersetzung *innerhalb* des Rechtspositivismus."⁴⁴ Das Recht, das keinen anderen Autor als das Kollek-

---

39 Vgl. *supra*, s. Anm. 27 und 28.
40 Zum Begriff Eidos [εἴδωλον] der Geschichte vgl. ERIC VOEGELIN, *The New Science of Politics. An Introduction*, DERS., *The Collected Works of Eric Voegelin, Bd. 5: Modernity without Restraint*, Columbia/London 2000, 75–142.
41 Vgl. ebd., 189, 195.
42 Vgl. SLAVOJ ŽIŽEK, Paul and the Truth Event, in: JOHN MILBANK, SLAVOJ ŽIŽEK, CRESTON DAVIS (Hg.), *Paul's New Moment. Continental Philosophy and the Future of Christian Theology*, Grand Rapid 2010, 74ff. Namentlich konzentrieren sich die zeitgenössischen kritischen Denker angesichts des Umfangs der Artikulation der christlichen Freiheit der jüdischen schriftlichen Rechtsordnung gegenüber auf die Briefe des Apostels Paul. Vgl. weiter ALAIN BADIOU, *Saint Paul. The Foundation of Universalism*, Stanford 2003. THEODORE W. JENNINGGS, *Outlaw Justice. The Messianic Politics of Paul*, Stanford 2013.
43 Vgl. SLAVOJ ŽIŽEK, *The Fear of Four Words. A Modest Plea for the Hegelian Reading of Christianity*, in: CRESTON DAVIS (Hg.), *The Monstrosity of Christ. Paradox or Dialectic?* Cambridge, MA 2009, 24–109, hier: 97.
44 „Whether the authoritative source is the secular ruler or God is a dispute within legal positivism." GARRETT BARDEN, TIM MURPHY, *Law and Justice in Community*, New York 2010, 196.

tiv anerkennt, wird sich immer wieder zu ideologischen Projekten missbrauchen lassen.⁴⁵ Nur falls das Recht die Quelle der menschlichen Existenz erreichen kann, ist die Welt nicht ein Raum der Entfremdung.⁴⁶

## Schlussbetrachtung: Die Gabe des Rechtes

Das Problem der kritischen Theorie des Völkerrechtes besteht darin, dass das Subjekt durch die Annahme ihrer Methode von den Existenzquellen der Rechtsordnung, die ihm den begrenzten Horizont mit seinem eigenen Wollen zu überwinden ermöglichen würden, abgeschnitten bleibt. Die Rückkehr zum vormodernen politischen Gut schließt Koskenniemi ausdrücklich aus. Weil aber eben die Frage nach diesem Ursprung für die kritische Theorie verboten bleibt, werden die Fülle des Daseins und sein Sinn auf die Sozialstrukturen der Gesellschaft und auf das autonome Individuum begrenzt. Die Entfremdung, die vom Individuum wahrgenommen wird, hat Žižek prägnant beschrieben. Falls mein Ich die Quelle und der Sinn der ganzen Existenz ist, wird jede Autorität als Gewalt wahrgenommen.

Die Emanzipation stellt die Entdeckung des gewaltsamen Gründungaktes des Rechtes dar. Als irgendjemandes Wille, der durch Gewaltanwendung zum Gesetz wird, ist das Recht demaskiert, weil – gegenüber der Meinung von Marx – die Autorität eines solchen Rechtes dem Anspruch an die Gerechtigkeit, der das Wesen des Rechtes konstituiert, nicht entspricht. Die kritische Theorie ist ihrem Inhalt nach unfähig, diesem Anspruch zu entsprechen, denn sie übernimmt ganz *unkritisch* als Wesen des Rechts den Willen eines Individuums oder eines anderen Machthabers als Wesen des Rechts.

Was die europäische Polis – und jede andere – dagegen braucht, ist nicht nur eine Befreiung von der Macht, die im Dienst der „illusorischen Sonne" irgendeines menschlichen Ichs steht. Die

---

**45** Vgl. JAMES V. SCHALL, *Human Rights as an Ideological Project*, in: American Journal of Jurisprudence 32 (1987) 47–61, hier: 61.

**46** Vgl. CAITLIN SMITH GILSON, *The Metaphysical Presuppositions of Being-in-the-World. A Confrontation Between St. Thomas Aquinas and Martin Heidegger*, London/New York 2010, 122. HANNA-BARBARA GERL-FALKOVITZ, *Heimat im Glauben. Gelungenes Leben: Über religiöse Glücksvorstellungen*, in: JOACHIM KLOSE (Hg.), *Heimatschichten. Anthropologische Grundlegung eines Weltverhältnisses*, Wiesbaden 2013, 389–405.

vollkommene Emanzipation wäre hingegen eine Befreiung von dem wahren Opium der europäischen Völker, das der Atheismus ist.[47] Die Suche der Juristen nach einer Autorität, die zu ihnen durch ihre Rechtstexte spricht, offenbart die Suche nach einem vorausgesetzten Autor, der ihnen in einem wirklichen Sinn gegenwärtig ist, aber der von der Verfassung her den Gesetzgebern transzendent ist:[48] „Ohne Geist kann es keine Autorität geben. Ohne Autorität gibt es aber kein Recht"[49], wie Joseph Vining bemerkt. Deswegen „muss der Jurist ein Gläubiger sein"[50], hörend hinter dem Text des Gesetzes, der nur ein Beweis des Rechtes ist,[51] in seiner Bildung und in seiner Imagination auf das, was ist:[52] eine Person, deren „Vergebung und Gnaden im Maß der Absurdität der Gesetze und der Härte der Urteile sichtbar wird."[53]

Letzten Endes weist Koskenniemis (un-)kritische Theorie auf eine Wiederentdeckung hin, dass „der Geist und der Inhalt der politischen Gesetze von der göttlichen Freiheit abhängt, vermittelt durch die Freiheit des Regierenden oder durch den kollektiven Willen der individuellen Bürger", wie John Milbank klarstellt.[54]

---

[47] Vgl. JOHN MILBANK, *Three Questions on Modern Atheism. An Interview with John Milbank*, in: The Other Journal, 4.7.2008, auf: http://theotherjournal.com/2008/06/04/three-questions-on-modern-atheism-an-interview-with-john-milbank/ (11.2.2016).
[48] Vgl. STEVEN D. SMITH, *Law's Quandary*, Cambridge, MA/London 2004, 172f.
[49] „Without spirit there can be no authority. Without authority there is no law." JOSEPH VINING, *From Newton's Sleep*, Princeton 1995, 241.
[50] JOSEPH VINING, *The Authoritative and the Authoritarian*, Chicago/London 1986, 158.
[51] Vgl. JOSEPH VINING, *From Newton's Sleep*, Princeton 1995, 26.
[52] Vgl. JOSEPH VINING, *The Authoritative and the Authoritarian*, Chicago/London 1986, 34, 192.
[53] „... il perdono e le grazie sono necessarie in proporzione dell'assurdità delle leggi e dell'atrocità delle condanne." CESARE BECCARIA, *Dei Delitti e delle Pene*. Zit. nach: ARVO PÄRT, *Symphonie Nr. 4 ‚Los Angeles'*, München 2010, 1.
[54] Vgl. JOHN MILBANK, *Beyond Secular Order. The Representation of Being and the Representation of the People*, Chichester 2013, 154.

# V.
# LECTIO SPIRITUALIS

# Eine Ode an Kirche und Eucharistie

Wolfgang Buchmüller OCist

## Odo von Cluny: Occupatio

Der gesamte Komplex der Heilsgeschichte Israels und der Kirche als ein in Musik gefasster kompakter Hymnus an den Schöpfer allen Seins – nichts weniger dürfte dem Mönch Odo von Cluny (879 n. Chr. in Le Mans – 942 n. Chr. in Tours) vor Augen gestanden haben, als er einen der am schwierigsten zu dechiffrierenden Texte des dunklen Mittelalters ganz in der Art der großen römischen Dichter wie Ovid, Horaz, Vergil, Sedulius, Prudentius und Juvenal setzte, die offenkundig zu einigen Anleihen Anlass gaben.

Das monumentale Epos trägt gemäß dem in monastischen Kreisen üblichen Topos der Bescheidenheit den Titel: *Occupatio*[1] – „Freizeitbeschäftigung", überspielt dabei aber den ungeheuren Arbeitsaufwand und die außergewöhnlichen Kenntnisse an römischer und griechischer Bildung, die in das Werk eingeflossen sind. Zudem übertrifft der Umfang des Epos das in der Poesie Übliche bei Weitem, sodass das Werk in nicht weniger als sieben Bücher gegliedert werden musste. Damit ist aber der Stellenwert dieses eigenwilligen Epos noch nicht umrissen, denn es leuchtet inmitten eines Ozeans von barbarischer Rohheit und primitiven Replizierens einer beinahe verschwundenen Hochkultur wie ein einsamer Leuchtturm hervor. Gerade als gelte es zu beweisen, dass immer noch ein Rest der Bildungsoffensive der Karolinger Epoche lebendig sei, ist das Werk mit griechischen Zitaten geradezu gespickt. Es glänzt zudem mit seltenen oder ansonsten nicht nachweisbaren lateinischen Vokabeln. Die Finesse einer gehobenen Bildung soll anscheinend durch verschiedenste Wortschöpfungen eindrucksvoll bewiesen

---

1 Vgl. ANTON SVOBODA (Hg.), *Odonis Abbatis Cluniacensis Occupatio* (Bibliotheca scriptorum Graecorum et Romanorum Teubneriana), Leipzig 1900; s. auch MAX MANITIUS, *Geschichte der lateinischen Literatur des Mittelalters. Zweiter Band: Von der Mitte des 10. Jahrhunderts bis zum Ausbruch des Kampfes zwischen Kirche und Staat*, München ²1978, 23f.

werden, lateinische Vokabeln werden durch griechische oder sogar hebräische ersetzt.[2] Zumindest ein Kreis erlesener Kenner der lateinischen und griechischen Sprache scheint sich an dem Werk erfreut zu haben. Dazu dürften sowohl Theotolo, um 932 bis 945 Erzbischof von Tours, als auch Turpio, um 898 bis 944 Bischof von Limoges, gehört haben, der Odo zuvor zu einer ersten Prosaversion ermutigt hatte, den sog. *Collationes*, die anhand von Sentenzen der Kirchenväter das Erlösungsdrama und den Kampf von Kirche und Welt darstellen wollten.

Das als extrem schwierig und geradezu als unübersetzbar geltende Werk der *Occupatio* wird hier erstmals in einer Kostprobe von dem Übersetzungswissenschaftler und lateinischen Philologen Dr. Leo Bazant-Hegemark dargeboten, der sich damit auch als ein Repräsentant der Bewegung des „lebendigen Lateins" vorstellt, die die Schätze der lateinischen Kultur erhalten will.

Wer aber war dieser Odo von Cluny und was zeichnet seine Biografie in dem Kontext einer allgemein als dunkel empfundenen Epoche aus? Der Mönch Odo von Cluny verblüfft nicht nur als Dichter, sondern auch als ein profunder Musiktheoretiker, auf den die bis heute gebräuchlichen Anfangsbezeichnungen der Noten zurückgehen, die er für das diatonische Tonsystem eingeführt hatte, welches er über Boethius kennengelernt hatte. Musik war aber nur eine der Leidenschaften des Mönches Odo von Cluny.

Odo[3] war ursprünglich am Hof des Herzogs Wilhelm I. von Aquitanien (875–916) erzogen worden, hatte sich aber um 899 trotz seines 891 erfolgten Ritterschlags für einen Eintritt in das berühmte Chorherrenstift *Saint Martin* in Tours entschieden, um einer

---

2 Vgl. MARGIT STERL, *Sprachliche Untersuchungen zur „Occupatio" des Odo von Cluny*, Wien 1987, I: „... die sprachliche Spezialität der Occupatio, nämlich die – im Gegensatz zu den übrigen Werken Odos – gehäufte Verwendung griechischer und ausgefallener lateinischer Wörter, erfüllt den Wunsch des Adressaten (wahrscheinlich Bischof Turpio) nach einem *poema*, das *verba non nota* enthält und eben dadurch als Heilmittel gegen ein *cor fluens* dient ..."

3 Zur Vita und den Werken Odos von Cluny s. JOHANNES VON SALERNO, *Vita sancti Odonis abbatis cluniacensis secundi* (PL 133, 43–86); MAX ZEISINGER, *Leben und Wirken des Abtes Odo von Cluny*, Sorau 1892; LEO KOLMER, *Odo, der erste Cluniacenser Magister*, Landshut 1913; ANTOINE DU BOURG, *Saint Odon (879–942)*, Paris ³1930; JOACHIM WOLLASCH, *Cluny – „Licht der Welt". Aufstieg und Niedergang der klösterlichen Gemeinschaft*, Düsseldorf/Zürich ²2001, 37–66; ANNE-MARIE BULTOT-VERLEYSEN, *Odon de Cluny, Vita sancti Geraldi Auriliacensis. Édition critique, traduction française, introduction et commentaires* (Société des Bollandistes; Subsidia hagiographica 89), Brüssel 2009, 2–10.

Berufung zu folgen. Seine Gemeinschaft ermöglichte ihm hierauf Studien in Tours und Paris, wo er das Glück hatte, dort in der Abtei Saint-Germain d'Auxerre Schüler des Remigius von Auxerre (841–908) zu sein, der neben seinen philosophischen und theologischen Kenntnissen berühmt war für seine Expertise in der Musiktheorie.

Enttäuscht von dem monastischen Leben seiner Gemeinschaft von Chorherren folgte Odo, der mittlerweile zum Leiter der Klosterschule von Saint-Martin in Tours avanciert war, Abt Berno um 909 in seine benediktinische Reformgründung *Baume-les-Messieurs*, um dort eine neue Klosterschule aufzubauen. Als solcher war er wohl auch als *Oddo Levita* für den Entwurf der Gründungsurkunde von Cluny verantwortlich.

Für den apostolischen Eifer Odos als Lehrer zeugen im Übrigen nicht nur einige überlieferte literarische Predigten, sondern auch die erste Vita in der Kirchengeschichte des Mittelalters, die einem heiligen Laien gewidmet worden ist, die *Vita sancti Geraldi Auriliacensis*, die Vita des Grafen Gerald von Aurillac. 925 wurde Odo dann auch zum dritten Abt des Benediktinerklosters Aurillac gewählt. Nur zwei Jahre später, im Jahre 927, übernahm er die Leitung des 910 von Baume aus gegründeten Reformklosters von *Cluny*, das er von einem beinahe unbekannten Priorat der Abtei *Baume-les-Messieurs* zu einem eigenständigen Zentrum der Kirchenreform von europäischem Format aufbauen konnte.

Die kirchlichen und politischen Zeitumstände passen allerdings kaum in ein romantisierendes Bild vom Mittelalter: Die Wikinger, die noch im Jahre der Gründung von Cluny 910 den die Urkunde unterfertigenden Bischof von Bourges getötet hatten und unter ihrem Jarl Rolf oder Rollo nicht nur die nach ihnen benannte Normandie unsicher machten, tyrannisierten fortwährend den gesamten Westen und Norden Frankreichs und bildeten eine permanente Gefahr. Trotz der 911 in Rouen vollzogenen Taufe soll der Wikinger-Herzog Rolf-Rollo weiterhin noch heidnische Menschenopfer in der Normandie dargebracht oder zumindest zugelassen haben. Im Süden Frankreichs machten die Einfälle der arabischen Dschihadisten bis zu ihrer Niederlage in der Schlacht von *Tourtour* 973 das Leben unsicher, sodass die Möglichkeit einer Islamisierung weiterhin im Raum stand. Mit diesen äußeren Schwierigkeiten ging eine innere politische Anarchie einher, die aus dem sich über beinahe hundert Jahre (von 888 bis 987) hinziehenden Bürgerkrieg zwischen den rivalisierenden Dynastien der Karolinger und Kapetinger resultierte. Diese Zeitumstände hatten nicht nur eine äußere Unordnung, sondern auch eine tiefgreifende kirchliche Krise zur Folge: Es kam oft vor, dass Kirchenbesitz in die Hände von Laien geraten war, die nun mit ihren Familien ehemalige Klöster bewohnten, Kirchen standen leer und glichen Ruinen. Aber nicht nur die finanziellen Verhältnisse waren zerrüttet, sondern Bildung und Moral wiesen nach der Meinung von zeitgenössischen Beobachtern offenkundige Verfallserscheinungen auf. Die Synode von *Trosly* (909) stellte fest, dass viele Mönche außerhalb ihres Klosters lebten, wobei nicht nur sie, sondern auch ihre im Kloster verbliebenen Brüder bunte weltliche Kleidung trugen. Es soll nach dem Zeugnis der Synode sogar Fälle gegeben haben, in denen Äbte ihren Mönchen nicht die Benediktsregel beibringen konnten, weil sie selbst nicht lesen und schreiben konnten.[4]

So verwundert es nicht weiter, dass Odo nach dem Zeugnis seiner *Collationes* zu einer pessimistischen Einschätzung seiner Zeit kam: „In der Zeit des gegenwärtigen Lebens ist alles derart in Unordnung, dass du nirgends auch nur eine Spur von Wahrheit entdecken kannst, wohl aber siehst du, dass alles voller Bosheit und Begierde erfüllt ist und dass sich niemand gerecht und anständig vor dem Bösen bewahrt ..."[5]

Wie viele seiner Zeitgenossen argwöhnte er, dass das Ende der Zeiten nahegekommen sei, was ihn aber nicht in die Resignation trieb, sondern eher zu einer Art trotzigem „Dennoch" motivierte. Noch auf seinem Totenbett berief er sich darauf, dass es ihm nicht um weltliche Belange und um irdische Reichtümer und Absicherungen gegangen sei, sondern dass er allein Seelen hatte gewinnen wollen ...[6]

---

4  Vgl. JOACHIM WOLLASCH, *Cluny – „Licht der Welt". Aufstieg und Niedergang der klösterlichen Gemeinschaft*, Düsseldorf/Zürich ²2001, 21.
5  S. ODO VON CLUNY, *Collationum libri* III 2,37 (PL 133, 584): „Lugendum est praesentis vitae tempus, in quo sunt omnia confusa, ut veritatis quidem nec vestigium usquam videas, nequitiae vero atque luxuriae cuncta esse repleta prospicias, nec aliquid iuste recteque servari ..."
6  Vgl. JOACHIM WOLLASCH, *Cluny – „Licht der Welt". Aufstieg und Niedergang der klösterlichen Gemeinschaft*, Düsseldorf/Zürich ²2001, 38; JOHANNES VON SALERNO, *Vita sancti*

Das universelle Heilmittel für die Gesellschaft sah Odo in einer umfassenden Kloster- und Kirchenreform. Nach byzantinischem Vorbild sollten die Klöster zu Stätten fortwährenden Gotteslobes werden. Dazu sollte die ausgedehnte Liturgie Benedikts von Aniane († 821) mit vielen Prozessionen und Zusatzpsalmen noch einmal gesteigert werden. Dennoch herrschte in Odos Abtei Cluny kein seelenloser Ritualismus, wie ihm von verschiedener Seite vorgeworfen worden ist. Odo warb für eine innere Haltung der Ehrfurcht bei der gemeinsamen Verrichtung der Liturgie, er favorisierte aber das innere Gebet. Wie er es in seiner Vita des Grafen Gerald darstellt, ist für ihn das stille Gebet, das der feierlichen Verrichtung der kirchlichen Liturgie folgt, ein Zugang zu einer mystischen Gebetsweise, die eine Erfahrung innerer Seligkeit *(internae dulcedinis sapor)* eröffnet: je verborgener, desto beglückender *(Tanto dulcius, quanto et secretius)*.[7]

Dieser Zug zur Innerlichkeit bewahrte ihn und seine Reformklöster vor einer gedankenlosen Veräußerlichung. Neun Jahrhunderte vor Teresa von Ávila konnte Odo bereits von einer Seelenburg sprechen als einem Turm, der die Gemeinschaft derjenigen bezeichne, die die Welt verlassen würden, weil sie das Himmlische ersehnen, weil sie gegen die Bosheit der Geister kämpfen wollten, wobei sie aber wüssten, dass sie alle Stärke nicht sich selbst, sondern dem Herrn anvertrauen müssten.[8]

Das Leben der Reformmönche wurde offenbar als eine besonders authentische Lebensform des Christentums empfunden, nicht zuletzt, weil man die Liturgie mit der Organisation von Essens- und Sachspenden für die arme und hungernde Bevölke-

---

*Odonis* (Bibliotheca Cluniacensis 19): „Domine Pater, ex quo me miserum suscipere es dignatus, inquantum considerare valui, numquam tibi aliud curae feci, nisi de animabus lucrandis ..."

7 S. ODO VON CLUNY, *Vita sancti Geraldi Auriliacensis comitis* (Bibliotheca Cluniacensis 95): „Copia vero Clericorum semper comitabatur, cum quibus in divino opere iugiter insudabat. Omnis autem apparatus Ecclesiasticus ministerio necessario cum eo perinde ferebatur, cum quo divinae servitutis opus ingenti cura et reverentia, festivis diebus maxime gerebatur. Nocturno tempore cunctos in oratorio diutius praevenire solebat: quo expleto solus remanere solitus erat. Et tunc temporis tanto dulcius, quanto et secretius, internae dulcedinis saporem degustabat ..."

8 Vgl. ODO VON CLUNY, Sermo 2 (PL 133, 713–721, 716): „Turris enim non solum sublimior, sed tutior domus est, non facile hostibus patens; ad per hoc Ecclesiam designat quae terram deserens, caelestia desiderat, pugnans inter spirituales nequitias, fortitudinemque suam non sibi, sed Domino committens ..."

rung kombinierte. Dies hatte zur Folge, dass sich plötzlich die Nachkommen derjenigen adeligen Familien, die sich als Folge der politischen Krise den Besitz von Kirchen und Klöstern angeeignet hatten, als Anhänger einer Kirchen- und Gesellschaftsreform eine Umwandlung und Neubelebung ihrer als Eigentum angesehenen Klöster wünschten. So wenig verlockend diese Aussichten für die sich dort befindenden Mönche und Nonnen waren – den Druckmitteln der Kriegsherren und Bischöfe waren sie nicht gewachsen.

Odo ließ sich beispielsweise 930 bei der Reform der Abtei von Fleury selbst durch in Stellung gebrachte Bogenschützen oder gelegentlich hinuntergeschleuderte Gesteinsbrocken nicht beeindrucken und ritt friedliebend auf dem Rücken einer Eselin in die ehedem königliche Abtei ein, wo die Gebeine des heiligen Benedikt verehrt wurden.[9] Dieser und andere Erfolge hatten 931 eine päpstliche Generalvollmacht zur Folge, in Zukunft alle Klöster zum Zweck der Durchführung einer inneren Erneuerung in den Klosterverband von Cluny übernehmen zu dürfen. Papst Leo VI. (936–939) vertraute Odo sogar die stadtrömischen Klöster, insbesondere aber *San Paolo fuori le mura* einschließlich Benedikts Stammkloster *Monte Cassino* an. Da Odo ohnedies jedes Jahr zu Fuß nach Rom pilgerte, erschien dies als durchaus machbar. Das Papsttum, das sich durch innerrömische Machtkämpfe selbst in einer Glaubwürdigkeitskrise befand, war für Odo unangefochtene höchste Autorität, der Papst war für ihn selbst nach der Aussage der von ihm verfassten Urkunden der *Richter der Welt* und der *Fürst der Erde*.[10]

Die beiden Abschnitte seines Epos beleuchten einige Facetten seiner Glaubenslehre, insbesondere seine Lehre über die Eucharistie und seine Ekklesiologie, aber auch seinen geheimen Optimismus, mit dem er die kolossalen Aufgaben seines Lebens anging. Gott regiert vom Kreuze herab, das Kreuz ist wie ein Schlüssel, durch das sich die Jahrhunderte in ihren Kämpfen einmal erschließen werden. Die Kirche als die Gemeinschaft der Getauften

---

9  Vgl. JOHANNES VON SALERNO, *Vita sancti Odonis abbatis cluniacensis secundi* III, 8 (PL 133, 81)
10 Vgl. JOACHIM WOLLASCH, *Cluny – „Licht der Welt". Aufstieg und Niedergang der klösterlichen Gemeinschaft*, Düsseldorf/Zürich ²2001, 49; 57–60.

bildet einen Leib, der paradoxerweise zugleich innerlich stark ist als auch äußerlich unansehnlich, „zerrissen und struppig". Als Volk Gottes unterwegs ist sie zahlreichen Kämpfen, Versuchungen, Ängsten und Verfolgungen unterworfen, wartet aber auf die eschatologische Vollendung. Zur Eucharistielehre bemerkt Odo, dass in den Gaben von Brot und Wein die ganze Gottheit zur Sühne der Welt gegeben werde. Abseits der begrifflichen und logischen Auseinandersetzungen zwischen Abt *Paschasius Ratbertus von Corbie* († 859) und seinem Mönch *Ratramnus* († um 870), dem sog. ersten Abendmahlstreit, verficht hier Odo mit starken Bildern die Lehre von der Realpräsenz in der Eucharistie.[11] Die Gaben von Brot und Wein enthalten nach der Konsekration die ganze Gottheit und reichen aus, um die Schuld der Welt zu tilgen. Diese Gaben vereinen den Leib Christi der Kirche mit ihrem Haupt, dem Gottmenschen Christus, und bewirken, dass aus vielen eins werde. Dennoch versteht es Odo zu differenzieren; er vertritt keinen simplen Materialismus, der nur einen historischen Leib Christi kennt, sondern er spricht von einer sakramentalen und realen Gegenwart, die es ermöglicht, dass in sieben Kirchen gleichzeitig derselbe Leib Christi gespendet wird. Die irdische Spezies von Leib und Blut zerfällt mit dem Empfang, die sakramentale Verbindung mit dem Leib Christi bleibt aber in Ewigkeit.

Die poetischen Bilder stehen in ihrer Frische und Plastizität für die Stärken einer religiösen Poesie, die das zuweilen besser in Worte fassen kann, was eine Rückführung auf genau definierte Begriffe bei aller klaren Logik zwar umschreiben, aber nicht erfassen kann: das Mysterium des Glaubens, für das Odo von Cluny zeit seines Lebens als kirchlicher Reformator und vom Papst gesandter und beauftragter Missionar eingetreten war. So ist die *Occupatio* auch in ihrer bewussten Andersheit, die sie zwischen einem antiken Epos und einer germanischen Saga verortet, ein rares Zeugnis der ungebrochenen gestalterischen Kraft der Poesie des Glaubens, der auch die dunkelsten Krisenzeiten durchleuchtet.

---

11  Zu der Ratbertus-Ratramnus-Kontroverse s. VOLKER LEPPIN, *Theologie im Mittelalter* (Kirchengeschichte in Einzeldarstellungen I/11), Leipzig 2007, 45–53.

# Odonis abbatis Clvniacensis Occvpatio – Buch VI.

*Leo Bazant-Hegemark*

Buch VI. (praef., vv 1-72)

Einleitung (Je zwei Tripodien bilden einen Vers, angehängt ist ein Adonius.)

Ermüdet meinte die Muse,
das ‚sei das' Wenige, das ihr bleibt,
und am begehrten Ende sich zu freuen
da gewissermaßen schon das Ufer gesehen wurde
    nach den Wellen des Meeres

Doch das Meer beim Hafen
nimmt sie, allzu tief.
Solch etwas fordert die Ordnung,
was der Mond fürchtet und die ‚Himmels' Achse
    Die Sonne selbst ist bleich.

Eine neue Sache, weil vom Tod bringt
Ekel das ewige Leben!
Wer wird dies singen, wie es geziemt?
Dennoch sind sie getreu, dies
    zu essen geheißen:

„Sagt den Völkern", spricht er,
„dass der Gott vom Kreuze regiert!"
Es ist dieses Kreuz wie der Schlüssel,
soll sich wie verborgen auftun den Jahrhunderten,
    soll selber sprechen!

Damit gibt der Steinschlag Wasser;
das soll uns nur innerlich benetzen!

Welches das Meer spaltete den Juden,
durch die Engen droht uns die Welt
da der Feind getötet ist!
Schon lässt ja den Triumph des Kreuzes
das Volk auch selber erklingen,
das Manna nährt die Jungen,
gelöst von Pharao;
das Kreuz macht dies.

**Buch VI. (Hexameter)**

Was Jesus, der König, von Ewigkeit also beschlossen hatte,
und was er durch ungezählte Figuren dann bekräftigt hatte,
dass die Welt ihn gewissermaßen vorausgesagt rasch erkenne,
da alle Weissagungen der Seher in ihm flossen,
5 dass er tatsächlich erfüllte, ‚da' gibt er das Mahl als Tischgenosse
den Jüngern, das typische, sehend, weil die Zeit da war,
wodurch das neue Gesetz das alte ändert oder es erfüllt.
Da machte er die alte Vereinbarung, dann entsprechend der Zeit die neue,
und als er die alte erfüllte, verlieh er Geburt einer neuen.
10 Da er den Schein des Wahren auftut, da erklärt er den Schatten.
Dass die Tischgefährten aber doch für ein göttliches Mahl rein sind,
dass er dies lehrt, wäscht der Herr den Knechten die Sohlen
und ist nicht entehrt, Gehorsam seinen Jüngern
zu bringen, die Füße zu waschen und die Friedensgabe zu geben.
15 Wie wird auch dieses Geheimnis außer himmlisch <noch> wunderbar,
dass er die Füße wäscht, dass Gott selbst Diener wird,
er bot Gehorsam, dem die Summe der Völker dient!
Empfunden hatte dies Petrus, er flieht und meint verblüfft:
„Du, ein Gott, wäschst dem Menschen, der Herr die Sohlen des Knechtes,
20 du mir, du, wäschst mit den Händen, mit denen du alles formst?"
Solch Lehramt lehrt er die Sinne der Seinen,
setzt das Beispiel, das er ab nun zu halten befiehlt,
dass ein Knecht die Sohlen des anderen wasche.

Denn dies war groß, aber noch gab er sich milder.
25 Denn Küsse verwehrt er dem Wolf Judas selber nicht,
mild und unschuldig, so zeigt sich Jesus.
Also macht er das Wort, wie versprochen, verkürzt;
in verschiedenen Gaben und vielen, die dann verworfen,
Getreide und Wein, allen trug er dies eine vor.
30 Dies heiligt er, dies, was allzu kurz wird, was allzu tief,
so einfach im Aufwand und gar so leicht in der Bereitung,
so fein doch, womit es die ganze Gottheit besitzt.
Es reicht dies allein, die Sühne der Welt zu reinigen.
Nicht mehr werden Tieren die Kehlen geschnitten bei rauchigen Altären,
35 oder tönt das Muhen des Stiers und das Blöken des Lammes,
diesen gefällt es oder ist Sorge, die rotbraune junge Kuh zu zerteilen,
als schuldtragend ausgeschickt mag nicht der borstige Bock sühnen,
und nicht schert er die Schafe, wäscht der Knecht die Gedärme.
Gott hatte dies geheißen, dass dieses Geschlecht dies nicht hinunter zum Opfern
40 den Dämonen bringe. Dies aber ordnet er selber so,
alles, dass sie es für die Zukunft heilig bezeichnen sollen,
dass sie das typisch Unerkannte zum gelehrigen Wesen der Menschen machen.
Braucht Gott diese(s)? Sich etwa von blutiger Speise zu nähren?
Dass er Fleisch verspeist, verneint er, dass er Blut trinkt.
45 Konnte denn ein Lamm ewiges Heil bringen?
Kann ein Tier die Natur des Menschen retten?
   Daher gefällt[1] diese Gabe, mit der aus vielen eines wird,
Flüssigkeit oder Brot im Eintauchen des Korns gemischt,
sieben Kirchen werden erfüllt wie eine mit denselben;
50 Da ist der Körper für das Haupt, das Haupt hängt dann zusammen mit jenem.
Diese Art, dies eine gefällt, dies wird in Ewigkeit dauern.
Das ist leicht, fein, einfach und voll der Gottheit.
   Gesagt hatte er: „Wenn ihr nicht mein Fleisch habt zur Speise
und mein Blut zum Trank, könnt ihr das Leben nicht haben."
55 Das wurde aber bald unmenschlich und nichtig gehalten,

---

1   = wird beschlossen

dass viele schauderten und von ihm zurückgingen.
Dies aber, wie immer, tut der Allmächtige weise:
Er macht die Sache passend zu unseren Gebräuchen,
dass das Brot Leib und der Wein sein Blut sei,
60 aber, dass es genommen werden könne, solle Geruch, Farbe und Geschmack gleich sein.
Es gibt für Glauben den Lohn, dessen Güte die größte ist,
rühmt den wahren Zeugen, da er glaubt, weil es verborgen ist.
Daher wird der Glaube Abrahams erwiesen, einen Verdienst zu haben,
weil er glaubt, Gott vermöge, was die Natur verneine.
65 Also hielt Gott fest, dass das Brot, das alles schuf,
sein Leib sei und er dies auch für die Welt geben werde
und sprach auch: „Diesen Wein werde ich geben, denn er ist auch mein Blut."
Dies ist das Gesetz der Natur, gewendet zu werden, wozu der Schöpfer befohlen hat.
Der Befehl folgt, bald geht er aus sich in jenes hinüber,
70 was er, der Allmächtige, befiehlt, und wendet die Dinge zum Wunder.
Zugleich also wechselt die Natur ihr anderes Gesicht:
gleich wird zum Fleisch das Brot, und gleich dann zum Blut der Wein.

# Odonis abbatis Clvniacensis Occvpatio – Buch VII.

Leo Bazant-Hegemark

Buch VII. (praef., vv 1-68)

Einleitung (6 vierzeilige Strophen, in denen die ersten drei Zeilen je ein Asklepiadeus minor sind, die vierte Zeile ist der erste Teil eines Asklepiadeus, verbunden und beendet mit einem Adonius.)

> Was der Mensch da verschiebt
> blind oder ordnen tut,
> anders wird es gar oft,
> als er will oder denkt.

> Dieses singet die Schrift,
> und der Gebrauch stimmt zu;
> und auch hier unserem Werk
> trifft es sich also.

> End' der Gerechtigkeit,
> da ja der König kam,
> schon hat schwatzend erzählt,
> so wie er konnt', der Stift.

> Hier zu enden das Lied
> hatte ich geglaubt, im Vers,
> doch die Serie will
> etwas hinzu tun.

> Das hebräische Volk
> zeigt einer Kirche Typ.
> Ihm gibt Flut einen Weg,
> Pharao wird ertränkt.

> Aber zwei König' noch
> und allzu viele Müh'

schrecken es, und es tritt
ein in der Heimat Ruh'.
Die Herde, die das Kreuzesholz
durch das Nass heraus riss,
geht nicht bald unter die Sterne
und entbehrt der Feinde nicht.
Sie stößt an in Fehlern,
und heftiger ‚noch' ein Aufbrausen
als Könige schüttelt sie
und die Begierde.

König Och und König Basan
nicken dem typisch zu,
stehn im Wege dem Volk,
das seine Heimat sucht.
Nach der Taufe für die Frommen
sind diese zwei am meisten
Feinde, da sie schaden können
und sie ermüden.

Ein Teil besiegt die Könige
und besitzt die Szepter,
Milde, Strahlende auch
öffentlich zeiget er,
‚und' die Unzüchtigen, der Teil,
der das Kalb böse baut.
Das drängt, Rhythmen und Vers
länger zu gehen.

**Buch VII. (Hexameter)**

Der ganze Leib der Kirche war stark von innen her,
obwohl sie gehorchte, dass er außen zerrissen und struppig war.
5 Wie unansehnlich außen, so freilich lieblicher innen.
Mitten im bösen Land in aller Ehre erstrahlend,
wie das duftende Feld, das die Wolke vom Himmel befeuchtet,
Lilien mit Veilchen, Rose mit Narde oder Balsam,
und alles andere, wo die Gräser mit ihrem Purpur rot färben.

Sie bezeichnen die Seelen, die geputzt sind mit verschiedener Anmut,
mit dem Martyrium sind viele, wie mit einem Rosengebinde
10 errötet, andere sind weiß wie die keuschen Lilien.
Es erfüllten die Feurigen, was das Gesetz befiehlt, also treu.
Mit ihrem Charakter geschmückt könntest du glauben, dass
diese im Himmel wohnen.
Doch was wird sein? Versuchung quält unser Leben.
Weder Meer noch Himmel noch die Erde bleibt unentwegt heiter,
15 wendet sich zum Winter oder zu Fluten und Reif.
So schwanken die Menschen, deren Versuchung das Leben ist.
Es mag jener Friede, den Christus beim Gehen den Seinen zurück
ließ,
dauernd in diesen bleiben, die die innerste Gnade stärkt,
dass es aber notwendig ist, dass Skandale kommen, steht fest.
20 Also mögen draußen Kämpfe glühen und innen Ängste,
und draußen wütet raue Versuchung wie innen.
Härte untergräbt diese, Schmeichelei jene.
Durch diese beiden schädigt der ungetreue Drache die Gläubigen.
Wenngleich mit Weizensamen eine Kultur gesät wird,
25 sät auch das Unkraut nachher der Feind hinein,
beides wächst zugleich, bis das Dreschen erfolgt,
die Speicher füllt das Getreide, und das Unkraut das Feuer.
Sind Milde dabei, geht dieses Leben auch den Verwegenen,
alle löst es auf, wenngleich die Profession bindet.
30 Weil alte Geschichten unser Bild der Väter führen,
wird der Weg des Volkes aus Ägypten für uns also zum Muster.
Damals zog das Volk aus, nach dem untergegangenen Pharao frei.
Diese Trutzigen kann der Gott selbst nicht überwinden, er tötet die
Feinde.
Diese sind gewissermaßen die starken Herren, erstgemacht,
35 ihnen als Herren können die Knechte nicht anstoßen,
sie nun taucht Christus unter im Bade[1] ohne uns.
Durch das Meer ertränkt also Gott die Reihen aus Memphis,
wäscht alle Untat, die sich die verletzte Nachkommenschaft verdient.
Ein Pharisäergeschlecht quält dennoch auch nach dem Meer das
Hebräerland,

---

1   Bad = Taufe

40 dass es nicht träge werde, wenn es zufällig jeglichen Feind vermisst.
Mag so sein, dass die Taufe frühere Irrtümer genommen hat,
die Neigungen des Fleisches sind nicht aus kleiner Münze besänftigt,
sondern das Fleisch murrt unter dem Geist und wagt dagegen zu stemmen.
Nach Bad und Speise von Manna weist das Volk jenes zurück;
45 Dass sie nach der Taufe nicht fromm sind und in Mußestunden faul,
kämpfen sie mit Lastern, die denen im Weg stehen, die das Königreich anstreben,
wie Lobsprüche des Herrn erwarten sie uns als gebührender Lohn.
Nun, so kämpfen die Frommen, und mit Unterstützung des Herrn triumphieren sie,
dass Siegen sein Geschenk sei, und unsere Tapferkeit.
50 König Seon und Basan leisten Widerstand, da der Pharao untergegangen ist,
zuerst haben diese Könige Mühe, die Reisenden zu hindern.
Berichtet wird nämlich von Seon mit dem lateinischen Wort „stolz"
und „Schande" von Basan, Aufgeblasenheit also und Wollust kämpft,
und diese zwei Seuchen stehen wie zwei Könige.
55 Die eine nämlich verwüstet das Fleisch und die andere den Geist;
die eine spornt verlockende Liebe des Fleisches an,
die andere rät als übergutes Werk, Gunst zu lieben.
Was die Töchter bei Vater Lot tun, verrichten auch diese:
Die erste bittet um Verkehr, dann, überredet, auch die zweite, mit dem Vater.
60 Die erste, die Aufgeblasenheit, schändet den Geist, und dann die Begierde das Fleisch.
Die erste Tochter tut, was die zweite an jedem durchführt;
der Untergrund der ersten wird also der zweiten untergelegt.
Daraus verdirbt zumeist Lust das keusche Greisenalter.
Wenn sie innen aufgebläht ist, stürzt doch die Tugend hinaus.
65 Sie stehen nach Ägypten denen, die zur Heimat zurück streben, im Weg:
Oft mag der Gerechte schlaff werden, schläfrig im Herzen,
ihn fangen die Töchter, wie aus ihm geboren.
Das heilige Haus verwirft ihn ganz, weil er mit solchen isst.

# VI.
# LITERATURBERICHTE

# Die islamische Religion als spirituelle und erotische Versuchung für europäische Intellektuelle

*Beate Beckmann-Zöller*

## Reflexionen auf Michel Houellebecqs *Unterwerfung*

### 1. Werte der Aufklärung und der Islam

Könnte der Islam[1] in Europa tatsächlich eine Versuchung für Intellektuelle sein, nicht nur ein Nischendasein in einer Parallelgesellschaft zu führen, sondern zur prägenden Kultur Europas zu werden, so lässt sich im Nachklang der „politischen Fiktion" *Unterwerfung*[2] von Michel Houellebecq – „Frankreichs Prophet"[3]? – fragen. Das Christentum wird seit der Aufklärung europäischen Intellektuellen immer fremder, die sich längst in postchristlicher konsumistischer Säkularität eingerichtet haben. In Houellebecqs Roman gibt ausgerechnet Frankreich, die „Heimat" der aufklärerischen Werte *Liberté, Égalité, Fraternité* und die „älteste Tochter der katholischen Kirche" (so Frankreichs Ehrentitel), seine Werte der schleichenden Eroberung durch gemäßigte Muslime preis. 2022 hat sich die fiktive Partei „Bruderschaft der Muslime" (nicht zu verwechseln mit der real existierenden Extremistengruppe „Muslim-Bruderschaft"[4])

---

[1]  „Den Islam" gibt es natürlich ebenso wenig als einheitliches Konstrukt wie „das Christentum". Es lassen sich aber gemeinsame islamisch-religiöse Werte aufgrund von religionsphänomenologischen Zugängen in Verbindung mit neueren Forschungen zu Koran und Sunna erschließen. Vgl. GÜNTER RISSE, *Der Islam in unserer Welt. Theologische Gedanken an der Grenze der Begegnung von Christentum und Islam*, Paderborn 2015.

[2]  MICHEL HOUELLEBECQ, *Unterwerfung*, Köln 2015.

[3]  BARBARA MÖLLER, *Houellebecq ist Frankreichs Prophet*, auf: http://www.welt.de/print/die_welt/kultur/article137802536/Houellebecq-ist-Frankreichs-Prophet.html (25.02.2015) – Houellebecq hält seinen Roman nicht für „prophetisch", sondern er spürt „eine Angst bei seinen Zeitgenossen und drückt das in einem Buch aus". MICHEL HOUELLEBECQ, ‚Gott will mich nicht'. Interview, in: Philosophie Magazin 6 (2015) 27–31, hier: 31.

[4]  Es handelt sich nicht um einen Übersetzungsfehler.

in Frankreich politisch beheimatet und die Islamisierung durchgesetzt: Verschleierungszwang, islamisches Glaubensbekenntnis als Einstellungsvoraussetzung für Universitäts-Professoren und Verschwinden des Judentums aus der Öffentlichkeit. Provokativ ist der Roman, der sogar mit Aldous Huxleys *Brave New World* und George Orwells *1984* verglichen wird hinsichtlich seiner zeitanalytischen Auseinandersetzung mit politischer Korrektheit.[5] Der Autor selbst – ein „Orakel"?[6] – hält seinen Roman für „eine Beschleunigung der Geschichte".[7] Aber nicht um die politische Zukunft Europas soll es im Folgenden gehen, sondern um die religionsphilosophische Frage nach der religiösen Fundierung von aufklärerischen Werten.

Bevor eine Aussage dazu gemacht werden kann, welche Differenz eine Fundierung von „Freiheit" und „Gleichheit" aus christlichen oder islamischen Quellen ergeben würde, muss eine Unterscheidung getroffen werden: Dazu werden die Begriffe der „Aufforderung zur Unterwerfung" (Übersetzung von „Islam"/*aslama*) und der „Berufung zur Hingabe"[8] als der spezifisch christlichen Bewegung einer religionsphänomenologischen Analyse unterzogen. Die Erfahrung der noch jungen Disziplin der komparativen „Theologie der Religionen" zeigt, dass in der Begegnung mit der „fremden" Religion das Eigene neu und anders erkannt werden kann.[9] Die beiden sich auf Abraham beziehenden[10] Formen des Theismus (das Judentum wird hier aus Platzgründen herausgelassen)

---

5   EMMANUEL CARRÈRE, *Un roman d'une extraordinaire consistance romanesque*, auf: http://www.lemonde.fr/livres/article/2015/01/06/emmanuel-carrere-la-resistance-n-interesse-pas-houellebecq_4550129_3260.html.
6   STEPHAN MAUS, *Das Lumpen-Orakel*, in: Stern 6 (29.01.2015), 103–106.
7   STEPHAN SIMONS, *Michel Houellebecqs Vision: Wenn sich Frankreich dem Islam unterwirft*, auf: http://www.spiegel.de/kultur/literatur/michel-houellebecqs-unterwerfung-frankreich-unter-dem-islam-a-1011332.html (06.01.2015).
8   Vgl. zu den Gegenbegriffspaaren Unterwerfung versus Berufung: MARTIN SCHLESKE, *Der Klang. Vom unerhörten Sinn des Lebens*, München 2010, 158–161. Auch der Begriff „Islam" wird nicht nur mit „Unterwerfung"/„Ergebung", sondern auch mit „Hingabe" – zu Unrecht, wie hier gezeigt werden soll – übersetzt. Vgl. ANJA MIDDELBECK-VARWICK, ,*Allahu akbar'. Islamische Deutungen der Macht Gottes in christlich-theologischer Perspektive*, in: Renovatio 3/4 (2007) 26–34, hier: 28.
9   Vgl. ALEXANDER LÖFFLER, *Religionstheologie auf dem Prüfstand*, Würzburg 2010. KLAUS VON STOSCH, *Komparative Theologie als Wegweiser in der Welt der Religionen*, Paderborn 2012, 13.
10  Ob allein durch den Bezug auf eine gleichnamige Person, die jedoch unterschiedlich interpretiert wird, eine innere Verwandtschaft und nicht nur äußerliche Ähnlichkeit gegeben ist, kann hier nicht verhandelt werden.

werden bisher vielfach zu unkritisch als „gleichwertige" Konfessionen des Monotheismus nahezu austauschbar unter dem Begriff „Religion" eingesetzt. Wenn von einer „Rückkehr der Religion"[11] die Rede ist, wird selten unterschieden, ob Islam oder Christentum gemeint ist. Aus der allgemeinen Feststellung, Religionen seien Systeme zur Befriedigung metaphysischer Bedürfnisse, leitet sich der Kurzschluss ab, „jede Religion" sei unterschiedslos „ein Entmündigungssystem", gehe es doch „jeder Religion" wie dem Islam um „Unterwerfung".[12] Für den religionsdistanzierten Intellektuellen scheint der Islam inzwischen sogar der Maßstab für Religion schlechthin zu sein, an dem undifferenziert auch das Christentum gemessen wird. Zudem wird der Islam aufgefasst wie eine „morgenländische" Variante eines Theismus, die problemlos die „abendländische" (das Christentum) ablösen könnte.[13] Übersehen wird dabei, dass diese unterschiedlichen „Hin-" oder „Rück-kehren" völlig differente Positionen aus sich heraus entlassen, je nachdem wie das jeweils andere religiöse Verhältnis zwischen Mensch und Gott sich auf gesellschaftliche Zusammenhänge auswirken würde.

Houellebecqs Beitrag zur religionsphilosophischen Diskussion ist es, den religiösen Diskurs über eine mögliche Hinwendung des Intellektuellen zum Islam, die er deutlich positiv bewertet, mit dem geschlechteranthropologischen Diskurs in Verbindung gebracht zu haben. Er zieht nämlich den Begriff „Unterwerfung" nicht nur für die *persönliche* religiöse Beziehung zwischen Gott und Mensch heran, sondern thematisiert darüber hinaus zum einen die *politische* Unterwerfung[14], zum anderen die *sexuelle* Unterwerfung

---

11  MICHEL HOUELLEBECQ, *Eine Gesellschaft ohne Religion ist nicht überlebensfähig*, auf: http://www.zeit.de/kultur/2015-01/michel-houellebecq-vorab-interview (21.01.2015).
12  „Jede Religion ist doch ein Entmündigungssystem. Die Pointe und die Zumutung Ihres Buchs geht schon aus seinem Titel hervor: *Unterwerfung.*" ROMAIN LEIK, *Ich weiß nichts*, auf: http://www.spiegel.de/spiegel/print/d-132040413.html (28.02.2015).
13  In Houellebecqs Roman sei das Land „seltsam schmerz- und widerstandslos unter die Decke *der Religion*" geglitten. Ritte hält es wie Houellebecq für möglich, dass „sich dann tatsächlich die Wahl zwischen politischem Suizid (etwa durch die Wahl eines rechtsradikalen Staatspräsidenten) oder Unterwerfung unter einen *wie auch immer gearteten religiösen Zauber* aufdrängen" könnte. JÜRGEN RITTE, *Im Spiegel der Dekadenz. Houellebecqs Vision eines islamischen Frankreich*, auf: http://www.nzz.ch/feuilleton/im-spiegel-der-dekadenz-1.18456403 (07.01.2015).
14  MICHEL HOUELLEBECQ, *Unterwerfung*, Köln 2015, 243ff. Dieser Aspekt wird aus Platzgründen herausgelassen.

der Frau(en) unter den Mann, wie u. a. in der islamischen Eheform der Polygamie ermöglicht. Diese zunächst weit hergeholt erscheinende These der Verbindung von religiöser, politischer und sexueller *Freiheit* und der Gegenbewegung der *Unterwerfung* soll im Folgenden geprüft werden. Die *Liberté* scheint im aufgeklärten Europa immer stärker ihrer religiös-christlichen Herkunft entfremdet zu sein, sodass möglicherweise eine dialektische Gegenbewegung der *Unterwerfung* ausgelöst werden könnte. Das wiederum würde Auswirkungen haben auf den Wert der Égalité, hier vor allem von Männern und Frauen. Deutlicher als in der abstrakten Diskussion wird das im fiktiv ausgeschmückten Entzug von Werten der Aufklärung von Houellebecq im Roman dargestellt; so kann uns die vergessene, entstellte und verdrängte Präsenz des christlichen Erlösungs-Verständnisses an den Wurzeln unserer säkularen Kultur leichter neu bewusst werden.

## 2. Untergang des Abendlands – am metaphysischen Scheideweg

Houellebecq malt parallel zum Untergang des römischen Reichs – mit Blick auf die Ruinen des römischen Amphitheaters, die Pariser *Arènes*, – das Bild eines untergehenden Abendlands, das nach einem 200 Jahre währenden Versuch, die Werte der Aufklärung ohne metaphysischen Gottesbezug zu leben, wegen Selbstüberforderung depressiv und entkräftet zusammenbricht. Houellebecq, der sogenannte „neue Sartre"[15], hält den aufgeklärten, völlig religionslosen Menschen für jemanden, der nach seinem gescheiterten Versuch, autonom zu leben, nun seiner Freiheit gelangweilt überdrüssig ist.[16] Das metaphysische Bedürfnis einer Gesellschaft werde nicht durch „nackte Vernunft" befriedigt, denn „reine Freiheit" sei mit „Angst" und „Einsamkeit" konnotiert, so Houellebecq: „Wer frei sein wolle,

---

15  TILMAN KRAUSE, *Würden Sie dem Mann eine Armenzeitung abkaufen?*, auf: http://www.welt.de/kultur/literarischewelt/article136502081/Wuerden-Sie-dem-Mann-eine-Armenzeitung-abkaufen.html (18.01.2015).
16  Vgl. dazu RUPERT SCHEULE, *Wir Freiheitsmüden. Warum Entscheidung immer mehr zur Last wird*, Regensburg 2015. Vgl. auch JOHANNES RÖSER, *Welchen Sinn hat Freiheit?*, in: CIG 27 (2015) 291f.: „Ist die größte Gefahr der Freiheit womöglich die Freiheit selber, eine klammheimliche Trägheit, die die Bürgerinnen und Bürger erschlaffen lässt, das Errungene und Geschenkte wehrhaft zu verteidigen und mit einem tieferen Sinn zu füllen?"

müsse allen Bindungen entsagen. Wer könne das schon? Er selbst würde sich nur zu gern einer Religion unterwerfen."[17] „Freiheit" wird mit Bindungslosigkeit und dem von Gott losgelösten Liberalismus gleichgesetzt, in dem der Mensch so frei ist, dass er aus *Ennui* sogar seine eigene *Unterwerfung* wählen könnte. Die islamische Religion als „Unterwerfungssystem" gibt für Houellebecq die Antwort auf die von ihm prognostizierte Sehnsucht Europas nach Unterwerfung.[18] Der Protagonist im Roman sieht ein, dass der liberale aufklärerische Individualismus, nach einer positiven Zeit der Durchlässigmachung der Gesellschaft, sich nun durch die sexuelle Libertinage negativ gegen die Familie, den Kern der Gesellschaft, wandte und daher vom Islam abgelöst werden müsse, damit Europa neu vitalisiert werden könne.[19]

In dieser Situation steht der Intellektuelle François – der Franzose schlechthin – am metaphysischen Scheideweg, den Wert der Freiheit und damit verbunden seine Verantwortung als Intellektueller leidenschaftslos durch das Bekenntnis zum Islam abzugeben oder sie neu in ihrer religiös-christlichen Wurzel zu verstehen und mit Leben zu füllen. Houellebecq erzählt die herausfordernde „Versuchungsgeschichte des europäischen Intellektuellen", der sich „nicht verantwortlich fühlt"[20]. So wird seine Berufungs-Geschichte – nämlich die Berufung zum „Bekenner" (Professor) – zur Versuchungs- und letztlich Unterwerfungs-Geschichte. François lässt sich verführen, da die islamische Beziehungsform der Polygamie ihm zugleich mit seiner politischen und weltanschaulichen Unterwerfung die Befriedigung seiner erotischen Leidenschaften durch die Unterwerfung der Frau(en) unter seine Libido bietet – die in

---

17   STEPHAN MAUS, *Das Lumpen-Orakel*, in: Stern 6 (29.01.2015), 103–106, hier: 106.
18   „Mein Talent besteht darin, Wirkungsmächte in der zeitgenössischen Gesellschaft ausfindig zu machen. Und der Wunsch nach Unterwerfung ist eine Kraft, die wieder wirksam wird. Die Religion hat dabei die Nase vorn, denn alle anderen Unterwerfungssysteme, Nationalismus, Faschismus, Kommunismus, sind im Abseits der Geschichte gelandet." Houellebecq in: ROMAIN LEIK, *Ich weiß nichts*, auf: http://www.spiegel.de/spiegel/print/d-132040413.html (28.02.2015).
19   MICHEL HOUELLEBECQ, *Unterwerfung*, Köln 2015, 244.
20   „[...] sehr viele Intellektuelle hatten im Laufe des 20. Jahrhunderts Stalin, Mao oder Pol Pot unterstützt, ohne dass ihnen das jemals ernsthaft zum Vorwurf gemacht worden wäre; der Intellektuelle in Frankreich musste nicht verantwortlich sein, das lag nicht in seinem Wesen." [MICHEL HOUELLEBECQ, *Unterwerfung*, Köln 2015, 243.]

pornographischer Detailliertheit beschrieben wird.[21] Zwar bleibt das Ende des Romans offen, aber letztlich hat der französische Intellektuelle dem Islam nichts – weder rationale Argumente noch Glaubensüberzeugungen – entgegenzuhalten.

## 3. Suche im Nationalismus und im Katholizismus

Zunächst begibt sich François allerdings auf eine Aventüre, da seine Position gegenüber den neuen Zuständen noch unklar ist. Er begegnet den „Identitären"[22], der Partei der Ur-Einwohner Europas, die ihre französisch-nationalistische Identität mit Waffengewalt verteidigen wollen. Hier erinnert *Unterwerfung* an Jean Raspails Roman *Heerlager der Heiligen*[23], das nach heutigen Diskriminierungsgesetzen gar nicht mehr geschrieben werden dürfte.[24] Zur selben Thematik erschien 2005 der Roman *La Mosquée Notre Dame de Paris en année 2048*, die Dystopie der russischen Autorin Elena Tchoudinova (Chudinova), die erst 2009 nach vielen Schwierigkeiten ins Französische übersetzt wurde – eine deutsche Übersetzung steht noch aus.

Den Identitären – so spürt François – mangelt in ihrer Liebe zum Vaterland die Verbindung mit Gott, eine „Mystik höherer Ordnung"[25], die der Roman-Held an zwei Wurzeln des christlichen Abendlandes sucht. Er pilgert, zunächst dem katholischen Poeten Charles Péguy folgend, zur „schwarzen Madonna von Rocamadour", vor der Kaiser und Könige ihre Knie gebeugt hatten. Sie zeigt die Größe des christlichen Abendlands, „die eigentliche Göttlichkeit, das lebendige Herz seiner [Péguys] Frömmigkeit"[26], aber berührt François' Herz nicht. Warum seine Bekehrung zum Christentum im Roman letztlich scheitert, wird während seines Aufenthalts in

---

21 CHRISTOPHER SCHMIDT, *Über die Verführbarkeit zum Extremismus*, auf: http://www.sueddeutsche.de/kultur/unterwerfung-von-michel-houellebecq-ueber-die-verfuehrbarkeit-zum-extremismus-1.2305436 (16.01.2015).
22 In Frankreich seit 2004 *bloc identitaire* oder *genération identitaire*, seit 2012 in Deutschland und Österreich neu-rechte Bewegung, teilweise nationalsozialistisch, anti-islamisch, xenophob oder rassistisch.
23 Paris 1973, dt. 1985; neuübers. 2013, Schnellroda ²2015.
24 JEAN RASPAIL, Big Other. *Vorwort zur französischen Neuauflage von ‚Das Heerlager der Heiligen' (2011)*, übersetzt von Martin Lichtmesz, in: DERS., *Der letzte Franzose*, Schnellroda ²2015, 27–64, hier: 37.
25 MICHEL HOUELLEBECQ, *Unterwerfung*, Köln 2015, 140.
26 Ebd., 141.

der Abtei Ligugé deutlich, gegründet 361 vom Heiligen der Nächstenliebe, Martin von Tours. In dieses erste christliche Kloster des Abendlandes folgt François seinem literarischen Idol Joris-Karl Huysman, der sich dort Ende des 19. Jahrhunderts zur „Ideologie des Katholizismus", im Sinne eines liturgischen Ästhetizismus, bekehrt hatte.[27]

In einem Bändchen des Abtes liest François wenige Sätze, die für den religions-entwöhnten Intellektuellen wie auch für den Leser wie leeres weltfremdes „Gerede" von kitschig-idealistischer „Liebe" klingen, losgelöst vom konkreten Vorbild Jesu. Aber nicht nur der Sprecher (der Abt) verfehlt den Ton, der François' Berufung hörbar gemacht hätte, auch der Hörer kann den Ruf nicht vernehmen. François' Fokussierung auf entpersonalisierten Sex macht ihn „phänomenblind" (D. v. Hildebrand) für eine schenkende, freimachende, erfüllende, nicht-sexuelle Liebe und taub für den Ruf der Umkehr in die absolute Geborgenheit Gott-Vaters und die damit verbundene Leichtigkeit des Kind-Gottes-Seins, kurz: taub für die Berufung zur Bekehrung. Er hört nur „Erotik" und „sexuelles Verlangen", wo „Liebe" gesagt wird.

Der spezifische Kern des christlichen Glaubens – die Erlösung von Lasten und Ängsten durch Jesus Christus, den sich selbst in den Kreuzestod hingebenden menschgewordenen Gott der Liebe, der den Menschen in sein Person-Sein einsetzt und zu Taten der Nächstenliebe, Kunst, Wissenschaft und Gemeinschaft freisetzt – wird von Houellebecq im Interview als „zu kompliziert"[28] und von François im Roman aus nietzscheanischer und islamischer[29] Perspektive als lächerliche Anmaßung[30] abgelehnt. Ihm fällt zum Gesang der Mönche Nietzsches Kommentar ein, das Christentum sei „im Grunde eine weibliche Religion"[31].

---

27 In Huysmans Roman *Gegen den Strich* (Paris 1884; Potsdam 1921) flieht der dekadente Dandy Des Esseintes vor der Wirklichkeit in die Kunst und Sinnesreize aller Art.
28 „Im Islam gibt es den Schöpfer, und Schluss. [...] Die Menschwerdung des Gottessohns, [...] der Opfertod Christi am Kreuz, der Triumph des Gekreuzigten – das alles missfällt den Muslimen in hohem Maße. Sie verstehen es nicht. Ehrlich gesagt, ich verstehe es auch nicht." Houellebecq in: ROMAIN LEIK, *Ich weiß nichts*, auf: http://www.spiegel.de/spiegel/print/d-132040413.html (28.02.2015).
29 Vgl. dazu KLAUS VON STOSCH, AARON LANGENFELD, *Streitfall Erlösung*, Paderborn 2015.
30 Jesus hätte die Menschen zu sehr geliebt, es sei geschmacklos von ihm gewesen, sich kreuzigen zu lassen. [MICHEL HOUELLEBECQ, *Unterwerfung*, Köln 2015, 245.]
31 Ebd., 195.

Dieses Urteil hätte noch nicht das „Aus" für seine Suche bedeuten müssen, im Gegenteil: Ist es doch gerade das Weibliche, das ihn anzieht. Seine Suche nach „Maria" im Christentum hängt nicht zufällig mit dem identischen Namen seiner jüdischen Freundin, in der hebräischen Übersetzung „Myriam", zusammen; doch kommt François weder bei Maria und dem Christentum noch bei Myriam und dem Familien-Glück an[32], denn Myriam floh mit ihrer Familie vor der Islamisierung Frankreichs nach Israel.[33] So sucht François weiter sein Heil auf sexuell-lustvolle Weise „in der Frau" – gern auch zugleich im Plural mehrerer, sogar unter islamischer Regierung zugelassener Prostituierter – nicht „von der Frau" Maria, die ihn durch ihren Sohn Jesus zur Beheimatung in der Liebe Gottes hätte leiten können. Stattdessen findet er das zweifelhafte Glück, für Houellebecq „das höchste Glück"[34], nicht mehr autonom sein zu müssen in der Unterwerfung unter den Schöpfer in der Religionsform des Islam und in der sexuellen Beziehungsform der Polygamie.

Fasziniert von dem Gedanken, es könne doch einen Schöpfer geben, nimmt sich François nochmals Huysmans vor auf der Suche nach letztem Halt im Katholizismus, durchschaut aber nun dessen allein von der Ästhetik der Liturgie begeisterten Stil. Letztlich sei Huysmans doch dem bequemen Lebensstil eines Laienbruders verfallen, der von einer Bediensteten umsorgt wurde und der die großen metaphysischen Fragen nach der Existenz eines Schöpfers und dem Wesen der Mann-Frau-Beziehung ausklammerte.

---

32   Der Roman hätte ursprünglich den Titel *Conversion* haben sollen [ROMAIN LEIK, *Ich weiß nichts*, auf: http://www.spiegel.de/spiegel/print/d-132040413.html (28.02.2015).] und eine Liebesgeschichte mit einem Happy-End werden sollen. IRIS RADISCH, *Der Tod ist nicht auszuhalten*, auf: http://www.zeit.de/2015/04/michel-houellebecq-unterwerfung-charlie-hebdo-frankreich-radikalisierung (23.01.2015).
33   7000 französische Juden sind 2014 nach Israel ausgewandert, doppelt so viele 2013, s. dazu: http://www.welt.de/ newsticker/dpa_nt/infoline_nt/thema_nt/article136259699/Franzoesische-Juden-wandern-nach-Israel-aus.html.
34   IRIS RADISCH, *Der Tod ist nicht auszuhalten*, auf: http://www.zeit.de/2015/04/michel-houellebecq-unterwerfung-charlie-hebdo-frankreich-radikalisierung (23.01.2015).

## 4. (Be-)Glückende Unterwerfung unter den Islam – Aufgabe der Liberté

Vermittelt wird François der Islam in einer Begegnung mit dem Sorbonne-Präsidenten und Chef-Ideologen der muslimischen Regierung, dem Nietzscheaner Robert Rediger. Er hatte über *Die Nietzsche-Lektüre von Guénon* promoviert, einem Vorbild, das ebenfalls nach einer Zeit im Katholizismus zum (Sufi-)Islam konvertiert war. Beiden Vorbildern war Rediger treu: wie René Guénon konvertierte er zum Islam; in Nietzsches Nachfolge plädierte er für eine Luxus-Elite, die den Fortbestand von Luxus und den Künsten gewährleisten würde (244), und wetterte feindselig gegen das Christentum, das „ausschließlich auf der dekadenten, außenseiterischen Persönlichkeit von Jesus basierte". (245)

Der Islam verachte das Christentum, weil er „Männer" voraussetze, das Christentum sei eine weibische weichliche Religion. (245) „Die Idee der Göttlichkeit [...] sei der grundlegende Irrtum gewesen, der unausweichlich zum Humanismus und zu den ‚Menschenrechten' geführt habe. [...] die Aufgabe des Islams [...] bestehe [darin], die Welt zu reinigen, indem er sie von der schädlichen Lehre der Inkarnation befreit." (245) Jesus hätte die Menschen zu sehr geliebt, es sei geschmacklos gewesen, sich kreuzigen zu lassen. Und eine Ehebrecherin mit den Worten „Wer unter euch ohne Sünde ist, werfe den ersten Stein" gehen zu lassen, das sei dumm gewesen, denn es hätte danebengehen können, wenn ein siebenjähriger Knabe den Stein geworfen hätte. (245f.)

Für den ehemaligen Katholiken Rediger ist François keine freie *Person*, sondern eine *Sache*, die er besitzen möchte, „etwas von Interesse [...], Sie sind etwas, das ich haben will" – und dementsprechend hatte sich François „noch nie in einem solchen Maße *begehrt* gefühlt"[35]. Aufs Engste verbunden sind für François zwei Seiten des muslimischen Glaubens, die ihn letztlich überzeugen: erstens der Glaube an einen Schöpfer des harmonisch-geordneten „gestirnten Himmels" (Kant), der im Gegenzug für den metaphysischen Halt, den er garantiert, Unterwerfung unter seine Rechtleitung fordert und möglicherweise Bestrafung verhängt (François

---

[35] Michel Houellebecq, *Unterwerfung*, Köln 2015, 220, 222.

fürchtet Rachenkrebs für sein exzessives Rauchen[36]), und zweitens der Glaube an eine sexuell-befriedete patriarchale Gesellschaft, in der ein Mann mit bis zu vier Frauen verheiratet sein kann, wenn er sie gerecht behandelt.[37] Polygamie wird als sachlich notwendig für die Ausbreitung der Männchen mit höherem „Selektionsdruck" angesehen, so erklärt Rediger, biologisch wird die „Trächtigkeitsdauer bei den Weiblichen zur nahezu unbegrenzten Fortpflanzungsfähigkeit der Männchen" in Beziehung gesetzt. Das Schicksal der Gattung sei biologisch, darin liege der Sinn der Polygamie. (242)

François fällt es schwer, sich „als dominantes Männchen zu betrachten" (263), Rediger versichert ihm aber, dass seine „Intelligenz" der entscheidende Punkt für seine von islamischer Seite her erwünschte Fortpflanzung sei (264) und dass er geradeheraus fragen dürfe „Wie viele Frauen darf ich haben?" (264). Um Besitz geht es, um die Verdinglichung von Frauen, die ihm unterworfen werden, sollte er sich dem Islam unterwerfen.

Seine „Freiheit" als unbefriedigende Bindungs-losigkeit abzuwerfen und sich dem System des Islams zu unterwerfen, fällt François leicht, da er „weich landet"[38]: Er „fällt" auf drei Ehe-Frauen, die ihm – professionell vermittelt – unterworfen sind, da ihm das entsprechende Gehalt der saudi-arabisch-finanzierten islamischen Sorbonne zur Verfügung stehen würde. Rediger stellt die entscheidende Frage, ob er denn überhaupt die „Freiheit [seine Ehefrauen] selbst zu wählen" wolle – eine satanische Frage: „Haben Sie wirklich das Bedürfnis zu wählen?" (265) Es sei sowieso illusorisch, seine eigenen Bedürfnisse und die bestmögliche Befriedigung zu erkennen, daher gebe es Heiratsvermittlerinnen. Frauen seien im islamischen Menschenbild „geistig formbar", der Mann aber „absolut unerziehbar". (265) „Die muslimischen Frauen waren ergeben und gefügig, damit könnte ich fest rechnen, sie waren ganz in diesem

---

36  Ebd., 236.
37  François reizt der Lebensstil Redigers: „eine vierzigjährige Ehefrau für die Küche, eine fünfzehnjährige für andere Dinge ... Zweifellos hatte er noch eine oder zwei Ehefrauen im Alter dazwischen". MICHEL HOUELLEBECQ, *Unterwerfung*, Köln 2015, 235.
38  CHRISTOPHER SCHMIDT, *Über die Verführbarkeit zum Extremismus*, auf: http://www.sueddeutsche.de/kultur/unterwerfung-von-michel-houellebecq-ueber-die-verfuehrbarkeit-zum-extremismus-1.2305436 (16.01.2015): „François landet bei seiner Unterwerfung weich, lässt sich der Islam doch bruchlos mit seinen erotischen Vorlieben vereinbaren."

Sinne erzogen worden, und im Grunde genommen reicht das, um auf seine Kosten zu kommen" (268). Der Roman schließt mit dem Satz: „Ich hätte nichts zu bereuen." Wer doch etwas zu bereuen hätte, wenn es zu einer Islamisierung Europas käme, wären die Frauen; doch diese Stimmen kommen im Roman nicht zu Wort.

## 5. Unterwerfung der Frau unter den Mann durch den Schleier – Ein Aufgeben der Égalité

Keine Frau äußert im Roman ihre Unzufriedenheit darüber, durch die neue Gesetzgebung zur Verschleierung in der Öffentlichkeit ihre Freiheit zur Selbstdarstellung zu verlieren und dadurch ihr Person-Sein nicht mit gleichen Rechten wie der Mann leben zu können. Im Interview spekuliert Houellebecq, dass Frauen mit einer Islamisierung Europas sogar dezidiert einverstanden sein könnten, inklusive Unterwerfung unter den Mann und Rückkehr des Patriarchats, da die Emanzipation der Frau ein „weicher Fortschritt" sei; es könnte ihnen „gefallen", in Zukunft „keine Freiheit und keine Sorgen mehr zu haben."[39] „Freiheit" wird wiederum als negativ-bekümmernde Last verstanden, die leichtfertig abgegeben werden kann, und mit ihr die „Gleichheit".

Das Verhältnis zwischen den Geschlechtern sieht Houellebecq im Roman symbolisiert durch die „submissive O" und ihren dominanten Geliebten im Sadomaso-Roman *Geschichte der O* (Paris 1954).[40] Es geht darin, ähnlich wie in *50 Shades of Grey* (2015)[41], um die Lust an der *freiwilligen*[42] sexuellen *Unterwerfung* der Frau unter den Mann, bis zur Selbstversklavung. Die „submissive O" lernt von ihrem dominanten Geliebten, durch Fesselung und Auspeitschung jederzeit und für jeden sexuell verfügbar zu sein.

---

39 Houellebecq im Interview mit IRIS RADISCH, *Der Tod ist nicht auszuhalten*, auf: http://www.zeit.de/2015/04/michel-houellebecq-unterwerfung-charlie-hebdo-frankreich-radikalisierung (23.01.2015). Vgl. MICHEL HOUELLEBECQ, *Unterwerfung*, Köln 2015, 248.
40 Buch 1954; Film 1975, von Anne Desclos, unter dem Pseudonym Pauline Réage.
41 Buch 2011; Film 2015, von E. L. James.
42 Der Roman-Titel erinnert implizit an den gleichnamigen kritischen Film Theo von Goghs über Unterdrückung von Frauen im Islam, *Submission* (2004), in dem es allerdings um das *unfreiwillige* Unterworfen-Werden geht.

Während des Konversions-Gespräches bezieht sich Rediger auf eben diesen Roman *Geschichte der O:* „Es ist die Unterwerfung [...]. Der nie zuvor mit dieser Kraft zum Ausdruck gebrachte grandiose und zugleich einfache Gedanke, dass *der Gipfel des menschlichen Glücks in der absoluten Unterwerfung besteht*" (Herv. BBZ), wobei nach Rediger eine – eventuell blasphemische, so schränkt er ein – Parallele bestehe zwischen der „unbedingten Unterwerfung der Frau unter den Mann [...] und der Unterwerfung des Menschen unter Gott, wie sie der Islam anstrebt."[43] Vorerst richtet sich der Blick meiner Untersuchung allein auf das Geschlechterverhältnis, bevor er das Mensch-Gott-Verhältnis anvisiert.

Gesucht werde solch eine Unterwerfung in der BDSM-Sexualität[44] (oder zumindest in den Phantasien derselben), so die Kultursoziologin Illouz, weil Menschen hinsichtlich ihrer Rollen als Männer und Frauen in der Postmoderne durch Gender-Ideologien verunsichert seien und in der klaren sexuellen Dominanz des Mannes und der Unterwerfung der Frau eine Strategie der Stabilisierung von Rollen erlebt werden könne.[45] Es gehe einer Frau, die sich freiwillig sexuellem Missbrauch und Erniedrigungen unterwerfe, darum, den Mann *zur Liebe zu bewegen,* um ihn zu einem besseren Menschen *zu erlösen.* Die fatale Verheißung nicht-personaler Sexualpraktiken ist es, die Frau könne zur *Erlöserin des Mannes* werden, sei es durch aktive Selbst-Versklavung (aus der Sicht der Frau; säkular-liberalistische *Kenosis*) oder Fremd-Unterwerfung (durch den Mann, in islamischer Polygamie). Dieser Zusammenhang soll nun – über den Roman hinaus – im Folgenden analysiert werden.

---

43 MICHEL HOUELLEBECQ, *Unterwerfung,* Köln 2015, 234. Der französische Radiomoderator Ali Baddou hielt diesen Vergleich für „islamophob" und wollte sich darob „erbrechen". Doch der Vergleich sei „nicht islamophob, sondern allenfalls eine pointierte Überzeichnung." LAETITIA GREVERS, *Michel Houellebecqs harmlose Islamkritik,* auf: http://www.cicero.de/salon/michel-houellebecqs-unterwerfung-die-satire/58710 (09.01.2015).

44 BDSM-Sexualitäts-Beziehungen sind gekennzeichnet durch: *B*ondage and *D*iscipline (Fesselung und Bestrafung/Peitsche), *D*ominance and *S*ubmission (Herrschaft und Unterwerfung), *S*adism and *M*asochism (Lust an der Demütigung und dem Schmerz anderer Menschen oder der eigenen Demütigung und dem eigenen Leid).

45 Vgl. EVA ILLOUZ, *Warum Liebe weh tut,* Frankfurt a. M. 2011; DIES., *Die neue Liebesordnung,* Frankfurt a. M. 2013.

Die religiös[46] fundierte Geschlechter-Segregation (Sure 4, 34) wird im Islam vor allem durch den *Schleier der Frau* markiert, der dem Wert der rechtsstaatlichen Gleichheit von Mann und Frau widerspricht[47], selbst wenn er freiwillig und aus „religiösen Gründen" getragen wird.[48] Dabei steht das Kopftuch symbolisch nicht für das religiöse Bekenntnis zu Allah, seinem Gesandten Mohammed und dessen Verkündigung (Koran); das könnte auch in einem Allah- oder Koran-Symbol als Halskettchen in der Öffentlichkeit sichtbar zum Ausdruck gebracht werden.

Das Kopftuch[49] als das sichtbare „Zeichen des Islam" schlechthin hat ein anderes, die Persönlichkeit tiefer prägendes theologisch-gesellschaftliches Symbolgewicht als ein Kettchen um den Hals oder ein Kruzifix an Wand oder Wegesrand: Die Haare zeigen Persönlichkeit und Individualität des Menschen, die Person zeigt sich von sich her als sich selbst gehörig.[50] Das Stück Stoff, das *nur*

---

46 „Religiös", nicht „kulturell" ist etwas im Islam, wenn es im Vorbild des Verkünders Mohammeds verankert ist (sunna) und/oder im Koran. Im breiten Spektrum von islamischen Feministinnen wie Fatima Mernissi (FATIMA MERNISSI, *Harem: Westliche Phantasien – östliche Wirklichkeit*, Freiburg i. Br. 2005) und Konservativen wie dem saudi-arabischen Großmufti Scheich Abdul-Asis Al Scheich, der gegenwärtig die Kinderheirat verteidigt als im Vorbild Mohammeds verankert (s. dazu: http://www.spiegel.de/politik/ausland/saudi-arabien-ranghoechster-geistlicher-fordert-recht-auf-kinderehe-a-601306.html), bleibt die Geschlechtertrennung unstrittig.

47 Vgl. ALEXANDER KISSLER, *Kopftuch und Staatsdienst schließen sich aus*, auf: http://www.cicero.de/berliner-republik/islam-debatte-kopftuch-und-staatsdienst-schliessen-sich-aus/59378. Wenn nun nach dem Urteil des Bundesverfassungsgerichts (April 2015) Kopftücher in öffentlichen staatlichen Einrichtungen erlaubt sind, ist die deutliche Privilegien für den Islam, da kaum noch Ordensfrauen in staatlichen Schulen arbeiten, dafür aber Musliminnen. Vgl. JOHANNES RÖSER, *Ich bekenne ...?*, in: CIG 12 (2015) 127f.

48 Muslime sind sich untereinander uneins, ob eine Verschleierung für die Frau religiös notwendig sei, da sie nicht eindeutig im Koran für alle Frauen gefordert wird. Bei hoher Religiosität einer Familie, gemeint sind nicht Ramadan-Muslime, sondern betende und im Koran forschende Gläubige, mit deutlichem Bekenntnis zum traditionellen, nicht mystischen oder alevitischen Islam findet man jedoch selten, dass dann bewusst nicht das Kopftuch von den Frauen der Familie getragen wird. Vgl. ÜLKÜ SCHNEIDER-GÜRKAN U. A., *Für Neutralität in der Schule!*, in: FRIGGA HAUG, KATRIN REIMER (Hg.), *Politik ums Kopftuch*, Hamburg 2005, 18–22.

49 Beim Kopftuch-Tragen von Christinnen ging es immer um einen zeitgebundenen Brauch, so auch Paulus (1 Kor 11,5.16), damit kein Anstoß an vorherrschende Sitten genommen wird, nicht um eine zeitlose Bestimmung. Wenn sich die Grenze der Kleidersitten heute auf die „Bauchfreiheit" verschiebt, dann würde man heute Christinnen raten, für die Gottesdienst- und Gebetszeiten diese Leibesregionen zu bedecken, um Männer nicht zu sexuellen Gedanken während der Gebetszeit zu verführen, nicht aber die Haare.

50 Nicht umsonst werden in Zwangslagern Menschen die Haare abgeschoren und in Armeen Soldaten die Haare kurz geschnitten.

die muslimische *Frau* – nicht den Mann – kennzeichnet[51], deutet auf die Beherrschung der sexuellen Kraft, die dem in allen Kulturen erogen empfundenen Frauenhaar zugeschrieben wird.[52] Damit steht das Kopftuch für die *Last* der muslimischen Frau: Sie trägt die Verantwortung, die Folgen der erotisch-sexuellen Verführbarkeit des Mannes zu verhindern. Um Vergewaltigung, Ehebruch und damit Störung der öffentlichen Ordnung zu vermeiden, muss sie Teile ihrer Persönlichkeit, ihre Leiblichkeit – das Haar, in manchen muslimischen Kulturen ihren ganzen Leib – verhüllen.

In vom Christentum über eine längere Zeit geprägten Kulturkreisen dagegen wirkt – längst vergessen – die gesetz- und kulturgewordene Bergpredigt Jesu: Der Schutz der Frau vor Vergewaltigung liegt in der ethischen Verantwortung des Mannes, seine Selbst- und Trieb-Beherrschung bewahrt sie in ihrer Unversehrtheit: er soll sich symbolisch „sein Auge ausreißen" (Mt 5,29), wenn es ihn verführen könnte, d. h. seine Triebe beherrschen und sogar seine Gedanken kontrollieren, die ihn unrein machen (Mt 15,18-20). Der muslimisch-gläubige Mann dagegen soll nicht *sich*, sondern *seine Frau* beherrschen, indem er dafür sorgt, dass die Verschleierung der Frauen seiner Familie durchgesetzt wird; der Schleier schützt die Frau vor sexuellen Angriffen fremder Männer und markiert sie zugleich als „Habe" des Ehemannes[53], die nur vor ihm entschleiert und daher von ihm allein erotisch zu genießen und sexuell zu nutzen ist; nicht weil sie sich ihm freiwillig gibt als ihre *Gabe*, sondern weil er sie bereits besitzt als seine *Habe*: „Eure Frauen sind für euch ein Saatfeld. So geht zu ihm, wo immer ihr wollt! Sorgt für euch vor!" (2, 223)[54]

---

51 Muslimische Männer tragen zumindest im Europa der Gegenwart selten Turban, Fez usw., um für ihren Glauben Zeugnis abzulegen, eher um ihre Kultur auszudrücken.
52 Vgl. HANNA-BARBARA GERL-FALKOVITZ, *Es lebe doch der Unterschied!? Zum Spannungsfeld Christentum und Feminismus*, in: DIES., *Frau – Männin – Mensch. Zwischen Feminismus und Gender*, Kevelaer 2009, 59–100, hier: 67.
53 Wenn sie noch nicht verheiratet ist, wird sie für den künftigen Ehemann vom Vater aufbewahrt, der dann – nicht die Tochter selbst – den Ehevertrag mit dem Ehemann abschließt. Vgl. HILTRUD SCHRÖTER, *Das Gesetz Allahs. Menschenrechte, Geschlecht, Islam und Christentum*, Königstein 2007.
54 „Ideologisch ist die [islamische] Religion das beste Unterwerfungssystem. Denn sie liefert die Grundlage des Patriarchats: Der Mensch ist Gott unterworfen und die Frau dem Mann. Punkt, Schluss, aus." Houellebecq im Interview mit ROMAIN LEIK, *Ich weiß nichts*, in: Spiegel 10/2015 (28.2.2015), auf: http://www.spiegel.de/spiegel/print/d-132040413.html.

Im Neuen Testament sind Ehepartner sich gegenseitig „Gabe", nicht die Frau ist die Unter-worfene des Mannes, sondern beide sind *einander unter-geordnet*: „Einer ordne sich dem andern unter in der gemeinsamen Ehrfurcht vor Christus." (Eph 5,21)[55] Die Frau ist dem Mann untergeordnet wie die Kirche Christus[56]; zugleich soll der Mann die Frau lieben, wie Christus sich für die Kirche ganz hingegeben hat (Eph 5,24f.).[57] Diese „asymmetrische" Gegenseitigkeit ist nur in der monogamen Beziehung möglich und speziell in der, die auf Christus hingeordnet ist, sinn-erfüllt. Anders in der islamischen Polygamie, die für Muslime „religiös", nicht „kulturell" begründet ist, da sowohl im Koran als auch im Vorbild Mohammed verankert, das nicht historisch sein muss, aber „geglaubt" wird:[58] Dagegen bezieht sich der Ehemann auf mehrere Frauen und kann damit die verschiedenen Aspekte von Person-Sein (erotische Leiblichkeit, geistige Kulturalität, praktische Häuslichkeit) auf mehrere Ehefrauen aufteilen und sie damit funktionalisieren.[59] Sich selbst aber zersplittert er in multiple Erlebnis-Bezüge, da seine Nächte gleichmäßig unter den Ehefrauen aufgeteilt werden.[60] Damit ist eheliche Liebe weder exklusiv noch prinzipiell personal ausgerichtet; die individu-

---

55  HANNA-BARBARA GERL-FALKOVITZ, *Es lebe doch der Unterschied!? Zum Spannungsfeld Christentum und Feminismus*, in: DIES., *Frau – Männin – Menschin. Zwischen Feminismus und Gender*, Kevelaer 2009, 59–100, hier: 72–83.
56  Beim Kopftuch-Tragen von Christinnen ging es immer um einen zeitgebundenen Brauch (1 Kor 11,5.16), um keinen Anstoß an vorherrschende Sitten zu nehmen, nicht aber um eine zeitlose Bestimmung.
57  Vgl. NORBERT BAUMERT, *Frau und Mann bei Paulus. Überwindung eines Missverständnisses*, Würzburg 1993.
58  Polygamie mit bis zu vier Frauen ist im Koran erlaubt (4, 3), von Mohammed vorgelebt, nach der monogamen Ehe mit Chadidja hatte er nach unterschiedlicher Zählung 13 Ehefrauen, inkl. Sklavinnen, von denen Aischa erst 6 Jahre alt war, als er sie heiratete, und 9 Jahre, als die Ehe vollzogen wurde. Vgl. JULIUS BURGHARDT, *Die Bedeutung der Polygamie für den Islam*, München 2015. Auch Mohammeds Beziehung zu gläubigen Frauen ist maßgeblich, denen er nach der Überlieferung, der Sunna, auch zum Vertragsabschluss nicht die Hand gab, um sich nicht zu verunreinigen. Mohammed bestätigte durch seine Taten die grundsätzliche Unreinheit der Frau, sodass ein Muslim auch heute, wenn er strenggläubig Mohammed folgt, keiner Frau die Hand geben darf. „Wenn einer dem Gesandten (Mohammed) gehorcht, gehorcht er (damit) Allah." (Sure 4, 80)
59  HANNA-BARBARA GERL-FALKOVITZ, *Es lebe doch der Unterschied!? Zum Spannungsfeld Christentum und Feminismus*, in: DIES., *Frau – Männin – Menschin. Zwischen Feminismus und Gender*, Kevelaer 2009, 59–100, hier: 81.
60  Vgl. NINA NURMILA, *Women, Islam and everyday life. Renegotiating polygamy in Indonesia*, London 2009, und MOHAMED KASIM TAITUN, *Islam and poligami* (Sisters in Islam), Selangor 2008.

elle Person ist nicht ungeteilt gemeint, sodass Eifersucht bereits im Propheten-Haushalt einen breiten Raum einnahm.[61] Die christliche Frau (ebenso wie der christliche Mann) kann entscheiden, ob sie die *Ganz-Hingabe allein im zölibatären Bund mit Christus* (katholische/orthodoxe Orden, evangelische Diakonissen oder Bruderschaften) leben will und zugleich entweder in die Unsichtbarkeit der Verschleierung tritt (kontemplative Orden) oder sich sichtbar anders in die Gesellschaft einbringt (aktive Orden oder Jungfrauenweihe) oder ob sie die Beziehung zu Gott im Zugleich der Beziehung mit dem *Bund an einen Ehepartner* sichtbar in der Gesellschaft lebt. Dagegen hat die islamische Frau nicht die Wahl, *nicht* an einen Mann gebunden zu leben. Die Lebensform der nicht-verheirateten Frau ist im religiösen System des Islam nicht vorgesehen[62], weil sie die Garantie einer sexuell-befriedeten Gesellschaft durch Allah irritieren würde. Es gibt daher für die muslimische Frau kein religiösgestütztes Vorbild – wie es für die christliche Frau die Ordensfrau ist, die nur Gott gehört[63] – für die *Selbst-Habe* der Frau, die *nicht* Habe eines Mannes ist: zuerst ihres Vaters, dann ihres Ehemannes und zuletzt, als Witwe, ihres Sohnes.

Das Phänomen der Frau als Person, der wir freie verantwortliche Entscheidungen zutrauen, entstammt der biblischen Botschaft durch Jesus, der Frauen in der Glaubensweitergabe und in der Umkehrhaltung ernst genommen hat (Frau am Jakobsbrunnen, Joh 4,1-42; die blutflüssige Frau, Mt 9,18-22parr.; er lobt Marias geistige Tätigkeit gegenüber Marthas Haushalts-Tätigkeit, Lk 10,38-42) und nahm sie sogar in seine Jünger-Gruppe auf (Lk 8,1ff.). Das freie „Ja" der Frau (nicht ihres Vaters) in der christlichen Ehe stammt aus der Botschaft Jesu Christi, nicht erst aus der feministischen Bewegung, auch wenn die Kirchen nicht gerade Meister in der Umsetzung wa-

---

61 Mohammed durfte sogar mit mehr als vier Ehefrauen als von Allah gewährtem Privileg verheiratet sein (33, 50–52). Wenn der Ehemann sich eine zweite Frau nehmen will, wird die erste Ehefrau in manchen islamischen Ländern staatlich darüber informiert und in manchen kann sie dann entscheiden, ob sie sich scheiden lassen will oder nicht – nicht aber, dass sie die einzige Ehefrau dieses Mannes bleiben und die Liebes- und Lebensgeschichte mit ihm fortführen will. Nur im Iran kann sie gerichtlich Einspruch gegen eine Zweitfrau einlegen. IRENE SCHNEIDER, *Der Islam und die Frauen*, München 2011, 74–85. CHRISTINE SCHIRRMACHER, URSULA SPULER-STEGEMANN, *Frauen und die Scharia. Die Menschenrechte im Islam*, München 2004.
62 Ausgenommen später entwickelte Sufi- oder Derwisch-Orden.
63 Vgl. BEATE BECKMANN-ZÖLLER, *Frauen bewegen die Päpste*, Augsburg 2010.

ren. Aber es war die kulturelle Prägung durch die christliche Ehemoral, die aus der germanischen Frau, die zwangsverheiratet wurde, bei der Hochzeit zu Füßen des Mannes lag und seine Füße küssen musste, weil das ihre Stellung in der Ehe sein würde, eine freie Frau machte.

Ist nun die Übertragung des Geschlechter-Verhältnisses auf die Beziehung zwischen Mensch und Gott eine unzulässige? Natürlich handelt es sich im Roman um eine bewusste Überspitzung. Dennoch lohnt es sich, den Gestus der Unterwerfung oder Selbst-Unterwerfung und der Hingabe phänomenologisch genauer für beide Verhältnisse zu untersuchen. Aus der Religionskritik ist bekannt, dass Gott anthropomorph und der Mensch theomorph vorgestellt wird[64]; ebenso soll der Mensch die Beziehung zu seinen Mitmenschen von seiner Gottesvorstellung her prägen lassen.[65] Phänomenologisch reduziert sollen nun die Gesten des Unterwerfens und des Hingebens zunächst ohne spezifisches Gegenüber betrachtet werden[66], bevor beide Phänomene auf die ihnen zugeordneten religiösen Lebenswelten bezogen werden.

## 6. Phänomenologie der Unterwerfung versus Phänomenologie der Hingabe

Das „Werfen" der Unter-werfung ist gegenüber dem „Geben" der Hin-gabe[67] eine schnelle, aggressiv-kraftvolle, ab-fallende Bewegung, die immer „unten" endet. „Unterwerfung" meint vom Phänomen her, jemand könne mit Gewalt *unfreiwillig* nach unten „gewor-

---

64  Dass der Mensch als Ebenbild Gottes verstanden wird und umgekehrt das jeweilige Menschenbild das Gottesbild prägt, ist vor allem eine jüdisch-christliche Erkenntnis, die aber bereits Xenophanes religionskritisch teilte. „Äthiopier sagen, ihre Götter seien breitnasig und schwarz, Thraker, (sie seien) blauäugig und rothaarig." Ernst Heitsch (Hg.), *Xenophanes: Die Fragmente*, München 1983, 35.
65  „Wenn nun ich [Jesus], der Herr und Meister, euch die Füße gewaschen habe, dann müsst auch ihr einander die Füße waschen. Ich habe euch ein Beispiel gegeben, damit auch ihr so handelt, wie ich an euch gehandelt habe." (Joh 13,14f.)
66  Es geht dabei nicht um eine „schroffe Gegenüberstellung", die Middelbeck-Varwick anmahnt, sondern um eine „von der Sache selbst" her. Anja Middelbeck-Varwick, ‚*Allahu akbar'. Islamische Deutungen der Macht Gottes in christlich-theologischer Perspektive*, in: Renovatio 3/4 (2007) 26–34, hier: 26.
67  Michael Gabel, Hans Joas (Hg.), *Von der Ursprünglichkeit der Gabe: Jean-Luc Marions Phänomenologie in der Diskussion*, Freiburg i. Br. 2007.

fen" werden durch einen Mächtigeren oder auch *freiwillig* sich selbst nach unten „werfen", um damit dem anderen bewusst Macht über sich zu geben oder diese Macht anzuerkennen[68], und ihn dadurch an sich zu binden, sich einem Mächtigeren zu „er-geben".[69] Man überbrückt durch „Werfen" eine Distanz oder baut sie erst durch die eigene Nieder-werfung auf: vor einem Herrscher, der genauso Mensch ist wie ich, wird ein sozialer Ab-Stand, den die gleiche physische Körpergröße nicht ausdrückt, durch das Runter-Beugen oder Nieder-Werfen des Leibes symbolisch hergestellt. Unter-Werfung ist eine einseitige Bewegung, während die Hin-Gabe eine wechselseitige sein kann. Wert-loses wird achtlos weg-geworfen, Wert-volles dagegen würdevoll über-geben, höchstens ab-gegeben oder auch nach „oben" hin-gegeben.

Hingabe – des Menschen an Gott, aber auch in der sexuellen wechselseitigen Beziehung des Mannes an die Frau und der Frau an den Mann – setzt voraus, dass der Mensch frei ist, etwas zu geben, was er besitzt – sein personales Selbst. Sowohl Selbst-*besitz* als auch Selbst-*stand* werden vorausgesetzt für die Hin-Gabe: Nur der Mensch, der sich selbst *in der Hand hat*, kann sich *freiwillig selbst hingeben* für Gott und für andere – ohne seine Würde zu verlieren.[70]

Nur der Mensch, der bei seiner Hingabe in relativer Eigen-*ständ*igkeit (in Anerkennung seiner Geschöpflichkeit, nicht: Unabhängigkeit) *aufrecht steht*, kennt seinen Wert, aber überbewertet sich nicht. Das „Geben" geschieht selbst-bewusst, da kein Entreißen der Gabe stattfindet, sondern eine aktive langsam-bedachte Handlung, bei der der Geber weder sich noch dem Empfänger die Würde nimmt und die Gabe wert-geschätzt, nicht hin- oder vor-geworfen ist. Unterwerfung oder auch übertriebene Hingabe führen zur „Preis"-gabe oder Er-gebung des Selbst, sodass die Logik der anvertrauten Gabe verletzt, der Geber beschädigt wird. Der würdige

---

68   Vgl. RENATE KREILE, *Islamische Fundamentalistinnen – Macht durch Unterwerfung?*, in: Beiträge zur feministischen Theorie und Praxis 32 (1992) 19–28.
69   „Als Religion gilt bei Gott die Ergebung" (3, 19; Übersetzung Rudi Paret). Vgl. ANJA MIDDELBECK-VARWICK, *‚Und die gläubigen Männer und Frauen sind untereinander Freunde.' Zur Bedeutung der ‚Frömmigkeit' im Islam*, in: ANDREAS HÖLSCHER, ANJA MIDDELBECK-VARWICK, *Frömmigkeit. Eine verlorene Kunst*, Münster 2005, 128–141, hier: 131.
70   Vgl. EDITH STEIN, *Freiheit und Gnade*, in: DIES., *„Freiheit und Gnade" und andere Beiträge zu Phänomenologie und Ontologie*, ESGA 9, Freiburg i. Br. 2014, 8–72.

Empfänger würdigt die Gabe und den Geber; tut der Empfänger das nicht, dann hat man „Perlen vor die Säue geworfen" (Mt 7,6). Durch den Gestus der Unterwerfung stehen sich in der islamischen Lebenswelt Allah und der Mensch *nicht gegenüber als jeweils das Du des anderen*, sondern vom Phänomen her thront der Herrscher Allah über den ihm ergebenen Gläubigen, die nebeneinander als Diener *(abd)* vor dem Herrn *(rabb)* liegen und den Staub als Zeichen der Unterworfenen (d. h. „Muslime") auf der Stirn tragen: „Mohammed ist Gottes Gesandter. Die mit ihm sind, sind den Ungläubigen gegenüber hart, zueinander aber barmherzig. Du siehst, wie sie sich verneigen und *niederwerfen*, dabei nach Gabenfülle von Gott und Wohlgefallen trachten. Das Mal in ihrem Gesicht kommt vom *Niederwerfen*." (48, 29)[71]

Das Diener-Allahs-Sein ist im Selbstverständnis der Muslime „keine Herabwürdigung", sondern höchste Auszeichnung für den Menschen.[72] Der Mensch antwortet auf sein Geschaffen-Sein gegenüber dem Schöpfer mit Dankbarkeit (der Un-gläubige ist arabisch-gleichlautend der Un-dankbare, *kafir*). Er ist als Diener *(abd)* auch Stellvertreter *(kalif)* Allahs, übt Verantwortung über die Welt unter Allah aus. Der Schöpfer kennt keine Schwäche, hat – im Unterschied zum jüdisch-christlichen Gottesbild – nach der Erschaffung der Welt *nicht geruht* (2, 255; 10, 3)[73], weil ihn in seiner All-Macht keine Ermüdung berühret; daher ist der Freitag kein Ruhetag für Muslime.

Es gibt keine andere Beziehungsform zu Allah als *Diener* zu sein, der muslimische Mensch erlebt sich gegenüber Gott weder als Kind noch als Geliebter oder Freund, da Allah keinen Sohn als Mitt-

---

[71] Herv. d. BBZ. Vgl. ABDULLAH TAKIM, ‚*Wirf dich nieder und nähere dich Gott*' (Sure 96, 19). Das Gebet im Islam als Ausdruck der Gottesnähe, in: HANSJÖRG SCHMID, ANDREAS RENZ, JUTTA SPERBER (Hg.): „*Im Namen Gottes ...*". *Theologie und Praxis des Gebets in Christentum und Islam*, Regensburg 2006, 127–142. – Auch die christliche Liturgie kennt die ganz-leibliche Niederwerfung (katholisch-anglikanisch Prostratio, orthodox Metanie) aus der jüdischen Tradition, doch wird sie eingeschränkt auf den Weihe-Ritus und auf die Verehrung sowohl des Allerheiligsten (Jesus im eucharistischen Brot) als auch des Kreuzes am Karfreitag durch Priester und Diakone; die anderen Gläubigen bleiben aufrecht und beugen zur Verehrung Jesu und seiner Selbst-Hingabe am Kreuz als Antwort ehrfürchtig die Knie.

[72] ANDREAS HÖLSCHER, ANJA MIDDELBECK-VARWICK, *Frömmigkeit. Eine verlorene Kunst*, Münster 2005, 128–141, hier: 135.

[73] Vgl. STEFAN WILD, *Mensch, Prophet und Gott im Koran. Muslimische Exegeten des 20. Jahrhunderts und das Menschenbild der Moderne*, Münster 2001, 17.

ler kennt, der sowohl ihm als auch dem Menschen gleich wäre: „Es steht dem Allerbarmenden nicht zu, dass er sich ein Kind nimmt."[74] Jeder in den Himmeln und auf der Erde kommt zum Allerbarmenden *nur als Diener.*" (19, 92f.) „Ich [Allah] habe die Dschinn [Dämonen] und Menschen nur dazu erschaffen, dass sie mir *dienen.*" (52, 56)[75] „Allah ist *gütig gegen seine Diener.* Er beschert, wem er will (Gutes). Er ist der Starke und *Mächtige.*" (42, 19)

Allah (ohne Sohn und ohne Heiligen Geist) bleibt in sich beziehungslos, „in absoluter Transzendenz nahezu eingesperrt"[76], den Menschen über große Distanz und doch das ganze Leben formend („näher als die Halsschlagader"; 50, 16) nur so erlebbar, indem durch das Rezitieren des *Korans* (= Rezitation)[77] sein Wille repräsentiert und zugleich aktualisiert wird.

Der Haupteinwand des Islam gegenüber dem Christentum – dass Gott *per definitionem* nicht Mensch werden könne (Inkarnation)[78] – kann letztlich auf das Argument hin zugespitzt werden, dass das Christentum diese klare Macht-Verteilung zwischen dem Herr-

---

74 Die koranische Aussage, dass Allah „kein Kind" habe (112, 1–4), richtet sich gegen eine polytheistische Sexualisierung Gottes, die allerdings weder das Judentum noch das Christentum kennen, sondern die auf einem Missverständnis der Trinität als Vater-, Mutter-, Kind-Gott beruht (5, 116), sodass im Koran letztlich die christlich-intendierte Vermittlerfunktion des Gottessohnes missverstanden ist.

75 „Ist Gott aber der Herr der Menschen, dann ist der Mensch der Diener oder Knecht ('abd) Gottes. Das Dienersein des Menschen in Bezug auf Gott impliziert wiederum Aspekte wie ‚Demut, Bescheidenheit, absoluten Gehorsam und andere Eigenschaften, die von einem Diener erwartet werden.'" ANDREAS RENZ, *‚Abbild Gottes'* – *‚Stellvertreter Gottes': Geschöpflichkeit und Würde des Menschen in christlicher und islamischer Sicht,* in: ANDREAS RENZ, STEFAN LEIMGRUBER (Hg.), *Lernprozess Christen Muslime. Gesellschaftliche Kontexte – Theologische Grundlagen – Begegnungsfelder,* Münster 2002, 229.

76 RUDOLF FRIELING, *Christentum und Islam,* Stuttgart 1977. Vgl. THOMAS MOOREN, *Macht und Einsamkeit Gottes. Dialog mit dem islamischen Radikal-Monotheismus,* Würzburg/Altenberge 1991. Vgl. HANS ZIRKER, *Er ist Gott der einzige – Gesellt ihm nichts bei!,* in: ANDREAS BSTEHS (Hg.), *Der Islam als Anfrage an christliche Theologie und Philosophie,* Mödling 1994, 43–52.

77 Neuwirth weist darauf hin, dass es verkürzt ist, von einem Buch zu sprechen, denn es kommt auf die auswendige, magisch-mantische Rezitation, nicht auf das rational-nachdenkliche Lesen an. ANGELIKA NEUWIRTH, *Der Koran als Text der Spätantike. Ein europäischer Zugang,* Berlin 2010, 165ff.

78 Das Christentum basiere „ausschließlich auf der dekadenten, außenseiterischen Persönlichkeit von Jesus [...] Die Idee der Göttlichkeit [...] sei der grundlegende Irrtum gewesen, der unausweichlich zum Humanismus und zu den ‚Menschenrechten' geführt habe. [...] die Aufgabe des Islams [...] bestehe [darin], die Welt zu reinigen, indem er sie *von der schädlichen Lehre der Inkarnation* befreit." (MICHEL HOUELLEBECQ, *Unterwerfung,* Köln 2015, 245. Herv. d. BBZ.)

scher-Gott, den Diener-Gläubigen und den Un-Gläubigen verzerre.[79] In der Tat gibt Gott nach christlicher Vorstellung aus Liebe seine Macht ab, indem er sich seines Gott-Seins entäußert und Mensch, sogar „Sklave" wird (Phil 2,5-11). Er gibt sich so hin, dass der Gottessohn Jesus am Kreuz stirbt für die Lösung des Menschen von seinem „Sklave-der-Sünde-Sein" hin zum „*Kind*-Gottes-Sein". Die *All-Macht* des dreieinigen Gottes offenbart sich als in sich differenziert[80] (dreipersönlich, einwesentlich), als in sich selbst Beziehung lebend, die sich freiwillig hin-gibt in die *Voll-Macht* Jesu: eine „Vollmacht der Liebe – in der Bereitschaft zur Ohnmacht"[81].

Gottes *Ohn-Macht* zeigt sich in *Jesus*, der am Kreuz von Menschen getötet wird, und in der *Ohn-macht des Heiligen Geistes*, der vom Menschen beleidigt (Eph 4,30) und sogar ausgelöscht werden kann (1 Thess 5,19). Auch der allmächtige Schöpfer wird nun durch die Offenbarung des Neuen Testaments *nicht allein* als unbesiegbarer all-mächtiger Herrscher („König aller Könige, Herr aller Herren", 1 Tim 6,15), *sondern zugleich* als liebend-barmherziger Vater – und darum in seiner Liebe *verletzlich-ohn-mächtig* – verstanden. Der absolut Mächtige ist zugleich der absolut Liebende, das Paradox von „Stärke" und „Schwäche" wird nicht aufgelöst, sondern in fruchtbarer Spannung im Glauben gehalten, sodass auch Paulus sagt: „Wenn ich schwach bin, dann bin ich stark" (2 Kor 12,10).

Gott bleibt nicht als unbewegter Beweger bei sich, sondern läuft jedem zurückkehrenden verlorenen Sohn entgegen, und obwohl dieser als *Sklave* kommen will, setzt der barmherzige Vater ihn erneut in die *Sohnes*würde ein. (Lk 15,11-32) Wenn jemand sich von Allah abkehrt, dann sucht Allah den Verirrten nicht, wie der gute Hirt das verlorene Schaf oder die Frau die verlorene Drachme

---

79 Neuwirth meint, die Inkarnation verliere ihre Bedeutung, nachdem Muslime Mohammeds Verkündigung und damit Gottes Willen aufgenommen haben: „Indem der Text (Sure 55, 1-4) das Wirken des Logos aus einer neuen Perspektive betrachtet – nicht als Scheitern (wie in Joh 1,1-5, „die Seinen nahmen ihn nicht auf"), sondern als göttlich vorbereiteter Erfolg –, invertiert er die negative Vorgeschichte der johannäischen Inkarnation. Da der Logos nicht abgewiesen, sondern angenommen wird, ist die theologische Notwendigkeit der Inkarnation hinfällig." ANGELIKA NEUWIRTH, *Der Koran als Text der Spätantike. Ein europäischer Zugang*, Berlin 2010, 163.
80 Vgl. SÖREN KIERKEGAARD, *Eine literarische Anzeige*, übersetzt von Emmanuel Hirsch (*Gesammelte Werke* 17. Abteilung), Düsseldorf/Köln 1954, 124.
81 THOMAS PRÖPPER, Allmacht Gottes, in: DERS., *Evangelium und freie Vernunft. Konturen einer theologischen Hermeneutik*, Freiburg/Basel/Wien 2001, 288–293, hier: 289.

(Lk 15,1-10), sondern Allah sucht sich andere, die ihn lieben: „Ihr, die ihr glaubt, wenn unter euch jemand von seiner Religion abfällt, dann wird Gott Leute bringen, die er liebt und die ihn lieben [...]" (5, 54).[82]

Das Diener-Sein entwürdigt den Muslim in seinem Selbstverständnis nicht, doch impliziert es phänomenologisch gerade *nicht das aufrechte Gegenüber zu Gott*, sondern das Vor-ihm-Liegen; denn Aufrecht-Stehen ist nach dem muslimischen Menschenbild nur möglich aufgrund von Über-legenheit gegenüber anderen, die wiederum ihm (dem muslimischen Mann) *unter*-worfen sind: Ungläubige, Sklaven, Frauen. „Ihr, die ihr glaubt, [...] die den Gläubigen gegenüber demütig sind, *den Ungläubigen gegenüber mächtig*, die sich einsetzen auf Gottes Weg und den Tadel des Tadelnden nicht fürchten." (5, 54, Herv. d. BBZ)

Allerdings können Ungläubige sich freiwillig selbst aus diesem unterworfenen Status lösen, indem sie islamisch-gläubig werden; Sklaven können durch ihren Besitzer von ihrem Schicksal erlöst werden; aber eine muslimische Frau kann ihren Status niemals verändern:[83] „Die Männer stehen über den Frauen [so übersetzt Paret; Bobzin dagegen übersetzt: „für die Frauen ein"[84]; Zirker übersetzt: „den Frauen vor"[85]], weil Gott sie (von Natur aus vor diesen) ausgezeichnet hat und wegen der Ausgaben, die sie von ihrem Vermögen (als Morgengabe für die Frauen?) gemacht haben. Und die rechtschaffenen Frauen sind (Gott) demütig ergeben und geben acht auf das, was (den Außenstehenden) verborgen ist, weil Gott (darauf) achtgibt (d. h. weil Gott darum besorgt ist, dass es nicht an die Öffentlichkeit kommt). Und wenn ihr fürchtet, dass (irgendwelche) Frauen sich auflehnen, dann vermahnt sie, meidet sie im Ehebett und schlagt sie[86]! Wenn sie euch (daraufhin wieder) gehorchen,

---

[82] „Sag: ‚Wenn ihr Gott liebt, dann folgt mir, damit euch Gott liebt und euch eure Sünden vergibt!' Gott ist voller Vergebung und barmherzig. Sag: ‚Gehorcht Gott und dem Gesandten!' Doch wenn sie sich abkehren – Gott liebt nicht die Ungläubigen." (3, 31-32).
[83] Vgl. BERNARD LEWIS, *Die Juden in der islamischen Welt*, München 2004, 18f. Relative Lösungen sind möglich durch die Geburt von Söhnen und als einflussreiche Schwiegermutter, aber keine absolute Lösung des ‚Unterworfenen-Status' gegenüber dem Mann.
[84] *Der Koran*, neu übertragen von Hartmut Bobzin, München 2010.
[85] *Der Koran*, übersetzt und eingeleitet von Hans Zirker, Darmstadt 2003.
[86] Netzwerk islamischer Frauen (www.huda.de) übersetzt statt „schlagt sie": „legt ihnen mit Nachdruck eine Verhaltensänderung nahe."

dann unternehmt (weiter) nichts gegen sie! Gott ist erhaben und groß." (4, 34; Übersetzung von Rudi Paret)[87]
In der islamischen Mystik wurde ein eigener Weg gefunden, auf Allahs Allmacht nicht nur durch das Sich-Unterwerfen unter seine Rechtleitung *(huda)* zu antworten. Der Mystiker verehrt Allahs Allmacht durch das Auflösen des eigenen Ichs: Rumi drückt diese mystische Lehre in einem Bild des Menschen aus, der an Allahs Tür klopft, und dem erst dann geöffnet wird, als er auf die Frage, wer da sei, nicht mehr antwortet: „Ich bin es", sondern: „Du bist es."[88] Nur noch Allah ist; das eigene Selbst – ähnlich wie in asiatischen Religionen – ist aufgegeben bzw. hat nie existiert. Von Christus dagegen heißt es umgekehrt, dass *er* vor der Tür des Menschen steht und anklopft, also die Freiwilligkeit des Menschen achtet, indem er zusagt, er werde nur dann eintreten, wenn jemand ihm freiwillig von innen öffnet; erst dann wird eine Freundschaft beginnen: „Ich werde das Mahl mit ihm halten und er mit mir." (Offb 3,20)[89]

## 7. Berufung zur Hingabe und Freundschaft durch Wiedergeburt

Im Verständnis des Christentums *fordert* Gott vom Menschen *keine Unterwerfung*, sondern Gott *beruft*[90] ihn *zur Hingabe*. Gottes Selbst-Hingabe in Christus ermöglicht die freiwillige Wieder-Hingabe unseres Lebens an ihn. Allahs Macht dagegen fordert eine einseitige Unterwerfung – viele katholische Theologen sprechen hier zu Unrecht von „Hingabe an Allah" –, ohne dass Allah sich selbst dem Menschen hingeben würde. Eine Reziprozität ist hier undenk-

---

87 Vgl. ALI KECIA, *Sexual Ethics & Islam. Feminist Reflections on Qur'an, Hadith, and Jurisprudence*, Oxford 2006, 117–126. MUHAMMAD EL-ARABAWY HASHEM, *Wife Beating: Modern Readings of the Qur'ān (4:34)*, in: Journal of the Faculty of Languages and Translation. Al-Azhar University 3 (2012) 6–50. ZENTRUM FÜR ISLAMISCHE FRAUENFORSCHUNG UND -FÖRDERUNG (Hg.), *Ein einziges Wort und seine große Wirkung – Eine hermeneutische Betrachtungsweise zum Qur'an Sure 4, Vers 34, mit Blick auf das Geschlechterverhältnis im Islam*, Köln 2005.
88 RUDOLF FRIELING, *Christentum und Islam*, Stuttgart 1977, 73f.
89 Auch bei einer plötzlichen scheinbar überfallartigen Gottesbegegnung hat der Mensch den freien Willen, sich Gott zu öffnen oder sich zu verschließen. Vgl. EDITH STEIN, *Freiheit und Gnade*, in: DIES., *„Freiheit und Gnade" und andere Beiträge zu Phänomenologie und Ontologie*, ESGA 9, Freiburg i. Br. 2014, 31.
90 „Und keiner nimmt sich eigenmächtig diese Würde, sondern er wird von Gott berufen", Hebr 5,4; Röm 1,6.

bar: Allah gibt „etwas" – die Rechtleitung durch den zu rezitierenden Koran; er gibt nicht „jemand", nicht sich selbst. Das christliche Gottesbild zeigt ein personales Wesen, das in Jesus Christus unter den Menschen wohnt und sich nicht mit Sklaven, sondern mit eigenen Kindern und Freunden umgeben will. Gott lässt dem Menschen Freiheit und nimmt ihm Ängste ab: „Ich [Jesus] nenne euch *nicht mehr Knechte*, denn ein Knecht versteht nicht, was sein Herr tut. Vielmehr habe ich euch *Freunde* genannt; denn alles, was ich von meinem Vater gehört habe, das habe ich euch mitgeteilt." (Joh 15,15) „Denn ihr habt nicht einen Geist empfangen, der euch zu *Sklaven* macht, sodass ihr euch immer noch fürchten müsstet, sondern ihr habt den Geist empfangen, der euch zu *Söhnen* macht, den Geist, in dem wir rufen: Abba, Vater. [...] Sind wir aber *Kinder*, dann auch *Erben*; wir sind Erben Gottes und sind Miterben Christi, [...]." (Röm 8,15.17)

In der Phänomenologie der Freundschaft herrscht das Bild der Liebe, die die freie Gegenliebe des Freundes, des selbst-bewusst Freien, nicht des Untergebenen will. Ein Freund wird eingeweiht, hilft freiwillig mit bei dem Auftrag, den er Jesus tun sieht. Ein Freund wird weder entmündigt noch unterworfen, sonst wäre er Knecht[91], sondern er wird berufen und gibt eine freie Antwort, weil er zur Ver-antwort-ung fähig ist.

Weil der Freund versteht und weiß, kann er aufrecht Gott als Du gegenüberstehen und sich – sein Herz, seinen Geist, seine Vitalität – hingeben, d. h. sich im Dienst Gottes einsetzen, um Gottes Wesen, das „Liebe" (1 Joh 4,16b) ist, zum Wohl der Mitmenschen zu verbreiten. Auch der Sohn dient dem Vater, aber im Gegensatz zum Sklaven ist er der Erbe (Röm 8,15) und damit *personales, nicht funktionales* Gegenüber. Ein Freund dient dem Freund, ein Mann der Frau – aber dieses Dienen hat die Qualität des aufrechten Gegenübers, der gegenseitigen Hingabe im Dienen trotz asymmetrischen Verhältnisses. Gott hat den Menschen zuerst geliebt, sich ihm zuerst hingegeben, am Kreuz, und sehnt sich nach Wieder-Hingabe, erzwingt sie aber nicht; sie führt nicht zur Unterwerfung, sondern zur Befreiung des Menschen zur Freiheit: „Zur Freiheit hat uns

---

91 Paulus bezeichnet sich an verschiedenen Stellen auch als Knecht/Sklave Christi, aber das ist nicht die Hauptcharakteristik der Beziehung, z. B. Tit 1,1.

Christus befreit!" (Gal 5,1), „Zur Freiheit seid ihr berufen [...] dient einander in Liebe!" (Gal 5,13)[92] Bevor der Mensch sich Gott hin-geben kann, muss er wissen, *wer* er ist und was er gibt, wenn er sich gibt, und *wem* er sich selbst hin-gibt.[93] Geschaffen-Sein im Ebenbild des dreieinigen Gottes (Gen 1,27) heißt, sich selbst besitzen (Selbst-Habe) und sich daher selbst schenken können (Selbst-Hingabe), wie sich Gott als Liebender hingibt. Der Mensch verliert sich und seine Freiheit nicht, wenn er sie Gott hingibt,[94] der sich ihm zuvor hingegeben hat. Gott schätzt ihn und seine Gabe wert und verwandelt sie ihm, der Mensch erhält sie gereinigt durch das „Bad der Wiedergeburt" (Tit 3,5) zurück: „Siehe, das Alte ist vergangen. Neues ist geworden." (2 Kor 5,17) Die Hin-Gabe des Menschen an Gott und die folgende Wiedergeburt führen in einen Bund der „neuen Familie in Christus" (Mk 3,35parr.), der Freundschaft und im Rahmen der Geschlechter zur gegenseitigen Unter-Ordnung – keiner unterwirft den anderen, wie noch in der Sündenfall-Ordnung – der Herrschaft des Mannes über der Frau (Gen 3,16). In der „Erlösungsordnung Christi" (Edith Stein) muss nicht einer den anderen beherrschen, sondern jeder wird gegenseitig in seiner ergänzenden Unterschiedlichkeit wertgeschätzt, freundschaftlich „schätze einer den andern höher ein als sich selbst." (Phil 2,3)

Beide theistischen Positionen, die islamische wie die christliche, haben dem post-aufklärerischen Atheismus oder Agnostizismus gegenüber gemeinsam, dass sie das Selbst-wie-Gott-Sein-Wollen aufgeben, um die All-Macht des Schöpfers und die eigene Ohn-Macht des Geschöpfseins anzuerkennen. Kann es nun einer säkularen Gesellschaft gleichgültig sein, ob religiöse Diener- oder Kind-/Freund-Qualitäten gelebt werden? Die islamisch- oder christlich-religiöse Beziehungsqualität wirkt sich prinzipiell auf die säku-

---

[92] „‚Alles ist mir erlaubt' – aber nicht alles nützt mir. Alles ist mir erlaubt, aber nichts soll Macht haben über mich." (1 Kor 6,12) Freisein und Knecht-Gottes-Sein ist für Petrus kein Wiederspruch: „Handelt als Freie, aber nicht als solche, die die Freiheit als Deckmantel für das Böse nehmen, sondern wie Knechte Gottes." (1 Petr 2,16)
[93] EDITH STEIN, Freiheit und Gnade, in: DIES., „Freiheit und Gnade" und andere Beiträge zu Phänomenologie und Ontologie, ESGA 9, Freiburg i. Br. 2014, 18f.
[94] Ebd., 32.

lare Gesellschaft aus, vor allem sichtbar an „der Frau".[95] Denn das Menschenbild des Sklave- und Stellvertreter-Seins dessen, der sich dem Herrn unterwirft, erwartet auch vom anderen, weniger Mächtigen Unterwerfung. Als Kind/Freund/Erbe Gottes ist die andere – die Frau, an der es besonders deutlich wird – nicht Unterworfene, sondern ihr eignet ebenfalls Kindes-Würde, nicht Sklaven-Existenz, sie ist bereits vor der Hinwendung zu Gott wertvoll in sich.

## 8. Wiedergeburt – des christlichen Glaubens in der Kraft des Heiligen Geistes?

Sicher begann die Geschichte des Christentums in Europa nicht in erster Linie mit der Predigt der Freundschaft zwischen Gott und Mensch, sondern mit einer kirchenpolitischen Unterwerfungsgeschichte. Die drei großen Herrscher Europas Konstantin (Rom), Chlodwig (Frankenreich) und Vladimir der Heilige (Russland) nahmen das Christentum an, weil sie Jesu Kreuz als Siegeszeichen militärischen Erfolges erlebten. Nicht nur die Botschaft der Bibel gestaltete die europäische Kultur, sondern die europäische Adelsstruktur und europäische vor-christliche Gotteserfahrungen prägten die Gestalt der Kirche Europas.

In jeder Kultur und in jedem Jahrhundert will daher die christliche Botschaft neu verstanden, gereinigt und „beheimatet" werden. Dazu muss eine Haltung von „Knechtschaft" immer mehr zurück-gelassen und „Freundschaft" mit Gott neu erlernt werden durch den göttlichen Prozess des Sich-berufen-Lassens und dann des in *diesem* Leben „Neu-geboren-Werdens". Der Mensch wird aus seiner Vereinsamung im Individualismus herausgelöst, wenn er seine Freiheit, mit der allein er einsam ist, hingibt an Gott und andere, um sie erfüllt zurückzuerhalten.

Der Mensch ist berufen zum Kind-Sein (nicht Kindisch-Sein) gegenüber dem Vater (liebende angstfreie Hierarchie) und zur

---

[95] Vgl. SARAH COAKLEY, *Macht und Unterwerfung. Spiritualität von Frauen zwischen Hingabe und Unterdrückung*, Gütersloh 2007 (Orig.: Powers and Submissions. Spirituality, Philosophy and Gender, Oxford 2002); KLAUS VON STOSCH, *Gott – Macht – Geschichte. Versuch einer theodizeesensiblen Rede vom Handeln Gottes in der Welt*, Freiburg/Basel/Wien 2006; MARTIN HAILER, *Gott und die Götzen. Über Gottes Macht angesichts der lebensbestimmenden Mächte*, Göttingen 2006.

Freundschaft mit Jesus; nicht als Knecht, sondern als erwachsenes Gegenüber, berufener Mitarbeiter und Erbe Gottes, entsteht im Heiligen Geist die Haltung des weisen erwachsenen Verantwortlich-Seins gegenüber anderen und gegenüber der Welt, ohne zugleich die Leichtigkeit des Kind-Seins zu verlieren. Es ist die Haltung des im Glauben an Christus erlebnis-erfahrenen „Mystikers", von dem Karl Rahner prophezeite, er sei der Einzige, der in Zukunft überhaupt noch Christ sein könne; ein „Mystiker mit offenen Augen" (Johann Baptist Metz), der die Welt mitgestaltet, nicht esoterisch ins Innere emigriert. Nicht die Rückkehr des Religiösen, sondern eine Wiedergeburt durch die Kraft des Heiligen Geistes, eine *Renaissance* des christlichen Glaubens in neuer Gestalt wäre zu wünschen, um Werte der Aufklärung sinnerfüllend zu fundieren.

Das Bindeglied für Europas Identität waren die drei Hügel, von denen aus europäische Werte definiert werden und mit denen wir „europäische Heimat" assoziieren: Golgota – der gerade nicht in Europa liegt und von Bedeutung für die ganze Welt ist –, Akropolis und Kapitol.[96]

Es erscheint zweifelhaft, ob Europa bereit ist, eine Religion als nicht-fremd anzuerkennen, die sich einem weiteren Hügel zuordnet, dem Berg Hira, auf dem Mohammed sein Initiationserlebnis in einem Traum erhielt und der die Erlösungstat von Golgota außer Kraft setzt: Mohammed wurde nach der Überlieferung des Ibn Ishak in Todesangst seine erste Offenbarung des Koran (Sure 96, 1–5) durch den ihn würgenden Engel übermittelt.[97] So wurde die Bewegung der

---

96  THEODOR HEUSS, *Reden an die Jugend*, Tübingen 1956, 32.
97  Nach Ibn Ishak, bearbeitet von Ibn Hischam, begegnete der Engel Gabriel Mohammed im Traum, als er in der Höhle am Berg Hira fastete und meditierte: „Als ich schlief, [...] trat der Engel Gabriel zu mir mit einem Tuch [...], worauf etwas geschrieben stand, und sprach: ‚Lies!' (‚Rezitiere!') ‚Ich kann nicht lesen', erwiderte ich. Da presste er das Tuch auf mich, sodass ich dachte, es wäre mein Tod. Dann ließ er mich los und sagte wieder: ‚Lies!' – ‚Ich kann nicht lesen' [...]. Und wieder würgte er mich mit dem Tuch, dass ich dachte, ich müßte sterben. Und als er mich freigab, befahl er erneut: ‚Lies!' Und zum dritten Mal antwortete ich: ‚Ich kann nicht lesen.' Als er mich dann nochmals fast zu Tode würgte und mir wieder zu lesen befahl, fragte ich aus Angst, er könnte es nochmals tun: ‚Was soll ich lesen?' Da sprach er: ‚Lies im Namen deines Herrn, des Schöpfers, der den Menschen erschuf aus geronnenem Blut! Lies! Lies! Und der Edelmütigste ist Dein Herr, Er, der das Schreibrohr zu brauchen lehrte, der die Menschen lehrte, was sie nicht wussten' (Sure 96, 1–5). Ich wiederholte die Worte, und als ich geendet hatte, entfernte er sich von mir. Ich aber erwachte, und es war mir, als wären mir die Worte ins Herz geschrieben." MONIKA TWORUSCHKA (Hg.), *Der Prophet Gottes: Mohammed*, Gütersloh 1986, 23–25. Hadith Nr. 3 aus der Sunna nach Bukhari.

„Aufforderung zur Unterwerfung" des Menschen unter Allah und die Verkündigung des Willens Allahs (Koran) eingeleitet. Zwar versucht Neuwirth, den Koran als einen „am Herausbilden des späteren Europa beteiligten und damit ‚orientalisch-europäischen Text'" zu verstehen, als „angesichts seines Selbsteintrags in den westlichen Textkanon gleichzeitig auch [...] bedeutsames Vermächtnis der Spätantike an Europa"[98], daher solle er „auf Augenhöhe mit den biblischen Schriften" gestellt werden.[99] Allerdings heißt das für Neuwirth, koranische Rezitation repräsentiere „als göttlich vorbereiteter Erfolg" Allah so unmittelbar, dass seitdem die im Neuen Testament verkündete „theologische Notwendigkeit der Inkarnation hinfällig" wäre.[100]

Auf Augenhöhe kann der andere Text allerdings in seinem phänomenologisch völlig differenten Gottes- und Menschenbild unterscheidend wahr-genommen werden, wie er sich von sich her zeigt. Entscheidungen für europäische Spielregeln für das Miteinander der Menschen werden beeinflusst von deutlichen Entscheidungen im vorpolitischen religiösen Raum und von der sachgemäßen Wahrnehmung des religiös Eigentlichen.[101]

Noch einmal ein Blick zurück auf Houellebecqs Roman: Gerade am Geschlechterverhältnis wird deutlich, wie Werte der Aufklärung durch unterschiedliche religiös-weltanschauliche Füllung bestärkt oder entkräftet werden. Ein Happy-End der Liebesgeschichte von François und Myriam hätte ebenso unglaubwürdig geklungen wie François' Bekehrung zum Christentum – beides wäre nur durch einen vollständigen Paradigmenwechsel möglich, heraus aus dem heil- und Heiland-losen Entweder-oder: Entweder gott-lose Libertinage oder selbst-lose Unterwerfung. Der Ausstieg aus dem Entweder-oder wäre das „Zur-Freiheit-in-Christus-berufen-Sein", in Freundschaft mit dem Rufer. Hatte doch Paulus den Galatern zugerufen: „Zur Freiheit hat uns Christus befreit. Bleibt daher fest und lasst euch nicht von neuem das Joch der Knechtschaft auflegen! [...] Ihr seid zur Frei-

---

98   ANGELIKA NEUWIRTH, *Der Koran als Text der Spätantike. Ein europäischer Zugang*, Berlin 2010, 67.
99   Ebd., 66f.
100  Ebd., 163.
101  Vgl. BARBARA ZEHNPFENNIG, *Islamismus und Gesellschaft. Freiheit mit Maß. Ist „der Westen" in Gefahr, vom Islamismus unterworfen zu werden – oder gar im Begriff, sich ihm selbst zu unterwerfen? Eine Kulturkritik*, auf: http://www.faz.net/aktuell/politik/die-gegenwart/islamismus-und-gesellschaft-freiheit-mit-mass-13634068.html (08.06.2015).

heit berufen, Brüder. Nur nehmt die Freiheit nicht zum Vorwand für das Fleisch, sondern dient einander in Liebe!" (Gal 5,1.13)[102] Auf François hin kann man „Fleisch" mit „Rücksichtslosigkeit gegenüber der Personalität des anderen" übersetzen, oder: „Nehmt die Freiheit nicht als Vorwand für einen leib-, seele-, geist- und bindungsvergessenen Umgang mit Sexualität." Das „glückende Ende" setzt das bewusst gewählte und denkerisch eingeholte Heil im Heiland und die demütig-praktische Bereitschaft zum sich Heilen-Lassen, zum Person-, nicht nur Funktion-sein-Wollen voraus: die *Bind*-ung an den Neuen *Bund*, aus der Freiheit in Ver-*bind*-lichkeit ohne Abhängigkeit und ohne Unterwerfung hervorgehen kann.

Als etwas Fremdes, das sich im aufgeklärten Europa kaum beheimaten könnte, erscheint also der Gestus der *Unterwerfung* noch, der uns in Houellebecqs politischer Fiktion oder in Literatur zur BDSM-Sexualität erschaudern lässt. Doch wird dieser Gestus nur dann nicht zur Versuchung werden, wenn die Haltung der Freundschaft zwischen Gott und Mensch, zwischen Mensch und Mensch, die Gastfreundschaft zwischen in Europa Heimischen und Noch-Fremden nach klaren, am Person-Sein[103] orientierten Vorgaben neu entdeckt und gelebt werden wird. Wenn wir muslimischen Nachbarn in Gastfreundschaft begegnen, können wir uns gegenseitig kennenlernen und voneinander wissen, einen Vergleich der Lebensentwürfe anstellen und den christlichen Kultur-fundierenden Entwurf auch bewusst positiv in glaub-würdigen Worten bezeugen, nicht etwa überheblich, ignorant oder gar verschämt verschweigen. Dann bleibt das Christentum heimisch, kulturstiftend, freiheits- und gleichheits-bewahrend in Europa.

---

102 „Doch gebt acht, dass diese eure Freiheit nicht den Schwachen zum Anstoß wird." (1 Kor 8,9) „Auch die Schöpfung soll von der Sklaverei und Verlorenheit befreit werden zur Freiheit und Herrlichkeit der Kinder Gottes." (Röm 8,21) „Handelt als Freie, aber nicht als solche, die die Freiheit als Deckmantel für das Böse nehmen, sondern wie Knechte Gottes." (1 Petr 2,16) „Der Herr aber ist der Geist, und wo der Geist des Herrn wirkt, da ist Freiheit." (2 Kor 3,17) „Denn was die falschen Brüder betrifft, jene Eindringlinge, die sich eingeschlichen hatten, um die Freiheit, die wir in Christus Jesus haben, argwöhnisch zu beobachten und uns zu Sklaven zu machen, so haben wir uns keinen Augenblick unterworfen; wir haben ihnen nicht nachgegeben, damit euch die Wahrheit des Evangeliums erhalten bleibe." (Gal 2,4f.) „‚Alles ist mir erlaubt' – aber nicht alles nützt mir. Alles ist mir erlaubt, aber nichts soll Macht haben über mich." (1 Kor 6,12)
103 Vgl. STEFAN OSTER, *Person-Sein vor Gott*, Freiburg i. Br. 2015.

# Das Vertrauen des Joseph

**Patrick Roth im Gespräch mit Michaela Kopp-Marx beim Internationalen Literaturfestival Berlin 2014**

*Ein Kennzeichen unserer Gegenwart ist die Vertrauenskrise, die überall herrscht: in der Politik und in der Finanzwelt, in der Kirche und in der Familie. Wie ist Ihre Sicht als Schriftsteller auf dieses Problem?*
    Ich denke, dass die allgemeine Vertrauenskrise ein Symptom der Zeitenwende ist, in der wir leben. Ich habe neulich in einem Statement für eine politische Zeitschrift gesagt, dass wir heute, ähnlich wie vor zweitausend Jahren, als das Christentum entstand, in einer Zeit des Übergangs leben. In einem solchen Umbruch prallen die Gegensätze unversöhnlich aufeinander, ein neues Gottesbild zieht herauf. Rettend für den Einzelnen könnte in einer solchen Lage sein, bewusst zu bleiben für das, was Geschichte bewegt.

*Sie haben in dieser Stellungnahme gesagt: „Das Individuum, das bewusst ist, würde in seiner Gespaltenheit nicht blind mitgerissen von der Wende, seine Wurzeln verlieren, sondern sich josefgleich über die geerdete Hostie beugen, den höchsten Wert vor der Auflösung zu bewahren." Sie spielen damit auf Ihren Joseph aus „Sunrise. Das Buch Joseph" an. Ist dieser Joseph so etwas wie ein Vorbild für das moderne Individuum von heute, das ohne anleitenden Mythos, ohne einen Glauben leben muss?*
    Ja, das würde ich sagen. Die Frage ist natürlich: Woher nimmt dieser Joseph in einer Zeit der Auflösung sein Vertrauen? Lassen Sie mich das ein wenig ausführen: Wenn ich Joseph einmal als historische Figur nehme, müssen wir sagen, dass er, wie jeder durchschnittliche Bauer oder Handwerker ganz eingebunden in seinen jüdischen Glauben lebt. Man geht einmal im Jahr an Pessach nach Jerusalem in den Tempel, dort zu opfern und zu feiern. Das geschieht fraglos, denn man ist – wie später die Christen des 10. Jahrhunderts und des ganzen Mittelalters – eingebunden in das große, kollektive Glaubensgefäß. Die Welt damals war also, was die Frage des Bezugs auf ein Höchstes angeht, in Ordnung.

*Sie meinen, dieses Im-Glauben-Enthaltensein ist für uns heute nicht mehr möglich?*
  Es wird nur noch selten gelebt. Man findet es aber noch im Glaubensbekenntnis, das die wichtigsten Glaubensdaten dokumentiert, die wir haben. Wenn Sie diese Aussagen *wirklich*, nämlich im innersten Herzen glauben, dann haben Sie kein Problem, denn dann sind Sie ‚contained', gefasst. Dieser containing-aspect ist heute aber im Allgemeinen verloren, das Glaubensgefäß ist gebrochen. Wir leben, wie T. S. Eliot das schon 1922 in seinem großen Poem formulierte, im „Waste Land", das eine Landschaft der „broken images" repräsentiert. Vor diesem Hintergrund der zerbrochenen Bilder, dem Kennzeichen der Moderne, unserer Gegenwart, sehe ich „Sunrise", meinen Roman, und seinen Protagonisten. Joseph ist keine historische Figur per se, er ist vielmehr eine archetypische Gestalt. Die sicherlich damals in dieser historischen schon enthalten, vorgezeichnet war, die jetzt auf unsere Zeit hin gedeutet wird. Ich gehe also vom Archetyp aus: Joseph, der „custos", wie es heißt, der Beschützer, aber auch: Joseph, der „gerechte Mann", und das ist für mich vor allem: Joseph, der Mann, der sich auf die Träume versteht.

*Damit sind wir wieder bei der Frage: Wo nimmt Joseph sein Vertrauen her? Ich vermute, Sie werden sagen: aus den Träumen.*
  Ganz genau. Dieses Vertrauen, das Joseph repräsentiert, ist Resultat einer direkten oder indirekten Begegnung mit einem Größeren, letztlich: einem Göttlichen im Traum, manchmal auch in einer Vision. Eine solche Begegnung wirkt immer nach. Man kann es vielleicht so erklären: Sie erzählen mir einen Traum, den Sie hatten. Von den Worten her sagt mir Ihr Traum vielleicht kaum etwas, aber ich sehe Ihnen an, dass Sie noch zittern unter seinem Eindruck, dass Sie vielleicht sogar Angst empfinden. Man spürt dann: Sie haben etwas Ungeheures erlebt. Da kann man nicht sagen: „Ja, das war ja nur ein Traum." Nein, Sie haben eine direkte, wahrhaftige Erfahrung gemacht. Ein solcher Einbruch des Unbewussten transportiert häufig numinose Inhalte. Es gibt dann gar keinen Zweifel, dass der Traum numinos war, also etwas Heiliges vermittelte. So ein Traum zwingt den Träumer im Traum selbst oft schon auf die Knie, man liegt dann wörtlich auf Knien vor dem Traum. Das sind Momente der wehrlosen Hingabe einem Bild gegenüber. Wenn man

dieses Traumbild dann nicht verdrängt, es respektiert und versucht, ihm in irgendeiner Form ein Äquivalent im Alltagsleben zu schaffen, dann entsteht Vertrauen. Mein Joseph tut genau das.

*Wie kann man denn einem Traum Ausdruck im konkreten Alltagsleben verschaffen?*
Denken wir an die Alten in den Erzählungen der Bibel; wenn da ein wirklich großer Traum geträumt wurde, draußen irgendwo in der Natur, wurde am Morgen, genau an der Stelle, wo geträumt wurde, ein kleines Denkmal errichtet. Jakob träumte auf seiner Flucht vor Esau von der Himmelsleiter, an der Engel auf- und niedersteigen. Er errichtete an dem Ort, an dem er den Traum träumte, einen Steinhaufen und nannte die Stelle „Bet-El", Haus Gottes. Ein anderes Beispiel einer numinosen Gottesbegegnung ist der Ort, an dem Jakob mit dem Engel rang. Den nannte er „Penuel", das heißt wörtlich „Gottesgesicht", weil er hier das Gesicht Gottes gesehen hatte. Das Verfahren ist immer dasselbe: Etwas, das man im Traum, im eigenen Inneren gesehen und erfahren hat, wird nach außen gebracht. Mit einem solchen Akt zeigt man Vertrauen einem Traum, einer Vision, eben dem Unbewussten gegenüber. Letztlich heißt das eben auch: Man zeigt Vertrauen einer Weisung Gottes gegenüber, soweit wir „Gott" überhaupt bezeichnen können. Man realisiert das innen Erfahrene, wenn man ihm einen Ort im konkreten Leben gibt.

*Gibt es für diesen Vorgang des Übertragens einer inneren psychischen Erfahrung in die äußere Welt ein Beispiel aus Ihrer Arbeit?*
Ich sprach gerade in einer Vorlesung an der Uni Frankfurt darüber, wie ein persönlicher Traum, den ich während der Arbeit an „Sunrise" hatte, zur Quelle des Kapitels „Die Grube" im zweiten Buch meines Romans wurde. Anhand dieses numinosen Traums wurde mir das Vertrauen, das mein Joseph dem Göttlichen entgegenbringt, überhaupt erst bewusst.
In diesem Traum fand ich mich in einer Grube, in die ich über zwei Leitern hinabgestiegen war. In der Mitte dieser frisch ausgehobenen Grube lag ein riesiges Glaskreuz – auch einige Besucher waren da und gingen um das Kreuz herum, als handle es sich um ein Exponat in einer Kunstausstellung. Es war von riesigen

Ausmaßen und bestand aus zwei feinkantig geschliffenen, durchsichtigen, rechteckigen Glasquadern, einem etwa 12 Meter langen Längsbalken und einem etwa 4 Meter langen Quader, der den ersten etwa 2 bis 3 Meter unterhalb der Spitze als Querbalken durchfuhr. Eingeschlossen in jenes gläserne Kreuz war ein antikes, dunkelnarbiges Holzkreuz, das wie festgefroren darin schwebte – in einer hellbraun-gelb-bernsteinfarbenen Flüssigkeit, die das Glasinnere ausfüllte.

Das war ein Traum, der mich enorm geängstigt hat, den ich lange Zeit auch nicht verstand, zu dem ich aber Vertrauen behielt. Verstehen Sie: Ich behielt Vertrauen zum Unbewussten, genauer gesagt: Vertrauen zu meiner Einstellung dem Unbewussten gegenüber. Ich wusste: Du darfst einen solchen numinosen Traum nicht wegdrücken, verdrängen und vergessen. Auch wenn du es jetzt noch nicht verstehst, musst du versuchen, dein Nichtwissen auszuhalten und über diesem Traumbild brüten, denn es ist nicht umsonst zu dir gekommen.

*Was Sie als „numinosen Traum" bezeichnen, ist eigentlich ein archetypischer Traum, nicht?*

Ja, denn er hat kaum etwas Persönliches an sich. So ein monumentales Kreuz hatte ich noch nie gesehen. Der Eindruck im Traum war, dass ich einem Numinosum, einem absolut Heiligen, gegenüberstehe. In diesem Glaskreuz schwebte – in jener bernsteinfarbenen Flüssigkeit – ein einzelnes, merkwürdiges Blatt. Es war ein völlig widersprüchliches Blatt, denn es schien sich einerseits noch im Wind zu bewegen, andererseits aber verharrte es still. Einerseits schien es uralt zu sein, andererseits aber jung und frisch; ich stellte mir im Traum vor, dass es süß, wie das süßeste Brot, und zugleich salzig schmeckt. Ich wusste auch, dass es „Paradiesbaumbrot" genannt würde, wenn ich davon zu essen bekäme. All diese seltsamen, paradoxen Phänomene sind typische Anzeichen dafür, dass es kein gewöhnlicher Traum war – er gehört zu einer anderen Kategorie. Und trotzdem war meine Einstellung die, dass ich diesem mysteriösen Traum Vertrauen entgegenbringen, ihn ernst nehmen und versuchen würde, mir seinen dunklen Sinn zu erschließen.

*Vertrauen bildet sich also durch die tiefe innere Erfahrung eines Unbekannten?*

... und wenn das Ich nicht davor flieht, wenn es fähig ist, einen Dialog mit dem Unbewussten zu beginnen. Dann kann Vertrauen entstehen, ja, so würde ich sagen. Lassen Sie mich an dieser Stelle kurz die Etymologie einschieben. Hätte Luther, als er die Bibel aus dem Griechischen übertrug, „pistis" nicht mit „Glaube", sondern mit „Treue, Vertrauen" im Sinne von „loyaler Treue" übersetzt, wäre uns die im griechischen Urwort enthaltene Bedeutung, „treu sein" wesentlich näher. Dadurch, dass Luther aber „Glaube" übersetzte, hat er nur eine einzige Bedeutungsnuance eingefangen. Was das griechische Wort „pistis" umschreibt, ist somit für uns heute mehr oder weniger auf die Vorstellung „blinder Glaube" zusammengeschrumpft. Ein „stures Glauben" ist aber das Gegenteil von „Vertrauen", das aus der persönlichen inneren Erfahrung kommt. Mit „Glauben" verbindet sich für uns heute – gerade im religiösen Kontext –, dass man die Augen schließt und den „leap of faith" vollbringt, den „Glaubenssprung", der bildlich gesprochen ein Sprung über den Abgrund ist. Blindem Glauben aber entgeht der wichtigste Aspekt in der Beziehung zum Göttlichen – das Vertrauen. „Pistis" bezeichnet im Kern die Treue und das Vertrauen zu – in Josephs Fall – einer ursprünglichen Erfahrung des Numinosen. Ich denke in diesem Zusammenhang auch an eine Figur wie Paulus: Er, der „pistis" noch in Zusammenhang mit der Bekehrung von Menschen, die Jesus nie begegnet sind, gebrauchte, war eine Person von einer ungeheuer authentischen Ausstrahlung: Die Menschen, zu denen er sprach, glaubten ihm, ohne selbst die Erfahrung von Jesus und seiner Botschaft gemacht zu haben. Ich will damit sagen, dass ein solches, auf innerer Erfahrung beruhendes Vertrauen durchaus auch einmal übernommen werden darf, wenn nämlich die numinose Erfahrung „überspringt". Ich kann gut verstehen, dass die Zuhörer sich zu Jesus bekehrt haben, weil sie die Rede des Paulus als absolut authentisch erfahren haben. Man darf also durchaus auch dort Vertrauen geben, wo jemand aus einer innersten Vertrauenserfahrung heraus berichtet. Das ist dann kein „blinder Glaube", bei dem man die Augen zumachen muss.

*Gibt es denn ein solches Paulus-Phänomen auch heute noch?*

Ja, sicher – ich erinnere mich an meine Schulzeit, wo wir das Glück hatten, einen Altgriechisch-Lehrer zu haben, der begeistert von seinem Sujet sprach und uns alle ansteckte. Man muss in einem solchen Fall nicht gleich alles verstehen, jedes Experiment, von dem erzählt wird, selbst gemacht haben – man fühlt instinktiv, dass dieser Mann einem etwas zu sagen hat, dass er es authentisch sagt und nicht aus zweiter Hand, es also nicht einfach nur angelesen ist. Wenn etwas authentisch aus eigenem Erleben gesagt wird, springt der Funke über, d. h. der Schüler wird eine ähnliche Erfahrung haben.

*Beim Vertrauen ist also etwas im Spiel, das den Verstand übersteigt – dem wir uns dann vielleicht an-vertrauen?*

Zugrunde liegt eine ursprünglich irrationale Erfahrung, der man dann Vertrauen gibt, indem man – und hier beginnt der rationale Teil – sie sich immer wieder bewähren lässt. Entscheidend ist die Einstellung, die ich dieser Erfahrung gegenüber an den Tag lege. Wenn der Rezipient einer Vision, eines Traums oder einer numinosen Erfahrung, die im Übrigen auch außen in der konkreten Wirklichkeit stattfinden kann, zu sagen vermag: Dieses Erlebnis war größer als ich und sogar größer als alles, was ich kenne, dann gesteht er sich ein, dass er es hier mit einem Absoluten zu tun hat. Das Bezogensein auf jenes Absolute, den Kern der numinosen Erfahrung, das muss in diesem Moment ganz fest sein, darf nicht wanken. Was dann immer wieder getestet wird, ist die Bestimmtheit dieses Bezogenseins. Das sieht man auch an meinem Joseph. Die Frage ist dann: Reißt das Seil, wenn das Ich Niederlagen einstecken muss? Nehmen wir einen amerikanischen christlichen Fundamentalisten, der dreißig Tage lang betet, dem Gott aber die Miete, das Auto, den Fernseher, den er haben wollte, nicht zukommen lässt. Also tritt der Mann aus seiner Gemeinde aus. Das wäre ein Fall, bei dem die Beziehung zum Göttlichen von Anfang nicht stimmt. Denn vor einem Höchsten muss man sich zunächst einmal unterordnen. Man sollte sich immer bewusst sein, dass im Traum ein Wissen zu einem kommt, das unser kleines Ich nicht begreifen kann. Wenn diese Einsicht fehlt, dann ist der Boden für die Beziehung zwischen dem Ich und dem Größeren nicht gegeben – Vertrauen kann gar nicht erst entstehen.

*Jene Erfahrung eines Größeren – ereignet die sich vorwiegend in der Innenschau, in Träumen und Visionen oder kann sie auch im äußeren Leben geschehen?*
  Meiner Erfahrung nach finden Begegnungen mit einem Höheren in jungen Jahren eher außen statt; denn ein solches Erlebnis liefert die Energie, die nötig ist, sich im Leben zu etablieren. Es ist normal, bis in seine Zwanziger- und Dreißigerjahre hinein auf andere Menschen zu projizieren, so bilden sich Vorbilder, denen man nachstrebt. Man sieht die Energie, die Begeisterung bei anderen wirksam, bei sich selbst sieht man sie hingegen nicht. Ein klassisches Beispiel für diesen Zusammenhang findet sich im Alten Testament, in der Erzählung vom Priester Eli und Samuel, die ich auch in „Sunrise" verarbeitet habe; Jesus erzählt sie seinem Vater Joseph auf dem Weg zum ersten Pessach nach Jerusalem, als sie an Schilo vorüberziehen. Der junge Samuel schlief in Schilo, wo damals die Bundeslade stand, im Zelt und träumte von einer Stimme, die ihn rief. Drei-, viermal wacht er davon auf, aber er glaubt, die Stimme habe Eli gegolten, dem alten Priester. Das ist die typische Situation für das, was in der Jugend geschieht: Wir sehen's immer zuerst außen; wir denken, die Stimme gilt jemand anderem, wir hören nicht, dass sie uns gilt. Dann aber kommt es zur entscheidenden Wendung – nicht nur hört Samuel die Stimme endlich in sich selbst, hört, was sie sagt: Er hört von der inneren Stimme auch, dass die Zeit des Priesters Eli und seiner Söhne vorüber ist. Für die Psychologie des Individuums würde das bedeuten, dass die Zeit der Projektion vorüber ist. Man soll nicht länger nach außen projizieren, man soll es jetzt selbst tun. Die Stimme sagt einem: „Du bist gemeint, Du sollst in eine Beziehung zum Höheren eintreten."

*Wollen Sie damit sagen, dass der Mensch in seinen mittleren Jahren sich seinem Inneren zuwenden sollte – so wie der junge Samuel in der Bibel?*
  Ich will damit sagen: Wir leben in einer Zeit, in der – wenn Sie so wollen – das Konzept „Vertrauen" neu überdacht werden sollte. Vertrauen, wie ich es verstehe, ist ein individuelles Prinzip und sollte nicht länger immer nur außen in der Welt gesucht werden – im geläufigen Sinn von „Vertrauen in die Partei", in die Institution Kirche, in meinen Partner etc. Das ist alles ‚außen', und das heißt: das eigentliche Geheimnis dieses Vertrauens bleibt projiziert – so wie

beim jungen Samuel, der immer meint, der Eli sei gerufen worden und der deshalb den Eli wecken geht. Es geht aber heute wirklich um etwas, das *in* uns, in unserem Inneren geschehen sollte. Wir können von der „Pest" der Projektionen nur insoweit geheilt werden, als wir fähig sind, unsere Projektionen endlich zu erkennen und sie zurückzunehmen. Das wiederum kann nur geschehen, wenn wir eine Beziehung zum eigenen Unbewussten aufbauen, d. h. wenn der Einzelne fähig wird, einen Dialog mit seinem Inneren zu führen, einen Austausch mit dem, was an Bildern und Stimmen zu ihm kommt – all diesen Inhalten, die er nicht gemacht hat.

*Ihre Josephs-Figur aus „Sunrise" wäre für diese neue Art des Vertrauens, das innen erfahren wird, das Vorbild für den Menschen heute?*

Ich bin der Meinung, die Zeitenwende, in der wir leben, ist Resultat des zerbrochenen Mythos. Zerbrochenes Gefäß heißt immer auch: zerbrochenes Vertrauen. Das Vertrauen ins kollektive Glaubensgefäß ist uns in den letzten Jahrhunderten mehr und mehr abhandengekommen. Wo kommt das Vertrauen jetzt wieder her? Das ist die Josephs-Frage. Auch sein Vertrauen ist ja daran zu zerbrechen. Er wird in „Sunrise" der härtesten Prüfung unterworfen, soll er doch auf Gottes Geheiß hin das opfern, was er am meisten liebt. Wie sich zeigt, ist er fähig, diesen enormen Konflikt ohne Projektion nach außen ganz in sich hineinzunehmen. Man könnte sagen: Er opfert nicht seinen Sohn, sondern sich selbst. Er verlässt seine Arbeit, seine Familie. Symbolisch betrachtet ist das ein radikaler Rückzug ins Innere, bis hinunter auf den eigenen psychischen Grund, „rock bottom", sozusagen. Von diesem tiefsten inneren Punkt aus baut sich alles wieder auf, entsteht eine Richtung, in die er gehen kann und ja auch geht. So gesehen ist Joseph eine moderne, gegenwärtige Figur, keine historische – ich sehe sie zumindest nicht so. Sie ist historisch in ihrem Kleid, eigentlich aber ist sie zeitlos, reich an universell gültigen Erfahrungen – wie es im Grunde ja auch die Evangelien und die Apokryphen sind. Eine Figur wie der Zweifler Thomas oder Nikodemus, der das Nachtgespräch mit Jesus führt – beide aus dem Johannesevangelium –, oder auch die Jünger selbst, etwa Petrus und Johannes, sind meiner Meinung nach zeitlos ewige Charaktere, von denen wir rein historisch wenig wissen und die ihre große Wirkkraft vom Archetyp her beziehen.

*Wir haben diese Instanz jetzt so oft erwähnt, sie ist ja auch der ständige Bezugspunkt Ihrer schriftstellerischen Arbeit, ich meine die Psyche – das Unbewusste, das ja per se unbekannt und ungreifbar ist, ist es so etwas wie eine zweite, umfassendere Wirklichkeit?*
Es ist die Wirklichkeit, die sich im Traum des Samuel als Stimme zu Wort meldet. Wir sind heute an einem Punkt angelangt, wo wir eigentlich aufwachen und warten sollten, bis wir's noch mal hören, um zu erkennen, dass der Ruf uns gilt, wir gemeint sind. Wenn wir erkennen könnten, dass die Bilder des Unbewussten *uns* kommen, uns *jetzt* kommen, uns *jetzt* etwas bedeuten wollen und wir – wie schüchtern auch immer, wie vorsichtig auch immer, wie zaghaft auch immer – *antworten* könnten, dann würde sich eine Brücke zu jener anderen Wirklichkeit hin ausbilden und mit ihr jenes „neue Vertrauen", von dem ich sprach. Eine solche Antwort wäre zum Beispiel, dass wir einen Teil oder Teilsinn des Traums in irgendeiner Form in unsere Alltagsrealität überführen, etwa, indem wir seines Geheimnisses gedenken. Auf diese Weise bauen wir eine Beziehung des Vertrauens auf zwischen uns und der Realität des Unbewussten – einer Instanz, deren Ausmaße wir unmöglich erkennen können, die uns total umschließt, aber aus der letztlich alles kommt, was wir kennen, was wir denken, was wir lieben, was wir hassen, was wir beforschen oder beträumen. Dieses „psychische Wasser", in dem wir leben, wenn wir das als objektiv anerkennen können, seine Wirklichkeit anerkennen können und sie im täglichen Leben in irgendeiner Form berücksichtigen können, dann entsteht Vertrauen. Zwischen dem Unbewussten einerseits und dem Menschen andererseits, zwischen Joseph und seinem Unbewussten ebenso wie zwischen mir, der ich über Joseph schreibe, und meinem Unbewussten.

*Wie verhält sich denn Ihre Romanfigur zu Ihrem persönlichen Leben?*
Wenn man sechs Jahre an einem Buch arbeitet und innerlich weiß „Ich *muss* dieses Buch schreiben, ich kann nicht ausweichen, auch wenn ich immer wieder versucht bin, weil die Schwere und Dunkelheit dieses Sujets mich belasten, weil der Konflikt zwischen Jesus und Joseph bzw. zwischen Gott und Joseph so ungeheuerlich ist" – wenn man das erkennt, dann weiß man auch, dass „Joseph" in gewisser Weise Teil von einem selbst ist. Die Psyche erlaubte mir

irgendwann nicht mehr auszuweichen – sie verdarb mir alles, was ich an Zerstreuung wollte. Sie zwang mich, alles dem Schreiben zu geben. In solchen Momenten wurde mir bewusst, dass hier etwas für mich war – dass ich, mit dieser Arbeit an Josephs Buch, etwas für mich verstehen sollte. Das war ein einschneidender Moment, und er kam durch jenen Traum vom riesigen Glaskreuz, der dann zu Kapitel 32 wurde. Ich habe mich eineinhalb Jahre lang mit ihm beschäftigt, bis es zu einer Art Lösung kam – der Einsicht, dass dieser Joseph, mein Protagonist, letztlich ich bin, dass hier Aspekte meiner selbst gebündelt sind, dass sie vor meinen Augen agieren, meine Psyche mit diesen Aspekten spielt, ja: dass meine Psyche mit *mir* spielt, während ich mich mit der Bedeutung dieses Traums auseinandersetze.

*Und dann haben Sie den Traum einfach in die Handlung eingebaut?*

Das ging gleichsam wie von selbst; mir wurde zudem klar, dass ich diesen Joseph nicht von außen beschreiben dürfte – verstehen Sie: ihn nicht mit Abstand darstellen dürfte. Ich sah, dass ich „voll" in ihn, sein Erleben rein musste – wissentlich natürlich. Ich habe mich nicht unbewusst mit ihm identifiziert, sondern bin bewusst in seine Haut geschlüpft. Im Bild gesprochen habe ich mich ans Ufer gebunden, sodass ich mich jederzeit aus dem reißenden Strom wieder herausziehen konnte. Denn ab und zu musste ich mich beim Schreiben „in den Fluss stürzen", mich mitreißen lassen. Ich musste ja wissen, was er fühlt, wenn er in höchster Not mit dem Schweigen Gottes konfrontiert ist, musste wissen, wie es sich anfühlt, wenn er wie ein lebendiger Toter durch die Welt getrieben wird – sonst hätte ich das so nicht schreiben können. Diese Situation des In-Joseph-Seins hielt monatelang an, das war fast nicht auszuhalten. Aber ich hatte das Seil, das mich ans Ufer band, ich wusste, was ich tat und ich wusste, in welchem Kontext all dies stand. Das Projekt Joseph war eine Faszination, die mich nicht umsonst gepackt hatte. Hier kommt wieder das Vertrauen ins Spiel, das auf dem Dialog mit dem Unbewussten gründet: Ich wusste, dass das Josephs-Projekt für mich war. Seine Geschichte als Roman zu schreiben, war ein Auftrag, ein „assignment", wie man sagt.

*Wir sprachen von dem Aspekt der Authentizität, der beim Vertrauen gegeben sein muss. In einem noch weiteren Sinn ist Vertrauen auch mit „Wahrheit" verknüpft, scheint mir.*

Ja, man kann diese Verbindung sehen, wenn man auf die Etymologie des Wortes zurückgeht: „pistis", das, wie gesagt, mit Vertrauen, mit „loyale Treue" übersetzt werden kann. Das deutsche Verb „trauen" ist mit dem englischen „true", „wahr", „Wahrheit" verwandt. „True-blue" sagt man im Englischen und meint damit „absolut echt", „ganz getreu". Was wahr ist, hat sich bewährt, indem nicht nur das Ich dieser Wahrheit – also z.b. dem Unbewussten – gegenüber *treu* bleibt, sondern auch umgekehrt: indem das Unbewusste dem Ich gegenüber die Treue hält, Gott sich zu seinem Geschöpf treu verhält. Dann ist Wahrheit etwas, das sich be-wahrheitet und dann kann ich dem, was da „true" ist, auch treu sein und ihm gegenüber Treue bewahren und trauen. Vertrauen ist tatsächlich mit einem Aspekt der Wahrheit verknüpft.

*Aristoteles forderte von Dichtung, dass sie glaubwürdig sein müsse. Machen Sie sich dieses Kriterium beim Schreiben auch zu eigen?*

Ja absolut. Der Leser sollte, was er von mir liest, in irgendeiner Form als authentisch empfinden. Es mag sein, dass jemandem meine Texte nicht liegen – dieser Mensch müsste aber auf jeden Fall sagen können: „This guy is nuts, this guy is crazy. But he is authentically crazy." Meine Geschichten können ihm fremd sein, es mag ihm gehen wie jenem Fernsehkritiker, der sich mit dem Hund vorm Fleischerladen verglich. Der Hund wisse eben: „Da darf ich nicht rein". Das kann eine ganz natürliche Reaktion sein – man steigt nach ein paar Seiten aus, weil man ahnt: Das ist nichts für mich. So geht's mir ja auch mit vielen Schriftstellern. Eine Geschichte, die nicht das Absolute berührt, sich nicht in irgendeiner Form auf ein Unendliches bezieht, dieses nicht von vornherein sucht oder scheinbar absichtslos darauf stößt – anders gesagt: Eine Literatur, die das Zerschlagene – die „broken images", die uns umgeben – nicht auf ein Zentrum zu beziehen sucht, interessiert mich nicht. Das ist wie bei den alten Griechen, die einst riefen: „Ouden pros ton Dionyson" – „Das hat nichts mit Dionysos zu tun" – sie meinten damit, das Stück ist nicht aufs Göttliche bezogen.

*Aristoteles meint ja vor allem den Plot, die Verknüpfung der Handlung, die glaubwürdig sein müsse.*

Es darf keinen „deus ex machina" geben, zu viele Zufälle machen den Plot unwahrscheinlich. Man glaubt dann der Geschichte und auch dem Autor nicht mehr. Sehen Sie: Wenn man in der Entwicklung der Geschichte von authentischen Träumen ausgeht oder wenn die Arbeit von Träumen begleitet wird – das ist interessant –, dann wachsen die Plots ganz organisch. Zugleich werden Klischees vermieden oder das Problem, dass Konstellationen konstruiert wirken.

*Der Regisseur Andrei Tarkowski hat einmal gesagt, Aufgabe der Kunst sei es, die Spiritualität des Menschen zu vertiefen.*

Das kommt mir sehr entgegen, ist letztlich derselbe Gedanke; er sagt damit, „Kunst muss eine Bezogenheit aufs Unendliche haben". Es ist in meinen Augen wahrhaft kleingeistig, wenn der wesentliche Faktor der Kulturgeschichte, die numinose Kraft seelischer Bilder, in der Literatur tabuisiert wird. Was ist da los? Möchte man verhindern, in seinem Kämmerchen vielleicht vom Stuhl zu fallen, wenn man einen Roman liest? Solche geistigen Schranken und Verbotsschilder zu errichten, ist problematisch. Es ist vermutlich ein Symptom unserer durchrationalisierten Welt, unter deren Oberfläche sich das Unbewusste aufgestaut hat und jederzeit losbrechen kann – weil wir oben drüber alles bürokratisch und politisch korrekt geordnet haben. Wir verdrängen das Irrationale, weil wir keiner Beziehung mehr zu ihm fähig sind. Aber das Unbewusste will beteiligt, es will mit-abgebildet, mit-beachtet, sogar geachtet sein. Und dazu bedarf es einer Verbindung zu ihm, die auf einem vorsichtigen, respektvollen Vertrauen gründet.

*Es fällt auf, dass Ihre Texte ebenso wie Ihre Poetik von einem enormen Vertrauen in das Individuum getragen werden – immer wieder betonen Sie den Wert des Einzelnen in unserer vom statistischen, quantifizierenden Denken geprägten Gegenwart.*

Alles kommt auf den einzelnen Menschen an, davon bin ich zutiefst überzeugt. Darin eingeschlossen ist die Erfahrung, das *Vertrauen* auf die Kraft des Einzelnen, der sich *nicht* als quantifiziertes „Opfer" der Statistik geschlagen gibt, sondern den Mut hat, sich auf seine ureigene Erfahrung zu beziehen und nicht auf die kollektive Meinung. Dieser Mensch hat eine Beziehung zu seinem Inneren, zu seiner Seele, wenn Sie so wollen, die ihm sagt: „Dem vertraue ich, denn das habe ich geprüft, das hat sich bewährt in mir." Ein Mann, eine Frau, die keine Beziehung zum Unbewussten hat, kann jede Sekunde Opfer einer fanatischen Idee werden, kann mitgerissen werden von irgendeinem pseudointellektuellen Virus; denn man hat dann nichts, sich diesem Sog zu widersetzen. Innen ist nichts da, kein Grund, auf den man sich zurückziehen und sich fragen kann: Was sagen denn nun meine Träume, mein Gefühl, mein Gewissen dazu?

*Aber gerade das Gewissen ist doch immerhin eine innere Instanz, die viele Menschen heute noch befragen?*

Mir fällt da eine Episode aus Jon Stewarts „Daily Show" ein, die ich vor ein paar Tagen sah. Es ging um Sergeant Bowe Bergdahl, der fünf Jahre lang in Afghanistan entführt war und kürzlich gegen einige Guantanamo-Insassen ausgetauscht wurde. Stewart griff in seiner Show das Statement eines Fox-News-Korrespondenten auf, der Bergdahl vorgeworfen hatte, er habe die Worte seines Vaters „Do what your conscience tells you" [Tu, was dein Gewissen Dir sagt] interpretiert als: „Do whatever you want" [Mach, was du willst]. Stewart wies ganz richtig darauf hin, dass dieser News-Mann offenkundig keinerlei Vorstellung davon hat, was „Gewissen" impliziert. Das Gewissen sagt uns nämlich niemals, was wir gerne tun möchten. „A conscience never tells you to do what you want do – it never tells you to do what you're lusting for. Your conscience tells you the exact opposite. But this shows you that these Fox-people don't have a conscience anymore."

Mit anderen Worten: Selbst diese erste Ebene des inneren Vertrauens ist bei vielen bereits gestört. Im Übrigen ist es ja in der Tat oft so, dass das Unbewusste einem das, was man im Bewusstsein will, rücksichtslos durchkreuzt. Joseph zum Beispiel wollte Maria gehen lassen, er hatte vor, die Verlobung zu lösen und hätte das getan, wenn die Stimme des Engels nicht zu ihm gesprochen hätte. Er hatte die Kraft, seinem Traum zu vertrauen. Das Gewissen hatte ihm zuvor bereits geraten: „Zeige sie nicht an, sondern lass sie still und heimlich gehen". Der Traum geht aber noch einen Schritt weiter, er sagt nicht nur: „Geh glimpflich mit ihr um und lass sie nicht in Todesgefahr kommen" – er sagt: „Heirate diese Frau, nimm ihr Kind an". Wer da kein Vertrauen hat, keine fundierte Einstellung – letztlich kein inneres Wissen von seelischen Bildern –, der wird von einem solchen durchkreuzenden, numinosen Traum erschlagen.

*Dann käme alles darauf an, wie vertrauensvoll man die inneren Bilder einschätzt, und ob man es fertigbringt, sie im Leben zu verwirklichen.*
So sehe ich es. Da haben Sie das „Vertrauen des Joseph", das Vertrauen des „neuen Menschen", das jetzt meiner Meinung nach als Aufgabe ansteht, wenn wir nicht erneut in ein Zeitalter der Barbarei und der Ideologien fallen wollen, in dem uns die Konflikte zerreißen, weil die Welt nur noch aus fanatisch Mitgerissenen besteht und niemand mehr in sich kehren und sein eigenes Kreuz tragen kann, nämlich den Konflikt *nicht* nach außen projiziert. So ein Mensch, der eine lebendige Beziehung zu seinem Inneren hat, fühlt das „Kreuz" in sich, er weiß, dass er – im übertragenen Sinn – ans Kreuz geheftet ist und muss darum auf eine Lösung warten. Dies wäre eine Lösung, an der der Mensch teilhat, denn er hat sich als Gefäß für den Inhalt der Lösung bereitgestellt. Ein solches bewusstes, freiwilliges Sich-Binden ist es, was von uns heute gefordert ist. Möglich ist das nur auf der Basis von Vertrauen. Vertrauen aber kann nur entstehen, wenn wir die Wirklichkeit der Psyche anerkennen.

Manuel Schlögl

# „Eine Form mächtigen, glühenden und freien Lebens"

*Manuel Schlögl*

## Die Sicht des Weltpriesters in einer neuen Briefausgabe von Ida Friederike Görres

### 1. Wiederentdeckungen

Das zurückliegende 20. Jahrhundert war eine Zeit ungeheurer Veränderungen. Große Reiche stiegen auf und zerfielen, Wissenschaft und Technik traten ihren Siegeszug an. Auch innerhalb der Kirche und der Theologie wurden viele Reformen durchgeführt und neue Ansätze entfaltet. Es spricht vieles dafür, im begonnenen 21. Jahrhundert nicht einfach weitere Neuerungen hinzuzufügen, sondern in eine Phase der Bestandsicherung, der Konsolidierung und Vertiefung einzutreten, um den Herausforderungen der Zukunft gewachsen zu sein. So könnte unsere Gegenwart eine Zeit der Wiederentdeckungen werden, in der große Ideen und Gestalten der vergangenen Jahrzehnte neu zum Leben erwachen und uns Orientierung, Inspiration und Zuversicht geben.

Eine dieser Gestalten ist ohne Zweifel die katholische Schriftstellerin Ida Friederike Görres (1901–1971). In der Zeit zwischen Erstem und Zweitem Weltkrieg in der Jugendarbeit im Bistum Dresden-Meißen und auf Burg Rothenfels aktiv und als Verfasserin von Biografien, Essays und Streitschriften bis in die Konzilszeit hinein viel gelesen, ist sie seitdem vom Büchermarkt und aus der öffentlichen Wahrnehmung weitgehend verschwunden. Die an der Philosophisch-Theologischen Hochschule Benedikt XVI. in Heiligenkreuz lehrende Religionsphilosophin Hanna-Barbara Gerl-Falkovitz bemüht sich seit Jahren um die Wiederentdeckung von Werk und Person Ida Görres'[1], und es wäre wünschenswert, dass sie dabei ähnliche Erfolge erzielte wie zuvor schon bei Romano Guardini.[2] Denn Görres hat etwas zu sagen, und manche ihrer Diagnosen kann man erst heute, im Abstand von 50 Jahren, in ihrer Treffsicherheit und geistlichen Tiefe erkennen und würdigen.

Eben erschienen ist ein umfangreicher Briefwechsel, den Ida Görres von 1962 bis zu ihrem plötzlichen Tod 1971 mit dem Beuroner Benediktiner-Mönch Paulus Gordan (1912–1999) führte.[3] Gordan, in Berlin als Jude geboren und später konvertiert, leitete jahrzehntelang die Salzburger Hochschulwochen, war also ein Mann von intellektueller Weite und für die zurückgezogen lebende Görres ein unverzichtbarer Gesprächspartner, Förderer und geistlicher Berater.

Von den vielen darin behandelten und in einer farbigen, mitreißenden Sprache dargestellten Themen soll im Folgenden nur zusammengestellt werden, was Görres aus der Sicht eines Laien zu Aufgabe und Lebensform des Weltpriesters zu sagen hat. Manches mag von den Diskussionen der 60er-Jahre gefärbt sein, anderes ist aktuell wie nie.

## 2. „Die Erdwurzel unseres Glaubens" – Priester als Archetyp

Warum sich Ida Görres überhaupt mit dem Thema Weltpriester beschäftigte, hing damit zusammen, dass sie bei vielen befreundeten Priestern eine große Verunsicherung wahrnahm. Exegetische und historische Forschungen belegten, dass das Priesteramt keineswegs so geradlinig auf Jesus zurückgeführt werden konnte wie bis dato angenommen. Jesus wurde sogar eine ausgesprochen kult- und priesterkritische Haltung zugeschrieben. Zahlreiche Bücher polemisierten gegen „die falsche Überschätzung des Priesters durch

---

1   Vgl. die jüngst erschienenen Ausgaben IDA FRIEDERIKE GÖRRES, *Der Geopferte. Ein anderer Blick auf John Henry Newman*, herausgegeben von Hanna-Barbara Gerl-Falkovitz, Vallendar [4]2015; IDA FRIEDERIKE GÖRRES, *Gedichte*, hg. von Hanna-Barbara Gerl-Falkovitz, Dresden [3]2010.
2   Vgl. das Standardwerk HANNA-BARBARA GERL-FALKOVITZ, *Romano Guardini. Konturen des Lebens und Spuren des Denkens*, Kevelaer 2015.
3   HANNA-BARBARA GERL-FALKOVITZ, *„Wirklich die neue Phönixgestalt?" Über Kirche und Konzil: Unbekannte Briefe 1962–1971 von Ida Friederike Görres an Paulus Gordan*, Heiligenkreuz 2015.

die Gläubigen, die biblisch ganz unbegründet sei"⁴ und forderten den „Abschied von Hochwürden"⁵, eine völlig andere, von allen kultischen und magischen Vorstellungen gereinigte Form der priesterlichen Existenz.

Das alles nimmt Görres wahr – und hält doch etwas Wichtiges dagegen: „Ich bin übrigens gar nicht so versessen darauf, dass wir so vehement Magie von unserm Pfad entfernen – im Gegenteil – wir haben sie m. E. schon viel zu sehr abgebaut und ausgelöscht – d. h. was viele Magie nennen, das Verhältnis zum wirklich Geheimnisvollen, wir verlieren m. E. dadurch die Erdwurzel unseres Glaubens immer mehr, entbluten ihn zur puren Abstraktion plus Ethik."⁶

Görres sieht die Gefahr einer einseitigen Rationalisierung und Funktionalisierung des Amtes ganz deutlich. Natürlich muss die biblische und dogmatische Begründung des Priesteramtes auch vor dem Forum neuzeitlichen Denkens bestehen können. Aber neben dieser rationalen, wissenschaftlich beschreibbaren Seite hat das Amt auch eine archetypische Seite, gibt es vor- und außerchristliche Priester-Bilder, die sich auch in vielen biblischen Bildern wie dem des Hirten, des Vaters, des Lehrers, des Wächters oder des Boten niedergeschlagen haben und nicht einfach ausgeklammert werden dürfen. Tiefenpsychologisch gebildete Pastoraltheologen wie Josef Goldbrunner oder Hermann Stenger haben längst auf diese Zusammenhänge hingewiesen.⁷

Nach Ida Görres besteht zu jeder Zeit die Gefahr, dass das genuin Christliche des priesterlichen Dienstes durch das Sozialgefüge, in dem der Priester lebt, verfremdet wird: dass er etwa seine „private Autorität" mit der „Autorität Gottes" verwechselt und auch über nicht-kirchliche Belange bestimmen will.⁸ Heute sind es wohl eher

---

4   EBD., 105 (hier auf einen Artikel von Thomas Sartory bezogen).
5   Vgl. JOSEF O. ZÖLLER, Abschied von Hochwürden. Seelsorger der Zukunft, Frankfurt a. M. 1969.
6   HANNA-BARBARA GERL-FALKOVITZ, „Wirklich die neue Phönixgestalt?" Über Kirche und Konzil: Unbekannte Briefe 1962–1971 von Ida Friederike Görres an Paulus Gordan, Heiligenkreuz 2015, 106.
7   Vgl. JOSEF GOLDBRUNNER, Seelsorge – eine vergessene Aufgabe, Freiburg/Basel/Wien 1970; DERS., Seelsorge – eine attraktive Aufgabe, Würzburg 1991; HERMANN M. STENGER, Im Zeichen des Hirten und des Lammes. Mitgift und Gift biblischer Bilder, Innsbruck/Wien ²2002.
8   Vgl. Brief von Ida Friederike Görres an Joseph Ratzinger, veröffentlicht in: IDA FRIEDERIKE GÖRRES, Fragen eines Laien zur theologischen Diskussion über das priesterliche Amt.

die Individualisierung und Säkularisierung aller Lebensvollzüge, durch die sich der Priester isoliert fühlt und glaubt, sich anpassen zu müssen, um bei den Leuten besser anzukommen. Umso wichtiger ist es, Kontakt zu pflegen zur „Erdwurzel unseres Glaubens", die psychologischen und symbolischen Dimensionen des Priesterseins wahrzunehmen und in ein biblisch und theologisch fundiertes Gesamtbild des Priesters in der Nachfolge Jesu zu integrieren, damit die Bilder, wie Stenger formuliert, nicht ihr „Gift", sondern ihre „Mitgift" entfalten.

## 3. „Die Antwort des Volkes" – Priester aus der Sicht von Laien

Die meisten Bücher über Sein und Sinn des Weltpriesters haben naturgemäß Priester verfasst. Ida Görres ist allerdings der Ansicht, dass der Priester über sich selbst nur bedingt Klarheit finden kann, ebenso, wie der Mensch sich im Spiegel nur von vorne sehen kann, und auch das noch seitenverkehrt.[9] Sie formuliert ihre These als Frage: „Kann der Priester überhaupt von sich allein aus bestimmen, wer und was er ist? Etwa von Schriftworten aus? Gehört da nicht unbedingt, unerlässlich die Antwort des christlichen Volkes, gerade der ‚Laien' dazu, wie sie den Priester erfahren, erschaut, begriffen, geliebt haben? Ist nicht dies gewissermaßen das chemische Medium, in dem die Gestalt sich erst voll kristallisiert hat, eben zur ‚Gestalt' geworden ist über ein paar Stichworte hinaus?"[10]

Im Hintergrund der Überzeugung, dass der Priester nur durch das andere seiner selbst, den Laien, verstehen kann, wer er selber ist (und umgekehrt), steht ein organisches Kirchenbild, das Görres u. a. ihrer Lektüre der Schriften des Tübinger Theologen Johann Adam Möhler (1796–1838) verdankt.[11] Der Priester soll von Amts wegen das sein, was jeder Christ durch die Gnade Gottes ist: „Der Priester als die unmittelbare Erinnerung an Gott, Repräsenta-

---

*Aus einem Briefwechsel zwischen Ida Friederike Görres und Joseph Ratzinger*, in: GuL 42 (1969) 220–224, hier: 222.
9  Vgl. EBD., hier: 223.
10 HANNA-BARBARA GERL-FALKOVITZ, „Wirklich die neue Phönixgestalt?" Über Kirche und Konzil: Unbekannte Briefe 1962–1971 von Ida Friederike Görres an Paulus Gordan, Heiligenkreuz 2015, 326.
11 Vgl. die Hinweise auf Möhler EBD., 40, 104, 329.

tion als Bote, als Gesendeter, als Zeuge Seiner Wirklichkeit, ob man sie grad will oder nicht – und dies von Amts wegen, wo das Gleiche charismatisch [...] freilich von jedem Christen gelten ‚sollte.'"[12] Und im selben Brief etwas später: „Der Priester ist [...] gerade das Andre, gerade das Sich-Abhebende, gerade das Überstrahlende – und als alle angehend; der uns keinen Augenblick vergessen lässt, dass es dieses Andre gibt, dass es das Wichtigste und das Wesentlichste ist, dass es alles [...] sowohl überragt als durchdringt, entschlüsselt und interpretiert [...]."[13] So ist der geweihte Priester ebenso wie der getaufte Christ hineingeflochten in ein „Geäder, ein Webmuster – die Struktur im Ganzen."[14]

Es wäre keine schlechte Anregung, Laien (sowohl kirchlich engagierte wie auch fernstehende) einmal gezielt zu fragen, was für sie den Priester ausmacht, wofür sie ihn brauchen, wie sie ihn sehen und erfahren. Zum einen käme dadurch wieder klarer zum Vorschein, worin das Eigentliche, Unvertretbare des priesterlichen Dienstes besteht und wo der Priester, wie schon Ida Görres bemerkte, lediglich „Laienbefugnisse übernommen hat"[15], die er ohne Verlust abgeben oder zumindest mit anderen teilen kann. Zum anderen hätte der Priester selbst ein Korrektiv, wie weit er sein eigenes Ideal des Priesterseins schon verwirklicht hat und was noch aussteht – und das nicht nur vor der Weihe, wenn das „Volk und die Verantwortlichen befragt" werden, sondern beständig, als Unterstützung seines Dienstes.

## 4. „Eine Form mächtigen, glühenden und freien Lebens" – Zölibat als Lebensform

Eine für Ida Görres wichtige Frage im Umfeld ihrer Gedanken zum Priestertum war die nach der angemessenen Lebensform. Ihr hat sie bereits 1962 ein eigenes Buch gewidmet[16] und geht ihr auch in der vorliegenden Briefausgabe immer wieder nach. Sie kennt genü-

---

12  Ebd., 326.
13  Ebd., 327.
14  Ebd., 329.
15  Ebd., 326.
16  IDA FRIEDERIKE GÖRRES, *Laiengedanken zum Zölibat*, Frankfurt a. M. 1962.

gend Beispiele von Priestern, die den Zölibat „nur äußerlich übernommen [...]", „nie innerlich bejaht [...]."[17] haben und von denen viele in der Umbruchszeit nach 1965 ihr Amt niedergelegt haben. Aber ist damit die ganze historisch gewachsene Verbindung zwischen Weiheamt und Ehelosigkeit widerlegt?

Zunächst verweist Görres auf den tieferen Grund der Berufungskrise, die in ihrer Zeit begann und bis heute fortbesteht. Zwischen 1850 und 1950 wurden viele Berufungen durch entsprechende kirchliche Institutionen regelrecht „gemacht": es waren „viel zu viele jugendliche" Berufungen, „genauer: Kinderberufe, glatt aus dem Pensionat oder College ins Noviziat"[18] – Berufungen, die sich oft aus sekundären Gründen (Gehorsam, Versorgung, fehlende Alternativen, Anziehung durch Macht oder Ansehen des Amtes usw.) speisten und nicht zur vollen Reife und Entschiedenheit gelangten.

Zölibatäres Leben, so Görres, ist aber „erst ab einer bestimmten geistlichen Stufe möglich [...] – nämlich von da ab, wo überhaupt erst ein echtes Du-Verhältnis zu Gott, ein echter Wille zum Jünger-Sein möglich ist"[19]. An anderer Stelle spricht sie von der „erfahrene(n) Gottesbindung"[20], die letztlich die persönliche Verpflichtung zum zölibatären Leben ausmache und eine wesentliche Stütze für seine Realisierung sei.

Für Priesterausbildung und -leben heute heißt dies vor allem: den ständigen Problematisierungen dieser Lebensform, die in einer relativistischen und hedonistischen Gesellschaft wie der unseren anstößig ist und bleibt, nicht weitere Problemanzeigen und Negativbeispiele hinzuzufügen, sondern durch ein intensives geistliches Leben, durch entsprechende Lektüre und Kurse die eigene „Gottesbindung" zu vertiefen und den „Willen zum Jünger-Sein" immer neu einzuüben.

Ihren ehemaligen Kollegen in der Jugendarbeit und späteren Dresdner Bischof Otto Spülbeck (1904–1973) nennt Görres „ein höchst ermunterndes Beispiel dafür, dass der bewältigte Zölibat gar

---

17  HANNA-BARBARA GERL-FALKOVITZ, „Wirklich die neue Phönixgestalt?" Über Kirche und Konzil: Unbekannte Briefe 1962–1971 von Ida Friederike Görres an Paulus Gordan, Heiligenkreuz 2015, 32. Vgl. die „Diagnose" zu einzelnen Amtsniederlegungen ebd., 420f., 456, 462.
18  EBD., 199.
19  Ebd., 32f.
20  IDA FRIEDERIKE GÖRRES, Laiengedanken zum Zölibat, Frankfurt a. M. 1962, 72.

nicht die Menschlichkeit verarmen und verkümmern lässt, sondern wirklich die Herzenskräfte befreien und in ein viel weiteres Netz verströmen lassen kann. Man spürt ja, wie er gerade aus diesem weitgesponnenen Netz von Freundschaften und Beziehungen wieder einen Reichtum an Kräften und Einsichten empfängt und eben aus diesem reichen Austausch lebt"[21]. Deshalb ist sie zutiefst davon überzeugt, dass das Priesteramt, wenn es in gesunder Bereitschaft und Wahrhaftigkeit übernommen wird, ein ihm entsprechendes Leben im „Fischernetz Gottes"[22] und Beziehungsnetz Kirche formt, ein Leben, das „als natürliche Seinsweise übernatürlich erfüllt und ausgerichtet (ist) – eine Form mächtigen, glühenden und freien Lebens"[23], das anderem Leben „aus der Kraft und Tiefe eigenen Lebens"[24] dient und dadurch sich selbst entfaltet in der verheißenen hundertfachen Fruchtbarkeit.

## 5. Berufen zur „Gegenspannung"

Ida Friederike Görres, das beweist einmal mehr die vorliegende Briefausgabe, war nicht nur eine gute Kennerin der Kirchen- und Spiritualitätsgeschichte, sondern auch eine große Menschenkennerin, auch eine Kennerin ihrer eigenen Stärken und Schwächen. Beim Nachdenken über ihr „Höhlendasein" in einem Freiburger Caritas-Heim, durch Krankheitsschübe oft wochenlang zur Tatenlosigkeit verurteilt, vermutete sie, ihr Dasein könne einen stellvertretenden Charakter haben: „Meine Einschränkung in der Aktion fasse ich seit Anfang auf als eine ‚Gegenspannung' gegen den so entsetzlich oberflächlichen, dröhnenden ‚katholischen Aktivismus' [...]. Es gibt [...] die Gegen-Spannungen, Gegen-Züge, [...] die wahrscheinlich dem stets so prekären Gleichgewicht des Ganzen irgendwie dienen müssen [...]. Und vielleicht geht das vorläufig eben

---

21 HANNA-BARBARA GERL-FALKOVITZ, „Wirklich die neue Phönixgestalt?" Über Kirche und Konzil: Unbekannte Briefe 1962–1971 von Ida Friederike Görres an Paulus Gordan, Heiligenkreuz 2015, 425.
22 Vgl. den Titel einer Festschrift für Heinrich Spaemann, Das Fischernetz Gottes, Freiburg/Basel/Wien 1983.
23 IDA FRIEDERIKE GÖRRES, Laiengedanken zum Zölibat, Frankfurt a. M. 1962, 42.
24 Ebd., 44.

nur durch Aus-Leiden der Situation, und die Energien dieses Leidens werden erst in einer späteren Generation aktiv als gestaltende, schöpferische Strahlkräfte."[25]

So mag auch der priesterliche Dienst in der Zeit der „Gotteskrise", die sich immer mehr zur Krise des Menschen und zur Krise der Welt auswächst[26], als eine Art Gegen-Spannung wirken: gegen eine Ego-Gesellschaft für den uneigennützigen Dienst am Nächsten, gegen den bedenkenlosen Konsum für bewussten Verzicht, gegen eine Welt des schönen Scheins für die innere Welt und ihre Verwurzelung im Geheimnis des dreifaltigen Gottes.

Auf diesem scheinbar verlorenen Posten auszuharren und der Kritik zum Trotz auf das eigene Ideal hin zu leben, könnte nach Überzeugung von Ida Görres jenes Unverzichtbare sein, das die Welt im Gleichgewicht hält. Denn, mit einem von ihr gerne zitierten Wort des französischen Bischofs und Politikers Talleyrand: „Stützen kann man sich nur auf das, was widersteht."[27]

---

25 HANNA-BARBARA GERL-FALKOVITZ, „Wirklich die neue Phönixgestalt?" Über Kirche und Konzil: Unbekannte Briefe 1962–1971 von Ida Friederike Görres an Paulus Gordan, Heiligenkreuz 2015, 237f.
26 Vgl. dazu die hellsichtigen Ausführungen von JOHANN BAPTIST METZ, Memoria passionis. Ein provozierendes Gedächtnis in pluralistischer Gesellschaft, Freiburg/Basel/Wien 2006, 69–92.
27 Hier zitiert nach IDA FRIEDERIKE GÖRRES, Laiengedanken zum Zölibat, Frankfurt a. M. 1962, 81.

# VII.
# REZENSIONEN

Christoph Böhr, Rezension zu: WOLFGANG BUCHMÜLLER (Hg.), *Christliche Mystik im Spannungsfeld der antiken und mittelalterlichen Philosophie. Internationale Fachtagung an der Phil.-Theol. Hochschule Benedikt XVI. Heiligenkreuz am 22. und 23. März 2013*, Heiligenkreuz 2015, Be&Be-Verlag, 143 S., ISBN 978-3-902694-63-8, 19,90 €.

Der Platonismus als Inspiration für die Philosophie des Christentums
Häufig ist die Vermutung zu hören, dass die christliche Philosophie – jene Philosophie mithin, die aufblühte, als das Christentum sich nach seiner Entstehung in Form und Inhalt zur Ordnung brachte und dabei, auf dem Weg einer Zusammenführung von Glaube und Vernunft, den engen Austausch mit der paganen Philosophie der Zeit suchte – im Platonismus ihren Horizont gefunden habe. Dieser Vermutung geht gedankenreich ein Sammelband nach, der jüngst von Wolfgang Buchmüller herausgegeben wurde und auf eine Tagung an der Hochschule Heiligenkreuz zurückgeht. Fünf – nicht anders als herausragend zu nennende – Beiträge umfasst der Band, aus der Feder von Rémi Brague, Theo Kobusch, Hanna-Barbara Gerl-Falkovitz, Wolfgang Buchmüller und Rolf Schönberger. Vorab schon sei gesagt: Dargestellt – und das in höchst vollendeter Form – findet der Leser ein entscheidendes, bis heute fortwirkendes und noch längst nicht zu Ende geschriebenes Kapitel europäischer Geisteswissenschaft und Glaubensgeschichte.

Tatsächlich bildet, wie der Herausgeber in seiner Einführung feststellt, die enge Beziehung des Christentums zur Philosophie Platons eine „Konstante" der Geistesgeschichte – und zwar des morgen- wie des abendländischen Europa. Mehr noch: Buchmüller schreibt zu Recht, dass aus der Begegnung des Christentums mit dem Platonismus „ein dynamisches Erfolgsmodell entstanden ist, das in seiner kulturellen Ausprägung im Rahmen der westlichen Zivilisation weltweite Bedeutung erlangt hat und diese immer noch prägt" (7). In der Patristik, so erinnert zutreffend und in die gleiche Kerbe schlagend Brague, nimmt das Unterfangen einer christlichen Heimholung platonischen Gedankengutes „die Gestalt eines Pflichtlaufs an" (13).

Hatte also Friedrich Nietzsche Recht, als er das Christentum – nicht nur abschätzig gemeint – als „Platonismus für das Volk" bezeichnete?

Die Antwort kann nicht auf ein entschiedenes Ja oder Nein verkürzt werden. Zu vielschichtig ist diese Beziehung zwischen Platonismus und Christentum – in Zurückweisung und Aneignung. Der Sache nach hat sie zu sachlichen Entsprechungen und begrifflichen Klärungen geführt, die geradezu ungeheuerlich erscheinen, wenn wir uns nicht den Blick dadurch verstellen lassen, dass uns diese Ungeheuerlichkeiten seit Jahrhunderten so ganz und gar zu fraglosen Selbstverständlichkeiten geworden sind. Dass Philosophie als Arbeit am Selbst des Subjekts zu verstehen ist, wusste schon die pagane antike Philosophie. Aber erst unter dem Eindruck des Christentums entstand aus der Vertiefung dieses Selbstverständnisses jene Metaphysik des inneren Menschen, die Kobusch als ausgewiesener Kenner und Erforscher dieser so folgenreichen Weichenstellung der ersten nachchristlichen Jahrhunderte in glänzender

Weise nachzeichnet: Es geht um die Befreiung des wahren Selbst durch das Selbst, wie Meister Eckhart es später im Übergang vom 13. zum 14. Jahrhundert sinngemäß ausdrückt. Der „innere Mensch" als „Inbegriff der Innerlichkeit" ist das Ergebnis einer Unterscheidung, die sich wohl erstmals bei Paulus (2 Kor 4,16) findet und die zweifelsfrei platonischen Geist atmet. Innerlichkeit als „Prinzip" (39) zu denken, hat längst nicht nur die Theologie, sondern ebenso sehr die Philosophie auf Bahnen des Denkens gelenkt, die uns heute vertraut erscheinen, die aber grundstürzend waren, als zunächst Origenes und nach ihm Augustinus dieses Prinzip entfalteten.

Buchmüllers gelehrter, an Sachkenntnis wohl kaum zu überbietender Aufsatz wandelt auf den Spuren des Platonismus im Denken der frühen Zisterzienser Bernhard von Clairvaux und Isaak von Étoile. Ihnen wird aufgrund gründlichster Quellenstudien des Verfassers bescheinigt, dass sie durch ihre je eigene Deutung und Aneignung die antike Lehre von der Vergöttlichung des Menschen „in wesentlichen Punkten" (89) übertragen haben: Der Gottesbegriff der neuplatonischen Philosophie, in dessen Zentrum die Unbegreiflichkeit des göttlichen Ursprungs allen Seins steht (81 f.), ist für einen Gelehrten wie Isaak Étoile im 12. Jahrhundert „offensichtlich mit dem Gott der biblischen Offenbarung" vereinbar, sodass philosophische Unterscheidungen, die dem (Neo-)Platonismus zu eigen sind, jetzt Eingang in theologische Argumentationsfiguren – und damit in die Glaubensverkündigung – finden.

Selbst bei Thomas von Aquin, der oftmals als Aristoteliker mit ausgesprochen antiplatonischem Affekt gesehen wird, finden sich, wie Schönberger in einem der höchsten Kunst wissenschaftlicher Arbeit verpflichteten Aufsatz nachweist, mehr als nur Spuren des platonischen Denkens, nämlich „überraschend viele Platonismen" bei jemandem, der wie Thomas doch in der Regel als „Nicht-Platoniker" (134) gesehen wird. Schönbergers Beitrag macht hoffentlich Schule, denn schon Klaus Kremer verwahrte sich vor vielen Jahren mit guten Gründen gegen die Einordnung des hl. Thomas als waschechten Anti-Platoniker. Geradezu aufregend ist die Beschreibung der platonisch-aristotelischen Synthese, die Schönberger nachzeichnet, indem er den thomanischen Versuch, die auf Platon zurückgehende „Relation, die im Begriff der Teilhabe gedacht wird, mit dem aristotelischen Konzept von Akt und Potenz zu verknüpfen" (132 f.), nach Auswertung zahlreicher Quellen als Schlussfolgerung am Ende seiner Untersuchung entfaltet und damit hoffentlich eine neue Sichtweise auf die Philosophie des hl. Thomas einleitet.

Dem Höhlengleichnis, das Platon im Siebten Buch der Politeia vorträgt, widmet sich Gerl-Falkovitz – und folgt den Spuren der Auseinandersetzung mit Platons Einsicht in die dem Geblendeten eigene Furcht vor der Wahrheit bis in die gegenwärtige Philosophie, soweit sie sich als postmodern versteht. „Der Aufstieg aus der Höhle ist ein Weg in die Höhe des Unbekannten" (54): Die Wahrheit entzieht sich unserem Blick, und diese Differenz zwischen Annäherung und Entzug muss jeder im Blick behalten, der nicht einem falschen Begriff von Wahrheit auf den Leim gehen will.

Eröffnet wird der Sammelband mit dem Beitrag „Platon im Christlichen" von Brague. Dessen einzigartige Kenntnis der abendländischen Geistesgeschichte ermöglicht es ihm, auch den Islam in seine Untersuchung einzubeziehen, weil in der islamischen Mystik der Einfluss des Neuplatonismus von großer Bedeutung war, während die „politische Dimension des Platonismus" (25) im Islam insgesamt zum Durchbruch kam. Angesichts der hohen Wellen, die Adolf von Harnacks Kritik an der Hellenisierung des Christentums seit über hundert Jahren und bis heute schlägt, rät Brague zu einem ausgewogenen Urteil über Wert und Unwert des Platonismus für das Christentum: „Im Platonismus steckt eine tiefe Überzeugung, dass der Wert der Rationalität für den Menschen richtungsweisend, ja für die Struktur der Wirklichkeit wesentlich ist ... Die Liebe zur Wahrheit, die Annahme, dass die Wahrheit göttlich ist, ist platonischer Herkunft" (27 f.). Und so kann man Brague nur beipflichten, wenn er anmahnt, dass „der Bund zwischen Platon und dem Christentum für uns heute noch nötiger geworden ist als für unsere Vorfahren im Glauben" (28). Bragues Hinweis sollte Beachtung finden, denn tatsächlich hängt von der Gleichsetzung zwischen Gott und Wahrheit alles ab: für den Gottesbegriff wie für Wahrheitsbegriff. Ohne diese Gleichsetzung gäbe es schwerlich einen philosophischen Gottesbegriff, jenseits der Unbegreiflichkeit des Göttlichen, und einen nur äußerst schwachen Wahrheitsbegriff, verkürzt auf den Sinn eines Mühens um Wahrhaftigkeit. Beides kann man bei zeitgenössischen Autoren, die der Gleichsetzung widersprechen, zur Genüge nachlesen.

Ist das nicht alles schwere, gar zu schwere Kost, fragt vielleicht der an Philosophie mehr Interessierte als selbst im philosophischen Denken Versierte. Es hat keinen Sinn, um den heißen Brei herumzureden: Ja, vielleicht ist es schwere Kost. Aber in einer Zeit, in der die Fundamente von Philosophie und Theologie ins Wanken geraten sind, helfen Schönrederei und Schönfärberei nicht weiter. Was nutzt der schöne neue Anstrich im Dachgeschoss, wenn gleichzeitig im Keller Feuchtigkeit die Stützmauern des Hauses brüchig werden lässt? Deshalb ist dem hier besprochenen Buch eine große Verbreitung dringend zu wünschen, weil es sich um die Fundamentierung von Vernunft und Glauben müht und eben jene nahrhafte Kost bietet, die heute in einer Zeit, in der nichtssagende Gefälligkeiten hohe Auflagen erzielen, so selten zu haben ist. Zu diesem Zweck ist Gelehrsamkeit eine Notwendigkeit, denn ohne tiefere Kenntnis der zu verhandelnden Sache kann Philosophie genauso verunglücken wie ein geistesabwesender Verkehrsteilnehmer bei der Querung einer Kreuzung.

Auf eine beglückend kenntnisreiche und ungewöhnlich kluge Weise erläutert das von Buchmüller herausgegebene Buch den Zusammenhang von Denken und Glauben – mit Beiträgen, die zum Besten zählen, was so zahlreich zu diesem Thema in den letzten Jahren veröffentlicht wurde. Und dem vielleicht zunächst eingeschüchterten philosophischen ‚Laien' sei gesagt: Man kann dieses Buch auch sehr gut lesen und verstehen, wenn man die zahlreichen in den Fußnoten erwähnten Quellen und Belege zunächst einmal außerhalb der Betrachtung lässt. Er wird auch in diesem Falle reichen Gewinn haben, weil die Beiträger der Aufsatzsammlung nicht nur jeweils führende Kenner der Thematik sind, sondern allesamt über die Fähigkeit verfügen, Sachverhalte nicht nur philologisch in ihren Einzelheiten zu beschreiben, sondern sie immer auch philosophisch in einen Erklärungs- und Sinnzusammenhang zu stellen, so dass dem Leser klar wird, warum es so wichtig ist, tiefer zu graben und nicht nur an der Oberfläche zu kratzen.

Und ein Letztes muss gesagt werden: Wer Geisteswissenschaft von ihrer besten Seite erleben will, der muss zu diesem Buch greifen. Angesichts der Oberflächlichkeit, die zunehmend in unserem Wissenschafts- und Hochschulbetrieb um sich greift, schützt die von Wolfgang Buchmüller herausgegebene Aufsatzsammlung vor der Verzweiflung, die jeden packen kann, der beobachtet, wie an den Hochschulen Ausbildung zu Lasten von Bildung in Stellung gebracht wird. Demgegenüber zeigt dieses Buch, dass Bildung der unerlässliche Schlüssel ist, um jene Tür zu öffnen, durch die man gehen muss, wenn man sehen will, wie Gegenwart aus der Vergangenheit aufgewachsen ist. Und mehr als das: Die thematische Orientierung der Aufsatzsammlung über „Christliche Mystik" verweist auf Möglichkeiten unseres Denkens, die deshalb neu zu erkunden sind, weil sie sich der heute vielerorts beliebten Verkürzung auf Vordergründigkeit in den Weg stellen. In diesen Hinsichten bietet das Buch Trost in überreichem Maße, weil es zeigt, wie Denken zu seiner Fülle gebracht werden kann. Die Hochschule Heiligenkreuz fügt mit diesem Band – dessen Herausgeber Buchmüller zugleich Forschungsdekan dieser Hochschule ist – den ohnehin schon vielfältig vorhandenen Alleinstellungsmerkmalen ein wichtiges weiteres hinzu: Sie eröffnet einer sich selbst nicht verkürzenden Wissenschaft einen Lebensraum, der dringend erforderlich ist, weil heute weltweit nicht nur die Ökologie der Natur, sondern auch die Ökologie der Kultur auf dem Spiel steht.

Christoph Böhr, Rezension zu: HOLM TETENS, *Gott denken. Ein Versuch über rationale Theologie*, Stuttgart 2015, Reclam Verlag, 96 S., ISBN 978-3-15-019295-5, 5 €.

Gott denken?! Holm Tetens begründet den Glauben überzeugend aus dem Anspruch der Vernunft.

Die Symphonie endet mit einem Paukenschlag, der hier allererst zu Gehör gebracht werden muss. Dazu bedarf es einer wörtlichen Wiedergabe der Partitur jenes abschließenden Akkords: „Um die Philosophie wird es erst dann wieder besser bestellt sein als gegenwärtig, wenn Philosophen mindestens so gründlich, so hartnäckig und so scharfsinnig über den Satz ‚Wir Menschen sind Geschöpfe des gerechten und gnädigen Gottes, der vorbehaltlos unser Heil will' und seine Konsequenzen nachdenken, wie Philosophen zur Zeit pausenlos über den Satz ‚Wir Menschen sind nichts anderes als ein Stück hochkompliziert organisierter Materie in einer rein materiellen Welt' und seine Konsequenzen nachzudenken bereit sind." Der lang anhaltende Nachhall dieses Paukenschlages weist diesen aus als die Folge einer Erschütterung im Denken, das nicht nur den Verfasser, sondern auch seinen Leser existenziell fordert. Wer Gott zu denken sich bemüht, bleibt davon nicht unberührt, innerlich nicht und äußerlich nicht; freimütig bekennt Tetens: „Es ist für einen Philosophen heute durchaus nicht ohne Risiko, ein Buch über das Thema

,Gott' zu schreiben, das für den Autor selbst und für manchen seiner Leser eher unerwartet nicht zu einem atheistischen oder agnostischen Fazit gelangt. Hat sich der Autor zudem früher stets im Kreis der philosophischen Atheisten oder zumindest der Agnostiker in der Gottesfrage aufgehalten und auf der zeitgeistsicheren Seite beheimatet gefühlt, dann sind selbst gute Freunde irritiert bis befremdet über des Autors ‚theistische Wende'."

Die Besprechung des Buches könnte hier – verbunden mit einer abschließenden Leseempfehlung – enden. Gleichwohl seien ein paar Sätze dann doch noch hinzugefügt. Zunächst zu der Frage: Wer ist der Komponist dieser Symphonie? Es ist Holm Tetens, geboren 1948, Professor für theoretische Philosophie an der Freien Universität Berlin und ein führender Kopf der deutschen Geisteswissenschaft. Wohl niemand hat diese Konversion zum Theismus gerade aus seiner Feder erwartet, und man glaubt ihm gerne, wenn er unverblümt schreibt: „Ich muss gestehen, dass ich während der Arbeit an diesem Buch wie nie zuvor bei einer anderen Arbeit so oft ernsthaft erwogen habe, das Schreiben abzubrechen oder das Geschriebene jedenfalls nicht zu veröffentlichen, sondern in der Schublade verschwinden zu lassen."

Wer ihn aus seinen früheren Schriften kennt, empfindet Seite für Seite mehr Hochachtung für den Verfasser, der ganz schnörkellos, ohne Pathos und Emphase, in unaufgeregter Schrittfolge seine Gründe darlegt, warum es vernünftiger ist, an einen gerechten und gnädigen Gott zu glauben – als umgekehrt einem solchen Glauben seine Vernunft abzusprechen. Tetens ist Philosoph – und wie es sich für einen Philosophen gehört, zielt sein ganzes Mühen auf die Klärung von Begriffen. Der Gott, an den zu glauben sich als vernünftig zeigt, ist zunächst der Gott der Philosophen – und doch aber auch schon ein bisschen mehr, verbindet man doch mit dem Gott der Philosophen oft eine Rede über Gott, die sich außerhalb aller menschlichen Lebensbezüge auf einen blutleeren Begriff bezieht. So ist es bei Tetens nicht. Der Gott, für den er sich philosophisch in die Bresche schlägt, ist ein Gott auch der Hoffnung, des Trostes und der Erlösung, ein Gott also, der nicht nur gerecht, sondern auch gnädig ist.

Tetens entwickelt eine „rationale Theologie": einen Gottesglauben, der begrifflich – und, wie er schreibt, „(erfahrungs-)transzendent" – in der Vernunft des Menschen gründet. Auf eine einzige Weise kann Gott, wie die Vernunft ihn erkennt, in der Erfahrungswelt gegenwärtig sein, nämlich indirekt und überall dort, wo Menschen in ihrem Leben auf Gott hoffen, ihn loben, ihn in ihren Nöten anrufen, ihn fürchten „und – das gerät angesichts der Theismusphobie so vieler Philosophen leicht in Vergessenheit – wo Menschen ihn vernünftig zu denken versuchen." Nichts prägt einen gläubigen Menschen so sehr „wie die Tatsache, dass er auf Gott vertraut. Worauf wir hoffen, wohlgemerkt, in einem existenziell ernsthaften Sinne hoffen, ist in einem erheblichen Ausmaß unserer Willkür entzogen. Es ist von daher nur konsequent, wenn der Gläubige sein Vertrauen auf Gott als ein Widerfahrnis begreift, das von Gott selbst herrührt."

Unter Maßgabe unserer Vernunft ist dieses Begreifen Gottes keinesfalls zurückzuweisen. In seinem abschließenden viertel Kapitel „Theistische Metaphysik" umreißt Tetens jenes Verhältnis, das zwischen dem Denken Gottes und dem Denken des Menschen besteht. „Der Mensch ist „Gedankeninhalt des unendlichen Ich-Subjekts Gott, während wir selber nie in ein echtes Subjekt-Objekt-Verhältnis zu Gott treten können. Ein Gedankeninhalt ist immer nur das Objekt, niemals das Subjekt seines Gedachtwerdens." Die Ich-Perspektive Gottes kann ein Mensch niemals einnehmen, Gott „tritt uns nicht als ein Objekt neben anderen Objekten unter die Augen." Deshalb ist Gott kein bestimmbarer Gegenstand in der Welt unserer sinnlichen Erfahrungen. Aus diesem Grund leugnen Materialisten und Naturalisten sein Dasein. Tetens weist nach, dass diese Leugnung nicht nur kein Erfordernis der Vernunft ist, sondern unter Gesichtspunkten unseres vernünftigen Erkennens auf schwächeren Füßen steht als umgekehrt der Glaube an das Dasein Gottes. Ein Nachweis ist kein Beweis mittels erfahrungswissenschaftlicher Verfahren – so, wie wir diesen Begriff heute verstehen. In diesem zeitgenössischen Sinne ist weder das Dasein Gottes ‚beweisbar' noch ist das Gegenteil dieser Annahme ‚beweisbar'. Aber es kann, so schlussfolgert Tetens, „keine Rede davon sein, dass die Erlösungshoffnung zutiefst irrationales Wunschdenken ist, während die Desillusionierung jedes Erlösungsgedankens im Geiste des Naturalismus überlegen vernünftig ist. Die Erlösungshoffnung wäre nur dann rundum unvernünftig, wenn der Naturalismus beweisbar wahr und der Theismus im logischen Gegenzug beweisbar falsch wäre. So ist es nicht."

Besteht also Waffengleichheit im Streit der beiden feindlichen Brüder, des Theismus und des Naturalismus? Allein eine solche Feststellung würde heute schon aufhorchen lassen. Tetens geht jedoch noch weiter, indem er unmittelbar anschließt: „So ist es nicht, im Gegenteil, nach unserer" Argumentation hat der „Naturalismus sogar mit Schwierigkeiten zu kämpfen, die sich umgekehrt als Stärken des Theismus entpuppen. Mithin können wir für die relative, weil mit dem Naturalismus verglichene Vernünftigkeit des Erlösungsglaubens argumentieren" und feststellen: Im „Vergleich mit dem Naturalismus" ist es „vernünftiger, Theist zu sein und auf Gott als Erlöser zu hoffen und zu vertrauen".

Was soll man zu Tetens' eindrucksvollem Buch sagen, ohne in jene Emphase zu verfallen, die der Verfasser bewusst und mit guten Gründen selbst vermeidet? Es handelt sich um ein äußerst scharfsinniges, kluges und gelehrtes Buch, das zeigt, wie weit man mit einem Denken, das sich selbst nicht schont und keine falsche Rücksichten nimmt, sondern sich allein dem Anspruch der Wahrheit verpflichtet weiß, kommt: nämlich sehr weit. Tetens wägt ab, besonnen, kenntnisreich, ohne Furcht vor zeitgeistiger Schelte. Was für ihn allein zählt, ist die Schlüssigkeit der Gedankenführung im Blick auf die Wahrheit der Aussage, zu der ein Denken findet, das sich auf den Weg gemacht hat, ausgetretene Trampelpfade zu verlassen. Dass ein solches Denken am Ende trostreich ist, spricht nicht gegen dieses Denken. Und so spricht es mitnichten gegen Tetens' Buch, wenn es mit dem Satz schließt: „Es gab schon einmal Zeiten, da hat die Metaphysik die Denkenden getröstet. Es waren beileibe nicht die schlechtesten oder wahrheitsfernsten Zeiten der Philosophie."

Dieses Buch kann gar nicht Leser genug finden. Es entstammt der Feder eines selbstständig denkenden Gelehrten.

Karl Josef Wallner OCist, Rezension zu: JAN ASSMANN, Exodus. Die Revolution der Alten Welt, München ³2015, Verlag C. H. Beck, 493 S., ISBN 978-3-406-67430-3, 29,95 €.

Eines ist gewiss: Jan Assmann hat Leben in die Theologie gebracht! Wo die Akribie der christlichen Exegese, deren Wissenschaftlichkeit außer Zweifel steht, die biblische Nachricht in eine verstaubte Irrelevanz zu verdämmern drohte, schaffte es der Ägyptologe Jan Assmann seit seinem Moses-Buch von 1997, die Theologie herauszufordern. Seine Provokationen mahnen eine detailverliebte Bibelwissenschaft daran, dass ihre letzte Aufgabe nicht in der detailpräzisen Obduktion eines Leichnams besteht, sondern in der Urkunde eines lebendigen und weltverändernden Ursprungs. Assmann ist auch nicht an dem „War es wirklich so?" interessiert, sondern an der Wirkungsgeschichte. Dem Leser wird sehr schnell klar, dass es keinesfalls eine rhetorische Behauptung ist, wenn Assmann die Exodus-Erzählung „die grandioseste und folgenreichste Geschichte" nennt. Es gibt tatsächlich keine Schrift der Weltliteratur, die eine größere Wirkung auf Religion, Politik, Recht, Kultur und Kunst entfaltet hat. So liest sich das umfangreiche Fachbuch Assmanns zum einen wie eine bibelwissenschaftlich-fachkundige Aufschlüsselung der Gründungskunde des Monotheismus, das dem Leser einiges an Vorbildung abverlangt; zum anderen erstickt man aber nicht in exegetischer Sterilität, sondern wird immer wieder hinausgerissen in die – oft aktuellen – Folgen der Exodus-Erzählungen. In allen Bereichen. Assmann parliert über die Darstellung der Dornbusch-Szene in Schönbergs Oper „Moses und Aaron" (163ff.) ebenso wie er einen spannenden Exkurs zu der Frage bringt, ob Moses ermordet worden sei. Letzteres wurde nicht nur von dem (vergessenen) Bibelwissenschaftler der 1930er-Jahre Ernst Sellin vertreten, sondern schon vorher von Goethe. Die Mordthese wurde psychoanalytisch ausführlich von Sigmund Freud entfaltet in seinem Buch „Der Mann Moses und die monotheistische Religion" (1938). Nach Freud sei Moses ein Ägypter gewesen, der von den Hebräern ermordet worden sei. Thomas Mann hat diese gewagte Deutung in seiner Novelle *Das Gesetz* aufgegriffen. Für Theologen ist die Dialogfähigkeit Jan Assmanns bemerkenswert, da er mit dieser großen Publikation seine erstmals 1997 entworfene These von der „mosaischen Unterscheidung" weiterentwickelt. Hat er bisher die Theologie durch die Behauptung herausgefordert, wonach der Monotheismus aus der Unterscheidung in „wahrer Gott und falsche Götter" und eben die monotheistische Religiosität damit in sich die Veranlagung zu religiös-motivierter Gewalt trägt, so spricht Assmann jetzt von einem „Monotheismus der Treue". Er meint damit, dass die entscheidende Kategorie, die durch den Exodus in das Denken der Menschen gekommen sei, der Begriff der „Offenbarung" (Gottes) und folglich des Bundes sei. Des Bundes zwischen Gott und Mensch, der Zugehörigkeit zu einer mit Gott verbündeten Gemeinschaft und damit auch die Idee von „Volk" und „Nation" und gesellschaftlichem Gemeinwesen. Der Leser sollte vor allem dann zu Assmanns Buch greifen, wenn er an der grandiosen Ideengeschichte interessiert ist, die das Exodus-Buch entfaltet: von Augustinus über Spinoza, Thomas Hobbes und Hugo Grotius. Er erfährt, dass Machiavelli von der mosaischen Gesetzgebung in *Il principe* fasziniert war und dass der amerikanische Philosoph Michael Walzer 1985 im Exodus die Grundlage aller modernen Befreiungsbewegungen ausgemacht hat. Während wiederum Peter Sloterdijk *(Im Schatten des Sinai. Fußnote über Ursprünge und Wandlungen totaler Mitgliedschaft, 2013)* in Moses gerade nicht den Archetypen aller politischen Befreier sehen will, sondern die These vertritt, dass die Sinai-Erfahrungen die neurotische Form einer selbstunterwürfigen Religiosität (mit gar suizidalem Charakter) hervorgebracht hätten. Assmanns Exodus-Buch ist, so kann man jetzt schon sagen, ein Klassiker, das auch den Theologen die normative Kraft und die Breitenwirkung ins Gedächtnis ruft, die die alttestamentliche Exodus-Erzählung in sich trägt. Jan Assmann motiviert jedenfalls eine durch Selbstverspiegelung gefährdete christliche Bibelwissenschaft, den Exodus wieder von „Outside of the Box" her zu lesen. Das nächste Kapitel in den Diskussionen zwischen Assmann und der christlichen Theologie über die Deutung der Exodus-Erzählungen ist aufgeschlagen.

Karl Josef Wallner OCist, Rezension zu: JAN-HEINER TÜCK (Hg.), *Monotheismus unter Gewaltverdacht. Zum Gespräch mit Jan Assmann*, Freiburg i. Br. 2015,

Herder Verlag, 272 S., ISBN 978-3-451-32782-7, 19,99 €.

Der Vorwurf, dass Religionen – vornehmlich deren monotheistische Varianten – Gewalt und Krieg hervorbrächten, reicht bis in die Zeit der Aufklärung zurück. Monotheismuskritik gab es gerade im 20. Jahrhundert zuhauf, auch auf hohem Niveau wie etwa von Peter Sloterdijk. Der Ägyptologe Jan Assmann hat mit seinen Monografien (1997: *Moses the Egyptian*; 2003: *Die Mosaische Unterscheidung oder der Preis des Monotheismus*) der Kritik am Eingottglauben eine neue Schärfe – und intellektuelle Brillanz – gegeben. Der katholischen Theologie kann man nicht den Vorwurf machen, dass sie die Anwürfe zu wenig ernst genommen habe. Im Gegenteil! Ein breiter Strom derzeitigen Kraftaufwandes beschäftigt sich damit – wie z. B. das 2007 von der Katholischen Fakultät der Universität Innsbruck eingerichtete fakultätsübergreifende Forschungszentrum Religion – Gewalt – Kommunikation – Weltordnung (RGKW) und ähnliche Foren samt ihren fachkundigen Tagungen und Publikationen beweisen. Die Auseinandersetzung mit Assmann hat mittlerweile in großer Breite die christliche Theologie erfasst (vgl. den 2014 von Micha Brumlik herausgebrachten Sammelband *Die Gewalt des einen Gottes. Die Monotheismusdebatte zwischen Jan Assmann, Micha Brumlik, Rolf Schieder, Peter Sloterdijk und anderen).* Der Wiener Dogmatiker Jan-Heiner Tück hat sich ebenfalls – mehrfach – dieser Kontroverse angenommen und nicht nur selbst Einwände gegen die Kritik Jan Assmanns erhoben, sondern auch eine akademische Diskussion angestoßen, die mittlerweile als fruchtbarer Dialog geführt wird. So fand im Oktober 2013 an der Katholisch-Theologischen Fakultät der Universität Wien ein Symposion unter dem Thema des Sammelbandes statt; von diesem stammen die meisten der veröffentlichten Beiträge. Die Modifikationen, die inzwischen Jan Assmann selbst an seiner Erstkritik vorgenommen hat, kann man in dem Band unter dem Titel „Mose und der Monotheismus der Treue. Eine Neufassung der ‚Mosaischen Unterscheidung'" (16–33) nachlesen: Den Vorwurf, dass der jüdische Monotheismus „Religion" als ein gewalttätiges Ideenkonzept hervorgebracht habe, hält er freilich aufrecht. Der Grund liege aber nicht in einer „mosaischen Unterscheidung" von „wahr oder falsch", sondern in drei anderen Ebenen der „Treue" zu Jahwe: in der Unterscheidung zwischen Zugehörigkeit zum erwählten Volk und Nichtzugehörigkeit; Befolgung des von Gott gegebenen Gesetzes oder Nichtbefolgung; die wichtigste Unterscheidung sei die zwischen Offenbarung (von Gott selbst gesetzt) und Religiosität (vom Menschen her). Im christlichen Offenbarungsbegriff sieht Assmann die Quelle „wenn nicht der Gewalt, so doch der Intoleranz" (33), die von der Aufklärung (Lessings Ringparabel) her zu relativieren versucht worden sei. In einem zweiten Aufsatz beschäftigt sich Assmann mit dem Verhältnis Polytheismus und Monotheismus: „Ambivalenzen und Konflikte des monotheistischen Offenbarungsglaubens" (246–268) und kommt zu dem Resultat: „Das Problem der religiösen Gewalt, des Eifertums, wurzelt nicht im Monotheismus als solchem, sondern in der Bundesidee mit ihrer Theologie der Differenz." (265) Dieser Sammelband beschäftigt sich auf höchstem Niveau mit der Monotheismuskritik Assmanns durch interessant gefächerte Einzelthemen aus dem bibelwissenschaftlichen (Ludger Schwienhorst-Schönberger, Michael Theobald, Thomas Söding), historischen (Arnold Angenendt) und systematisch-theologischen Bereich (Hans Schelkshorn, Britta Mühl und Jan-Heiner Tück). Einige Beiträge sind „Gustostücke", die man unbedingt gekostet haben sollte. Ich greife exemplarisch den exegetischen Beitrag von Michael Theobald heraus, der sich mit der Septuaginta-Fassung des „Toleranzaufrufes" in Exodus 22,27 „Über die Götter sollst du nicht schlecht reden!" und seine Deutungsgeschichte und Interpretationen im Frühjudentum, im Neuen Testament und in der alten Kirche beschäftigt. Oder Jan-Heiner Tück, der in seinem Beitrag der Forderung einer Selbstrücknahme der Wahrheitsansprüche der Offenbarungsreligionen widerspricht: Die Dialogfähigkeit und „Toleranz" des christlichen Glaubens wurzelt gerade darin, dass es um seine eigentliche Identität geht und nicht, dass es diese aufgibt. Das gilt aber nach Tück auch für die anderen Religionen: Sie sollen ihre Wahrheitsansprüche unverkürzt zur Geltung bringen, freilich unter der Perspektive ihres humanisierenden Potentials und unter kritischer Reflexion ihres immanenten Gewaltpotentials. Von *daher* müssten dann Allianzen des Friedens und der Gerechtigkeit unter den Religionen zu schmieden sein, wie sie in den Gebetstreffen von Assisi zum Ausdruck gekommen sind.

Die akademische Diskussion über das Gewaltpotential in den Monotheismen wird jedenfalls, so muss man befürchten, rasch immer breitere Kreise der Bevölkerung erreichen. Die Popularisierung des Anti-Theistischen wird zusehends demagogische Ausmaße annehmen. Es ist besorgniserregend, wenn das Titelblatt des Satiremagazins Charlie Hebdo zum Jahrestag der Anschläge im Jänner 2016 die Karikatur von „Gott" zeigt, der als eigentlicher Attentäter noch nicht gefasst sei. Darin steckt nicht nur ein anti-theistischer Appell, sondern auch eine gewollte Unfairness gegenüber dem Christentum, denn das „Gott"-Männchen ist mit dem Dreieck, dem Attribut der christlichen Trinität, dargestellt. Ein weiteres Indiz für diese Befürchtungen kann man in den Thesen von Richard David Precht sehen, der durch zahlreiche Erfolgspublikationen Philosophie „popularisiert". Precht exkulpiert in dem 2015 erschienenen ersten Band seiner „Philosophiegeschichte" *(Erkenne die Welt. Geschichte der Philosophie 1, München 2015)* sowohl das Judentum als auch den Islam, wohingegen er im christlichen Monotheismus den eigentlichen Erfinder von religiös motivierter Gewalt zu entdecken vermeint. Das sind Hinweise, dass das in Tücks Sammelband behandelte Kontroversthema schon breit außerhalb der stillen Mauern unserer theologischen Hörsäle anwesend ist. Vielleicht ist es in der gegenwärtigen Situation nur mehr ein kleiner Schritt bis zu einem neuen „Écrasez l'infame". Umso wichtiger scheint es, dass sich die Theologie mit niveauvoller Kompetenz mit Jan Assmann, dem herausragenden Proponenten einer intelligenten Monotheismuskritik, auseinandersetzt.

Josef Zemanek, Rezension zu: Christoph Wrembek, *Sentire Jesum – Jesus erspüren. Vom Gottesbild Jesu und vom Gottesbild von Menschen*, Paderborn 2015, Bonifatius Verlag, 428 S., ISBN 978-3-89710-584-3, 26,90 €.

Das Buch versucht das spirituell sehr tiefe Problem zu erhellen, wie sich die unendliche Güte und Liebe Gottes zum nie vollkommenen und daher immer sündigen Menschen verhält. Nicht Gericht und noch weniger Verdammnis seien Inhalt der Verkündigung und des beispielhaften Lebens Jesu, sondern die unbedingte Rettung, das ewige Heil. „Unbedingt" ist hier wörtlich zu verstehen, insofern diese liebevolle Hinwendung Gottes zum Menschen in keiner Weise von dessen Verhalten oder gar „Gegenleistung" abhängt. Dies versucht der Autor anhand einiger scheinbar willkürlich ausgewählter Gleichnisse und Aussagen Jesu zu veranschaulichen und als eigentliche Aussage der gesamten Bibel darstellen zu können. Traditionell andere Interpretationen meint er durch neue Erkenntnisse widerlegen und fallweise auch als „Verfälschungen" der eigentlichen Aussagen darzustellen. Dabei stützt er sich, gewöhnlich allerdings widersprechend, auf eine beschränkte Auswahl neutestamentlicher Exegeten. Eine weitschweifende und fallweise allzu detaillierte Darstellung der Entwicklung der alttestamentlichen Religion soll den theologischen Rahmen bilden. Allerdings werden entscheidende Theologoumena wie etwa die „Erfüllung des Gotteswillens" (Schöpfungsplan) oder die Ehrfurcht gebietende Heiligkeit Gottes ebenso wenig thematisiert wie etwa die anthropologische Selbstverpflichtung und Sinnorientierung des Menschen oder gar psychologische Grundlagen eines zeitgemäßen Menschenbildes. Niemand zweifelt am

Rettungswillen Gottes – der aber sicher nicht die menschliche Freiheit vergewaltigen will.

Das Buch nennt ungeheuer viel Material, das allerdings sehr unsystematisch und willkürlich dargeboten wird, oft auch verwirrend und langatmig. Beeindruckend ist der sehr engagierte und von allen Vorurteilen sich lösende Zugang zu den Problemen; der Autor bemüht sich – erfolgreich –, existenzielle Fragen des heutigen unbedarften Lesers zu benennen und zu beantworten. Die wissenschaftliche Methodik und Konsequenz kommen dabei allerdings immer wieder zu kurz. Die realgeschichtlichen, sprachwissenschaftlichen und exegetischen Forschungsergebnisse werden zwar genannt, aber nicht ausreichend erörtert. Allzu oft ist die Intention der Auslegung entscheidend und nicht die bekannten Sachzwänge. Redaktionelle Fehler und Verkürzungen erleichtern nicht gerade das Lesen. Die markante Gegenstellung zu allem, was jüdisches Bibelverständnis bedeutet, muss sicher als deutlich überholt angesehen werden – 50 Jahre nach Nostra Aetate! –, sie wird auch durch ein formales Bekenntnis gegen einen generellen Antijudaismus nicht obsolet; das jüdische Gott-Mensch-Verhältnis darf sicher nicht auf ein bloßes Leistungsdenken eines „do ut des" reduziert werden.

Für den eingelesenen Bibliker kann das Buch aufgrund seiner Unkonventionalität durchaus anregend sein, fordert es doch beständig zu den wahren Hintergrund erhellender Nacharbeit auf; wer zu dieser kritischen Lektüre jedoch (noch) nicht fähig ist, der könnte allzu leicht auf Irrwege gedrängt werden. Auch wenn Exegese unverändert eine andauernde Herausforderung darstellt, die bisherigen Forschungsergebnisse sind wohl nicht vor allem einfach Abirrungen oder Verfälschungen.

Christoph Binninger, Rezension zu: GISBERT GRESHAKE, *Maria – Ecclesia. Perspektiven einer marianisch grundierten Theologie und Kirchenpraxis*, Regensburg 2009, Verlag Friedrich Pustet, 198 S., ISBN 978-3-7917-2592-5, 44 €.

Mit der vorliegenden Schrift ist es einem „Altmeister" der katholischen Dogmatik gelungen, ein Werk vorzulegen, das seine Erkenntnisse aus den bisherigen großen Arbeiten zur Anthropologie, Ekklesiologie, Eschatologie sowie Gnaden- und Trinitätslehre gleichsam „vermächtnisartig" in einer „marianisch grundierten Theologie und Kirchenpraxis" zusammenführt. Gleichzeitig ist diese Schrift an vielen Stellen eine Hommage vor allem an seinen ehemaligen Spiritual Wilhelm Klein SJ, aber auch an Pierre Teilhard de Chardin und an Ferdinand Ulrich, die sein Denken immer wieder inspiriert haben.

Greshakes Arbeit gliedert sich im Anschluss an ein autobiografisches Vorwort in zwei Teile:

Im I. Teil („Prolegomena"; 35–364) gelingt es Greshake in bewundernswerter Weise, in biblischer, theologiegeschichtlicher und dogmatischer Hinsicht die immense Fülle der Glaubensaussagen über Maria kompakt, dabei aber differenziert darzulegen und dabei auch die neueren Diskussionsbeiträge zu berücksichtigen. Er bietet damit ebenso der kommenden Theologengeneration einen reichhaltigen, theologiegeschichtlichen Fundus für eigenes Reflektieren.

Dennoch stellen sich hinsichtlich seiner Ausdeutung der Mariendogmen auch Fragen, die zu Diskussionen anregen sollten, z. B.: Ist es dogmatisch gerechtfertigt, die auch biologisch verstandene Jungfräulichkeit Mariens aufzugeben? Wird damit nicht die ursprüngliche Aussageintention der Hl. Schrift (speziell bei Lk und Mt) sowie deren durchgehende Interpretationen von den frühesten lehramtlichen Zeugnissen an bis hin zum Vaticanum II und darüber hinaus missachtet? Auch bei seinen Ausführungen über das Immaculata-Dogma (z. B. Frage der Sündlosigkeit Mariens) und über das Assumptio-Dogma (z. B. leibliche Aufnahme Mariens) darf sicherlich diskutiert werden, ob Greshakes Positionen vereinbar sind mit der ursprünglichen Aussageabsicht des jeweiligen Dogmas.

Im II. Teil seiner Schrift (Maria-Ecclesia, 367–588) stellt Greshake anhand der „Korporativperson Maria" folgende drei Aspekte heraus: „Maria, die Glaubende (Mariologie als Theologische Anthropologie, 367–417), „Maria quae est sancta ecclesia" (Mariologie als Ekklesiologie, 418–466), Maria „geschaffen als Anfang seiner Wege" (Mariologie als Ontologie und Schöpfungsbzw. Geschichtstheologie, 490–569). Im spekulativen Mittelpunkt steht bei Greshake der letztere Aspekt. Er bezeichnet diesen als „Schlussstein" (489) für seine gesamten Überlegungen: Greshake schließt sich zunächst jenen Traditionen in der Theologiegeschichte an, die die „Weisheit", wie sie in Spr 8, Sir 24 und Weish 7-9 aufleuchtet, entgegen dem NT (vgl. Mt 11,19; Lk 7,35; Lk 11,49; 1 Kor 1,24.30) nicht nur auf den inkarnierten Logos, sondern auch auf Maria beziehen. Er kann sich dabei im Osten auf die Identifikation der Sophia mit Maria z. B. in der russ.-orthodox. Ikonografie sowie auf die theosophische Ausrichtung bei Solowjew und Bulgakow usw. berufen. Im Westen sind seine „Kronzeugen" Böhme, von Baader und Schelling. Auch Ratzinger schließt eine solche Deutung nicht aus (vgl. Tochter Zion).

Diesen Ansatz verbindet Greshake nun mit den Gedanken W. Kleins SJ, die u. a. von F. Ulrich und jüngst von Bischof Oster rezipiert wurden. Er identifiziert „Maria" mit der präexistenten kreatürlichen Weisheit und stellt das Postulat eines ersten Geschöpfs auf, mit dem sich der göttliche Logos schon „im Anfang" vermählt habe, sodass im Ehebund mit ihm „ein Wechselspiel von Wort und Ant-Wort, von Gabe und Gegen-Gabe" (510) erst ermöglicht worden ist. Dieses erste Geschöpf bzw. „Ur-Geschöpf" wird von ihm als „sapientia creata", „ecclesia primogenita" oder „Maria-Ecclesia" (s. Buchtitel!) bezeichnet. „Maria" als „Korporativperson" wäre dann die „personale Gestalt der mit Gott vermählten Schöpfung" (557). Für Greshake ist „die Welt ... der marianische Raum, in den hinein Gott die unendliche Fülle seines göttlichen Lebens hineinströmen lässt, und die Geschichte ist der Prozess, in welchem das marianische Ur-Ja zur Vermählung weitergesprochen wird und Gottes Sohn je neu „Gestalt" findet" (527).

Dieser Ansatz führt zu folgenden Fragen: Ist diese primordiale Vermählung – gleichsam als eine Geschichte vor der Geschichte – das primäre Konstitutivum unserer Erlösung? Wären demnach die Inkarnation, der Erlösungstod und die Auferstehung Christi nur noch die höchste Manifestion dieser primordialen Vermählung bzw. des Ehebundes? Greshake sieht in dieser primordialen Vermählung auch den entscheidenden Ausgangspunkt für alle Religionen: „Jedes religiöse Verhältnis ist als solches die Spiegelung der Urverbindung Gott-"Maria-Ecclesia". Wie es nur einen Gott gibt, so gibt es auch nur eine Urbeziehung Gottes zur „Maria-Ecclesia", die in allen Religionen abgebildet und nachvollzogen wird. Zwar sind die Antworten der Religionen verschieden und in ihrer Verschiedenheit durchaus auch widersprüchlich gemäß den unzähligen Varianten soziokultureller Kontexte und den unterschiedlichen Charismen der sogenannten Religionsstifter, aber die in Intuition, emotionaler Befindlichkeit, Reflexion und/oder „transzendentaler Erfahrung" gegebene „Grunderfahrung" des Menschen, sich vom „Absoluten" her gratis, ohne jedes Verdienst, angesprochen zu erfahren und zugleich gedrängt zu sehen, entsprechende Antwort geben zu müssen und zu können, dürfte überall auf das Gleiche hinauslaufen [...]." Darum ist für Greshake „diese ‚Grunderfahrung' [...] aber nicht ‚Selbstentwurf' des Menschen, sondern sie basiert darauf, dass Gottes Sohn und Gottes Heiliger Geist von Anfang an ‚Maria' und damit die ganze Schöpfung durchwalten. Deshalb wird sich als ‚Kern' des Religiösen überall das Gleiche ausmachen lassen: Es geht um die empfangene Zuwendung von Liebe und die ihr korrespondierende Antwort der Liebe" (557f.).

Auch hier stellen sich Fragen, die es zu diskutieren gibt: Laufen religionsgeschichtlich gesehen alle Religionen wirklich auf das „Gleiche" hinaus, nämlich „empfangene Zuwendung von Liebe und die ihr korrespondierende Antwort der Liebe"? Worin besteht das christliche Proprium? Welche Bedeutung kommt der Heilsuniversalität Christi dann in diesem Kontext noch zu? Welche Aufgabe hätte dann noch der christliche Missionsauftrag?

Trotz all dieser Diskussionspunkte ist es Greshake gelungen, in einer Zeit, in der die Theologie in einzelne Fragmente zu zerbrechen droht, einen neuen, organischen und systematischen Gesamtentwurf vorzulegen. Dieser ist ein beredtes Zeugnis seiner Liebe zu unserer Kirche und regt zum Nachdenken, Diskutieren, aber auch zum Meditieren in fruchtbarer Weise an.

Christoph Binninger, Rezension zu: JOHANNES OELDEMANN, *Einheit der Christen – Wunsch oder Wirklichkeit? Kleine Einführung in die Ökumene*, Regensburg 2009, Verlag Friedrich Pustet, 198 S., ISBN 978-3-7917-2206-1, 16,95 €.

Der Autor Johannes Oeldemann ist Direktor am Johann-Adam-Möhler-Institut für Ökumenik in Paderborn. Sein Buch richtet sich in erster Linie nicht an Fachtheologen, sondern an interessierte Gläubige in den Gemeinden, die vor Ort mit dem Thema der Ökumene beschäftigt sind. Oeldemann möchte über den aktuellen Stand in der Ökumene informieren. Auf sehr sachliche und theologisch kompetente Weise legt er die Grundinformationen über die wichtigsten christlichen Konfessionen (25–48) dar. Es folgt ein Überblick über die Geschichte der ökumenischen Bewegung (49–69). Daran anschließend thematisiert er in etwas zu knapp gehaltener Weise (70–112) die wichtigsten dogmatischen Brennpunkte der ökumenischen Diskussion

(z. B. Verhältnis von Hl. Schrift und Tradition, Christologie, Soteriologie, christliche Anthropologie, Verständnis von Sakramenten, Ekklesiologie, Ämterfrage sowie Heiligenverehrung und Marienfrömmigkeit). Da dieses Buch besonders für Nichttheologen gedacht ist, wäre es wünschenswert gewesen, diesen Teil intensiver zu bearbeiten, denn er sollte mit zum Herzstück des Buches gehören, um die ökumenische Diskussion heute besser verstehen zu können. Gerade die weit verbreitete Unkenntnis über den eigenen Glauben bei den Gläubigen ist eines der Hauptprobleme des ökumenischen Miteinanders und einer der Hauptgefahrenpunkte für eine falsch verstandene Ökumene.

Diesem dogmatisch geprägten Teil schließt sich ein Kapitel über den sog. „Konziliaren Prozess für Gerechtigkeit, Frieden und Bewahrung der Schöpfung" sowie über die „Charta Oecumenica" über das gemeinsame Engagement in ethischen und sozialen Fragen der christlichen Kirchen in Deutschland und die Versuche einer missionarischen Ökumene an (113–142). Dieser Teil ist sehr übersichtlich und detailliert dargelegt und liefert die wichtigsten ökumenischen Bemühungen auf verständliche Weise. In einem weiteren Kapitel zeigt Oeldemann – sehr praxisnah – reichhaltige Möglichkeiten für ein ökumenisches Miteinander im Gemeindeleben vor Ort (143–167) auf.

Im letzten Teil schildert der Verfasser die ökumenischen Zielvorstellungen im Spiegel der unterschiedlichen Kirchenverständnisse und erörtert auf sehr anschauliche Weise die bisherigen Modelle der Einigung: „Kooperativ-föderatives Modell", „Modell der gegenseitigen Anerkennung" sowie „Modell der (Wieder-)Vereinigung". Er verschweigt dabei auch nicht die damit verbundenen Schwierigkeiten und verweist auf die offenen Fragen (168–183).

Insgesamt ist dieses Buch von Oeldemann für Nichttheologen eine Bereicherung und bietet einen ersten – wenn auch knappen – Überblick über die gegenwärtige ökumenische Diskussion.

Christoph Binninger, Rezension zu: THOMAS MARSCHLER, THOMAS SCHÄRTL (Hg.), *Dogmatik heute. Bestandsaufnahme und Perspektiven*, Regensburg 2014, Verlag Friedrich Pustet, 564 S., ISBN 978-3-7917-25826, 49,95 €.

Es steht jeder theologischen Disziplin, auch der Dogmatik, gut an, von Zeit zu Zeit innezuhalten und über die eigenen Entwicklungen in reflektierender Weise Bilanz zu ziehen. Im Fach Dogmatik ist dies letztmals 1971 [„Bilanz der Theologie im 20. Jahrhundert" (Vorgrimler)] bzw. 1981 (Ergänzungsband zu „Mysterium Salutis") geschehen. Seitdem sind Jahrzehnte intensiven Forschens vergangen – weitere, neue Entwicklungen und Fragestellungen haben sich aufgetan.

Die beiden Herausgeber und Mitautoren, Thomas Marschler (Prof. für Dogmatik) und Thomas Schärtl (Prof. für Philosophie) haben sich nun der notwendigen und verdienstvollen Aufgabe gestellt, eine neue Bestandsaufnahme im Fach „Dogmatik" vorzulegen, welche die Entwicklungen der letzten Jahrzehnte aufgreift und einer kritischen Reflexion unterzieht.

Für dieses Projekt ist es ihnen gelungen, eine Reihe namhafter Theologen wie z. B. Bischof Oster (Passau), Gerwing (Eichstätt), Hoff (Bonn), Wandinger (Innsbruck) usw. zu gewinnen. Ihre Ausführungen widmen sich den zentralen Traktaten der Dogmatik. Der begrenzte Raum eines einbändigen Sammelwerkes lässt allerdings nur eine „begründete Auswahl und exemplarische Verdichtung" (16) der neuen Entwicklungen in den jeweiligen Traktaten zu. Die Autoren stellen bei ihren Ausführungen mehrheitlich die Entwicklungen im deutschsprachigen Raum dar. Dort aber, wo es notwendig erscheint, gehen sie auch auf internationale Entwicklungen in den betreffenden Traktaten ein. Auch eine ökumenische Ausweitung des Blickes findet sich. Die am Ende jeder Abhandlung vorhandene Literaturliste von ca. 50 Titeln hilft sehr, sich in die Thematik weiter zu vertiefen.

Die Autoren bleiben nicht bei einer bloßen Darlegung der neueren Entwicklungen stehen, sondern setzen sich auch kritisch mit deren Chancen, aber auch Herausforderungen sowie mit dem mitunter auch vorhandenen Konfliktpotential auseinander und verweisen auf neue, konkrete Forschungspotentiale.

Kritisch muss angemerkt werden, dass das Buch besser auf zwei Bände angelegt worden wäre, damit manche Problemstellungen stärker hätten entfaltet werden können. So beschränkt sich die Abhandlung über die Sakramente nur auf die „Allgemeine Sakramentenlehre", lässt aber die „Spezielle Sakramentenlehre" unberücksichtigt. Dies erscheint unverständlich, da gerade im Bereich des Ehesakraments und des Ordo viele – durchaus mitunter konfliktbeladene – Entwicklungen entstanden sind. Es bleibt die Hoffnung, dass diese Lücke durch einen – von den Herausgebern in Aussicht gestellten – Folgeband geschlossen werden kann.

Insgesamt stellt das Buch eine sehr gute und übersichtliche Hilfe dar, sich mit den neuesten Entwicklungen im Bereich der Dogmatik vertraut zu machen und vermittelt Impulse zum eigenen Reflektieren.

Wolfgang Klausnitzer, Rezension zu: KARL HEINZ MENKE, *Das unterscheidend Christliche. Beiträge zur Bestimmung seiner Einzigkeit*, Regensburg 2015, Verlag Friedrich Pustet, 588 S., ISBN 978-3-7917-2663-2, 39,95 €.

Das Programm, das Karl-Heinz Menke (16) aus dem Buch „Cordula oder der Ernstfall" von Hans Urs von Balthasar übernimmt, dass „die Wahrheit des Christentums ... der historische Jesus" sei, beschreibt auf der einen Seite ein zentrales Thema der Theologie des Bonner Dogmatikers (z. B. in den Monografien „Stellvertretung" [²1997] oder „Jesus ist Gott der Sohn" [³2012]) – in der Aufnahme der paulinischen Kurzformel Röm 10,9 –, ist auf der anderen Seite aber auch der Grundnenner, der die verschiedenen und z. T. schon veröffentlichten Artikel (die Liste der Erstveröffentlichungen: 576) des vorliegenden Sammelbandes zusammenhält.

Menke gehört mit anderen Theologen, zu denen auch Joseph Ratzinger/ Benedikt XVI. vor allem, aber nicht nur, in dessen Jesustrilogie zählt, zu einer Gruppe innerhalb der Systematischen Theologie, die auf der historischen Wahrheit der biblischen Berichte über Jesus Christus insistiert. In der Monografie „Jesus ist Gott der Sohn" unterstreicht Menke die objektive Wahrheit der Präexistenz, der Jungfrauengeburt (und der Inkarnation) und der Auferstehung „unabhängig von den Deutungen der Theologen und den Plausibilitäten der Gläubigen" als ein Geschehen „an und für sich … im Raum der Geschichte" (Zitat dort: 68).

Der „Erste Teil" des Sammelbandes spricht mit dem Titel „Christsein als Darstellung der Einzigkeit Jesu Christi" u. a. die Themen des spezifischen christlichen Gottesbildes, des ureigentlichen Handelns Jesu Christi, der Gnade und der Theodizee an. Der „Zweite Teil" mit der Überschrift „Die Frage nach dem unterscheidend Christlichen" bezieht sich deutlicher auf originäre Themen der theologischen Arbeit Menkes, nämlich etwa die seit der Aufklärung (oder vielleicht sogar schon seit der Reformation) virulente Frage nach dem „Wesen" des Christentums, die Analyse des Prinzips der Inkarnation (in Abhebung von bestimmten Inspirationschristologien) und eine Rehabilitation der Theologie Joseph Ratzingers/ Benedikts XVI. („Das Grundanliegen des deutschen Papstes": 451–516). Der Verfasser skizziert seinen eigenen Weg im Gegenüber zur Pluralistischen Religionstheologie (John Hick), zum „Projekt Weltethos" (Hans Küng), zur Diskursethik (Jürgen Habermas) und zur Komparativen Theologie (Klaus von Stosch) (109–113). Für den, der bisher die theologischen Studien Menkes verfolgt hat, bietet der Sammelband wenig Neues. Er fasst aber zum Abschluss seiner Verpflichtungen an der Universität im Rückblick und in den Aussagen des Autors selbst noch einmal zusammen, was ihn in der Theologie besonders umgetrieben hat und umtreibt.

Alfred E. Hierold, Rezension zu: Stephan Haering, Wilhelm Rees, Heribert Schmitz (Hg.), *Handbuch des katholischen Kirchenrechts*, 3., vollständig neu bearbeitete Auflage, Regensburg 2015, Verlag Friedrich Pustet, 2172 S., ISBN 978-3-7917-2723-3, 128 €.

Wurden schon die 1. und 2. Auflage des Handbuchs als Standardwerke des kanonischen Rechts gerühmt, so dürfte die 3. Auflage dem nicht nachstehen. Nachdem die 2. Auflage seit Langem vergriffen war, gingen Prof. Stephan Haering (München), Prof. Wilhelm Rees (Innsbruck) – wohl in der Nachfolge von Joseph Listl – und Prof. Heribert Schmitz (München) daran, eine Neuauflage herauszugeben, die um ein Drittel umfangreicher geworden ist als die vorige Auflage. Sie gewannen noch 60 weitere Autoren und Autorinnen dazu, fast durchwegs Fachleute, die in der Forschung und Lehre im Fach Kirchenrecht an Hochschulen tätig sind oder waren, sodass die wissenschaftliche Kompetenz ohne Zweifel gegeben ist.

Das Handbuch folgt im Wesentlichen der Systematik des Codex Iuris Canonici (CIC), des kirchlichen Gesetzbuches für die Lateinische, d. h. für die römisch-katholische Kirche, wobei in der Regel immer auch die Normen des Gesetzbuches für die katholischen Ostkirchen berücksichtigt werden.

Dem vorgeschaltet sind im 1. Abschnitt des ersten Teils „Grundlagen" (3–69) Beiträge zur kirchlichen Rechtsgeschichte, zur Rechtsphilosophie und Theologie des kanonischen Rechts. Schon daraus wird ersichtlich, dass die Herausgeber das kirchliche Recht nicht als pure Juristerei verstehen, sondern ihm eine große theologische Valenz zubilligen, weil das Recht dem Glaubensverständnis der Kirche zu folgen hat. Im zweiten Teil dieses Abschnitts behandeln Heribert Schmitz und Richard Potz explizit die beiden Gesetzbücher der Kirche (70–126). Im dritten Teil des Abschnitts werden die Allgemeinen Normen des CIC dargestellt.

Da es unmöglich ist, im Rahmen dieser Besprechung auf alle 126 Paragrafen einzugehen, sei nur ein Überblick geboten.

Der zweite Teil ist der Verfassung der Kirche, angefangen von der Berufung und Zugehörigkeit zur Kirche, gewidmet (255–907). Dabei ist „Verfassung" in einem weiten Sinn verstanden; denn es werden nicht nur die Normen von der Gesamtkirche bis zur Pfarrei, d. h. vom Papst über den Bischof bis zum Pfarrer, erläutert, sondern es werden auch der Grundstatus der Gläubigen mit ihren Rechten und Pflichten, das kirchliche Dienst- und Arbeitsrecht für Laien und das Dienstrecht für Kleriker sowie die Kategorialseelsorge und die Vereinigungen in der Kirche, angefangen von den einfachen Vereinen bis hin zu den Ordensverbänden und Gesellschaften des apostolischen Lebens, thematisiert.

Der dritte Teil „Sendung der Kirche" (911–1468) umfasst im Verkündigungsdienst so wichtige Bereiche wie Lehramt, Predigt und Katechese, Glaubensfreiheit und Glaubensbekenntnis, Religionsunterricht und Hochschulen. Der Abschnitt über den Heiligungsdienst beinhaltet die Normen über den Gottesdienst und alle Sakramente sowie über die Sakramentalien und andere gottesdienstliche Formen bis hin zum karitativen Dienst. Dabei nehmen die Abhandlungen über das Ehesakrament einen breiten Raum ein, da auch die Eheschließung und die Ehescheidung im staatlichen Recht einbezogen werden.

Im vierten Teil „Kirchenvermögen" (1471–1566) geht es nicht nur um den Besitz und die Verwaltung des kirchlichen Vermögens, sondern auch um so sensible Bereiche wie Erwerb des Vermögens, um Kirchensteuer und Kirchgeld, wo heute sachgerechte Aufklärung so notwendig ist.

Das Strafrecht scheint in der Kirche keine große Rolle zu spielen, aber wie der fünfte Teil „Kirchenstrafen" (1569–1643) zeigt, kann das Fehlverhalten von Gliedern der Kirche nicht immer ungeahndet bleiben, ohne dass die Kirche ihre Identität verliert. Dies belegen die Ausführungen von W. Rees zu den Grundfragen des kirchlichen Strafrechts, zu den Straftaten und Strafen selbst.

Der sechste Teil „Kirchlicher Rechtsschutz" (1647–1765) befasst sich mit der kirchlichen Gerichtsorganisation und den verschiedenen Gerichtsverfahren. Leider ist fast nichts zur kirchlichen Arbeitsgerichtsbarkeit in Deutschland gesagt. Im Eheprozess konnten naturgemäß die jüngsten Normen des MP „Mitis Iudex" von Papst Franziskus vom 15.08.2015 noch nicht berücksichtigt werden.

Der siebte Teil „Kirche und Staat" (1769–1986) ist erweitert worden und umfasst nun neben Europa selbst die Staaten Deutschland, Österreich, Schweiz, Italien, Liechtenstein, Luxemburg und Frankreich.

Sehr wertvoll ist neben dem Kanonesregister und dem Personenregister das Sachwortregister, das das Werk erschließt und für Fragen einen guten Zugang bietet.

Kurz gesagt: Das Handbuch ist als Kompendium des Kirchenrechts wertvoll für jeden in Lehre und Studium, im kirchlichen Dienst, in Verwaltung und Rechtsprechung und gehört als Standardwerk in jede private und öffentliche Bibliothek.

Alfred E. Hierold, Rezension zu: ELMAR GÜTHOFF, STEPHAN HAERING (Hg.), *Ius quia iustum. Festschrift für Helmuth Pree zum 65. Geburtstag* (= Kanonistische Studien und Texte 65), Berlin 2015, Duncker & Humblot, 1178 S., ISBN 978-3-428-14740-3, 169,90 €.

Die Professoren am Klaus-Mörsdorf-Studium für Kanonistik der LMU München, Stephan Haering und Elmar Güthoff, haben für den sehr verdienten Kollegen Helmuth Pree zum 65. Geburtstag die Festschrift „Ius quia iustum" herausgegeben. 57 Beiträge belegen, welches Ansehen der Jubilar in der wissenschaftlichen Welt und darüber hinaus genießt.

Die große Zahl der Beiträge macht es unmöglich, alle und jeden zu würdigen und vorzustellen. Es soll im Rahmen der Besprechung nur ein Überblick gegeben und nur auf einzelne eingegangen werden.

Die Beiträge im ersten Bereich „Grundfragen des Kirchenrechts und allgemeine Normen" (23–194) befassen sich mit allgemeinen Grundlagen des Kirchenrechts. Ein großes Anliegen der Kanonistik ist die Rechtsentwicklung, gerade seit dem II. Vaticanum. Wie dieses dazu beigetragen hat, weist grundlegend Stephan Haering in seinem Beitrag „Konziliare Ekklesiologie und kanonische Sprache" (61–80) an mehreren Beispielen nach und betont zu Recht, dass der CIC vom Konzil her zu lesen ist und nicht umgekehrt. In die gleiche Richtung zielt der Beitrag von Wilhelm Rees „Zwischen Bewahrung und Erneuerung" (81–111).

Dem Leben und Recht der orientalischen Kirchen ist die zweite Abteilung gewidmet (195–335). Teilweise werden grundlegende Fragen angegangen. Einige geben Einblicke in bestimmte Gemeinschaften wie z. B. Peter Stockmann „Die Erzeparchie Kottoyam der Syro-Malabaren – eine einzigartige personale Teilkirche?" (303–318).

Den größten Raum nimmt die dritte Abteilung „Verfassung und Recht des Volkes Gottes" ein (337–593). Die Palette der behandelten Themen reicht von den Grundrechten der Gläubigen über Fragen zum Papstamt und Bischofsamt bis zum Vereinigungsrecht. Meistens sind sie sehr praxisbezogen wie z. B. Severin J. Lederhilger, „Die pfarrliche Residenz- und Präsenzpflicht angesichts der Neugestaltung der Territorialseelsorge" (507–529).

Bei den Beiträgen der vierten Abteilung „Kirchlicher Verkündungs- und Heiligungsdienst" (595–677) befassen sich zwei mit dem Bereich „Verkündigung", zwei mit den Sakramenten der Eucharistie und Buße.

In der fünften Abteilung – „Vermögens-, Arbeits- und Urheberrecht" (681–834), ein Feld, auf dem der zu Ehrende grundlegend gearbeitet hat – besagt schon der Titel, was behandelt wird, z. B. von Rüdiger Althaus „Die Vermögensverwaltung auf diözesaner Ebene in Deutschland" (699–718) und von Dominicus M. Meier „Organe der klösterlichen Vermögensverwaltung" (719–737). Von besonderer Bedeutung für die karitativen Organisationen, aber auch für alle Vereinigungen von Gläubigen ist der Beitrag von Burkhard Josef Berkmann „Karitative Organisationen zwischen kirchlicher Autorität und Autonomie" (739–776). Zwei Artikel befassen sich mit dem kirchlichen Arbeitsrecht.

Eigenartigerweise ist die sechste Abteilung „Kirchliches Prozessrecht" sehr klein (837–883).

Die siebte Abteilung „Aus der katholischen Theologie" (885–1015) bietet einen bunten Strauß von Themen: „Christologie und Pastoral" (909–923), „Patientenverfügung im Schnittpunkt von Ethik, Medien und Recht" (925–948).

Sehr umfangreich ist wiederum die achte und letzte Abteilung „Staat und Kirche" (1017– 1150). Nach dem Beitrag von Felix Bernard, „Entweltlichung der Kirche" (1035–1043), befassen sich zwei Beiträge mit Urteilen deutscher Gerichte zu kirchlichen Angelegenheiten. Die darauf folgenden Beiträge geben einen Einblick in die Rechtsordnungen und -probleme anderer Staaten, nämlich Österreichs und der Schweiz.

Die Bibliografie von Helmuth Pree (1151–1173) dokumentiert das imposante Œuvre des Geehrten. Das Mitarbeiterverzeichnis (1175–1178) beschließt das Opus magnum.

Es wird oft behauptet, Festschriften seien das Grab für gute Arbeiten. Es ist zu wünschen und zu hoffen, dass dies bei der Festschrift für Helmuth Pree nicht der Fall ist; denn sie birgt viele Schätze, die nicht nur für den Kanonisten anregend, sondern auch für kirchenrechtlich und theologisch Interessierte von großem Wert sind. Sie gereicht dem Geehrten wirklich zur Ehre.

**Laurentius Eschlböck OSB, Rezension zu: Dominicus M. Meier OSB, Elisabeth Kandler-Mayr, Josef Kandler (Hg.),** *100 Begriffe aus dem Ordensrecht,* **Sankt Ottilien 2015, EOS-Verlag, 536 S., isbn 978-3-8306-7706-2, 29,95 Euro.**

Der Codex Iuris Canonici von 1983 hält in Canon 207, § 2 in seiner Definition über die Gläubigen fest, dass aus den Gruppen der Kleriker und der Laien es Gläubige gibt, die sich durch das von der Kirche anerkannte und geordnete Bekenntnis zu den evangelischen Räten durch Gelübde oder andere heilige Bindungen, je in ihrer besonderen Weise, Gott weihen und der Heilssendung der Kirche dienen; auch wenn ihr Stand nicht zur hierarchischen Struktur der Kirche gehört, ist er dennoch für deren Leben und Heiligkeit bedeutsam. – Die Vielzahl der Religiosen- und Säkularinstitute und der Gesellschaften des apostolischen Lebens macht eine einheitliche Gesetzgebung dennoch schwierig. Das codikarische Recht ist im Bereich der sogenannten Orden vielleicht noch mehr „Rahmenrecht", welches durch die Satzungen der jeweiligen Institute ausgefüllt werden muss, als auf anderen Rechtsgebieten.

Aus den verschiedenen Formen des gottgeweihten Lebens und ihren rechtlichen Bestimmungen ergibt sich eine ebenso große Vielzahl an Fachbegriffen. Die Herausgeber, allesamt im kirchenrechtlichen Lehr- oder Verwaltungsbetrieb der Kirche oder ihrer Rechtsprechung tätig, haben unter Einbeziehung namhafter Autoren des deutschsprachigen Raumes auf dem Gebiet der Kanonistik ein Lexikon von „100 Begriffen aus dem Ordensrecht" herausgebracht. Dem Werk ist positiv anzumerken, dass es sehr praxisnah die wichtigen Fachtermini in alphabetischer Reihenfolge abhandelt. Viele innerklösterliche oder ordensinterne Handlungen ziehen auch für den äußeren, sowohl kirchlichen als auch zivilen Bereich entscheidende Konsequenzen nach sich, derer sich nicht viele Ordenschristen und wenige Obere bewusst sind. Rechtsunsicherheit und nachteilige Folgen, spiritueller und materieller Natur, sind die Ergebnisse. Daher ist auch ein breiter Raum jenen Themen gewidmet, die nur vordergründig als sekundär erscheinen. Konsequenterweise werden dabei die unterschiedlichen Regelungen in Österreich und Deutschland berücksichtigt.

Durch die alphabetische Anordnung ergeben sich bei systematischer Lektüre zwar einige Wiederholungen, doch hat dies gleichzeitig den Vorteil, dass bei einem Schlagwort die Problemlage umfassend skizziert ist. Dass das Buch rechtzeitig zum „Jahr der Orden" erschienen ist, dürfte kein Zufall sein; dass einer der Herausgeber auch auf nichtakademischem Terrain durch seine Berufung zum Weihbischof einer deutschen Diözese eine Bestätigung seiner Qualifikationen erfuhr, ebenso wenig.

**Herbert Pribyl, Rezension zu: VALENTIN ZSIFKOVITS, Sozialethische Wegmarkierungen, Wien 2015, LIT Verlag, 205 S., ISBN 978-3-643-50653-5, 19,90 €.**

Der em. Professor und Ordinarius für Christliche Sozialwissenschaften an der kath.-theol. Fakultät der Universität Graz sowie ehemalige Vorstand des Instituts für Ethik und Gesellschaftslehre, Valentin Zsifkovits, will mit seiner neuesten Publikation „Sozialethische Wegmarkierungen" geben. Unter „Sozialethik" versteht Zsifkovits mit Johannes Messner „die Wissenschaft von der sittlich-rechtlichen Ordnung der Gesellschaft als Voraussetzung der Selbstverwirklichung des Menschen".

Zu diesem Thema hat der Sozialethiker Zsifkovits in der vorliegenden Publikation Vorträge und Beiträge zusammengefasst, die in den vielen Jahren seiner wissenschaftlichen Tätigkeit entstanden sind. Damit will er sonst nur schwer zugängliches Orientierungsmaterial für die unterschiedlichsten Felder des kirchlichen und gesellschaftlichen Lebens anbieten.

In einem großen Bogen spannen sich seine Beiträge von den Themenfeldern „Politik, Krieg und Frieden" über „Wirtschaft", „Medizin und Pflege", „Kirche" bis hin zu „Erinnerungen" an seinen Lehrer Johannes Messner. Bei diesen Themen bilden Realismus und Leidenschaft bei Zsifkovits eine dem konkreten Menschen dienende Einheit. Mögen die hier publizierten Beiträge zum Teil auch älteren Datums sein, sind sie doch von einer erstaunlichen Aktualität. Dies gilt besonders für die Themen „Politik, Frieden und Wirtschaft" und ihre ethische Fundierung. Es geht dem Autor nicht um Ethik um der Ethik willen, sondern um des Glückens des menschlichen Lebens willen. Ethik wird nicht als etwas dem Leben Entgegenstehendes vermittelt, sondern als Mittel für ein gutes Leben.

Wichtige Impulse finden sich auch für das oft vernachlässigte Gebiet der Friedensforschung. Für die Friedensethik von großer Bedeutung ist z. B. die Feststellung von Zsifkovits: „Nicht ‚Klassenkampf' sondern ‚Partnerschaft' ist der wahre Weg zum Frieden, und zwar Partnerschaft auch im Konfliktfall" (38).

Valentin Zsifkovits, der zu den bedeutendsten Schülern des großen österreichischen Sozialethikers Johannes Messner zählt, widmet ein eigenes Kapitel seines Buches mit dem Titel „Erinnerungen" seinem Lehrer. Für ihn ist Johannes Messner der „Vater christlicher Sozialphilosophie" (179). „Die starke Orientierung an der Wirklichkeit" macht für den Autor das Wesen des Werkes Messners aus. Messner bewahrt dadurch „die Katholische Soziallehre vor einem Abgleiten in gefährliche, weil der Lebensbewältigung hinderliche Radikalismen und Utopismen" (180). Besonders hervorzuheben ist das Kapitel über „Johannes Messner – Sozialethiker in der Zwischenkriegszeit" (181ff.). Nach einer informativen Biografie Messners behandelt der Autor das Wirken Messners in der Zeit des sogenannten „Ständestaates" und des Nationalsozialismus. Fundiert widerlegt Zsifkovits publizierte Meinungen, nach denen Messner dem Nationalsozialismus und einigen seiner Thesen nahestand (184–188). Er erbringt auch eindeutig den Nachweis, dass Johannes Messner „kein ‚Freund' des Nationalsozialismus war" (188). Der Autor setzt sich aber auch mit Messners Idee der „Berufsständischen Ordnung" und mit der Auseinandersetzung Messners mit dem Marxismus auseinander (190ff.). Auch die sogenannte „feierliche Erklärung" der österreichischen Bischöfe zum „Anschluss" Österreichs an „Hitler-Deutschland" behandelt Zsifkovits differenziert und historisch genau fundiert (200ff.). Er schließt seine diesbezüglichen Ausführungen mit der Feststellung: „Johannes Messner, der große Sozialethiker eines geschichtlich und dynamisch zu verstehenden Vernunft-Naturrechts, war auch aus solchen grundsätzlichen Überlegungen nie ein Sympathisant oder gar Freund des Nationalsozialismus" (205).

Die vorliegende Publikation von Valentin Zsifkovits will Markierungen im Gelände des Alltags geben. Dies gelingt dem Werk auch durch eine präzise Sprache in vielfacher Weise, da es Antworten auf die Frage gibt, wohin wir gehen sollen. Es gelingt Zsifkovits aber auch aufzuzeigen, dass die Katholische Soziallehre selbst im 21. Jahrhundert Antworten für die Lösung vieler Probleme bietet.

Hilda Steinhauer, Rezension zu: KLAUS ROSEN, *Augustinus. Genie und Heiliger*, Darmstadt 2015, Philipp von Zabern Verlag, 256 S., ISBN 978-3-8053-4860-7, 29,95 €.

„Biographien haben Konjunktur" (7). Das gilt auch für Lebensbeschreibungen des heiligen Augustinus. Der Katalog der Deutschen Nationalbibliothek verzeichnet für die letzten 15 Jahre unter den Schlagworten „Augustinus von Hippo" und „Biographie" sieben neu erschienene bzw. neu ins Deutsche übertragene Titel. Ihnen wären noch mehrere fremdsprachige Werke und die Lebensbeschreibung im Augustin-Handbuch von Drecoll hinzuzufügen.

Dass der Bischof von Hippo als die im lateinischen Westen herausragendste christliche Persönlichkeit der Antike immer noch fasziniert, ist nahe liegend, prägen doch sein immenses Werk und seine Autorität die Theologie und die Kirche bis in unsere Tage. Aber kann über Augustinus noch Neues gesagt werden? Wissen wir nicht insbesondere durch seine zur Weltliteratur zählenden „Confessiones", das von ihm selbst revidierte Werkverzeichnis, seine zahlreichen Briefe und die von seinem Schüler und Wegbegleiter

Possidius verfasste Vita hinreichend aus erster Hand über sein Leben und seine Arbeit Bescheid? Klaus Rosen, emeritierter Professor für Alte Geschichte an der Universität Bonn mit dem Schwerpunkt Spätantike, nähert sich Augustinus als Historiker und legt den Schwerpunkt auf die Einbindung seiner Person in seine, dem Menschen von heute fremde Zeit und Gesellschaft. Dazu lässt er nicht nur immer wieder Augustinus selbst zu Wort kommen, sondern er zitiert auch kirchliche und profane Quellen wie z. B. Konzilsbeschlüsse, kaiserliche Erlässe und römische Schriftsteller in eigener deutscher Übersetzung. So erfährt der Leser z. B. auch, welche staatlichen Vergütungen und Privilegien Kaiser Gratian für die Grammatik- und Rhetoriklehrer Galliens bestimmt hatte (53) und wo es literarische Parallelen zu der als historisch zu bewertenden Gartenszene (Conf. VIII 12,29) gibt (75). Er erhält einen lebendigen Einblick in die Komplexität und Brutalität der donatistischen Streitigkeiten und in das Bemühen des Augustinus, dieses Schisma aus seiner gläubigen Haltung heraus zu überwinden (128–150), und wird dabei en passant mit Prinzipien der Rhetorik und mit rechtlichen Fachbegriffen bekannt gemacht.

Grundlegende Informationen zum literarischen Werk Augustinus' und zu seinem Denken werden im biografischen Kontext vermittelt und lassen sich anhand des beigefügten Registers bequem auffinden. Einleitende Hinweise zu den Werkausgaben und zu den wichtigsten Hilfsmitteln für ihre Erschließung, das Verzeichnis ausgewählter Literatur und eine Zeittafel sowie die zahlreichen Quellenverweise, die leider in Endnoten verbannt wurden, ergänzen die inhaltlichen Ausführungen. Diese sind aufgrund der Zeit- und Quellenkenntnis ihres Verfassers und der anschaulichen Darlegung in gut verständlicher Sprache für Fachleute und Studierende ebenso lesenswert wie für alle an der Person und der Zeit des Augustinus Interessierten.

Wolfgang Buchmüller OCist, Rezension zu: Riccardo Quinto, Magdalena Bieniak (Hg.), *Stephen Langton: Quaestiones Theologiae. Liber I* (Auctores Britannici Medii Aevi 22), Oxford 2014, Oxford Univ. Press, 491 S., ISBN 978-0-19-726572-7, 100 £.

Stephen Langton (gest. 1228), 1207 von Papst Innozenz III. zum Erzbischof von Canterbury und Primas von England ernannt, ist in die Annalen der Geschichte wohl eher durch sein zähes Insistieren auf das Prinzip der Rechtsstaatlichkeit eingegangen, das sich schließlich in der Magna Charta niedergeschlagen hat, als durch seine Tätigkeit als Magister in Paris. Dennoch dürfte seine geistesgeschichtliche Bedeutung als innovativer und spekulativer Theologe in der prägenden Entstehungsphase der Hochscholastik seine Bedeutung als talentierter Rechtstheoretiker und Staatsmann noch übertreffen.

Als theologisches Hauptwerk seiner überaus produktiven Pariser Lehrtätigkeit können seine *Quaestiones Theologiae* gelten, die sich in loser Folge an die Sentenzen des Petrus Lombardus anlehnen und dabei eine neue Form der Kommentierung in Form der Diskussion von Fragestellungen einführen. Der zu seiner Zeit überaus prominente Magister versuchte sich in einem universellen Ansatz alle Wissensgebiete der Theologie anzueignen, um nicht nur beinahe sämtliche Schriften der Bibel zu kommentieren, sondern auch zumindest die wichtigsten Aspekte der theologischen Diskussionen durch seine zuweilen recht originellen Disputationen zu erhellen, ein kolossales Projekt, das zu der Niederschrift von nicht weniger als 261 *quaestiones* geführt hat.

Als innovativer Geist zeigte sich Stephen Langton nicht nur durch die Einführung der Kapitelzählung für die Bücher der Heiligen Schrift, sondern auch durch die Anwendung der Form der *quaestio* für die Diskussion exegetischer Probleme. Langton wandte diesen verbesserten methodischen Ansatz schließlich auch auf die Kommentierung der Sentenzen des Petrus Lombardus an – ein Ansatz, der Schule machen sollte.

Abgesehen von dem Sentenzenkommentar und einer thematisch verwandten Summa, die von den *Quaestiones Theologiae* nochmals zu unterscheiden sind, entstanden in den rund 37 Jahren der Lehrtätigkeit Stephen Langtons verschiedene Serien von *quaestiones*, die möglicherweise daher rühren, dass derselbe Gegenstand mehrmals in einer eingehenden Disputation erörtert wurde. Andererseits kann man auch davon ausgehen, dass unterschiedliche Redakteure sogenannte *reportationes* anfertigten – seien sie nun autorisierte Hilfskräfte oder auch nur begabte Studenten gewesen –, sodass man in manchen Fällen von bis zu vier verschiedenen Versionen einer diskutierten Sentenz ausgehen kann. Schließlich ist auch das Vorhandensein eigener Notizen in Erwägung zu ziehen. Dennoch wurden alle diese Konglomerate getreulich unter dem Namen des aus England stammenden Pariser Magisters verbreitet, obwohl vieles dafür spricht, dass es nie eine autorisierte und approbierte Endversion gegeben hat.

Trotz der zuweilen verwirrenden Frage nach der Authentizität wurden die Werke Stephen Langtons offensichtlich im akademischen Bereich hoch geschätzt und extensiv benutzt und studiert. Einen prominenten Fall stellt hierbei insbesondere die *Summa aurea* des Wilhelm von Auxerre dar, der als Schüler Langtons gilt. Des Weiteren sind Andreas Sunesen mit seinem *Hexameron*, Gottfried von Poitiers´ *Quaestiones*, Guy von Orchelles´ *Summa de sacramentis et officiis Ecclesiae* und das Werk Alexander Neckams zu nennen.

Stephen Langtons eigene theologische Herkunft kann man mit seiner Zugehörigkeit zu dem Kreis um Petrus Cantor, der als école biblique-morale apostrophiert worden ist, und mit seinen Studien und seiner Mitarbeit bei Petrus Comestor bestimmen. Seine Schriften weisen ihn auch als hervorragenden Kenner des Gesamtwerks des Petrus Lombardus und des Alain de Lille aus. Allerdings zeigen seine oft etwas konfus erscheinenden, mit allen Mitteln der formalen Logik arbeitenden Argumentationsstränge eine erfrischende Respektlosigkeit gegenüber arrivierten Autoritäten, deren Aussageweise jeweils genau auf ihre Stimmigkeit und auf ihre Geltungsweise analysiert wird.

Zu der Datierung seines theologischen Gesamtwerkes konnte von Angotti, Quinto und Bieniak eine detaillierte Reihung aufgestellt werden, die feststellt, dass Langtons Kommentar zur *Historia scholastica* von Petrus Comestor bereits vor 1176 vollendet gewesen sein müsse. Dem soll sich der vor 1189 abgeschlossene Kommentar zu den Paulusbriefen angeschlossen haben. Ein Zeugnis für die Lehrtätigkeit des Magisters, der damals im Zenit seines Schaffens stand, stellen insbesondere die *quaestiones* über die Sentenzen des Petrus Lombardus dar. Man rechnet damit, dass am Morgen eine Lektüre der entsprechenden Sentenzen stattfand, am Nachmittag aber eine ausführliche *disputatio* angesetzt war. Die erste Serie, die *quaestiones* des Archetyps β, wurde mit einiger Wahrscheinlichkeit vor 1190/1195 verfasst. Man nimmt an, dass die *Summa theologiae* des Stephen Langton noch vor der päpstlichen Erhebung auf die erzbischöfliche Kathedra von Canterbury niedergeschrieben worden ist. Dem dürfte sich im erzwungenen Exil im Zisterzienserkloster Pontigny von 1207 bis 1213 eine letzte Revision des Bestandes an *quaestiones* angeschlossen haben, die schließlich im Archetyp α zusammengefasst und ausgearbeitet wurde. Glücklicherweise hat sich in einer Handschrift in Cambridge ein auf 1210–1215 datierbarer zeitgenössischer Zeuge erhalten, anhand von dessen Index eine Wiederherstellung der inhaltlichen Anordnung des Materials in Analogie zu den Sentenzen des Petrus Lombardus möglich erscheint. Schließlich kann sogar rekonstruiert werden, welche *quaestiones* damals in die Kompilation nicht aufgenommen wurden. Zuletzt dürfte Langton noch im Exil einen Kommentar zu den Sentenzen des Petrus Lombardus als eine kurze Zusammenfassung seiner Lehre in Angriff genommen haben.

Anhand dieser in groben Zügen zusammengefassten Textgeschichte wird ersichtlich, dass die Herausgabe der *Quaestiones Theologiae* von Stephen Langton eine ungeheure editionstechnische Herausforderung darstellen musste, die eine jahrelange Vorbereitung erfordert hat. Riccardo Quinto ist seit seiner ersten Veröffentlichung über die *Quaestiones Theologiae* im Jahre 1993 als ein Kenner der Materie ausgewiesen. Magdalena Bieniak hat sich als langjährige wissenschaftliche Mitarbeiterin Quintos seit über zehn Jahren mit einzelnen philosophischen Aspekten der *Quaestiones Theologiae* auseinandergesetzt.

Erwartungsgemäß werden von Quinto und Bieniak neue Standards aufgestellt, die in ihrer sorgfältig überlegten Disposition vorbildhaft erscheinen. Nicht nur, dass die erhaltenen Manuskripte einzeln mit aller Präzision analysiert werden, um einen verantworteten kritischen Text zu erstellen. Jeder der 23 *quaestiones*, die oft in alternativen Versionen dargeboten werden, sind ein eigener kritischer Apparat, eine ausführliche separate philologische Einführung und entsprechende Quellenverweise angefügt. Darüber hinaus ist den 23 *quaestiones*, die die Trinität, die Frage einer korrekten Rede über den dreifaltigen Gott, die göttliche Vorsehung und die Gabe der Prophetie behandeln, ein eigener theologischer Kommentar aus der Feder von Jennifer Ashworth beigegeben. Zahlreiche Tabellen und Grafiken verdeutlichen Gemeinsamkeiten und Differenzen der unterschiedlichen Textversionen sowie die Rekonstruktion der *stemmata codicum*. Zusätzlich wurde die Edition von ausgewiesenen Meistern ihres Faches, u. a. von Sten Ebbesen, Wojciech Wciórka und David Luscombe, durchgesehen.

All dies lässt es wünschenswert erscheinen, dass die Edition der übrigen vier Bücher der *Quaestiones Theolo-*

*giae* zügig voranschreiten kann, damit das vollständige Werk in seiner ganzen Fülle von einer zukünftigen Forschung begutachtet werden kann.

Wolfgang Klausnitzer, Rezension zu: CHARLES MARSH, *Dietrich Bonhoeffer. Der verklärte Fremde. Eine Biografie*, Gütersloh 2015, Gütersloher Verlagshaus, 592 S., ISBN 978-3-579-07148-0, 29,99 €.

In unmittelbarer Nähe zum 110. Geburtsjahr und zum 70. Todesjahr ist eine weitere Biografie Dietrich Bonhoeffers (1906–1945) erschienen. Das Buch ist zunächst für ein nordamerikanisches Lesepublikum geschrieben. Das zeigt sich etwa an der sehr detaillierten Beschreibung der Reiseroute Bonhoeffers durch die USA (174–179), an der Behauptung, dass dieser speziell durch den Kontakt mit afroamerikanischen Gemeinden in New York die bisherige Theorielastigkeit seiner Evangeliumsverkündigung überwunden habe (136–182), und vielleicht auch an den nicht wenigen Spekulationen über eine homosexuelle Zuneigung zu Eberhard Bethge (z. B. 298–300.305.375.445-448.472 u. ö.). Man kann das Leben des Berliner Theologen sehr unterschiedlich darstellen, als Geschichte seines Abschiedes von der Universität und dem akademischen Betrieb (er beschwert sich über seine Pflicht, „grunddumme Seminararbeiten" benoten zu müssen [119], und bekennt: „An die Universität glaube ich nicht mehr" [230]), als Entwicklungsprozess aus einer großbürgerlichen, national-konservativen Familientradition, der in Auseinandersetzung mit der Liberalen Theologie und dem Neuansatz Karl Barths, aber auch mit den „Deutschen Christen" und dem Arierparagrafen einer evangelischen Kirche, die ihr eigenes Wesen als Kirche aus Juden und Heiden verleugnet hatte, zu einem ökumenisch geweiteten Christentum findet, das in Texten aus dem Gefängnis in Tegel auch „anonyme" Zeugen der christlichen Botschaft aus anderen Religionen und sogar dem Atheismus einschloss, oder schlicht als Beschreibung eines Christen, der sich konsequent im Bekenntnis zu Jesus Christus den Herausforderungen seiner Zeit stellt. Speziell die durch seine Erfahrungen als Seminardirektor der Bekennenden Kirche in Finkenwalde geprägten Schriften „Nachfolge" (1937) und „Gemeinsames Leben" (1938), die auf monastische Traditionen und konkret auch auf seine Kenntnisse der Ignatianischen Exerzitien und positive Erlebnisse mit der Katholischen Kirche in Italien und Spanien und mit der Church of England zurückgreifen, fordern das radikale Ernstnehmen der Predigt Jesu zumal in der Bergpredigt, um angesichts des Versagens kirchlicher Führung und der wissenschaftlichen Theologie in der kirchlichen Not des Dritten Reiches Widerstand leisten zu können (308f.311.327f.). Theologisch ist Bonhoeffers Denken in Vielem Fragment geblieben. Das gilt natürlich vom „Entwurf einer Arbeit" (463–466) und von seiner erst posthum veröffentlichen „Ethik", aber auch von seinen akademischen Hauptschriften „Sanctorum Communio" (1930) und „Akt und Sein" (1931). Wer die bisherige Standardbiografie von Eberhard Bethge (München 1978; Gütersloh ⁹2005) kennt, wird theologisch wenig Neues finden. Wer sie nicht kennt, kann das Buch von Marsh durchaus als Einstieg nehmen, um einen Theologen kennenzulernen, mit dem es sich lohnt, zu diskutieren. Über dem Eingang der „Westminster Abbey" in London ist er dargestellt als einer der „20th century Christian martyrs".

Hanna-Barbara Gerl-Falkovitz, Rezension zu: NORBERT FEINENDEGEN, *Apostel der Skeptiker. C. S. Lewis als christlicher Denker der Moderne*, Dresden 2015, Verlag Text & Dialog, 399 S., ISBN 978-3-943897-22-7, 29,95 €.

Apostel der Skeptiker. C. S. Lewis bietet eine Schule der Augenöffnung.

Der große anglikanische Verteidiger des Christentums Clive Staples Lewis (* 1898 in Belfast, † 1963 in Oxford) ist im deutschen Sprachraum von wichtigen Personen immer wieder empfohlen worden, darunter Josef Pieper, Helmuth Kuhn, Ida Friederike Görres, Hans Urs von Balthasar und Jörg Splett. Sogar Kardinal Joseph Ratzinger bezog sich in seinem Kommentar zur Enzyklika „Fides et ratio" 1988 gleich eingangs auf Lewis' meisterhafte „Dienstanweisung an einen Unterteufel". Dieser wird angewiesen, die Auslegung der Bibel ausschließlich nach Quellenlage, historischer Entstehung und damaliger Bedeutung zu betreiben, niemals aber mehr nach der *Wahrheit* dieser Texte zu fragen.

Trotz dieser großen Lobredner darf C. S. Lewis jedoch als weithin Unbekannter gelten – trotz seiner wundervollen Kinderbücher über „Die Chroniken von Narnia" (die freilich nicht so aussagekräftig verfilmt wurden, weil sie in dem befreienden Löwen Aslan nicht eigentlich Christus selbst erkennen lassen). Die nicht minder wundervolle Romantrilogie „Der schweigende Stern", „Perelandra" und „Die böse Macht" (entstanden zwischen 1938 und 1945) verdient ebenso mehr Leser, zumal diese Erzählungen gedanklich nicht fern von Lewis' Freund und Oxforder Kollegen Tolkien mit seinem „Herr der Ringe" angesiedelt sind. Lewis zählte ja als Literaturwissenschaftler zu den „Tintlingen" *(Inklings)*, jener berühmten Gruppe in Oxford, wozu auch Charles Williams, Dorothy Sayers und Tolkien gehörten, die in ihren Romanen ebenfalls das Christentum spannend, abenteuerlich und farbig freilegten.

So leistet der katholische Theologe Norbert Feinendegen (Jahrgang 1968) mit seinem Werk über Lewis sowohl der Forschung als auch der deutschen Leserschaft einen wirklichen Dienst. Bereits 2008 hatte er in seiner Bonner Dissertation bei Karl-Heinz Menke auf über 600 Seiten eine große und großartige Analyse des Denkweges von Lewis vorgelegt. Das jetzige Buch ist eine um ein gutes Drittel gekürzte und aktualisierte Neuausgabe, die ebenso sorgfältig geschrieben, aber auf ein breites Lesepublikum abgestimmt und kurzweilig zu lesen ist. Vor allem kommt auch Lewis selbst zu Wort und ist in seinem unterschwelligen und paradoxen Humor oftmals zu genießen; seine Texte sind sorgfältig nochmals übersetzt von Feinendegen.

Lewis ist deswegen aufschlussreich bis heute, weil er sich bis zum Alter von 32 Jahren als „wissenschaftlichen Atheisten" sah. Daher verweist Feinendegen auch auf ein Werk des britischen Philosophen Peter S. Williams von 2013, das Lewis mit dem „Neuen Atheismus" in England konfrontiert – wobei Lewis immer noch klare argumentative Punkte sammelt. Tatsächlich nämlich gelangte Lewis durch logisches Denken zur Erschütterung seines Weltbildes. Eigentlich wollte er das Christentum widerlegen, geriet aber Schritt für Schritt auf Argumente *für* seine hohe Wahrscheinlichkeit. Von daher rührt seine enorme Fähigkeit, auf die vorwiegend „rationalen" Einwände gegen die christliche Weltsicht einzugehen – seien es Einwände aus dem Bereich der historischen Exegese oder der naturwissenschaftlichen Disziplinen. Dienlich war ihm dabei die angelsächsische Gewandtheit, tiefreichende Fragestellungen einfach (allerdings nicht simpel!) und mit einer Prise überraschenden Humors darzustellen. Kraft dieser Eigenschaft hielt Lewis Rundfunkvorträge über das „Christentum schlechthin" *(Mere Christianity)*, die in England klassischen Ruhm erlangten und nach wie vor in ihrer Frische und Zeitgemäßheit bestechen.

Feinendegen verfolgt in fünf großen Kapiteln den Weg des Denkens I. von der Vernunft (der Leistung und Grenze von „reason"), II. über die Erfahrung (durch Vernunft, Sinne und Sprache), III. zur Sinndimension der Welt (einschließlich der Objektivität der Werte), IV. zum Sinnzusammenhang von Zeit und Geschichte und V. zur Sinnoffenbarung der Weltgeschichte in der Fleischwerdung Jesu, die mit seinem Tod und der Auferstehung eins ist. Dieser große, ja riesige Bogen sei hier nur an einer Stelle nachgezeichnet, um Lust zum Lesen zu machen: im Blick auf die „Grenzen der Aufklärung" (I, 3). Damit ist nämlich jener Selbstzweifel der Moderne erreicht, der sie mittlerweile in Skepsis und Relativität abstürzen ließ – also in einen unheilvollen entgegengesetzten Straßengraben, nachdem sich die Überheblichkeit einer scheinbar selbstherrlichen Vernunft angesichts der Sündenfälle des 20. Jahrhunderts nicht mehr halten ließ. Lewis geht damit einen Weg, der zeitgleich auch von Adorno und Horkheimer in der „Dialektik der Aufklärung" (1947) und heute von Habermas und anderen kritischen Denkern der Postmoderne gegangen wird.

Grundgedanke ist: Die Aufklärung, die alles der Rationalität unterworfen hatte, unterwirft nun auch die Vernunft und entleert sie zu einer rein rechnerischen, formalen Größe. Statt „Welt" wird nur noch „Natur" wahrgenommen, berechnet, beherrscht. „Wir reduzieren Dinge auf bloße Natur, *um* sie ‚erobern' zu können." (78) Damit wird aber auch der angebliche Herrscher über die Natur selbst zu einem Naturding, das sich auseinandernehmen und in seine Bestandteile sezieren und „verwerten" lässt – wie es längst geschieht und zum Programm der technischen „Macher" geworden ist. „In Wirklichkeit sind natürlich, sollte ein Zeitalter tatsächlich durch Eugenik und wissenschaftliche Erziehung die Macht erlangen, Nachkommen nach eigenem Belieben herzustellen, alle Menschen, die später leben, dieser Macht unterworfen." (80) Lewis spricht unverblümt von der „Abschaffung des Menschen" als der letzten Folge eines nur noch dinglichen Blickes auf die Welt – und meint ausdrücklich nicht nur das beständig wiederholte und damit stumpf gewordene Beispiel des Nationalsozialismus, sondern das laufende wissenschaftliche Programm einer genetischen „Verbesserung" des Menschen. (Habermas sprach warnend vom „posthumanen Zeitalter".) „Der Mensch mit seiner neuen Macht wurde reich wie Midas, aber alles, was er berührte, war tot und kalt." (75)

Als Lewis mit 32 Jahren Christ wurde, hatte er „die Vernunft" entdeckt – nicht den rechnerischen, „nützlich" argumentierenden Verstand. Vernunft meint ein Mittel, die Wahrheit als Grund der Wirklichkeit aufzuspüren. In der Tat gibt es Wahrheit: „Wir sind gezwungen, zwischen den Gedanken eines irdischen Astronomen und dem Verhalten der Materie, einige Lichtjahre entfernt, jene besondere Relation zuzugestehen, die wir Wahrheit nennen." (23)

Gleichzeitig ist es möglich, den Sinn von Geschichte freizulegen. Dieser Sinn ist ein universaler, wie die Wahrheit universal ist, und zugleich konkret, in Zeit und Geschichte zu entziffern. Sollte das nicht der Fall sein, so bliebe auch der Sinn des (menschlichen) Geschehens entzogen, unsichtbar – und müsste dann „blind" geglaubt oder abgestritten werden. Im Gegenteil: Glaube und Vernunft gründen in einer Augenöffnung – für das Wirkliche, das sich jederzeit enthüllt. Lewis zeigt die Thora und mehr noch die Fleischwerdung Jesu als die konkrete Offenlegung von Sinn auf – sonst wäre Gott wirklich jenseitig, unerkennbar, wenn er nicht selbst gesprochen hätte. Nicht wir suchen ihn erstrangig, er hat uns gesucht: „Die wesentliche Haltung des Platonismus ist Sehnsucht oder Verlangen: die in der schattenhaften, unwirklichen Welt der Natur eingekerkerte menschliche Seele streckt ihre Arme aus und strebt mühsam der Schönheit und Wirklichkeit entgegen [...] Shelleys Ausdruck ‚das Verlangen der Motte nach dem Stern' fasst dies zusammen. Im Christentum hingegen ist die Seele nicht die Suchende, sondern die Gesuchte: Es ist Gott, der sucht, der herabsteigt aus der jenseitigen Welt, um den Menschen zu finden und zu heilen; das Gleichnis des guten Hirten, der die verlorenen Schafe sucht und findet, fasst dies zusammen." (333) Das ist allerdings keineswegs einfach angenehm; wie Feinendegen aufzeigt, weiß Lewis sehr wohl um das Widerstreben gegen einen solchen Gott: „Ein ‚unpersönlicher' Gott – schön und gut. Ein subjektiver Gott der Schönheit, Wahrheit und Gutheit in unseren Köpfen – noch besser. Eine formlose Lebenskraft, die uns durchströmt, eine gewaltige Macht, die wir anzapfen können – am allerbesten. Doch der lebendige Gott selbst, der am anderen Ende der Strippe zieht und sich vielleicht mit unendlicher Geschwindigkeit nähert, der Jäger, König, Bräutigam – das ist etwas ganz anderes. [...] Es kommt ein Augenblick, da Menschen, die sich einige Zeit oberflächlich mit Religion befasst haben [...], plötzlich zurückschrecken. Angenommen, wir hätten ihn wirklich gefunden? *Dazu* hätten wir es nie kommen lassen wollen! Schlimmer noch, angenommen, Er hätte uns gefunden?"

Und wie könnte Gott sprechen, wenn ihn der Mensch nicht wirklich und wirksam mit Vernunft vernehmen könnte? So gibt es auch Sprache für die Erfahrung Gottes und nicht nur Rätselraten. Feinendegen betont die ungemein zeitnahe, jedermann verständliche Sprache von Lewis, der fast gänzlich auf theologische Fachbegriffe verzichtete, und bezeichnet diese Fähigkeit als heute dringlich notwendig gegenüber einem verschlüsselten Fachjargon. Lewis selbst sieht das „Übersetzen" Christi in den Alltag des Wortes als Nachfolge an: „Unsere Nachahmung Gottes in diesem Leben [...] muss eine Nachahmung des inkarnierten Gottes sein: Unser Vorbild ist der Jesus nicht nur des Kalvarienberges, sondern der Werkstatt, der Straßen, der Menschenmengen, lautstarken Forderungen und groben Widersprüchen ausgesetzt, ohne jeden Frieden oder jede Privatheit, ständig unterbrochen. Denn dies, so seltsam unähnlich allem, was wir dem göttlichen Leben in sich selbst zuschreiben können, ist dem göttlichen Leben offensichtlich nicht ähnlich, sondern ist das göttliche Leben, wenn es unter menschlichen Bedingungen agiert." (339f.)

Mit Lewis plädiert Feinendegen für eine Auslegung des Christentums nicht als einen unter vielen Heilswegen, sondern als „befreiende Botschaft *für alle Menschen*" – eben weil es vernünftig und sinnöffnend ist. Selbstverständlich gibt es einen Plural der Schöpfung, allerdings in anderer Weise als den gleich-gültigen und beliebigen: „Gleichförmigkeit lässt sich am meisten unter den am meisten ‚natürlichen' Menschen finden, nicht unter jenen, die sich Christus übergeben. Wie monoton ähnlich waren sich all die großen Tyrannen und Eroberer: wie herrlich verschieden sind die Heiligen." (344)

Diese Lektüre vermittelt gleichzeitig Argumente und Freude. „Die christliche Theologie kann Naturwissenschaft, Kunst, Ethik und die subchristlichen Religionen in sich aufnehmen. [...] Ich glaube an das Christentum, wie ich daran glaube, dass die Sonne aufgegangen ist: Nicht nur, weil ich sie sehen kann, sondern weil ich durch sie alles andere sehen kann." (372)

**Hilda Steinhauer**, Rezension zu: WERNER LÖSER, *Geschenkte Wahrheit. Annäherungen an das Werk Hans Urs von Balthasars*, Würzburg 2015, Echter Verlag, 349 S., ISBN 978-429-03859-5, 29,90 €.

Wer sich dem umfangreichen literarisch-theologischen Werk Balthasars zuwendet, steht meist ratlos vor einer Vielzahl an – jedenfalls auf den ersten Blick – disparaten Titeln, sieht sich mit einem ungewohnten methodischen Vorgehen konfrontiert und ist zugleich von einer Reihe überraschender Einsichten in die Fülle des Katholischen fasziniert. Deren inneren Zusammenhang und die ihnen zugrunde liegenden Weichenstellungen aufzuspüren erweist sich dann aber als ein schwieriges Unterfangen, das nicht ohne geduldige Auseinandersetzung mit dem Gesamtwerk und den zahlreichen Gesprächspartnern Balthasars aus den Bereichen der Kunst, der Spiritualität, der Philosophie und der Theologie erfolgen kann.

Werner Löser, der sich seit gut 40 Jahren mit Balthasar beschäftigt und im vorliegenden Band 15 Aufsätze aus den Jahren 1975–2014 gesammelt vorlegt, stellt sich dieser Aufgabe, indem er dessen Denken biografisch und theologiegeschichtlich verankert und einige seiner zentralen Dimensionen sichtbar macht. Dafür wählt er ganz unterschiedliche methodische Zugänge wie die Deutung und Würdigung einzelner Werke („Apokalypse der deutschen Seele", „Karl Barth", „Herrlichkeit"), das Nachzeichnen von „Dialogen" Balthasars mit Martin Heidegger und Martin Buber, Studien zu ganz konkreten Einzelthemen (dramatische Deutung der Exerzitien, Auslegung von Lk 15,11–32 bei Barth und Balthasar, Einsatz für die Ökumene im Vorfeld des II. Vatikanums), die Reflexion grundlegender Voraussetzungen seiner Theologie wie der charakteristischen Denkgestalt der von Gott geschenkten Synthese des Paradoxen, des Verständnisses von „Wort und Wort Gottes" und der Einheit von Sein und Liebe sowie die explizite Entfaltung prägender Dimensionen seines Werkes (umfassende Katholizität, trinitarische Bestimmtheit). Weitere dieser Grundzüge kommen in den einzelnen Beiträgen und auch diese übergreifend zum Vorschein. Zu nennen sind hier z. B. die ökumenische Grundausrichtung des balthasarschen Denkens, die ganz selbstverständlich auch das ersterwählte Gottesvolk einbezieht, und die positive Bewertung der endlichen Wirklichkeit als Implikationen seiner Katholizität oder auch die marianische Prägung. Die vorliegenden Studien spiegeln folglich das Charakteristikum der Theologiegestalt Balthasars wider, nämlich, dass die sie „ausmachenden Aspekte und Dimensionen ... komplex ineinander verschlungen [sind] und ... sich deshalb als einzelne nur aus ihrem Zusammenhang mit dem ganzen Gefüge erfassen" lassen (248).

Die Stärke dieses Aufsatzbandes liegt darin, dass er wesentliche Grundlinien des balthasarschen Werkes so nachzeichnet, dass er dem Leser die Bewegung seines Denkens aufschließt und ihn in sie einbezieht. Zudem führen ihn kenntnisreich ausgewählte und sorgfältig interpretierte Originaltexte an die Denk- und Sprechweise Balthasars heran. Deshalb eignet sich das Buch hervorragend als eine Einführung in seine Theologie. Der theologie- und zeitgeschichtlich bedingte Rat zur entschiedenen Ausgrenzung Adrienne von Speyrs (vgl. 28) hat inzwischen allerdings seine Gültigkeit verloren. Auch mit Balthasar vertraute Leser werden mit neuen Einsichten beschenkt, z. B. durch die Situierung der „Apokalypse der deutschen Seele" im werkgeschichtlichen Umfeld oder als Frucht der Zusammenschau von Philosophie des Wortes und Theologie des Wortes Gottes.

**Hinrich E. Bues, Rezension zu: Robert Kardinal Sarah, Nicolas Diat,** *Gott oder Nichts. Ein Gespräch über den Glauben.* **Mit einem Vorwort von Georg Gänswein, Kißlegg 2015, fe-Medienverlags GmbH, 399 S., ISBN 978-3-86357-133-7, 17,80 €.**

*„Gott oder Nichts"* – der Titel des neuen Buches von Kardinal Sarah riecht nach Radikalität, weil es die Wurzeln des Christentums beschreibt. Sarah, der im Zuge der Familiensynode im Herbst 2015 durch seine konservativen Positionen zu Ehe und Familie einem breiteren Publikum bekannt geworden ist, liefert für seine Position im Sinne des Evangeliums viele gute, klar verständliche Argumente: „Ohne Gott zimmert sich der Mensch seine eigene Hölle auf Erden", stellt der Kardinal fest und verweist auf die „Geißeln der Seele" wie Pornografie, Drogen, Gewalt und alle möglichen Perversionen.

Er zieht gegen den Egalitarismus, gegen die Gender-Ideologie und die „Leere des Materialismus" zu Felde. Das nicht aus Lust am Konflikt, sondern aus eigener leidvoller Erfahrung unter der stalinistischen Diktatur in seinem Heimatland Guinea (Westafrika). Die dort verursachte materielle Not sei mit einer spirituellen Not verbunden gewesen. Daher kommt er zum Ergebnis: „Der Fortschritt ohne Gott ist ein falsches Glück."

Wie ist diese wohlmeinende Radikalität, die zugleich eine Verkündigung des Evangeliums, ein Ruf zur Umkehr des Sünders ist, entstanden? Der heute 70-jährige Präfekt der vatikanischen Gottesdienstkongregation schildert dazu in seinem autobiografischen Interview-Buch, welche sorgfältige geistliche Formung er als Priesterkandidat erfahren hat. Seine Erzählungen weisen auf eine apostolische Spiritualität hin, die für die Priesterausbildung im 3. Jahrtausend für die Kirche Christi beispielhaft ist und in Europa neu zu erlernen wäre.

Für die Formung der Spiritualität des Kardinals ist die *Missionsgesellschaft vom Heiligen Geist unter dem Schutz des Unbefleckten Herzens Mariens* (kurz: Spiritaner, CSSp) prägend. Sie wurde 1703 für die Neuevangelisation unter französischen Pflanzern und Sklaven in Afrika gegründet. Heute arbeiten die Spiritaner in 61 Ländern weltweit; ihr gehören 29 Bischöfe, über 2.000 Priester und viele Hundert Laien an.

In das kleine, weit im Landesinneren gelegene westafrikanische Dorf Robert Sarahs kamen die französischen Missionare im Jahr 1912 und bauten dort eine kleine Missionsstation auf. In dem von westlicher Zivilisation unberührten Dorf, in dem Animismus und Aberglauben herrschten, begannen die Spiritaner-Missionare unter großen Mühen und Opfern das Evangelium zu verkündigen und zu leben. Dabei suchten die Missionare zuerst die Nähe zu Jesus Christus im Tabernakel, in der täglichen Feier der heiligen Eucharistie und im aufmerksamen Studium der Bibel, bevor sie mit sozialen, missionarischen oder seelsorgerlichen Initiativen begannen.

In diese geistliche Schule trat Robert Sarah in frühen Kindesjahren ein. Er begann die heilige Messe als Messdiener (noch im Alten Ritus) mitzufeiern, den Geheimnissen der Vergegenwärtigung Christi auf die Spur zu kommen. Die Vermittlung biblischen Wissens und des Katechismus waren den Patres ein zentrales Anliegen. Schließlich fragte ein Pater den gerade elfjährigen Robert, ob er nicht Priester werden wolle. Eine Sensation im Dorf, da man bis dahin glaubte, dass nur Weiße Priester werden könnten.

Robert Sarah, einziges Kind seiner Eltern, verließ nach dem Ruf in die Priesterschaft seine Familie, um ein sogenanntes *Kleines Seminar* der Spiritaner im Senegal zu besuchen. Dort erhielten die Kinder nicht nur eine gründliche Schulbildung, die zum Abitur führte, sondern auch eine ebenso gründliche geistliche Formung, die sich radikal am Evangelium und der Nachfolge Christi orientierte. Anders als an vielen europäischen Priesterseminaren dieser Zeit gab es hier keinen Mittelweg im Sinne eines liberalen Laisser-faire-Stils zwischen einer Öffnung gegenüber der „Welt" und den Ansprüchen des Evangeliums, wie Robert Sarah vielfach in seinem Buch betont.

Kürzlich behauptete Björn Odenthal, ein Redakteur des offiziellen Internetauftritts der Deutschen Bischofskonferenz, dass es in Afrika so viele Priesterberufungen gäbe, weil die betreffenden Männer damit einen sozialen Aufstieg erreichen könnten. Wer den Weg von Kardinal Sarah verfolgt, kann dieser irrigen Annahme unmöglich zustimmen. In Guinea waren nach der Unabhängigkeitserklärung von Frankreich und der Errichtung einer kommunistischen Diktatur im Jahr 1958 alle Besitztümer der Kirche enteignet worden; die Kommunisten versuchten, die gesamte kirchliche Infrastruktur zu zerstören. Daher prägten Flucht, Verfolgung, Armut und vielerlei Leiden den Ausbildungsweg Sarahs, ein Weg des veritablen Abstiegs bis hin zum drohenden Märtyrertod. Von allen Priesterkandidaten seiner Klasse blieb er letztlich der einzige, der diesem Sturm standhielt und Priester wurde.

Schon im Alter von 33 Jahren wurde er von Papst Paul VI. zum Erzbischof ernannt – kein begehrter Posten damals, da er damit ganz oben auf die Hinrichtungsliste des kommunistischen Diktators gerückt war, wie nach dessen Tod bekannt wurde. *Gott oder Nichts*, das ist kein Wortspiel, sondern die Realität dieses Lebenslaufes, den man mit Fug und Recht „apostolisch" nennen kann. Ähnlich wie die zwölf Apostel musste Sarah leidensbereit sein, mit großer Leidensbereitschaft und unter vielen Kämpfen seinen Weg in der Nachfolge Christi gehen.

Dass er einmal Erzbischof und Kardinal werden würde, war für ihn persönlich weder ein Ziel noch eine geheime Vorstellung. Sein Weg erinnert vielmehr an den heiligen Simon Petrus, zu dem Jesus sagte: „*Wenn du aber alt geworden bist, wirst du deine Hände ausstrecken und ein anderer wird dich gürten und dich führen, wohin du nicht willst*" (Joh 21,18). Die Essenz seines Lebensweges ist apostolisch, nicht nur wegen der Ähnlichkeit seines Weges mit dem der Apostel. Sarah blieb immer der Kirche treu, wobei seine Freude an Jesus Christus immer mit der Begeisterung für die Evangelisation verbunden war.

Das Buch Sarahs widerlegt damit ein zweites Vorurteil, das zuweilen afrikanischen Christen aus dem deutschen Katholizismus entgegenschlägt: Die Kirche in Afrika wachse deswegen so schnell, weil die Menschen arm und ungebildet seien. Sie würden den christlichen Glauben nur deswegen annehmen, weil sie für „einfache Antworten" offen seien. Wer den Bildungsweg Kardinal Sarahs, seine Meinungen, Einschätzungen und Analysen liest, kann unmöglich zu diesem Urteil kommen. Wer von deutschen Theologen oder Bischöfen ist in der Lage, sich fließend auf Lateinisch zu unterhalten, wie Sarah dies zwei Jahre lang in Rom während seiner Doktoratsstudien praktizierte?

Die afrikanische Kirche wächst nicht wegen ihres vermeintlich geringen Bildungsstandes, sondern wegen ihres Vertrauens auf die übernatürliche Macht des lebendigen Gottes und der geglaubten göttlichen Autorität der Bibel und des Katechismus. Die Verkündigung der Kirche legt in Afrika, wie Weihbischof *Robert Barron* (Los Angeles) kürzlich als Antwort auf den Artikel Odenthals betonte, besonderen Wert auf die Verkündigung des ewigen Lebens, die aktive Vorsehung Gottes, die heilende Gnade und die Göttlichkeit Jesu. Das entspreche dem Wirken des Heiligen Geistes und biete den Menschen etwas, das die säkulare Welt nicht habe. Denn der Einsatz für soziale Gerechtigkeit, der Dienst an den Armen und der Umweltschutz sei etwas, das auch Atheisten erfolgreich tun würden. Es tue der Kirche gut, wenn sie wieder ihr eigenes Profil zeige.

Auch in Afrika sprießen Bekehrungen und Berufungen nicht einfach wie Pilze aus dem Boden. Vielmehr bedurfte es großer Opfer, einer klaren biblisch fundierten Verkündigung, einer aufopferungsvollen Tätigkeit der Priester im täglichen Unterricht in Bibel und Katechismus, ehe die ersten Bekehrungen und Berufungen geschahen. Immer wieder betont Sarah in seinem Buch, wie viel Gebet um die Seelen, die ohne Jesus verloren gehen würden, wie viele Stunden und Tage der Stille es gefordert habe, bis schließlich die ersten geistlichen Früchte reiften. Viele der ersten Missionare in seinem Dorf waren darüber bereits verstorben.

Lohnt es sich, auf afrikanische Christen zu hören? Diese Frage stellt sich nicht erst seit den dementierten Einwürfen eines deutschen Kardinals; diese Frage stellt sich angesichts des Lebenszeugnisses von Robert Kardinal Sarah, den viele auch für „papabile" halten. Von der theologischen Ausbildung der Priesterkandidaten, ihrer Formung in apostolischer Spiritualität, im Gebet, im Studium der Bibel und in der konkreten Praxis der missionarischen Verkündigung ließe sich viel an Europas theologischen Fakultäten und Priesterseminaren lernen.

Für die Erst- oder Neuevangelisation auf der Ebene von Pfarrgemeinden vermittelt das Buch von Kardinal Sarah wichtige Anregungen: so etwa für die sorgfältige Ausbildung und geistliche Formung von Messdienern (durch Priester!), für die Wichtigkeit des Gebetes und das Vertrauen in die übernatürlichen Wirkungen des Heiligen Geistes, für die segensreichen Wirkungen von Besuchsdiensten durch Priester und Katechisten, auch in abgelegenen Dörfern oder Gebieten.

So wäre auch an die Errichtung von kleinen Missionsstationen in vielen Ländern Westeuropas zu denken. Sie würden der „Erosion des kirchlichen Lebens", die der Pontifex kürzlich beim Ad-limina-Besuch der deutschen Bischöfe beklagte, entgegenwirken können. Für Überlegenheitsgefühle von deutschsprachigen Theologen oder Klerikern scheint angesichts des Zeugnisses von Kardinal Sarah jedenfalls kein Anlass zu bestehen.

**Justinus Pech OCist, Rezension zu: Georg Langenhorst, *Theologie & Literatur. Ein Handbuch*, Darmstadt 2005, Wissenschaftliche Buchgesellschaft, 271 S., ISBN 978-3-534-17257-3, 59,90 €.**

Der Bochumer Professor Thomas Söding gab bei der Feier zu seinem 60. Geburtstag bekannt, dass Peter Handke eine Person wäre, die er gern träfe. Damit bringt er persönlich etwas zum Ausdruck, was einige Theologen im deutschsprachigen Raum bewegt: die Suche nach Gott in der Literatur. Eine strukturierte Ausarbeitung zu den Schnittstellen zwischen Theologie, Literaturwissenschaft und Ästhetik liegt in der 2005 herausgegebenen Forschungsarbeit von Georg Langenhorst vor. Dabei kann der Autor auf eine Fülle eigener Publikationen zurückgreifen, die er seit den 1980er Jahren dazu veröffentlicht hat. Diese auf profunder Arbeit basierende Studie verdient es, auch heute noch gelesen zu werden und hat nichts an ihrer Aktualität verloren.

Der Professor für Didaktik des Katholischen Religionsunterrichts an der Katholisch-Theologischen Fakultät der Universität Augsburg hat mit »Theologie & Literatur« ein Buch vorgelegt, das seinesgleichen im deutschen Sprachraum sucht. Dabei handelt es sich nicht nur um eine beschreibende Studie, die den Forschungsstand dokumentiert, sondern er entwickelt auch eine eigene Position. Dabei finden sich Texttypen wie „dokumentarische Reihungen, kommentierte Literaturberichte, zusammenfassende Analysen, perspektivische Charakterisierungen" (11/12). Zudem werden eigene Thesen und Perspektiven entwickelt. Durch diese Konzeption wird ein den wissenschaftlichen Diskurs anregender Beitrag angeboten.

Das Buch gliedert sich in drei Teile. Im ersten werden geschichtliche und hermeneutische Entwicklungslinien nachgezeichnet. Diesen wird sich in zwei Schritten genähert. In den Wegmarken der theologisch-literarischen Begegnung werden die evangelischen und katholischen Grundpositionen anhand von Paul Tillich, Hans-Eckehard Bahr sowie Romano Guardini und Hans Urs von Balthasar dargestellt. Dabei sind die besonders darauf aufbauenden zukunftsorientierten Schlaglichter zu beachten. Denn dem Autor geht es darum, die Grundeinsicht zu reflektieren, „dass sich die Formen der Präsenz des Christentums in der heutigen Gesellschaft im Kontext der Postmoderne radikal verändert haben." (47) Hier erfolgt der wertvolle Hinweis, dass es in Zukunft vor allem um die „Erbspuren der Tradition" und um die „Transformationen der klassisch-christlichen Literatur" gehen sollte. (47) Der zweite Schritt des ersten Teils widmet sich dem Dialogparadigma der 1970er-Jahre, da in diesen Jahren wegweisende Studien zu dem „Verhältnis von ‚Theologie und Literatur' neu im Paradigma des Dialogs" (49) entfaltet worden sind. Dabei ist besonders der am Ende dieses Abschnittes dargestellte Weg in das 21. Jahrhundert lesenswert.

Der zweite Teil des Buches, der einen thematisch-systematischen Überblick darstellt, gliedert sich in vier Abschnitte. Dabei wird sich an der „inhaltlich bestimmte[n] Grundstruktur der theologischen Einzeldisziplinen" (76) orientiert. Der erste analysiert die Beziehung von Bibel und Literatur. Dabei bietet der Autor einen Überblick über die dokumentierenden Bände akademischer Tagungen sowie systematisierenden Sammelbände und widmet sich inhaltlich wichtigen alt- und neutestamentlichen Büchern, Stoffen und Figuren sowie den Bibelrezeptionen von einigen Schriftstellern, u. a. Heinrich Heine, Thomas Mann, Bertolt Brecht und Heinrich Böll. Der zweite Abschnitt reflektiert den Zusammenhang von systematischer Theologie und Literatur. Hier ist besonders der Abschnitt „Gottesrede nach der Shoa" lesenswert. Im dritten und vierten Abschnitt geht es dann um die Historische und Praktische Theologie. Dass man sich in der Aufarbeitung die Reformatoren unter den historischen Gestalten gewünscht hätte, ist vielleicht auch dem Näherrücken des Gedenkjahres 2017 geschuldet.

Der dritte Teil des Buches begründet das Plädoyer des Autors, „sich von der Vorstellung eines ‚Dialogs von Theologie und Literatur' zu verabschieden". (214) Ob man den dort entwickelten Thesen letztlich zustimmt, ist nicht entscheidend. Wichtiger erscheint eine Auseinandersetzung mit der Position von Langenhorst, um so doch wieder einen gangbaren Weg im Zueinander von Literatur und Theologie zu finden. Bei der Suche nach Spuren des Göttlichen in der Welt, sei es aus einer inkarnatorischen oder staurologischen Perspektive heraus, muss das Auge und Ohr geschult sein. Für diesen Sensibilisierungsprozess kann das besprochene Buch eine wertvolle Hilfe darstellen.

Bruno Hannöver OCist, Rezensionen zu:

MIRJAM SCHAMBECK, *Nach Gott fragen zwischen Licht und Dunkel* (Franziskanische Akzente. Für ein gottverbundenes und engagiertes Leben, hg. von Mirjam Schambeck sf und Helmut Schlegel ofm, Band 1), Würzburg 2014, Echter Verlag, 102 S., ISBN 978-3-429-03747-5, 9,90 €.

HELMUT SCHLEGEL, *Die heilende Kraft menschlicher Spannungen* (Franziskanische Akzente. Für ein gottverbundenes und engagiertes Leben, hg. von Mirjam Schambeck sf und Helmut Schlegel ofm, Band 2), Würzburg 2014, Echter Verlag, 79 S., ISBN 978-3-429-03749-9, 8,90 €.

KATHARINA KLUITMANN, *Wachsen – über mich hinaus* (Franziskanische Akzente. Für ein gottverbundenes und engagiertes Leben, hg. von Mirjam Schambeck sf und Helmut Schlegel ofm, Band 3), Würzburg 2014, Echter Verlag, 86 S., ISBN 978-3-429-03750-5, 8,90 €.

CORNELIUS BOHL, *Auf den Geschmack des Lebens kommen. Franziskanische Alltags-Spiritualität* (Franziskanische Akzente. Für ein gottverbundenes und engagiertes Leben, hg. von Mirjam Schambeck sf und Helmut Schlegel ofm, Band 4), Würzburg 2014, Echter Verlag, 95 S., ISBN 978-3-429-03751-2, 9,90 €.

MARTINA KREIDLER-KOS, *Lebensmutig. Klara von Assisi und ihre Gefährtinnen* (Franziskanische Akzente. Für ein gottverbundenes und engagiertes Leben, hg. von Mirjam Schambeck sf und Helmut Schlegel ofm, Band 5), Würzburg 2015, Echter Verlag, 79 S., ISBN 978-3-429-03772-7, 8,90 €.

NIKLAUS KUSTER, *Franz von Assisi – Freiheit und Geschwisterlichkeit in der Kirche* (Franziskanische Akzente. Für ein gottverbundenes und engagiertes Leben, hg. von Mirjam Schambeck sf und Helmut Schlegel ofm, Band 6), Würzburg 2015, Echter Verlag, 95 S., ISBN 978-3-429-03781-9, 9,90 €.

„Franziskanische Akzente – erfrischend anders." Unter diesem titelgebenden Leitgedanken sind in den Jahren 2014 und 2015 im Würzburger Echter Verlag sechs kleine Schriften erschienen, die sich mit Fragen und Themen befassen, welche auch für die Menschen des 21. Jahrhunderts von Interesse sind. Diese „Franziskanischen Akzente" möchten den Versuch wagen, verschiedene Aspekte des modernen Lebens aus der franziskanischen Spiritualität heraus zu beantworten und zu beleuchten – eine Spiritualität, die gerade durch die Namenswahl des jetzigen Petrus-Nachfolgers breiteren Massen auch außerhalb der Kirche wieder ins Bewusstsein gebracht wurde.

So schreibt der Echter Verlag selber: „Die Suche nach Sinn und Glück ernst nehmen und Impulse geben für ein geistliches, schöpfungsfreundliches und engagiertes Leben – das ist das Anliegen der Reihe „Franziskanische Akzente". In lebensnaher und zeitgerechter Sprache geben die Bände auf Fragen von heute ehrliche Antworten – wegweisende Impulse für einen spirituell erfüllten Alltag."

Die sechs Bändchen der Reihe wurden von Brüdern und Schwestern geschrieben, die Mitglieder der franziskanischen Familie sind. Alle Bände sind fest gebunden und zum guten Preis von 8,90 bzw. 9,90 Euro erhältlich. Sie seien nun im Folgenden kurz vorgestellt:

Band 1 „Nach Gott fragen zwischen Dunkel und Licht" von Mirjam Schambeck geht der Berufung und der Gotteserfahrung eines heiligen Franz von Assisi nach: *„Franz von Assisi ist vieles: Umweltapostel, Tierfreund, Radikaler, Heiliger eines Jahrtausends. Vermutlich begeistert er deshalb die Menschen bis heute. Ihn selbst und das, was er wollte, kann man jedoch nur verstehen, wenn man auf den Grund schaut: Er ist all das geworden, weil er sich auf Gott eingelassen hat. Und weil er sich nicht darauf beschränkte, ihn nur in vorgefassten Denkschablonen zu suchen, sondern ganz und ohne Absicherung im Leben selbst. Diesen Weg zeichnet Mirjam Schambeck nach, den Weg der Abkehr vom Gott der Macht und Herrlichkeit hin zu einem Gott, der seinen Platz in der Welt hat, bei denen, die weit unten rangieren, weil sie arm, aussätzig oder fremd sind. Franziskus ist ein Abenteurer Gottes und so Modell auch für unsere Sehnsucht und Suche nach einem tragenden Grund."* Die Autorin ist Franziskanerin und seit 2006 Professorin für Religionspädagogik, zunächst in Bamberg und Bochum, seit 2012 an der Universität Freiburg im Breisgau. Nach dem Studium der Theologie und Germanistik war sie in der pastoralen Arbeit in Brasilien und Bolivien – in Favelas, mit Straßenkindern, dem Stamm der Chiquitanos – und in der Ordensausbildung tätig.

Band 2 „Die heilende Kraft menschlicher Spannungen" von Helmut Schlegel befasst sich mit den Problemen, die das menschliche Zusammenleben in Alltag und Beruf mit sich bringen kann: *Spannungen, auch unangenehme Spannungen, sind nicht vermeidbar. Aber: Sie sind heilsam. In guter Weise mit Spannungen umzugehen, ja sie als Kraftquellen für ein gesundes und erfülltes Leben zu nutzen, ist Thema dieses Bandes. Wie dies gelingen kann, wird zunächst am Beispiel einiger biblischer Gestalten und dem von Franz von Assisi gezeigt. Danach lenkt Helmut Schlegel den Blick darauf, wie Menschen heute ihre körperlichen und seelischen, aber auch ihre gesellschaftlichen und persönlichen Spannungen aushalten und als geistig-geistliche Energiequellen nutzen können. Dabei stellt er vor allem franziskanische Grundhaltungen als hilfreiche Perspektiven vor. Sie motivieren dazu, ganz in der Gegenwart zu leben, die Tugend des rechten Maßes zu finden, im Umgang mit anderen Geschwisterlichkeit zu praktizieren und die Mystik der offenen Augen zu üben."* Der Autor war von 1988 bis 1998 Leiter des Exerzitien- und Bildungshauses der Franziskaner in Hofheim am Taunus und bis 2007 Provinzial der thüringischen Franziskanerprovinz. Seither ist er Leiter des Zentrums für christliche Meditation und Spiritualität in Frankfurt am Main.

Band 3 „Wachsen – über mich hinaus" von Katharina Kluitmann geht der Frage nach, was Buße heute ist und wie der Mensch auch in und durch menschliche Schwächen zu einer reifen Persönlichkeit werden kann: *„Wohin wachse ich, wenn ich über mich hinauswachse? Hin auf mein besseres Ich? Oder auf ein Ideal, das mir wer auch immer vorlegt? Verliere ich mich dabei, oder gewinne ich mich erst wirklich? Und: Wie* *geht das überhaupt? Was kann ich dafür tun und was muss ich lassen? Antworten darauf lassen sich nur sehr persönlich geben und leben, am eindrücklichsten durch das Beispiel von Menschen. Franz von Assisi ist solch ein Mensch. Mit seinen Ecken und Kanten und dabei in steter Orientierung an den Evangelien hat er ein Leben geführt, das bis heute fasziniert. In dessen Spur unser Leben als Entdeckungsreise über uns hinaus zu uns selbst zu verstehen, dazu lädt Katharina Kluitmann die Leserinnen und Leser ein."* Die studierte Theologin und in Psychologie promovierte Autorin ist Provinzoberin der westfälischen Provinz der Franziskanerinnen von der Buße und der christlichen Liebe. Sie ist als Psychologin am „Centro – Psychologische Begleitung für Menschen im Dienst der Kirche" im Bistum Münster tätig.

Band 4 – „Auf den Geschmack des Lebens kommen" von Cornelius Bohl – befasst sich mit einer praktisch gelebten Spiritualität und deren Entfaltungsmöglichkeiten im Alltag des Menschen: *„Es gibt drei Formen von Realität: Speck, Geld und Sex! Alles andere ist Spiritualität! Dieser Satz bringt provozierend auf den Punkt, was viele Menschen erfahren: hier die harte Wirklichkeit, die facts, die unser Leben bestimmen, dort Spiritualität als Überbau, als etwas für naive Träumer. Demgegenüber zeigt Cornelius Bohl, dass und wie sich wirkliche Spiritualität als tragfähiges Fundament erweist; als etwas, das Leben formt, indem es die Wirklichkeit von innen her durchdringt. Spiritualität ist eine Form von Lebenstüchtigkeit, nicht Flucht vor der Wirklichkeit. Sie will Wirklichkeit immer mehr zulassen, neue Freiräume und Gestaltungsmöglichkeiten eröffnen, nicht vermeiden. Franziskanische Spiritualität braucht den Praxistest nicht zu fürchten.*

*Das macht Cornelius Bohl an vielen Beispielen deutlich."* Der Autor war nach einer Promotion in franziskanischer Spiritualität in Rom mehrere Jahre in der Noviziatsausbildung und in der Pfarrpastoral tätig. Seit März 2012 ist er Provinzialminister der Deutschen Franziskanerprovinz mit Sitz in München.

Die zwei weiteren Bände 5 und 6 erschienen im Jahre 2015. Sie beschäftigen sich – passend zum damals von Papst Franziskus ausgerufenen „Jahr der Orden" – mit den Begründern der franziskanischen Bewegung: der heiligen Klara und dem heiligen Franz von Assisi. So sind sie ein weiterer, neu gehobener Fund aus dem reichhaltigen Schatz der franziskanischen Spiritualität, welche – ebenso wie die vier vorangegangenen Bändchen – frische, lebensnahe und -bejahende Impulse zu einer weiteren Vertiefung des christlichen Glaubens und seiner Frömmigkeit geben:

Band 5 „Lebensmutig: Klara von Assisi und ihre Gefährtinnen" von Martina Kreidler-Kos stellt uns die Person der heiligen Klara anhand ihrer Berufung in und aus der Nachfolge Christi vor: *„Ein erstaunliches Experiment: Gemeinsam mit einigen Gefährtinnen lässt sich Klara von Assisi (1193–1253) bettelarm vor den Toren ihrer Heimatstadt nieder. Sich so der Fürsorge Gottes anzuvertrauen und ungesichert, aber auch unabhängig von jeder institutionellen Versorgung oder Erwerbsarbeit zu leben, ist als Lebensentwurf für Frauen ungewohnt und wird von Zeitgenossen misstrauisch beäugt. Klaras Bewegung aber wächst, auch gegen Widerstände, und prägt nachhaltig die entstehende franziskanische Bewegung. Mit der schließlich erfolgten päpstlichen Bestätigung der Regel, die*

*Klara geschrieben hatte, werden die Klarissinnen als neue Lebensform für Frauen innerhalb der Kirche anerkannt. Diesen Weg zeichnet Martina Kreidler-Kos nach und buchstabiert ihn für heute aus: dass es weiterhin gilt, mutig zu sein, aufs Ganze zu gehen, Gott mehr zuzutrauen als den Konventionen und Kirche von ihren Ursprüngen her immer wieder neu zu denken."* Klara von Assisi dient so als prägende Gestalt der franziskanischen Bewegung auch als Ermutigung für Frauen von heute! Die im Jahre 1999 mit einer Arbeit über Klara von Assisi promovierte Autorin ist verheiratet und Mutter von vier Kindern. Sie ist Lehrbeauftragte an der Phil.-Theol. Hochschule der Kapuziner in Münster, seit 2006 ist sie zudem Diözesanreferentin für Frauenseelsorge im Bistum Osnabrück und seit 2013 zusätzlich in der Ehe- und Familienpastoral tätig. Von ihr liegen zahlreiche Veröffentlichungen vor.

Band 6 „Franz von Assisi – Freiheit und Geschwisterlichkeit in der Kirche" stellt uns die Person und das Kirchenbild des heiligen Franziskus vor. Es verweist dabei auf verschiedene ekklesiologische Akzente, die dieser Heilige damals setzte und die uns auch heute helfen können: *„Was fasziniert die Welt heute an Franz von Assisi? Und: Wie könnte eine Kirche in seinem Geist aussehen? Diesen Fragen nähert sich Niklaus Kuster in drei Schritten. Er zeigt auf, – wie Franziskus selbst zu wahrer Freiheit in den Fußspuren Jesu findet; – was die frühe franziskanische Bewegung kennzeichnet: Vertrauen in die Inspiration jedes Menschen, geschwisterliche Offenheit für alle, Mut zu einer selbstbewussten Kirche von unten, Distanz zu jeder Art klerikaler Überheblichkeit, Entfaltungsfreiheit für Frauen, Respekt vor anderen Religionen und Freude an der Schönheit der Schöpfung; – welche Schwerpunkte Papst Franziskus mit seiner Namenswahl setzt: Liebe zur Armut, entschiedener Einsatz für den Frieden und ökologische Sorge um die Welt als das, was die Kirche an Haupt und Gliedern erneuern soll. Eine Franziskusbiografie unter dem Aspekt der Kirchenreform."* Der Autor dieses Buches – Niklaus Kuster – ist Kapuziner und als Dozent an den Universitäten Luzern und Fribourg sowie an den Ordenshochschulen in Venedig, Madrid und Münster tätig. Zudem ist er auch als Leiter von spirituellen Reisen aktiv.

Erfüllt leben, bewusst handeln und dabei geerdet sein! Diese Dinge sollen dem Leser und der Leserin vermittelt werden. Für die Suche nach einer erfüllten christlichen Spiritualität auf dem eigenen Lebensweg bietet die franziskanische Spiritualität eben viele Kostbarkeiten und Möglichkeiten, von denen in den oben genannten Bänden nur einiges vorgestellt wird. Es bleibt also darauf zu hoffen, dass diese Reihe noch weiter fortgesetzt wird. Die bisher aus diesem spirituellen Schatz hervorgehobenen Funde in den vorgestellten sechs Bänden wollen frische und lebensnahe Impulse zur Vertiefung des Glaubens aus dem Herzen der katholischen Tradition und Frömmigkeit heraus geben.

**Alkuin Schachenmayr OCist**, Rezension zu: ANNINA CAVELTI KEE, *Kultureller Nationalismus und Religion. Nationsbildung am Fallbeispiel Irland mit Vergleichen zu Preussisch-Polen*, Frankfurt a. M. 2014, Verlag Peter Lang, 290 S., ISBN 978-3-631-64736-3, 64,95 €.

Die an der Universität Basel eingereichte Dissertation wurde in der Zeit von 2008 bis 2013 verfasst; in die Zeit fiel ein Forschungsjahr an der National University of Maynooth (Irland). Verfasserin Kee entschied sich in einem reflektierten Schritt für den verhältnismäßig neuen Ansatz der Histoire Croisée (Verflechtungsgeschichte), um in zwei geographisch ganz verschiedenen, aber dennoch innerlich verwandten Gebieten – Irland und Preussisch-Polen –, die Vorgehens- und Wirkungsweise des kulturellen Nationalismus, im jeweiligen katholischen Milieu des 19. Jahrhunderts, auszuarbeiten. Bei solchen Arbeiten ist allein die Auswahl der zwei Untersuchungsgebiete eine Herausforderung. Die zu vergleichenden Felder müssen genug gemeinsam haben, um sich gegenseitig zu beleuchten; dennoch will die Analyse sich vor oberflächlichen, überdeterminierten Vergleichen hüten. Der Ansatz soll Asymmetrien deutlich machen und davor schützen, dass die Historikerin bzw. ihr Lesepublikum den Versuchungen einer künstlich-übergreifenden Gesamtdarstellung verfällt.

Das Dissertationsprojekt von Frau Kee spielt sich bewusst im soeben skizzierten methodologischen Rahmen ab; das erkennt man am Umfang des Abschnittes über die theoretischen Grundlagen (15–55). Er nimmt, verglichen mit der Einleitung (1–14), sehr viel Raum in Anspruch. Das eigentliche Objekt der vorliegenden historischen Untersuchung ist das Phänomen des Nationalismus, vor allem im Sinne eines „kulturelle[n] Nationalismus": Wie werden Werte, Bräuche, Traditionen, Literatur, Kunst, Musik und Sport in den Dienst des Nationalismus genommen? Und welche Rolle spielt dabei die römisch-katholische Kirche? Sie erscheint als eine Dimension von vielen in der dynamischen Kooperation von etablierten sozialen Organisationen und Institutionen (45).

Für die Analyse des irischen Nationalismus (57–161) greift die Verfasserin zu Zeitschriftenartikeln über die Gaelic Athletic Association und die Gaelic League. Über Themenkomplexe wie u. a. Sport und Englischdialekte wollten diese Gruppen sich gegenüber englischer (protestantischer) Kultur abgrenzen. Ein engagierter Patron der Athletic Association war der katholische Erzbischof Croke, der sich als Verteidiger der irischen „Home Rule"-Bewegung exponierte. Kee deutet subtil auf Nebenfragen hin, etwa die Konkurrenz der Sportbewegungen für die kirchliche Jugendarbeit. Pfarrer fühlten sich in gewisser Weise verpflichtet, in den Vereinen aktiv zu werden, auch wenn sie radikale politische Elemente beherbergten: Durch aktive Mitgliedschaft konnten Geistliche ein Abdriften der (jungen) Männer aus dem kirchlichen Leben verhindern und den Sportbewegungen einen pfarrlichen Akzent verleihen.

Der nächste Hauptabschnitt ist der Lage in Preussisch-Polen gewidmet (163–225); hier geht es um die „Verflechtung" mit der vergleichbaren Lage in Irland. Wie in Irland waren in Preussisch-Polen die Polen eine katholische Minderheit innerhalb des protestantisch geprägten Deutschen Reiches. Anstelle der genannten Vereine in Irland beschäftigt sich Kee im polnischen Teil ihrer Arbeit mit der Bewegung „Organische Arbeit" des 19. Jahrhunderts. Diese nationalistische Bewegung betonte Bildung, Fleiß und ökonomische Effizienz; politische Demonstrationen oder radikale Aggressionen lehnte sie ab. Die Lage in Preussisch-Polen war ebenso dramatisch wie in Irland; während des

Kulturkampfes kam es häufig zu Verhaftungen von Priestern und sogar Bischöfen durch die deutsche Regierung. In der Erzdiözese Gnesen-Posen wurden beinahe alle Klöster geschlossen „und in den Jahren 1873 bis 1877 verloren bis zu 30% der Gemeinden ihre Priester" (214). Kee macht in diesem Kapitel auf besonders schmerzliche Konflikte innerhalb des katholischen Lagers aufmerksam: Deutsche Katholiken galten den Polen in Preußen nicht als Alliierte; die katholische Konfession wurde stark polnisch gefärbt. Weil aber laut Maigesetzen nur deutsche Priester in Preussisch-Polen arbeiten durften, kam es zu Spannungen zwischen den Hirten und ihrer überwiegend polnischen Herde.

Kapitel 5 widmet sich dem Vergleich der zwei kulturellen Nationalismen (227–258). Hier zeigt sich, wie gut die zwei Fallbeispiele für eine „Histoire Croisée" geeignet sind, da es ebenso viele Parallelen wie Kontraste gibt; diese beleuchtet die Untersuchung in gewinnbringender Weise. Die Verfasserin greift zur Frage der jeweiligen Symbole. Sie hätten viel über den Charakter der zwei Nationalismen zu sagen, aber die Arbeit bringt keine Abbildungen und die Verfasserin verläuft sich mit Reflexionen über den allgemeinen theoretischen Wert des Symbols (240–246); eine tiefer gehende Symbolanalyse kommt nicht vor. Vereinsschilder, -urkunden und -standarten werden leider von der Verfasserin nicht einmal beschrieben.

Die Arbeit schließt mit einem Rückblick auf die erarbeiteten Ergebnisse und deutet auf die unerwartete, aber thematisch genau zur Arbeit passende Tatsache, dass das „neue" (sich rasch säkularisierende) Irland um das Jahr 2000 eine Zuwanderung von Polen erlebt, die sich enger mit der katholischen Kirche identifizieren als zeitgenössische Iren (259–267).

In ihrem Quellenverzeichnis listet Kee Pamphlete und Nachlässe auf. Es ist nicht immer klar zu erkennen, in welchen Archiven sie liegen, jedenfalls kommen einige für die Arbeit wichtige aus den National Archives of Ireland und dem Geheimen Staatsarchiv Preußischer Kulturbesitz. Zu einem sehr großen Teil handelt es sich bei Kees Quellen um Zeitungsartikel aus mehr als 15 Zeitungen (269–289), die Auswahl beschränkt sich allerdings auf Stichproben aus vereinzelten Jahrgängen. Die Arbeit ist ein erfrischender Ansatz für neue kirchengeschichtliche Zugänge; vertiefte Quellenarbeit wird in der Zukunft noch tiefere Erkenntnisse ermöglichen.

Imre Koncsik, Rezension zu: Rut Björkman, Reinhard Mook, *Leben in der Erkenntnis. Rut Björkman im Dialog mit großen Philosophen*, Andechs 1997 [= Erk], Dingfelder Verlag, 190 S., ISBN 978-3-92625-394-1, 8,90€; Rut Björkman, Reinhard Mook, *Leben aus dem Ursprung. Rut Björkman im Dialog mit großen Mystikern*, Andechs 1997 [= Urs], Dingfelder Verlag, 151 S., ISBN 978-3-92625-393-4, 8,90€.

Eine bis dato unbekannte Frauenmystikerin ist Rut Björkman (1901–1988), die Tochter eines Baptisten und die spätere Gattin des Unternehmers Klaus Bahlsen. Sie erlebte mit 17 Jahren einen religiösen Durchbruch und widmete sich anschließend aus existenziellen Motiven heraus verstärkt dem Gedankengut von Rilke, Nietzsche, Kierkegaard u. a. Im Jahr 1923 bekam sie als Gesellschafterin der Prinzessin Chakuntala, Schwiegertochter des Maharadscha von Boroda, auch eine Verbindung zur fernöstlichen Kultur. Sie nahm 1925 am Ersten Ökumenischen Kongress in Stockholm teil, um für eine mystische Interpretation der Hl. Schrift einzutreten; Erzbischof Nathan Söderblom hat ihr schließlich empfohlen, ihrer „Vision" und Berufung zu folgen und verwies sie u.a. auf die tröstenden Worte der Psalmen. In Johannes Müller, der das Erholungsheim Schloss Elmau leitete, fand sie ihren Seelenführer.

Im Dezember 1925 zerbrach sie an ihrem Schuldgefühl, weil sie ihrer Berufung, von der Botschaft des Evangeliums zu verkünden, nicht hinreichend gefolgt war. Fortan widmete sie sich der Meditation als spirituelles Vehikel und schrieb ihre Gedanken, die sie beschäftigt hatten, tagtäglich nieder: Ca. 20.000 gedruckte Seiten dokumentieren ihr geistiges Leben. Sie sind nicht strikt wissenschaftlich formuliert, sondern entsprechen eher spirituellen Eingebungen und drücken sie auch nur rudimentär und redundant aus; sie sollen zu einem vertieften Bewusstsein des Menschen von seiner Zugehörigkeit zum Schöpfer führen. „*Die Wissenschaftsgläubigkeit treibt ihn (sc. den Menschen) immer mehr ab vom Bewusstsein um die in der Schöpfung manifestierte Kraft ... Durch den Herrschaftsanspruch der Wissenschaften wird der Mensch a-religiös, er entfernt sich von seiner Seele und wird fixiert in den oberflächlichen Bereichen seines Intellekts.*" (Erk 124)

Ihre Biografie macht die beiden Buchtitel mit dem Fokus auf „Erkenntnis" und „Ursprung" in Relation zum „Leben" verständlich, geht es doch einer Mystikerin nicht so sehr um sentimentale Gefühle oder subjektive Perzeptionen, sondern um Erkenntnis und Wissen, das mit einem gewissen Anspruch auf Objektivität und damit auf Verbindlichkeit auftritt. Dabei bleibt ihr Ansatz nicht bei einer Neuauflage antiker Gnosis als vermeintlichem Heilsweg stehen – im Unterschied dazu ist er auch nicht negativ-dialektisch konzipiert –, sondern versteht sich durchaus im Sinne der „Gottoslehre" Karlheinz Ruhstofers als eine „transzendentalen Weisung" der Bibel bezüglich der Geistesgeschichte: Rut Björkman kann als Propagatorin dieser „transzendentalen Weisung" auf dem Sektor mystischer Kontemplation des 20. Jahrhunderts gelesen werden. Damit geht Rut Björkmans Ansatz auch mit dem Impetus der Bibel konform, die primär nicht als Belehrung, sondern als Vermächtnis bzw. Testament verstanden sein will, dessen Inhalt der Sieg der Liebe und des Lebens über den geistigen Tod ist, der in der Auferstehung als physische Bestätigung einer existenziellen Befreiung aus den Fesseln von Sünde, Schuld und Tod kulminiert.

Rut Björkman konzentriert sich konsequenterweise auf das geistige Leben des Menschen, um es kraft seiner konstitutiven Interrelation mit dem Schöpfergott wieder zu reaktivieren. „*Der Mensch ist sein Bewusstsein. Was er in seinem Geist bewegt, bewegt jede Zelle seines Körpers.*" (Urs 114) Dabei fällt die relative Nüchternheit ihres Stils auf, der in klarer Abgrenzung etwa zu spiritistischen Erweckungsbewegungen zu lesen ist. Es wird de facto für die Transzendenz des Egos plädiert, das sich selbst verleugnen soll, um die Selbstmitteilung der göttlichen Kraft in sich selbst zuzulassen. Dieser Entdeckungsprozess des originären Lebensursprungs vollzieht sich dabei zuallererst gnoseologisch in Form einer meditativen Erkenntnis, um in einem zweiten Schritt daraus die Konsequenz der Tat resp. des alltäglichen Verhaltens zu ziehen. Es geht also nicht nur um Worte, sondern um durch Worte angeleitete Taten, die sich nicht auf das eigene Ego beziehen, sondern von Gott her als Wegweiser für andere Menschen fungieren. *„Gott kann gar nicht anders als nur ein Ereignis in der Begegnung mit uns und den Mitmenschen und der übrigen Schöpfung sein."* (Erk 163)

In den Worten und Taten wird letztlich das „hic et nunc" eines Lebens transzendiert, das sich von Gott als seinem Ursprung abgewandt hat und Ihn nicht mehr in und über dem eigenen Ich zu erkennen vermag. Dafür gebraucht Rut Björkman das „Gleichnis vom verlorenen Sohn" und seiner „Rückkehr zum Vater", die durch eine Angleichung des menschlichen Geschöpfes mit seinem Schöpfer vollendet wird. Der Zustand der Entfremdung wird etwa folgendermaßen beschrieben: *„Die Menschen streben in alle Richtungen, um das Vakuum ihres Lebens in der Sonderung von ihrer spirituellen Wirklichkeit zu füllen, um die Disharmonie zwischen innen und außen aufzuheben. Aufgaben, Pflichten, Interessen und sogenannte Hobbys lenken ab von der Leere des Lebens, abseits von der Wahrheit, welche die Schöpferkraft im Menschen ist."* (Erk 76)

Das Resultat scheint eine monistische und panentheistische Position zu sein, die Gefahr läuft, die Differenz zwischen Schöpfer und Geschöpf zu unterlaufen – es sei denn, dass die Eigenaktivität des Menschen, seine Autonomie gegenüber der heteronomen Aktivität Gottes zur Geltung kommt. Zwischen Gott und Mensch herrscht kein dialektischer Gegensatz, sondern ein dialogischer Gegenüber-Satz. Hier ist deutlich der Unterschied zum protestantischen Diktum zu erkennen, wonach Heilstaten und Aktionen Gottes bereits „extra nos" vollständig vollbracht sind, um in ihrer Intention „pro nobis" im Glauben lediglich passiv angenommen zu werden. Bei Rut Björkman hingegen hat sich der Mensch immerfort und aktiv um Weisheit zu bemühen, um wieder heil zu werden. Der Eigenanteil des Menschen geht nicht auf Kosten göttlicher Gnade, auch werden der Schöpfer und sein Geschöpf nicht dialektisch gegeneinander ausgespielt bzw. ineinander aufgehoben, sondern eher als Dialogpartner identifiziert, die aufeinander zugehen: Autonomie des Menschen und seine heteronome Bestimmung durch den Schöpfer wachsen proportional zu- und miteinander.

Die mystische gottmenschliche Begegnung wird vollendet im körperlichen Tod, sodass sich die Menschen stets auf dem Weg dahin befinden – das ist die Wurzel der Religiosität des Menschen. So kann sogar Nietzsches „Also sprach Zarathustra" integrativ gesehen werden, da auch er nach Rut Björkman auf dem Weg in das Reich der Mystik und somit der eigentlichen geistigen Wirklichkeit war, wenn er sie auch nie betreten konnte. „,Gott ist tot', ist die natürliche Folgerung der Lehre von dem außerweltlichen Gott." (Urs 40) Hingegen gilt: *„Die Unterordnung der ganzen Schöpfung unter das Wirken dieser Kraft führt zur Gotterfülltheit dieser Schöpfung."* (ebd.)

Mystische Vereinigungsbewegungen konzentrieren sich oft auf das Wirken der dritten trinitarischen Person des Hl. Geistes, so auch bei Rut Björkman. *„Es ist Seine Kraft und Weisheit, die in jeder Zelle unseres Körpers wir-*

ken, *Er ist das Wunderbare, das Unfassbare, das große Geheimnis, das uns lebt, das uns von einer Entfaltung zur anderen trägt."* (Urs 88) Dabei wird die Person des Vaters mit gesehen, insofern seine Schöpferkraft akzentuiert wird, sowie die Person des Sohnes, der letztlich den Vater und den Geist aneinander vermittelt und somit zum prophetischen Mittler wird. Der Vermittlungsakt setzt ein umfassendes Geborgensein des Menschen in Gott voraus, so sehr, dass die göttliche Transzendenz dem Menschen maximal immanent wird: Gott ist *„ein sich ständig an Seine Schöpfung Hingebender ... Gott ist wahrhaftig da, wo man ihn hereinlässt. Er ist das Nächstliegende schlechthin für einen jeden Menschen."* (Erk 36)

Daraus resultiert eine gewisse Inversion zwischen Theologie und Anthropologie – man fühlt sich an Karl Rahners umstrittene These erinnert, wonach die Christologie den Höchstfall der Anthropologie darstellt. Daraus folgt u. a. eine Betonung der relativen Identität des Menschen mit Gott, der das eigentliche „Selbst" des Menschen wie ein Urbild vorhält: *„Sobald wir dem engen Zentrum der Person entweichen, werden wir Gott, unser wahres Selbst, erkennen."* (Urs 101) Rut Björkmans Aussage dazu kann parallel zur Logik vom „wunderbaren Tausch" gelesen werden, wonach Menschliches durch Göttliches gnadenhaft substituiert wird.

Der Vereinigungsprozess mit dem Schöpfer wird jedoch durch eine Abkehr des Menschen von seinem Lebensursprung gekennzeichnet, was als Sünde markiert wird. Hier zeigt sich ein weiterer Unterschied zur protestantischen Auffassung einer sündenzentrierten Existenz: Bei Rut Björkman wird die persönliche Tatsünde nicht verabsolutiert, sodass auch hier keiner negativen Dialektik durch vermeintliche Verabsolutierungen – Gott als der allein Gerechte gegenüber der total korrupten Natur des Menschen – das Wort geredet wird. Die Sünde ist nach ihr eine einfache Abkehr des Menschen von Gott – in der katholischen Dogmatik kann das mit der Definition der Ursünde bzw. Ursprungssünde als „aversio sola" (Thomas von Aquin) assoziiert werden, sodass der Begriff der Sünde bei Rut Björkman faktisch mit dem „peccatum originale", also der Sünde des Menschen, die den göttlichen Ursprung betrifft, konvergiert.

Dass die (Ur-)Sünde nach evangelischem Verständnis im o. g. Sinn „extra nos" durch den Sühnetod Christi aufgehoben sei, führe nach Rut Björkman zu einem fehlenden Bewusstsein der Liebe Gottes und einer gewissen Trägheit hinsichtlich der Umsetzung der Nachfolge Christi. So hat Rut Björkman Aussagen Jesu über die Pharisäer auf die Kirchen bezogen, von denen sie sich immer mehr distanziert hat – ein Schicksal, das sie mit mystischen und spiritistischen Bewegungen spätestens seit manchen Armuts- und Erweckungsbewegungen des Hochmittelalters teilt. Rut Björkman hat bis zu ihrem Lebensende am eigenen Versagen zur innerlichen Umkehr sowie an der angeblich falschen Bibelauslegung der Kirchen gelitten, die die mystische Dimension der Hl. Schrift als frohe Botschaft von der Nähe Gottes verkannt hätten und sich nicht durch sie inspirieren ließen.

Reinhard Mook ist die gelungene Systematisierung einiger ihrer Aufzeichnungen zu verdanken, sodass beide Bände einen vertiefenden Einblick in das Ringen einer Frau bieten, die sowohl die Chancen als auch Risiken der Ernsthaftigkeit des existenziellen Anspruchs Gottes – des „mysterium tremendum et fascinosum" nach Rudolf Otto – zur Umkehr des Menschen immerfort gespürt und zwischen diesen gelebt hat.

**Bruno Hannöver OCist**, Rezension zu: JOHN GLASSIE, *Der letzte Mann, der alles wusste: Das Leben des exzentrischen Genies Athanasius Kircher*, Berlin 2014, Berlin Verlag, 352 S., ISBN 978-3-8270-1173-2, 24,90 €.

Was haben ein französischer Romancier des 19. Jahrhunderts und ein deutsch-römischer Jesuitenpater des 17. Jahrhunderts gemeinsam? Was verbindet sie? Wo befinden sich Anknüpfungspunkte und Kontaktstellen dieser doch so unterschiedlichen Personen zueinander? Die zwei genannten Personen sind: zum einen der bekannte Schriftsteller Jules Verne – jener futuristisch schreibende Franzose, dem wir Bücher wie „Zwanzigtausend Meilen unter dem Meer" und „In 80 Tagen um die Welt" verdanken. Die andere Person ist der Jesuit Athanasius Kircher – ein im Allgemeinen doch ziemlich unbekannter Mann heute.

Wer war dieser Athanasius Kircher, der von 1602 bis 1680 lebte? Eine Biografie über ihn stellt uns sein Leben, Wirken und seine Persönlichkeit vor. Und sie verrät uns auch, was ihn mit Jules Verne, aber auch mit anderen prominenten Menschen verschiedener Jahrhunderte verbindet! Der amerikanische Schriftsteller und Journalist John Glassie nimmt uns mit in die Zeit, in der Kircher lebte: Er erzählt in seinem kurzweilig geschriebenen Buch die abenteuerliche Geschichte dieses Mannes. Geboren wurde er im Jahre 1602 – in einer Zeit der konfessionellen Glaubensstreitigkeiten und sich anbahnender Glaubenskriege, einer Zeit religiöser Verwahrlosung, welche sich in besonderer Weise in dem sich ausbreitenden Hexenwahn mit seinen schrecklichen und grausamen Hexenprozessen zeigte – als Sohn eines Dorflehrers in Geisa in der Rhön, wo er auch seine Kindheit verbrachte. Schon in frühen Jahren trat er der relativ neuen Ordensgemeinschaft der Gesellschaft Jesu – den Jesuiten – bei und brachte es dort, aufgrund seiner überragenden Intelligenz, zuerst zum Mathematikprofessor in den deutschen Kollegien seines Ordens – in einer Zeit, in der in Deutschland der Dreißigjährige Krieg wütete. Später wurde „Pater Kircher" in Rom zu einem der bedeutendsten Gelehrten des Vatikan und schließlich zu einem der bekanntesten Wissenschaftler seiner Zeit.

Kircher verfasste dabei viele Schriften und Bücher zu allen möglichen – und auch unmöglichen – Themen seiner Zeit. Seine Neugier kannte dabei keine Grenzen: Er war Erfinder, Biologe, Ägyptologe, Mediziner, Astronom, Musikwissenschaftler, Archäologe, Geograph und Autor von über 40 umfangreichen wissenschaftlichen Werken. Auch vor abenteuerlichen Expeditionen schreckte er dabei nicht zurück: Zur Überprüfung seiner Vulkanismus-Theorie ließ er sich zum Beispiel in den Krater des Vesuv abseilen! Und in der Medizin war er einer der Ersten, der die Theorie aufstellte, dass sich Krankheiten wie zum Beispiel die Pest auf Mikroorganismen zurückführen lassen. Das von ihm eingerichtete „Museum" im Collegium Romanum in Rom – von den Zeitgenossen als „Kircherianum" bezeichnet – wurde eine barocke Wunderkammer, in der sich neben Kuriositäten (wie zum Beispiel der Schwanz einer Meerjungfrau, ein Stein des Turms von Babel und „sprechende Statuen") auch die Vorläufer eines Filmprojektors und ein »Perpetuum Mobile« befanden. In ganz Europa eine Koryphäe, verkehrte Kircher mit Päpsten und korrespondierte mit den großen Meistern des Barock. Seine unbezähmbare Neugier und sein Streben nach Ruhm ließen Kircher zur Verkörperung des Wissensstandes seiner Zeit werden und machten ihn, wie es die Stanford-Professorin Paula Findlen formuliert hat, zum „letzten Mann, der alles wusste".

Ob er das wirklich war? Auf jeden Fall gab Kircher auch zeitgenössischen und nachfolgenden Generationen von Wissenschaftlern, Künstlern und Literaten wie Leibniz, Mesmer, Edgar Allan Poe oder der spanisch-mexikanischen Nonne, Dichterin und Philosophin Sor Juana Inés de la Cruz vielfach entscheidende Inspirationen. So hat sich zum Beispiel Jules Vernes zu seinem berühmten Roman „Die Reise zum Mittelpunkt der Erde" von Büchern und Thesen Kirchers inspirieren lassen! Hoch unterhaltsam – und bisweilen anekdotisch – schafft Glassie es, vom kühnen Leben eines doch auch nur fehlbaren Genies zu erzählen. Denn auch bei all seinem Wissen war Kircher doch nur ein Mensch, der – auch das wird in der Biografie nicht verschwiegen – sich der Versuchung zur Eitelkeit nicht entziehen konnte!

War – so stellt sich der Autor Glassie am Ende des Buches die Frage – der Jesuitenpater nun doch ein großes Genie oder nur ein liebenswerter Spinner? Oder womöglich sogar beides? Schon einige seiner Zeitgenossen – Vorboten der Aufklärung – stellten sich diese Frage und gingen bisweilen scharf und bissig gegen den Pater und die von ihm vertretenen Thesen vor. So begann schon zu Lebzeiten Kirchers sein Stern zu sinken: Das Leben des einst geehrten und gefeierten Athanasius Kircher wurde zur Tragödie – auch wenn der Pater am Ende seines Lebens gar zu einer lebenden Legende wurde. Das von ihm eingerichtete Museum wurde noch zu seinen Lebzeiten in eine Rumpelkammer verbannt! Nachfolgenden Generationen waren die „Universalgelehrten" des Barock – und unter diesen vor allem Kircher – dann so suspekt bzw. peinlich, dass man sich mit ihnen erst gar nicht mehr befassen wollte. Glassie geht mit Kircher aber milde um, wenn er gerade in seinem letzten Kapitel darlegt, dass auch unser heutiges Wissen größtenteils, ja zum überwiegenden Teil doch auch nur auf Hypothesen beruht:

*„Gegen Ende des zwanzigsten Jahrhunderts ist man in der Astronomie und Kosmologie zu einem erstaunlichen Schluss gekommen: Lediglich vier Prozent des Universums bestehen aus Dingen, die wir begreifen. [...] In diesem Sinne sind viele von Kirchers irrigen Annahmen also nur aus heutiger Sicht als Irrtum zu bezeichnen. Umgekehrt ist anzunehmen, dass sich zumindest einige unserer größten Gewissheiten in drei- oder vierhundert Jahren als lachhaft offensichtliche Irrtümer entpuppen werden. Auf jeden Fall ist klar, dass die moderne Perspektive einfach nicht ausreicht, um Kircher und seine unglaublichen Unternehmungen zu beurteilen. Für vieles verdient er Anerkennung, zum Beispiel für sein Bemühen, alles zu erfahren und alles, was er wusste, mitzuteilen. Er hat tausenderlei Fragen*

*an die ihn umgebende Welt gestellt und viele seiner Zeitgenossen dazu angeregt, seine Antworten zu hinterfragen. Er hat viele Geister angeregt, verwirrt und unfreiwillig amüsiert, und er war eine Quelle vieler Ideen – richtig, falsch, halb richtig, halbgar, lächerlich, wunderschön und allumfassend" (298, 302).*

**Larry Hogan, Rezension zu: Tullio Di Fiore, Massoneria e chiesa cattolica – dall'incompatibilità alle condizioni per un confronto, Palermo 2013, Dario Flaccovio Verlag, 235 S., ISBN 978-88-7758-965-1, 20 €.**

Freimaurer? Unter diesem Suchbegriff bietet amazon.de 75 Seiten von Büchern an. Jede Seite hat zwischen 10 und 15 Einträge, unter ihnen das Buch, das ich dabei bin, zu rezensieren: *Massoneria e chiesa cattolica* (Freimaurerei und die katholische Kirche) von dem sizilianischen Theologen und Sektenexperten Tullio Di Fiore. Der Untertitel ist der Schlüssel zu den im Buch behandelten Themen: *„dall'incompatibilità alle condizioni per un confronto"* (von der Unverträglichkeit zu den Voraussetzungen für einen Gedankenaustausch). Im Gegensatz zu vielen Büchern über das Thema der Freimaurerei sucht der Autor weder Skandale unter den Freimaurern noch in der Kirche aufzudecken. Der Autor behandelt Freimaurer in einer respektvollen Art und Weise. Er gibt uns auch keine Liste von Bischöfen, die Freimaurer wären oder seien. *Massoneria e chiesa cattolica* ist tatsächlich ein ernstzunehmendes Werk, ein Buch, geschrieben mit Liebe zum Detail. Nach einem Überblick der Gründung der modernen Freimaurerei am 24. Juni 1717 in London, zusammen mit ihrer Präsentation der Verfassung am 17. Jänner 1723, die größtenteils von dem presbyterianischen Pastor James Anderson geschrieben worden ist, zeigt Di Fiore die Reaktion des Lehramts der katholischen Kirche, beginnend mit der Enzyklika *In Eminenti* von Papst Clemens XII. am 28. April 1738 und endend mit der Abrogation (Außerkraftsetzung) der Exkommunikation *latae sententiae* (automatisch, vom Zeitpunkt der Handlung) im neuen Codex des Kanonischen Rechtes (1983). Das Verbot der Mitgliedschaft in der Freimaurerei in *Eminenti* wurde durch viele Päpste bestätigt: Benedikt XIV. (1751), Pius VII. (1821), Leo XII. (1826), Pius VIII. (1829), Gregor XVI. (1832), Pius IX. (1846, 1864, 1865, 1869, 1873) und durch Leo XIII., der das Thema sehr ausführlich in seiner Enzyklika *Humanum genus* (1884) behandelt hat. Trotz der vielen kritischen Anfragen von Bischöfen und einigen Bischofskonferenzen an das Heilige Offizium, das im Jahre 1956 in Glaubenskongregation umbenannt wurde, war die Position der Kirche immer konsequent. Diese Position wurde in der Erklärung über Freimaurerei (26. November 1983) vom damaligen Präfekten der Glaubenskongregation, Kardinal Joseph Ratzinger, veröffentlicht und durch Papst Johannes Paul II. bestätigt. „Das negative Urteil der Kirche über die freimaurerischen Vereinigungen bleibt also unverändert, weil ihre Prinzipien immer als unvereinbar mit der Lehre der Kirche betrachtet wurden und deshalb der Beitritt zu ihnen verboten bleibt. Die Gläubigen, die freimaurerischen Vereinigungen angehören, befinden sich also im Stand der schweren Sünde und können nicht die heilige Kommunion empfangen. Autoritäten der Ortskirche steht es nicht zu, sich über das Wesen freimaurerischer

Vereinigungen in einem Urteil zu äußern, das das oben Bestimmte außer Kraft setzt ..."

Das Wissen, dass die Mitgliedschaft in der katholischen Kirche und in freimaurerischen Vereinigungen nicht kompatibel ist, reicht aber nicht. Wichtig ist, das Warum zu verstehen. In Kapitel 3 gibt uns der Autor die Elemente der Unvereinbarkeit (elementi di incompatibilità). Dazu gehören das Konzept eines persönlichen Gottes versus einer unpersönlichen Gottheit, dualistische Gnosis, Esoterik und philosophischer Relativismus. Im folgenden Kapitel verdeutlicht der Verfasser diese Elemente in seiner ausführlichen Beschreibung der ersten drei Grade der Freimaurer einschließlich der architektonischen Anordnung der Freimaurerhalle, für die er Zeichnungen bietet. Das letzte Kapitel des Buches behandelt die Versuche des Dialogs, einen Bereich, in dem der Autor persönliche Erfahrungen hat. Diese Versuche haben vor dem Zweiten Vatikanischen Konzil angefangen. Di Fiore erwähnt z. B. das Treffen 1938 in Bad Hofgastein zwischen dem Wiener Kardinal Innitzer und dem späteren Großmeister Bernhard Scheichelbauer. Nach dem Krieg – und besonders während und nach dem Konzil – haben sich einige Kardinäle in Europa und in den Vereinigten Staaten um eine Art Versöhnung und/oder Dialog mit der Freimaurerei bemüht. Erwähnt sind unter anderem die Erklärungen der Skandinavischen Bischofskonferenz, der Bischofskonferenz von England und Wales, die Erklärung von Würzburg (1980) und die Erklärung von Lichtenau (1968), die Erklärung einer Kommission, eingerichtet vom Wiener Kardinal König, die teilweise das Ergebnis des langen Dialogs zwischen ihm und dem österreichischen Großmeister K. Baresch war. Allerdings ist anzumerken, dass der Kardinal seltsamerweise die Erklärung nie unterschrieben hat. Dennoch: All diese Bemühungen und Erklärungen konnten den Heiligen Stuhl nicht davon überzeugen, dass die gleichzeitige Mitgliedschaft in der Kirche und in der Freimaurerei möglich sei. Die Gründe für diese unveränderte Position wiederholt und erweitert Di Fiore in diesem seinem letzten Kapitel. Er kommt zu dem Schluss, dass ein Dialog mit Freimaurern, die nicht antiklerikal sind, in der Tat möglich und wünschenswert ist. Eine Annäherung der beiden Welt- und Menschenbilder ist aber sowohl unrealistisch als auch unmöglich. Dieses Buch sollte uns zu denken geben.

Josef Zemanek, Rezension zu: STEFAN SCHREIBER, THOMAS SCHUMACHER (Hg.), *Antijudaismen in der Exegese? Eine Diskussion 50 Jahre nach „Nostra Aetate"*, Freiburg i. Br. 2015, Verlag Herder, ISBN 978-3-451-31566-4, 28 €.

Anders als der Titel erwarten lässt, beginnt das Buch mit einer detaillierten Darstellung des Dokumentes *Nostra Aetate* des Zweiten Vatikanischen Konzils. Nach einer subtilen Schilderung der schwierigen Genese dieser Erklärung, an der viele Bibelwissenschaftler entscheidend beteiligt waren, wird der Text inhaltlich erläutert, mit dem Schwerpunkt auf Art. 4 über das Verhältnis der Katholischen Kirche zum Judentum. Anschließend werden umfassend und kritisch die – in Konsequenz des vom Konzil nachdrücklich geforderten Umdenkens der Sicht des Judentums – tatsächlich vollzogenen Maßnahmen vorgestellt, sowohl des

Vatikans als auch regionaler Bischofskonferenzen. Alle Päpste der nachkonziliaren Zeit haben sich persönlich für das Anliegen engagiert eigesetzt, wie ausführlich dargestellt wird. Vieles ist geschehen, aber noch viel mehr bleibt als dringende Aufgabe für die Zukunft. So könnte das Dokument auch als „hermeneutischer Angelpunkt" zum angemessenen Verständnis aller Konzilsdokumente dienen. Etwas unkritisch wird wohl die Einbettung des Themas in den Dialog auch mit allen anderen Religionen – mit vielen Verweisen vor allem auf neutestamentliche Schriftstellen – gesehen, eine nicht auszuschließende Relativierung wird zu gering gewertet. Erst danach finden sich tatsächlich exegetische Analysen: Äußerst subtil wird anhand des Propheten Ezechiel erwiesen, dass der Gottesbund Israels unabänderlich und ungekündigt verstanden werden muss, weshalb jede Substitutionshypothese des Christentums anstelle des Judentums keine biblische Grundlage behaupten kann. Auch das Gericht bei Jesaja ist als Zäsur zu erneuertem Heil zu verstehen, keineswegs als Drohung der Auflösung des Bundes. Auch eine textgetreue Lesung des Schlusskapitels der Apostelgeschichte lässt eine ähnliche Sicht der Kritik an Israel als zumindest wahrscheinlich erscheinen. Erst recht kann der Römerbrief, Kap. 9–11, keineswegs als Ersatz des Verhältnisses Gottes zu Israel durch das Christentum verstanden werden. Das Buch endet mit einem eindringlichen Appell an die Exegese, den Forderungen von *Nostra Aetate* bei allen Textanalysen in Inhalt und Form konzentriert zu entsprechen.

Das Buch ist ein sehr dankenswerter und dringend notwendiger Aufruf aus Anlass des 50-jährigen Gedenkens an den Beschluss des Konzilsdokumentes, den noch weit verbreiteten, wenn auch teilweise nur mehr latenten Antijudaismus im kirchlichen Alltag nachdrücklich – durch eine positive Sicht des unverändert durch den ungekündigten Bund an Gott gebundenen auserwählten Volkes – zu ersetzen und zu überbieten. Allzu viele unkritisch übernommene Gewohnheiten entsprechen den Forderungen des Dokumentes noch lange nicht, keineswegs zuletzt in der praktischen Exegese, sei es absichtlich gewollt, sei es aus unkritischer Sicht. Sehr erhellend ist die sehr differenzierte Unterscheidung der diversen Formen und Motive des Antijudaismus generell. Insoweit ist das Buch ein wichtiger und dankbar anzunehmender Impuls.

Allerdings hätte man sich, nicht zuletzt so lange nach der Edierung des Dokumentes, mehr und konkretere methodische Hinweise und Anregungen erwartet, wie diese Forderungen praktisch auf dem Niveau zeitadäquater Bibelexegese als Basis für eine konsequente Pastoral umzusetzen sind. Die Einbettung der Jesuspredigt und der Schriften vor allem des Neuen Testaments in das zwischentestamentliche Judentum wird zwar unmissverständlich festgehalten, Wege für eine entsprechende Textanalyse vermisst man allerdings. Es finden sich auch nicht einmal Ansätze, welche entscheidende konstruktive Position einer angemessenen Christologie zukommen könnte bzw. müsste. Negative Kritik an kirchlichem Antijudaismus ist zwar sinnvoll und (leider) berechtigt, doch würde man sich deutlich stärkere Ansätze einer positiven Sicht der Theologie und Religionspraxis des Ersten Testaments wünschen. Diese theologisch-spirituelle Sicht vermisst man auch bei der praktischen Gleichsetzung des theologischen Verhältnisses zum Judentum als Religion und der politischen Sicht der Anerkennung des Staates Israel als völkerrechtliches Subjekt, auch orthodoxe Juden denken hier bezeichnenderweise deutlich differenzierter. Diese Kritik will daher eine Motivation sein, der zentralen Intention des Buches mit Nachdruck zu folgen.

**Karl Josef Wallner OCist, Rezension zu: Isidor Scheftelowitz,** *Das stellvertretende Huhnopfer. Mit besonderer Berücksichtigung des jüdischen Volksglaubens,* **Gießen 1914, Verlag von Alfred Töpelmann (Nachdruck: De Gruyter 2016), 66 S., ISBN 978-3-11-137303-4, 99,95 €.**

Über hundert Jahre nach Erscheinen gibt der De Gruyter-Verlag die religionsgeschichtliche Dissertation des deutschen Rabbiners und Volkskundlers Isidor Isaak Scheftelowitz (1875–1934) als Nachdruck heraus. In der nur 66 Seiten schmalen Studie arbeitet Scheftelowitz die merkwürdige Symbolik des Huhnopfers auf, die sich bis heute im jüdischen Brauch der „*Kapparot*" erhalten hat. Durch die Auslöschung des Judentums in Europa ist dieser volkstümliche Jom Kippur-Ritus völlig aus dem Blick geraten. Es handelt sich bei den Kapparot um einen volkstümlichen Ersatzritus für das reiche Brauchtum des Jom Kippur, das dem Judentum nach der Zerstörung des Tempels im Jahre 70 unmöglich geworden ist. Gemäß Levitikus 16 besprengte der Hohepriester am Versöhnungstag die goldene Sühneplatte im Allerheiligsten des Tempels mit dem Blut einer Kuh, um das Volk zu entsühnen und den Bund wiederherzustellen, und schickte den Sündenbock in die Wüste. Dieser Ritus steht nach Römerbrief 3,25, wo Paulus Christus als die von Gott aufgestellte „Sühneplatte" (hebräisch „*kapporeth*", griechisch „*hilasterion*") bezeichnet, im Hintergrund der Deutung des Kreuzestodes Christi als Rechtfertigungsereignis.

Der jiddische Name „*Kapparot*" oder „*Kappores*" (hebräisch „*kpr*" heißt „sühnen") für das Huhnopfer erinnert an die Herkunft. Bei der Zeremonie der Kapparot lassen orthodoxe Juden am Jom Kippur lebende weiße Hähne drei Mal über ihrem Kopf kreisen, Frauen verwenden dazu weiße Hennen. Zuvor werden die Sünden mittels Handauflegung – ganz so wie man es mit den Sündenböcken und -lämmern am Jom Kippur getan hatte – auf das Huhn übertragen, das zum „Sühnehuhn" wird: „Durch das Auflegen der Hand auf den Kopf des Huhnes wird aller Unheilstoff des Menschen auf das Tier übergeleitet" (36). Daraufhin wird das Huhn geschlachtet, die Eingeweide werden auf den Hof geworfen, um von den Tieren gefressen zu werden. Das getötete Huhn selbst – oder dessen Geldwert – wird an Arme gespendet. Bis zum heutigen Tag wird der Brauch der *Kappores* von orthodoxen Juden vollzogen. Man kann sagen, dass an die Stelle des biblischen Sündenbockes das brauchtümliche „Sühnehuhn" getreten ist. Scheftelowitz geht in seiner Untersuchung den heidnischen, abergläubischen Einflüssen auf die Entwicklung dieses Jom Kippur-Brauches nach und findet erstaunlich viele Formen von Huhnopfern und ritualisierten Hühnerschlachtungen in anderen Kulturen. Die Beliebtheit des Huhnes als Opfertier rührt daher, dass es sich um ein „billiges" Tier handelt, dessen Schlachtung zudem ohne große

Skrupel vollzogen werden kann, da es von seiner Physiognomie keine allzu großen Sympathien beim Menschen auslöst, wie das etwa bei einem Lämmlein oder Böcklein der Fall ist. Daher hat die Schlachtung eines Huhnes in vielen abergläubischen Bräuchen nicht nur die apotropäische Bedeutung, dass Dämonen und böse Geister verscheucht werden sollen. Mancherorts gilt das Huhn selbst als dämonisches Tier. Hier wird dann die biblische Analogie verlassen und Abergläubisches dominiert, denn beim biblischen Tieropfer ging es ausdrücklich darum, dass menschliche Schuld auf ein unschuldiges Sühnetier übertragen wurde.

Die Studie von 1914, die auch in *https://archive.org* online zugänglich ist, ist auch nach einem Jahrhundert immer noch originell, zumal es zu diesem Thema – zumindest im deutschen Sprachraum – keine vertiefenden Untersuchungen gibt. Die grundsätzlichen Überlegungen Scheftelowitz', wie es denn überhaupt denkbar sei, dass der Mensch durch ein Opfertier in seiner religiösen Dimension „vertreten" werden kann, führen zu den für das Judentum und Christentum so zentralen Begriffen von „Stellvertretung" und „Sühne" durch „Opfer". Auch wenn sich viel Abergläubisches in den volkstümlichen jüdischen Brauch der *Kappores* eingeschlichen hat, so zeigt das stellvertretende „Sühnehuhn" doch das Grundbedürfnis des Menschen, seine Entschuldigung vor Gott und die Vertreibung des Dämonischen durch tierische Blutopfer auszudrücken.

**Wolfgang Klausnitzer**, Rezension zu: Hamed Abdel-Samad, *Mohamed. Eine Abrechnung*, München 2015, Droemer, 240 S., ISBN 978-3-426-27640-2, 19,99 €.

Eine Leben-Muhammad-(bzw. Mohammed- bzw. in der Transkription des anzuzeigenden Buches Mohamed-) Forschung zeichnet sich schon in der Aufklärung ab (Henri de Boulainvilliers, La vie de Mahomed, London 1730), nimmt aber eigentlich erst mit der Entstehung der Orientalistik im 19. Jahrhundert eine wissenschaftliche Gestalt an. Abdel-Samad nennt ausdrücklich Ignaz Goldziher, Leone Caetani, Régis Blachère, Michael Cook, Patricia Crone, Christoph Luxenberg und Tilman Nagel. Mit der Ausnahme von Nagel sind die genannten Autoren eher kritisch gegenüber den islamischen Quellen einer Biografie Muhammads eingestellt. Das Buch nennt sich eine „Abrechnung". Abdel-Samad, Autor der Bücher „Mein Abschied vom Himmel" (eine Autobiografie, 2009), „Der Untergang der islamischen Welt" (2010) und „Der islamische Faschismus" (2014), dessen „Wandel vom Fundamentalisten zum Islamkritiker" im Klappentext der Muhammad-Studie angesprochen wird, stellt den Menschen Muhammad als normativen Maßstab für den Islam, damit aber auch den Koran und die traditionelle islamische Auslegungstradition, unter Generalverdacht. Einige von ihm behandelte Themen sind Allgemeingut der Muhammad-Forschung, etwa die Unterschiede zwischen den Suren, die in Mekka (und eventuell in der Frühzeit in Medina) entstanden sind, und den (späteren) Suren aus Medina (13.15.94.179–183), die Frage nach möglichen (jüdischen oder christlichen) literarischen Quellen des Koran (13.162–

169) und das ambivalente und tragische Verhältnis des arabischen Propheten zu den Juden (185–196).

Hilfreich ist die Mahnung an Islamkritiker wie -verteidiger, Korantexte nicht isoliert, sondern immer aus dem Kontext der jeweiligen Sure zu zitieren. So sei das beliebte Zitat aus Sure 5,32 („Wenn jemand einen Menschen tötet ..., soll es so sein, als hätte er die ganze Menschheit getötet"), wie der Kontext zeige, zunächst die Wiedergabe eines Gebotes Gottes an die Juden (Sure 5,32: „Wir haben den Kindern Israels vorgeschrieben ..."), das dann im Blick auf die Widersacher Muhammads abrogiert werde (Sure 5,33) (182). Ausführlich psychologisiert der Verfasser über Muhammads Probleme mit Frauen (107–149), die Entstehung der Korantexte als Antwort auf seine Persönlichkeitsstruktur (159–161) und eine Krankheit (Epilepsie), die massive Auswirkungen (Hypergraphie, Narzissmus, Zwangsstörung, Paranoia, Kritikunfähigkeit) gehabt habe (197–219). Eher problematisch sind die Aktualisierungen, die einen Bogen zur Gegenwart schlagen und die Aktionen Muhammads (vor allem in Medina) in Parallele setzen zu Taten des IS (z. B. 90–92.145.193) und der Mafia (97–100.105) oder gar Vergleiche ziehen („in kleinerem Maßstab": 193) mit dem Holocaust (193–197) und mit Hitler und Stalin (207). Man muss kein sich in einer Form von „dhimmitude" (Bat Ye'or, Der Niedergang des orientalischen Christentums unter dem Islam, Gräfelfing 2002), d. h. in einer sich den Muslimen anbiedernden Ausdrucksweise, zufriedengebender Christ sein, um zu konstatieren, dass spätestens hier die Polemik einen Ausdruck findet, der geradezu an die Ausfälle von Richard Dawkins gegen jede Gestalt des Monotheismus erinnert und auch eine religiöse Grenze überschreitet. Das ist bedauerlich angesichts mancher erhellenden Bemerkung des Verfassers zur Biografie Muhammads.

Hanna-Barbara Gerl-Falkovitz, Rezension zu: Navid Kermani, *Ungläubiges Staunen. Über das Christentum*, München 2015, Verlag C. H. Beck, 303 S., ISBN 978-3-406-68337-4, 24,95 €.

Kermanis Buch liegt mittlerweile in der 6. Auflage binnen eines Jahres vor, und das mit Recht. Das liegt nicht allein an seiner großartigen Friedenspreisrede vom Oktober 2015, worin er am Ende – für politische Korrektheit skandalös – zum gemeinsamen Gebet für die verfolgten Christen des Vorderen Orients aufforderte; es liegt auch nicht an der bibliophil-bilderreichen Ausstattung, es liegt am Inhalt. Selten konnte man in den letzten Jahren derart Gescheites, sprachlich Geschliffenes nicht zu Randglossen, sondern zu wesentlichen Aussagen des christlichen Glaubens lesen, und das aus dem Munde eines schiitisch-iranischen Muslims: Erlösung, Opfer, Liebe, Auferstehung, Berufung, Kirche, Freundschaft ... Unterteilt ist das Buch in die drei großen Themenkreise: Mutter und Sohn (biblische Bezüge), Zeugnis (im Blick auf Heilige und den persönlichen Freund Paolo dall'Oglio SJ) und Anrufung (Gebet, Kirche, ...).

Die Gedanken sind nicht spekulativ, sondern steigen „überprüfbar", sichtbar aus Bildern auf, und zwar großenteils ungewohnten Darstellungen aus dem europäischen Gemälde- und Skulpturenschatz. Noch dazu sind es fast ausschließlich religiöse Bilder, die meisten davon mit Christus, viele mit dem Kreuz, viele mit Maria beschäftigt, „eigentlich" dem frommen Auge vertraut und daher schnell „eingescannt". Aber der im überwiegend protestantischen Siegen 1967 geborene Muslim, der die deutsche Sprache in ihren feinen Brechungen beherrscht, Hölderlin und Jean Paul liebt, sieht mit fragenden, zweifelnden, aufmerksamen oder hingerissenen Augen, und aus der gewohnten Pietà wird ein fassungsloses junges Mädchen; aus dem Gekreuzigten wird das Inbild antwortlosen Schmerzes; aus dem Auferstandenen der noch von der nachzitternden Folterung gezeichnete Hohe und Reine. Und es wundert nicht, dass Jesus mit Worten der Sufis zum „König der Schönheit" wird, mit dem Koran zum einzigen, unvergleichlichen „Wort Gottes", mit Versen orientalischer Mystik zum Geliebten.

Freilich ist vieles davon subjektiv, teils auch floppig-umgangssprachlich formuliert, in manchen Bilddeutungen (zu) sexualfixiert. So scheinen die Kapitel über Ursula II und (ausgerechnet) Bernhard von Clairvaux sich mit der Bildaussage nur gezwungen zu decken. Dass Mystik sich in Sprache und Bildwelt der Liebe abspielt, ist klar; aber dass mystische Erotik einfachhin in Sexualsprache übersetzt wird, wirkt mindestens einmal unangenehm. Auch gibt es Merkwürdiges aufgrund der Benutzung unkanonisch-legendärer Überlieferungen, so des Thomas-Evangeliums. Anfänglich nur hingerissen, wird man im Mittelteil doch hin- und hergerissen. Allerdings versöhnt der dritte Teil wieder gänzlich.

Jedenfalls überwiegend fällt der ehrfürchtige Ton auf, das ungläubige Staunen vor dem unerschöpften Reichtum des christlichen Ozeans, die Bewunderung eines denkenden Menschen angesichts der aufgehäuften Schätze katholischer Bildfreude und gedanklicher Überlieferung. Sofern Religionen heute lieber egalisiert werden (was Kermani im Vorbeigehen abtut), leuchtet hier Einzigartiges auf. „Wenn ich etwas am Christentum bewundere, oder vielleicht sollte ich sagen: an den Christen, deren Glaube mich mehr als nur überzeugte, nämlich bezwang, aller Einwände beraubte, wenn ich nur einen Aspekt, eine Eigenschaft zum Vorbild nehme, zur Leitschnur auch für mich, dann ist es nicht etwa die geliebte Kunst, nicht die Zivilisation mitsamt der Musik und Architektur, nicht dieser oder jener Ritus, so reich er auch sein mag. Es ist die spezifisch christliche Liebe, insofern sie sich nicht nur auf den Nächsten bezieht. In anderen Religionen wird ebenfalls geliebt, es wird zur Barmherzigkeit, zur Nachsicht, zur Mildtätigkeit angehalten. Aber die Liebe, die ich bei vielen Christen und am häufigsten bei jenen wahrnehme, die ihr Leben Christus verschrieben haben, den Mönchen und Nonnen, geht über das Maß hinaus, auf das ein Mensch auch ohne Gott kommen könnte. Ihre Liebe macht keinen Unterschied" (169). So kann Kermani mehrfach von „meinem eigenen Christentum" sprechen, und es wird im genauen Hinsehen erstaunlich neu und unabgegriffen konturiert – eine unerwartete Evangelisation des Abendlandes aus östlichem Munde.

Josef Zemanek, Rezension zu: WOLFGANG ZWICKEL, *Die Welt des Alten und des Neuen Testaments. Ein Sach- und Arbeitsbuch*, Stuttgart 1997, Calwer Verlag, 272 S., ISBN 978-3-7668-3412-6, 19,90 €.

Das Buch ist eine sehr kompakte Sammlung der wichtigsten archäologischen, historischen und geographischen Zeugnisse zur Umwelt der Bibel des Alten und Neuen Testaments, letztlich als Einheit verstanden. Nach einer Übersicht über die Kerndaten der geschichtlichen Entwicklung (bis zur Besetzung durch die Römer im Jahre 63 v. Chr.) werden die Geologie und die Geographie des Landes dargestellt. Anschließend wird anhand archäologischer Funde aus Israel selbst und seiner Umwelt (Ägypten bis Mesopotamien) das Alltagsleben geschildert: Hausleben, Kleidung, Schmuck, Amulette, Grabstellen, Arbeitsleben sowie Kult. Der sehr umfangreiche Verweis auf einschlägige Bibelstellen – lediglich das Buch der Psalmen wird überraschenderweise sehr selten berücksichtigt – motiviert zur Integration in die Bibellektüre, wodurch diese Informationen auf der literarischen Ebene in das praktische Leben umgesetzt werden. Als Anhang werden das historische Jerusalem und der See Genezareth vorgestellt. Eine sehr kompakte und selektive Auswahl von graphisch vereinfachtem Bildmaterial, das wieder vor Ort detailliert analysiert wird, dient der Veranschaulichung. Jedes Kapitel enthält einen Anhang, der Anregungen für kritisches Hinterfragen des eigenen Verständnisses enthält, sowie eine Anleitung zur möglichen pädagogischen Didaktik im Schulunterricht.

Ziel des Buches ist nicht die umfassende Information vor allem über Forschungsergebnisse des neuesten Standes, sondern die Verlebendigung der Bibelstellen. Das Bildmaterial entspricht daher dem bekannten Standard, die ansprechende Auswahl ermöglicht aber konzentriertes Arbeiten und erspart dem Leser die mühevolle eigene Selektion des Materials. Von einer umfassenden Darstellung kann daher nicht die Rede sein, für die praktische Katechetik ist die Hilfestellung jedoch sehr nützlich. Auch Studierenden der Bibelwissenschaft kann das Buch sehr empfohlen werden, da es den Einstieg in ein lebensnahes Verständnis der biblischen Offenbarung sehr erleichtert. Weiteres Forschen wird durch die umfangreichen und präzisen Literaturangaben geradezu nahegelegt. Allerdings könnte man sich eine angemessene Berücksichtigung auch der theologischen Dimensionen dieses Forschungsgebietes und eine Verbindung mit den Aussagen der Bibel wünschen, um ein verkürzendes Verständnis als bloß kulturhistorisches Zeugnis mit Sicherheit zu vermeiden, was wohl auch nicht intendiert ist.

Immo Bernhard Eberl, Rezension zu: KARL-HEINZ BRAUN, MATHIAS HERWEG, HANS W. HUBERT, JOACHIM SCHNEIDER UND THOMAS ZOTZ (Hg.), *Das Konstanzer Konzil. Essays, 1414–1418. Weltereignis des Mittelalters*, Darmstadt 2013, Wissenschaftliche Buchgesellschaft/Theiss Verlag, 248 S., ISBN 978-3-8062-2849-6, 39,95 €; *Das Konstanzer Konzil. Katalog*, hg. vom Badischen Landesmuseum, Darmstadt 2014, Wissenschaftliche Buchgesellschaft/Theiss Verlag, 392 S., ISBN 978-3-8062-0001-0, 39,95 €.

Das Konstanzer Konzil wurde durch eine Landesausstellung im Badischen Landesmuseum Karlsruhe von April bis September 2014 visualisiert. Der dazu erschienene Essay-Band mit Katalog stellt den bleibenden Ertrag dieser Ausstellung dar. Der Katalog umfasst 270 Exponatnummern in fünf Abteilungen. Ausgehend von der 80 Nummern umfassenden ersten Abteilung „Um 1400 – Der Horizont weitet sich", die die Welt um 1400 in ihrer politischen Konstellation zeigt, gelangt der Katalog aber sehr rasch zur Kunst und Architektur: von der allgemeinen Kunst über spezielle Formen in Böhmen, Ungarn, am Bodensee und Paris zur Textil- und Stoffkunst samt Wandteppichen. Die fast ebenso umfangreiche nächste Abteilung (Nr. 81–162) „Stadt und Region – Gipfeltreffen in Konstanz" zeigt in zahlreichen Kleinstudien, ergänzt durch aussagekräftige Exponate, das Geschehen in und um Konstanz in der Konzilszeit, wobei von der hohen Politik bis zum umlaufenden Geld oder vergessenen Konzilsteilnehmern berichtet wurde. Die Abteilung „Das Konstanzer Konzil" (Nr. 163–195) zeigt „Um was es ging". Hier wird die kirchengeschichtliche Problematik mit der Verurteilung von Jan Hus und dem Ende des Großen Schismas visualisiert. Die nächste Abteilung (Nr. 196–224) zeigt den Lauf der Ereignisse. Die zahlreichen Einzelereignisse der vier Konzilsjahre werden hier in ihrer Fülle sichtbar. In der letzten Abteilung (Nr. 225–270) werden Ausklang und Perspektive des Konzils in politischer, geistlicher und – erneut sehr umfangreich – kunsthistorischer Perspektive deutlich, die mit „Ecce Constancie" in der Rezeption des Konzils endet.

Es ist bedauerlich, dass der sich in der Statue der „Imperia" von Peter Lenk zeigende Auftrieb von den angeblich 800 Prostituierten und deren wiederholte Erwähnung schon im Vorwort eine Bedeutung gewinnt, die die das Große Schisma beendende große Leistung des Konzils fast in die zweite Reihe treten lässt. Aber Prostitution ist eben interessanter als Glaube! Das umfassende Literaturverzeichnis versöhnt den wissenschaftlichen Benutzer des Katalogs. Auch der Essay-Band umfasst fünf Kapitel. Ausgehend von der Überlieferung, Organisation und dem Ablauf des Konzils werden dessen Protagonisten und wichtigste Konzilsteilnehmer vorgestellt, wobei es wundert, dass nur die böhmische, ungarische und später auch die polnische Delegation unter eigenen Überschriften vorgestellt werden. Die europäische Bedeutung des Konzils hätte hier deutlich vertieft werden müssen. Im dritten Kapitel werden die Verhandlungsinhalte und Beschlüsse des Konzils dargestellt, wobei Jan Hus und die Überwindung des Großen Schismas der Kirche im Vordergrund stehen. Stadt und Region Konstanz werden in einem eigenen Kapitel eingehend in den verschiedensten Facetten vorgestellt, während das fünfte Kapitel in insgesamt neun Beiträgen Kunst und Architektur der Zeit zeigt. Es wird dabei deutlich, was das Zeitalter des Konzils auf diesen Gebieten geschaffen hat. Der Zusammenhang mit dem Konzilsgeschehen – außer durch das gemeinsame Zeitalter – wird dem Leser dabei nicht in hohem Maße deutlich.

Auch der Essay-Band schließt mit einem umfassenden Quellen- und Literaturverzeichnis, was verdeutlicht, dass bei aller Ähnlichkeiten zwischen den beiden Teilbänden des Werkes dieselben jeweils eine Eigenständigkeit besitzen. Das Gesamtwerk beweist erneut, dass die Monumentalschau der Großausstellung der Forschung – zumindest im historischen Bereich – weniger bringt. So bleibt das „Weltereignis des Mittelalters" im Bücherregal als hervorragend bebilderter Band, aber nicht als „Weltereignis der Konzilsforschung", und in der Ausstellung als eine eindrucksvolle Monumentalschau für die Öffentlichkeit in Erinnerung.

# VIII.
# NACHRUF

# † Prof. Dr. Michael Kunzler (1951–2014)

*Bruno Hannöver OCist*

Ordinarius für Liturgiewissenschaft
an der Theologischen Fakultät Paderborn

Ein (persönlicher) Nachruf von P. Bruno N. Hannöver OCist

Am 15. Dezember 2014 verstarb nach kurzer, schwerer Krankheit in Saarbrücken Msgr. Prof. Dr. theol. habil. Michael Kunzler. Michael Kunzler wurde am 23. August 1951 in Saarbrücken geboren. Er studierte Philosophie und Theologie in Trier und München und empfing am 5. Juli 1980 im Dom zu Trier die Priesterweihe. Es folgten zunächst seelsorgerische Tätigkeiten als Vikar in seiner Heimatdiözese Trier.

Bereits vor seiner Weihe hatte er 1978 sein Studium mit einer Promotion über „Die Eucharistietheologie des Hadamarer Pfarrers und Humanisten Gerhard Lorich" abgeschlossen. Auch nach seiner Priesterweihe blieb Michael Kunzler der Wissenschaft verbunden: So war er neben seiner Tätigkeit als Vikar von 1980 bis 1988 auch in der Hochschulseelsorge tätig und wirkte zudem als Gymnasiallehrer. Daneben hatte er von 1982 bis 1990 einen Lehrauftrag für Liturgiewissenschaft an der Staatlichen Musikhochschule Saarbrücken. Im Jahre 1987 erfolgte die Habilitation an der Katholisch-Theologischen Fakultät der Eberhard Karls Universität Tübingen mit der Schrift „Gnadenquellen: Symeon von Thessaloniki († 1429) als Beispiel für die Einflussnahme des Palamismus auf die orthodoxe Sakramententheologie und Liturgik". Bereits ein Jahr später erhielt Michael Kunzler einen Ruf an die Theologische Fakultät Paderborn, wo er zum 1. April 1988 von Erzbischof Johannes Joachim Degenhardt zum ordentlichen Professor der Liturgiewissenschaft ernannt wurde. Von 1992 bis 1994 war Professor Kunzler auch Rektor der Theologischen Fakultät Paderborn.

Neben seiner Professur in Paderborn wirkte Michael Kunzler noch an vielen Orten: Einige Jahre nahm er ebenfalls einen Lehrauftrag für Liturgiewissenschaft an der Staatlichen Musikhochschule Detmold wahr. Seit 1998 wirkte er zusätzlich als Gastprofessor an der Päpstlichen Lateran-Universität in Rom, seit 1999 als Gastprofessor an der Theologischen Fakultät Lugano. Von 1999 bis 2002 übernahm er für Studierende des Collegium Orientale einen Lehrauftrag für byzantinische Liturgiewissenschaft an der Theologischen Fakultät der Katholischen Universität Eichstätt.

Schon während des Studiums hatte er seine Liebe zur byzantinischen Liturgie und der byzantinisch-katholischen Kirche entdeckt. Geschichte, Spiritualität und die dogmatischen Grundlagen des byzantinischen Ritus lagen ihm stets besonders am Herzen – die auf seine Initiative hin entstandene byzantinische Kapelle auf der Empore der Universitätskirche in Paderborn und die von ihm dort wöchentlich gefeierte Göttliche Liturgie geben davon ein eindrucksvolles Zeugnis. Die ukrainische byzantinisch-katholische Kirche würdigte sein Engagement zuletzt 2005 mit der Erhebung zum mitrophoren Protopresbyter der Apostolischen Exarchie der ukrainischen griechisch-katholischen Kirche für Deutschland und Skandinavien. 2006 wurde er zum Exarchiat der Apostolischen Exarchie der Ukrainer in Deutschland bestellt.

Neben seinen Lehrtätigkeiten gehörte Michael Kunzler verschiedenen kirchlichen Kommissionen innerhalb der Deutschen Bischofskonferenz und im Erzbistum Paderborn an: Seit 1995 war er im Wissenschaftlichen Beirat des Johann-Adam-Möhler-Instituts für Ökumenik in Paderborn und seit 2001 Berater der Liturgiekommission der Deutschen Bischofskonferenz. Ferner war er an der Neuausgabe des Römischen Messbuchs und des neuen Gesangbuchs „Gotteslob" beteiligt. 2005 ernannte ihn Papst Benedikt XVI. zum Theologischen Berater der 11. Weltbischofssynode und zum Konsultor der Gottesdienstkongregation. 2008 verlieh er ihm den Titel „Päpstlicher Ehrenkaplan". Im Erzbistum Paderborn leitete er die Liturgiekommission und engagierte sich in der Priesterfortbildung sowie bei der Ausbildung von Kommunionhelfern.

Die Nachricht vom plötzlichen Tode Michael Kunzlers sorgte für tiefe Betroffenheit bei Kollegen, Angestellten, Studierenden und Freunden der Theologischen Fakultät Paderborn, aber auch darüber hinaus. Mit einem feierlichen Requiem in der Universitäts- und Marktkirche – an dem viele Würdenträger des Erzbistums Paderborn und der deutschen Kirche teilnahmen – wurde des Verstorbenen gedacht und für ihn gebetet.

Michael Kunzlers liturgische Frömmigkeit und Spiritualität waren von einer glücklichen Verbindung westlich-lateinischer und östlich-orthodoxer Glaubens- und Geistespraxis geprägt. Er „atmete" somit auf den beiden spirituellen Lungenflügeln unserer Kirche! Wer ihn als Student bei seinen Vorlesungen und Seminaren hörte und erlebte, der konnte erahnen und spüren, dass hier mit Herz und Seele etwas weitergegeben und vermittelt wurde. Inmitten der Studenten sitzend konnte er fast ohne Vorlesungsmanuskript seine Vorlesungen halten, die immer von einer großen erzählerischen Lebendigkeit und Leidenschaft – mit viel Witz und Bonmot – geprägt waren.

Der Verfasser durfte ihn nicht nur als Promovend in Vorlesungen, Seminaren und Rigorosum erleben, sondern später – als wissenschaftlicher Assistent für Kirchengeschichte in Paderborn – auch als „Nachbarn" am Lehrstuhl.

Eine besondere Beziehung hatte Michael Kunzler auch zu unseren Klostergemeinschaften in Heiligenkreuz und Stiepel: Im Rahmen der Veranstaltungsreihe *Auditorium Kloster Stiepel* brachte uns Prof. Dr. Michael Kunzler am 19. Juli 2011 in einem eindrucksvollen und lebendigen Vortrag mit vielen Bildern und Tonbeispielen die liturgische und spirituelle Welt der Ostkirchen näher. An unserer Ordenshochschule in Heiligenkreuz nahm Prof. Kunzler im November 2012 an einer internationalen Tagung über Theologie und Spiritualität von Joseph Ratzinger teil und gab dort einen Beitrag zum „Zusammenhang von Liturgie und Christologie bei Joseph Ratzinger" ab. Besonders beeindruckte Michael Kunzler das Altarkreuz in unserer Stiftskirche: Diese bemalte Kreuzikone des auferstandenen und erhöhten Herrn Jesus Christus ist die meisterhaft ausgeführte Kopie eines romanischen Kreuzes des Meisters Wilhelm von 1138, dessen Urbild sich heute in der Kathedrale von Sarzana in Italien befindet. Als Michael Kunzler erfuhr, dass dieses Kreuz auch als kleinere Kopie vorhanden und zu erwerben ist, erbat er sich eines für sein neues Lehrstuhlbüro, für das er schon länger nach einem geeigneten Kreuz Ausschau gehalten hatte. So kam die Heiligenkreuzer Kreuzikone ins Büro von Prof. Kunzler.

Möge Prof. Kunzler nun an jener himmlischen Liturgie teilnehmen, deren Glanz und Schönheit ihm sowohl in ihrer Feier als auch in der Vermittlung an die Studierenden zeitlebens ein Anliegen war.

# IX.
# AKTUELLES

# Bericht über die Hochschule Heiligenkreuz mit Stand vom 31. Dezember 2015[1]

*Karl Josef Wallner OCist*

Mit dem Jahrbuch *Ambo* soll die Tradition einer wissenschaftlichen Publikation der Hochschule Heiligenkreuz eröffnet werden. Zu den Analecta Cisterciensia (2015: 65. Jahrgang), die auf die Zisterzienserforschung fokussiert sind, und der lokalhistorisch ausgerichteten Jahreszeitschrift Sancta Crux (2015: 80. Jahrgang) gesellt sich *Ambo* als das spezifische Publikationsorgan der Hochschule Heiligenkreuz. Angezielt wird ein theologisches und philosophisches Themenspektrum auf hohem Niveau, das aber doch hoffentlich auch so lesbar ist, dass es außerhalb der Fachsparte binnentheologischen Expertentums wahrgenommen wird.

Es ist nur bedingt möglich, Traditionen „programmatisch" zu begründen. Dennoch möchte ich als derzeitiger Rektor der Hochschule den Versuch nicht unterlassen und ab der ersten Nummer des neuen Jahrbuchs *Ambo* der Hochschule Heiligenkreuz eine kurze Übersicht über den derzeitigen Zustand der Hochschule zu geben. Der Bericht inkludiert auch eine kurze „Chronik" über das vergangene Jahr, in diesem Fall 2015. Ob künftige Generationen in *Ambo* diese Tradition fortsetzen, wird sich zeigen. Naturgemäß fällt der Bericht in der ersten Ausgabe umfangreicher aus, da im Jahr 2015 der größte Ausbau der Hochschule seit ihrer Gründung 1802 abgeschlossen werden konnte.

---

[1] Im Frühjahr 2016 erschien der Bildband: KARL JOSEF WALLNER, *Die Hochschule Heiligenkreuz stellt sich vor*, Heiligenkreuz 2016, der auf 110 Seiten detaillierte Informationen und mit 240 Fotos auch einen bildlichen Eindruck von der Atmosphäre im Stift, an der Hochschule und im Priesterseminar Leopoldinum gibt.

## 1. Status der Hochschule

*a. Situation*

Der primäre Gründungszweck der Hochschule von 1802 ist bis heute gültig: der Ausbildung von Ordensleuten und Priestern zu dienen. Das ist das Spezifikum der Hochschule Heiligenkreuz. Von 1996 bis 2015 wurden 229 unserer Absolventen und Studenten zu Priestern geweiht. Außer den Seminaristen studieren in Heiligenkreuz viele junge Leute, die die Frage nach einer Berufung in sich tragen, aber noch nicht „Ja" sagen können. Das entspricht der heutigen Mentalität, wo sich Entscheidungsprozesse – auch beim Heiraten – dramatisch verlangsamt haben. Stichwort „Multioptionalität"! Viele wollen auch erst einmal im Glauben „einwurzeln" und „reifen", bevor sie den Schritt in ein Noviziat oder das Propädeutikum eines Seminars wagen. Die Atmosphäre der Hochschule Heiligenkreuz, wo das Studieren eingebettet ist in eine Welt des erlebbaren Glaubens, hilft vielen, ihre geistliche Berufung zu erkennen und anzunehmen.

*b. Basics*

Name: „Philosophisch-Theologische Hochschule Benedikt XVI. Heiligenkreuz", kurz: „Hochschule Heiligenkreuz"

Gründung: 6. November 1802 durch die vier Äbte der niederösterreichischen Zisterzienserklöster Heiligenkreuz (Marian Reutter, 1790–1805), Neukloster (Anton Wohlfahrt, 1801–1836), Zwettl (Ignaz Weisskopf, 1786–1804) und Lilienfeld (Ignaz Schwingenschlögl, 1790–1802)

Status: Die Gründung der Hochschule als Hauslehranstalt erfolgte 1802, die Erhebung zur öffentlich-rechtlichen Hochschule 1976, zur Hochschule päpstlichen Rechtes 2007. Derzeitiger Status: Hochschule päpstlichen Rechtes, unter der Zuständigkeit der Kongregation für das Katholische Bildungswesen (Congregatio de Institutione Catholica).

Studien: Diplomstudium Fachtheologie („Magister theologiae"), Lizentiat „Spiritualität und Evangelisation" („Licentiatus theologiae") und weitere Studiengänge. Die Studien sind kirchlich und staatlich anerkannt.

Großkanzler (identisch mit dem jeweiligen Abt von Heiligenkreuz): Abt Dr. Maximilian Heim OCist, seit 2011.

Leitung: Rektor (nach Wahl vom Heiligen Stuhl auf jeweils 4 Jahre bestellt): Prof. P. Dr. Karl Wallner OCist (seit 1999 Dekan, 2003 wiedergewählt, 2007 Gründungsrektor, 2011 wiedergewählt, 2015 wiedergewählt), Vizerektor: Prof. P. DDr. Alkuin Schachenmayr OCist (seit 2007); Studiendekan: Prof. Dr. Michael Ernst (seit 2015); Forschungsdekan: Prof. P. Dr. Wolfgang Buchmüller OCist (seit 2015)

Verwaltung: Waltraud Hohlagschwandtner (Sekretariatsdirektorin), Mag. David Haselmayer (Hochschulsekretär), Dominik Hiller (Organisationssekretär der Hochschule), Susanne Hammerle (Sekretärin für Öffentlichkeitsarbeit), Johannes Auersperg-Trautson (Projektleiter der Hochschule).

Struktur: 9 reguläre Institute und 4 außerordentliche Institute

Lehrende: 71, davon 11 ordentliche Professoren, 8 außerordentliche Professoren, 5 Honorarprofessoren, 10 Gastprofessoren, 17 Dozenten, 20 Lehrbeauftragte

Studiengebühren: ca. 400 Euro pro Semester

Studierende: 295 im Diplomstudium Fachtheologie, 3 im Lizentiatsstudium

Bibliothek: ca. 350.000 Bücher, 140 Fachzeitschriften

Finanzierung: Die Finanzierung des laufenden Betriebes und der Patenstudenten erfolgt durch Spenden. Die Lehrenden arbeiten ehrenamtlich gegen eine geringe Spesenvergütung.

Flughafen Wien: ist 40 Kilometer entfernt, 27 Autominuten

U-Bahn-Station: die Endstation der U 6 „Siebenhirten" in Wien ist 18 Kilometer entfernt, 12 Autominuten

Gebäude: Mit Abschluss des Ausbaus der Hochschule am 30. April 2015 verfügt die Hochschule über eine große moderne Studienbibliothek, 4 Hörsäle, 13 Institutsräume, 4 Büros, Seminarraum, Cafeteria und ein Medienzentrum. Das Medienzentrum „STUDIO1133" ist ein Fernseh- und Radiostudio mit dem Zweck, Lehrgänge in Medienkompetenz anzubieten und apostolische Beiträge zu produzieren. In den 4 Hörsälen steht moderne IT-Technik (Monitore, Dokumentenkamera, Möglichkeit zur Übertragung durch STUDIO1133) zur Verfügung.

IT-Technik: Im Zuge des Hochschulausbaus wurden auch Online-Inskription, Vorlesungslogistik, Skriptendienst usw. digitalisiert und zu einer gerne angenommenen Service-Leistung für Lehrende und Studierende. Siehe: https://db.hochschule-heiligenkreuz.at

## 2. Lehrende und Institute

*a. Die Lehrenden*

Mit dem Sommersemester 2016 zählt die Hochschule 71 Lehrende. Davon sind 11 ordentliche Professoren, 8 außerordentliche Professoren, 5 Honorarprofessoren, 10 Gastprofessoren, 17 Dozenten und 20 Lehrbeauftragte. Die hohe Zahl erklärt sich aus der Besonderheit der Ehrenamtlichkeit: Da die Hochschule unmöglich Anstellungen finanzieren könnte, unterrichten alle Lehrenden „um Gottes Lohn" gegen eine geringfügige Spesenvergütung. Der Hochschulbetrieb wird nur durch Spenden gewährleistet.

Von den 71 Lehrenden sind: 15 habilitiert; 4 in Habilitationsverfahren; 9 Frauen; 31 Priester; 18 gehören einem Orden an, davon sind 14 Zisterzienser von Heiligenkreuz.

*b. Die Institute*

Die Hochschule besteht aus 9 „regulären" Instituten; dazu kommt ein von Prof. Dr. Hanna-Barbara Gerl-Falkovitz geleitetes Europäisches Institut für Philosophie und Religion (EUPHRat); ein von Prof. P. DDr. Alkuin Schachenmayr geleitetes Europainstitut für

Cistercienserforschung (EUCist). Im Aufbau befindet sich ein Ausbildungsinstitut für Biblische Archäologie und Biblische Reisen; geplant ist die Gründung eines Instituts für Ratzingerforschung. In den letzten Jahren hat sich die Hochschule in rasanter Weise entwickelt, auf allen Ebenen. Der Leitung ist sehr bewusst, dass die Hochschule in der wissenschaftlichen Forschung noch zuwachsen muss.

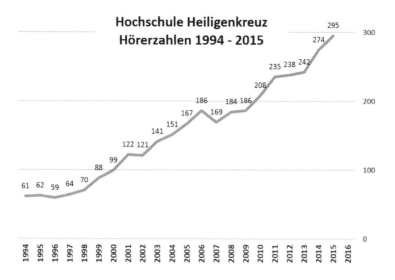

### 3. Statistik der Studenten

Obwohl nur die Studienrichtung „Diplomstudium Fachtheologie" angeboten wird, sind die Hörerzahlen in den letzten Jahren stark gestiegen, von 62 (1994) auf 295 (2016).

Gesamt 295 Inskribierte, davon 42 Studentinnen.

Von den 295 sind 218 ordentliche Hörer, 35 im Sonderstatus und 42 Gasthörer.

Von den 295 sind 158 Ordensleute oder Seminaristen (43 Zisterzienser, 40 andere Orden, 75 Seminaristen); von den übrigen 137 sind nicht wenige auf der Suche nach Abklärung ihrer Berufung.

Von den 295 wohnen 39 im Stift Heiligenkreuz, 38 im Priesterseminar Leopoldinum, 31 im Diözesanen Missionskolleg Redemptoris Mater in Wien, 13 in der Gemeinschaft Brüder Samariter, 174 wohnen in sonstigen Unterkünften.

Derzeit ist niemand im Dritten Bildungsweg. Ein Dutzend Studenten hat spezielle Curricula (z. B. ständige Diakone auf dem Weg zur Priesterweihe).

Herkunft der Studenten: Zwei Drittel der Studierenden sind deutschsprachig, ein Drittel ist bunt vom ganzen Globus. Den größten fremdsprachigen Block bilden 14 vietnamesische Zisterzienser, da der Orden in Vietnam boomt. Insgesamt sind es 36 Nationalitäten:

93 Österreich, 100 Deutschland, 7 Schweiz, 14 Vietnam, 14 Polen, 9 Indien, 7 USA, 5 Ukraine, 4 Kroatien; je 3 Mexiko, Nigeria, Slowakei und Spanien; je 2 Brasilien, Costa Rica, Italien, Rumänien, Tschechien, Ungarn, Venezuela; je 1 Angola, Äthiopien, Belgien, Chile, Ecuador, Finnland, Frankreich, Großbritannien, Guatemala, Kongo, Nicaragua, Philippinen, Ruanda, Slowenien, Uganda und Weißrussland.

Sponsionen: Am 14. Nov. 2015 wurden in Anwesenheit von Kardinal Gerhard Ludwig Müller 27 Absolventen zu „Magistri theologiae" spondiert.

## 4. Die fünf Studienrichtungen

Die Hochschule Heiligenkreuz bietet derzeit fünf Formen des Studiums an:

  a. Vorbereitungslehrgang zur Vorbereitung auf die Studienberechtigungsprüfung bzw. für ausländische Studenten.
  b. Studium Generale in Kooperation mit der Hochschule Trumau (2 Semester, 60 ECTS).
  c. Diplomstudium Fachtheologie mit dem Diplomabschluss „Magister theologiae" (10 Semester, 300 ECTS).

d. Lizentiatsstudium „Spiritualität und Evangelisation" mit dem Abschluss eines „Lizentiatus theologiae" (4 Semester, 120 ECTS).

e. Durch die Kooperation mit der Hochschule St. Pölten können Absolventen von Heiligenkreuz einen „Master of Arts" in Religionspädagogik erwerben.

*a. Vorbereitungslehrgang und besondere Studienprogramme*

Neben dem 5-jährigen Diplomstudium „Fachtheologie" bietet die Hochschule einen einjährigen „Vorbereitungslehrgang" an. Dies ist eine gute Vor-Ausbildung für jene Nicht-Maturanten, die sich auf die Studienberechtigungsprüfung an einer österreichischen Universität vorbereiten. Ebenso absolvieren fremdsprachige Studenten dieses einjährige Studium.

Das Studium auf dem Dritten Bildungsweg, das in den 1970er- und 1980er-Jahren geboomt hat, gibt es in Heiligenkreuz faktisch nicht mehr. Nicht-Maturanten, die Priester werden wollen, werden auf das „Studium Rudolphinum" in Regensburg verwiesen.

Für besondere Fälle werden an der Hochschule auf Wunsch von Regenten und Oberen spezielle Studienprogramme entwickelt. Z. B. für unverheiratete ständige Diakone, die in einem kürzeren Zeitraum noch eine Ausbildung absolvieren sollen, die die Weihe zum Priester ermöglicht.

*b. Studium Generale mit der Hochschule Trumau*

Die genau 20 Kilometer entfernte Hochschule Trumau ist u. a. spezialisiert auf das „Studium Generale": 2 Semester (60 ECTS-Punkte) für junge Menschen, die nach der Reifeprüfung eine vertiefte Allgemeinbildung in den klassischen humanistischen, philosophischen und theologischen Traditionen erwerben wollen. Das Studium Generale macht „fit für Studium und Leben".

Die Kooperation läuft gerade deshalb, weil die beiden Hochschulen so verschieden sind: Trumau ist jung (1995), Heiligenkreuz sehr alt (1133). Trumau zielt auf Ehe und Familie; Heiligenkreuz auf die Formung von Ordensleuten und Priestern; in Trumau wird auf Englisch, in Heiligenkreuz auf Deutsch unterrichtet. Die Studenten wohnen im modernen Hochschulcampus von Trumau und pendeln nach Heiligenkreuz.

*c. Diplomstudium Fachtheologie*

Das ist das kanonische Theologiestudium gemäß „Sapientia Christiana" im 1. Zyklus. Es umfasst 10 Semester und 300 ECTS-Punkte und schließt mit dem staatlich anerkannten „Magister theologiae". Das Studium ist in zwei Studienabschnitte (6 Semester und 4 Semester) gegliedert und erfordert eine Diplomarbeit im Ausmaß von mindestens 80 Seiten.

*d. Lizentiat „Spiritualität und Evangelisation"*

An der Hochschule ist zwar noch kein Doktoratsstudium eingerichtet, sehr wohl aber ein Lizentiatsstudium zur Vertiefung und Spezialisierung in „Spiritualität und Evangelisation". Es gibt derzeit erst 3 Lizentiatsstudenten, der eigentliche Start ist das Wintersemester 2016/17. Ein Lizentiatsstudium setzt ein bereits abgeschlossenes Theologiestudium voraus und befähigt zur selbstständigen Forschung. Der „Lizentiat der Theologie" ist befähigt, den katholischen Glauben an kirchlichen Hochschulen zu lehren. Außerdem ist das Lizentiat die Voraussetzung für die Zulassung zu einem kanonischen Doktoratsstudium.

Das Lizentiatsstudium in Heiligenkreuz verschränkt zwei Schwerpunktbereiche ineinander: Man kann entweder den Bereich „Spirituelle Theologie" oder den Bereich „Pastoraltheologie" wählen. Das Studium umfasst 4 Semester. Die Studienleistung von 120 ECTS-Punkten setzt sich zusammen aus der Teilnahme am Studiengang (90 ECTS), der Abfassung einer Lizentiatsarbeit (25 ECTS) und der kommissionellen Lizentiatsprüfung (5 ECTS).

*e. Religionspädagogik mit der Hochschule St. Pölten*

Die Hochschule Heiligenkreuz bietet „nur" das „Diplomstudium Fachtheologie" an. Die Ausbildung in Religionspädagogik ist der Leitung aber immer schon wichtig gewesen, daher gibt es seit den 1980er-Jahren einen eigenen Hochschullehrgang „Religionspädagogik", betreut von Prof. Dr. Andreas Schnider. Weil hier schon eine qualifizierte Zusatzausbildung zur Fachtheologie geboten wird, ist das Angebot aus St. Pölten zu einer Kooperation gerne angenommen worden:

Die Hochschule St. Pölten rechnet das Heiligenkreuzer Studium der Fachtheologie organisch an, sodass Studierende in Heiligenkreuz auf unkomplizierte Weise ein zweites Studium der Religionspädagogik in St. Pölten draufsetzen können und so auch für den Schulunterricht befähigt werden. Für viele Priester ist dies sehr hilfreich. Es eröffnet aber auch breitere berufliche Chancen für jene Studenten, die sich z. B. während des Studiums entscheiden, nicht Priester zu werden und im Religionsunterricht zu wirken.

## 5. Chronik 2015

7. Jänner 2015: Zu Beginn des Jahres 2015 ist die Hochschule noch eine große Baustelle. Im Mai 2012 wurde eine Spendenkampagne gestartet, die erfolgreich verlief. Am 27. Februar 2013 segnete Papst Benedikt XVI. am vorletzten Tag seiner Amtszeit den Grundstein für den Ausbau. Am 30. April 2013 erfolgte in Anwesenheit des Apostolischen Nuntius DDr. Peter Stephan Zurbriggen der Spatenstich. Am 13. Mai 2013 begannen die Bauarbeiten. Am 28. Juni 2013 wurde der Grundstein durch Kardinal Zenon Grocholewski, Präfekt der Bildungskongregation, gelegt. Im September 2014 mussten 10 Wohncontainer im Garten des Priesterseminars Leopoldinum aufgestellt werden. Am 21. November 2014 begannen die Bauarbeiten für ein Priesterstudenten-Wohnheim „Pax" neben dem Priesterseminar Leopoldinum. Dort sind 26 Einzelzimmer geplant, wobei jeweils 2 sich einen Küchen- und Sanitärbereich teilen.

25. März 2015: Abt Maximilian segnet mitten in der Baustelle des Hochschulhofes die auf der Säule im Brunnen aufgestellte Immaculata-Statue und weiht die Hochschule der Gottesmutter Maria.

13. April 2015: In 4 Lkws werden 40 Tonnen theologische Bücher aus Benediktbeuern an die Hochschule Heiligenkreuz transportiert. Im Sommer 2013 hatten die Salesianer Don Boscos der Hochschule Heiligenkreuz den theologischen Buchbestand von insgesamt 250.000 Büchern ihrer leider stillgelegten Hochschule Benediktbeuern ge-

schenkt. Im Ausbau der Hochschule Heiligenkreuz wurde eine geeignete Studienbibliothek mit 6 Kilometern Buchregal geschaffen, zusätzlich wurden die Depots in der bisherigen historischen Bibliothek Heiligenkreuz ausgebaut, um den wissenschaftlich wertvollen Bücherbestand aufnehmen zu können. Für Planung und Durchführung ist Stiftsbibliothekar Prof. P. DDr. Alkuin Schachenmayr verantwortlich, der sich auch über andere großzügige Nachlässe von wissenschaftlichen Bibliotheken freut. Die neue Studienbibliothek ist mit den Büchern aus Benediktbeuern noch lange nicht gefüllt und kann noch über Jahrzehnte bestückt werden. Von den 6 Kilometern Buchregalen werden ca. 4 Kilometer befüllt sein.

Von 17.–19. April 2015 gab es im Rahmen des „Studienganges Theologie des Leibes" eine große offene Tagung mit Prof. Dr. Msgr. Livio Melina, Präsident des Päpstlichen Johannes Paul II. Instituts für Studien über Ehe und Familie in Rom, Professor für Moraltheologie: „Für eine Kultur der Familie: Die Sprache der Liebe".

30. April 2015: Glanzvolles Dankfest zur Einweihung der Hochschule. Im Mittelpunkt des Festtages standen die Wohltäterinnen und Wohltäter, die den Ausbau der Hochschule um 5,8 Millionen Euro ermöglicht haben. 2.000 Freunde der Hochschule waren gekommen. Zahlreiche Berichte dazu sind erschienen, von Stefan Baier in der deutschen „Die Tagespost", auf Kathpress, auf Kathnet usw. Hier der Bericht von der Homepage der Erzdiözese Wien:

„Stift Heiligenkreuz feiert neuen Hochschul-Campus. Starken Zulauf an Studenten erforderte Ausbau, der bereits ausfinanziert ist – Festakt mit Nuntius und Bischöfen, Segnung durch Kardinal Schönborn. Mit einem ganztägigen Fest ist am Donnerstag, 30. April 2015, im Stift Heiligenkreuz die Fertigstellung des neuen Campus der Philosophisch-Theologischen Hochschule Benedikt XVI. Heiligenkreuz gefeiert worden. Die Hochschule war in gut zweijähriger Bauzeit um Hörsäle, Seminarräume, Büros, eine Bibliothek und eine Cafeteria erweitert worden. Notwendig wurde der Ausbau durch den starken Zulauf an Studenten: Seit 1992 stieg deren Zahl von 62 auf bereits 274 im laufenden Studienjahr.

Abt Maximilian Heim und Rektor Karl Wallner hoben vor allem die vielen Spender hervor, ohne die das rund 5,5 Millionen Euro teure Projekt nicht möglich gewesen wäre. Heute sei der Zubau bereits ausfinanziert, es gebe keine Schulden, so Abt Heim. Ganz im Gegenteil gebe es bereits weitere Spenden, um den Ausbau eines Wohnheims des Priesterseminars ‚Leopoldinum' fertigstellen zu können, freute sich der Abt.

Mit einem Festakt am Donnerstagvormittag im Kaisersaal des Stifts bedankten sich die Mönche und Studenten von Heiligenkreuz bei den Salesianern Don Boscos für das Geschenk von rund 260.000 Büchern für die neue Studienbibliothek. Da die bayerische Salesianer-Hochschule Benediktbeuern den Betrieb einstellen musste, beschlossen die Salesianer, ihren theologischen Buchbestand dem Zisterzienserstift im Wienerwald mit seiner stark wachsenden Hochschule zu überlassen. Der Transport wurde in den vergangenen Wochen durchgeführt und abgeschlossen. Für die Profilierung als theologische Hochschule sei die neue Bibliothek ein Quantensprung, so Rektor P. Karl Wallner.

Stiftsbibliothekar und Vizerektor P. Alkuin Schachenmayr sprach von rund 9,5 Kilometern Regallänge, über die die Heiligenkreuzer Bibliothek nun verfüge. Es gebe zudem auch schon Gespräche mit emeritierten Theologieprofessoren, die ihre Privatbestände der Bibliothek überlassen würden. P. Lothar Bily, ehemaliger Rektor der Hochschule Benediktbeuern, räumte die große Wehmut ein, mit der die Salesianer den Studienbetrieb aufgegeben und ihre Bibliothek abgegeben hätten. Zugleich sei aber die Freude groß, dass die Bibliothek nun in Heiligenkreuz wieder ihrem ursprünglichen Zweck dienen könne, nämlich der Ausbildung junger Theologen und Priesteramtskandidaten.

Für den erkrankten Salzburger Erzbischof Franz Lackner sprang beim Festakt Weihbischof Andreas Laun ein. Er plädierte für eine ‚kritische, denkende und herausfordernde Wissenschaft'. Dies habe die Kirche gerade gegenwärtig besonders nötig, sagte Laun.

An der Feier nahmen u. a. auch der Apostolische Nuntius Erzbischof Peter Stephan Zurbriggen und der Linzer Bischof Ludwig Schwarz teil.

Für Donnerstagnachmittag war ein feierlicher Festgottesdienst mit Kardinal Christoph Schönborn in der Stiftskirche mit anschließender Segnung des neuen Hochschul-Campus angesetzt, zu der auch Landeshauptmann Erwin Pröll erwartet wurde.

Abt Heim hob am Rande der Feier den starken inneren Zusammenhalt der Klostergemeinschaft von Heiligenkreuz hervor. Freilich sei es nicht immer einfach, diese Einheit in einer Gemeinschaft mit fast 90 Mitgliedern mit unterschiedlichen Talenten zu bewahren. Die Kraftquelle der Gemeinschaft und ihrer Arbeit sei die Liturgie. Der Abt betonte die Verbundenheit mit der Ortskirche wie auch mit dem Papst, die das Stift Heiligenkreuz immer ausgezeichnet habe und für viele wohl so anziehend mache – ‚sei es mit Papst Paul VI., Johannes Paul II., Benedikt XVI. oder jetzt eben Franziskus'. Das Kloster bemühe sich zugleich auch um große ökumenische Offenheit, mit der man alle Gäste begrüßen und aufnehmen wolle.

Abt Heim sprach von einem Tag großer Freude und Dankbarkeit, nach den vielen Aktivitäten brauche es nun aber eine Phase der Stabilisierung. Er habe deshalb für das Stift und damit indirekt auch für die Hochschule ein Sabbatjahr 2016 bestimmt, in dem es keine Sonderprojekte oder -veranstaltungen geben werde. Nach der großen Aufbauarbeit gelte es nun, mit den vorhandenen Ressourcen im Stift und in der Hochschule zu wirken ‚und uns an dem zu freuen, was da ist'. Zuvor soll freilich noch das Priesterstudenten-Wohnheim ‚Pax', fertiggestellt werden, damit alle Studenten des ‚Überdiözesanen Priesterseminars Leopoldinum Heiligenkreuz' gut untergebracht werden können. Bisher sind einige der 38 Seminaristen noch in Wohncontainern untergebracht. Die Eröffnung ist für den 15. November vorgesehen."

4. Mai 2015: Die Hochschule gratuliert dem Professor für Spirituelle Theologie P. Dr. MMag. Wolfgang Buchmüller zum erfreulichen und brillanten Abschluss seines Habilitationsverfahrens an der Kath.-Theol. Fakultät der Universität Wien.

15. Mai 2015: Der Reliquienschrein der hl. Thérèse von Lisieux besucht die Hochschule.

21. Mai 2015: Hochschulausflug nach Frauenkirchen, Podersdorf und Eisenstadt mit einer Bootsfahrt über den Neusiedlersee.

27. Mai 2015: Abt Maximilian und Rektor P. Karl bei Papst Franziskus und anschließend eine Stunde bei Papst em. Benedikt XVI. im Gartenhaus. Sie überreichten ein Fotobuch über den Ausbau der Hochschule.

11. Juni 2015: Wiederwahl von P. Karl Wallner zum Rektor für eine Periode von 4 Jahren.

2. Juli 2015: Besuch von Generalabt Dr. Maurus Lepori.

2. Juli 2015: Nach der Wahl durch die Hochschulkonferenz und der Bestätigung durch Abt Maximilian hat der Heilige Stuhl Prof. P. Dr. Karl Wallner auf weitere 4 Jahre zum Rektor der Hochschule Heiligenkreuz bestellt. P. Karl leitet die Hochschule seit 1999, zunächst bis 2007 als Dekan. Mit der Erhebung zur Hochschule päpstlichen Rechtes wurde er zum Gründungsrektor.

26. August 2015: Abt Maximilian ist gemeinsam mit Kardinal Schönborn an der Bildungskongregation, um dem neuen Präfekten Giuseppe Kardinal Versaldi zu berichten. Vizerektor P. Alkuin, P. Wolfgang und P. Kosmas begleiten ihn, da der Rektor verhindert ist. In den Gesprächen mit der Kongregation gibt es auch die frohe Nachricht, dass die Hochschule Heiligenkreuz ab Herbst 2015 mit dem Lizentiatsstudienprogramm „Spiritualität und Evangelisation" beginnen kann. Das ist ein wichtiger Schritt Richtung Fakultätswerdung.

3.–6. September 2015: Anlässlich des 130. Geburtstages des Theologen Romano Guardini veranstaltet Prof. Gerl-Falkovitz im Vatikan (Campo Santo Teutonico) eine intensive Studientagung, an der 22 Lehrende und Studierende teilnehmen. Diese wird durch die Unterstützung von Direktor Dr. Stefan Heid möglich gemacht. Am Freitag, 4. Sept. 2015, kommt es zu einer Begegnung mit dem emeritierten Papst Benedikt XVI. bei der Lourdesgrotte in den Vatikanischen Gärten.

21.–26. September 2015: Das STUDIO1133 bietet einen Medienworkshop an, sie kooperiert dabei mit Fisherman FM und möchte Studierende von überall her für katholische Medienarbeit begeistern und ausbilden.

30. September 2015: 1. Sitzung des Senates der Hochschule: Als Studiendekan wird Prof. Dr. Michael Ernst gewählt; als Forschungsdekan Prof. P. Dr. Wolfgang Buchmüller OCist. Als Mitglied des Haushaltsausschusses wählt der Senat Direktor P. Dr. Anton Lässer CP. Hochschulkonferenz und Hochschulversammlung: Prof. P. Dr. Wolfgang Buchmüller und Prof. Dr. Hanna-Barbara Gerl-Falkovitz werden die ab 2016 erscheinende Jahresthemenzeitschrift *Ambo* herausgeben. Redakteur ist Prof. Buchmüller.

1. Oktober 2015: Inauguration des Akademischen Jahres. Mit der Enthüllung der Bronzestatue des „Namenspatrons" der Hochschule Heiligenkreuz, Papst Benedikt XVI., durch Erzbischof Dr. Georg Gänswein am Vormittag ist der Ausbau der Hochschule abgeschlossen. Am Nachmittag feiert Erzbischof Gänswein den Inaugurationsgottesdienst, zu dem an die 400 Gläubige gekommen sind. Er predigt über die Demut. Anschließend hält er im Kaisersaal die Inaugurationsvorlesung, wo er das Thema „Entweltlichung" aus der Freiburger Konzerthausrede Papst Benedikts aus dem Jahr 2011 interpretiert und entfaltet.

3. Oktober 2015: Mit dem WS 2015/16 startet erstmals der Studiengang „Leib – Bindung – Identität. Entwicklungssensible Sexualpädagogik". Planung, Inhalt und Durchführung obliegt dem Trägerverein „Initiative Christliche Familie" in Kooperation mit der Hochschule. Studienleiter ist Mag. Corbin Gams.

17. Oktober 2015: Tagung des RPP (Institut „Religiosität in Psychiatrie und Psychotherapie") im Kaisersaal zum Thema „Bindung und Familie".

23.–25. Oktober 2015: Gemeinsame Internationale Tagung der Kath.-Theol. Fakultät der Uni Wien und dem „EUPHRat" der Hochschule Heiligenkreuz. Referenten aus 14 Nationen beschäftigten sich mit „Edith Steins Herausforderung heutiger Anthropologie". Die „Patronin Europas" und bedeutende Phänomenologin lockte eine große Zahl von Hörern aller Fakultäten an; die „Akten" werden in Bälde im Be&Be-Verlag veröffentlicht.

31. Oktober 2015: Einige der größten und besten Lateinkenner des deutschen Sprachraums tagen in Heiligenkreuz: Prof. Spataro (Salesianeruniversität Rom), Prof. Smolak (Wien), Prof. Stroh (München), Prof. Cepelak (Vivarium Novum Rom), Dr. Weishaupt (Aachen, Vatikan), Prof. Angellotti (Baden), Prof. Kopf (Wien, Polis Institut). Dazu die Initiatoren Ramon Vieyra, Johannes Isepy und Nathan Freeman. Mit Abt, Rektor und Vizerektor wurde diskutiert (natürlich auf Latein), ob man ev. in Heiligenkreuz eine Lateinschule gründen kann.

31. Oktober 2015: Tag der offenen Tür und Patenfest mit 500 Besuchern. Insgesamt haben bisher 12.400 Menschen für die Hochschule gespendet.

4. November 2015: Der Präsident des Pariser „Collège des Bernardins", Jacques de Longeaux, war zu Besuch an der Hochschule in Begleitung vom Regens des Pariser Priesterseminars Stephane Duteurtre und Dr. Sigrun Jäger. Schon 1245 hat unser Orden in Paris dieses Studienhaus gegründet. Nach jahrhundertelangem Niedergang wurde das Collège im Jahre 2008 wiedergegründet und ist heute eine große katholische Universität im Herzen von Paris. Mit interessantem Studienprogramm; das Hauptziel ist, wie in Heiligenkreuz, die Priesterausbildung. Der Hochschulcampus und die Atmosphäre haben den Besuchern sehr gefallen.

8. November 2015: Zum zweiten und letzten Mal findet in der Abteikirche ein Benefizkonzert mit Timna Brauer und den Mönchen statt. Obwohl großer Andrang herrscht, wird bei der Kartenvergabe zu vorsichtig vorgegangen, sodass 300 Plätze leer bleiben. Das Konzert bringt ein Defizit von 881 Euro.

14. November 2015: 10.30 Uhr: 3. Hochschulversammlung. Vorgestellt wird vor allem das Projekt, die „Studentischen Hilfskräfte" neu zu beleben; diese werden in Zukunft nicht den Instituten, sondern den Lehrenden zugewiesen und erhalten „Anreize", da sie nicht bezahlt werden können. 15 Uhr: Feierliche Sponsionsfeier im Kaisersaal, in Anwesenheit von Kardinal Gerhard Ludwig Müller, Präfekt der Glaubenskongregation. Ein Rekord, denn es werden 27 zu „Magistri theologiae" spondiert. Von den 27 „Magistri theologiae"

sind 7 bereits Priester, 5 Diakone, 9 sind Ordensleute oder gehören Gemeinschaften an, 6 sind Seminaristen auf dem Weg zum Priestertum und 6 sind Getaufte und Gefirmte, die in der Kraft dieser Sakramente in der Kirche dienen wollen. Kardinal Gerhard Ludwig Müller hielt seinen Festvortrag über „10 Jahre Enzyklika Deus Caritas est" von Benedikt XVI.

15./16. November 2015: Feierlichkeiten 40 Jahre Priesterseminar Leopoldinum mit Kardinal Gerhard Ludwig Müller. Als Bischof von Regensburg hat Kardinal Müller 2006 seine Studenten vom Dritten Bildungsweg nach Regensburg abgezogen. Die Folge war aber nicht der Niedergang des Priesterseminars, sondern eine ungeahnte Blüte. Derzeit sind 38 Studenten im Leopoldinum, 10 müssen wegen Zimmermangel in Wohncontainern wohnen. Am Sonntag, 15.11., feierte Kardinal Müller in der Abteikirche das Pontifikalamt zum 40-Jahr-Jubiläum des Leopoldinum und segnete dann bei strömendem Regen das neue Priesterstudenten-Wohnheim „Pax". Die Feierlichkeiten waren überschattet von erneuten islamistischen Anschlägen in Paris.

Für die anschließenden Feiern ist Direktor P. Dr. Anton Lässer mit Vizedirektor Dr. Johannes Schwarz verantwortlich. Eine Festschrift ist zu diesem Anlass erschienen *[Anton Lässer (Hg.), Diener des Heils. Festschrift zum 40-Jahr-Jubiläum des Priesterseminars Rudolphinum/Leopoldinum in Heiligenkreuz 1975–2015, Be&Be-Verlag: Heiligenkreuz 2015, 322 Seiten, ISBN 978-3-902694-95-9]*: 1975 gründete der Regensburger Bischof Dr. Rudolph Graber unmittelbar an der seit 1802 bestehenden Hochschule Heiligenkreuz ein Priesterseminar für Spätberufene. Das Studienhaus „Collegium Rudolphinum" rettete damals die kleine Hochschule, die nur 18 Studenten zählte, vor dem Untergang. Die Zahl der Studierenden begann zu steigen und auch das Spätberufenenseminar wuchs. 2006 verlegte Bischof Dr. Gerhard Ludwig Müller das Studium nach Regensburg. Das Priesterseminar ging in die Trägerschaft des Stiftes Heiligenkreuz über und heißt seit 2007 „Überdiözesanes Priesterseminar Leopoldinum Heiligenkreuz". Zum 40-Jahr-Jubiläum bietet die Festschrift interessante geschichtliche Rückblicke von Personen, die an einer überraschenden Erfolgsgeschichte beteiligt waren. Denn nach 40 Jahren, 2015, ist die Hochschule Heiligenkreuz mit 295 Studierenden die größte Priesterausbildungsstätte im deutschen Sprachraum. Das Priesterseminar Leopoldinum ist überfüllt: Von den 38 Priesterstudenten müssen 10 in Wohncontainern wohnen, ein Priesterstudenten-Wohnheim mit 26 Einzelzimmern ist im Entstehen. Studenten auf dem 3. Bildungsweg gibt es im nunmehrigen Leopoldinum keine mehr, alle 38 haben Matura.

Montag, 16.11.: Abschluss der 40-Jahr-Leopoldinum-Festlichkeiten durch einen Festakt um 9 Uhr im Auditorium Maximum. Dr. Johannes Schwarz hat dazu ein hervorragendes Video mit Absolventen gestaltet. Um 10.30 Uhr feiert Abt Maximilian in der überfüllten Katharinenkapelle ein Pontifikalamt, das auch von EWTN übertragen wird.

26. November 2015: Organisationssekretär Dominik Hiller schafft mit studentischer Unterstützung die Aussendung von 14.000 CDs „Chant Herbergssuche". Die Hochschule hofft, dass die 52 Minuten Weihnachtsstimmung, die der Studentenchor da verbreitet, die Herzen öffnet. Es wird um eine Unterstützung für unsere Hochschule gebeten, damit der Bau des Priesterstudenten-Wohnheims bald geschafft wird. Denn tatsächlich wohnen ja immer noch 10 Priesterstudenten in den blauen Wohncontainern.

8. Dezember 2015: Papst Franziskus eröffnet ein außerordentliches „Heiliges Jahr der göttlichen Barmherzigkeit". Parallel dazu hat Abt Maximilian für das Kloster ein „Sabbatjahr" ausgerufen, von dem auch die Hochschule betroffen ist. Es finden 2016 keine Tagungen und außerordentlichen Veranstaltungen statt.

9. Dezember 2015: Das Medienzentrum STUDIO1133 gewinnt an Fahrt. Vieles wird produziert, siehe unter anderem den YouTube-Kanal Stift Heiligenkreuz. Die Montagsmesse um 18 Uhr wird über EWTN und Livestream – und bald auch über andere Medien – übertragen mit Zehntausenden Mitfeiernden. Nun können auch Studenten dort ein Praktikum machen.

## 6. Herausforderungen für die Zukunft

Die erste Herausforderung ist die Wohnungsnot: Da sowohl im Kloster als auch im Priesterseminar Leopoldinum, das 2015 das 40-Jahr-Jubiläum gefeiert hat, die Zimmer ausgehen, wohnen seit Herbst 2014 10 Seminaristen in Wohncontainern. Durch den Bau eines Priesterstudenten-Wohnheims „Pax" bei der Hochschule mit 26 Einzelzimmern, das im Februar 2016 bezugsfertig sein wird, wird der Bedarf nur kurzfristig gedeckt werden.

Die zweite Herausforderung ist es, dass genügend Mitbrüder qualifiziert und motiviert sind, Lehraufträge an der Hochschule zu übernehmen bzw. in Priesterseminar und Bibliothek mitzuarbeiten.

Die dritte Herausforderung besteht darin, vom Medienzentrum STUDIO1133 aus eine größere Dynamik zu entfalten und sowohl apostolisch-katechetisch als auch akademisch-intellektuell in die Gesellschaft zu wirken. Außerdem braucht der Be&Be-Verlag, in dem seit 2007 bereits 100 Bücher veröffentlicht wurden, eine professionellere Gebarung.

Weiters ist geplant, dass im Rahmen einer Ratzinger-Tagung vom 30. März bis 2. April 2017 die Gründung eines Instituts für Ratzinger-Forschung erfolgt. Gearbeitet wird am Aufbau eines Ausbildungsinstitutes für Biblische Archäologie und Biblische Reisen. Und schließlich würde eine „Schola Latina" für lebendiges Lateinlernen – eine Schule mit staatlicher Anerkennung – sehr gut in das Milieu des Hochschulcampus Heiligenkreuz passen.

# X.
AUTORENVERZEICHNIS

LEO BAZANT-HEGEMARK, OStR, Dr. phil., Mag. phil., Dozent für Literatur der christlichen Antike, Mitglied des Instituts für Spirituelle Theologie und Religionswissenschaft der Phil.-Theol. Hochschule Benedikt XVI. Heiligenkreuz.

BEATE BECKMANN-ZÖLLER, Dr. phil., freiberufliche Religionsphilosophin und Dozentin an der Katholischen Stiftungsfachhochschule für Soziale Arbeit in München, Vorstandsmitglied der Edith-Stein-Gesellschaft Deutschland, Bearbeiterin mehrerer Bände der Ausgabe der Werke von Edith Stein.

CYRILL BEDNÁŘ OCist, Dr. iur. utriusque, studierte Recht und Rechtswissenschaft an der Masaryk Universität in Brünn/Tschechische Republik und lebt seit 2015 im Stift Heiligenkreuz in Wienerwald.

CHRISTOPH BINNINGER, Dr. theol. habil., ao. Professor für Dogmatik, Mitglied des Instituts für Dogmatik und Fundamentaltheologie.

CHRISTOPH BÖHR, Dr. phil. habil., ao. Professor am Institut für Philosophie der Phil.-Theol. Hochschule Benedikt XVI. Heiligenkreuz, Herausgeber der Reihe *Das Bild vom Menschen und die Ordnung der Gesellschaft* (Wiesbaden 2012ff.), der *Wojtyła Studien* (Berlin 2016ff.) sowie Mitglied im International Editorial Advisory Board der Zeitschrift *Ethos* (Lublin).

RÉMI BRAGUE, Univ.-Prof., Dr. phil., emeritierter Professor der Mittelalterlichen und Arabischen Philosophie an der Universität Paris I Panthéon-Sorbonne, em. Inhaber des Lehrstuhls für Christliche Weltanschauung an der Ludwig-Maximilians-Universität München (Romano Guardini-Lehrstuhl), ao. Professor am Institut für Philosophie der Phil.-Theol. Hochschule Benedikt XVI. Heiligenkreuz.

JOHANN BRAUN, Univ.-Prof., Dr. jur. habil., emeritierter Inhaber des Lehrstuhls für Zivilprozessrecht, Bürgerliches Recht und Rechtsphilosophie an der Universität Passau.

WOLFGANG BUCHMÜLLER OCist, Dr. theol. habil., Vorstand des Instituts für Spiritualität und Religionswissenschaft der Phil.-Theol. Hochschule Benedikt XVI. Heiligenkreuz, Professor für Spiritualität und Ordensgeschichte, Herausgeber und Schriftleiter des Jahrbuches *Ambo* der Phil.-Theol. Hochschule Benedikt XVI. Heiligenkreuz.

HINRICH BUES, Dr. theol., Lic. theol., Dozent für christliche Spiritualität und Evangelisation, Mitglied des Instituts für Spirituelle Theologie und Religionswissenschaft.

IMMO EBERL, Prof. Dr. phil., Dozent für Kirchengeschichte, Mitglied des EUCist – Europainstitut für Cistercienserforschung.

LAURENTIUS ESCHLBÖCK OSB, Dr. iur. can., Lic. iur. can., Mag. theol., Prior des Schottenstifts, ao. Professor für Kanonisches Recht, Mitglied des Instituts für Kirchengeschichte und Kirchenrecht.

GEORG GÄNSWEIN, Dr. theol., Kurienerzbischof, Präfekt des Päpstlichen Hauses, Privatsekretär von Papst em. Benedikt XVI.

HANNA-BARBARA GERL-FALKOVITZ, Univ.-Prof., Dr. phil. habil., emeritierte Inhaberin des Lehrstuhls für Religionsphilosophie und vergleichende Religionswissenschaft an der Technischen Universität Dresden, Leiterin des EUPHRat-Instituts an der Phil.-Theol. Hochschule Benedikt XVI. Heiligenkreuz, Mitherausgeberin des Jahrbuches *Ambo* der Phil.-Theol. Hochschule Benedikt XVI. Heiligenkreuz.

MARIAN GRUBER OCist, Dr. phil., Dr. theol., Mag. phil., Mag. theol., Vorstand des Instituts für Philosophie, Professor für Philosophie.

BRUNO HANNÖVER OCist, Dr. theol., Dozent für Mittlere und Neuere Kirchengeschichte am Studienhaus St. Lambert/Lantershofen, Dozent für Kirchengeschichte an der Phil.-Theol. Hochschule Benedikt XVI. Heiligenkreuz, Herausgeber der Analecta Cisterciensia, Habilitand im Fachbereich Mittlere und Neuere Kirchengeschichte/Religiöse Volkskunde an der Johannes Gutenberg-Universität Mainz.

MICHAELA CHRISTINE HASTETTER, Univ.-Doz., Dr. theol. habil., Dozentin für Pastoraltheologie am Internationalen Theologischen Institut (ITI) in Trumau/Österreich, Gastprofessorin an der Phil.-Theol. Hochschule Benedikt XVI. Heiligenkreuz und Privatdozentin an der Albert-Ludwigs-Universität Freiburg.

ABT MAXIMILIAN HEIM OCist, Dr. theol., Abt der Zisterzienserabtei Stift Heiligenkreuz, Magnus Cancellarius der Philosophisch-Theologischen Hochschule Benedikt XVI. Heiligenkreuz, Professor für Dogmatik und Fundamentaltheologie an der Phil.-Theol. Hochschule Benedikt XVI. Heiligenkreuz.

ALFRED EGID HIEROLD, Dr. iur. can., Lic. iur. can., Prälat, em. Univ.-Prof. der Universität Bamberg, Vorstand des Instituts für Kirchengeschichte und Kirchenrecht, Professor für Kanonisches Recht.

LARRY HOGAN, Msgr., Prof., Dr. phil., em. Präsident der Hochschule Trumau, Dozent für Bibelwissenschaft, Mitglied des Instituts für Biblische Wissenschaften.

BEATRIX KERSTEN, Dr. cand. phil., Texterin von Dokumentar- und Wissenschaftsfilmen. Mit ihrem Mann betreibt sie das Seminar- und Kulturhaus Heyevilla Annahütte.

WOLFGANG KLAUSNITZER, o. Univ.-Prof. in Würzburg, Dr. theol. habil., Mag. theol., Mag. phil., fac. theol., Gastprofessor für Fundamentaltheologie, Mitglied des Instituts für Dogmatik und Fundamentaltheologie.

IMRE KONCSIK, ao. Prof., Dr. theol. habil., ao. Professor für Dogmatik, Mitglied des Instituts für Dogmatik und Fundamentaltheologie.

GERHARD LUDWIG KARDINAL MÜLLER, Univ.-Prof., Dr. theol. habil., seit 2012 Präfekt der Kongregation für die Glaubenslehre. Er war von 2002 bis 2012 Bischof von Regensburg und bis 2012 Professor für Dogmatik an der Ludwig-Maximilians-Universität München.

JUSTINUS PECH OCist, Dr. theol., Dr. rer. oec., Lic. theol., Dipl.-Kfm., Dipl.-Theol., Bacc. phil., ao. Professor für Fundamentaltheologie, Mitglied des Instituts für Dogmatik und Fundamentaltheologie.

HERBERT PRIBYL, Dr. theol., Dr. phil., Mag. theol., Mag. rel. päd., Vorstand des Instituts für Ethik und Sozialwissenschaften, Professor für Sozialethik und Gesellschaftslehre.

PATRICK ROTH, Dr. phil., Dozent für Poetik an der Universität Heidelberg, deutscher Schriftsteller und Regisseur, seit 2007 *Resident Scholar* des *C. G. Jung-Study Center of Southern California* und Mitglied im Board of Directors.

ALKUIN SCHACHENMAYR OCist, Dr. phil., Dr. theol., Mag. phil., Mag. theol., Vizerektor der Hochschule, Stiftsbibliothekar und Stiftsarchivar, Vorstand des EUCist – Europainstitut für Cistercienserforschung, Professor für Kirchengeschichte, Mitglied des Instituts für Kirchengeschichte und Kirchenrecht.

MANUEL SCHLÖGL, Dr. theol., Habilitand an der Universität Wien, Seelsorger in Wien.

HEINRICH SCHNEIDER, Univ.-Prof., Dr. phil., emeritierter Ordinarius für Politikwissenschaften an der Universität Wien, langjähriger Vorsitzender des Wissenschaftlichen Direktoriums des Instituts für Europäische Politik in Berlin, Herausgeber der Vierteljahreszeitschrift *integration*.

ENRICO SPERFELD, Dr. phil., Sprachlektor der Robert-Bosch-Stiftung an der Universität Rzeszów sowie Forschungsstipendiat an der Universität Zielona Góra in Polen.

HILDA STEINHAUER, Dr. theol., Mag. theol., Lehrbeauftragte in St. Pölten, Gastprofessorin für Patrologie, Mitglied des Instituts für Kirchengeschichte und Kirchenrecht.

BERTHOLD WALD, Univ.-Prof., Dr. phil. habil., Inhaber des Lehrstuhls für Systematische Philosophie an der Theologischen Fakultät Paderborn, seit 2002 Beiratsmitglied der Josef-Pieper-Stiftung, von 2009 bis 2011 Rektor der Theologischen Fakultät Paderborn.

KARL WALLNER OCIST, Dr. theol., Rektor der Phil.-Theol. Hochschule Benedikt XVI. Heiligenkreuz und Vorstand des Instituts für Dogmatik und Fundamentaltheologie, Professor für Dogmatik und Sakramententheologie, ab 1. September 2016 „Missio"-Nationaldirektor der Päpstlichen Missionswerke in Österreich.

JOSEF ZEMANEK, Dr. theol., Mag. theol., Mag. Dr. iur., Lic. phil., Dozent für Bibelwissenschaft des Alten Testamentes, Mitglied des Instituts für Biblische Wissenschaften.